LINUX

개정판

기초에서 시스템 프로그래밍까지

| 윤현주 지음 |

도서출판 홍릉

Linux 개정판

기초에서 시스템 프로그래밍까지

인 쇄: 2021년 8월 30일 개정판 1쇄
발 행: 2021년 9월 10일 개정판 1쇄

저 자: 윤현주
발행인: 송 준
발행처: 도서출판 홍릉
주 소: 01093 서울시 강북구 인수봉로 50길 10
등 록: 1976년 10월 21일 제5-66호

전 화: 02-999-2274~5, 903-7037
팩 스: 02-905-6729
e-mail: hongpub@hongpub.co.kr
http://www.hongpub.co.kr
ISBN: 979-11-5600-880-4(93000)

정 가: 29,000원

머리말

1970년대 초에 개발된 유닉스는 특유의 소스 공개 정책에 힘입어 급속도로 보급, 발전되면서 컴퓨터 운영체제의 표준 역할을 하게 되었습니다. 그리고 한 대학생이 개인용 컴퓨터를 위해 재미 삼아 개발한 리눅스는 자유 소프트웨어 운동과 만나면서 거대한 새 흐름을 만들어 내었으며 개인용 컴퓨터뿐만 아니라 유닉스가 차지하고 있던 대형 컴퓨터, 안드로이드와 iOS와 같은 모바일 기기 등에도 광범위하게 활용되는 중요한 소프트웨어로 성장하였습니다.

그런데 전 세계 개인용 컴퓨터 사용자의 88% 정도는 Windows를 사용합니다. 유닉스의 일종인 MacOS X 사용자가 약 10%, 리눅스는 1.2% 정도의 점유율만 보입니다. 우리나라는 좀 더 심해서 리눅스는 1% 미만으로 따로 통계에 잡히지 않을 때도 있습니다. 당연히 대학에서 만나는 거의 모든 학생들은 유닉스나 리눅스에 대한 경험이 없는 상태입니다. 그렇지만 컴퓨터공학 전공자로서 개인용 컴퓨터뿐만 아니라 여러 가지 규모와 역할의 컴퓨터 시스템을 다룰 수 있는 기초 능력을 탑재해야 컴퓨터공학의 다양한 분야에 도전해서 전문가로 성장해 갈 수 있습니다. 그래서 많은 대학의 컴퓨터 관련 학과에서 리눅스를 기초 과목의 하나로 교육하고 있습니다.

필자는 2009년부터 리눅스 교과목을 담당하면서 리눅스 사용법과 시스템 프로그래밍을 한꺼번에 다룬 교재를 찾을 수가 없어 여러 가지 서적과 인터넷 정보 등을 수집하여 강의 슬라이드를 만들어 수업에 사용하는 한편, 새로운 교재 집필을 시작하였습니다. 그 후 일부 완성된 챕터만 수강생들에게 공개하기도 하고 내부 사용만 허용된 제본판을 만들기도 하는 등 10여 년간 6회에 걸쳐 교재를 만들고 수정하는 작업을 계속했습니다. 리눅스 커널과 배포판이 매우 자주 변경되는 것이 수정을 반복하고 출판을 미루게 된 한 원인이기도 합니다. 해가 갈수록 요약된 슬라이드와 동영상만 요구하는 학생들이 많아져서 교재의 효용성이 과연 무엇일까 고민된 것도 사실입니다. 그렇지만 수업에서 미처 전달하지 못한 내용들까지 포함해서 잘 정제하고 구조화하여 형태를 갖추도록 해서 학생들에게 제공하고 싶은 욕심으로 교재 작업을 일단락하게 되었습니다. 앞으로도 리눅스는 계속 변화할 것이고 이 책에서 쓸모없어지는 부분이 점점 많아지게 되더라도 말이죠.

책의 구성과 교육 내용

이 책은 4년제 대학에서 개설되는 정규 과목으로서 리눅스를 교육하는데 사용할 목적으로 집필되었습니다. 주요 대상은 Windows 기반의 PC 사용에 어느 정도 익숙하고 C 프로그래밍에 대한 기초가 있지만 리눅스나 유닉스 기반의 운영체제에는 경험이 없는 사람들입니다. 또한 운영체제 교과목의 선수과목으로서 리눅스의 경험을 바탕으로 일반 운영체제의 내부 구조와 개념, 작동 원리를 좀 더 쉽게 이해하는 길잡이가 될 것을 목표로 하고 있습니다. 따라서 교재와 교육 과정의 특징은 리눅스 사용법을 익히는 것과 더불어 리눅스 내부의 작동 구조를 이해하기 위해 (조금 많게 느껴지는) 설명들이 추가되었고, C 언어 기반의 리눅스 시스템 API를 활용한 프로그래밍으로 직접 리눅스와의 소통을 시도한다는 점입니다.

전체 교육 과정은 14주 수업을 기준으로 구성하였습니다. 주당 최소 3시간이 필요하며 실습 포함 주 4시간 수업을 권장합니다. 일부 이론은 교재 읽기, 동영상 시청, 자료 검색 과제 등을 먼저 제시하여 예습을 하도록 하고 수업 시간 중 토론이나 실습, 퀴즈 등으로 진행하는 거꾸로 수업(Flipped Learning) 방식도 좋은 방법이 될 것입니다. 일부 활용도가 떨어지는 내용은 생략해도 무방합니다. 15장의 쓰레드는 중요한 주제이지만 다른 교과목에서 더 본격적으로 공부하는 것이 좋을 수도 있습니다.

주	해당 장	주제	비고
1	1	유닉스/리눅스 소개	
2	2, 3	리눅스 설치와 데스크톱 사용	
3	4	파일 시스템과 프로세스	
4	4	사용자와 시스템 관리	
5	5	셸과 명령어 사용 기초	
6	6	명령어: 파일 시스템	6.3 파일 탐색 생략 가능
7	7	명령어: 텍스트 처리	7.2.3 vi 편집기 생략 가능 7.3 일부 생략 가능
8	8	명령어: 감시와 관리	8.3 일부 생략 가능
9	9	셸 고급 기능	9.4 셸 프로그래밍 생략 가능
10	10, 11	프로그래밍 도구와 기초 기술	
11	12	프로그래밍: 파일	
12	12	프로그래밍: 파일 속성과 디렉터리	
13	13, 14	프로그래밍: 프로세스와 시그널	14장 생략 가능
14	15	프로그래밍: 쓰레드	생략 가능

각 장의 끝에는 본문의 내용을 조금 뛰어넘거나 다른 방향에서 접근해 볼 수 있는 문제를 제시해 두었습니다.

감사의 글

그동안 금오공과대학교에서 리눅스 강의에 참여하여 수많은 질문을 던지고 실습에서의 예상 못한 문제 발견, 교수의 기대를 초월하는 과제 결과물 등으로 수업의 질을 개선하는 데에 많은 기여를 한 학생들에게 감사드립니다. 시스템 소프트웨어 연구실의 남성열, 박슬기, 황일용, 김태성, 이정철 학생은 변경이 잦은 여러 도구의 설치 과정을 설명하는 부분의 초안을 작성하여 큰 도움이 되었습니다. 원고를 책으로 완성해 주신 도서출판 홍릉의 임직원 여러분께도 감사드립니다. 특히 KAIST 재학 때부터 연을 맺어 온 김기용 상무님이 이 책의 출판을 위해 많이 애써 주셨습니다. 감사합니다.

마지막으로 리눅스 세계를 계속 발전시키고 이끌어 나가면서 자신의 지식과 노하우를 아낌없이 공개하고 공유하는 전 세계 개발자 여러분께 진심으로 감사드립니다. 이 책이 좀 더 많은 사람들을 그 세계에 편입시키는 계기가 되었으면 하는 조그만 바람을 담아 봅니다.

2021년 7월

윤 현 주

차례

Chapter 01

리눅스 소개

Chapter 02

리눅스 시작하기

Chapter 03

데스크톱 둘러 보기

Chapter 04

리눅스 들여다보기

Chapter 05

Bash 셸 기초

Chapter 06

명령어: 파일 관리

Chapter 07

명령어: 텍스트 처리

Chapter 09

Bash 셸 심화

Chapter 10

리눅스 프로그래밍 도구

Chapter 11

시스템 프로그래밍 기초 기술

Chapter 12

프로그래밍: 파일과 디렉터리

Chapter 13

프로그래밍: 프로세스

Chapter 14

프로그래밍: 프로세스 그룹과 시그널

Chapter 15

프로그래밍: 쓰레드

1장

리눅스 소개

리눅스(Linux)는 리눅스 커널(kernel)에 기반한 유닉스(UNIX) 계열 운영체제(OS: operating system)를 통틀어 일컫는 용어다. 운영체제란 CPU, 메모리, 보조기억장치, 입출력 장치 등으로 구성된 컴퓨팅 시스템에서 사용자들이 편하고 효율적으로 하드웨어를 사용하고 응용 프로그램을 수행할 수 있도록 하는 기본 환경을 제공하는 소프트웨어다.

컴퓨팅 시스템은 우리가 흔히 접할 수 있는 개인용 컴퓨터와 서버 외에도 모바일 기기, 임베디드 기기 등 종류가 매우 다양하며, 리눅스 또한 다양한 컴퓨팅 시스템에 광범위하게 사용되고 있다. 많은 사람들이 개인용 데스크톱의 리눅스 환경에서 문서를 편집하고, 음악을 듣고 비디오를 보며, 친구와 메일이나 메시지를 주고받고 웹 서핑을 한다. 스프레드시트를 사용해 업무를 처리하고 프레젠테이션 슬라이드를 만들기도 하며, 디지털 카메라로 찍은 사진을 보정하고 3차원 애니메이션이나 동영상을 제작하기도 한다.

개인용 컴퓨터뿐만 아니라 전통적으로 유닉스 계열 운영체제가 수행하던 서버 기능 또한 리눅스가 가장 많이 활용되는 분야 중 하나이다. 서버 시스템은 다양한 기관의 다양한 업무 요구와 많은 수의 사용자 접속에 대응하기 위해 수십~수천 대의 하드웨어를 네트워크로 연결하여 작업을 수행한다. 역할에 따라 웹 서버, 메일 서버, 데이터베이스 서버, 파일 서버 등으로 분류하기도 하며, 개인에 대한 서비스보다 훨씬 다양한 기능과 성능을 갖춘 운영체제로 동작한다. 또한 클라우드 컴퓨팅, 수퍼컴퓨터, 클러스터 컴퓨터 등 초고성능 시스템에도 많이 활용된다.

컴퓨터뿐만 아니라 누구나 사용하고 있는 스마트폰의 경우도 안드로이드와 iOS 모두 리눅스에 기반한 것이다. 블랙박스나 내비게이션 장비 또는 플레이스테이션 같은 게임기에서도 리눅스가 탑재되어 있으며, 라우터나 스위치, 계측 장비 등에도 리눅스가 사용된다. 최근의 핫이슈인 드론이나 자율주행 자동차 등에도 리눅스는 활용된다. 이렇듯 컴퓨터가 아니지만 컴퓨팅 하드웨어와 소프트웨어가 내장되어 다양한 기능을 수행하는 것을 임베디드 시스템이라고 하며, 점점 영역을 넓혀 가고 있는 임베디드 시스템에서 리눅스의 역할도 커지고 있다.

1.1 리눅스의 구성

1.1.1 운영체제 개념 구조

리눅스는 다른 모든 운영체제와 마찬가지로 하드웨어와 사용자 사이에 위치하여 관리와 서비스를 제공할 수 있는 구조로 이루어져 있다. 운영체제는 대체적으로 그림 1-1과 같은 계층 구조로 나타낼 수 있다. 일반 사용자나 대부분의 프로그래머는 하드웨어를 직접 건드릴 일이 없으며 운영체제가 제공하는 서비스를 이용해 시스템을 사용하게 된다.

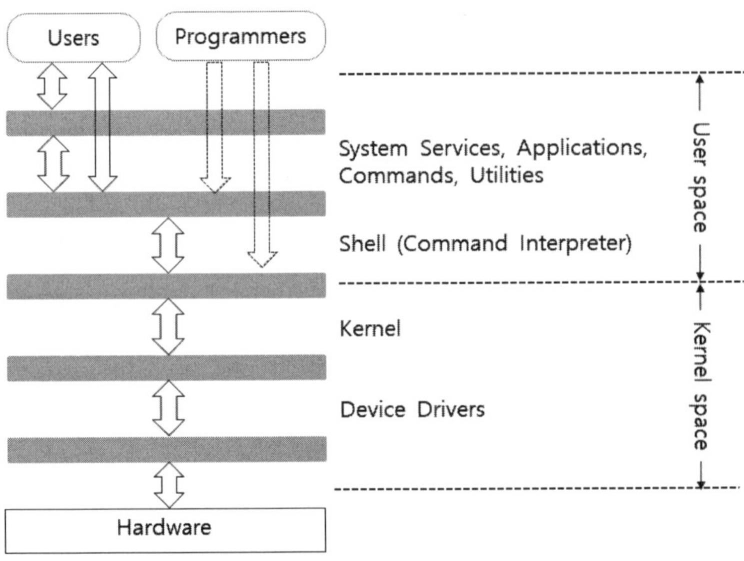

그림 1-1 운영체제 계층 구조

운영 체제 기능에 대한 직접 명령(command)은 명령 해석기(interpreter)를 통해 운영체제 핵심부, 즉 커널에 전달되고, 커널은 이를 직접 처리하거나 필요한 하드웨어를 구동시켜 사용자에게 응답을 주게 된다. 우리가 일반적으로 '프로그램'이라고 하는 것은 명령을 포함해 시스템 서비스, 유틸리티, 일반 응용 프로그램 등으로 분류될 수 있다. **서비스**는 대부분 운영체제 구동과 함께 시작되어 대기 상태에 있다가 사용 요청이 올 때 자신의 기능을 수행하는 특성을 갖는 것으로, 네트워킹, 프린팅, GUI 등이 여기에 속한다. 별도의 중단 명령이 없는 한 운영체제가 살아 있는 동안 서비스도 계속 제공된다. **유틸리티**와 **응용 프로그램**은 별도로 실행을 명령할 때, 예를 들어 프로그램 아이콘을 더블 클릭하는 등의 사용자 입력이 있을 때 실행을 시작하고, 기능을 다 하거나 사용자 명령이 있을 때 실행을 마친다. 그 중, 시스템 기능에 가까워 일반적으로 운영체제 커널과 함께 배포되는 종류를 대개 유틸리티로 본다.

일반 사용자는 명령이나 프로그램을 이용해 운영체제와 대화하는 반면, 프로그래머는 프로그램을 위해 만들어진 API(Application Programming Interface)를 이용해 운영체제 기능을 사용하게 된다. 대부분의 응용 프로그램은 C/C++, Java 등 고급 언어에서 제공하는 표준 라이브러리(library)를 이용해 작성되고, 일부 시스템 의존적인 기능이나 보다 효율적인 구현을 위해 커널이 제공하는 API - **시스템 호출**, system call이라고도 한다 - 가 직접 사용되기도 한다.

1.1.2 리눅스 커널 구조와 기능

운영체제가 수행하는 가장 핵심적인 기능이 구현된 부분을 **커널(kernel)**이라 한다. 운영체제의 기본 기능은 하드웨어 등의 자원을 관리하여 시스템이 효율적으로 동작할 수 있도록 하고 사용자에게 시스템 사용의 편의성을 제공하는 것이다. 실제로 어떤 기능들이 커널에서 동작하고 있는지 간단하게 살펴보자.

그림 1-2는 리눅스 커널이 포함하고 있는 요소들을 기능과 계층에 따라 나누어 표현한 그림이다. 커널의 기능은 크게 프로세스 관리, 메모리 관리, 하드디스크 등에 저장되는 파일 관리, 네트워킹, 입출력 장치 관리 등으로 나누어진다. 각 기능은 그림 1-1에서 나타난 것과 같은 계층에 따라 세부적인 기능을 하는 요소들로 구현되어 있다. 가상(virtual) 계층과 논리(logical) 계층은 매우 다양한 실제 하드웨어와 시스템 기능에 대하여 사용자 및 프로그래머에게 일관된 형태의 인터페이스를 제공하기 위한 것이다. 그래서 새로운 장치가 개발되더라도 계층의 맨 아랫부분만 변경하는 것으로 운영체제나 기존 응용프로그램의 작동을 보장할 수 있다. 각 기능과 계층은 최대한 독립적이면서도 상호 협동하는 방식으로 구현되어 있으며

보다 구체적인 기능과 그들의 관계는 그림 1-2에 부기된 사이트를 참조하기 바란다. 일반 사용자나 프로그래머는 "사용자 공간 인터페이스" 계층에서 정의되거나 제공되는 기능만 이해하고 사용할 수 있으면 되고, 본 서에서도 그 이상은 거의 다루지 않는다.

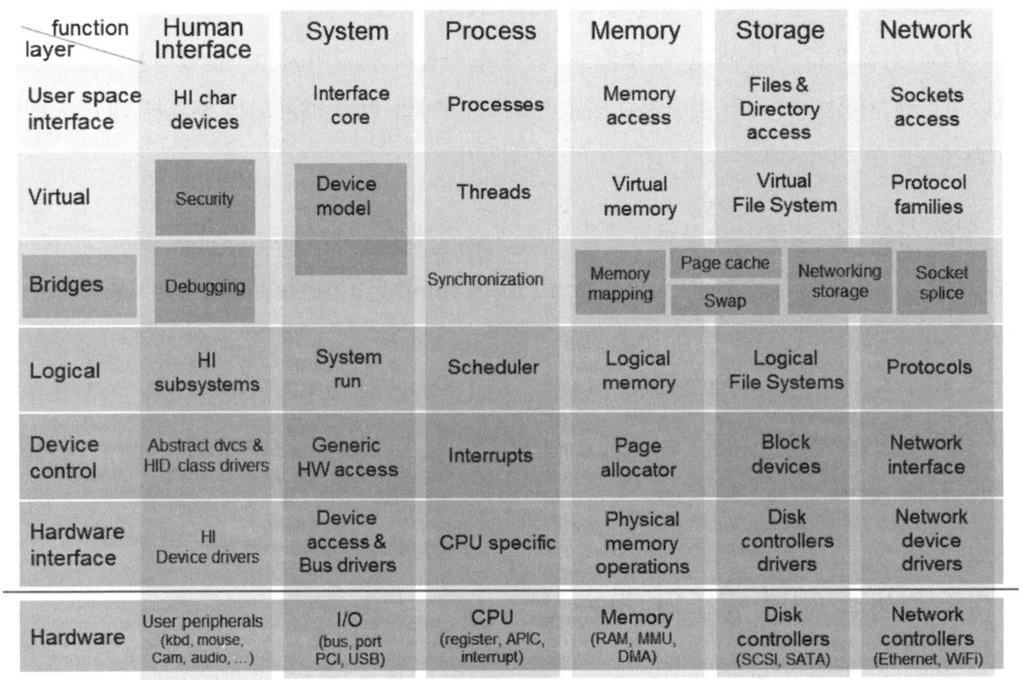

그림 1-2 리눅스 커널 요소

* https://makelinux.github.io/kernel/map 참조

□ 프로세스 관리

프로세스(process)란 실행 중인 프로그램 또는 작업 단위를 의미한다. 컴퓨터에서 프로그램의 실행은 CPU가 담당하며 운영체제의 프로세스 관리 기능은 CPU 사용이 공평하고 효율적으로 오류 없이 이루어지도록 관리하는 것을 담당하고 있다.

소스 코드로 작성된 프로그램이나 컴파일된 실행 가능한 파일들은 일반적으로 하드디스크로 대표되는 보조기억장치에 "파일" 형태로 저장된다. 어떤 프로그램을 실행하도록 명령하면 프로세스는 "생성" 단계로 들어가게 되는데, 운영체제가 해당하는 실행 파일을 열어서 그 내용을 메모리로 적재하고 실행 및 관리에 필요한 여러 가지 환경을 준비하는 것이다. 멀티태스킹 환경에서는 여러 개의 프로세스가 동시에 메모리에 적재되어 실행 준비를 할 수 있고, 운영체제는 CPU 스케줄링 정책과 자원의 상황에 따라 “준비” 상태의 프로세스 중 하나가 실제 실행 상태에 들어가도록, 즉 CPU가 그 프로세스를 실행할 수 있도록 해 준다. 메모리 추가, 파일 사용, 입출력 장치 사용 등 프로세스 실행 중 요구되는 각종 지원 기능도 운영체제가 대행하며, 이로 인해 대기가 필요한 경우 프로세스의 CPU 사용을 중단시키고 다른 프로세스가 실행되도록 교체한다. “대기” 상태에 들어간 프로세스는 기다리던 작업이 이루어진 후 다시 CPU를 할당받을 수 있는 “준비” 상태로 전환되고, 작업이 모두 끝나면 운영체제는 프로세스가 사용했던 메모리, 파일 등의 자원을 청소하고 정리하여 프로세스를 “종료” 시킨다. 또한 프로세스 관리 기능에서는 여러 프로세스가 협력하거나 통신을 원할 경우 필요한 기능도 제공한다.

□ 주기억장치 관리

보통 RAM(random-access memory)으로 구현되는 주기억장치는 CPU가 유일하게 접근할 수 있는 기억 장치로서 현재 CPU가 실행하고 있는 작업에서 필요한 자료는 모두 주기억장치에 저장되어 있어야 한다. 운영체제도 하나의 프로세스로서 시스템이 부팅하면 주기억장치 일부분을 항상 차지하고 있다. 새로운 프로그램이나 데이터의 경우에도 항상 주기억장치에 먼저 적재된 후에 실행이 가능하거나 다른 기억장치로 저장할 수 있다. 주기억장치의 크기는 한정되어 있기 때문에 운영체제는 이것을 적절히 나누어 사용할 수 있도록, 누가 현재 기억장치를 사용하고 있는지 관리하고, 새로운 기억장치에 대한 요구가 발생했을 때 어느 부분을 할당할 것인지에 대한 정책 등을 가지고 관리 기능을 수행한다.

□ 파일 및 보조기억장치 관리

파일(file)은 컴퓨터에서 다루는 정보의 논리적(logical) 저장 단위로 정의될 수 있다. 주기억장치는 전원이 꺼지면 그 내용을 모두 잃어버리기 때문에 정보를 저장하기 위한 보조기억장치가 필수적으로 사용된다. 자기테이프, 자기디스크, 플래시메모리, 광학 디스크 등 다양한 형태와 저장 방식의 장치들이 존재하지만, 하드웨어 형태가 무엇이든 간에 같은 방식으로 정보를 구조화, 조직화해서 사용자에게 일관된 인터페이스를 제공하는 것이 운영체제의 파일 관리 기능이다. 논리적인 디렉터리 구조와 파일을 만들거나 변경, 삭제하고, 이들을 실제 하드웨어에 저장하고 입출력할 수 있도록 하는 모든 기능을 지원한다.

□ 입출력 시스템 관리

그림 1-2에서는 컴퓨터시스템에 내재된 입출력 버스 및 포트(port)에 대한 관리와 사용자가 직접 접하는 키보드, 마우스 등의 입출력 기기에 대한 관리가 따로 나타나 있지만 이들을 통틀어 입출력 시스템 관리 기능으로 분류하기도 한다. 입출력 시스템 관리에서도 역시 사용자 편의성과 효율성을 제공하는 것이 주목적이다. 사용자 편의성을 위해 특정 하드웨어 장치의 특성에 관계없이 공통된 방식으로 입출력 기능을 사용하거나 프로그램에 활용할 수 있도록 하는 논리적 모델과 인터페이스를 제공한다. 효율성은 입출력 시스템에서 매우 중요한 요소인데, 이는 CPU나 메모리 등 컴퓨터를 구성하는 다른 전자 장치에 비해 속도나 기능에서 현저한 차이를 보이는 여러 입출력 기기들로 인해 전체 시스템 효율이 떨어지는 경우가 많기 때문이다. 버퍼(buffer), 인터럽트(interrupt) 등 CPU의 시간을 최대한 낭비하지 않도록 하는 기법들이 사용된다.

□ 네트워킹

인터넷이 일반화된 이후 네트워킹 기능은 운영체제의 일부분이 되었다. 네트워크 상의 다른 컴퓨터 및 프로그램, 사용자와 통신하기 위해서는 정해진 규약(protocol)을 따라야 하며, 이 규약이 운영체제 내에 구현되어 있다. 인터넷의 기본 규약은 TCP/IP이다. 기본 규약 외에 이 규약을 사용하여 네트워크 상의 자원을 공유하기 위한 요소 - 예를 들어 NFS (Network File System) - 들도 일부 운영체제에 포함되기도 한다.

□ 보호 및 보안

보호(protection)와 보안(security) 기능은 각 기능 요소마다 별도로 구현되기도 하고, 독립적으로 구현되는 부분도 있다. 커널을 일반 사용자로부터 보호하는 기능, 각 사용자의 파일 접근 권한 관리, 메모리의 사용 영역 제한, 사용자별 패스워드 등이 전통적으로 운영체제에서 제공해 온 보호 기법이며, 네트워크로 시스템의 개념이 확장된 후 보안 프로토콜, 암호 및 인증 기법 등으로 구성된 네트워크 보안 기능의 제공이 필요하게 되었다. 보호 및 보안은 시스템 기능과 시스템에 저장된 정보를 언제나 안정적이고 신뢰성 있게 관리하고 서비스를 제공해야 하는 운영체제의 중요 요소이다.

1.1.3 리눅스 커널 버전과 배포판

리눅스 커널의 수정과 개발은 다수의 프로그래머가 참여한 공개 프로젝트 형태로 진행되고 있으며, 최신 버전의 개발 관리와 공식 릴리스는 Linus Torvalds가 책임지고 있다. 이전 버전도 여전히 유지되고 있으며, 각 버전마다 유지를 책임진 프로그래머들이 있다. 책을 집필하고 있는 현재 가장 최신의 안정판 버전은 5.8이며, 3개월에 한 번씩 공식 릴리스를 하기 때문에 독자 여러분이 이 글을 읽는 시기에는 더 높은 릴리스 또는 버전 번호를 보게 될 것이다.

그런데, 운영체제는 커널만으로 이루어지지는 않으며, 완전한 시스템 운영을 위해서는 운영하고자 하는 시스템의 목적에 맞는 유틸리티 및 응용 소프트웨어들이 통합된 형태가 필요한데, 이를 **배포판**(distribution, 줄여서 distro)이라 한다. 리눅스 배포판은 수백 가지가 넘으며 다음과 같은 기준으로 분류해 볼 수 있다.

- 상업용 / 비상업용
- 초보 개인용 / 전문가용 / 기업용
- 다양한 하드웨어용 / 특정 하드웨어용
- 서버 / 데스크톱 / 임베디드 기기
- 범용 / 특수 목적용
- 주요 구성 목적: 보안, 활용도, 이식성, 포괄성 등
- 관리 유지 주체: 단일 기업 / 커뮤니티
- 패키지 관리 시스템 (Package management system)

개인용 컴퓨터 또는 평범한 서버를 위한 배포판은 보통 리눅스 커널, GNU 도구와 라이브러리, 문서작성용 소프트웨어, GUI를 지원하는 윈도우 시스템과 데스크톱 환경 등을 필수로 하고 배포판의 목적에 맞는 여러 가지의 추가 응용 소프트웨어로 구성된다. 도구 중 가장 핵심 요소는 소프트웨어의 설치/제거, 설정, 업그레이드 등의 작업을 하는 패키지 관리 기술(package management system)로서, 이에 따라 배포판을 분류하기도 한다(표 1-1)[1]. 일부 배포판은 라이브(Live) CD 방식으로 사용할 수 있는데, 이는 리눅스를 하드 디스크에 설치하는 과정 없이 CD 또는 외장형 USB 플래시 메모리를 부팅 가능한 형태로 만들어 두고 이

---

1) 리눅스 배포판의 종류와 발전 과정을 한 눈에 보고 싶다면 다음 웹페이지를 참조하기 바란다.
https://upload.wikimedia.org/wikipedia/commons/1/1b/Linux_Distribution_Timeline.svg

를 이용해 부팅하여 리눅스를 사용하는 방식이다. 기존 시스템의 변경 없이 새로운 운영 체제를 사용할 수 있고, 손상된 시스템의 복구나 바이러스 제거, 하드 디스크 파티션 변경 등 현재 설치된 운영 체제가 할 수 없는 작업이 필요할 때 특히 유용하다. SUSE, Ubuntu, Linux Mint, Fedora 등 많은 배포판이 일반적인 설치 버전과 함께 라이브 CD 버전을 함께 지원한다.

어떤 배포판을 선택할 것인가는 용도와 목적에 따라 다르며, 개인 사용자용으로는 대부분의 인기 있는 배포판 구성이 비슷하므로 주변에서 많이 사용하는 것을 알아보고 선택하는 것도 나쁘지 않다. 판매용이라 할지라도 GPL에 따라 라이선스가 제한되지 않고 복사 및 재배포를 막을 수 없으므로 복사해서 사용해도 상관 없다.

표 1-1 리눅스 배포판의 종류

분류	패키지 관리 시스템		주요 배포판	특징
	포맷	관리 도구		
Debian 계열	.deb	dpkg, apt	Debian GNU/Linux	자유 소프트웨어 정신에 투철, 안정성 중시, 다양한 하드웨어 지원, 서버에 많이 사용
			Ubuntu	편리함과 용이한 설치. 잘 구성된 데스크톱 시스템 제공, 초보자/개인용으로 많이 사용
			Knoppix	최초의 Live CD 배포판
Red Hat 계열	.rpm	rpm, yum	Fedora	Red Hat 회사에서 지원한 비상업용 커뮤니티 버전
			Red Hat Enterprise	Red Hat 회사에서 관리하는 기업용/상업용 버전
			CentOS	Red Hat과 같은 소스를 사용하지만 커뮤니티에서 관리하는 비상업용
Slackware 계열	.tgz	slackpkg	Slackware	사용자 나름의 맞춤형 시스템 구성. 고급 사용자에게 권장
	.rpm	zypp	openSUSE	SUSE 회사에서 관리하는 비상업용 커뮤니티 버전
			SUSE Linux Enterprise	SUSE 회사에서 관리하는 기업용/상업용 버전
기타	Gentoo, Arch Linux, Android, WebOS, OpenWRT, …			

곁들임 : 커널 번호는 어떻게 매겨질까?

커널에 번호를 매기는 방법은 커널을 수정하고 유지보수하는 주기와 정책에 따라 변경되어 왔다. 0.01에서 2.5.75 버전에 이르기까지는 개정의 정도에 따라 세 개의 숫자를 점(.)으로 구분하여 사용했는데 코드와 커널의 개념 자체에 대한 중대한 변경이 첫 자리, 커널의 주요 개정이 두 번째, 마지막은 보안 패치, 오류 수정, 드라이버 추가 등 덜 중요한 개정을 나타내었다. 첫 번째 숫자는 1994년 0.99에서 1.0으로 1996년 2.0으로 단 두 번 바뀌었으며 두 번째 숫자는 홀짝 시스템으로서 짝수는 안정판, 홀수는 개발 중임을 표시하였다. 2004년 2.6.0부터는 보다 짧은 릴리스 주기를 도입하기로 하고 홀짝 시스템을 폐기하였으며, 7년간 세 번째 숫자만 계속 변경하였으며 간단한 버그나 보안 패치에 대해서는 네 번째 숫자를 도입하기도 하였다. 버전 2.6.39.4까지 출시된 2011년에는 개념의 큰 변화는 없지만 그간 쌓인 개정을 반영하고 리눅스 20주년을 기념하여 3.0으로 버전을 변경하였다. 그 후 2015년에 버전 3.19 이후 3.20과 4.0에 대한 투표를 거쳐 4.0으로 변경했으며, 2018년 4.20까지 출시 후 2019년부터 버전 5.0이 시작되었다. 숫자 변경에 특별한 의미보다는 손발을 다 동원해도 20 이상 셀 수 없기 때문에 버전업을 했다는 Linus Torvalds의 설명이 있었다고 한다.

한편, 매우 다양한 시스템에 리눅스가 사용됨에 따라 잦은 버전업이 어려운 경우를 감안하여 3.2부터 장기 지원(LTS: Long Term Support)을 유지하는 버전이 있어 현재는 3.x, 4.x, 5.x 버전이 공존하고 있는 상태다. 배포판이 아닌 커널을 독립적으로 업그레이드 또는 변경할 경우 여러 버전 중 선택할 수 있으며, 보통 최신(latest) 버전보다는 최근의 안정판(stable) 버전을 사용하는 것이 일반적이다. 개발 중인 버전에 대해서 여러 가지 숫자나 문자를 번호 뒤에 추가하기도 했는데 현재 공식 홈페이지에서는 'linux-next'라는 명칭 하나로 통일해서 git으로 관리하고 있다.

1.1.4 서비스 및 유틸리티

대부분의 컴퓨터 시스템은 커널만으로 동작시키기 어렵다. 예외적으로 임베디드 시스템 같은 경우는 커널 중 필요 요소만 설치하고 그 기기의 기능을 수행할 수 있도록 특화시킨 프로그램을 그 위에 장착함으로써 사용이 가능하기는 하다. 리눅스 커널에 기반한 게임기, 라우터, 네비게이션 기기 등이 그 예다. 그러나 범용 컴퓨터에서는 사용자의 요구가 매우 다양하며, 보편적인 시스템 기능을 편리하게 제공할 필요가 있다.

문서를 편집하거나 멀티미디어 데이터를 처리하는 등 별도의 주 기능을 위해 개발되고 사용되는 응용소프트웨어와 달리, 유틸리티는 시스템의 기능 자체를 더 잘 활용하는 것을 주요 목적으로 하는 시스템 소프트웨어로 분류할 수 있다. 주택이나 건물에서 전기나 상하수도 시설, 중앙 냉난방 시설 등을 유틸리티라고 하는 것과 비교해 보자. 동굴이나 초가집 등 유틸리티 시설이 없는 주거 공간에도 사람들이 살 수 있지만, 시설이 잘 갖추어진 현대식 주택이 훨씬 더 편리하고 안락하다고 할 수 있다. 컴퓨터 시스템에서 유틸리티 프로그램들은 바로 이런 역할을 하는 것이다.

유틸리티의 종류는 매우 많으며 운영체제 배포판에 포함된 프로그램 중 커널을 제외한 다른 모든 프로그램을 유틸리티로 간주하기도 한다. 파일 시스템 탐색, 프로세스 관리, 디스크 검사, 시스템 성능 모니터링이나 분석, 데이터 백업, 압축, 안티바이러스, 소프트웨어 설치 및 제거, 네트워크 설정 및 분석 등의 작업과 관련된 프로그램들이 있으며, 사용자가 운영체제와 소통하는 도구인 셸(shell)도 유틸리티의 한 범주로 넣을 수 있다. 또한 소프트웨어를 만드는 소프트웨어인 컴파일러를 유틸리티에 포함시키기도 한다.

서비스는 유틸리티 또는 커널 기능을 약간 다른 관점에서 보는 명칭이다. 서비스는 운영체제 구동과 함께 시작되어(메모리에 적재) 운영체제 종료 시까지 또는 명시적인 서비스 종료 시까지 대기 상태로 시스템 내에 존재하며, 요청이 올 때 자신의 기능을 실행한다. 일부 응용 프로그램의 경우도 서비스 형태로 실행될 수 있다.

일반적인 리눅스 배포판에서 커널과 함께 설치되는 서비스와 유틸리티 중 대표적인 것들을 간단하게 살펴보자.

□ 셸(shell)

유닉스/리눅스에서는 명령 해석 및 기본 사용자 인터페이스 역할을 하는 셸이라는 프로그램이 운영체제와 사용자를 1차적으로 연결해 준다. 일반적으로 운영체제 부팅 후 자동 실행되는 특수 프로그램으로서, 사용자가 입력한 명령을 해석하여 커널에 전달하고 커널이 실행한 결과를 받아 사용자에게 보여 주는 **명령 해석기(command interpreter)**이다.

셸은 텍스트 방식의 인터페이스(CLI: Command Line Interface)와 그림 방식의 인터페이스(GUI: Graphical User Interface)로 분류할 수 있다. CLI는 텍스트 입력 방식으로 명령을 내릴 수 있으며, 여러 가지 옵션과 기능을 이용해 유틸리티와 프로그램들을 서로 연결해 사용할 수 있도록 해 준다. 또한 스크립트 언어로 된 독자적인 프로그래밍 방식을 제공하여 고급 사용자나 프로그래머가 원하는 기능을 쉽게 프로그램으로 작성하여 활용할 수 있다. Bourne shell(sh), C shell(csh), Korn shell(ksh), Bourne Again shell(bash) 등 다양한 종류가 있으며, 익숙한 것을 선택해 사용할 수 있다. MS Windows 운영체제 보조프로그램 중 하나인 "명령프롬프트(cmd.exe)" 또는 Windows10에 기본 장착된 "PowerShell"도 CLI 셸의 일종이며, 리눅스에서는 bash가 기본으로 사용된다.

```
ssluser@JUYOON-OFFICE19: ~
File  Edit  View  Search  Terminal  Help
$ ps -e
  PID TTY          TIME CMD
    1 ?        00:00:00 init
  677 tty2     00:00:00 init
  678 tty2     00:00:00 bash
  793 tty2     00:00:00 dbus-launch
  794 ?        00:00:00 dbus-daemon
  796 ?        00:00:00 at-spi-bus-laun
  802 ?        00:00:00 dbus-daemon
  808 ?        00:00:00 gnome-terminal-
  814 ?        00:00:00 gvfsd
  822 ?        00:00:00 at-spi2-registr
  829 pts/0    00:00:00 bash
  838 pts/0    00:00:00 ps
$ help
GNU bash, version 5.0.16(1)-release (x86_64-pc-linux-gnu)
These shell commands are defined internally.  Type `help' to see this list.
Type `help name' to find out more about the function `name'.
Use `info bash' to find out more about the shell in general.
Use `man -k' or `info' to find out more about commands not in this list.

A star (*) next to a name means that the command is disabled.

 job_spec [&]                            history [-c] [-d offset] [n] or hist>
```

그림 1-3 CLI 셸

CLI 셸은 텍스트를 이용해 운영체제에 명령을 내릴 수 있기 때문에 오래된 하드웨어나 임베디드 기기와 같은 제한된 환경에서도 운영체제를 사용할 수 있도록 해 주는 매우 유용한 프로그램이다. 그러나 명령어를 익히고 기억해야 하므로 초보 사용자에게는 일종의 장벽이 되기도 한다. 윈도우 환경에 익숙한 사용자도 부담 없이 시스템을 사용할 수 있도록 리눅스에서도 그래픽 사용자 인터페이스가 잘 지원된다. 리눅스의 그래픽 환경은 X-Window라고 하는 기본 GUI 지원 시스템을 기반으로 하고 있으며, GTK+ 라이브러리를 이용한 GNOME, Qt 라이브러리를 이용한 KDE, 경량급인 Xfce 등 다양한 형태의 윈도우 매니저와 데스크톱 환경이 있다. 한 가지 모양의 GUI 셸만 제공되는 MS Windows와 달리, 리눅스는 배포판에 기본으로 포함되어 있는 것 외에 취향에 따라 선택해서 설치하여 사용할 수도 있다.

데스크톱 환경에서는 기본적으로 그림 형태의 인터페이스를 이용하여 사용자가 마우스를 이용해 프로그램을 실행하고 드래그 앤 드롭으로 여러 가지 기능을 편리하게 사용할 수 있도록 한다. 그 외에도 셸에서 명령어를 입력하여 실행할 수 있는 여러 가지 기본 기능을 GUI 형태로 제공하는데 파일 관리자, 검색 기능, 제어 센터 등이 자주 사용되는 것들이다. 그 외에도 GTK+ 또는 Qt 라이브러리를 이용해 GUI 형태로 구현된 많은 응용 소프트웨어

그림 1-4 GUI 셸

들이 추가로 설치될 수 있으며, 주로 이름 앞에 G 또는 K가 붙어 어떤 라이브러리를 사용했는지 구분한다. 데스크톱 환경과 응용 소프트웨어가 사용한 라이브러리가 다른 경우에도 대부분 상관 없이 실행 가능하며 다만 화면에 나타나는 기본 모양이 다를 뿐이라고 생각해도 무방하다.

□ 네트워킹 서비스

일반 사용자를 위한 네트워크 관련 소프트웨어는 웹 브라우저, 메일, 인스턴트 메시징, FTP 클라이언트 등 기본적인 기능의 프로그램이 다수 존재한다. 리눅스와 마찬가지로 대부분 오픈 소스로 개발되고 배포되는 것이므로 원하는 것을 선택하여 설치해서 사용할 수 있다. 시스템 수준의 유틸리티 프로그램으로는 Windows 시스템과 파일을 공유하거나 프린터를 공유할 수 있게 해 주는 Samba, 여러 시스템의 파일을 하나처럼 인식하고 관리하게 해 주는 NFS, 원격 서버에 접속해서 GUI 환경을 사용할 수 있게 해 주는 VcXsrv 등이 자주 사용된다. 네트워크를 모니터링하고 분석하기 위한 도구로 ping, traceroute, dig 등의 기본 명령이 있으며, Ethereal과 같은 고급 분석 도구도 오픈 소스로 있어 설치하여 사용할 수 있다. 또한 웹 서버, FTP 서버, 데이터베이스 서버 등 서버 프로그램을 설치하여 자신의 시스템을 서버로 활용할 수 있다.

□ 프로그래밍 환경

리눅스는 애초 유닉스 사용자와 같은 전문적인 컴퓨터 엔지니어에 의해 컴퓨터 엔지니어를 위한 시스템으로 개발되었기 때문에 풍부한 프로그래밍 환경을 갖추고 있다. C/C++, Java, Perl, PHP, Python, Ruby 등 근래에 많이 사용되는 언어뿐만 아니라, Pascal, Tcl, Lisp, Prolog, Fortran, Ada, ML 등 매우 다양한 언어의 컴파일러와 인터프리터가 존재하며, 최근에는 .NET 스타일의 프로그램이 가능한 C# 컴파일러와 런타임 환경을 포함하는 Mono 플랫폼도 개발되었다. 프로그래밍 언어 번역 기능에 더해 make, gdb, git, cvs, svn 등 보다 편리하게 프로그래밍과 디버깅, 소스 버전 관리 등을 할 수 있는 도구도 많이 있으며, 이들이 모두 어우러진 통합 개발 환경(IDE: Integrated Development Environment)도 상업용 소프트웨어 못지 않게 훌륭하게 갖추어져 있다. Eclipse, VSCode, KDevelop, Qt Creator 등 리눅스 뿐만 아니라 Windows에서도 수행할 수 있는 크로스 플랫폼 형태로 제공되는 IDE도 많이 있다.

1.1.5 응용 소프트웨어

운영체제와는 별도로 사용자의 다양한 요구에 부응하는 응용 소프트웨어들이 리눅스와 함께 혹은 따로 설치되어 사용될 수 있다. 리눅스에 설치되는 응용 소프트웨어는 상업 목적으로 만들어진 유료 소프트웨어도 많지만 그에 대응하는 오픈 소스 소프트웨어가 거의 대부분 존재한다고 생각해도 된다. 이러한 응용 소프트웨어는 리눅스 뿐만 아니라 MS Windows나 MacOS 등 다른 운영체제 환경에서도 실행 가능한 버전이 제공되는 경우가 많으므로, 여러 종류의 플랫폼에서 동일한 작업을 수행할 수도 있다. 리눅스를 사용하지 않더라도 원하는 기능을 가진 응용 소프트웨어가 너무 고가라 불법 소프트웨어에 의존하고 있다면 오픈 소스에서 잘 찾아 보고 선택하여 사용해 보자. 오픈 소스 소프트웨어와 관련 프로젝트에 대한 정보는 http://www.github.com 또는 http://www.sourceforge.net 사이트에 가장 풍부하게 담겨 있고, 응용에 대한 검색 서비스를 제공하는 http://linuxappfinder.com, http://help.ubuntu.com/community/Applications와 같은 사이트도 많이 있으니 참조하도록 하자.

표 1-2~5는 각 분야의 오픈 소스 소프트웨어 몇 가지를 소개하였다. 여기 소개된 것은 수많은 소프트웨어의 극히 일부분이며, 잘 알려진 상업용 소프트웨어의 대체품 위주로 소개되어 있다.

표 1-2 개인 업무용 소프트웨어

소프트웨어	주요 기능 및 특징
Thunderbird	이메일 클라이언트
Firefox Chromium	웹브라우저
Pidgin Miranda IM	메신저
LibreOffice	워드프로세서, 스프레드시트, 프레젠테이션 저작 도구, 플로우차트, 벡터 그래픽스 도구 등 포함 (MS Office 호환 및 대체)
PDFCreator PDF Architect	PDF 생성, 편집
Notepad2	Notepad
KMyMoney, GFP	개인용 재정/금융 관리

표 1-3 서버 및 사무용 소프트웨어

소프트웨어	주요 기능 및 특징
Apache	웹 서버
Filezilla	FTP 서버 및 클라이언트
Axigen	메일 서버
Firebird, MySQL, PostgreSQL	데이터베이스 서버
Zimbra, Scalix, Kolab, Open-Xchange	그룹 웨어: 메일, 일정 관리, 메신저 서버 등이 모두 포함된 협업 지원 소프트웨어
OpenVPN	가상 사설망 지원
Snort	침입 방지 시스템
GnuCash, LedgerSMB, Quasar	금융 회계 관리

표 1-4 과학/공학용 소프트웨어

소프트웨어	주요 기능 및 특징
LyX	과학/공학 저작용 LaTeX 문서 도구
Gnuplot, QtiPlot, SciGraphica, OpenDX	데이터 분석 및 그래프 작성
g3data	그래프에서 데이터 추출
PSPP	통계 분석 (SPSS 대체)
RKWard, R Project	R 언어 (빅데이터 분석) 도구
Abakus	과학/공학용 계산기
GNU Octave, Scilab	수치 계산 및 해석 도구 (MATLAB 대체)
Sage, Maxima	대수학(algebra) 도구 (Mathematica 대체)
Range Software	유한 요소 해석 (Finite Element Analysis)
Qucs, Ngspice, KTechlab, KSimus	전자 회로 시뮬레이션
FidoCadJ, Electric XCircuit, Kicad	전자 회로 및 PCB 설계
Pratt	음성 인식 및 합성
Stellarium, KStars	실시간 고화질 별자리 영상 생성
Kalzium, Chemtool	주기율표를 포함한 화학 관련 도구
PyMOL, GROMACS XMakemol, MOLPHY	분자/원자 구조 분석 및 가시화 도구(화학/생물학)
PyTorch, Keras, Caffe	딥러닝

표 1-5 그래픽/멀티미디어 관련 소프트웨어

소프트웨어	주요 기능 및 특징
Gimp	이미지 편집기 (Photoshop 대체)
Inkscape	벡터 그래픽 도구 (Adobe Illustrator 대체)
Dia	도표 그래픽 도구 (MS Visio 대체)
Audacity, LMMS, Jokosher	오디오 편집/저작 도구
VLC, Kaffeine, Amarok	멀티미디어 플레이어
XBMC, Freevo, Moovida	미디어 센터
KDEnlive, Cinelerra, LiVES	비디오 편집/저작 도구
K3b, Bonfire/Brasero, GnomeBaker	CD/DVD/Blue-Ray 버너

1.2 유닉스와 리눅스의 역사

1.2.1 유닉스의 태동

1964년에 미 국방성에서 지원하고 AT&T Bell Labs, General Electric, MIT 등이 함께 참여한 MULTICS(Multiplexed Information and Computing Service) 프로젝트가 시작되었다. 목표는 당시로서는 대형 컴퓨터인 GE-645에 동적 링킹, 안정성 있는 시분할 시스템 등 새로운 운영체제 개념을 도입하고 실현하는 것이었다. 프로젝트는 도중에 AT&T Bell Labs이 빠지고 Honeywell이 GE 컴퓨터 사업부를 인수하여 기종을 바꾸는 등 우여곡절을 겪으며 15년 이상 진행되었고, 별로 인기는 없었지만 상업용 버전으로 출시되어 2000년까지 운용되었다.

1969년 여기에 참여했던 Bell Labs의 연구원인 Ken Thomson과 Dennis Ritchie는 중형 컴퓨터인 DEC PDP-7에서 사용하기에 적합한 단순하고 가벼운 운영체제 개발을 시도하였고, 회사의 지원이나 업무와 관계없이 재미를 느낀 사람들이 동참하여 팀을 구성하였다. 그 중 한 명인 Brian Kernighan은 복잡한 MULTICS에 대비되는 의미로 이 운영체제를 Unics로 명명하였고, 이것이 나중에 UNIX로 변하게 된다. 초기에 목표로 한 것은 "단순하고 간결하지만 강력한" 운용 프로그램으로, 하나의 거대하고 복잡한 소프트웨어보다는 작은 프로그램들을 여러 개 연결한다는 개념으로 구성하였다. 최초의 유닉스는 어셈블러(assembler), 셸(shell), 편집기 등을 포함하였으며 PDP-7 어셈블리어로 구현되었다.

1970년에는 양식화된 문서 제작 기능을 구현하여 최초의 상업용 버전으로서 PDP/11-20에 포팅하였으며, 이 때부터는 정식으로 회사의 지원을 받게 된다. 한편, Thomson은 고급 언어로 운영체제 개발을 시도하기 시작하였으며, Fortran 등의 기존 언어로는 불가능함을 깨닫고 새로운 언어를 개발하게 된다. 이것이 B이며 1971년 Ritchie가 C로 발전시킨다. 그리고 1973년, 고안된 C 언어를 사용해 대부분의 유닉스 코드를 다시 작성하였다.

1.2.2 유닉스의 성장과 보급

운영체제가 고급 언어인 C로 작성되었다는 것은 이식성을 높여 서로 다른 하드웨어에 쉽게 설치될 수 있다는 것을 의미하며, 이는 유닉스가 널리 사용될 수 있게 된 중요한 요소이다. 거기에 더해 AT&T는 대학이나 회사, 정부 기관 등에 유닉스를 판매하며 소스 코드까지 라이선스에 포함시켰으며, 많은 대학에서 이를 바탕으로 연구와 개선을 거듭할 수 있게 되었다. 1975년 Bell Labs에서 버전 6을 내놓을 무렵, 최초의 non-PDP 유닉스인 Interdata 7/32를 비롯한 많은 버전들이 Bell Labs 내·외부에서 개발되었다.

1977년에는 Bell Labs의 외부에서 또다른 중요한 유닉스 버전이 개발되었다. UC Berkeley 대학원생인 Bill Joy가 유닉스 버전 6에 Pascal 컴파일러, ex 편집기 등을 포함한 BSD(Berkeley Software Distribution) 배포판을 만들어 판매하기 시작한 것이다. 1978년에는 vi 편집기와 csh이 추가되었으며, 1983년 4.2BSD에서 최초로 TCP/IP 프로토콜 코드가 커널에 구현되고 소켓(socket) 개념이 도입되어 네트워크 구성과 프로그래밍이 용이하게 되었다. 이후 1980년대 동안 유닉스는 AT&T의 System V 계열과 버클리의 BSD 계열, 두 양대 산맥을 축으로 하여 상업용/비상업용으로 많은 버전이 개발되었다. SunOS(Sun Microsystems), Xenix(SCO), AIX(IBM), HP-UX(Hewlett-Packard) 등이 대표적인 상업용 유닉스이다.

같은 유닉스라는 이름을 사용하지만 시간이 갈수록 두 계열의 차이가 점점 커지게 되었고, 이는 응용 개발자나 새로운 사용자들에게 좋은 일이 아니었다. 같은 계열 안에서도 상업용과 비상업용의 형태는 많이 달라졌으며 호환성과 이식성은 점점 더 떨어지게 되었다. 이에 양 계열의 장점을 통합하고 호환성을 제공하고자 하는 노력이 시작되었다. 먼저 AT&T와 Sun이 제휴하여 Sytem V Release 4 (SVR4)를 발표하였고, IBM, DEC, HP 등이 주축이 되어 결성한 OSF(Open Software Foundation)에서 OSF/1 시스템을 통합 버전으로 내놓았다.

90년대와 2000년대를 거치며 두 계열은 유닉스 시장에서 우위를 점하기 위해 "유닉스 전쟁(Unix Wars)"이라고까지 일컬어지는 개발전을 경쟁적으로 진행하였다. 한편으로는 최초 개발사인 AT&T가 여러 번의 합병과 분사를 반복했고, 유닉스 라이선스 소유권자도 바뀌고, 리눅스와 오픈 소스 소프트웨어의 영향으로 공개 버전의 유닉스도 나타나는 등 많은 변화가 있었다. 이 많은 변화에도 불구하고, 또한 40년이 넘는 수명에도 불구하고 유닉스는 여전히 기업이나 학교에서 가장 많이 사용되고 연구되는 운영체제이며, 특히 엔터프라이즈 서버 시장에서 유닉스의 지위는 아직도 확고하다.

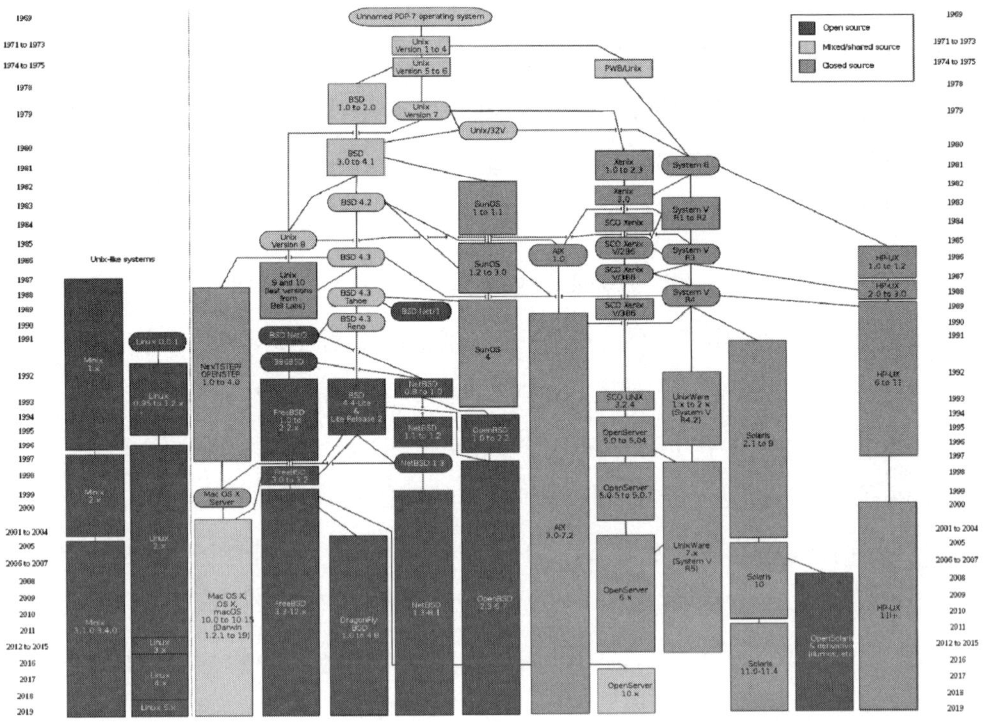

그림 1-5 UNIX 계통도
* http://en.wikipedia.org/wiki/Image:Unix_history-simple.svg 참조

한편 표준화 노력의 가장 성공적인 결과는 IEEE 표준인 POSIX(Portable Operating System Interface for Unix)라 하겠다. 버전에 상관없이 공통된 인터페이스를 제공하여 운영체제 사용의 편의성과 프로그램 이식성을 높이자는 목적으로 개발이 진행되어, 1988년에 처음 POSIX.1이 제정되었다. POSIX에는 커널에 대한 시스템 호출과 C 표준 라이브러리를 포함하는 공통 API(Application Programming Interface)가 지정되어 있어 이들을 사용한 응용 프로그램은 POSIX를 따르는 시스템이라면 어디서든지 같은 동작을 하게 되며, 셸(shell)과 유틸리티(utility) 인터페이스를 표준 제정하여 사용자들이 같은 방식, 같은 명령으로 운영체제를 접할 수 있도록 되어 있다. 이후, 실시간성(real-time), 쓰레드(thread), 유니코드 등 운영체제의 새로운 개념이 도입되고 기술이 발전할 때마다 POSIX도 갱신을 거듭하여 현재 POSIX:2008 (IEEE Std 1003.1-2008)까지 나와 있다. Solaris, HP-UX, AIX, Mac OS X 등 많은 상업용 유닉스들이 100% POSIX-compatible로 알려져 있으며, 리눅스도 거의 POSIX-compatible로 인정받고 있다.

1.2.3 GNU 프로젝트의 시작

1980년대 초, MIT의 인공지능 연구소에서는 PDP-10에 탑재하기 위한 시분할 운영체제인 ITS를 개발하였는데, 연구 내용을 상업화 하려는 움직임이 있었고 이로 인해 분열의 조짐이 보이면서 몇몇 핵심 연구원들은 상업적인 것을 목적으로 하는 회사로 떠났다. 때마침, DEC가 VAX와 PDP-11을 주력제품으로 삼으면서 PDP-10을 단종시킴으로써 더 이상 ITS의 개발은 이루어질 수 없었다.

1984년 1월, MIT 인공지능 연구소의 연구원으로 ITS 프로젝트에 참여하였던 Richard Stallman은 소스를 공개하지 못하도록 하는 분위기와 기술을 상업화 하려는 조류에 반감을 갖게 되었고 새로운 시스템을 구상하게 되었다. 그 모델이 된 것은 유닉스였다. 그는 C로 작성된, 그리고 모두에게 공개된 유닉스 시스템을 개발하기 위해 GNU(GNU is Not Unix) 프로젝트를 시작하게 되었는데, 그는 GNU 프로젝트의 결과물들이 자신이 몸담았던 MIT로부터 저작권과 관련한 어떤 제약을 받게 될 것을 우려하여 MIT 연구원직을 사직할 만큼 완전히 자유로운 운영체제를 원하고 있었다.

1985년에 GNU 프로젝트에서 개발된 에디터인 Emacs에 대한 사용자들의 관심이 높아지면서, Stallman은 GNU 프로젝트 운영을 위해 FSF(Free Software Foundation, 자유소프트웨어재단)을 설립하였다. 개발이 진행된 프로그램들은 GNU 프로그램들의 배포 라이선스인 GPL (General Public License) 하에서 판매되었으며, 판매 수익은 프로젝트를 운영하는데 사용되었다. 모든 GNU 프로젝트는 FSF를 중심으로 진행되어 갔다.

1990년 GNU 프로젝트는 거의 완성 단계에 이르렀으나, 운영체제에서 핵심이 되는 커널이 빠져 있는 상태였다. Stallman은 Carnegie Mellon 대학에서 마이크로커널(microkernel) 개념으로 개발한 새로운 운영체제인 Mach를 기반으로 'Hurd'라는 이름의 커널을 개발하기 시작했으나, 이미 공개된 프로그램들에 대한 지원에 시간을 뺏기는 등 여러 가지 이유로 GNU 커널의 개발은 좀처럼 진척되지 않았다.

1.2.4 리눅스의 등장

이 즈음, 핀란드의 헬싱키에서는 한 대학생에 의해 GNU 시스템에 적합한 커널이 개발되고 있었는데, 이것이 바로 Linus Torvalds의 리눅스였다. 당시 21살의 대학생이었던 Linus

Torvalds는 네덜란드의 Andy Tanenbaum 교수가 학생들의 운영체제 학습을 위해 개발한 최소화 유닉스인 MINIX를 사용하던 중, 유닉스와 호환되는 공개된 운영체제의 개발 계획을 MINIX 사용자 모임에 발표하였다. 그는 개발할 운영체제가 "단지 취미이며 GNU처럼 거대하거나 전문적인 것은 아니다"라고 프로젝트 초기의 의도를 밝혔다. 그래서 초기의 리눅스는 이식성이 고려되지 않은, 다만 i386계열에서 운영되는 유닉스 호환 운영체제를 목표로 하는 프로젝트였다. 초기 버전 0.01은 가장 기본적인 커널만을 포함하고 있었으며 실행조차 되지 않는 수준이었다. 얼마 후 리눅스 공식 버전인 0.02가 발표되었는데, bash(GNU Bourne Again Shell)와 gcc(GNU C 컴파일러) 정도가 실행될 수 있는 수준이었다.

1992년 3월 리눅스는 0.95로 버전업 되었는데 인텔 x86칩에서 사용할 수 있었고 그래픽 사용자 인터페이스가 추가되었다. GNU 커널로 개발 중이던 Hurd의 개발이 순조롭지 않았던 Stallman과 FSF는 유닉스 커널과 호환 가능한 커널인 리눅스를 GNU 시스템의 커널로 채택하기로 하였다. 이로써 리눅스는 강력한 GNU C 컴파일러인 gcc로 컴파일된 많은 응용 프로그램들을 가지게 되었고, 둘의 결합으로 GNU 시스템은 완전한 구조를 갖추게 되었다. 그래서 1993년에는 리눅스 최초의 배포판인 Slackware와 Debian이 발표되기도 하였다.

리눅스의 커널 부분은 Linus Torvalds 주도 하에 계속 개발되었는데, 그는 최대한 확장 가능한, 즉 사용자에게 제어권이 있으며 어떠한 인터페이스에도 종속되지 않도록 개발을 이끌고자 하는 의지가 있었다. Linus Torvalds는 그의 글을 통해서 리눅스 성공의 원인을 "훌륭한 설계 원칙과 좋은 개발 모델"이라고 밝힌 바 있다.

1994년 1년 6개월여 만에 버전 1.0이 발표되었고, 이 버전에는 네트워킹 기능이 추가되었다. 이즈음, 리눅스에 확실한 수익모델이 있다고 판단한 Bob Young과 Marc Ewing은 Red Hat 사를 설립하고, 자사에서 패키징한 Red Hat의 최초 배포본을 발표하게 된다.

1995년 리눅스는 더 이상 i386계열에서만 돌아가는 학습용 운영체제가 아니라 인텔, 디지털, 썬 스팍(Sun SPARC) 프로세서에도 포팅됨으로써 그 영역을 넓혔으며 알파 프로세서용의 64비트 리눅스도 등장하였다. 1996년 버전 2.0이 발표되었는데, 여러 프로세서를 한번에 사용할 수 있는 컴퓨팅 파워가 추가되었으며, 1999년에는 SMP(shared memory multiprocessor) 기능을 공식 지원할 수 있게 되어 최대 16개까지의 CPU 장착이 가능해지고 최대 동시접속 사용자수 2048명까지 지원하는 시스템이 되었다.

2000년대 들어서서 모바일 기기나 임베디드 분야 등 더욱 다양한 분야에 리눅스가 도입되고 있으며, IBM과 SUN(Oracle에 인수됨)이라는 거대 기업의 지원을 받으면서 서버 분야에서는 유닉스와, 개인용 컴퓨터 분야에서는 Microsoft와 경쟁하는 운영체제로 성장하였다. 최근 들어서는 IBM이 대표적 리눅스 회사인 RedHat을 인수하고 메인프레임용 LinuxONE을 만들거나, Oracle은 Oracle Linux로 엔터프라이즈 및 클라우드/가상화 서비스를 제공하는 등 리눅스가 유닉스를 대체하고 있는 추세다. 또한 Microsoft도 Windows 내에 리눅스를 사용할 수 있도록 지원하는 WSL을 추가하고 git을 인수하며 다양한 소프트웨어를 무료로 공개하는 등 오픈 소스와 리눅스의 강력한 협력자로 나서고 있다.

1.3 유닉스와 리눅스의 특징

1.3.1 유닉스 시스템의 특징

유닉스 시스템은 많은 수의 프로그래머가 동시에 하나의 컴퓨터에 접속하여 시간과 자원을 공유하며 효율적으로 사용할 수 있도록 지원하는 것을 목적으로 만들어졌다. 유닉스가 처음 개발되던 당시 새로운 개념이고 기술이었던 이 요소는 이제 컴퓨터 하드웨어의 발전으로 용량과 능력이 엄청나게 커진 현대의 컴퓨터를 지원하는 운영체제들에게 너무나 당연시되고 있어 간과되기 쉬운 특징이다. 그러나 일부 개인용 컴퓨터에 사용되는 운영체제나 휴대 기기에 탑재되는 운영체제에서는 아직도 이 기능이 미비한 경우가 있으므로 다음의 유닉스 특징들을 살펴 보며 비교해 보기 바란다.

□ 다중태스킹(multitasking)

다중태스킹은 동시에 여러 개의 작업을 진행할 수 있는 기능을 말한다. 음악을 켜 놓고, 웹 브라우저를 열어 인터넷에 접속하여 검색을 하고 필요한 파일을 다운로드 받으면서, 문서를 편집한다. 대부분의 컴퓨터에 CPU가 하나이기 때문에 실제 이런 작업은 '동시에' 이루어질 수 없다. 운영체제의 개입으로 이들 작업에 대한 순서와 자원 배분이 제어되고 CPU가 번갈아 가며 이 일 저 일을 수행할 수 있게 되어, 사용자는 많은 작업이 동시에 진행되는 것처럼 느끼는 것이다. 진행 중인 작업 간에 영역을 침범한다거나 특정 작업이 제대로 수행되지 않는다거나 사용자의 체감 성능이 떨어지게 되는 등의 일이 없도록 안정성과 효율성을 제공하는 것이 운영체제의 큰 역할이다. 때로는 작업들 간에 서로 통신이나 데이터 공유가 필요한 경우도 발생하며, 엉키지 않고 효율이 떨어지지 않으면서 이런 작업들 간의 인터페이스가 처리될 수 있도록 해 준다.

□ 다중 사용자 (multi-users)

하나의 시스템에 많은 사용자들이 접속하여 각자 자신의 작업을 진행하지만 각 사용자가 컴퓨터를 독점 사용하고 있는 것처럼 느끼도록 지원하는 운영체제 기능이다. 멀티태스킹에서 요구되는 작업들 간의 독립성과 연계성을 지원함과 동시에 사용자들 간의 독립성과 효율, 공평성 등을 제공해 주어야 한다. 컴퓨터 자원의 사용 우선순위, 소유 관계, 보안과 보호 기법 등도 다중 사용자 시스템에서 필요하다. 유닉스는 처음부터 다중 사용자를 목적으로 설계되었기 때문에 단일 사용자 중심의 운영체제에 비해 훨씬 강력하면서도 유연한 사용자 지원 체계를 가진다.

□ 이식성(portability)

유닉스를 C로 작성할 때부터 이식성은 유닉스의 기본 특징으로 인식되었다. 즉, 컴퓨터 하드웨어가 변경되더라도 운영체제의 소스 코드를 거의 수정하지 않고 새로운 하드웨어에 탑재할 수 있도록 하는 것이다. 이는 운영체제뿐만 아니라 운영체제에서 수행되던 많은 응용프로그램들도 하드웨어 변경에 크게 영향을 받지 않고 설치될 수 있다는 것을 의미한다. 또한 POSIX 표준이 개발되면서 많은 유닉스 버전에 대한 응용프로그램 이식성도 역시 매우 높다는 특징을 가진다.

□ 강력한 유틸리티와 도구 프로그램

1.2.1절에 소개한 바와 같이 유닉스는 여러 개의 작은 프로그램을 연결해 복잡한 기능을 처리한다는 개념으로 개발되었다. 다중태스킹과 다중 사용자를 지원하기 위한 운영체제의 핵심 부분인 커널(kernel)과 별도로, 셸과 같이 운영체제에 필수적으로 포함되는 유틸리티를 비롯해 커널과는 분리되어 삽입과 삭제가 가능한 여러 가지 도구 프로그램들로 구성되어 있다. 특히 오랜 세월 프로그래머들과 고급 사용자들을 지원하며 다양하고 풍부한 유틸리티와 도구들이 개발되어 웬만한 기능은 모두 제공할 수 있다.

□ 네트워킹(networking)

불과 십수년 전만 해도 이메일과 인터넷은 일반화된 기능이 아니었다. 유닉스는 인터넷이 개발되던 초창기부터 TCP/IP 프로토콜을 탑재하여 이를 사용하던 학계와 업계 사용자들에게 강력하고 편리한 통신 수단을 제공하였으며, 현재도 대부분의 메일 서버나 웹 서버가 유닉스로 지원되고 있다. 운영체제로서 네트워킹을 지원하기 위해서는 단지 프로토콜 서비스뿐만 아니라 수많은 사용자의 네트워크 접속 요구를 안정적이고 효율적으로 처리해 주어야 하며, 유닉스는 오랜 기간의 개선과 발전으로 매우 뛰어난 서버로 인정받고 있다.

1.3.2 리눅스의 특징

리눅스는 유닉스를 계승하여 만들어졌으므로 앞에서 소개한 유닉스의 구조적이고 기능적인 특징을 모두 공유한다. 그에 더하여 리눅스는 공개 소프트웨어로서의 독자적인 특징을 가진다. 아래에 나열한 특징은 최근 들어 리눅스를 적극 지원하고 있는 IBM 사에서 정리한 내용을 약간 보충, 수정한 것으로, 서버 소프트웨어로서의 리눅스의 장점과 더불어 다재다능한 리눅스의 특징을 설명한다.

□ 오픈 소스 소프트웨어

리눅스의 가장 큰 특징 중 하나는 공개된 형태의 자유로운 개발과 배포로, 자유 소프트웨어 재단(Free Software Foundation)이 표방하는 GNU GPL(General Public License)을 따른다는 것이다. 리눅스 커널의 모든 요소는 소스 코드까지 사용자에게 공개되고(오픈 소스), 이를 활용해 누구나 자유롭게 버그를 수정하거나 기능을 추가할 수 있다. 또한 이러한 수정본을 같은 GPL을 따르는 형태로 배포 또는 판매할 수 있다. 커널 외의 유틸리티나 응용 프로그램도 대부분 GNU에서 개발되고 GPL을 따르고 있어 공개 소프트웨어만으로 완벽한 작업 환경을 구축하는 것이 가능하다. 또한 전세계에 분포하는 여러 개발자들과 공동 작업을 통해 신속하게 문제를 해결하고 새로운 기능을 추가할 수 있다. 실제로 일반적인 커널의 개정 작업에 개인을 포함하여 수백 개 회사에서 수천 명의 개발자가 참여한다.

표 1-6 오픈 소스 소프트웨어의 장점

특정 집단 소유의 소프트웨어	오픈 소스 소프트웨어
폐쇄형 개발	개방형 개발
개발자 중심	사용자 중심
소스코드 없이 사용만 가능	소스코드가 공개되어 변형 가능
제품 정보는 개발업체가 제공하는 것이 전부	개발자 및 사용자들에 의한 자발적 문서화
저작권에 대한 비용 지불	저작권 비용 없음
서로 다른 환경의 시스템 통합 또는 이식이 어렵고 문제 발생 가능	소스코드를 이용하여 시스템 통합과 이식이 자유로움
버그 수정은 저작권 소유자에 의해서만 가능	버그 수정에 사용자와 개발자 모두 참여
소프트웨어의 존속이 저작권 소유자에 의존	사용자가 있는 한 소프트웨어 존속 보장

□ 유연성에 따른 선택의 폭 확대

개방형 개발 방법에 힘입어 리눅스는 최초 지원했던 x86계열 프로세서를 비롯해 ARM 아키텍처, Alpha, SPARC, PowerPC 등 무수한 프로세서와 아키텍처를 지원한다. 또한 시스템에 부속되는 여러 하드웨어를 지원하는 드라이버도 매우 많고 광범위한 파일 시스템을 지원하기 때문에, 특별한 하드웨어나 소프트웨어를 구입하지 않아도 같은 네트워크에서 다양한 제조업체와 모델의 컴퓨터 시스템을 사용할 수 있다.

또한 커널을 중심으로 어떤 도구와 소프트웨어를 결합할 것인가에 따라 매우 다양한 기능과 크기의 운영체제를 만들 수 있기 때문에 유닉스와 마찬가지의 서버급 컴퓨터용 운영체제에서부터 일반 개인이 사용하는 데스크톱이나 랩톱을 위한 개인용 운영체제, 또는 PDA나 네트워크용 스위치, 셋톱 박스 등 임베디드 기기용 운영체제를 구성하는 것도 가능하다. 클러스터링(clustering) 기능도 뛰어나 이전에 슈퍼컴퓨터에서만 가능하던 대량의 데이터 계산이나 검색 작업과 같은 프로세스를 처리할 수 있도록 확장 구성할 수 있다.

□ 신뢰성

리눅스 운영체제는 수백만 개발자들이 참여하여 패치와 소스코드 작업을 수행하는 방식으로 개발/운영되므로 철저한 테스트와 디버깅 과정을 거치게 되며, 만약 버그가 발견될 경우에도 단 시간 내에 해결책이 나오게 된다. 새로운 서비스 팩이나 패치가 나올 때까지 몇 개월을 기다릴 필요가 없다.

□ 강력한 보안 기능

리눅스는 비즈니스에 적합한 커널 수준 보안과 네트워크 및 어플리케이션 방화벽 구축 방법론 기능을 제공하는 운영 체제로, 시스템 운영자가 사용하는 네트워킹 보안 프로시저와 더불어 개방형 소스 제품에서만 제공할 수 있는 커널 수준의 보안 방법론이 사용자에게도 제공되는 반면, 타 운영체제는 사용자가 커널 수준에서 직접 코드를 작성할 수 있도록 허용되지 않는다. 커널 수준 보안으로 침입자에게 약점을 제공하고 침투를 허용할 수 있는 서비스나 기능을 운영체제 내부에서 완전히 차단하도록 사용자가 직접 처리할 수 있는 이점이 있다.

또한 다른 운영체제는 실행하는 대부분의 보안 소프트웨어가 커널 위에 자리하여 이를 통과하는 프로세스를 모니터링하는 하향 접근 방식이지만, 리눅스는 시스템 운영자가 보안 문제 처리에 있어서 커널의 약점을 커널 수준에서 해결하는 상향 접근 방식을 지원한다.

이 방식으로 보안 상의 약점을 겉만 패치로 가리는 것이 아니라, 완전히 보완해서 근본적인 문제를 해결할 수 있다. 리눅스는 커널 수준에서 강력한 암호화를 통해 네트워크 트래픽을 보호할 수 있으므로 가상 사설 네트워크 구현에 매우 적합하다고 하겠다.

□ 안정성

안정성은 신뢰성과 약간 다른 개념으로 운영체제의 제어를 벗어난 문제를 처리하는 능력을 말한다. 잘못된 커널 수준 코딩이나 정합성 손상, 즉 운영체제 자체의 오류로 인한 시스템 중지는 신뢰성에 관한 문제인 반면, 시스템에서 실행 중인 다른 프로세스로 인한 시스템 중지나 성능 저하는 안정성에 관한 문제라 볼 수 있다.

시스템 운영자에게 운영체제의 안정성은 매우 중요한 관심 사항이다. 리눅스에서는 시스템 안정성 향상에 기여할 수 있는 보호 메모리와 선점형(preemptive) 멀티태스킹이 제공된다.

보호 메모리 하에서는 하나의 응용 프로그램에 오류가 발생하여도 전체 시스템이 중지되지 않는다. 각 응용은 메모리에서 고유한 개별 위치를 차지하며 사용자 프로세스는 운영 체제의 커널 프로세스와 완전히 분리되어 있어, 응용에서 오류가 발생하더라도 운영 체제는 전혀 영향을 받지 않는다. 선점형 멀티태스킹 기능은 한 응용에서 발생한 병목 현상으로 인해 시스템 전체가 악영향을 받지 않도록 보호하고, 사용자의 응용이 커널에서 사용되는 시스템 자원을 잠식함으로써 발생되는 여러 문제를 피하기 위하여 사용자 프로세스와 커널 프로세스 간을 명확하게 분리 운영되도록 한다. 따라서 리눅스는 연속 가동 시간 면에서 매우 뛰어난 운영체제로서, 오랜 시간 켜둔 채로 운영하는 경우에도 자원 관리가 효율적으로 이루어져 시스템이 느려지는 현상이 없다.

□ 저렴한 총 소유 비용

초기에 리눅스는 무료 운영체제라는 이유로 신뢰성 면에서 오해를 사기도 했지만, 비즈니스 환경에서 리눅스의 매력은 저렴한 비용이 아니라 낮은 유지보수 비용, 뛰어난 안정성, 다른 운영체제를 능가하는 성능에 있다. 리눅스는 다른 운영체제에서 할 수 없는 많은 작업을 수행할 수 있다는 점에다 저렴한 비용이라는 장점을 동반하고 있다. 리눅스에는 사용자 단위 라이선스나 사용료가 없고 구형 노트북 등 오래된 저성능 하드웨어에서도 잘 실행되기 때문에 적은 예산으로 고성능 네트워킹 인프라를 구축할 수 있다.

□ 풍부한 기술 인력

전세계적으로 오픈 소스 커뮤니티를 구성하는 수많은 개발자들이 인터넷 상에서 활동하고 있다는 것은 매우 큰 강점이다. 커널뿐만 아니라 응용 프로그램에서도 날마다 새로운 프로그램과 기술들이 발표되고 있고, 이들은 또한 같은 관심을 가지는 수많은 사용자와 개발자에 의해 검증되고 오류가 수정되고 있어 어느 소프트웨어보다도 풍부한 기술 인력의 지원을 받고 있다고 하겠다.

□ 다양한 응용 프로그램

많은 인터넷 서비스 사업자들이 리눅스를 기본 플랫폼으로 포팅하고 있으며, 새로운 소프트웨어 개발자들도 리눅스 상에서 개발을 하고 있다. 그에 따라서 소규모 서버에서 대용량 서버에 이르기까지 사용할 수 있는 솔루션이 다른 플랫폼보다 다양해지고 있으며, 사용에 따른 비용도 상대적으로 낮으므로 솔루션 구현이 용이하다.

□ 세계에서 가장 빠른 속도로 성장하는 운영체제

앞에서 든 많은 장점들로 인해 리눅스를 기본 환경으로 채택하는 사업자와 새로운 소프트웨어를 개발할 플랫폼으로 선택하는 프로그래머들이 빠른 속도로 늘고 있다. 또한 강력하고 편리한 데스크톱 지원 환경과 저렴한 비용(무료!) 때문에 리눅스를 기본 운영체제로 사용하는 개인 사용자도 최근 증가하고 있는 추세다. 우리나라에서는 행정과 금융 소프트웨어 등에서 특정 플랫폼에 종속된 정책을 채택하는 바람에 리눅스 사용자의 비율이 다른 나라에 비해 현저하게 낮은 것이 오히려 특이한 일이라 하겠다.

1장 마무리

시스템 사용법이나 기술만 공부하면 되지, '역사야 아무려면 어때'라고 생각할 수도 있겠다. 그러나 역사를 살펴 봄으로써 어떤 개념들이 어떤 철학으로 구현되었는지 더 잘 이해할 수 있는 계기가 된다. 그리고 세부적인 기술로 들어가기 전에 전체로서의 운영체제를 한 번 조망해 보는 것도 필요하다. 1장에 소개된 내용들이 정확히 어떤 의미인지 아직은 잘 모를 수도 있지만, 앞으로 하나하나 공부해 가면서 그리고 나중에 '운영체제'라는 과목에서 다양한 형태의 운영체제와 그 내부를 살펴볼 기회를 가지면 리눅스의 철학과 장점을 더 잘 이해할 수 있을 것이다. 응용소프트웨어의 경우 그 기능과 종류가 매우 다양하고 항상 새로운 응용들이 나타나고 있기 때문에 아주 간략하게 소개했다. 자신의 관심사에 따라 자신의 리눅스 사용 환경을 풍성하게 만들어 보자.

심화 및 보충 학습

1. 혼자 사용하는 스마트폰이나 개인용 컴퓨터를 지원하는 운영체제와 여러 명의 사용자가 동시에 접속해서 사용할 수 있는 서버를 지원하는 운영체제의 기능에 어떤 차이점이 있는가?
2. 리눅스를 비롯한 많은 소프트웨어가 모듈 및 계층 방식으로 구현된다. 모듈 프로그래밍과 계층적 구현의 장점을 설명하라.
3. MS Windows를 사용하고 있다면 Windows 운영체제에서 제공하는 서비스가 어떤 것이 있는지, 자신의 시스템에서 어떤 서비스가 자동 실행되도록 설정되어 있는지 조사해 보라.
4. GNU GPL은 저작권의 일종으로 이 저작권을 따르는 소프트웨어들의 생성, 변경, 복제, 배포 등에 대한 권한 사항을 정의하고 있다. 흔히 공개 소프트웨어 또는 자유 소프트웨어라고 해서 저작자에게 아무런 권한이 없다거나, 사용하는 이에게 무한정의 권한을 허용해 주는 것으로 오해하기 쉽다. GNU GPL에서 규정하고 있는 저작물에 대한 권리가 어떠한 것인지 상세하고 정확하게 조사해 보라.
5. 본문에서 오픈 소스 소프트웨어의 장점에 대해 설명하였다. 상식에 비추어 볼 때 아무리 좋은 것이라도 하나의 단점도 없이 모든 것이 좋을 리는 없는 법이다. 오픈 소스 소프트웨어의 단점은 어떤 것이 있을까?

2장

리눅스 시작하기

리눅스를 사용하려면 리눅스 시스템이 설치된 컴퓨터가 준비되어야 한다. 우리나라에서는 대부분 기본 운영체제로 MS Windows를 사용하고 있어서 리눅스를 설치한 컴퓨터를 접하기가 쉽지 않다. 따라서 자신의 컴퓨터에 리눅스를 별도로 설치하여 사용해 보도록 하자. 2장에서는 가상 머신에서 리눅스를 설치하는 과정과, 사용 권한이 주어진 리눅스 서버가 있을 때 접속하는 방법, Windows의 한 프로그램으로 리눅스를 사용하는 방법을 소개하고, 운영체제와 함께 기본으로 설치되는 몇 가지 프로그램을 사용해 볼 것이다.

2.1 리눅스 설치 준비

리눅스 설치를 위해서는 필요한 소프트웨어를 선정하고 다운로드 받아야 한다. 또 경우에 따라 플로피 디스크, CD/DVD, USB 플래시 메모리 등 이동 가능한 보조 기억 장치에 기록하여 준비할 필요도 있고, 네트워크를 통해 직접 설치하기도 한다. 사용 방식에 따라 리눅스 배포판 뿐만 아니라 여러 가지 다른 소프트웨어가 필요하기도 한데, 각 배포판과 응용소프트웨어의 웹 사이트에는 내려 받아 준비하는 법, 설치하는 법 등의 설명이 포함되어 있으므로 참고하도록 한다.

먼저 어떤 방식으로 리눅스를 사용할지 결정하자. 그림 2-1에서와 같이 크게 5가지 방식의 리눅스 사용법이 있다.

□ 부팅 운영체제

부팅이란 컴퓨터의 전원을 켠 후 사용자가 사용할 수 있기까지 이루어지는 과정을 말한다. 운영체제가 하드디스크에 설치되고 전원 등 하드웨어와 직접 연결되어 제어할 수 있어야

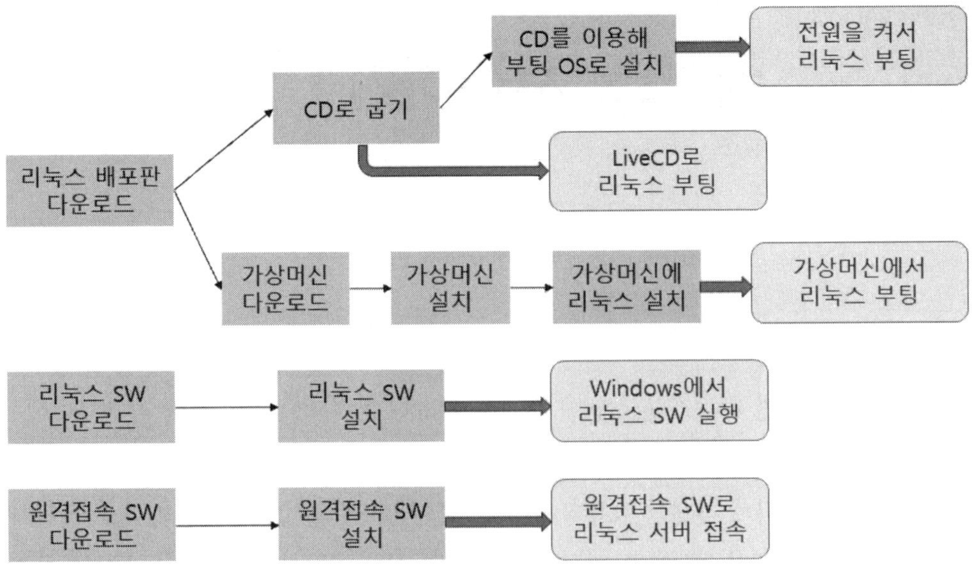

그림 2-1 리눅스 설치 준비와 사용 방법

한다. CD나 USB 메모리, 네트워크 서버에 리눅스를 기록해 두고 설치를 하며, 때로 MS Windows 등 다른 운영체제와 공존하는 "멀티부팅" 방식으로 사용할 수 있다. 이 경우 전원을 켰을 때 어느 운영체제로 부팅할지 결정하게 되며, 하나의 운영체제로 부팅한 후에는 다른 운영체제를 사용할 수 없다. 다른 운영체제를 사용하고 싶다면 전원을 껐다 다시 켜는 부팅 과정을 거쳐야 한다. 일반적으로 설치 과정이 복잡한 편이어서 일부 배포판의 경우 Windows를 주로 사용하는 리눅스 초보자를 위해 간편한 설치 프로그램을 Windows 응용 프로그램 형태로 제공하기도 한다.

□ Live CD로 사용

Live CD 방식은 리눅스를 하드 디스크에 설치하는 과정 없이 CD 또는 외장형 USB 플래시 메모리를 부팅 가능한 형태로 만들어 두고 이를 이용해 부팅하여 리눅스를 사용하는 방식이다. Ubuntu와 같이 설치 방식과 Live CD 방식을 동시에 제공하는 배포판도 있다.

□ 가상 머신에 설치

가상 머신(virtual machine)이란 기계, 즉 하드웨어를 그대로 흉내 내어 만든 소프트웨어다. 이 소프트웨어를 설치하면 아무런 운영체제나 설치 소프트웨어 없이 CPU, 메모리, 하드

디스크 등으로 이루어진 새로운 컴퓨터가 생겼다고 생각하면 된다. 또한 소프트웨어이기 때문에 이 컴퓨터는 가상으로 한 대가 아니라 원하는 만큼 여러 대를 가질 수 있고, 각각의 기계에 서로 다른 운영체제를 설치하여 사용할 수 있다. 이 경우 실제 컴퓨터에 설치된 운영체제를 호스트(host, 즉 주인) 운영체제, 가상 머신 상에 설치된 운영체제를 게스트(guest, 즉 손님) 운영체제라 한다. 호스트를 Windows 10으로 하고 게스트는 리눅스와 Windows 7, 호스트를 Ubuntu 리눅스로 하고 게스트를 Windows 7과 Fedora 리눅스로 하는 등 다양한 운영체제를 설치할 수 있으며, 소프트웨어이기 때문에 전원을 껐다 다시 부팅할 필요 없이 한꺼번에 사용할 수도 있다. 특히 학교나 회사 등 개인 소유의 컴퓨터가 아닌 공용 컴퓨터를 사용하는 경우, 공용 컴퓨터 내에 개인 환경을 만들 수 있는 좋은 기법이다.

가상 머신 상에 설치할 때는 먼저 가상 머신 소프트웨어를 준비해서 설치한 후 리눅스를 설치하는데, 리눅스 CD를 별도로 제작할 필요 없이 하드디스크에 다운로드 받은 파일로 그냥 설치할 수 있다.

□ 응용 소프트웨어로 설치

리눅스를 운영체제라기보다는 Windows에 설치된 하나의 응용 소프트웨어처럼 사용하는 방법도 있다. 가상 머신을 사용할 경우 메모리나 CPU, 하드디스크 등 컴퓨터 자원을 많이 사용해서 사양이 부족한 컴퓨터의 경우 순조롭게 돌아가지 않는다는 단점이 있는데, 이 방식은 자원을 많이 사용하지 않아 '가볍다'는 장점이 있다. 대표적으로 유닉스 이뮬레이터(emulator)로 개발된 cygwin이 있다. cygwin은 역사가 꽤 오랜 소프트웨어로서 1995년에 WIndows NT와 95에서 유닉스 프로그램을 실행하거나 크로스 컴파일하려는 목적으로 개발되었다. Windows API를 사용하여 POSIX 호환 기능을 구현하였기 때문에 완전한 리눅스 기능을 한다고 보기는 어렵다.

그 외 WinLinux, coLinux, Wubi 등 Windows의 하나의 응용프로그램처럼 설치해 사용할 수 있는 리눅스 소프트웨어들이 개발되었으나 최근에는 가상 머신의 발전으로 인해 유용성이 떨어져 개발이나 지원이 중단된 상태이다.

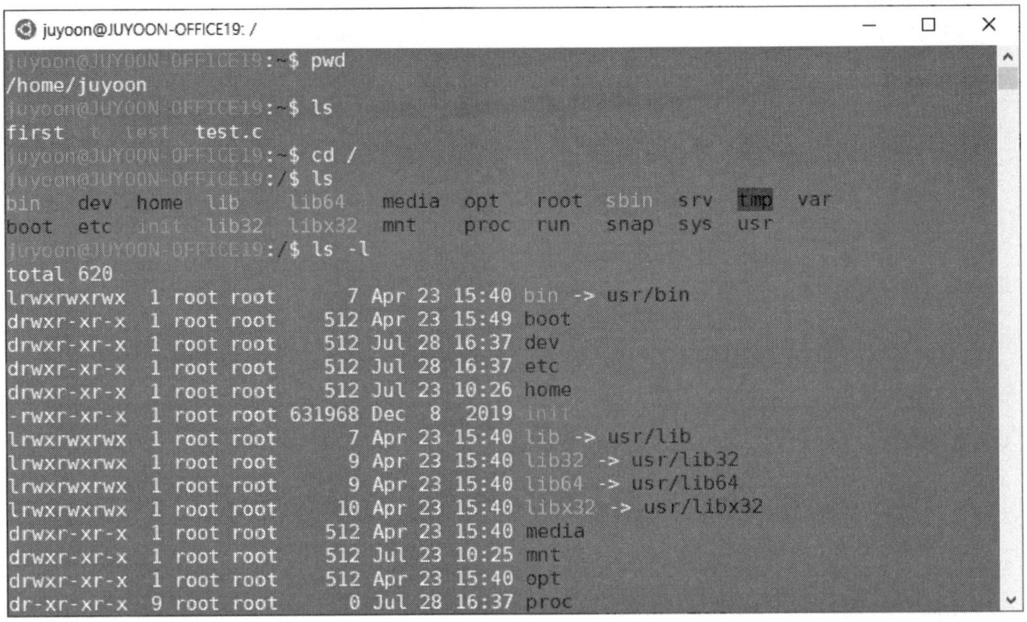

그림 2-2 WSL을 이용한 리눅스 실행

Windows 10부터는 Windows의 한 응용프로그램으로 다양한 리눅스 배포판을 선택해 설치하고 리눅스 기능을 사용할 수 있도록 지원하기 위해 Windows 운영체제 내에 하위시스템의 하나로 WSL(Windows Subsystem for Linux)이 구현되어 있다. 사용자는 WSL 기능을 활성화한 다음, 원하는 배포판을 Microsoft Store에서 검색해 설치 후 리눅스 기능을 사용할 수 있다. 다만 GUI 방식의 데스크톱과 같은 환경을 구축하려면 여러 가지 추가 설정이 필요하다.

□ 원격 접속으로 서버 사용

자신의 컴퓨터에 리눅스를 설치하거나 리눅스 CD 등을 사용하지 않고 리눅스가 설치되어 있는 서버에 원격으로 접속하여 사용하는 방법이다. 이 때 서버의 위치는 상관 없으며, 서버가 지원하는 방식의 통신선과 통신 소프트웨어를 준비하면 되고, 서버 접속 권한을 가지고 있어야 한다. 서버 접속 권한은 주로 사용자 계정(user account)으로 지칭되는데 서버 관리자로부터 사용자 ID와 비밀번호(password)를 부여 받으면 된다. (비밀 번호는 보안을 위해 반드시 변경해서 사용하자.)

어떤 방법으로 사용하는가는 자신의 상황에 따르면 되는데, 리눅스를 가장 빨리 그리고 깊고 넓게 공부할 수 있는 방법은 단독 부팅 운영체제로 설치하여 모든 관리를 스스로 하며 많은 상황을 경험해 보는 것이다. MS Windows가 반드시 필요한 경우에는 리눅스 상에 가상 머신을 설치하고 Windows를 그 위에 설치하면 된다. Windows에 익숙하고 리눅스를 그다지 많이 활용하지 않을 경우에 가장 편리하고 안정적으로 사용할 수 있는 방법은 가상 머신을 활용하는 방법이다. 독자적인 운영체제 기능보다는 POSIX 등 리눅스의 특정 기능이 필요할 때는 WSL을 활용하는 편이 좋을 것이다. WSL은 필요할 때만 리눅스 기능을 사용하므로 이미 리눅스를 잘 알면서 Windows 환경을 주로 사용하는 경우 편리하지만 리눅스 자체를 공부하고자 할 때는 실력이 늘지 않을 가능성이 높다.

2.2 리눅스 설치

우리는 Windows를 설치하여 사용하고 있는 일반 개인용 컴퓨터를 기준으로 Ubuntu 20.04 버전을 설치하기로 한다. 케노니컬(Canonical) 사가 개발을 주도하고 우분투 재단이 지원하고 있는 Ubuntu는 초보 사용자도 금방 설치해서 쉽게 사용할 수 있도록 구성되어 있다는 점이 매력적으로 2004년 처음 출시한 이래 오랫동안 사용자 수 1위를 지켰던 배포판이다. CD/USB를 넣고 몇 가지 기본 설정만 입력하면 설치가 완료되고, LibreOffice, Firefox 웹 브라우저 등의 응용 소프트웨어가 기본으로 제공된다. 버전은 대개 6개월마다 새로 나오고 있으며, 2020년 4월에 20.04 버전이 공개되었다. 이후 매번 새 버전이 나올 때마다 업그레이드해서 새 기능을 즐기는 것도 좋겠지만, 간헐적인 사용자라면 매 2년 주기로 지정되는 LTS(Long Term Support)로 버전을 사용하면 안정적으로 오래 사용할 수 있다.

2.2.1 리눅스 이미지 다운로드

먼저 Ubuntu 웹 사이트(http://www.ubuntu.com)에 가서 CD 이미지 파일을 다운로드 받는다. 파일의 이름은 보통 "ubuntu-20.04-desktop-amd64.iso"의 형태로서 버전 번호와 자신의 컴퓨터에 맞는 CPU 이름으로 구성되어 있다. 다른 Ubuntu 버전이나 32-bit CPU 버전(Ubuntu 20.04는 i386 32-bit 시스템을 지원하지 않음)이 필요하면 다운로드 버튼 아래 "Alternative downloads and torrents"를 선택하여 원하는 파일을 받는다.

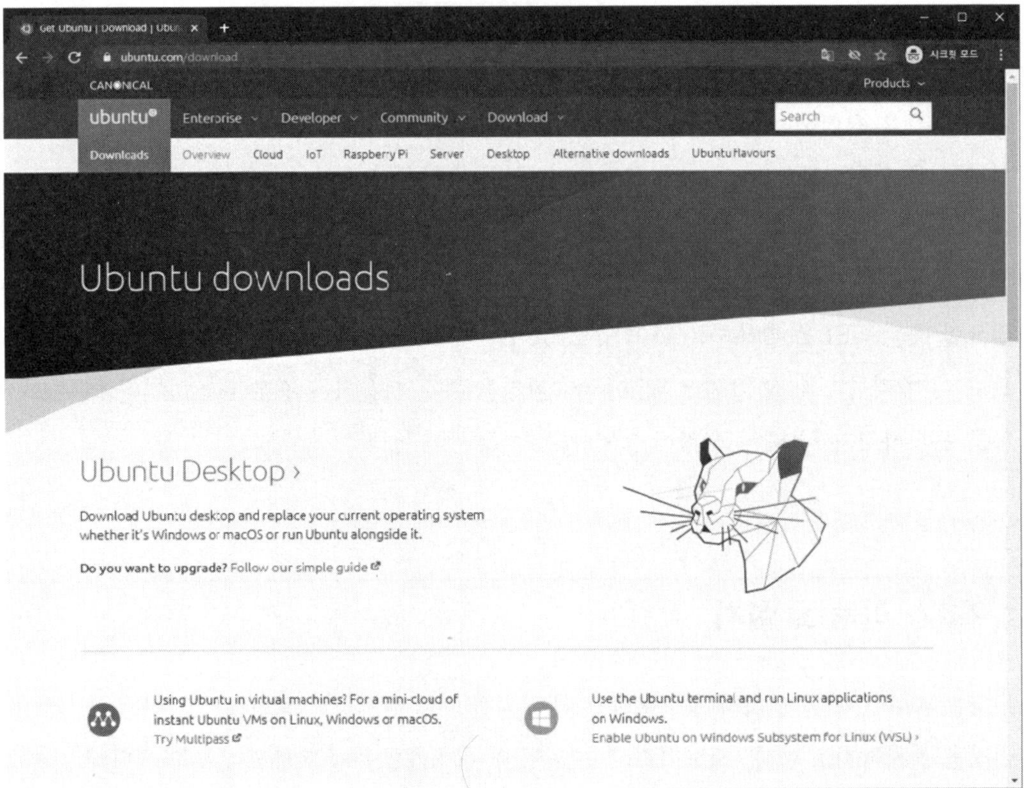

그림 2-3 Ubuntu 웹 사이트 - 다운로드 페이지

2.2.2 가상 머신 설치

대표적인 가상 머신으로는 오픈 소스 소프트웨어인 VirtualBox, 상용 소프트웨어인 VMWare, 무료지만 오픈 소스는 아닌 Windows의 Virtual PC 등이 있다. 가장 많이 사용하고 기능이 뛰어나고 안정된 것으로 평가받는 것은 VMWare지만 개인이 사적으로 사용하는 경우나 이미 설치 이미지가 만들어진 경우 외에는 비용을 지불해야 한다. VirtualBox는 리눅스나 Windows 모두에서 사용할 수 있고, 오픈 소스이기 때문에 사용과 배포가 자유롭다. 따라서 우리는 VirtualBox를 설치하여 가상 머신을 만들고, 그 가상 머신에 Ubuntu를 설치하기로 한다.

먼저 VirtualBox 웹 사이트(http://www.virtualbox.org)에 가서 설치 파일을 다운 받아 설치한다. 우리는 Windows를 설치하여 사용하고 있는 일반 개인용 컴퓨터를 기준으로 하고 있으며, 만약 자신의 호스트 운영체제가 Windows가 아니라면 호스트 운영체제에 맞는 것을 다운

받아 설치해야 한다. VirtualBox의 설치는 다운로드 받은 설치 파일(VirtualBox-xxx-xxx-Win.exe)을 실행시켜 나타나는 설치 마법사의 안내에 따라 어렵지 않게 할 수 있다.

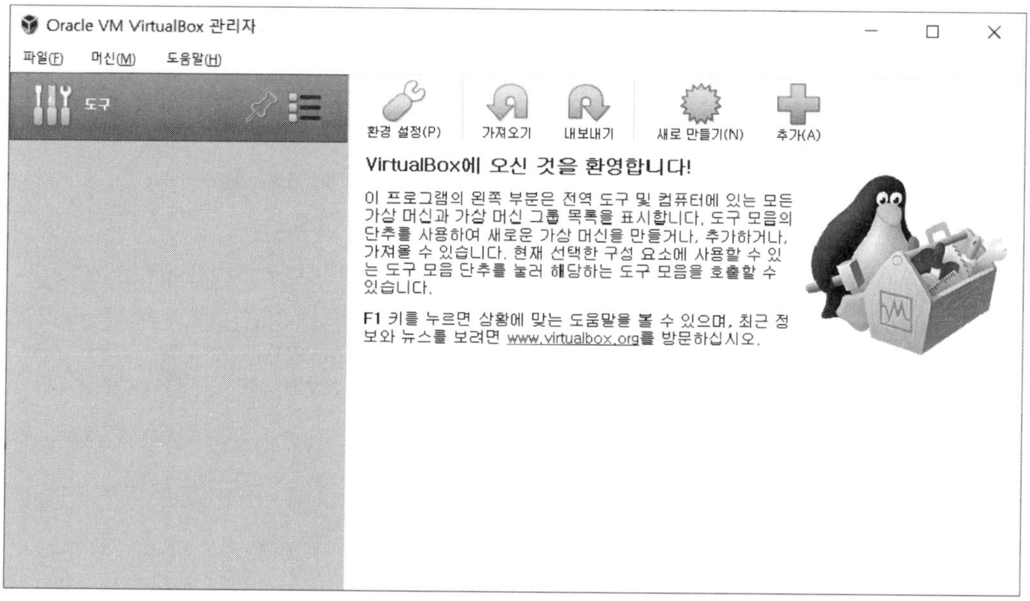

그림 2-4 VirtualBox 첫 실행 화면

다음 단계는 ViruaIBox를 실행하여 가상 머신을 만드는 것이다. 그림 2-4와 같은 실행 화면에서 우측 상단의 새로 만들기 버튼을 누르면 새 가상 머신 만들기 마법사가 실행되고, 가상 머신을 만들기 위해 필요한 데이터를 설정하도록 요구하는 창이 나온다.

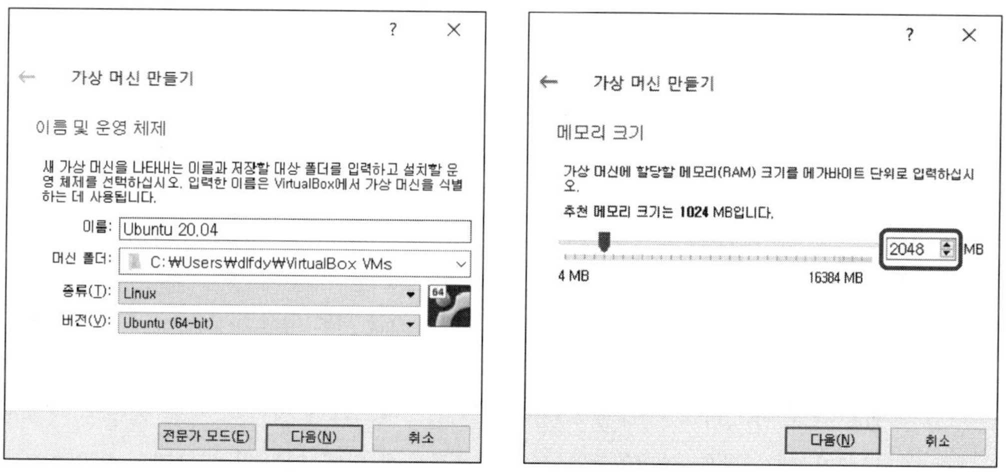

그림 2-5 가상 머신 만들기 (1) - 이름과 메모리

첫 번째 단계에서는 새 가상 머신의 이름을 사용자 임의로 지정하고 설치할 운영 체제와 운영 체제의 버전을 선택한다. 두 번째 단계에서는 가상 머신에 할당할 메모리 용량을 선택한다. 메모리의 용량은 권장 크기가 있지만 실제 시스템 메모리를 고려하여 설정한다. 최소한 2GB 이상으로 설정하는 것이 동작에 무리가 없다.

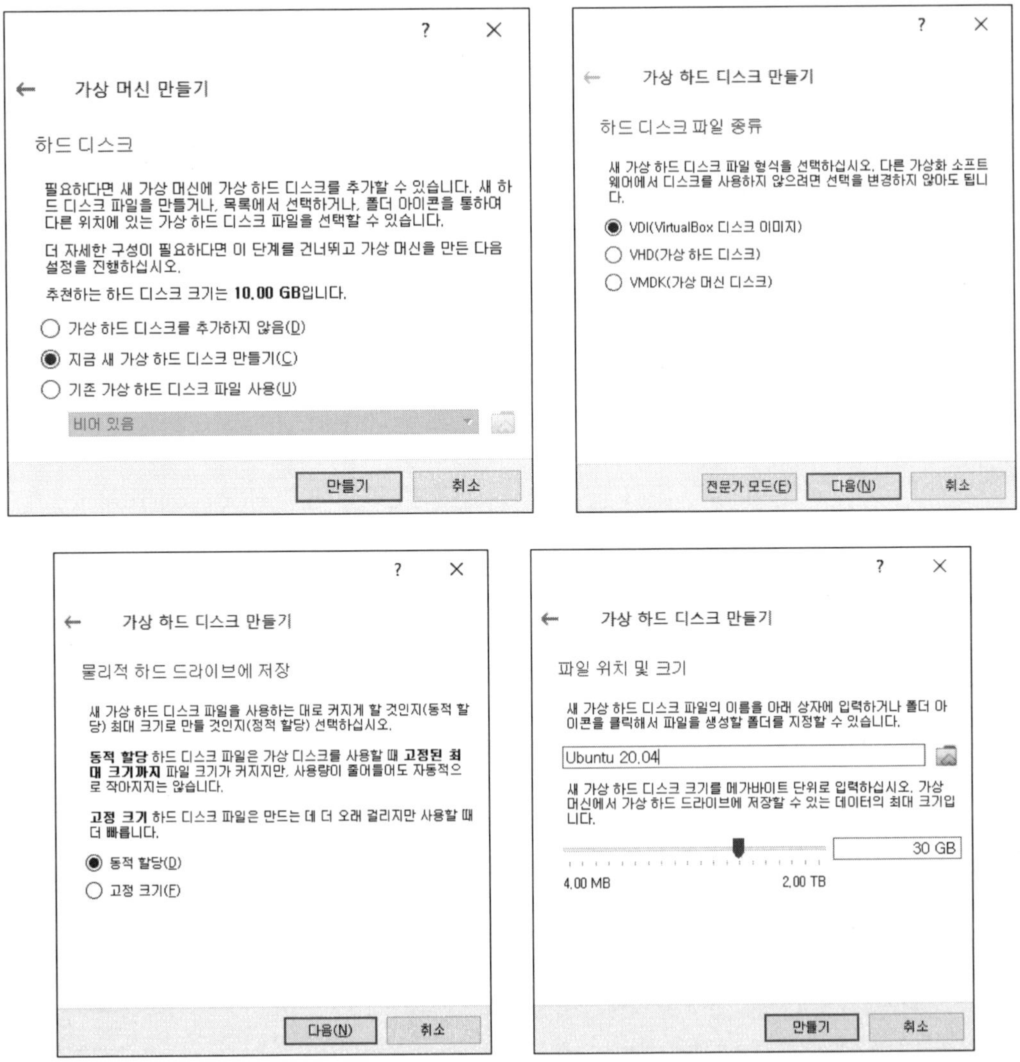

그림 2-6 가상 머신 만들기 (2) - 가상 하드 디스크

다음 단계는 가상 하드디스크 설정으로서 실제 하드디스크에 하나의 파일 형태로 가상 디스크를 만드는 것이다. 처음 설정할 때 크기를 지정하게 되어 있는데 메모리와 마찬가지로 실제 하드디스크의 잔여 용량을 고려해야 한다. 좀 더 유연하게 용량을 활용하려면 *동적 확*

장 저장소 옵션을 선택한다. 처음부터 지정한 크기대로 파일을 만드는 *고정 크기 저장소* 옵션과 달리, 초기에는 필요한 최소한의 크기만큼만 실제 하드디스크를 차지하고 추후 가상 하드디스크에 기록되는 데이터가 늘어나면 가상디스크 파일의 크기가 증가하게 된다. 하지만 크기가 무한히 확장되는 것은 아니고 가상 하드디스크를 만들 때 지정한 크기를 초과하여 저장할 수 없다. 가상 하드디스크의 용량은 리눅스에 어떤 프로그램을 얼마나 설치하고 데이터를 얼마나 생산하는가에 따라 다르지만 다양한 작업을 원한다면 최소 30GB 이상으로 하는 편이 좋다.

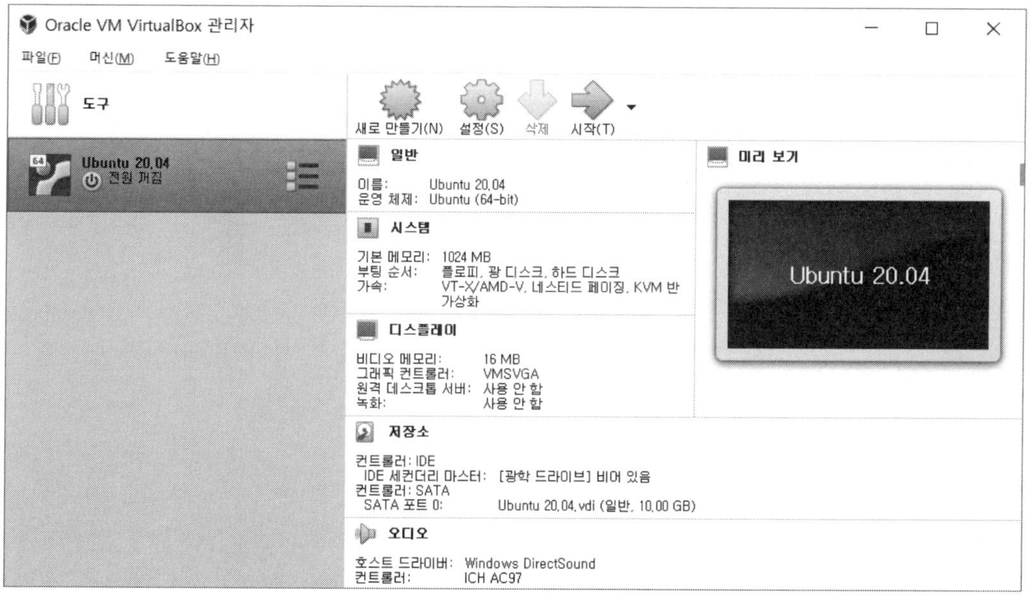

그림 2-7 새 가상 머신 만들기를 완료한 예

설정을 완료하면 새로운 가상 머신 생성이 진행되고 그림 2-7과 같은 화면이 나타난다. 생성된 가상 머신은 아무 것도 설치되지 않은 PC 하드웨어와 같으며, 메모리 크기나 가상 디스크 등 마법사에서 지정했던 내용을 바꾸고 싶으면 **설정** 버튼을 눌러 변경할 수 있다.

2.2.3 게스트 운영체제 설치

이제 아무 소프트웨어도 설치되지 않은 가상의 PC에 원하는 운영체제를 설치하면 된다. 먼저 PC의 CD/DVD 드라이브에 Ubuntu CD를 삽입하는 것과 같은 동작을 해 주자. 이를 위해서는 Ubuntu 웹 사이트에서 받은 CD 이미지 파일(ubuntu-20.04-desktop-amd64.iso 등)이 준비되어 있어야 한다. 가상 머신을 선택하고 설정 버튼을 누른 다음 저장소 메뉴를 선택하거나, 오른쪽에 나열된 구성 요소 중 저장소를 클릭하면 저장소 설정 창이 나타난다. 이 중 IDE 컨트롤러는 IDE 방식으로 연결할 수 있는 외부 장치를 의미하며 CD/DVD 드라이브도 여기에 속한다. 이제 IDE 컨트롤러를 선택하여 나타나는 첫 번째 ⊕ 버튼을 눌러 새로운 CD를 삽입하는 작업을 할 수 있다. 질문 창이 나타나면 디스크 파일 선택을 누르고 저장해 둔 iso 파일을 지정하면 된다.

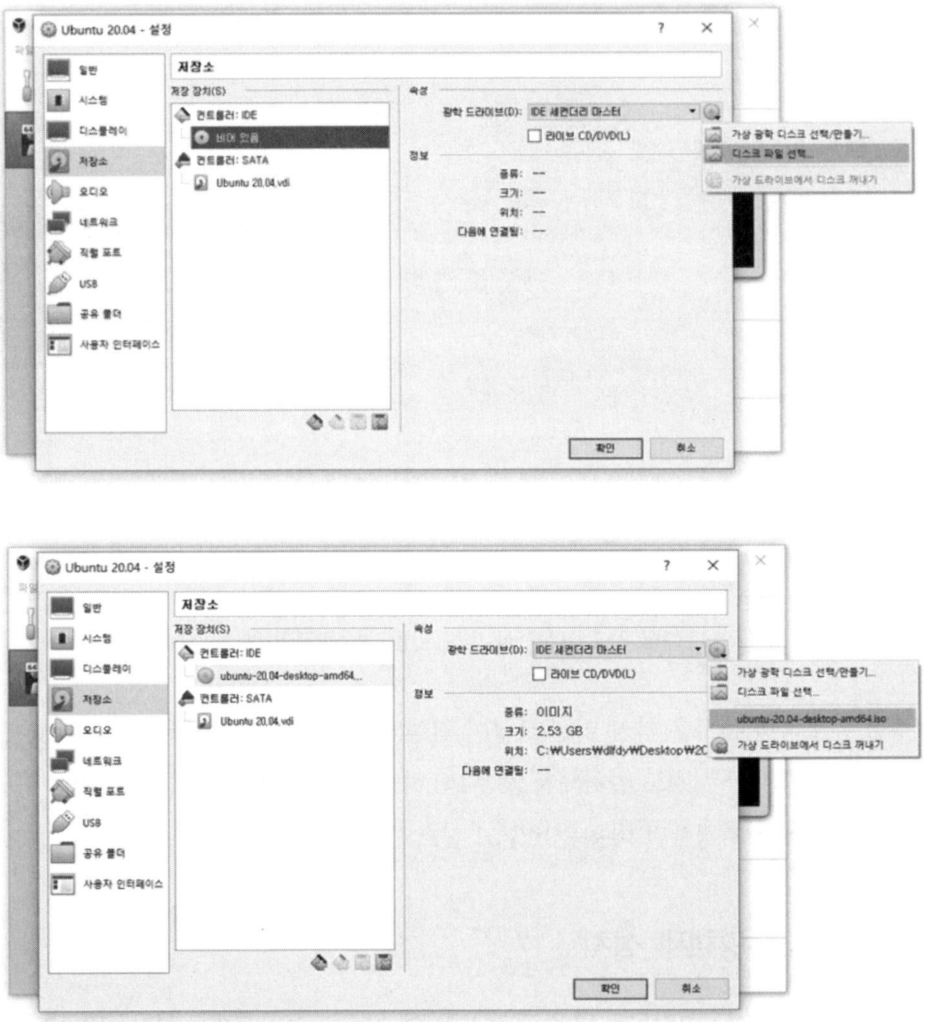

그림 2-8 가상 머신의 저장소에 CD 이미지 연결하기

여기까지 완료되었으면 이제 새 가상 머신을 실행시켜 보자. 그림 2-7에 보이는 새 가상 머신을 더블 클릭하거나 상단의 시작 버튼을 누르면 실제 PC의 전원을 켜는 것과 같다. 이후 가상 머신은 CD 이미지를 이용해 가상 하드디스크에 운영체제를 설치하는 작업을 시작한다.

맨 먼저 가상 머신을 실행하는 창이 새로 만들어지고 그림 2-9에서 보는 바와 같은 메뉴가 나타난다. Ubuntu는 Live CD 기능을 포함하고 있어 하드디스크 용량이 부족하거나 다른 이유로 설치를 원하지 않는다면, 설치하지 않은 채로 CD로 부팅하여 사용하면 된다(Ubuntu 체험).

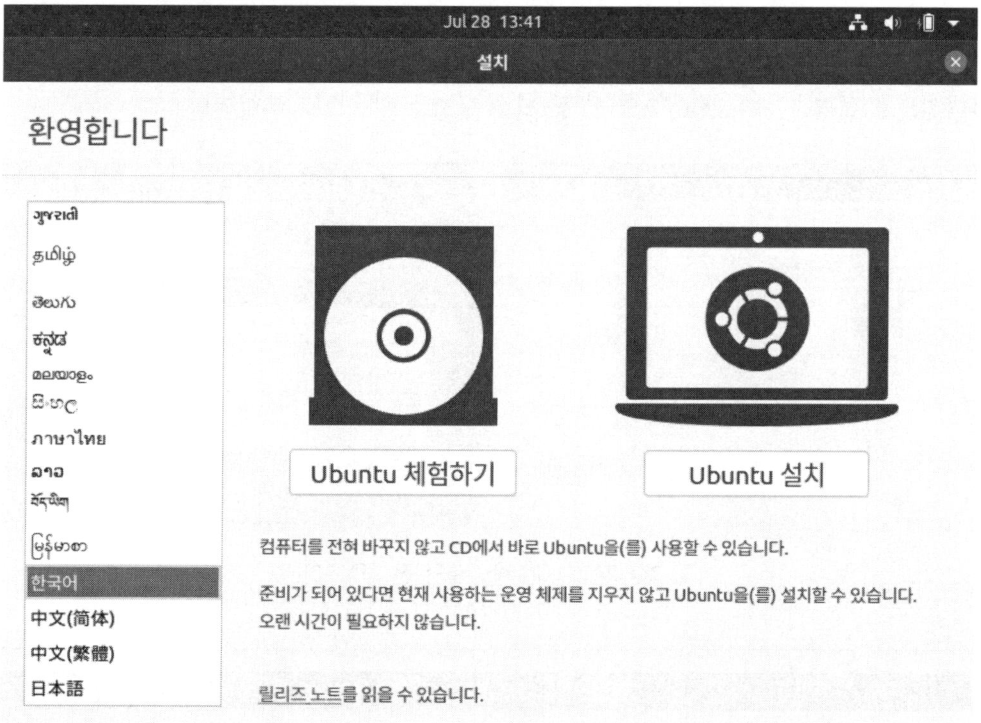

그림 2-9 Ubuntu 설치 초기 화면

본격적인 설치 전에 몇 가지 기본 데이터를 설정하도록 요구하는 화면이 나온다. 먼저설치 언어, 키보드 레이아웃 선택, 앱 설치 유형 등을 선택한다.

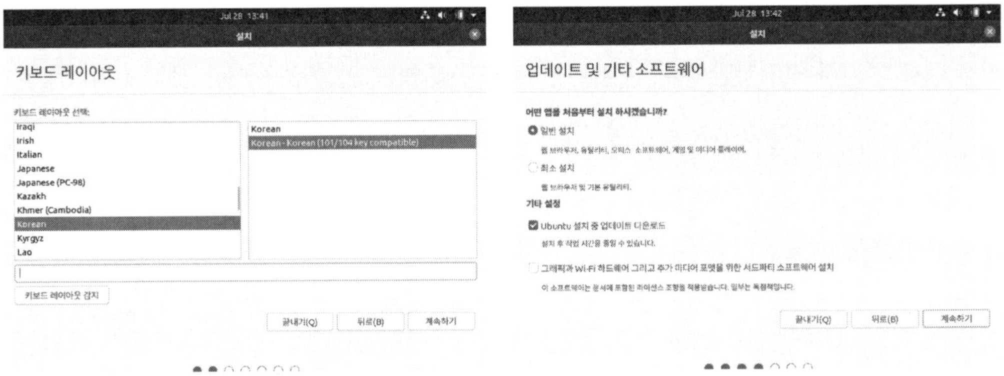

그림 2-10 Ubuntu 설치 전 설정 (1)

다음 단계는 하드디스크 파티션 설정이다. 가상 머신에 설치할 때는 보통 전체를 하나의 파티션으로 설정하는데 swap 파티션 등 필수 요소는 자동으로 분할된다.

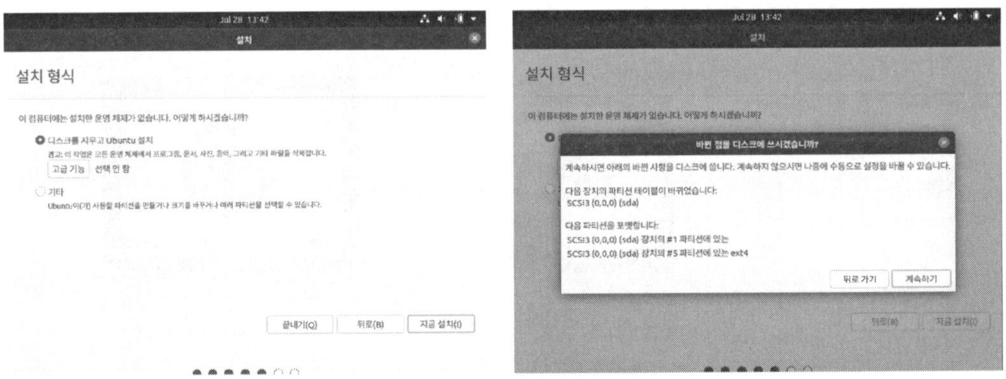

그림 2-11 Ubuntu 설치 전 설정 (2)

곁들임 : 하드디스크 파티션

파티션은 한 덩어리인 하드디스크의 공간을 논리적으로 분할해 각 공간이 독립적인 디스크인 것처럼 사용할 수 있게 해 주는 것이다. 가상 머신이 아닌 물리적 컴퓨터에 직접 운영체제를 설치할 때는 필수 요소로서, 최소한 2개 이상의 파티션으로 분할하여 하나는 운영체제를 비롯한 필수 소프트웨어를 설치하는 공간으로 사용하고, 나머지는 사용자 데이터 저장 공간으로 사용한다. 운영체제를 변경하거나 업그레이드하는 등 시스템 요소에 변화가 있는 경우에도 다른 파티션에는 아무런 영향 없이 사용할 수 있다. 특히 하드디스크의 크기가 TB 단위로까지 커진 요즘에는 보다 효율적이고 쉬운 관리를 위해서도 파티션이 필수다. Ubuntu 설치 과정 중 임의의 파티션 설정을 원하면 "설치 형식" 단계에서 "기타"를 선택한다.

마지막으로 지역(시간대)을 설정하고 첫 번째 사용자(관리자 권한을 갖게 됨!)를 등록하면 실제 설치 작업이 진행된다.

그림 2-12 Ubuntu 설치 전 설정 (3)

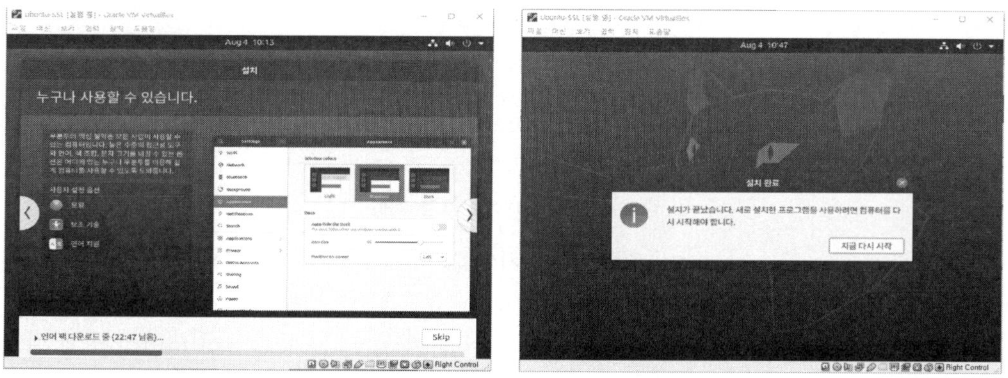

그림 2-13 Ubuntu 설치 과정

설치 과정이 완료되면 그림 2-13의 오른쪽과 같은 화면이 나타난다. 지금 다시 시작을 누르거나 Enter 키를 입력하면 콘솔 화면이 뜨면서 마무리 작업을 하고 "삽입되어 있던 설치 매체(CD)를 제거하고 Enter 키를 누르시오"에 해당하는 메시지가 나온다. 실제 CD로 직접 PC에 부팅 운영체제로 설치하는 경우에는 반드시 CD/DVD를 드라이브에서 빼낸 후 재부팅을 해야 하지만, 가상 머신의 경우에는 이미지 파일(.iso)의 형태이기 때문에 VirtualBox가 자동으로 CD 연결을 해제해 주므로 그냥 Enter 키를 입력해서 재부팅한다. 혹시 CD 연결 해제가 되지 않아 재부팅 시 다시 설치 과정이 시작된다면 그림 2-14(a)와 같이 실행 중인 가상 머신 창의 장치 메뉴를 활용하거나, (b)와 같이 가상 머신이 종료된 상황에서 VirtualBox 창의 설정 메뉴를 활용해서 "가상 드라이브에서 디스크 꺼내기"를 수행한다.

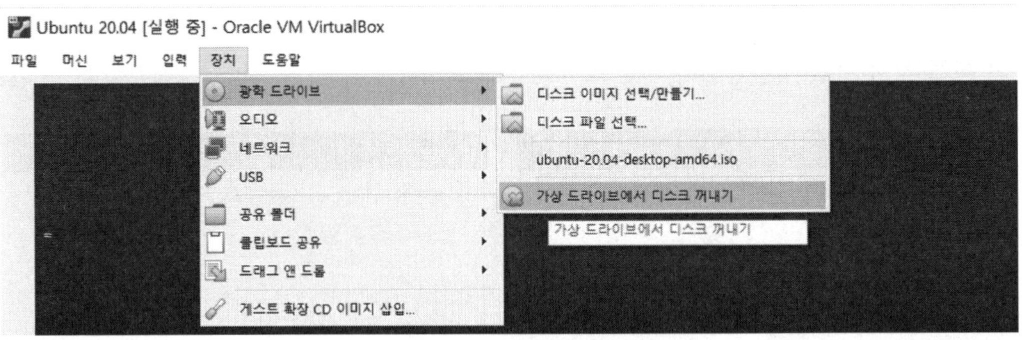

(a) 가상 머신의 장치 메뉴

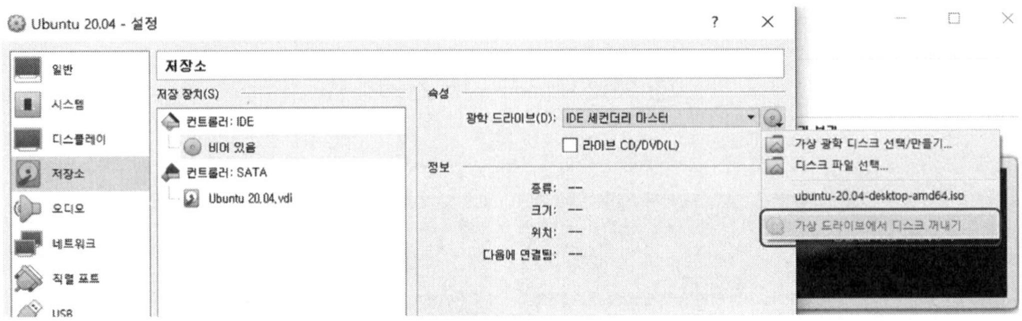

(b) VirtualBox의 설정 메뉴

그림 2-14 가상 CD 꺼내기

제대로 설치가 완료되고 재부팅을 수행하면 그림 2-15와 같은 로그인 화면이 뜨게 될 것이다. 설치 전에 설정한 자신의 ID와 패스워드를 이용해 로그인하면 된다. 이 시점에서 3장으로 넘어가 리눅스 데스크톱의 기본 프로그램들과 사용법에 대해서 먼저 익힌 후 되돌아와 추가 과정을 수행할 것을 권한다.

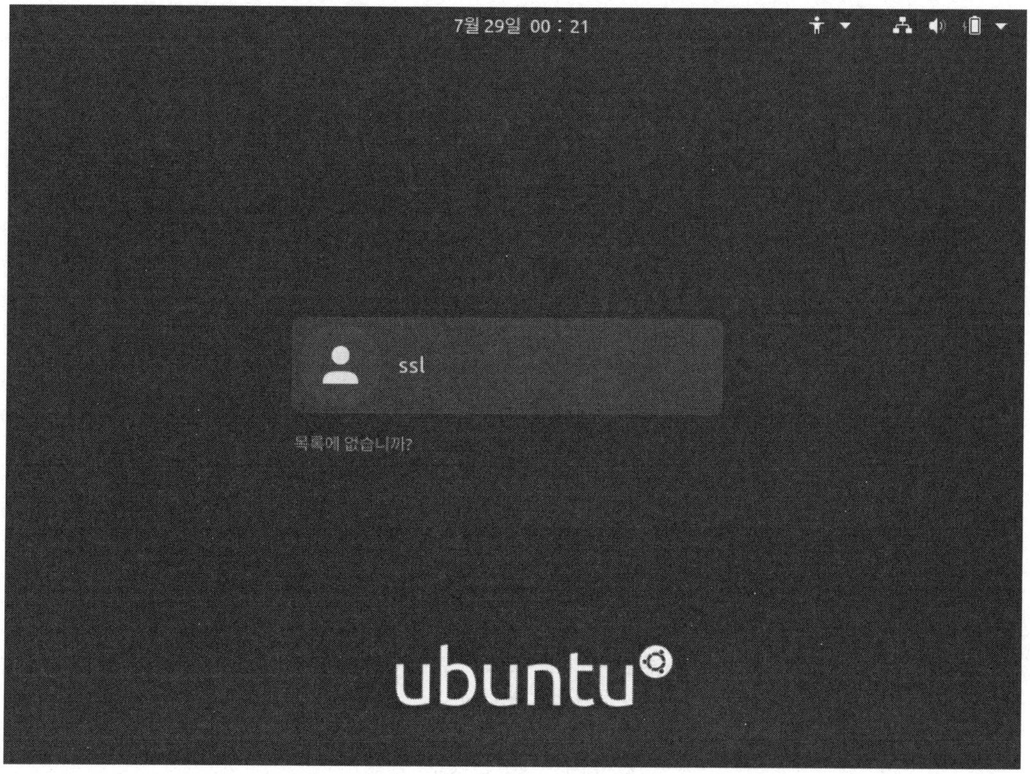

그림 2-15 Ubuntu 로그인 화면

2.2.4 게스트 확장 설치

시스템에 따라 설치 후 실제 모니터의 해상도와 달리 매우 작은 해상도로 고정이 되어 있다거나 마우스 사용을 위해 특정키를 눌러 주어야 하는 경우가 있다. 호스트와 게스트의 보다 부드러운 연결을 위해 게스트 확장 기능을 설치해 주는 것이 좋다.

VirtualBox에서 하나의 가상 머신 창의 메뉴 중 장치 메뉴를 열어 맨 아래 게스트 확장 CD 이미지 삽입을 선택한다. 작업표시줄에 VBOX_GAs_xxx 아이콘이 나타나면서 프로그램 실행이 시작된다. 설치를 위해서는 시스템 관리자 권한을 요구하는데 리눅스를 설치할 때 설정한 사용자가 관리자 권한을 갖기 때문에 자신이 설정한 비밀번호를 이용하면 된다. 확인, 실행, 비밀번호 입력 등 절차를 다 마치면 그림 2-16과 같은 실행창이 뜨고 프로그램이 실행된다. 주의할 점은 이 시간이 오래 걸리더라도 "Press Return to close this window…" 메시지가 나올 때까지 절대 끄지 말아야 한다는 것이다. 메시지가 나타나면 Enter키를 누른다.

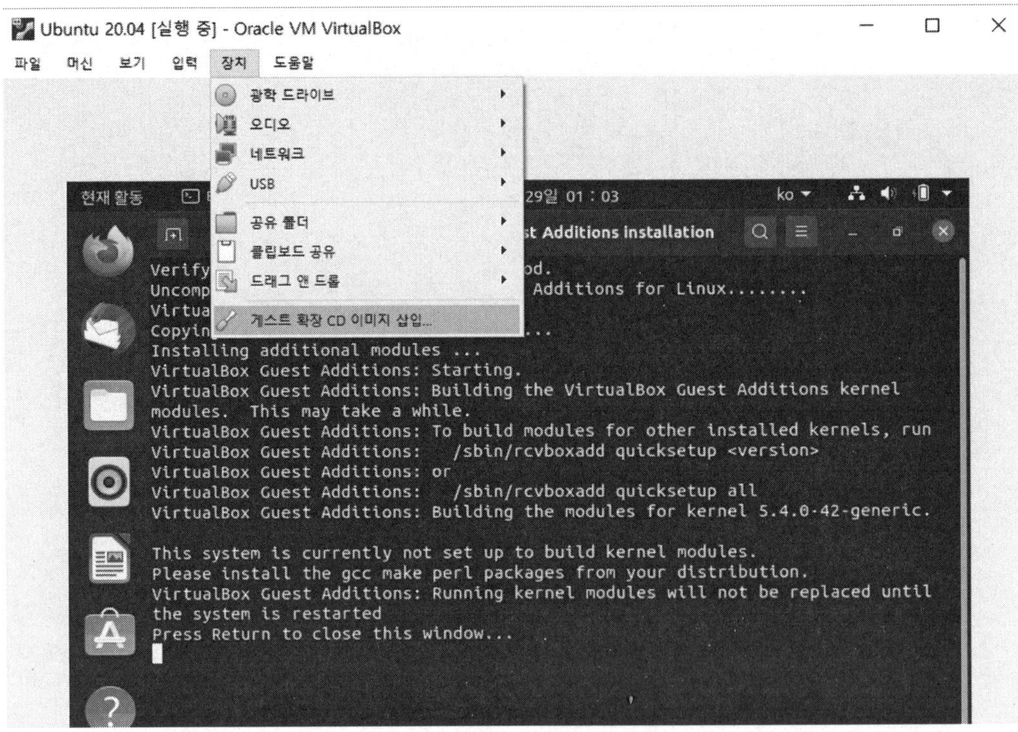

그림 2-16 게스트 확장 설치

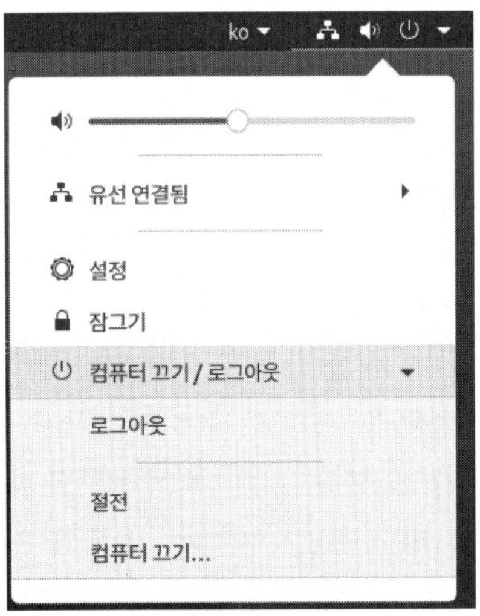

그림 2-17 컴퓨터 끄기/로그아웃

게스트 확장 설치가 끝나면 시스템을 리부트(다시 시작)한다. 화면 오른쪽 상단의 도구 바를 누르면 몇 가지 퀵 메뉴와 함께 컴퓨터 끄기/로그아웃 메뉴가 보인다(그림 2-17). 로그아웃은 현재 사용자가 사용을 종료하는 것으로 시스템은 다시 로그인을 받아들이는 상태, 즉 그림 2-15로 돌아간다. 컴퓨터 끄기를 누르면 취소/다시 시작/컴퓨터 끄기 중 하나를 선택할 수 있으며 선택하지 않으면 60초 후에 완전히 종료된다.

2.2.5 호스트 파일 공유

서로 다른 운영체제이지만 자료, 즉 파일을 양쪽에서 모두 다 사용할 수 있으면 매우 편리하다. Windows가 설치된 후에 리눅스를 멀티 부팅 방식으로 설치할 경우, 리눅스 쪽에서 Windows 파일시스템을 그대로 사용할 수 있도록 설치할 때 지정하는 것으로 쉽게 공유가 된다. 그렇지만 Windows 쪽에서는 리눅스의 존재를 모르기 때문에 리눅스 내부의 파일을 사용할 수 없다.

가상 머신에 설치하는 경우에는 종류에 따라 설정 방법이 다르므로 자신이 사용하는 가상 머신 소프트웨어의 설명서를 참조하여 설정하도록 하자. 상용 소프트웨어인 VMWare의 경우 별다른 설정 없이 가상 머신과 호스트 간에 드래그-앤-드롭 방식의 파일 이동이나 공유, 클립보드 공유(즉 복사와 붙여넣기 기능)가 자유롭지만 VirtualBox의 경우 아직은 수동으로 추가 설정이 필요하다.

앞에서 소개한 "게스트 확장(Guest Additions)" 기능이 설치되어 있으면 호스트 운영체제와 파일을 공유할 수 있으며, 일부 드래그-앤-드롭과 클립보드 공유 기능을 사용할 수 있다. 장치 메뉴의 클립보드 공유와 드래그 앤 드롭 메뉴를 선택해 호스트와 게스트 간의 공유 관계를 설정해 보자. 보통 양방향으로 설정하며, 파일을 통째로 복사하거나 파일 내의 텍스트 일부를 복사하는 것이 가능하다. (단, Windows 내의 프로그램끼리 할 수 있는 것처럼 자유롭지는 않다.)

자료를 복사하는 것이 아니라 시스템의 일부인 것처럼 사용하고 싶을 때는 공유 폴더를 설정한다. 먼저 게스트 운영체제에서 호스트 운영체제 폴더를 연결할 공유폴더를 만든다. 장치 메뉴의 공유 폴더 메뉴를 선택하여 그림 2-18과 같은 팝업 창이 나타나면, 우측에 있는 공유폴더 추가 아이콘을 클릭하여 공유폴더를 추가한다.

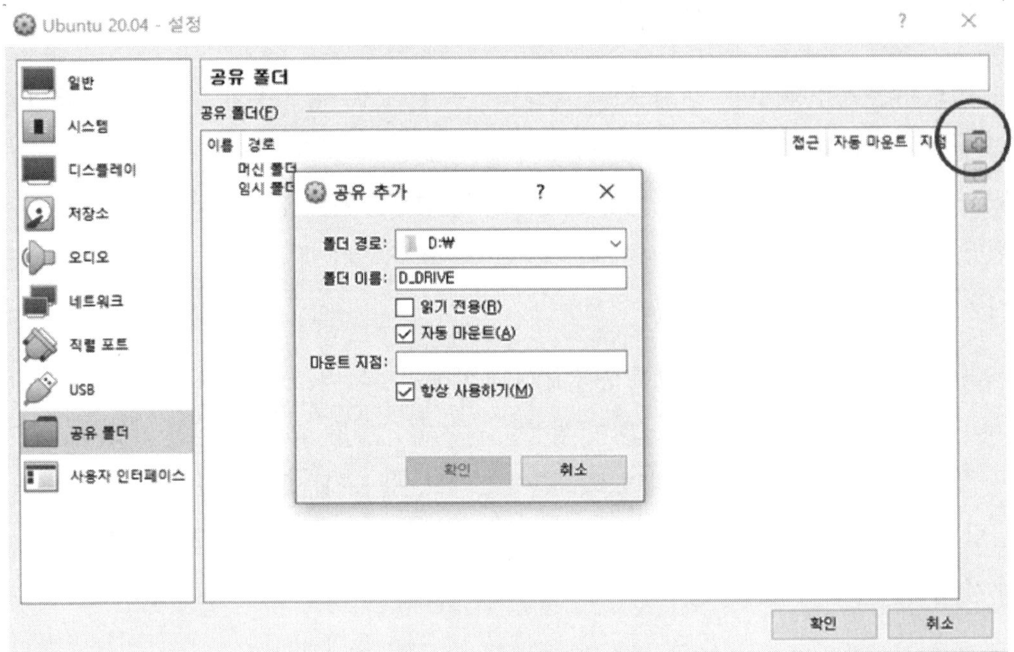

그림 2-18 공유 폴더 추가

- **폴더 경로**: 공유할 폴더의 경로, 그림 2-18에서는 D:\, 즉 Windows의 D 드라이브 전체를 공유하도록 지정하였다.
- **폴더 이름**: 게스트 운영체제(리눅스)에서 사용할 폴더의 이름
- **읽기 전용**: 체크할 경우 폴더에 쓰기가 불가능하고 읽기만 가능하다.
- **자동 마운트**: 물리적 하드디스크를 운영체제 내 파일 시스템 상의 한 폴더로 연결하는 것을 마운트(mount)라 한다. 기본 파일 시스템이 아닌 경우 마운트를 해야 그 폴더를 통해 실제 하드디스크에 접근할 수 있다. 이 옵션을 체크하면 게스트 운영체제가 부팅될 때 자동으로 연결한다. 체크하지 않으면 게스트 운영체제 부팅 후 특정 명령을 이용해 연결할 수 있다.
- **마운트 지점**: 게스트 운영체제인 리눅스 안에서 공유 폴더의 경로는 자동으로 "/media/sf_폴더이름/"으로 설정된다(위 예에서는 /media/sf_D_DRIVE). 이 외에 다른 폴더를 사용하고 싶으면 리눅스 파일 시스템에 그 경로를 생성해 주고(폴더 생성, mkdir), 마운트 지점에 그 경로를 기록한다.
- **항상 사용하기**: 체크할 경우 VirtualBox를 종료하더라도 공유폴더가 존재하게 된다. (이

항목을 체크하지 않으면 VritualBox 종료 시 공유폴더는 사라진다)

설정이 끝나면 시스템을 다시 리부트한다. 그림 2-19는 Ubuntu의 파일 관리자를 실행시킨 화면으로 sf_D_DRIVE 폴더가 생긴 것을 볼 수 있다.

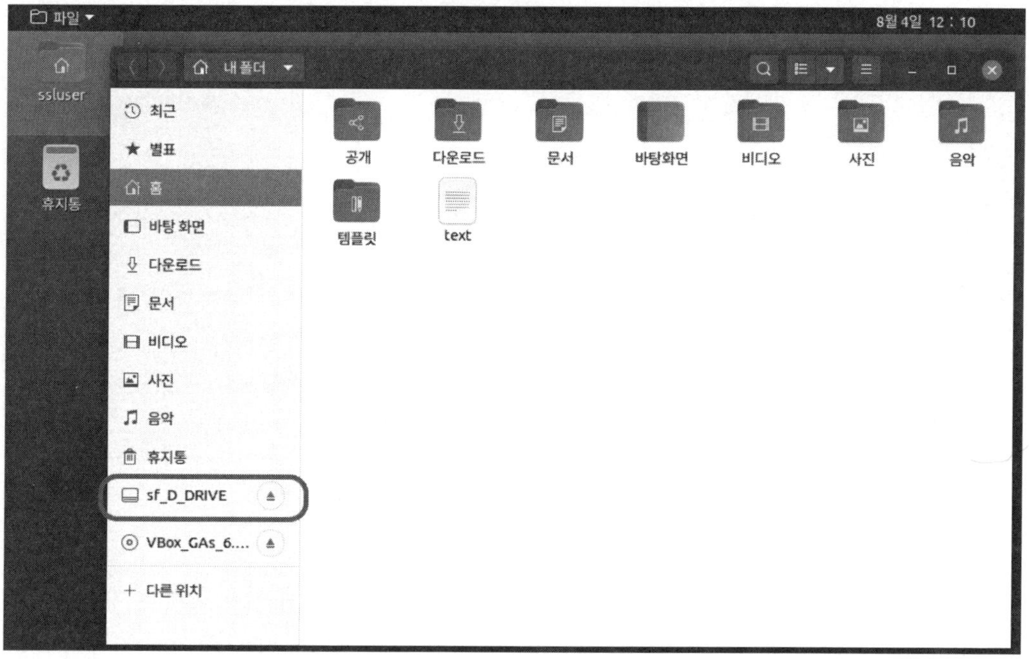

그림 2-19 공유 폴더가 적용된 예

그런데 이것으로 공유 폴더를 마음대로 사용할 수 있는 것이 아니다. 리눅스는 애초에 다중 사용자를 지원하도록 설계되었기 때문에 사용자 권한에 대한 설정이 매우 엄격하다(리눅스의 권한 관리는 나중에 다시 본격적으로 다룬다). 자동으로 마운트한 공유폴더는 소유자가 root이고, vboxsf 그룹에 속해 있기 때문에 일반 사용자 계정에서는 접근할 수 있는 권한이 없다.

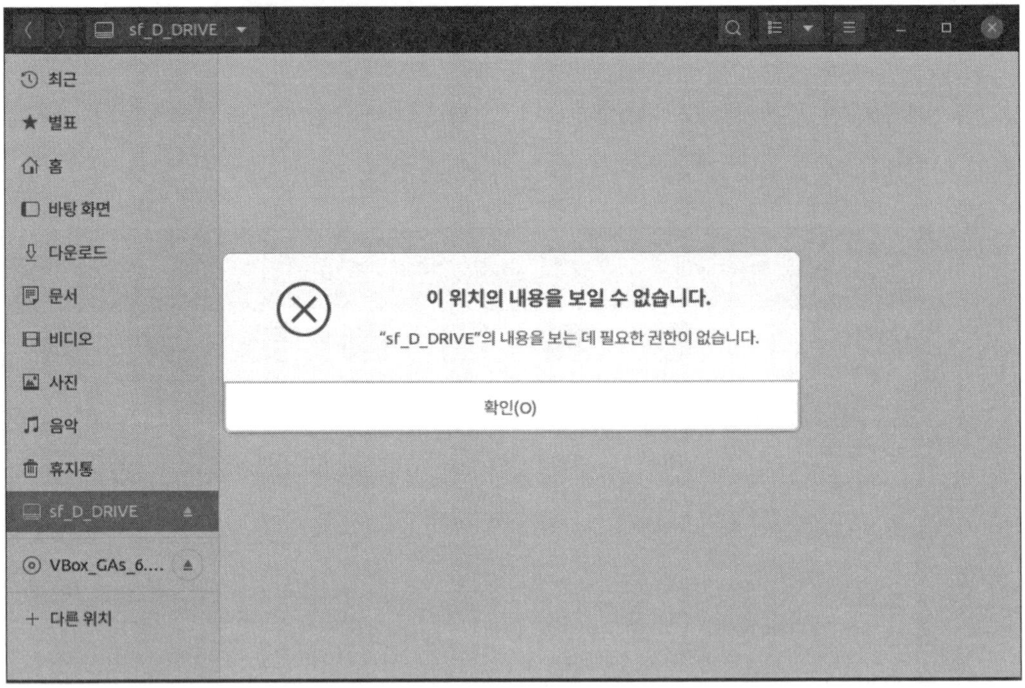

그림 2-20 공유 폴더 사용 권한

이를 해결하기 위해서는 사용자를 vboxsf 그룹 내로 포함시켜 주어야 한다. (이해가 되지 않으면 그냥 뭔가를 더 해야 쓸 수 있구나 하고 넘어가도록 하자.) 파일 관리자 창에서 마우스 우클릭을 하면 나타나는 메뉴 중 터미널에서 열기를 선택하거나 작업표시줄 하단의 그리드 버튼을 통해 터미널 창을 띄운다. 그런 다음 터미널에 명령어 "sudo adduser 자신의ID vboxsf"를 입력하면 vboxsf 그룹 구성원에 자신이 추가된다. 그리고 로그아웃 후 다시 로그인을 하면 공유 폴더를 사용할 수 있다.

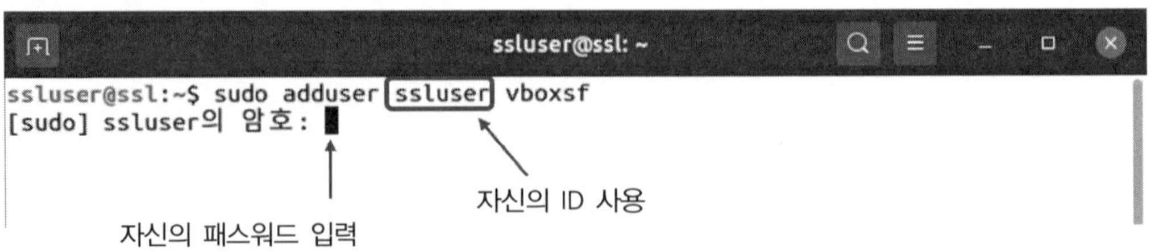

그림 2-21 vboxsf 그룹에 사용자 추가

sf_D_DRIVE 폴더를 선택해 들어가면 그림 2-22에서 보다시피 Windows D:\ 드라이브와 동일한 자료들을 가상 머신 내 리눅스에서 볼 수 있다. 다만 Windows 파일탐색기와 달리 숨은 파일들($RECYCLE.BIN, pagefile.sys 등)도 나타나 있다.

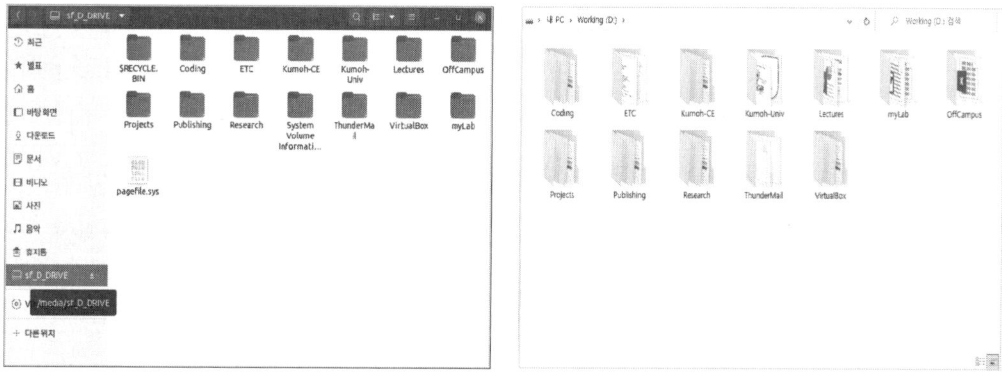

그림 2-22 공유폴더 진입

Windows 폴더를 일반 폴더처럼 사용할 수 있을 것 같지만, 실제 파일을 편집하거나 작업할 때 제대로 되지 않는 경우가 있다. 파일 복사나 이동도 한 방향으로만 되는 편이다. 그럴 때는 약간 번거롭긴 하지만 공유 폴더를 활용해 파일을 옮기고 원하는 운영체제에서 작업을 할 수 있다. 그림 2-23은 두 개의 파일탐색기를 열고 리눅스에서 화면 캡처한 파일들을 Windows 쪽 폴더에 복사하는 예를 보여 준다. 그림에서 2-9(b).png 파일은 Windows 파일탐색기 쪽에서 드래그 앤 드롭으로 복사해 온 것이나 반대 방향은 수행이 어려워 공유 폴더로 복사하였다.

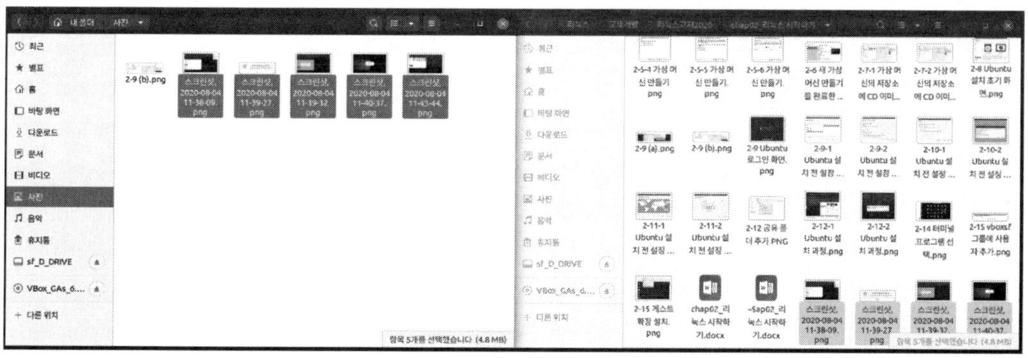

그림 2-23 파일 관리자로 공유폴더에 파일 복사

2.3 WSL (Windows Subsystem for Linux)

WSL은 Windows Subsystem for Linux의 약자로, Windows 환경 내에서 리눅스용 프로그램들을 실행할 수 있도록 구성한 호환성 계층이다. 이 기능이 있으면 리눅스가 하나의 응용프로그램인 것처럼 Windows 내에 설치하고, CLI(Command Line Interface) 환경에서 리눅스를 이용할 수 있다. 가상 머신이나 듀얼부팅과는 다르게 더 적은 자원을 활용하여 Windows 환경에서 리눅스 시스템을 이용할 수 있는 반면, 데스크톱 버전 리눅스 배포판을 직접 설치할 때 자동으로 동반 설치되는 많은 프로그램들을 수동으로 설치해 주어야 하기 때문에 리눅스에 익숙한 사용자가 Windows 환경에서 빠르게 리눅스 관련 프로그래밍을 하거나 리눅스 기능을 사용해야 하는 경우에 적합한 방식이라고 할 수 있다.

2.3.1 WSL 설정과 리눅스 설치

먼저 WSL을 이용하기 위해서는 Windows 10에서 WSL을 사용할 수 있도록 설정을 바꾸어 주어야 한다. PowerShell에서 명령어를 입력하는 방법도 있지만 간단하게 GUI 방식으로 해 보자.

- WSL 기능 활성화: 시작 버튼 옆 검색창에 "Windows 기능 켜기/끄기"를 직접 입력하여설정 프로그램을 실행한다. 또는 제어판을 실행하여 프로그램 〉 프로그램 및 기능 〉 Windows 기능 켜기/끄기를 선택하여 실행한다. Windows 기능 창에서 Linux용 Windows 하위 시스템을 선택하여 확인을 누르고, 컴퓨터를 다시 시작한다.

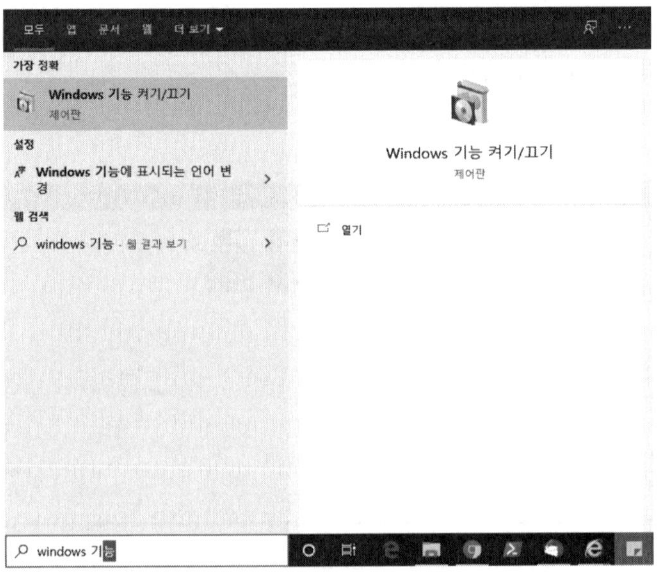

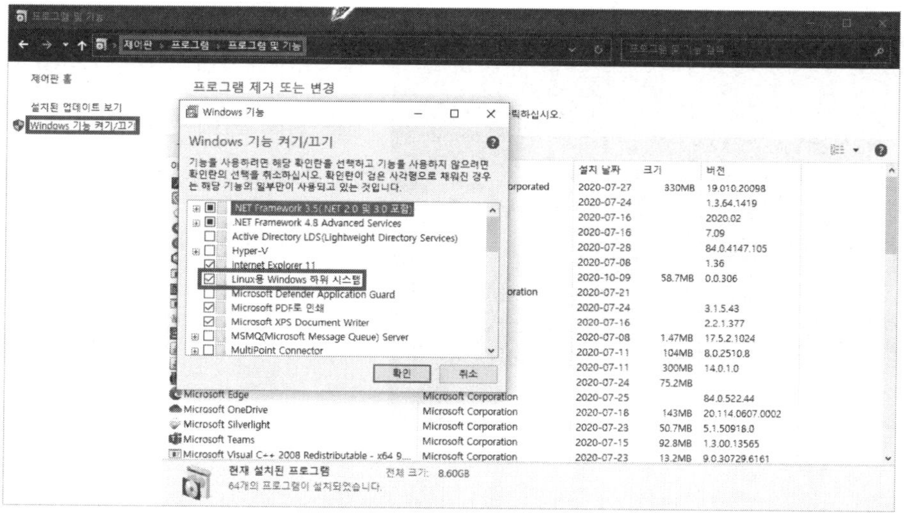

그림 2-24 WSL을 사용하기 위한 설정

- Ubuntu 설치: Microsoft Store를 실행하여 설치하고자 하는 리눅스를 검색한다. Ubuntu 외에 SUSE Linux, Kali Linux, Fedora Remix, Debian, Pengwin 등의 리눅스를 설치할 수 있으며 일부 유료 제품도 있다. 우리는 Ubuntu 20.04 LTS를 선택한다. 원하는 제품의 아이콘을 선택하고 제품 창에서 비용을 지불하거나 무료 버튼을 누르면 자동으로 다운로드와 설치가 시작된다.

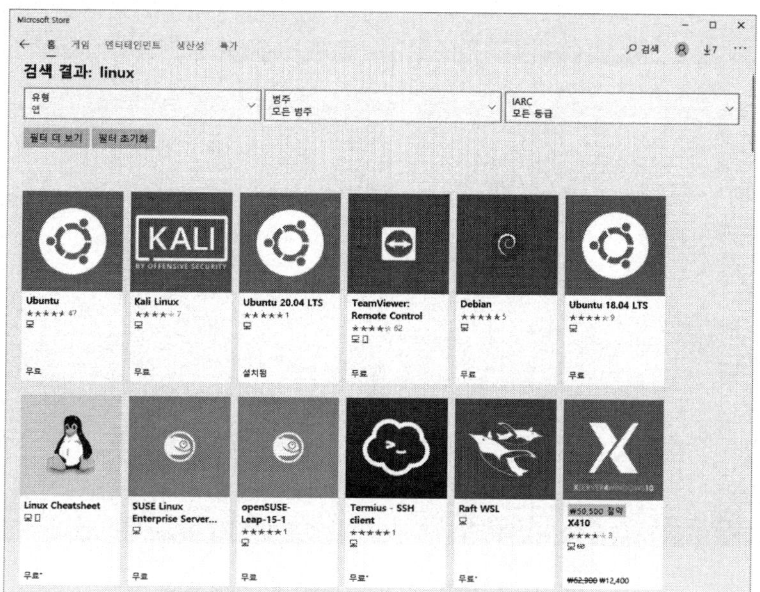

그림 2-25 Microsoft Store에서 linux 검색

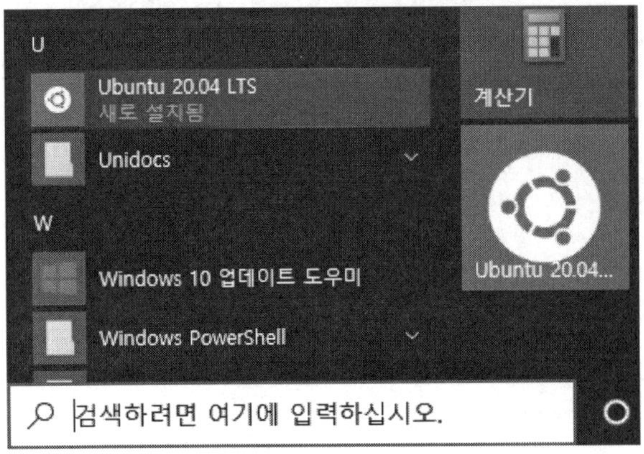

그림 2-26 Ubuntu 앱 설치 완료

설치가 완료되면 시작 메뉴에 아이콘이 생성된 것을 볼 수 있다. 편의를 위해 아이콘을 끌어 바탕화면에 바로가기를 만들거나 작업 표시줄에 넣도록 하자.

- Ubuntu 앱 실행: 아이콘을 클릭하면 Ubuntu가 실행되며 콘솔창(CLI: Command Line Interface)이 나타난다. 첫 실행에서는 관리자 역할을 하는 첫 번째 사용자 ID와 비밀번호를 등록한다. 두 번째부터는 이 ID와 비밀번호로 로그인해야 한다. 비밀번호 입력 시 화면에 아무 것도 나타나지 않으므로 틀리지 않도록 주의하자.

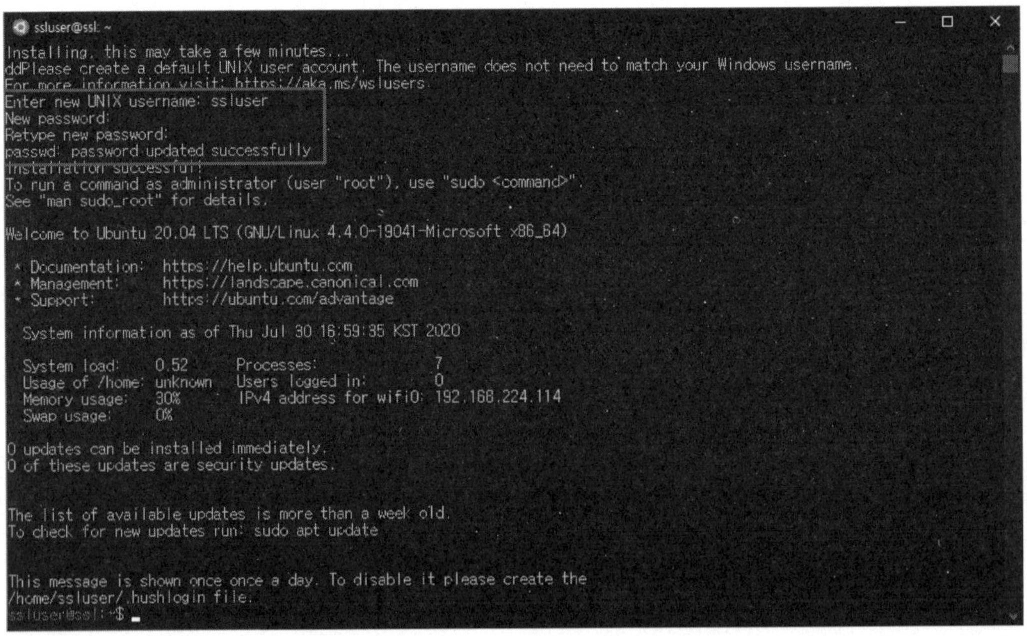

그림 2-27 WSL 기반 Ubuntu 첫 실행 화면

PC에 직접 또는 가상 머신에 설치한 Ubuntu의 실행 환경과 달리 WSL 기반의 리눅스는 CLI 방식의 기본 실행 환경을 제공한다. 이는 텍스트 기반 명령 처리 프로그램이 실행되고 있는 상태로, 사용자는 프롬프트($) 다음에 텍스트 명령을 입력함으로써 운영체제의 기능을 사용할 수 있다. 따라서 사용자는 어떤 명령이 무슨 기능을 하는지 이해하고 기억하고 있어야 한다. 명령어에 대해서는 5장부터 자세히 공부하도록 하자.

2.3.2 X Window 서버와 GUI 프로그램 실행

CLI 환경은 적은 시스템 리소스를 사용하면서도 정확하고 빠른 작업이 가능하고, 복잡한 그래픽 기능을 지원하기 어려운 시스템을 사용해야 하는 경우에 매우 유용하다는 장점이 있다. 그래서 일반 사용자용이 아닌 서버 버전이나 하드웨어 자원이 풍부하지 않은 IoT 환경 등에서는 CLI 환경을 기본으로 사용한다. 그러나 GUI(Graphical User Interface) 환경만 접한 사용자들에게는 꽤나 낯설고 불편하다. 리눅스를 PC에 직접 또는 가상 머신에 설치해서 사용하는 것과 같이 운영체제 전체를 GUI 기반 데스크톱 환경으로 설정하기는 어렵지만 WSL 기반의 리눅스에서도 일부 GUI 방식의 프로그램을 사용할 수 있는 방법이 있다.

유닉스/리눅스에서 GUI를 가능하게 하는 가장 기본적인 소프트웨어는 X-Window 시스템이다. 화면에 그림을 그린다는 것을 원초적 수준에서 보면 특정 모양에 맞추어 각 픽셀의 색상을 정해줄 수 있는 알고리즘이 실행되는 것이다. 각 사용자가 일일이 그 알고리즘을 구현할 수 없으므로 추상 수준의 명령에 대해 그림 그리는 작업을 해 줄 시스템이 필요하고, 유닉스/리눅스에서는 X-Window라는 이름으로 구성된 시스템 내부의 소프트웨어와 라이브러리가 이 작업을 담당한다.

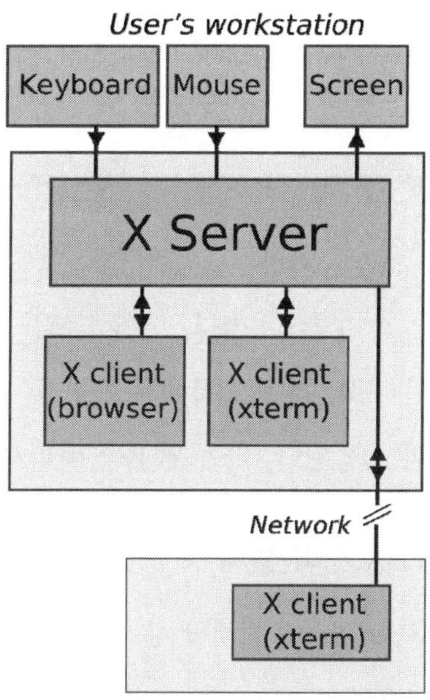

그림 2-28 X-Window 시스템

http://en.wikipedia.org/wiki/X_window

X-Window 시스템은 그림 2-28에서 보는 바와 같이 서버-클라이언트 구조로 구성되어 있다. X-Window의 특징은 개발 당시부터 네트워크를 통해서도 그래픽을 사용하도록 설계/구현되었다는 것인데, 이는 애초 다중 사용자 시스템인 유닉스에 접속하는 많은 원격 사용자를 지

원할 것을 목표로 했기 때문이다.

여기서 X 서버는 그래픽과 네트워크 관련 소프트웨어를 모두 포함하는 것으로 현재 실행 중인 컴퓨터에서 그림을 그려 줄 수 있는 기능이 있고 원격 컴퓨터와 통신할 수 있다는 것을 의미한다. X 클라이언트는 웹 브라우저나 문서 편집기 등 자신만의 목적을 가지고 있으며 GUI를 인터페이스로 사용하는 특정 소프트웨어로서, 서버에게 어떤 그림을 어떻게 표현하라는 지시 사항을 담고 있다. 따라서, 사용자 컴퓨터에서는 X 서버 프로그램이 동작하고 있어야 하고, 서버 컴퓨터에서는 X 클라이언트 프로그램을 네트워크 프로토콜을 통해 전송하여 사용자의 컴퓨터에 나타나는 구조로 실행이 이루어진다. 일반적인 경우, 원격지 컴퓨터가 서버이고 내 컴퓨터가 클라이언트인데 반해서, X-Window 입장에서는 내 컴퓨터에 서버 프로그램이 동작하고 원격지로부터 클라이언트 프로그램의 요청이 들어 와 내 컴퓨터에 그림을 그려 주는 구조가 되는 것이다.

곁들임 : 프로토콜이란?

Protocol, 우리말로 '통신 규약'이라고 한다. 인터넷을 비롯한 원거리 통신 기법에서 상호 간에 지켜야 할 메시지 형식과 절차를 정의한 것으로 통신 시스템에 따라 서로 다른 규약이 존재한다. 인터넷은 TCP(Transmission Control Protocol)와 IP(Internet Protocol)이라는 규약에 기초한 통신 시스템이라고 정의되며, 그 외에도 수백 가지의 프로토콜을 포함한다. 흔히 들을 수 있는 WiFi, Bluetooth, 3G, 4G 등의 통신 시스템도 제각기 서로 다른 프로토콜들로 구성된다. 상세한 내용은 컴퓨터 네트워크 또는 데이터 통신 시스템에 관한 서적 또는 강좌에서 잘 배우기 바란다.

WSL 기반으로 GUI 프로그램을 실행하는 것도 이 구조를 따른다. Windows 화면에 리눅스 GUI 프로그램을 그려야 하는 것이므로 Windows에서 실행되는 X 서버가 설치되어 있어야 하고, 리눅스 쪽에서 X 클라이언트를 실행시키면 Windows 화면에 리눅스 GUI 프로그램이 실행된다. 다음 단계를 따라서 GUI 프로그램을 실행해 보자.

□ X 서버 설치

Windows에 설치할 수 있는 X 서버는 여러 가지가 있다. 우리는 최근에 WSL과 함께 많이 사용되고 있는 오픈 소스 프로그램인 VcXsrv[1])를 설치하도록 하자. 개발 사이트 https://sourceforge.net/projects/vcxsrv/를 방문하여 설치 프로그램을 다운로드하고 설치를 완료

1) 서버-클라이언트 환경에서 오랫동안 사용되어 오던 오픈소스 Windows X 서버인 Xming은 2016년 이후 업데이트가 없으며 Windows10에 대한 별도의 고려가 없는 것으로 보인다.

하면 “XLaunch” 아이콘이 생성된다. (시작 메뉴에는 V 항목에 기록)

(a) 바탕 화면 아이콘

(b) 시작 메뉴 항목

그림 2-29 VcXsrv 설치 완료

□ X 서버 실행

XLaunch 아이콘을 더블 클릭하거나 시작 메뉴에서 선택하면 X 서버 실행이 시작된다.

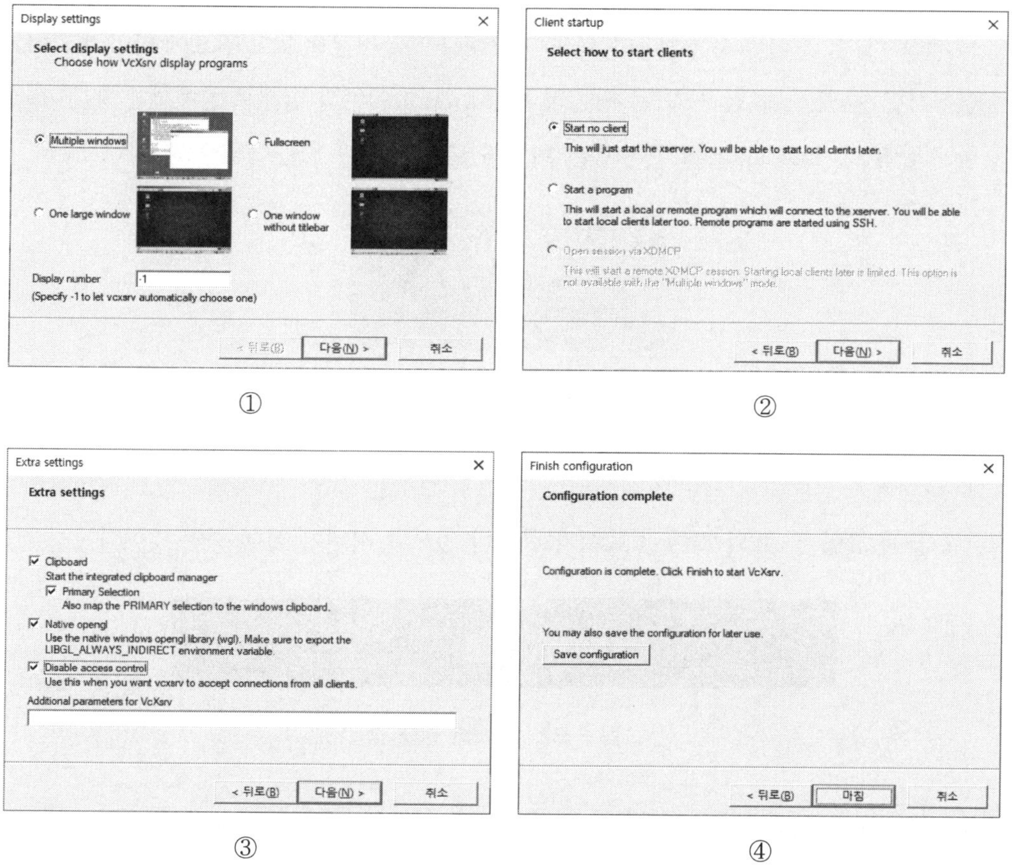

그림 2-30 XLaunch로 X 서버 실행

① 내 컴퓨터 화면에 어떤 방식으로 GUI 프로그램들을 출력할 것인지 정해 주는 단계다. Multiple window는 여러 프로그램을 실행시킬 때 각각 다른 창이 생성되는 것이고, One Large window는 여러 프로그램을 실행시켜도 하나의 윈도우 내에 모든 프로그램이 나타난다.

② 세션 형태를 정하는 것으로 Start no client를 선택하면 아무 프로그램도 실행되지 않고 X 서버만 실행된다. Start a program을 선택하면 세션이 시작되면서 지정한 프로그램이 같이 실행된다. gnome-terminal 등 자주 사용하는 프로그램을 지정해 두면 편리하다.

③ 추가 설정 단계다. 세 번째 접근 제어 해제를 선택하여 모든 클라이언트가 X 서버를 사용할 수 있도록 설정한다.

④ 설정이 끝나 X 서버를 실행하기 직전인데, 앞에 입력한 모든 설정을 저장하고 다시 사용하고 싶을 때는 Save configuration을 눌러 저장한다. 저장하지 않으면 X 서버를 시작할 때마다 동일한 과정을 반복해야 한다. 디폴트 이름은 config.xlaunch인데 여러 가지 다른 설정으로 X 서버를 사용한다면 서로 다른 이름으로 저장해 놓고 필요에 따라 편리하게 실행시킬 수 있다. 그림 2-31은 기존의 XLaunch 아이콘과 별개로 앞에서 한 기본 설정을 저장한 normal.xlaunch 아이콘이 바탕 화면에 나타나 있는 모습이다.

그림 2-31 XLaunch 설정 저장

모든 단계가 끝나면 X 서버가 실행된다. 겉으로 보이는 것은 아무 것도 없고 작업표시줄 오른쪽 끝에 그림 2-32와 같이 X 표시가 나타나 있으면 서버가 실행 중인 것이다.

그림 2-32 X 서버 실행 중

□ 디스플레이 설정

X-Window 시스템은 서버와 클라이언트의 물리적 위치에 구애 받지 않고 네트워크를 통해

서도 프로그램을 출력시킬 수 있다. 따라서 클라이언트 프로그램을 실행시키기 전에 어디에 출력시킬지 정해 주어야 한다. WSL이 아닌 온전한 Ubuntu를 설치한 경우는 이런 요소들이 모두 자동으로 설정되지만, CLI 환경에서 GUI 프로그램을 실행시킬 때는 반드시 거쳐야 할 단계다. WSL 리눅스 콘솔창에 다음과 같이 입력하자.

```
$ export DISPLAY=:0.0
```

콘솔창이 출력된 것과 동일한 모니터를 사용하는 경우를 설정하는 것이며, 원격 접속을 할 경우 이보다 좀 더 복잡한 설정이 필요하다. 그리고 X 서버 설정과 마찬가지로 매번 동일한 설정을 반복하지 않으려면 이를 저장해 둘 필요가 있다. .bashrc라는 이름의 파일에 기록해 두면 WSL Ubuntu를 실행할 때마다 동일한 설정을 사용할 수 있다. 리눅스 기본 편집기인 nano 프로그램을 이용해 .bashrc 파일에 설정을 추가해 보자. 새로운 설정은 주로 파일 맨 마지막 부분에 기록한다. 다음과 같이 nano 프로그램을 실행한다.

```
$ nano .bashrc
```

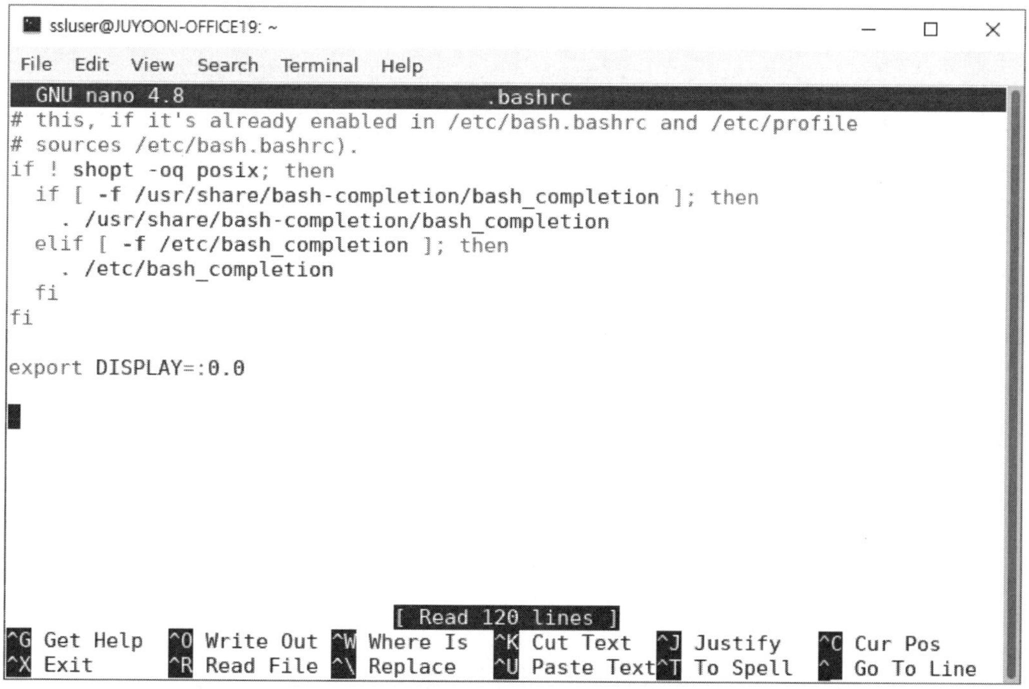

그림 2-33 nano 편집기로 .bashrc에 디스플레이 설정 기록

□ GUI 클라이언트 실행

드디어 GUI 프로그램을 실행할 준비가 끝났다. 그런데 CLI 환경에서 어떤 프로그램을 실행하려면 반드시 프로그램의 이름을 알아야 한다. 다행히 흔히 사용하는 프로그램 xeyes, gnome-terminal, nautilus(파일탐색기)의 이름을 알고 있어 실행을 시도해 보았다.

```
ssluser@JUYOON-OFFICE19:~$ xeyes
Command 'xeyes' not found, but can be installed with:
sudo apt install x11-apps
ssluser@JUYOON-OFFICE19:~$ gnome-terminal
Command 'gnome-terminal' not found, but can be installed with:
sudo apt install gnome-terminal
ssluser@JUYOON-OFFICE19:~$ nautilus
Command 'nautilus' not found, but can be installed with:
sudo apt install nautilus
```

그림 2-34 GUI 클라이언트 실행 실패

그림 2-34에서 보는 바와 같이 모두 실패한다. 메시지를 잘 읽어 보면 "sudo apt install xxx"를 실행해서 설치할 수 있다고 한다. 즉, GUI 프로그램들은 WSL 기반 리눅스에 애초에 설치되어 있지 않은 것이다! 원하는 프로그램이 있다면 안내에 따라 명령어를 입력하여 설치해 보자.[2)]

그림 2-35는 WSL 셸에서 gnome-terminal과 xeyes 두 개의 GUI 클라이언트를 실행한 결과를 보여 준다. 실행은 되지만 환경이 완벽하지는 않아 오류 메시지도 보이며, 여러 개의 GUI 클라이언트를 실행할 경우 동작이 제대로 되지 않는 경우도 있다. 2020년 5월 WSL2가 정식 발표되며 파일 시스템 공유나 GUI, 도커(docker) 실행 등에서 많은 개선이 이루어졌다고 하니 관심 있는 사람은 시도해 보기 바란다.

---

2) sudo는 관리자 권한으로 실행함을 의미하고 apt는 소프트웨어 설치/삭제 등을 수행하는 프로그램이다. 최초 등록한 사용자가 관리자이며 따라서 요구하는 관리자 비밀번호에는 자신의 비밀번호를 입력하면 된다. 상세한 내용은 나중에 배우게 될 것이다.

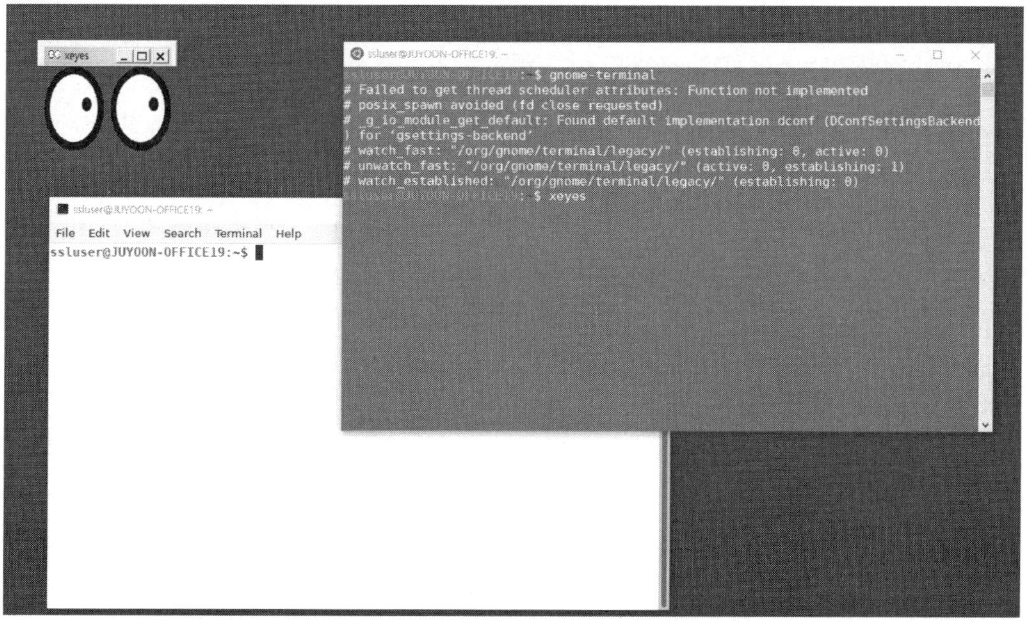

그림 2-35 GUI 클라이언트 실행

2.4 원격 서버 접속

원격 접속이란 자신이 사용 권한을 가지고 있다는 전제 하에 통신회선을 매개로 다른 곳에 위치한 컴퓨터를 사용하는 서비스이다. 다양한 방식의 원격 접속이 가능한데 여기서는 리눅스가 설치된 원격 서버에 인터넷 프로토콜을 활용하여 사용자로 로그인하는 두 가지 방법을 소개한다. 한 가지는 텍스트 모드로 서버를 사용하기 위한 SSH (Secure SHell) 접속이고 다른 하나는 그래픽 모드로 접속하는 X 서버 방식이다.

2.4.1 SSH 접속

SSH란 이름 그대로 보안 채널을 통해 원격 컴퓨터를 연결할 수 있도록 해 주는 프로토콜이다. 전통적으로 Telnet 프로토콜 또는 rsh(remote shell), rlogin 등의 프로그램을 이용해 유닉스/리눅스 서버에 접속하는 방법이 있었으나 보안의 중요성이 대두되면서 SSH 외의 접속을 불허하는 서버가 늘고 있다.

원격 접속을 위해서는 먼저 서버에서 원격 접속이 가능하도록 해당 프로토콜을 서비스하고 있어야 한다(리눅스에서는 ssh 데몬이 실행되고 있어야 한다). 접속하는 사용자 쪽에서는 지정된 규약대로 접속을 하고 서버 기능을 사용할 수 있도록 하는 클라이언트(client, 즉 손님) 소프트웨어가 설치되어야 한다. 그리고 사용자가 서버 쪽 접속 권한, 즉 사용자 계정을 갖고 있어야 한다. 이제 독자 여러분이 어떤 서버에 사용 계정을 가지고 있다고 가정하고 클라이언트 소프트웨어를 이용해 접속하는 방법을 알아보도록 하자. 서버 사용자 계정은 서버 관리자에게 발급을 의뢰해야 한다.

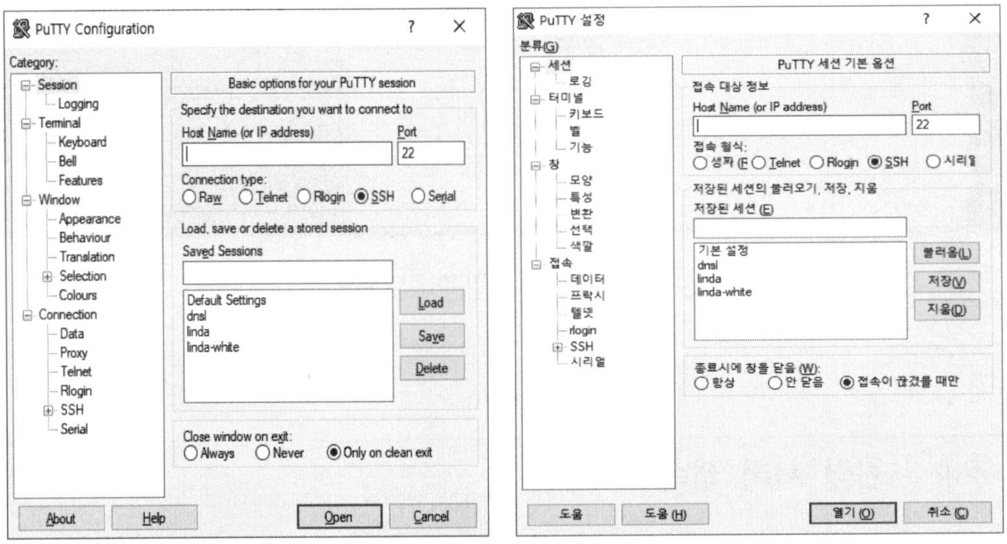

그림 2-36 PuTTY 프로그램

검색을 해 보면 매우 많은 종류의 ssh 클라이언트 소프트웨어가 있음을 알 수 있다. 여기서는 PuTTY라는 오픈 소스/무료 소프트웨어를 소개한다. PuTTY는 telnet, ssh 등에 원격 접속이 가능한 클라이언트 프로그램이고, 한국에서 한글화시킨 버전도 사용 가능하다. 오리지널 PuTTY는 http://www.putty.org에서, 한글화에 기능을 추가한 버전은 https://github.com/iPuTTY/iPuTTY/releases (iPuTTY), http://hputty.org (HPuTTY)에서 찾을 수 있다.

그림 2-36은 오리지널 PuTTY와 iPuTTY를 각각 실행시킨 모양이다(미리 설정된 부분이 있어 당연히 여러분의 경우와 다를 것이다). 서버에 접속하기 위해서는 어떤 것을 설정해 주어야 하는지 보자. 먼저 기본 옵션으로 반드시 다음을 설정해 주어야 한다.

- Host Name(or IP address): 접속할 서버의 이름이나 IP주소를 적어준다.
- Port: 서버에서 사용하는 프로그램의 포트번호를 적어준다. 아래 쪽의 "접속 형식"을 지정하면 해당 프로토콜의 디폴트 값으로 자동으로 값이 들어가서 신경 쓰지 않아도 되나 만약 서버에서 다른 포트를 지정하여 사용하고 있다면 그에 맞게 수정하여야 한다.
- 접속 형식: 서버에 접속할 형식을 지정해준다.

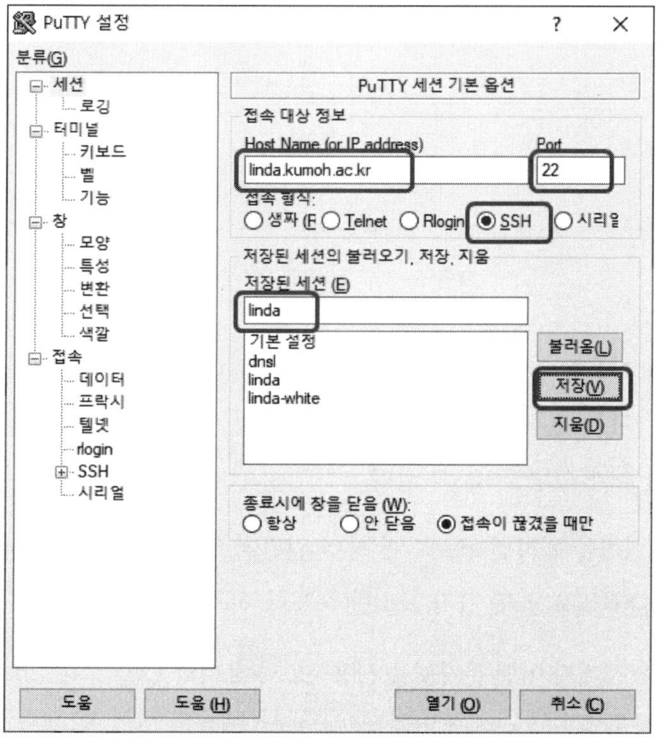

그림 2-37 PuTTY 접속 설정 및 저장

이 설정이 끝나면 맨 아래쪽의 열기Open 버튼을 눌러 접속을 시도할 수 있다. 같은 서버에 같은 방식으로 여러 번 접속할 예정이라면 이 설정을 저장해 두는 편이 낫다. "저장된 세션" 항목에 적절한 이름을 입력하고 저장Save 버튼을 누르면 된다.

그림 2-38 서버에 접속한 예

저장된 세션을 이용해 접속하려면 이름을 더블 클릭하거나, 한 번 클릭으로 선택하고 불러옴Load을 누른 다음 열기Open 버튼을 눌러 접속할 수 있다. 접속한 화면은 서버와 설정에 따라 다르지만 대개 그림 2-38과 같다.

좀 더 상세한 설정을 원하면 프로그램 창의 왼편에 있는 여러 가지 메뉴를 활용할 수 있다. 앞으로의 설명에 필요한 몇 가지 요소만 보도록 하자.

- **문자 코드 지정:** 서버가 어떤 문자셋을 사용하느냐에 따라 한글이 제대로 입출력되지 않을 수도 있다. 이 경우 창Window → 변환Trnaslation 메뉴를 선택한 다음 "수신 데이터를 이 문자셋으로 가정" 항목에서 문자 코드를 선택하면 된다. 현재는 보통 UTF-8을 선택한다.
- **GUI 연결 사용:** 접속Connection → SSH → X11 메뉴를 열어서 "X11 포워딩" 항목을 체크해 주면 X-Window 시스템을 활용해 GUI 모드를 사용 할 수 있다. X 서버를 설치하고 GUI 클라이언트를 사용하고 싶다면 체크해 주도록 한다.
- **백스페이스 키 설정:** 하나 앞의 글자를 지우려고 할 때 서버에 따라 Backspace 키 또는 Delete 키를 사용하는 것에 대한 설정이 다르다. 접속해서 늘 사용하는 삭제 키를 눌렀는데 글자가 지워지는 대신 ^H 또는 ^?가 출력된다면 터미널Terminal → 키보드Keyboard 메뉴에서 백스페이스 키에 대한 설정을 변경하면 된다.

• **폰트나 색깔 변경:** 글꼴이나 화면의 색상을 변경하려면 [창Window] 메뉴에서 [모양Appearance]과 [색깔Colours] 메뉴를 활용하면 된다. 그림 2-38의 화면도 원래와 다르게 바탕색과 글자색을 변경한 것이다.

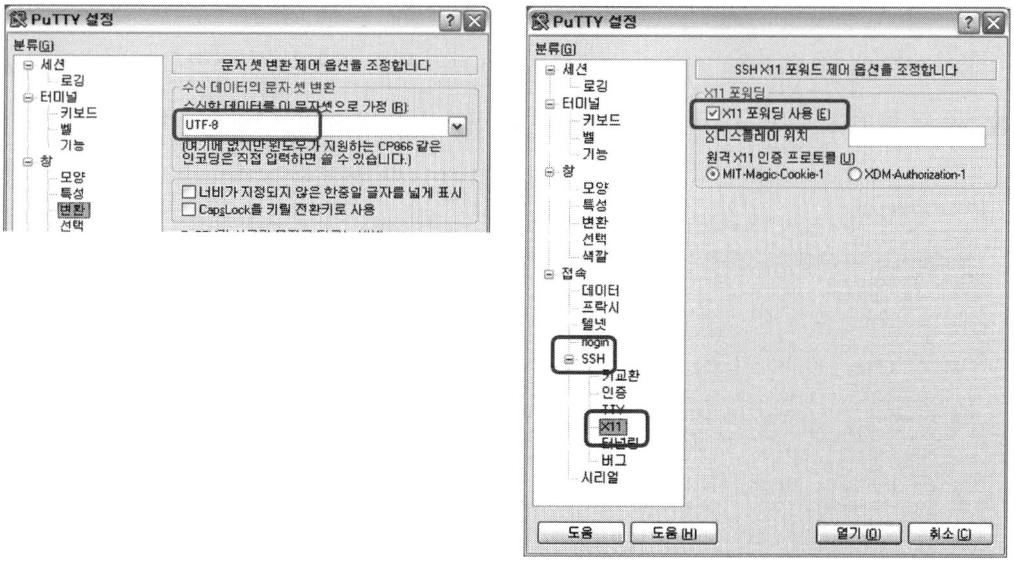

그림 2-39 PuTTY 추가 설정

그 외의 설정에 대해서는 각자 알아 보고 테스트하기 바란다. 그리고 변경된 설정을 유지하고 싶다면 마찬가지로 이 설정을 저장하는 것을 잊지 않도록 하자.

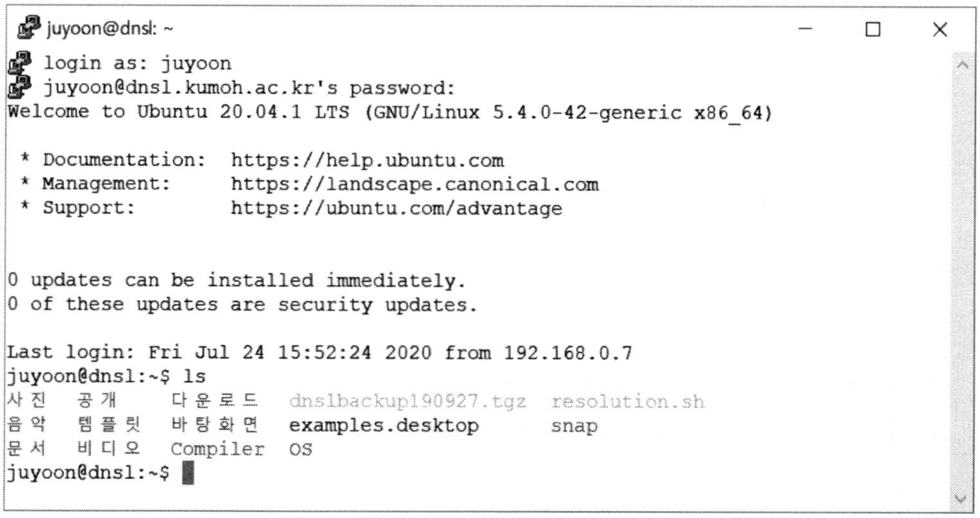

그림 2-40 서버 로그인 후

그림 2-40은 사용자 계정 ID와 패스워드를 입력한 다음 로그인이 된 상태를 보여 준다. 패스워드 입력 시 아무 글자도 나타나지 않는 것에 당황하는 초보자가 많다. 걱정말고 정확히 입력하고 Enter 키를 누르면 된다. 이렇게 접속한 서버는 WSL 셸과 마찬가지로 CLI 환경이며 서버 사용을 종료하고 연결 접속을 끊으려면 "exit"라는 명령을 입력한다.

PuTTY 외에도 ssh를 사용할 수 있는 도구는 아무 것이라도 좋다. 가장 간단하게 Windows의 PowerShell을 이용해서 ssh 명령어를 사용해 원격 서버에 접속할 수 있다.

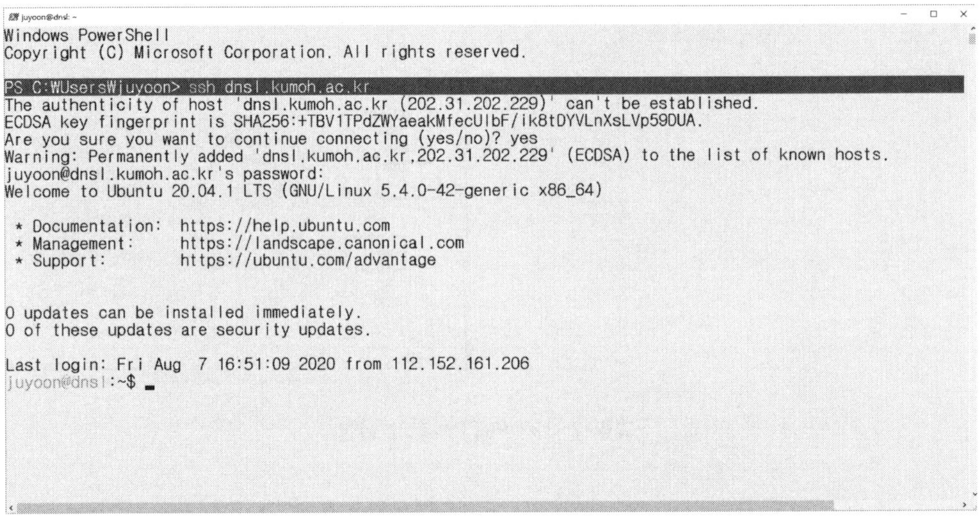

그림 2-41 PowerShell에서 ssh 명령어를 사용한 접속

리눅스에서 ssh 명령어의 사용법은 다음과 같다. [ ]로 싼 부분은 있을 수도 있고 없을 수도 있는 선택적인 부분을 의미한다.

사용법

ssh [옵션] [username@]호스트 [명령]

기본 기능

지정한 호스트에 **ssh** 방식으로 접속한다. 원격 호스트의 로그인 ID는 현재 시스템의 ID와 같은 것으로 간주되며 패스워드를 입력해야 로그인이 이루어진다. ID가 다를 경우 이메일 주소와 같이 사용자 이름을 호스트 이름 앞에 붙이고 '@'로 연결한다. 호스트 이름 뒤에 '명령'을 덧붙일 경우 해당 명령만 시행한 후 접속을 끊는다.

주요 옵션

-l name	주어진 name을 사용자 ID로 하여 접속한다. name@호스트와 같다.

```
-p port        주어진 port 번호로 접속한다. 기본은 22.
-X             X11 포워딩 허용.
```

그림 2-41에서 접속 후 처음 나타나는 내용은 보안 관련 키에 대한 것이다. 이는 해당 기기에서 서버로 처음 접속할 때 나타나는 것으로 한 번 패스가 되면 다음 접속부터는 보이지 않는다. 원격 접속 시 매번 패스워드를 입력하기가 귀찮은 사람은 ssh-keygen 명령을 이용해 퍼블릭 키를 설정해 두고 패스워드 입력 과정 없이 원격 호스트에 접속해 사용할 수 있으니 방법을 알아 보고 잘 활용하기 바란다. 그 외에도 암호와 키 관련 설정 및 옵션이 많고, 가상 tty 기능과 관련된 탈출 문자(escape character), TCP 포워딩, X11 포워딩, VPN 구성 등 복잡하지만 유용한 기능들이 많다.

PC 외에도 안드로이드나 iOS 등의 적절한 앱을 통해서도 서버에 접속할 수 있다.

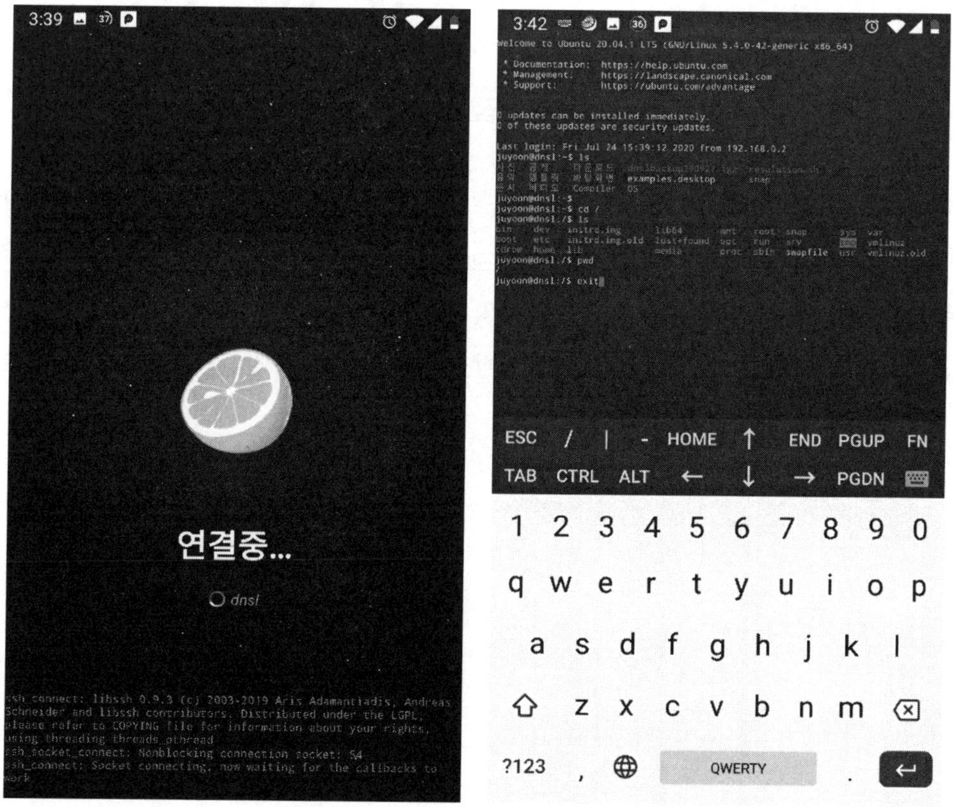

그림 2-42 안드로이드에서 ssh 접속 예

2.4.2 X Window를 이용한 원격 GUI 사용

WSL에서 GUI 프로그램을 사용하기 위해 설치한 X-Window 시스템을 활용해 원격 서버의 GUI 프로그램도 내 PC에서 실행시킬 수 있다. 다음과 같은 단계에 따라 서버로부터 GUI 프로그램을 불러 와서 사용해 보자.

① Windows 환경에서 XLaunch를 실행시킨다.
② PuTTY를 이용해 ssh 접속을 한다. X 기능을 사용하려면 반드시 설정에서 X11 포워딩 기능을 체크해 주도록 한다. WSL에서 DISPLAY를 설정하는 것과 같은 역할을 한다.
③ 명령행에서 실행하고 싶은 프로그램의 이름을 입력한다.

그림 2-43 원격 접속으로 GUI 프로그램 실행

서버 성능이 충분한 경우 데스크톱 환경을 그대로 가져와 실행할 수도 있다. XLaunch를 실행할 때 One large window → Start a Program을 선택한 후 데스크톱 프로그램을 초기 프로그램으로 설정하면 된다. 다만 서버 및 네트워크의 성능에 따라 매우 느려지거나 Windows와 맞지 않는 부분 때문에 오류가 발생할 수도 있음을 감안해야 한다.

2장 마무리

자, 이제 리눅스를 사용할 준비가 되었는가? 설치하면서 '의외로 쉬운 걸'이라고 느꼈기 바란다. Ubuntu가 아니라도 많은 리눅스 배포판들이 점점 더 사용자 편의성을 향상시키는 방향으로 가고 있다. 리눅스는 복잡하고 어려워 전문가만 사용하는 것으로 생각했었다면 이젠 그런 편견을 버릴 때가 왔음을 알 것이다. 실제로 전세계의 많은 개인용 컴퓨터 사용자들이 리눅스만 설치해서도 별 불편 없이 컴퓨터를 즐기고 있다. Windows 사용이 꼭 필요한 경우는 Wine 등의 에뮬레이터를 이용하거나 VirtualBox와 같은 가상 머신을 설치한 후 Windows를 설치하면 된다.

사람마다 리눅스를 설치해 사용하는 환경이 너무나 다양하므로 여기서는 최소한의 지식과 노력만으로 가능한 방법을 설명하였다. 각자의 장비와 환경에 따라 설치 과정에서 다양한 추가 설정이 요구될 수 있다. 설치와 사용에서 궁금한 점이 책에 있는 내용으로 해결되지 않는다면 웹 검색과 인터넷 커뮤니티를 적극 활용하도록 하자. 기꺼이 정보를 공유하고 나누어 줄 고수들이 세계 도처에 널려 있다. 그리고 개인용으로 사용하는데 익숙해진 다음에는 더 많은 것을 공부해서 더 수준 높은 배포판을 시도하고, 나만의 시스템을 꾸미고 관리하는 즐거움을 누려보자.

심화 및 보충 학습

1. 가상 머신과 리눅스를 설치하는 과정은 대개 큰 문제 없이 자동으로 잘 진행된다. 그러나 컴퓨터 하드웨어나 호스트 운영체제 노후, 하드웨어 및 소프트웨어 간의 버전 불일치 등의 사유로 인해 설치가 안 되거나 실행에 문제가 생길 수 있다. 그럴 때는 적극적으로 웹 검색 등을 활용해 해결책을 찾아야 한다. 자신의 컴퓨터에 리눅스를 설치해 보고 어떤 문제점을 겪고 어떻게 그를 해결했는지 설명하라.
2. 자신이 사용 중인 Windows 운영체제가 있다면 하드디스크 파티션 관련 프로그램을 찾아 실행하여 파티션이 어떻게 나누어져 있는지 확인하고 설명하라.
3. 리눅스의 다양한 배포판 중 우분투 외의 배포판을 하나 선택하여 가상 머신에 설치해 보라. 최근 사용이 많은 배포판은 MINT, CentOS, Fedora 등이다.

3장

데스크톱 둘러 보기

설치가 끝났으면 리눅스 시스템을 사용해 보도록 하자. 먼저 GUI (Graphical User Interface) 환경에서 리눅스의 여러 메뉴와 기능들을 살펴 본다. 대부분의 독자들이 MS Windows 운영체제에 익숙해져 있을 것이고, 그림 형태의 메뉴와 프로그램 실행을 어렵지 않게 사용할 수 있을 것이다. 리눅스 데스크톱(desktop)도 그 모양과 종류가 약간 다를 뿐이므로 사용에 어려움이 없다.

리눅스의 데스크톱은 그래픽 인터페이스 방식을 따르는 종합적인 사용 환경을 의미한다. 리눅스 커널과 기본 도구는 텍스트 기반 인터페이스로 되어 있어 하드웨어 성능이 부족하거나 그래픽 환경이 필요하지 않은 사용자는 이 부분을 제외하고 설치해 사용할 수 있다. 이 경우 추가로 그래픽 환경을 제공하려면 컴퓨터의 그래픽 카드를 제어하여 모니터에 그림이 나타나도록 해 주는 가장 기본적인 도구인 X 윈도우 시스템을 먼저 설치하고, 용도에 따라 Qt와 GTK+ 등의 라이브러리를 설치해야 한다. 리눅스의 대표적인 데스크톱 환경인 KDE와 GNOME은 이러한 도구와 라이브러리를 이용해 구현된 소프트웨어이다. 일반 사용자에게 인기 있는 배포판들은 대부분 설치 시 이러한 환경을 기본적으로 모두 구성해 주므로 추가 작업이 필요 없다. WSL의 경우는 apt를 활용하여 GUI 프로그램을 설치할 때 관련 있는 라이브러리를 설치해 준다. Ubuntu는 GNOME 기반의 데스크톱 환경으로 구성되어 있으며, Kubuntu(KDE), Xubuntu(Xfce)[1] 등 다른 데스크톱을 채용한 버전도 있다.

그래픽 인터페이스는 마우스를 이용해 메뉴를 선택하는 방식으로 동작하므로 사전 지식이 없이도 매우 편리하게 시스템을 사용할 수 있게 해 준다. Ubuntu에서 제공하는 GNOME 데스크톱의 구성을 살펴보고 기본적인 소프트웨어가 어떤 것들이 있는지 둘러보자. GNOME 데스크톱의 사용법은 https://help.ubuntu.com/stable/ubuntu-help/ 사이트 또는 시스템 내 도움말(help) 프로그램을 실행하면 더 상세히 알아볼 수 있다.

---

1) 각각 쿠분투, 주분투라고 발음한다.

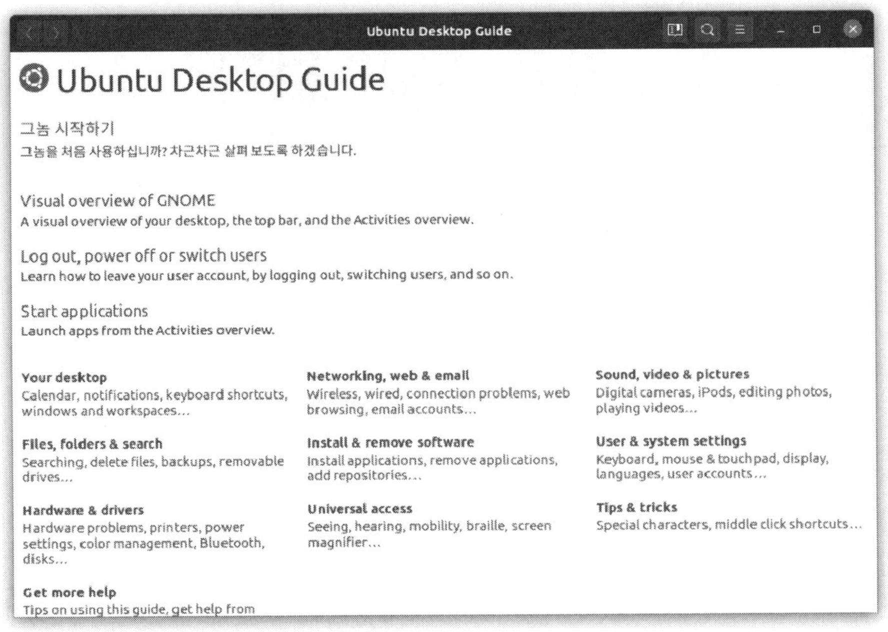

그림 3-1 도움말 - 그놈 데스크톱 가이드

3.1 데스크톱 구성

그놈 데스크톱이 실행되면 그림 3-2와 같은 화면이 나타난다. 기본 구성 요소는 탑 바(top bar), 대시(dash), 프로그램 표시(application picker), 작업 공간(workspace), 창(window) 등이다.

- **작업 공간**: 가장 큰 영역을 차지하는 구성요소로 프로그램을 실행하면 여기에 창(window)이 나타난다. 기본으로 사용자의 홈 폴더 아이콘과 휴지통이 생성되어 있어 Windows의 바탕 화면과 비슷해 보이지만, 폴더나 프로그램의 바로 가기를 추가하기는 어렵다.[2)]
- **대시**: 독(dock)이라고도 한다.[3)] Windows의 작업표시줄과 같다. 즐겨 찾는 프로그램과 실행 중인 프로그램의 목록을 나타내는 공간이다. 아이콘을 한 번 클릭하면 프로그램이 실행되어 작업 공간에 창(window)이 나타난다. 실행 중인 경우 실행 창의 개수만큼 프로그램 아이콘 옆에 붉은색 점이 표시되고, 마우스 우클릭으로 새 창 열기, 즐겨찾기 제거,

2) 불가능한 것은 아니나 간단한 방법이 아니므로 다루지 않는다.
3) 이전 우분투 버전에서는 런처(launcher)라고도 했다.

프로그램 종료 등의 작업을 할 수 있다. 아이콘이 많아지면 상하 스크롤이 가능하다.

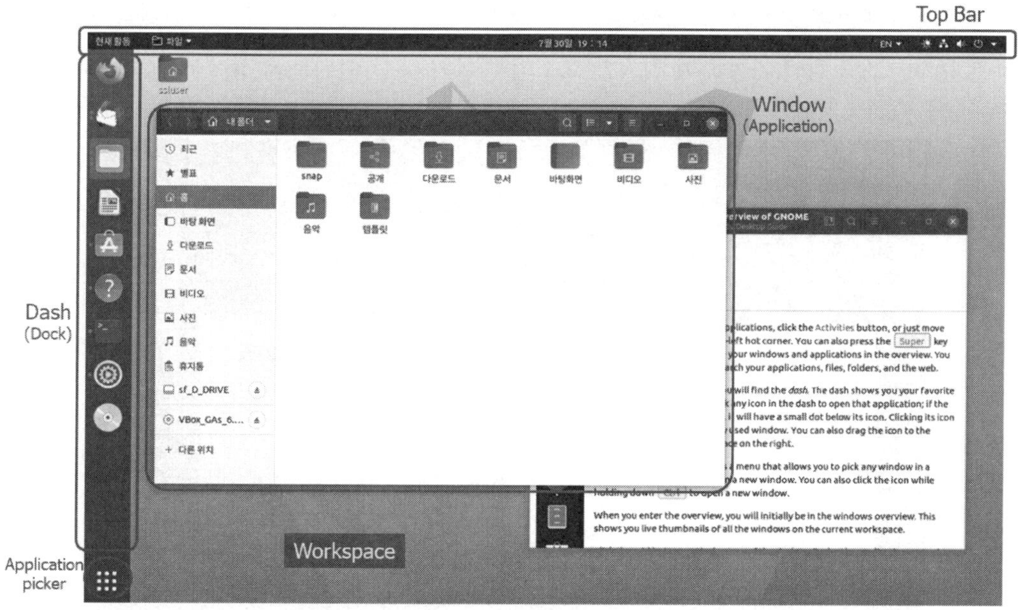

그림 3-2 그놈 데스크톱 구성

- 프로그램 표시: 이것을 누르면 시스템에 등록되어 있는 전체 프로그램의 아이콘들이 나타난다. 원하는 프로그램의 아이콘을 클릭하면 프로그램을 실행할 수 있다.
- 탑 바: 화면의 위에 있는 막대 형태를 말한다. 좌측에는 현재 데스크톱의 전체 상황을 보여 주는 현재 활동 Activities 버튼, 가운데는 날짜 및 알림 메시지를 표시하는 알림 트레이, 우측에는 입력기, 네트워크, 파워 버튼 등으로 구성된 시스템 메뉴가 있다.
- 창: 하나의 응용프로그램이 실행되는 사각형 영역이다. 크기를 조정하거나, 최소/최대화, 끌어 옮기기 등의 작업을 할 수 있다.

3.1.1 현재 활동 요약(Activities overview)과 작업 공간(Workspace)

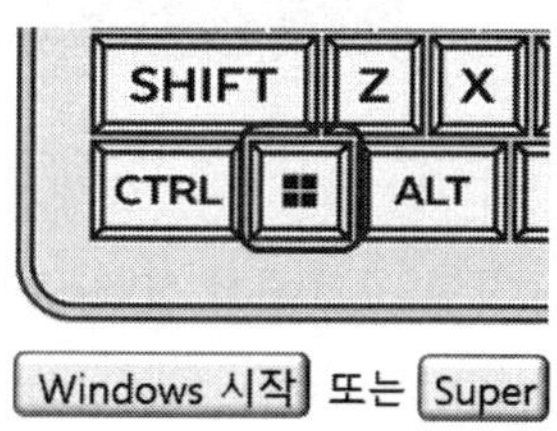

탑 바 좌측의 현재 활동을 누르거나 키보드에서 Super 키(Windows 시작 키)를 누르면 데스크톱의 모양이 그림 3-3과 같은 형태로 나타난다. 데스크톱 전체의 활동 상황을 요약해서 보여 주는 동시에 검색 바와 작업 공간 리스트가 나타나는 등

추가 기능 사용이 가능하다.

검색 바(Search bar)에는 키워드를 입력해 시스템 내부의 파일이나 프로그램을 검색한다. 부분 문자열로도 검색 가능하며 검색할 요소의 종류와 우선 순위는 설정에서 변경할 수 있다.

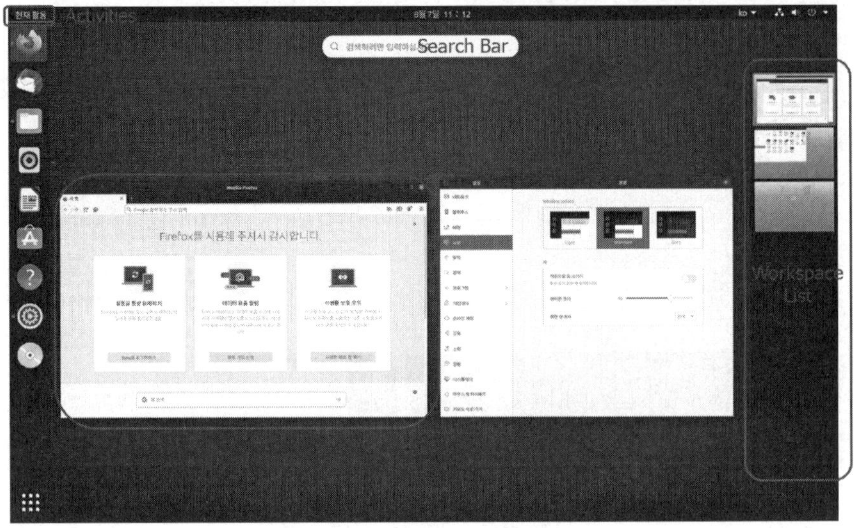

그림 3-3 현재 활동 요약

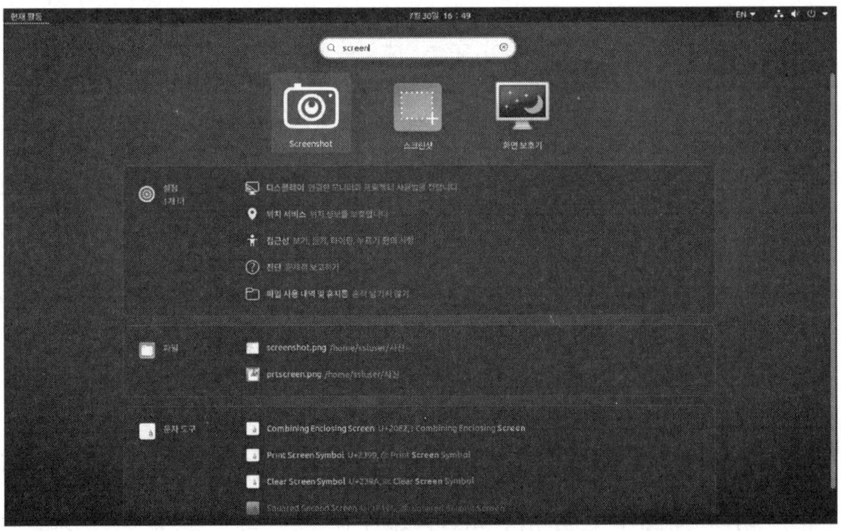

그림 3-4 검색 바 사용 결과

작업 공간에서 실행 중이던 프로그램 창들은 겹쳐지지 않게 나열되어 나타난다. 이 작업 공간은 하나의 가상 모니터로 생각할 수 있으며, 그놈 데스크톱에는 여러 개의 작업 공간을 만드는 것이 가능하다. 이 작업 공간들은 오른쪽의 작업공간 목록에 표시된다.

비어 있던 작업 공간에 프로그램 창을 열면 자동으로 새로운 빈 작업 공간이 추가되고 하나의 작업 공간에서 실행창이 모두 없어지면 자동으로 작업 공간의 수가 줄어든다. 작업 공간은 마우스 클릭으로 변경하거나 마우스 스크롤로 옮겨 다닐 수 있으며 Super + TAB 키, 화살표 키를 활용할 수도 있다. 작업 공간 목록의 작업 공간에는 실행 중인 프로그램 창들이 원래의 모양대로, 즉 겹쳐진 형태 그대로 보이며 마우스로 끌어서 다른 작업 공간으로 창을 이동할 수 있고 클릭해서 바로 실행 작업 공간으로 들어갈 수 있다. 왼쪽의 대시에서 실행 중인 프로그램의 아이콘을 선택하면 자동으로 그 창이 있는 작업 공간으로 이동한다.

화면 상으로는 가상의 작업 공간이 여러 개 있는 반면 파일 시스템[4] 체계에서는 **바탕화면**이란 이름으로 관리된다. 바탕화면 폴더는 사용자의 홈 폴더에 처음부터 자동으로 생성되어 있고 하나밖에 없다. 어느 작업 공간에서 생성한 것이든 바탕화면에 생성되어 있는 폴더나 아이콘은 모든 작업 공간에 동일하게 나타난다.

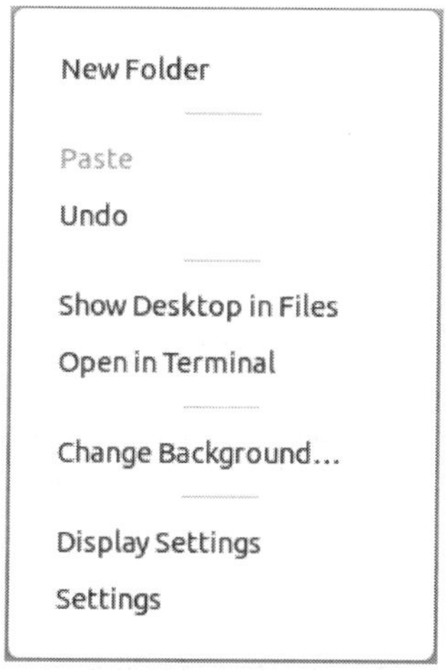

(a) 바탕화면 메뉴

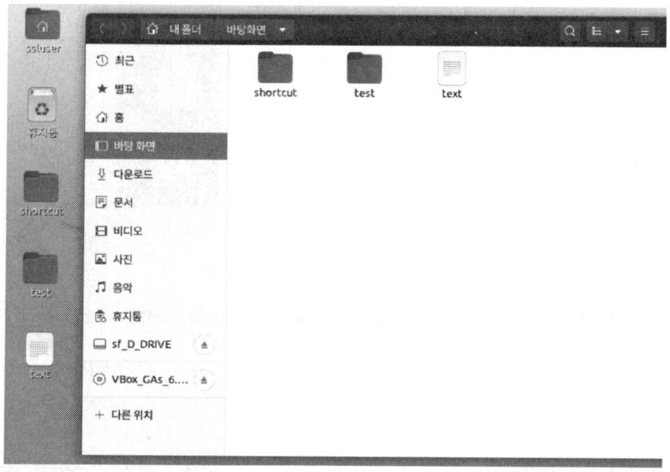

(b) 파일탐색기에서 열기

그림 3-5 바탕화면 메뉴

바탕 화면에서 마우스 우클릭을 해서 실행할 수 있는 메뉴도 몇 가지 있다. 그림 3-5(a)의 메뉴를 보면 새 폴더 생성, 파일 관리자에서 열기, 터미널에서 열기, 배경 그림 바꾸기, 디스플레이 설정 등이 가능함을 알 수 있다[5]. 파일 관리자 등 다른 도구에서 복사를 한 경우 붙

4) 파일 시스템에 대해서는 4장에서 살펴 볼 것이다.

5) 설치 시 언어 설정이 완전하지 않아 영문으로 보인다.

여넣기(Paste)도 가능하다. 마지막의 설정(Settings)은 바탕화면이 아니라 전체 설정 프로그램을 실행하는 메뉴다. 그림 3-5(b)는 파일 관리자에서 열기를 실행한 결과다. 처음부터 있던 홈 폴더와 휴지통은 보이지 않고 사용자가 직접 생성한 폴더와 다른 곳에서 복사해 온 파일이 바탕화면 폴더에 속해 있음을 볼 수 있다.

3.1.2 탑 바(Top Bar)

탑 바에는 현재 활동 외에 실행 프로그램 메뉴, 알림 바, 시스템 메뉴 등이 있다.

□ 실행 프로그램 메뉴

하나의 실행 창을 선택하면 그 창의 프로그램 이름이 현재 활동 옆에 나타나고 그를 선택하면 창의 메뉴가 보인다. 그림 3-6은 파일 관리자가 선택된 예를 보여 준다. 메뉴는 프로그램마다 약간씩 달라지지만 대체로 이 예와 마찬가지로 열린 창의 이름, 새 인스턴스 만들기, 끝내기 등으로 구성된다. 현재 5개의 파일 관리자 창이 실행 중이기 때문에 열린 창 아래로 5개의 폴더 이름이 나타나 있다. 개별 창에서와 달리 이 메뉴에서 끝내기를 선택하면 열려 있던 모든 창이 종료된다.

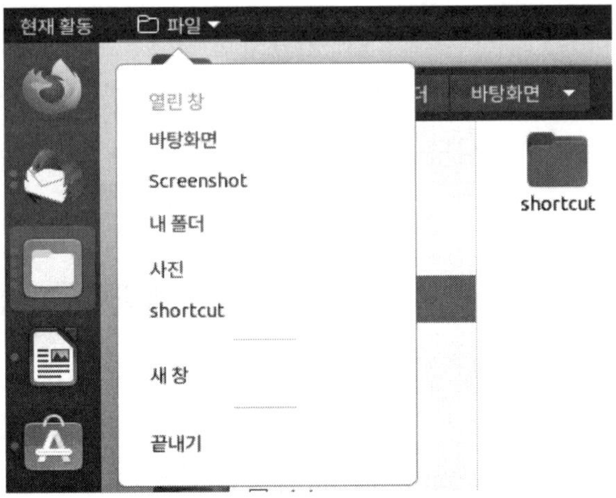

그림 3-6 탑 바 - 프로그램 메뉴

□ 알림 바 (Notification)

탑 바의 가운데 나타나 있는 날짜와 시간을 누르면 달력 및 각종 프로그램으로부터 생성되는 알림 메시지를 보여 준다. 알림의 종류와 알림 여부, 팝업 여부 등은 설정에서 변경할 수 있다.

그림 3-7 탑 바 - 알림 바

□ 시스템 메뉴

탑 바 오른쪽에는 시스템 메뉴와 입력기 정보(추가 언어가 설치된 경우)가 있다.

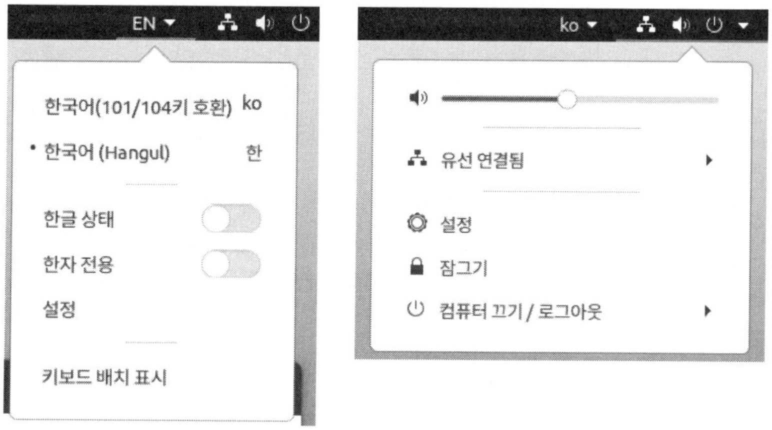

그림 3-8 시스템 메뉴

입력기 정보는 설정된 언어에 따르는 정보를 보여 준다. 열지 않은 상태에서도 "EN/한" 등으로 현재 어떤 언어를 입력하는 모드에 있는지 알려 주며, 그 외 언어에 대한 설정 프로그램을 실행하거나 키보드 배치를 표시해 줄 수 있다.

기본 시스템 메뉴는 설치된 하드웨어에 따라 오디오/디스플레이에 대한 간단한 조정, 네트워크 상태 정보 등이 표시되고, 설정 프로그램을 실행시킬 수 있다. 또 2장에서 설명한 대로 파워 메뉴를 이용해 로그아웃, 절전, 컴퓨터 끄기를 수행할 수 있다. 여러 명의 사용자가 등록되어 있다면 로그아웃 없이 다른 사용자로 바꾸어 로그인할 수도 있다.

3.1.3 대시 (Dash)

Windows의 작업표시줄과 같이 즐겨 찾는 프로그램과 실행 중인 프로그램의 목록을 나타내는 공간이다. 대시에서 할 수 있는 작업을 그림과 함께 간단하게 살펴보자.

• 마우스를 올리면 프로그램 이름이 보인다.

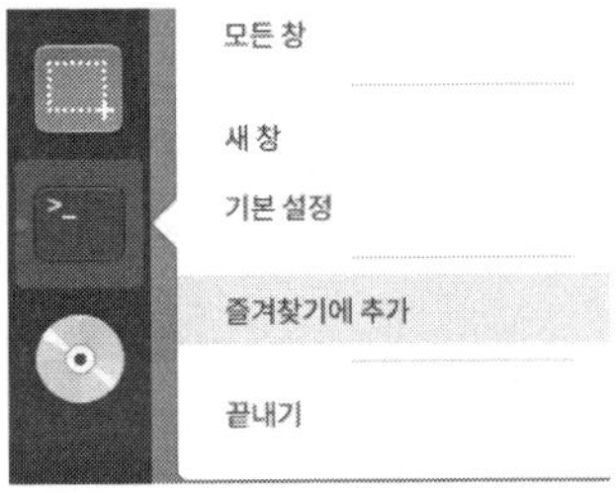

- 대시에 없던 프로그램을 실행하면 아이콘이 나타난다.
- 우클릭 메뉴를 이용해 대시에 추가할 수 있다(즐겨찾기).

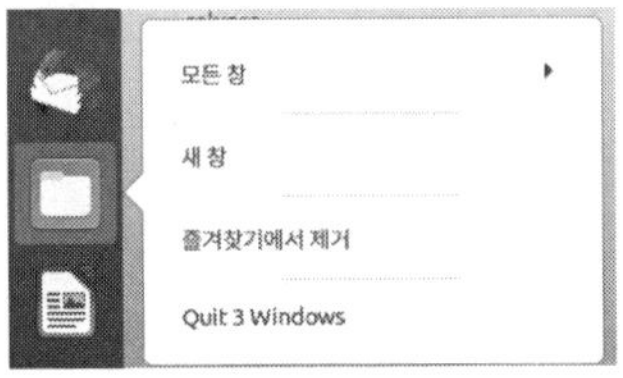

- 새 프로그램을 실행하면 아이콘이 나타나고 왼쪽에 붉은 점으로 실행 중임을 표시한다.
- 아이콘 위에 마우스 우클릭을 하면 메뉴가 나타난다.
- 우클릭 메뉴를 이용해 새 창을 실행할 수 있다.
- 우클릭 메뉴를 이용해 대시에서 삭제할 수 있다.
- 우클릭 메뉴를 이용해 열려 있는 창을 모두 닫고 프로그램을 종료할 수 있다.

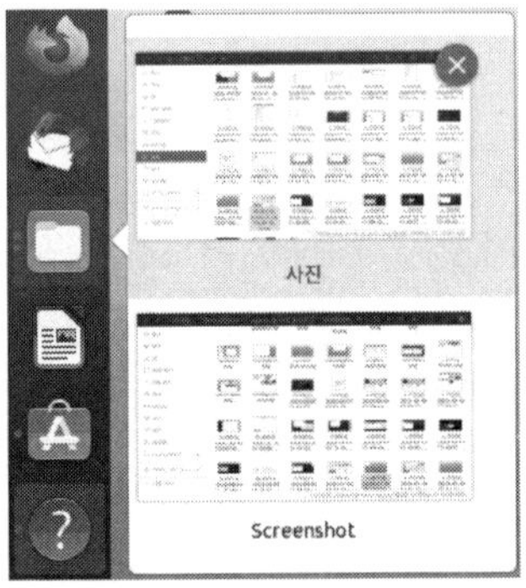

- 아이콘의 바깥 테두리를 클릭하면 열려 있는 모든 창이 표시된다.
- 창을 직접 클릭하여 선택하거나 닫을 수 있다.

3.2 설정

설치할 때 지역, 언어, 사용자 이름과 패스워드 등 기본적인 설정은 했지만, 앞 절에서 보다시피 메뉴가 영문으로 나오는 등 원하는 설정이 미완성인 경우도 있고 화면 크기, 색상 등이 자신의 선호와 다를 수도 있다.

모든 설정 사항을 한꺼번에 다룰 수 있는 도구는 탑 바의 시스템 메뉴 → 설정, 바탕화면 우클릭 → 설정, 프로그램 표시 → 설정을 선택하여 실행할 수 있다. 그 외에도 특정 프로그램을 실행하였을 때 관련 있는 설정을 선택할 수 있는 경우도 있다. 프로그램을 실행하면 그림 3-9에서 보는 바와 같이 왼쪽에 설정 항목들이 나열되어 있고 그 중 하나를 선택하면 관련 설정 내용이 오른쪽에 나타난다. 시작할 때 나타나는 항목은 이전 실행 시 마지막으로 선택했던 설정 내용이다.

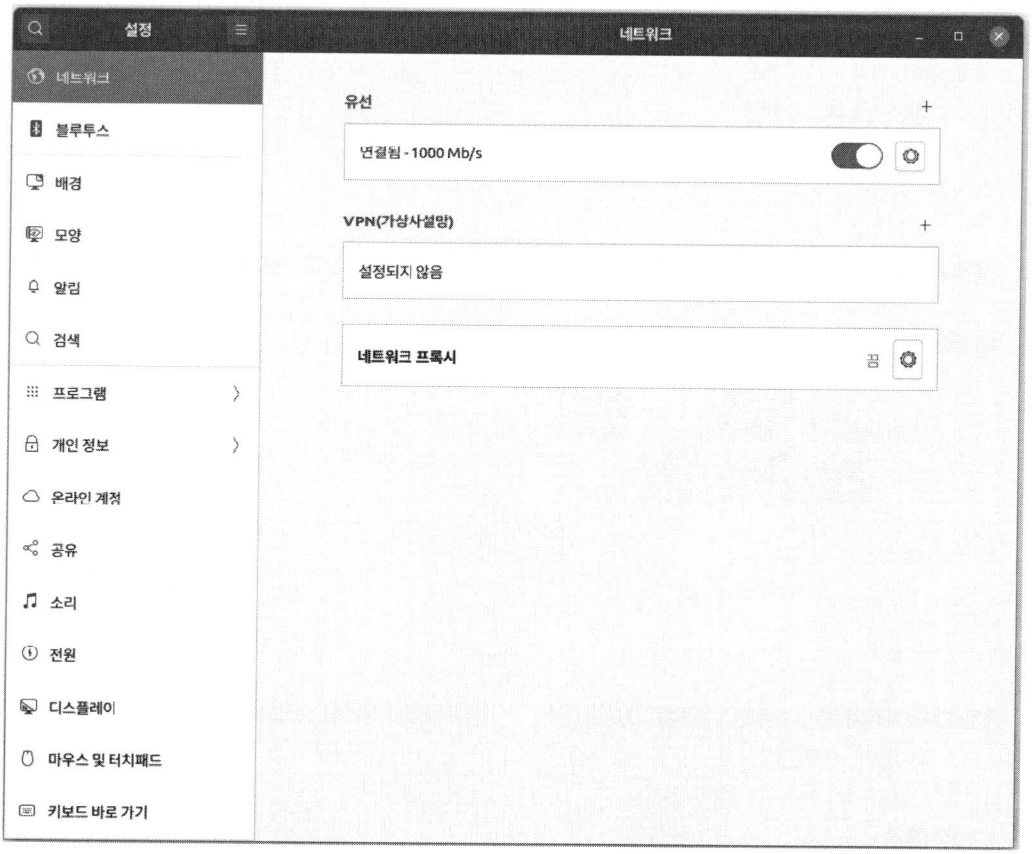

그림 3-9 설정 프로그램

설치 시 큰 문제가 없었다면 네트워크 관련 사항은 자동으로 설정되어 있을 것이다. 변경이나 추가 설정이 필요한 경우 4장 내용을 참고하기 바란다.

그림 3-10 관리자 권한 인증

각 설정 작업을 수행할 시 사용자 개인에 관련된 항목은 자유롭게 수행이 가능하나 시스템 전체와 관련된 작업은 적절한 권한을 가진 사용자, 즉 관리자만 수행할 수 있는 경우가 있다. 우분투 리눅스에서 관리자는 별도로 지정되거나 만들어지지 않고 설치할 때 맨 처음 등록한 사용자가 **관리자 권한**을 가지게 된다. 평소에는 일반 사용자 권한으로 작업을 하고 특별히 권한이 필요한 작업을 수행할 시에만 정당한 권한의 유무를 검사한다. 그림 3-10과 같은 창이 떠서 관리자 권한을 요구하면 자신의 패스워드를 입력하면 된다.

3.2.1 데스크톱 설정

데스크톱 모양과 기본 기능 관련 설정을 한다.

그림 3-11 데스크톱 설정

- **배경**: 바탕화면에 나타나는 이미지를 선택한다. 기본 이미지 외 사용자의 사진이나 이미지를 등록할 수 있다.

- **모양**: 창의 색상 구성과 독(대시)을 표시하는 방법을 변경할 수 있다. 대시에 아이콘이 많을 경우 스크롤이 가능하지만 그것보다 한 눈에 보이는 것을 선호하는 경우 아이콘 크기를 축소한다. 또한 자신의 사용 습관이나 주로 사용하는 손의 위치에 따라 독의 위치를 하단 또는 오른쪽으로 설정하면 된다.
- **알림**: 탑 바의 알림 바에 나타날 알림 메시지와 관련된 프로그램을 선택하고 세밀한 알림 설정을 할 수 있다. 알림의 방법으로 경고음, 팝업 등을 선택하는 것이 가능하다.
- **검색**: 검색 바에서 검색을 할 때 어떤 종류의 시스템 자원을 검색할 것인지, 그 우선순위는 어떻게 할 것인지 정할 수 있다.

3.2.2 개인 설정

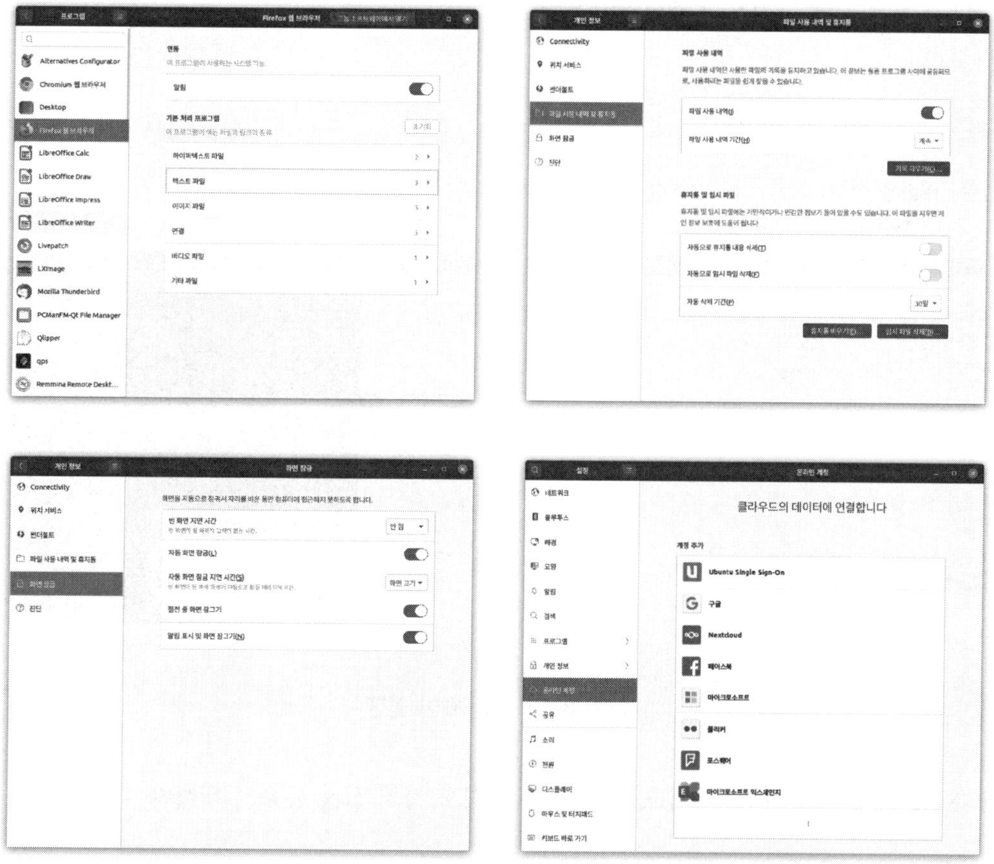

그림 3-12 개인 설정

- **프로그램**: 각 프로그램마다 필요한 설정이 있다. 해당 프로그램을 실행하여 설정할 수 있으나 전체 설정 프로그램에서도 프로그램별 설정을 할 수 있다. 프로그램마다 설정 항목이 다르므로 원하는 프로그램을 선택하면 오른쪽에 설정 항목이 나타난다. 시스템 수준에서 설정하는 메뉴이기 때문에 알림과 같이 시스템 기능과 연동된 항목도 포함된다.
- **개인 정보**: 휴대폰과 같이 1인 모바일 환경에서의 사용과 관련한 설정을 할 수 있다. 연결성 점검, 위치 서비스, 썬더볼트 인터페이스 보안 수준 설정, 사용 기록(로그)에 대한 설정, 화면 잠금 설정 등을 수행할 수 있다.
- **온라인 계정**: 클라우드 서비스를 사용할 경우 매번 별도 로그인을 하지 않고 시스템 로그인 시 자동 연결되도록 계정을 설정한다.
- **공유**: VNC를 통해 화면을 공유하거나(원격 데스크톱 기능), UPnP를 통해 음악, 사진, 비디오 등을 외부 기기와 공유하도록 설정한다.

3.2.3 하드웨어 설정

컴퓨터에 연결된 여러 가지 주변 장치에 관련된 설정을 한다.

그림 3-13 하드웨어 설정

- **소리**: 전체 음량 설정, 마이크/스피커 등 오디오 장치 설정 등을 수행한다.
- **전원**: 절전 및 대기 모드에 대한 설정을 한다.
- **디스플레이**: 화면 방향과 해상도 등을 설정한다. 장착된 그래픽 카드나 모니터 등에 따라

메뉴는 달라질 수 있다.

- **마우스 및 터치패드:** 마우스 단추 순서, 속도, 스크롤 방향 등을 설정하고 검사한다.
- **키보드 바로 가기:** GUI 환경에서는 마우스를 이용해 작업을 수행하는 것이 일반적이나 자주 사용하는 기능을 키보드로 입력할 수 있도록 설정해 두면 훨씬 빠른 속도의 작업이 가능할 수 있다. Ctrl+Alt+Delete - 로그아웃, Super - 현재 활동 요약, PrtScn - 전체 스크린샷, Alt+PrtScn - 창 스크린샷, Alt+Tab - 창 전환, Alt+F4 - 창 닫기 등이 잘 알려진 바로 가기 키들이다. MS Windows의 키보드 바로 가기에 익숙한 사람은 동일한 기능을 하도록 설정되어 있는지 확인하고(대부분 비슷하다) 변경하도록 하자.

그림 3-14 키보드 바로 가기 설정

- **프린터:** 프린터를 추가하거나 삭제, 설정 변경을 할 수 있다.
- **이동식 미디어:** USB 메모리 등 이동식 미디어가 연결되었을 때 그 장치에 저장되어 있는

파일에 대해 어떤 작업을 기본으로 수행할지 설정한다.

3.2.4 사용 환경 설정

- **지역 및 언어**: 사용 언어 및 해당 언어를 입력할 수 있는 프로그램을 설정한다. 그림 3-15는 설정 창에서 설치된 언어 관리를 선택하여 나타나는 팝업 창을 함께 보여 준다. 선호 언어 순위, 새로운 언어 설치 또는 설치된 언어 제거, 특정 언어에 대한 입력기 선택 등의 작업을 할 수 있다.

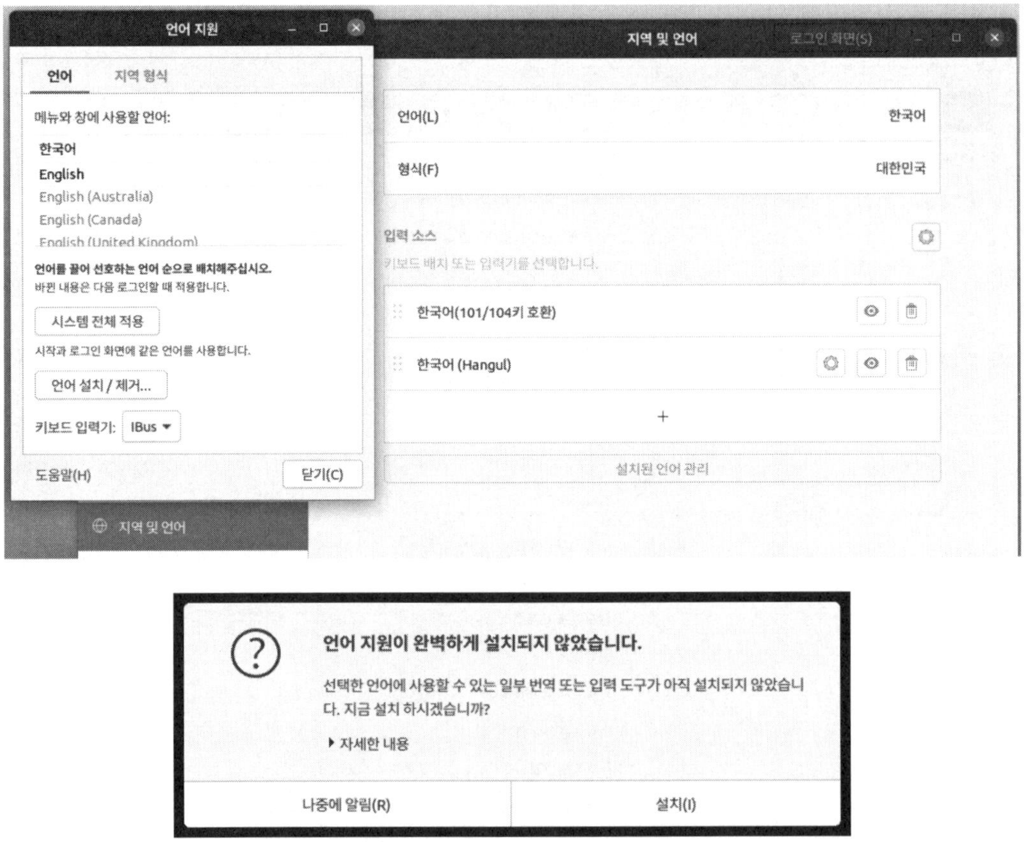

그림 3-15 지역 및 언어 설정

시스템 설치 후 처음 언어 설정 기능을 실행하거나 관리 기능을 실행했을 때 알림 팝업이 뜰 수 있다. 이는 설치 시 "한국어"를 선택했지만 네트워크나 서버 문제로 인해 설치가 완전하지 않은 경우로 일부 메뉴나 시스템 관련 메시지가 영문으로 나타나거나 한글 입력이 안 되는 등의 현상을 보이기 때문에 추가 요소를 설치하여 제대로 언어 지원이 되도록 한다. 입력 소스는 어떤 배치의 어떤 글자를 입력할 수 있는 입력기를 사용할 것인가를 설정한다. 기본 프로그램인 IBus로 평범한 한글 키보드라면 별 문제 없이 사용할 수 있으나, 제대로 한글 입력이 안 된다면 웹 검색 등을 통해 다른 프로그램을 설치해 사용해 본다. 참고로 IBus에서는 한글/영문 전환을 위해 전통적인 유닉스/리눅스 한영 전환 방식인 Shift+space 키 외에 한글 키보드의 한/영 키도 사용할 수 있다. 설정 창에서 한국어(Hangul) 항목의 톱니바퀴 아이콘을 클릭하면 그림 3-16과 같은 팝업창이 뜬다. 한영전환키 항목을 확인해 보고 키를 추가하거나 삭제한다.

그림 3-16 IBus 한글 설정

혹시 한영전환키를 제대로 설정했음에도 한글 입력이 안 되는 경우가 있으면 그림 3-15에 보이는 지역 및 언어 설정 화면에서 입력 소스 중 "한국어(101/104키 호환)"으로 적힌 키보드 설정을 삭제한다(휴지통 선택).

- **접근성**: 시청각이나 조작 능력에 제한이 있는 사람을 위한 설정을 할 수 있다.

그림 3-17 사용자 설정과 시스템 정보

- **사용자**: 사용자 계정에 대한 작업을 수행한다. 계정 이름, 프로필 사진, 암호 변경 등을 할 수 있고 활동 기록도 확인 가능하다. 자신이 아닌 추가 계정 생성이나 타인의 계정 관리는 4장에서 설명한다.
- **기본 응용 프로그램**: 웹이나 메일 등 동일한 작업을 수행할 수 있는 프로그램이 여러 개 존재할 때 기본 프로그램을 지정할 수 있다. 해당 파일을 더블 클릭할 때 연결 프로그램으로 실행된다.
- **날짜 및 시각**: 일반적으로 인터넷을 통해 날짜와 시간을 동기화하여 사용하도록 설정되어 있다. 수동으로 시스템 시간을 설정하거나 표시 방법을 바꾸고 싶을 때 활용한다.[6)]
- **정보**: CPU 및 메모리, 그래픽, 하드디스크, 운영체제 등 시스템 정보를 보여 준다.

3.3 응용 프로그램

3.3.1 프로그램의 실행

새 프로그램의 실행은 여러 가지 방법으로 가능하다.

- **대시에서 아이콘 클릭**: 대시에 등록된(즐겨찾기) 프로그램만 실행 가능하다. 한 프로그램에서 여러 개의 창을 실행시키고 싶은 경우 우클릭 메뉴에서 새 창을 선택하거나 Ctrl 키를 누른 채 아이콘을 클릭하면 된다.
- **전체 프로그램에서 실행**: 프로그램 표시를 눌러 아이콘을 찾아 클릭하거나 현재 활동 요약 화면의 검색 바를 이용해 검색해서 클릭한다. 독립된 GUI를 가진 응용 프로그램을 모두 실행할 수 있다.
- **파일의 연결 프로그램 실행**: 작업 공간이나 파일 관리자의 파일 아이콘을 더블 클릭하면 해당 파일의 형식이나 속성에 따라 기본 응용 프로그램으로 설정된 프로그램이 자동 실행된다. 예를 들어 screenshot.png라는 이름의 파일을 더블 클릭하면 이미지를 보여 주는 eog(Eye of GNOME) 프로그램이 실행된다.

6) 실제로는 수동으로 설정한 내용이 무시되고 현재 시간으로 되돌아 온다. 강제로 시간을 바꾸는 방법은 약간의 노력이 더 필요하다.

- **파생 프로그램 실행**: 특정 프로그램의 메뉴나 버튼을 통해 다른 프로그램을 실행할 수 있다.
- **터미널에서 이름으로 실행**: CLI 환경인 터미널 프로그램을 실행하고 명령행에 프로그램의 이름을 입력하여 실행할 수 있다.

□ 창(Window) 공통 요소

프로그램이 실행되면 해당 프로그램의 창이 작업 공간에 나타난다. 창에 대해서 할 수 있는 가장 기본적인 작업은 창의 최소화/최대화/크기 조정/닫기 등이다. 그림 3-18의 창에서 오른쪽 상단의 세 버튼을 이용하거나 상단 바에 마우스 우클릭을 하여 창에 대한 작업을 수행할 수 있다.

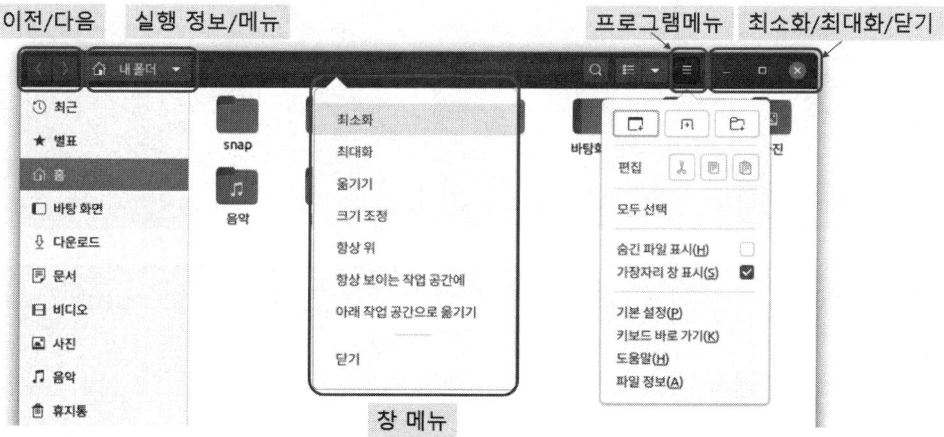

그림 3-18 그놈 창 구성

그 외 구성은 프로그램마다 다르다. 그놈에서 제작한 프로그램인 경우 약간의 공통 요소가 더 있다. 최소화 버튼 옆의 세 줄 상자 버튼을 누르면 해당 프로그램의 기본 메뉴를 열 수 있다. 문서나 파일 시스템 등 내비게이션이 가능한 경우 왼쪽 상단에 관련 버튼이 나타난다. 상단 바에는 그 외에도 프로그램 관련 구성 요소가 더 자리하여 선택이 가능하다. 또한 창 내부 바탕화면 또는 아이콘을 마우스 우클릭하면 관련 메뉴가 나타나는 것이 일반적이다.

3.3.2 우분투 기본 프로그램

프로그램 표시를 클릭하면 시스템에 설치되어 있는 프로그램들 중 독립적으로 실행할 수 있는 GUI 방식 응용 프로그램들의 아이콘이 나타난다. 기본으로 설치되는 프로그램들을 종류별로 구분해서 살펴보자.

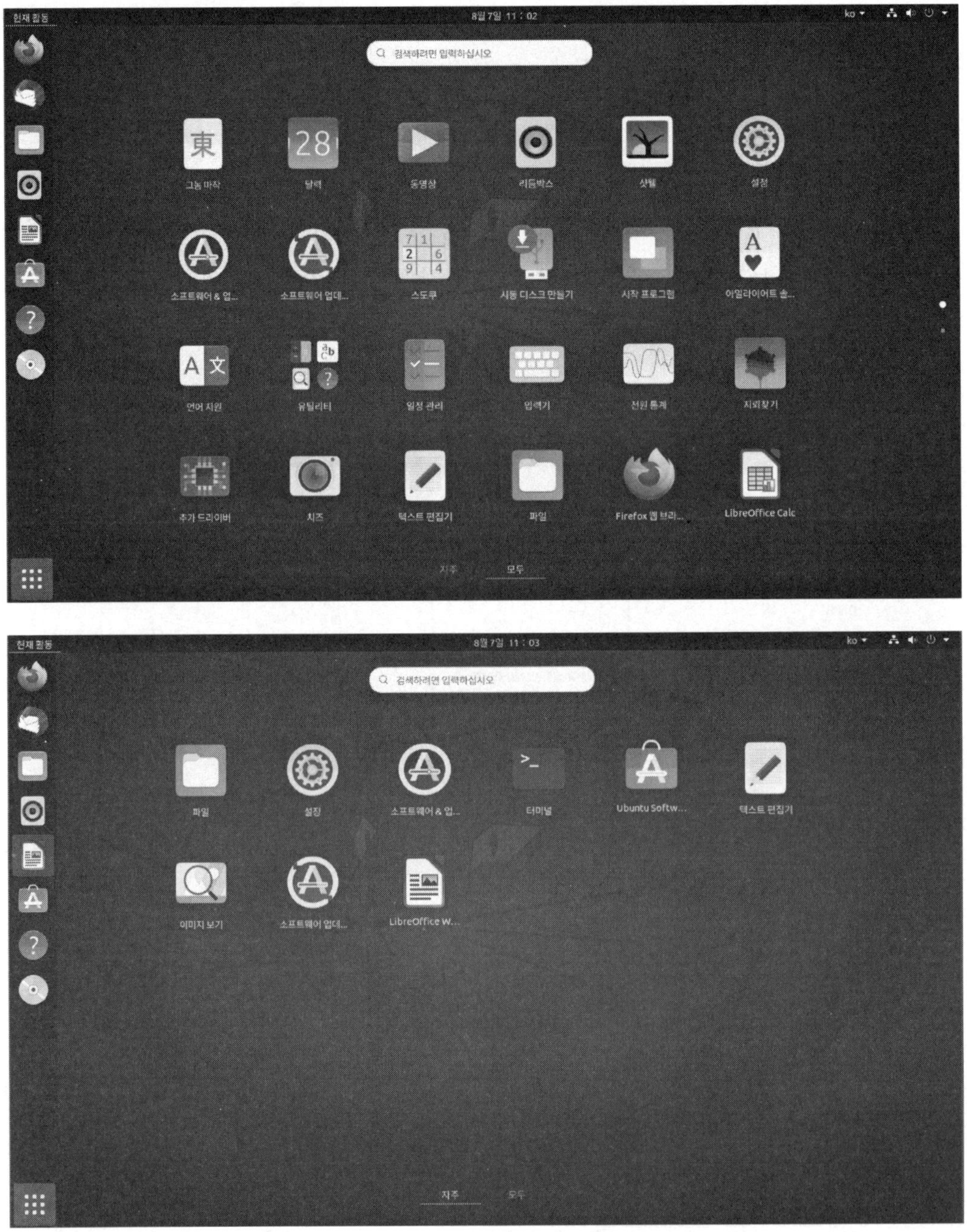

그림 3-19 전체 응용 프로그램 목록

- **시스템 프로그램**: 3.2절에서 사용한 설정(GNOME Settings)을 비롯해 시스템의 편리한 사용을 위한 필수적이고 유용한 프로그램들도 프로그램 목록에 모두 포함되어 있다. 일부 설정은 별도 아이콘을 선택해 그 설정 프로그램만 따로 실행할 수도 있다. 그 외 소프트웨어 업데이터, 시동 디스크 만들기, 파일 관리자(GNOME Files 또는 Nautilus), 우분투 소프트웨어(GNOME Software) 등이 있으며, 좀 더 사소한 기능을 가진 프로그램은 유틸리티 폴더에 별도로 모아 두었다. 유틸리티 아이콘을 누르면 그림 3-20과 같은 팝업 스크린이 나타나 계산기, 도움말, 디스크 도구, 문서 스캐너, 백업, 스크린샷, 시스템 감시, 압축 관리자, 터미널 등의 프로그램을 선택할 수 있다.

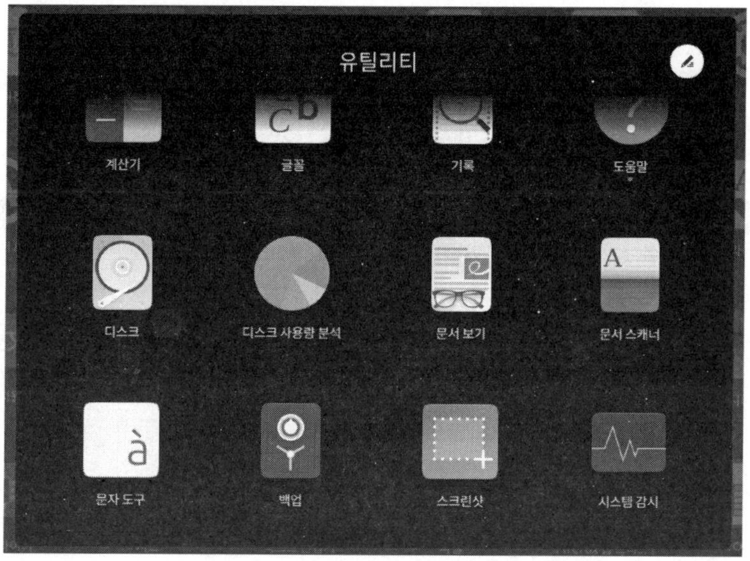

그림 3-20 유틸리티

- **네트워킹**: 기본 웹 브라우저로 파이어폭스(FireFox)가 설치되어 있으며, 메일 클라이언트인 썬더버드(Thunderbird), 원격 데스크톱 클라이언트인 Remmina, 토렌트 클라이언트인 Transmission 등 인터넷 사용과 관련된 기본 프로그램이 있다.

- **멀티미디어**: 다양한 종류의 미디어를 다루는 프로그램으로는 동영상(GNOME Videos 또는 Totem: 동영상 재생), 샷웰(Shotwell: 사진 관리), 리듬박스(음악 관리 및 재생), 치즈(Cheese: 웹캠 응용), 이미지 보기(Image viewer 또는 Eye of GNOME) 등이 있다. 샷웰 사진 관리자는 사진의 정리와 간단한 편집이 가능한 도구이고 이미지 보기는 다양한

양식의 이미지를 출력해 줄 수 있지만 Adobe Photoshop과 같은 본격적인 이미지 처리는 가능하지 않다. 전문적인 작업은 김프(GIMP) 등의 오픈 소스 소프트웨어를 별도로 설치하도록 한다. 또한 Adobe Illustrator와 같은 벡터 그래픽 작업을 원한다면 Inkscape를 추천한다.

- 오피스: 일반 사무에 필요한 소프트웨어의 집합으로 리브레오피스(LibreOffice)가 기본으로 설치된다. 리브레오피스는 MS 엑셀과 같은 역할을 하는 Calc, MS 워드와 유사한 Writer, MS 파워포인트에 대응되는 Impress, 수식 편집기인 Math 등을 포함하고 있으며, MS Visio와 유사하게 벡터 그래픽 기능을 수행하는 Draw가 있다. 리눅스의 이전 오피스 프로그램인 OpenOffice 파일들이나 MS 오피스 2007로 작성된 파일들도 읽거나 수정할 수 있으며, 작성한 파일을 자신의 open document 형식 외에 pdf나 MS 오피스 형식으로도 저장할 수 있다. 복잡한 양식 없이 단순한 텍스트 문서나 프로그램 코드 등을 작성하기 위해서는 텍스트 편집기(gedit)를 사용하는 것이 편리하다.

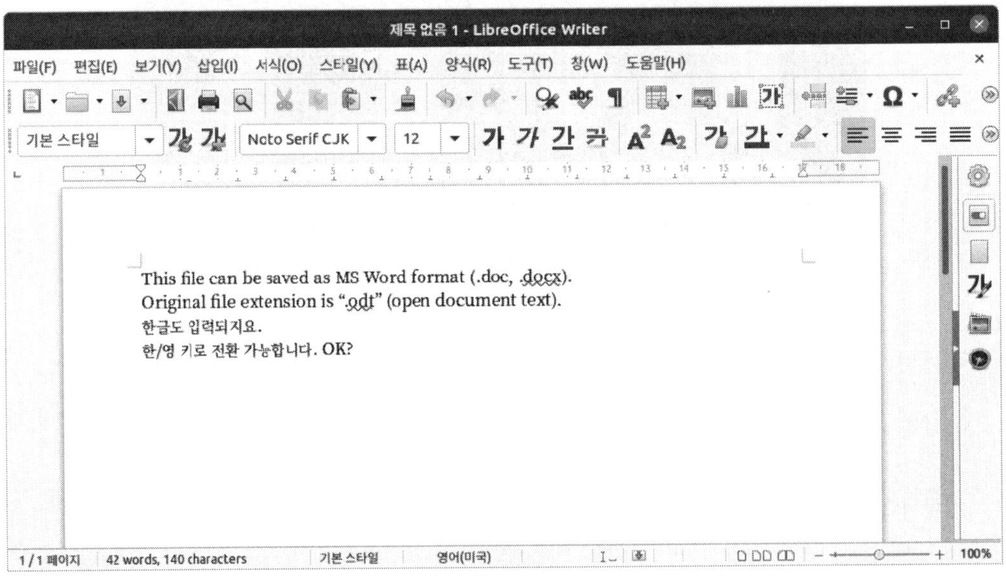

그림 3-21 리브레오피스 Writer

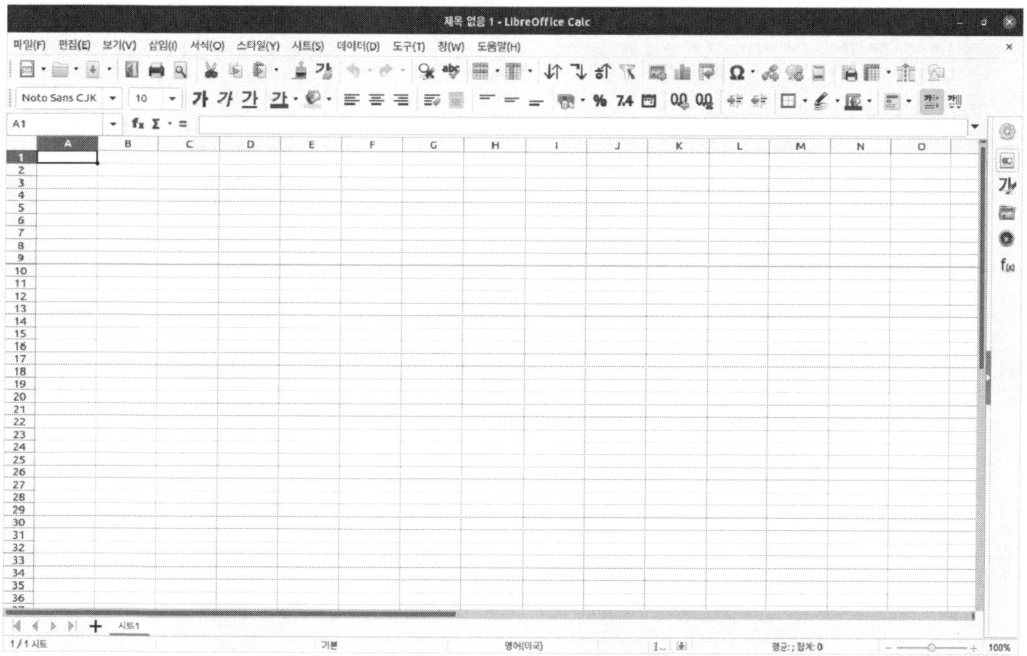

그림 3-22 리브레오피스 Calc

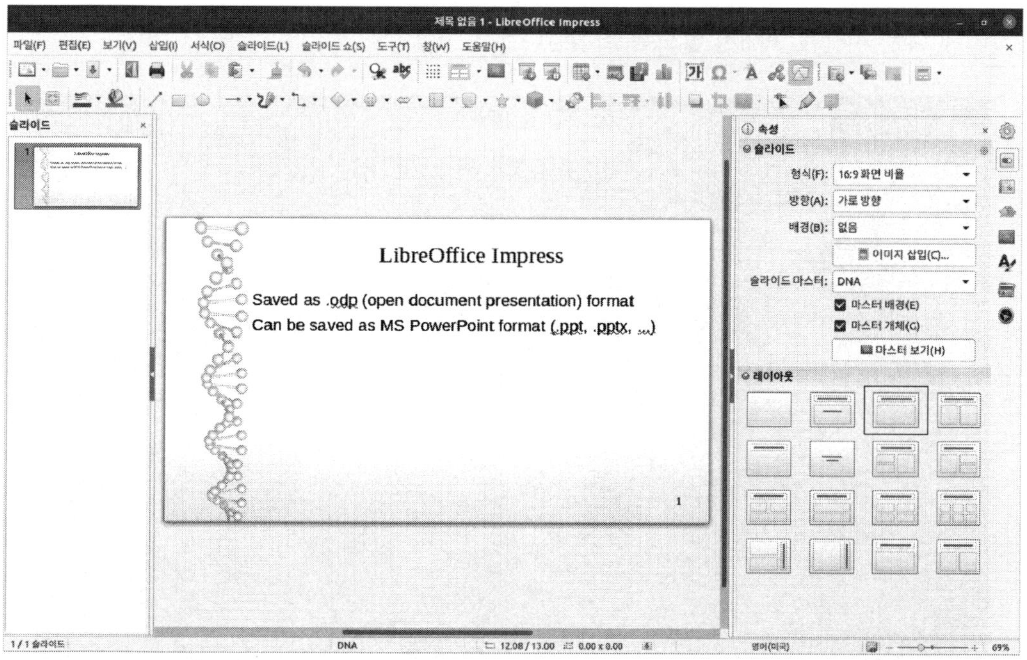

그림 3-23 리브레오피스 Impress

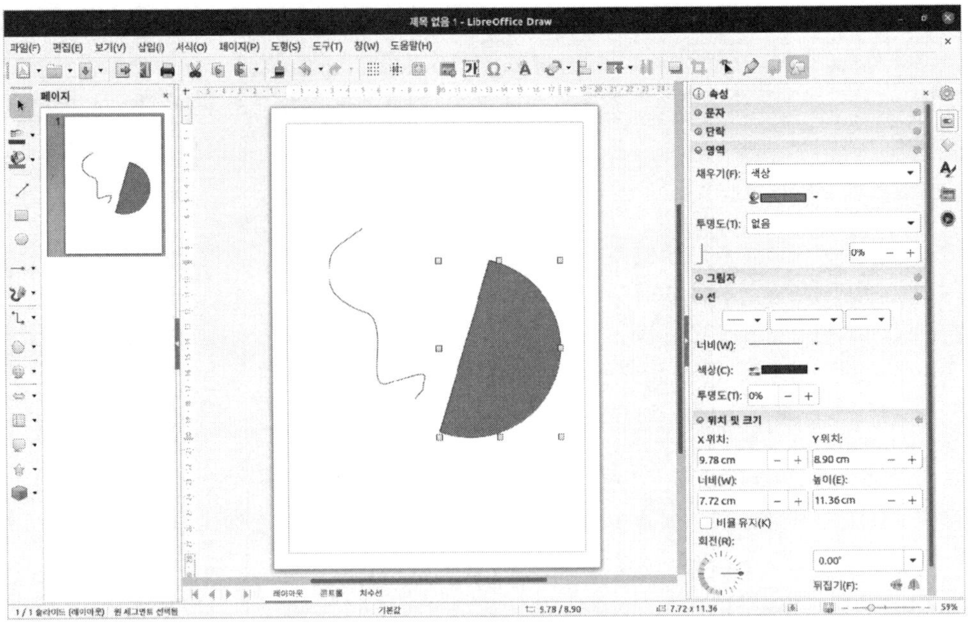

그림 3-24 리브레오피스 Draw

- 게임: 마작, 스도쿠, 솔리테어, 지뢰찾기 등 간단한 퍼즐류의 게임들이 설치되어 있다. 여기에 너무 시간을 보내지 않도록 조심한다.

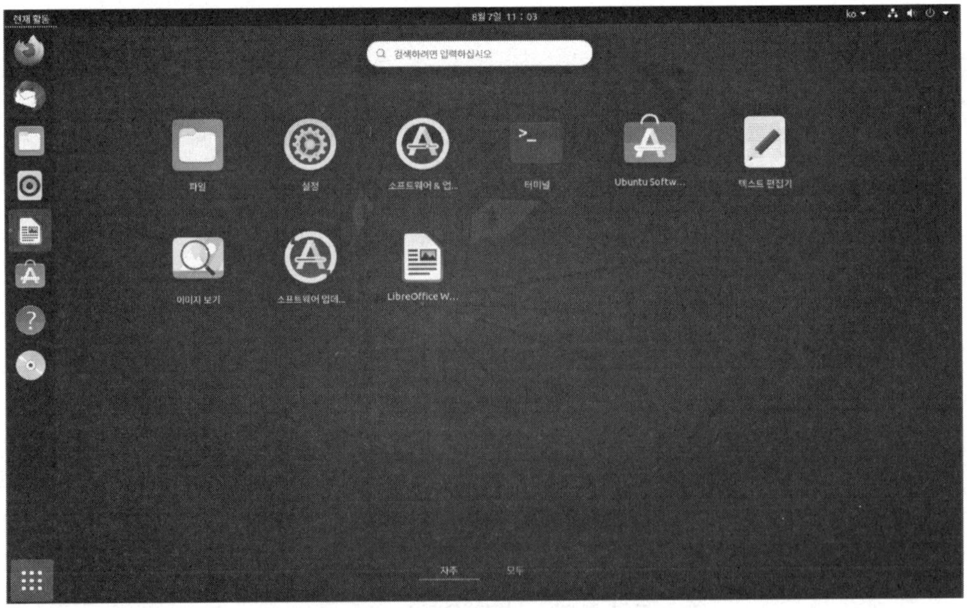

그림 3-25 자주 사용하는 프로그램 목록

몇 번 사용하다 보면 자주 사용하는 프로그램들이 생기고 그들을 별도로 모아서 볼 수 있다. 아래쪽의 자주 버튼을 클릭하면 그림 3-25와 같이 자주 사용하는 프로그램만 나타나고 다음 번 프로그램 표시 클릭 시에도 이 화면이 우선 나타난다.

자주 사용하는 목록은 사용자의 실행 여부에 따라 자동으로 관리되지만 사용자가 정말로 자주 사용하고 싶은 프로그램은 대시, 즉 즐겨찾기에 등록해 두고 사용하는 것이 편리하다. 시스템을 설치할 때 자동으로 즐겨찾기에 등록된 프로그램은 Firefox 웹브라우저, Thunderbird 메일 클라이언트, 파일 관리자, 리듬박스, 리브레오피스 Writer, 우분투 소프트웨어, 도움말 등이다.[7]

3.2.3 프로그램 설치/관리

기본으로 설치된 프로그램이 낯설거나 원하는 기능의 프로그램이 없으면 새로운 프로그램을 찾아서 설치할 수 있어야 한다. 우분투에서 이 기능을 하는 기본 프로그램이 우분투 소프트웨어(Ubuntu Software)[8]이다. 이 도구를 이용하면 현재 시스템에 설치된 프로그램에 대한 관리뿐 아니라 인터넷 상에서 구할 수 있는 유용한 프로그램들이 모두 목록으로 제시되므로 원하는 프로그램을 검색해서 쉽게 설치할 수 있다. 단, 프로그램 설치/제거는 시스템 관리자 권한에 의해서만 수행될 수 있으므로 그림 3-10과 같이 관리자 권한 인증을 요구한다.

그림 3-26은 우분투 소프트웨어를 실행한 첫 화면이다. 상단 바에는 이 탐색 화면 외에 시스템에 설치되어 있는 모든 프로그램을 볼 수 있는 설치함 버튼과 설치된 프로그램에 대한 업데이트를 알아 보고 수행할 수 있는 업데이트 버튼이 있다. 어떤 화면에서든 이 버튼들을 누르면 해당 화면으로 곧장 전환된다.

중앙에는 추천 프로그램과 분류해 놓은 각 주제가 보인다. 만약 파이썬 프로그램을 작성해서 수행시킬 GUI 도구를 찾고 싶다면 Development 항목을 들어가 본다(그림 3-27).

---

7) 대시의 맨 아래 보이는 CD모양 아이콘은 VirtualBox 게스트 확장 기능이 추가되어 있음을 의미한다.

8) 그놈에서 개발한 소프트웨어 패키지 관리자인 GNOME Software를 우분투에 맞게 최적화한 것이다.

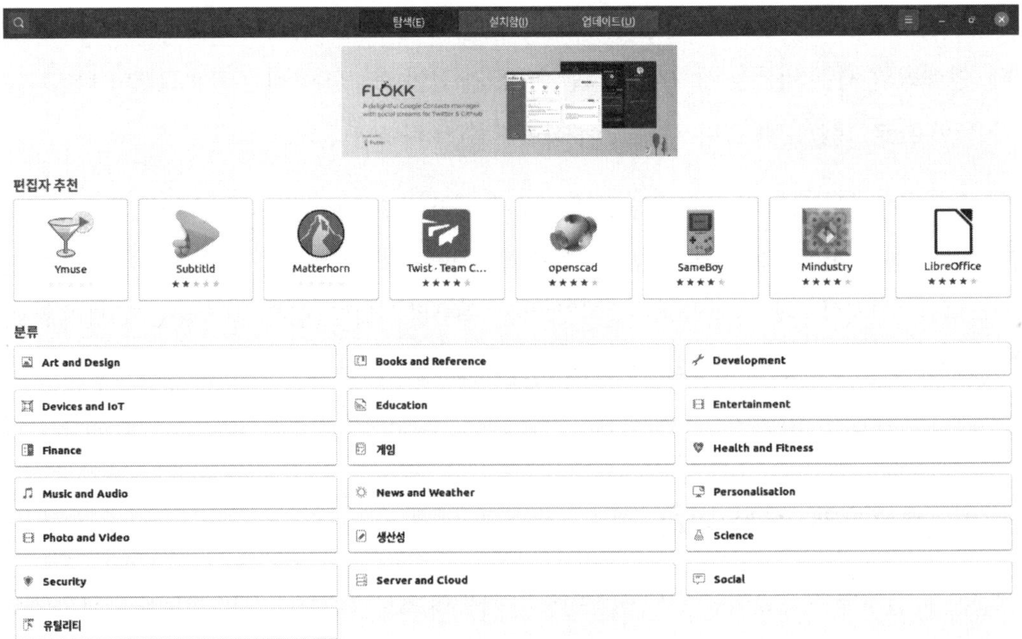

그림 3-26 우분투 소프트웨어

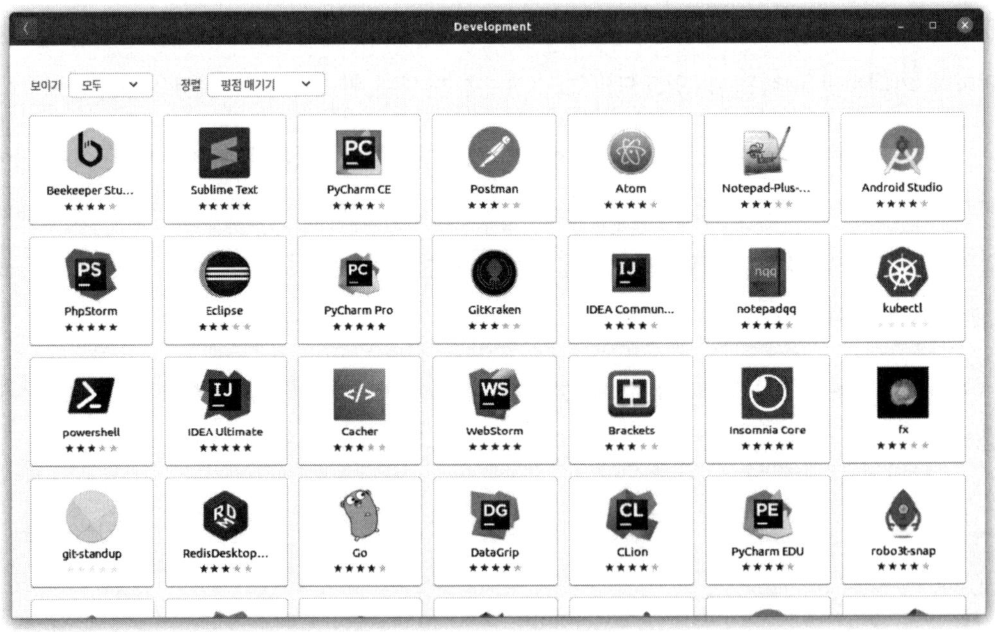

그림 3-27 우분투 소프트웨어 - Development

프로그램의 이름이나 키워드를 알고 있다면 검색 기능을 활용할 수 있다. 왼쪽 상단의 돋보기 버튼을 누르고 검색어를 입력한다. 예를 들어 우분투에 기본으로 설치된 Firefox 웹브라우저보다 크롬에 더 익숙하기 때문에 크롬을 찾아서 설치해 보자.

알고 있는 이름 chrome을 입력하니 그림 3-28과 같은 결과가 나왔다. 이름만으로는 원하는 프로그램이 없는 것 같지만 설명을 읽어 보니 Chromium이 Chrome의 오픈 소스 버전임을 알 수 있어 그것을 설치하기로 한다.

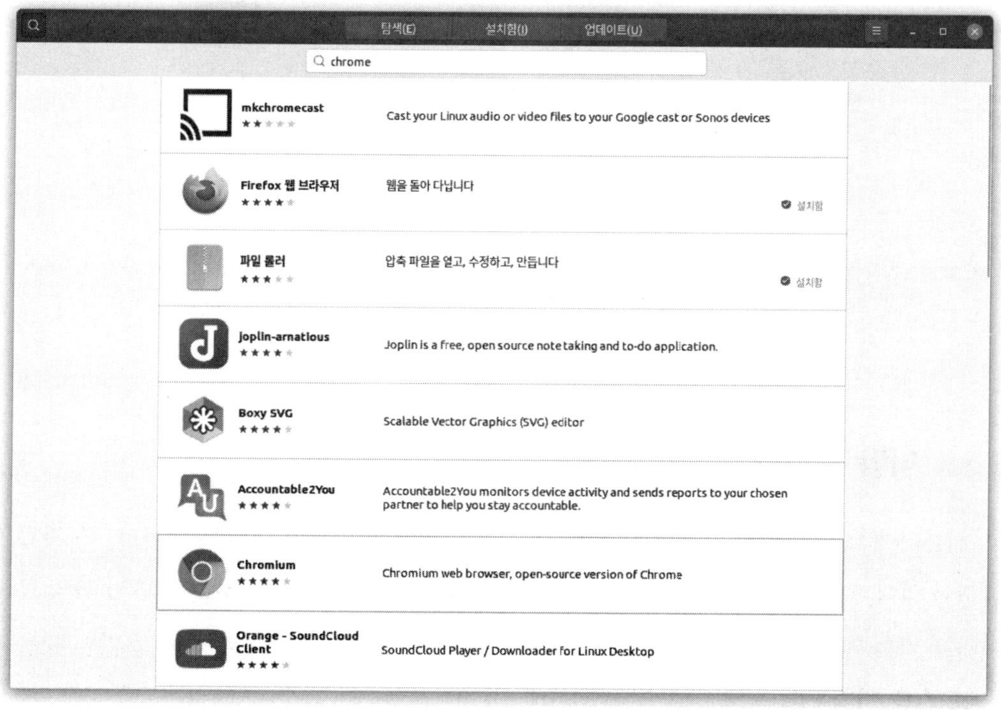

그림 3-28 우분투 소프트웨어 - 프로그램 검색

해당 프로그램을 선택하면 그림 3-29와 같이 프로그램을 좀 더 상세히 설명하는 창이 나타난다. 여기서 설치를 누르면 자동으로 다운로드와 설치가 시작된다. 설치가 완료되면 프로그램 표시에서 나타나는 목록에 Chromium이 추가된 것을 볼 수 있을 것이다.

리눅스에 기본적으로 설치되는 프로그램들은 당연한 이야기겠지만 무료다. 그리고 이들은 대부분 Windows 환경에서도 똑같이 동작하는 버전이 제공되므로 비싼 소프트웨어를 불법 복제로 사용하는 것보다 이러한 공개 소프트웨어를 적극 사용할 것을 권장한다.

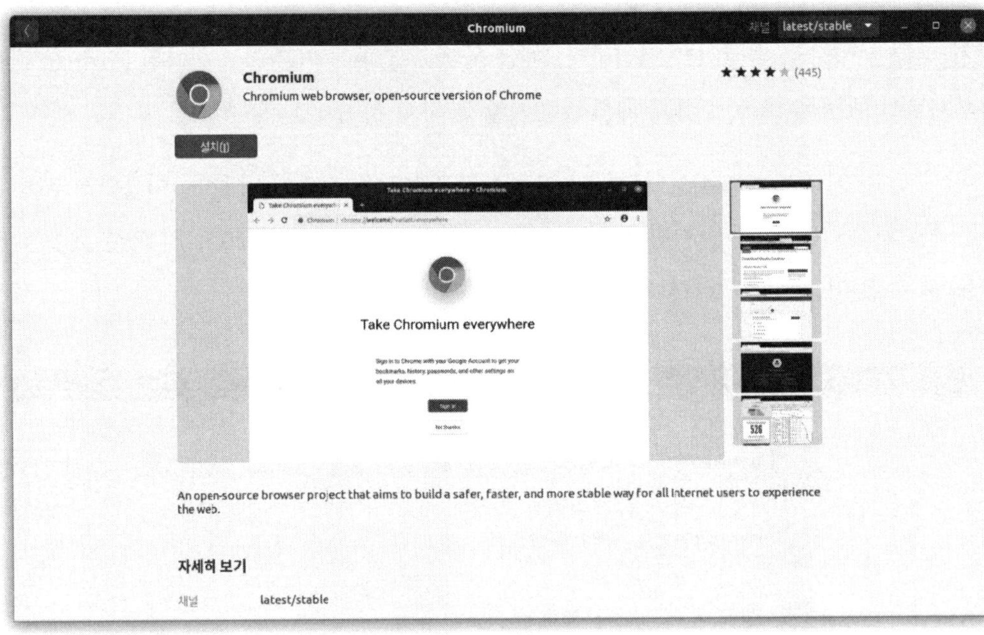

그림 3-29 우분투 소프트웨어 - 프로그램 선택

3.3.4 파일 관리자

컴퓨터에서 하는 작업은 게임이나 웹 서핑 등 일부를 제외하고 대부분 데이터, 즉 자료와 관련이 있다. 이 자료를 적절한 형태로 저장하고 재사용할 수 있도록 하는 개념이 파일(file)이다.[9] 따라서 파일을 다루는 기본 프로그램인 파일 관리자는 시스템에서 가장 많이 사용되는 도구 중 하나이다.

우분투 파일 관리자의 정식 명칭은 GNOME Files[10]이다. 아주 자주 사용되는 주요 프로그램이기 때문에 대시에 세 번째로 등록되어 있으며, 바탕 화면에 별도로 아이콘도 생성되어 있다.

9) 파일과 파일 시스템에 대해서는 4장에서 좀 더 자세히 설명한다.
10) 한글명 '파일'이며 내부 프로그램 명칭은 nautilus이다.

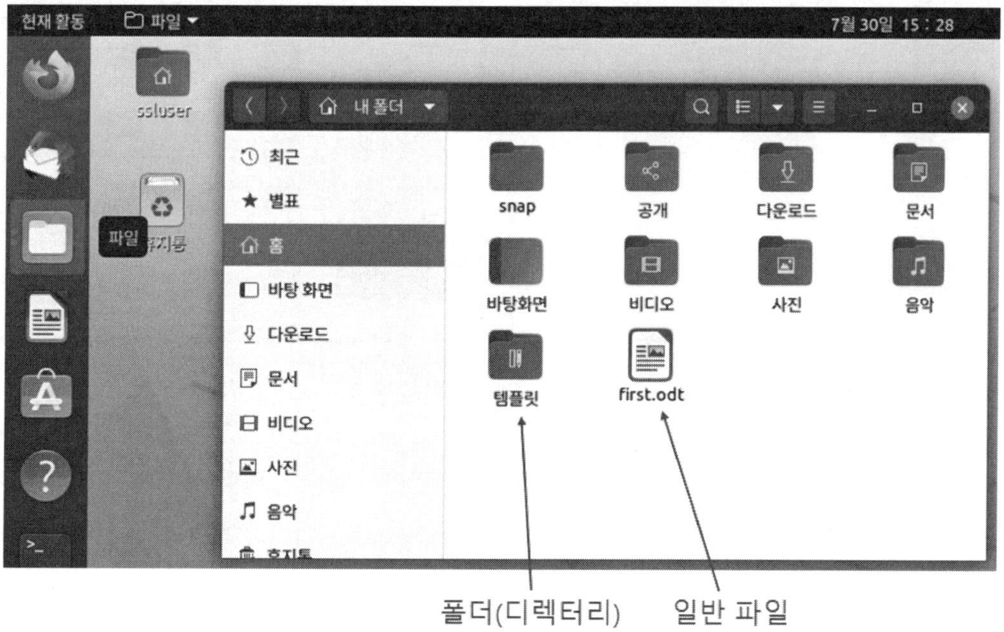

그림 3-30 파일 관리자 실행

□ 파일 시스템 돌아 다니기

처음 파일 관리자를 실행하면 사용자의 홈 폴더(디렉터리)에서 시작한다. 홈 폴더는 전체 파일 시스템에서 각 사용자의 전용 영역이 되는 위치를 의미하며, 다운로드, 사진, 문서 등 몇몇 디렉터리가 미리 생성되어 있다. 실제 홈 폴더의 위치는 사용자 계정 생성 시 관리자가 정해 주게 되어 있으며 일반적으로 /home/사용자ID에 자리한다. 바탕 화면의 아이콘에는 사용자ID가 붙어 있다. 그림 3-30의 예에서 사용자ID는 ssluser이고 홈의 위치는 /home/ssluser이다.

폴더 아이콘을 더블클릭하면 해당 폴더로 들어가고 일반 파일을 더블클릭하면 연결된 프로그램이 실행된다. 한 번만 클릭할 경우 창 하단에 폴더 또는 파일의 간단한 정보가 나타난다.

자신의 홈 외에 다른 곳을 가고 싶은 경우 왼쪽 목록에 있는 위치 중 하나를 선택하거나 없는 위치인 경우 + 다른 위치를 선택하여 탐색할 수 있다. 그림 3-31은 목록에 있는 위치로 이동한 결과를 보여 준다. 해당 명칭에 마우스를 올리면 파일 시스템 내에서의 정식 위치를 볼 수 있고 주요 지점에서의 상대적인 위치는 창의 상단 바에 나타나는 것을 볼 수 있다.

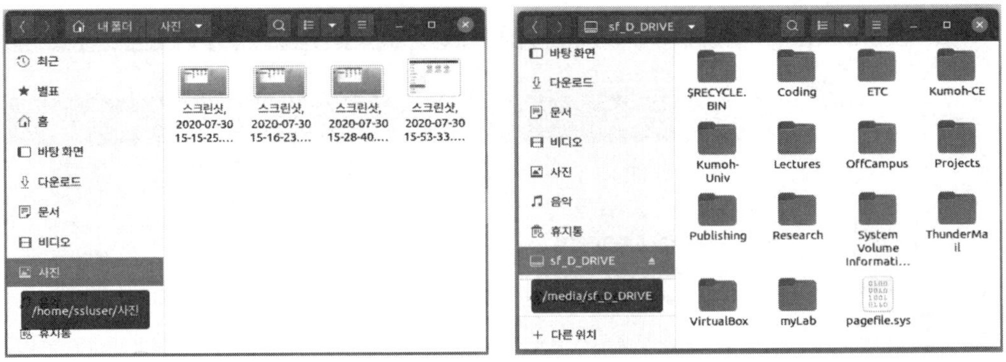

그림 3-31　다양한 위치 탐색

+ 다른 위치를 클릭하면 여러 종류의 파일 시스템이 구분되어 나타난다. 컴퓨터라는 이름이 운영체제가 설치된 파일 시스템의 시작점(루트, root)을 의미하고 그 외의 이름은 논리적으로 구분된 파티션이다.

그림 3-32　전체 시스템 탐색

루트(컴퓨터) 폴더를 보면 홈에서와 달리 특정 표시가 붙은 폴더나 파일이 있다. 화살표가 붙은 폴더는 해당 폴더가 이 곳에 있는 것이 아니라 다른 위치에 있는 경우이며, 이 곳에 있는 것은 실제 위치에 대한 **링크**(link), 즉 바로가기라는 것을 의미한다. 또한 X 표시가 붙은 것은 현재 사용자에게 권한이 허가되지 않는다는 뜻으로, 그를 열거나 사용하기 위해서는 적절한 인증 과정을 거치거나 아니면 아예 사용이 불가하다.

□ 파일 관리자 메뉴와 기능

파일 관리자의 메뉴는 크게 두 종류로 볼 수 있다. 창의 상단 바에 나열된 기능들은 파일 관리자 자체에 대한 메뉴이고, 각 폴더나 파일을 선택 후 마우스 우클릭해서 나타나는 것은 파일이나 폴더에 대한 작업을 수행하는 메뉴들이다.

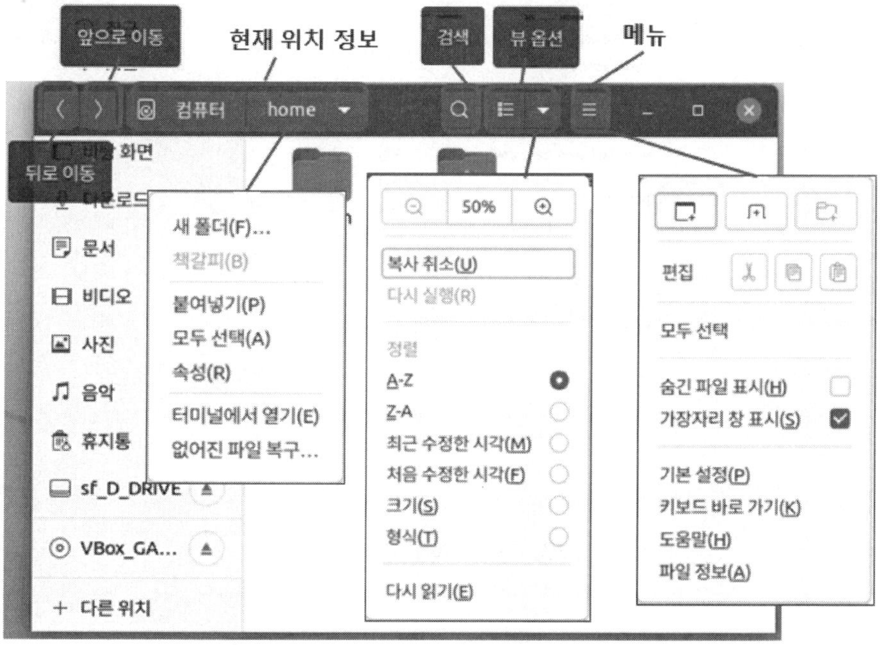

그림 3-33 파일 관리자 기능

먼저 상단 바의 기능들을 살펴보자(그림 3-33).

- **이동**: 이동 기록에 따라 이전 위치 또는 다음 위치로 이동하기 버튼
- **현재 위치 정보**: 현재 창에 나타난 폴더의 위치 정보를 파일 시스템 계층적 구조에 따라 표현. 메뉴를 클릭하면 폴더에 대해 할 수 있는 작업 메뉴가 나타난다. 파일 관리자 오른쪽 프레임, 즉 폴더의 파일 목록이 나타난 바탕 화면에 마우스 우클릭을 하면 동일한 메뉴를 볼 수 있다.
- **검색**: 파일의 이름 또는 본문에 나타나는 키워드로 파일을 검색한다. 검색 조건으로 시간 기준(수정한 시각, 최근 사용 시각)과 검색 대상(모두, 파일, 음악 등)을 설정할 수 있다.
- **뷰 옵션**: 창에 나타나는 파일/폴더 목록의 모양 설정
- **메뉴**: 파일 관리자 기본 기능들이 있다. 주요 기능은 생성(새 창/새 탭/새 폴더), 편집(잘

라내기, 복사, 붙여넣기) 외 설정 및 도움말 등이다.

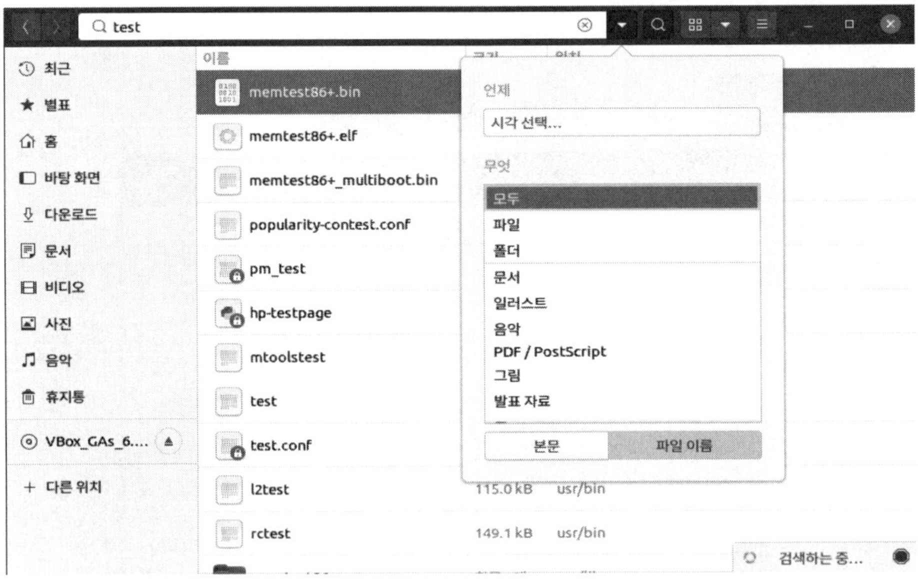

그림 3-34 파일 검색 기능

파일과 폴더 아이콘에 마우스 우클릭으로 실행할 수 있는 메뉴는 그림 3-35와 같다.

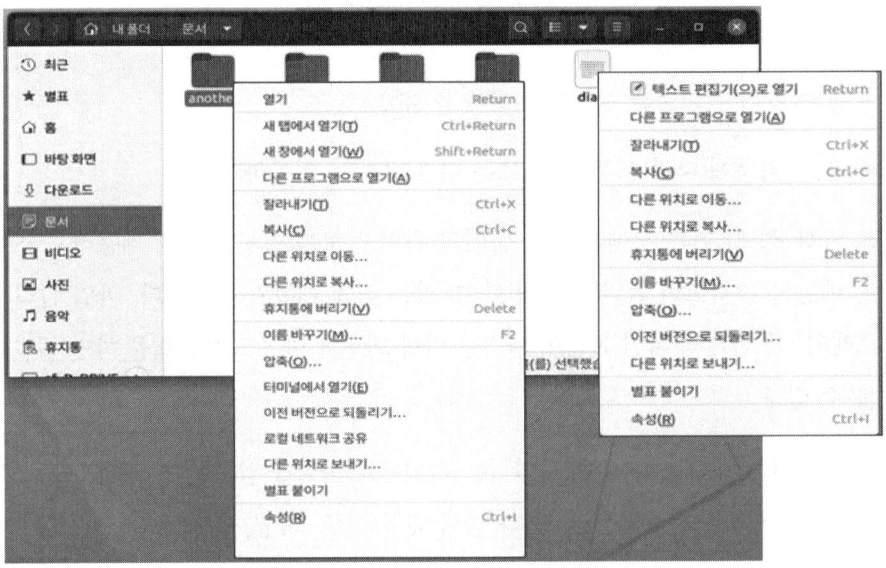

그림 3-35 폴더 및 파일 메뉴

공통적으로 열기, 이동, 복사, 잘라내기, 이름 바꾸기, 압축, 되돌리기, 보내기, 별표 붙이기, 속성 등이 가능하고 폴더에는 파일 관리자 내에서 어떤 방식으로 열 것인지 선택과 파일에서는 연결 프로그램으로 여는 것이 약간 다른 점이다.

□ 원격 서버 연결

+ 다른 위치로부터 서버에 연결 기능을 활용하면 인터넷 및 여러 종류의 네트워크를 통해 원격지의 파일 시스템을 열어볼 수 있다. 이 때 연결 정보는 URL(Uniform Resource Locator) 형식으로 입력해야 하는데 맨 앞의 프로토콜 이름은 주로 sftp(Secure File Transfer Protocol)를 사용한다. 서버 종류에 따라 자신이 사용할 권한이 있음을 인증, 즉 정당한 사용자 이름과 암호를 입력해야 한다.

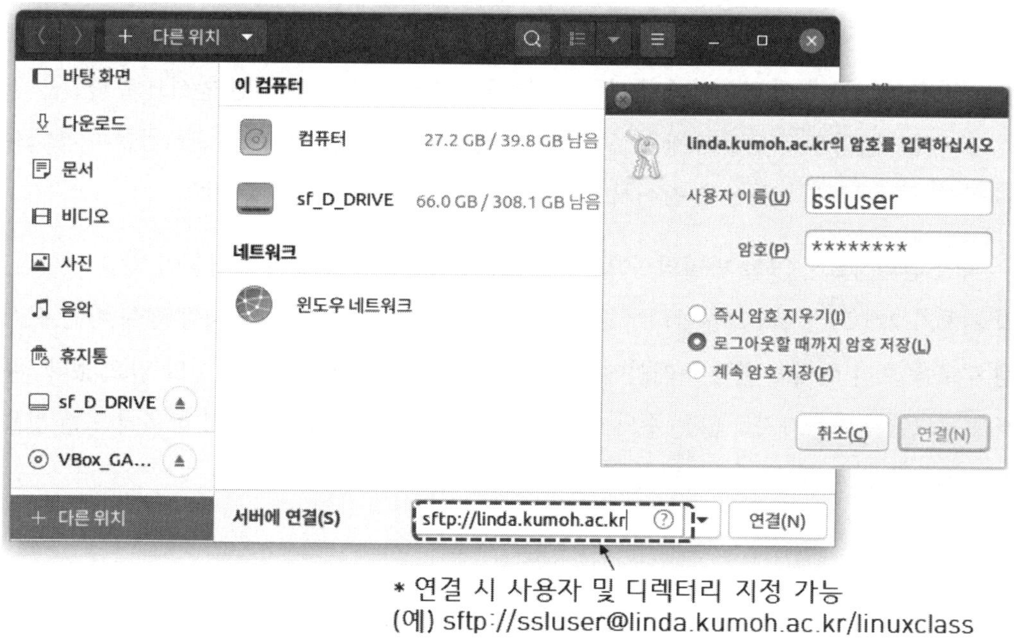

그림 3-36 원격 파일 시스템 연결

연결이 성공하면 원격 서버의 파일들이 로컬과 동일한 모양으로 파일 관리자 내에 보이는데 위치 목록은 별도의 구분선과 삼각형 기호(꺼내기) 버튼과 함께 나타난다. 그림 3-37에서 보면 Windows 공유 폴더(sf_D_DRIVE), 원격 서버(10.0.2.15), VirtualBox 게스트 확장(VBox_GAs) 세 가지가 같은 방식으로 구분되어 있는데 이는 PC 본체에 USB 메모리를 꽂은 것과 마찬가지로[11] 동적 삽입이나 삭제가 가능한 개별 파일 시스템을 의미한다. 그래서 연결을 끊고 싶을 때는 USB 메모리나 CD를 꺼내듯이 꺼내기 버튼을 누르면 된다(정식 명칭은 마운트 해제).

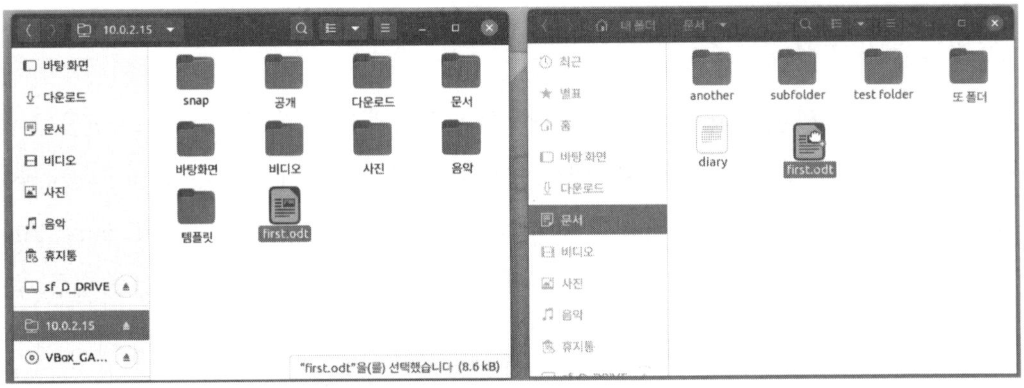

그림 3-37 원격 파일 시스템 접속 및 파일 복사

연결된 후로는 현재 컴퓨터에 존재하는 파일들을 다루는 것과 동일한 방식으로 파일을 열거나 복사하는 등의 작업을 수행할 수 있다. 그림 3-37은 두 개의 파일 관리자를 이용해서 원격 서버의 파일을 마우스로 끌어서 로컬 폴더로 복사하기를 수행 중이다.

파일 관리자로서 그놈 파일의 모양이나 기능이 만족스럽지 않은 사람들이 많을 것이다. 창 자체가 2개 또는 4개로 분할되어 표현되거나 Windows 파일 탐색기처럼 전체 파일 시스템 구조를 트리 형태로 왼쪽 프레임에 표시해 주기를 바랄 수도 있다. 망설일 필요 없다. 다른 프로그램과 마찬가지로 많은 수의 오픈 소스 파일 관리자들이 있으므로 마음에 드는 것을 찾아 설치해서 사용해 보기 바란다.

11) 실제로 USB 메모리를 꽂아도 동일한 방식으로 나타난다. 단 VirtualBox 사용 시에는 운영체제를 부팅하기 전에 가상머신 단계에서 USB 장치를 추가한 후 부팅해야 한다.

3장 마무리

리눅스를 처음 접했을 지라도 대부분의 사용자들이 MS Windows나 MacOS와 같은 다른 운영체제가 탑재된 컴퓨터 시스템을 다루어 본 경험이 있을 것이다. GUI 환경에서 시스템을 사용하는 것은 어느 시스템이건 크게 다르지 않기 때문에 큰 어려움 없이 리눅스를 사용할 수 있었을 것이다(라고 믿는다!).

스마트폰이 일반화한 이래 전통적인 PC 데스크톱 환경도 그에 맞추어 계속 변화하고 발전되어 왔다. Windows 10에 도입된 Microsoft Store라는 프로그램 설치/제거 도구처럼 사용자의 수고를 조금이라도 덜어 주는 방식이 도입되었고 화면 구성이나 기능도 키보드, 마우스에 이어 터치스크린에도 적용 가능한 형태를 포함하기에 이르렀다. 리눅스도 그에 발맞추어 혹은 좀 더 앞선 방식으로 사용 환경을 변경하고 있으며 실제 시스템에서 가장 변화가 자주 일어나는 부분이라고도 할 수 있다. (즉, 이 장의 내용은 곧 쓸모 없어질 가능성이 높다는…) 그러나 핵심 요소는 늘 어딘가 존재하므로 낯선 시스템을 만나더라도 이 기능은 반드시 있을 거야! 라는 믿음으로 익숙함을 찾을 수 있기 바란다.

심화 및 보충 학습

1. 바탕화면 배경 그림을 바꾸어 보자. 우분투에서 기본으로 제공하는 이미지 외에 자신만의 이미지를 사용하는 것도 시도하자.
2. LibreOffice를 사용해 자기 소개서를 작성한다. 다양한 크기 및 폰트의 문자를 활용하고 줄 맞추기, 단락 조정, 그림이나 표 삽입 등의 기능을 잘 사용해서 보기 좋고 읽기 좋은 문서를 만들자.
3. 우분투 소프트웨어에서 자신의 관심사에 따라 사용해 보고 싶은 프로그램을 검색하고 설치해 본다. 1장의 응용 소프트웨어 소개를 참조해도 좋다.
4. MS Windows, MacOS, Android, iOS, Linux 등 자신이 접할 수 있는 GUI 환경에 대해 구성 요소와 사용 편의성 등을 기준으로 비교/평가해 보라.
5. 가상 머신을 추가 생성하여 Kubuntu, Xubuntu 등을 설치하고 그놈과 KDE, Xfce 데스크톱 환경이 어떻게 다른지 경험하고 비교해 보라.
6. 2장의 심화 학습에서 우분투 외의 리눅스 배포판을 설치했다면 그 배포판의 데스크톱 환경이 어떤 것인지 알아 보고 기본 프로그램 등 구성 요소를 비교해 보라.
7. 그림 3-37에서 접속한 서버 10.0.2.15는 사실은 자기 자신이고 위치는 자신의 홈이다. 파일 관리자를 하나 더 실행시켜 홈에 위치시키고 마우스를 이용해 홈의 파일을 문서 폴더로 끌어 보라. 그림 3-37처럼 복사가 이루어지는가? 아니면 어떤 결과가 나타나는가? 결과가 다르다면 그 이유는 무엇일까?

4장

리눅스 들여다보기

3장에서 GUI 환경의 리눅스 데스크톱을 활용해 사용 환경을 설정하고 기본 기능들을 사용해 보았다. 그런데 단순한 마우스 클릭과 메뉴 선택만으로 어떤 시스템 또는 운영체제의 기능을 충분히 활용하기는 부족하다. 1장에서 소개한 바와 같이 운영체제의 기본 요소는 파일 관리, 프로세스(작업) 관리, 사용자 관리, 메모리 관리, 입출력 관리, 네트워크 관리, 보호 및 보안 기능 등이다. 일반 사용자들이 운영체제의 이 모든 기능들을 사용하거나 이해할 필요는 없지만, 주로 "파일"에 대해 "작업"을 하고 여러 가지 응용 프로그램을 실행시키므로 최소한 파일 시스템의 구조와 프로세스라는 것에 대해 알아 둘 필요는 있다. 그리고 많은 사용자들에게 서비스를 제공하는 서버를 관리하는 기능을 익히는 것은 조금 차원이 다른 문제지만, 혼자 사용하는 경우에도 업데이트나 프로그램 설치 등 최소한의 시스템 관리는 해 주어야 한다.

4장에서는 리눅스의 내부로 조금 더 들어가서 파일 시스템 및 프로세스 관리 구조를 살펴보고, 사용자와 그룹, 소프트웨어 설치 등 시스템을 관리하는 여러 기능을 익힌다.

4.1 파일 시스템

사용자가 컴퓨터를 이용해서 하는 대부분의 작업이 파일시스템과 관련이 있다. 무엇이든 자료를 생성해서 저장하고 다시 재사용하기 위해서는 자료가 하드디스크나 USB 메모리 등의 저장장치에 기록이 되고, 이러한 저장장치를 관리하는 운영체제의 요소가 파일시스템이다. 파일시스템은 수많은 파일과 디렉터리들을 조직하여 관리하고, 물리적 저장장치와 연관시켜 빠르고 안전하게 파일을 사용할 수 있도록 지원할 것을 목적으로 구성되며 그 구조와 형식은 매우 다양하다. 예를 들어, Windows의 대표적인 파일시스템은 FAT32, NTFS 등이 있고, 유닉스/리눅스에서는 ext4, ReiserFS, JFS, XFS 등 매우 다양한 파일시스템이 있다. 리눅스 또는 기타 운영체제 설치 과정 중에는 파티션 설정, 파일시스템 지정 등의 단계가 반드시 필요한데, 이는 기본 저장 장치인 하드디스크를 어떤 방식으로 조직하고 관리하며 운영체제와 사용자를 지원할 것인가를 정하는 단계이기 때문이다. (물론 사용자의 편의를 위해 미리 정해진 대로 설치되는 경우도 있다.) 임베디드 시스템이나 모바일 기기와 같이 하드디스크가 아닌 저장 장치를 가진 경우도 그 특성에 맞는 종류의 파일시스템을 반드시 설치해 주어야 운영체제와 시스템을 편리하게 사용할 수 있다.

각 파일시스템의 종류에 따른 특성이나 구조가 무엇인지, 실제로 물리적 장치가 어떻게 관리되는지는 컴퓨터공학의 운영체제 과목이나 기타 자료를 통해서 보다 깊이 있게 공부할 수 있고, 그에 따라 나에게 맞는 적절한 파일 시스템을 선택할 수 있다. 그러나 일반 사용자의 입장에서는 그런 내용을 알기도 어렵고 권장하는 대로 설치하여 사용하기 마련이다 (사실 알 필요도 없다!). 또한 운영체제 입장에서도 매번 변화하는 물리적 기기의 종류나 그를 관리하는 파일 시스템의 종류에 따라 사용자 지원 방식을 바꾸기 힘들기 때문에 앞 장에서 설명한 대로 여러 '계층'을 두어서 여러 기능을 지원하게 된다. 따라서 사용자가 보는 파일 시스템은 실질적인 파일시스템 위에 한 겹의 껍데기를 덧씌워 어떤 파일시스템이든 사용자에게 똑같아 보이도록 하는 '가상(virtual)' 파일 시스템이며, 유닉스/리눅스의 종류나 버전이 무엇이든 하드웨어가 어떤 것이든 그를 관리하는 파일 시스템의 종류가 무엇이든 관계없이 항상 동일한 방식의 뷰와 서비스를 제공한다.

이번 장에서는 유닉스/리눅스에서 사용자가 직접 접하게 되는 가상 파일 시스템 구조를 살펴 보도록 한다. 참고로 모든 예는 Ubuntu 20.04 리눅스에서 실행되었는데, 리눅스의 종류에 따라 모양이나 기능이 약간씩 차이가 있겠지만 기본적으로 같은 구조에 겉모습만 다른 것임을 알고 가자.

4.1.1 파일 시스템 구조

물리적인 저장장치의 형태나 저장 방식과는 상관없이 파일시스템은 모든 자료를 '**파일(file)**'이라는 단위로 관리한다. 즉, 파일은 자료의 논리적인 저장 단위이다. 그리고 관련 있는 여러 파일들을 모아 '**디렉터리(directory)**'라는 논리적 집합 단위를 생성할 수 있다. Windows에서 '폴더(folder)'라 칭하는 것과 유사하다(리눅스에서도 GUI 환경에서는 폴더라 한다).

내부 구성이나 작동 방식과는 관계없이 현재 대부분의 운영체제에서 사용자가 인식할 수 있는 파일시스템의 구조는 뒤집힌 트리(tree) 형태이다. 그림 4-1에서 보는 바와 같이 하나의 뿌리(루트, root)에서 시작하여 가지가 뻗어 나가듯 디렉터리와 파일들이 계층적으로 조직화된다. 이 구조에서 어떤 디렉터리의 아래에 있는 디렉터리를 하위 디렉터리(subdirectory)라 하고, 그 반대는 상위 디렉터리 또는 부모 디렉터리라 한다.

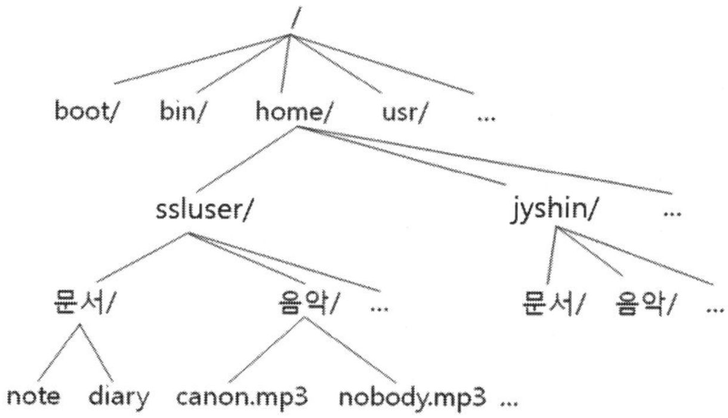

그림 4-1 파일시스템 구성 예

GUI 환경에서는 아이콘이나 메뉴를 클릭해서 폴더를 이동할 수 있는데, 시스템 내부에서는 이들을 관리하기 위해 특별한 표기법과 명칭을 사용한다. 그림 4-1에서 보는 것처럼 루트는 '/'로 표시된다. 일반적인 트리 구조에서와 마찬가지로 트리의 위쪽에 있는 디렉터리는 "부모"가 되고 아래쪽에 있는 파일이나 디렉터리는 "자식"이 된다. 그 외 위치와 관련된 특수 문자는 표 4-1에 나타나 있다. 그림 4-1에서 각 이름 뒤에 붙은 '/' 문자는 디렉터리임을 표시하는 역할을 한다.

표 4-1 특정 위치를 표기하는 특수 문자

표기	위치
/	루트
~	홈 디렉터리
.	현재 디렉터리
..	부모 디렉터리

어떤 디렉터리나 파일의 위치는 계층 구조 상에서의 **경로(path)** 정보로 표현할 수 있다. **절대(absolute) 경로**는 루트에서 시작하여 계층 구조를 따라 내려오면서 도달하는 길, **상대(relative) 경로**는 현재 위치를 기준으로 대상에 이르는 길을 명시한다. 파일이나 디렉터리의 이름은 전체 시스템에서 유일무이한 이름으로 명명되어야 하는데, 트리 구조의 특성 상 '절대 경로'가 이름의 역할을 하게 된다. 즉, 절대 경로가 다르면 같은 이름의 파일을 여러 군데 만들

수 있으며, 역으로 상대 경로로서 이름이 같다 하더라도 그것이 꼭 같은 파일을 의미하지는 않는다. 그림 4-1에서 ssluser 디렉터리와 jyshin 디렉터리는 동일한 이름의 하위 디렉터리로 '음악' 디렉터리를 가지고 있지만 절대 경로가 다르기 때문에 문제없다. 어떤 한 위치에서 절대 경로와 상대 경로 또는 특수 문자를 이용해 각 파일을 지칭하는 방법을 살펴보자.

```
현재 위치: /home/ssluser/문서
diary의 절대 경로: /home/ssluser/문서/diary
diary의 상대 경로: diary (./diary)
canon.mp3의 절대 경로: /home/ssluser/음악/canon.mp3
canon.mp3의 상대 경로: ../음악/canon.mp3
jyshin의 절대 경로: /home/jyshin 또는 ~jyshin
jyshin의 상대 경로: ../../jyshin
```

이런 구조를 머리에 두고 다시 GUI 환경의 파일 관리자를 실행해 보자. 그림 4-2의 파일 관리자의 왼쪽에 보이는 홈은 사용자의 홈 디렉터리를 의미하여 그림 4-1의 구조에서 /home/ssluser 위치에 존재한다. 홈의 위치는 관리자 설정에 의해 계정 생성 시 자동으로 정해지며, 우분투의 경우 홈 폴더를 쉽게 접근할 수 있도록 처음 설치 시 첫 사용자의 홈 폴더 바로가기를 바탕화면에 생성해 둔다.

파일 관리자에서 루트를 보려면 / 를 누르고 Enter 키를 누르거나, 좌측 위치 메뉴 중 다른 위치를 선택하여 컴퓨터 를 눌러 이동하면 된다.

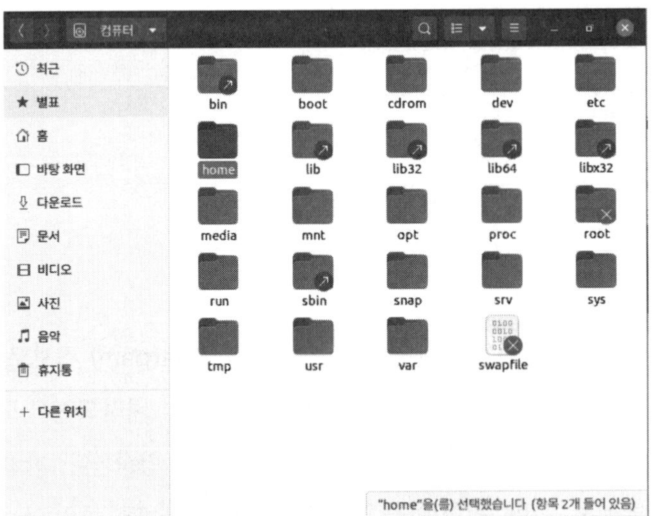

그림 4-2 파일 시스템의 루트 폴더

유닉스/리눅스에서는 특정 파일들을 특정 디렉터리에 저장하도록 파일시스템 계층 구조에 대한 관습과 표준이 정해져 있어, 시스템이 변경되거나 개선되어도 사용자가 특정 파일의 위치를 쉽게 예측할 수 있으며, 새로운 프로그램을 개발하거나 설치하고자 할 때 가이드라인 역할을 한다. 실제로 설치된 시스템을 확인해 보면 이 표준에 따라 설치 파일들과 프로그램 파일들이 저장되어 있는 것을 볼 수 있다. 표 4-2는 대표적인 디렉터리와 그 내용에 대한 표준을 설명한다. 실제 루트 디렉터리에는 운영체제에 따라 이 외에 더 많은 디렉터리가 있을 수 있다.

표 4-2 유닉스/리눅스 파일 계층 구조 표준

디렉터리	저장 파일
/boot	부팅에 필요한 모든 파일
/bin	핵심적인 사용자 명령 파일 (binary)
/dev	장치 파일. 하드 디스크, 터미널, 주변 장치 등과의 연결 역할
/etc	텍스트로 된 설정(configuration) 파일. 실행 가능한 파일은 올 수 없다.
/home	각 사용자별 저장 공간. 사용자 로그인 시 시작 위치가 된다.
/lib	핵심적인 공유 라이브러리와 커널 모듈
/media	Floppy, CD-ROM 드라이브 등 탈부착 가능한 장치 파일
/mnt	임시로 연결할 파일시스템에 대한 연결(mount) 지점
/opt	추가로 설치할 응용 소프트웨어 패키지
/root	시스템 관리자(root)의 홈 디렉터리
/sbin	시스템 관리에 사용되는 프로그램 파일.
/usr	읽기 전용의 공유 데이터 저장. 여러 시스템에 공통적으로 적용될 수 있는 것들만 저장하며 특정 호스트에 관련되거나 시간에 따라 변경되는 데이터는 저장하지 않아야 한다.
/usr/bin	거의 모든 사용자 명령 파일. /bin에 없는 프로그램도 많다.
/usr/include	C 프로그래밍에 사용되는 헤더 파일
/usr/lib	프로그래밍을 위한 라이브러리 및 패키지
/usr/local	시스템 관리자가 별도로 설치하는 소프트웨어.
/usr/src	리눅스 커널의 소스 코드. 설치는 선택 사항이며, 컴파일러가 설치되면 커널 헤더 파일들이 여기에 설치된다.
/var	시간에 따라 변하는 데이터 파일.
/proc	실행 중인 프로세스 및 시스템 상태에 대한 정보 저장. 가상 파일 시스템으로 실제로는 메모리에 위치하며 시스템 종료 시 삭제된다.
/sys	하드웨어 및 장치 드라이버, 커널 하위 시스템 등에 대한 정보를 제공하는 가상 파일 시스템. /proc과 마찬가지로 시스템 운영 중에만 존재함.
/tmp	임시 파일용 디렉터리. 시스템과 사용자 관계없이 임시 파일들을 저장할 수 있는 공간이며 여기에 저장한 파일은 예고 없이 삭제될 수 있다.

4.1.2 파일의 속성

파일은 기본적으로 자료를 저장하는 단위이다. 그런데 수없이 많은 파일들을 관리하기 위해서는 자료 내용뿐만 아니라 파일 그 자체에 대한 정보, 즉 메타정보(metadata)도 관리해야 할 필요가 있다. 메타정보에는 파일의 고유번호, 이름, 형식, 소유자, 생성 날짜, 변경 날짜, 크기, 접근 권한, 파일 시스템 구조에서의 위치, 현재 상태 등 많은 속성이 포함된다. 어떤 속성을 저장하고 관리할 것인지는 운영체제 및 운영체제에 속한 파일시스템이 결정하게 된다.

그림 4-3은 리눅스 데스크톱에서 파일의 속성을 본 결과다. 파일 관리자에서 보고 싶은 폴더 또는 파일에 마우스를 올려 놓은 후 오른쪽 버튼을 클릭한 다음 속성 메뉴를 선택하면, 그림과 같이 속성을 보여 주는 창이 뜬다. 기본 속성 외에도 각각의 탭을 선택하여 상세한 속성을 볼 수 있다.

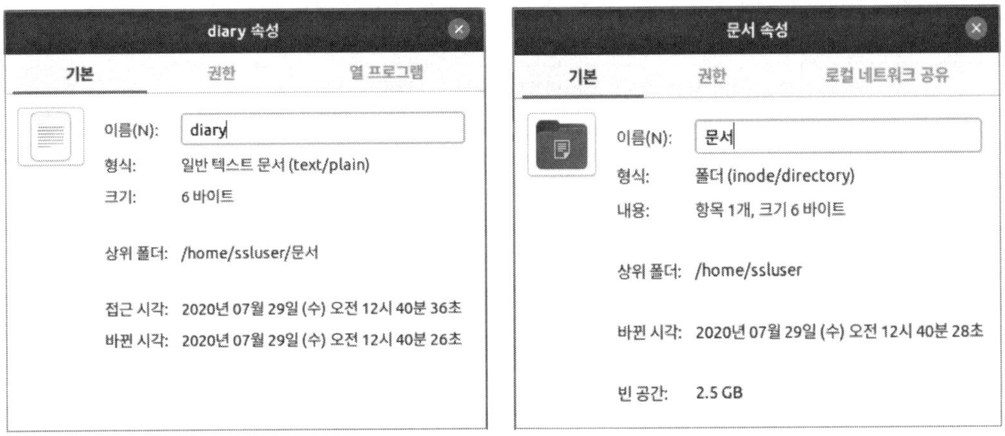

그림 4-3 파일의 속성 보기

그림 4-3에서는 두 가지 파일 형식(type)을 볼 수 있다. 왼쪽은 보통 텍스트 문서이고 오른쪽은 폴더(디렉터리)이다. 시스템에서 구분하는 파일의 종류 중에 일반 사용자가 가장 흔하게 접하는 것이 바로 일반 파일과 디렉터리이다.

일반 파일은 다시 그 양식에 따라 매우 많은 종류가 있다. MS Windows에서 각 파일의 확장자(extension)를 이용해 파일의 형식을 구분하는 것과 달리 유닉스/리눅스에서는 확장자가 정해지지 않고 파일의 앞부분에 형식에 대한 정보를 저장하는 방식으로 파일을 만들기도 한다. 즉, 텍스트 파일의 경우 Windows에서는 .txt라는 확장자가 사용되는 것이 일반적이지만 유닉스/리눅스에서는 확장자와 관계없이 내용이 일반 텍스트로 구성된 경우 텍스트 파일로 인정한다. 마찬가지로 실행 가능한 파일의 경우 .exe 확장자를 사용해야 하는 Windows와 달리, 파일의 이름과 상관 없이 맨 앞 부분(file header)에 미리 약속된 형태의 정보가 저장되어 있는 ELF(Executable and Linkable Format) 양식을 따르면 실행 가능한 이진(binary) 파일로 인정된다. 텍스트 파일 중에서도 약속된 명령어로 구성된 파일은 실행 가능한 것으로 속성을 지정하여 사용할 수 있다.

텍스트와 실행 파일 외 특정 응용 프로그램에 의해 생성되거나 처리되는 일반 파일의 경우 정해진 확장자를 따라야 한다. 이미지를 저장하는 .jpg 또는 .png, 영상을 저장하는 .mp4, 리브레오피스에 의해 생성되는 .odt, odp 등이 그 예라고 할 수 있다.

결들임 : 파일에는 실제로 무엇이 저장되나요?

컴퓨터에 저장되는 모든 정보는 사실 똑같은 형태로 저장된다. 즉, 0과 1로 이루어진 이진 데이터이다. 그러면 어떤 이진수는 문자로 해석하고, 어떤 이진수는 그림으로 해석하며, 어떤 이진수는 프로그램 실행 명령으로 인식하는가? 이는 전적으로 그 파일을 해석하는 프로그램에 달린 문제다. 그리고 파일에 저장되는 내용 중에는 이 파일을 어떤 식으로 해석해야 한다는 제어 정보가 포함된 경우가 많다. 각 프로그램은 파일의 내용을 읽어서 약속된 논리 구조에 맞는지 점검하고 그 구조에 따라 해석하여 문자를 출력하기도 하고 그림을 보여 주기도 하며, 직접 실행을 하기도 한다. 사용자가 처음 접하게 되는 운영체제 인터페이스인 셸(shell)의 첫 번째 역할도 사용자 명령의 해석과 파일 내용의 해석이다.

속성 중에서 권한 속성을 보도록 하자. MS Windows와 달리 유닉스/리눅스는 다중 사용자를 지원하는 것이 기본이기 때문에 각 파일이나 디렉터리에 대해서도 다양하고 엄격한 접근 권한(access right)을 설정하도록 할 수 있다. 권한은 소유자, 소유자의 그룹, 모든 사용자(기타) 등 3가지 부류에 대해 각각 다르게 설정할 수 있다. 그림 4-4는 일반 파일과 폴더에 대한 권한을 각각 보여 준다. 일반 파일은 읽기(r), 쓰기(w), 실행(x)에 대해 권한을 설정할 수 있으며, 읽기 전용으로 설정하거나 권한을 아예 불허하는 것도 가능하다. 디렉터리에 대한 권한은 파일의 목록을 보거나(r) 디렉터리 내부에 들어가서 파일에 접근하거나(x) 파일을 생성/삭제할 수 있는(w) 권한으로 구성된다. 내부 파일의 권한 바꾸기를 선택하면 디렉터리 내에 포함되어 있는 파일들의 권한을 한꺼번에 변경할 수 있다.

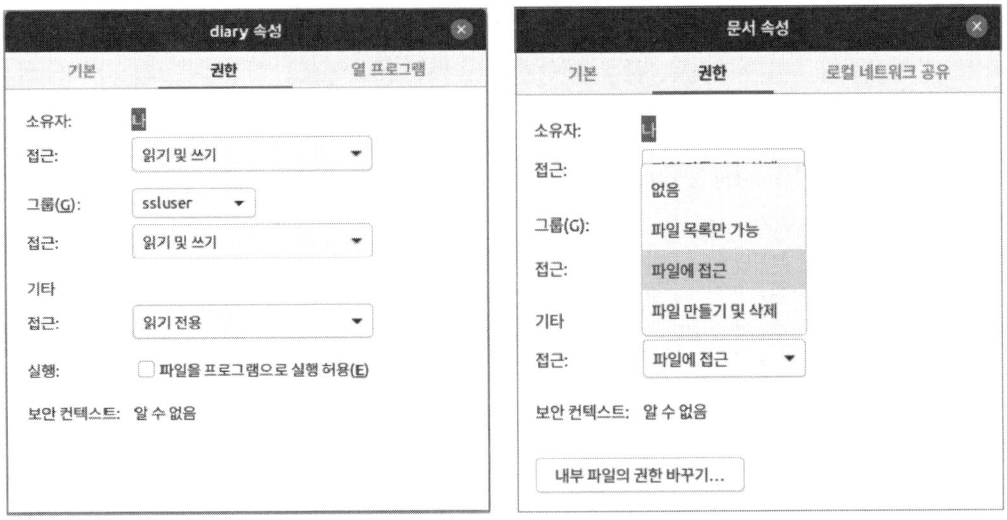

그림 4-4 접근 권한 속성

자신의 파일을 다른 사람들이 읽거나 변경하지 못하도록 하려면 각 파일에 대해 권한을 없음 또는 읽기 전용으로 설정한다. 디렉터리에 대해서도 마찬가지로 설정할 수 있다. 단, 각 경우에 대해 아래쪽의 권한은 위쪽의 권한을 포함한다. 즉, 파일 만들기 및 삭제를 허용하면 파일 목록 읽기나 파일 접근이 가능하다. GUI가 아닌 CLI 환경에서 명령어로 권한을 설정할 때는 각 권한을 분리해서 좀 더 세밀하게 설정할 수 있다.

4.1.3 파일의 형식 (type)

유닉스/리눅스 운영체제의 특징 중 하나는 자료를 저장하는 일반적인 파일 외에 이를 조직화한 디렉터리 및 주변 장치와 프로세스 등 시스템 실행과 관련된 모든 것을 파일로 취급한다는 것이다. CD-ROM 드라이브, USB 메모리, 네트워크를 통한 사용자 연결, 프로세스 간에 메시지를 주고 받기 위한 소켓(socket)이나 파이프(pipe), 프린터와 통신하기 위한 포트, 현재 실행 중인 프로세스 등 모든 것이 파일로 표현되어 파일 시스템 계층 구조 안에 포함된다. 이렇게 파일이 아닌 것을 파일처럼 취급하는 것은 사용자 또는 프로그래머가 시스템의 다양한 자원을 파일을 다루듯이 쉽게 사용할 수 있도록 하기 위함이며, 이런 파일들을 **특수 (special) 파일**이라고 한다. 특수 파일은 표 4-3에 보는 바와 같이 분류할 수 있다.

표 4-3 유닉스/리눅스의 특수 파일

파일 종류	대상 및 특징
디렉터리 (directory)	여러 파일의 논리적 집합 단위. 계층 구조를 형성한다.
심볼릭 링크 (symbolic link)	다른 파일에 대한 참조 표시. 실제로는 원래 파일을 찾아갈 수 있는 경로 정보를 저장한다. (Windows의 바로 가기와 유사)
장치 (device)	하드웨어 장치. 순차적 방식으로 입출력하는 문자(character)형 장치와 임의 접근이 가능한 블록(block)형 장치로 구분된다.
기명 파이프 (named pipe)	실행 중인 프로세스 간에 정보를 전달하기 위한 통로. FIFO 형태로 운영되어 한 프로세스의 출력이 다른 프로세스의 입력으로 전달된다.
소켓 (socket)	프로세스 간 정보 교환을 위한 통로. 파이프와 달리 양방향 정보 전달이 이루어진다.

디렉터리는 파일의 고유 번호와 이름을 저장하고 있는 특수한 파일로서 그 내용은 시스템에 의해서만 작성되고 변경된다. 즉, 각 사용자는 새로운 디렉터리를 생성하거나 디렉터리 내에 파일을 생성하거나 삭제하고, 디렉터리 자체를 삭제하는 등의 작업을 수행할 수 있지만, 어떤 디렉터리가 어떤 파일들로 구성되어 있으며 부모는 누구인가 하는 등의 디렉터리 내부 정보를 직접 건드릴 수는 없다. 시스템은 디렉터리라는 특별한 파일의 내용을 기록하고 관리하여 앞에서 언급한 트리 모양의 파일시스템 구조를 관리할 수 있으며, 실제로 하드디스크에 저장된 파일들에 접근하기 위한 안내 역할을 한다.

심볼릭 링크는 다른 곳에 존재하는 파일이나 디렉터리를 찾아갈 수 있도록 경로 정보를 저장하고 있는 특수한 파일이다. 사용자는 링크 생성 명령을 사용해 링크를 만들고, GUI 환경에서 링크 파일을 더블 클릭하거나 명령어를 사용해서 실제 파일을 접근할 수 있다. 앞에서 본 트리 구조를 따르자면 어떤 하나의 파일에 접근하기 위해 여러 번의 더블 클릭 또는 긴 경로 이름을 사용해야 하는 번거로움이 있을 수 있는데, 이를 짧게 줄여 주는 장점이 있다. 또한 연관 있는 파일들을 하나의 디렉터리에 모으고 싶은데 한 파일이 여러 디렉터리에 관련될 경우 복사본을 여러 개 둔다면 관리하기가 매우 어렵다. 이 때, 원본 파일은 한 군데에만 저장하고 다른 디렉터리에는 그 곳에 접근할 수 있는 경로 정보만을 저장한다면 관련 정보를 한 곳에 모으는 것과 파일 관리의 일관성 유지가 동시에 가능하게 된다. 링크에는 심볼릭 링크(soft link라고도 함) 외에 하드 링크(hard link)라는 방식도 있는데, 이는 실제 파일에 이름을 추가로 지정해 주는 것으로서 특수 파일이 아니라 일반 파일로 취급된다. 두 링크의 내부 구조와 차이점 등 상세한 사항은 추후 관련 명령어와 프로그래밍을 다룰 때 다시 살펴 보도록 하겠다.

그림 4-5는 심볼릭 링크의 속성이 어떻게 나타나는지 보여 준다. /bin 디렉터리는 사용자가 실행할 수 있는 명령, 즉 프로그램들을 모아 놓은 곳인데, 살펴 보면 여러 개의 심볼릭 링크가 있음을 알 수 있다. 아이콘에 화살표가 덧붙여져 있는 것이 링크이며, 이 중 netcat라는 이름의 파일을 선택해 속성을 열어 보면 그림 4-5(b)와 같다. 파일의 형식은 "실행파일에 링크"로 되어 있고 링크 대상은 "/etc/alternatives/netcat"이다. 즉, /bin/netcat라는 파일은 실체가 아니며, 여기에 설정된 경로를 따라서 원본 파일에 접근할 수 있다는 것이다. netcat라는 프로그램은 특성상 /etc 디렉터리에 소속되는 것으로 분류되었지만, 사용자가 실행할 수 있는 프로그램이기 때문에 /bin을 통해서도 접근할 수 있도록 링크를 설정한 것이다.

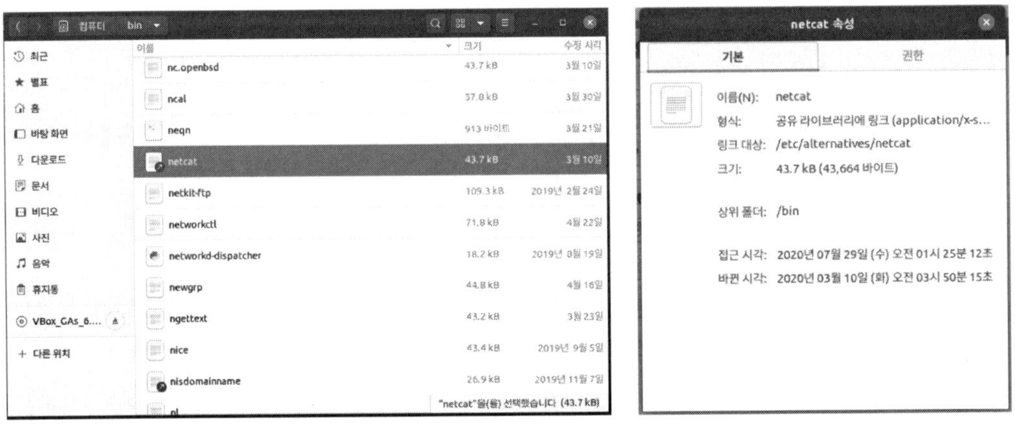

(a) /bin 디렉터리 (b) /bin/netcat 파일의 속성

그림 4-5 심볼릭 링크 속성

특수 파일들은 파일 시스템 내 어디나 존재할 수 있지만 **장치** 파일의 경우는 대개 /dev와 같이 약속된 장소에 저장한다. 그림 4-6은 /dev 폴더의 내용과 그 중 sda 파일의 속성을 보여 준다. 임의 접근이 가능한 블록형 장치인데 특이한 것은 파일의 크기가 0이라는 것이다. 장치 파일은 우리가 보통 사용하는 텍스트나 바이너리 데이터를 포함하는 것이 아니라 실제 하드웨어 장치를 사용하는 통로로서 인터페이스 역할을 하는 것이기 때문에, 저장된 데이터의 크기를 나타내는 크기 정보는 0이 되는 것이다. 더 상세한 내용은 본 서의 범위를 벗어나므로 각 개인의 열정에 맡기도록 하겠다.

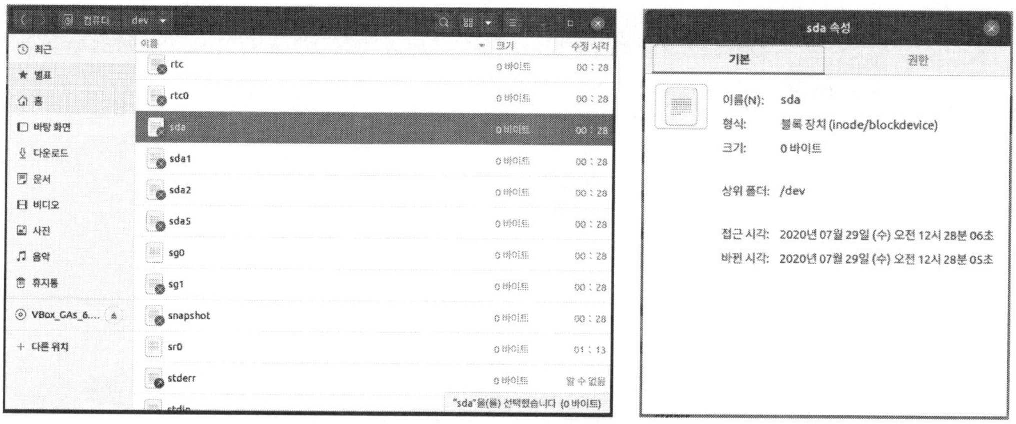

그림 4-6 /dev 디렉터리와 /dev/sda 파일 속성

파이프와 소켓은 프로세스 간 통신에 사용되는 통로이다. 실제 데이터가 파이프나 소켓 파일 내부에 기록되는 것은 아니고, 사용자 프로그램 또는 명령어를 통해서 파일에 데이터를 쓰는 것처럼 하면 상대방에게 데이터가 전송되는 것이고, 파일에서 읽는 것과 같은 방식으로 데이터를 수신할 수 있게 된다. GUI 환경에서 이들 기능을 사용하기는 어려우며, 추후 명령어와 프로그래밍을 다룰 때 상세한 사항을 살펴 볼 것이다.

4.1.4 하드 디스크 구조

앞에서 장치 파일의 예로 /dev/sda를 살펴 보았다. 각 장치 파일은 정해진 명명 방식을 따르는데 sd는 SCSI 또는 SATA 방식의 하드디스크를 의미하며, 각 물리적 디스크마다 a, b, c 등의 문자를 추가한다. 또한 물리적 디스크는 논리적으로 분할하여 사용할 수 있는데 이를 파티션이라 하고 파티션에는 번호를 붙여 sda1, sda2, … 등과 같이 명명한다. 이러한 하드 디스크에 대한 정보를 보려면 프로그램 표시 → 유틸리티 → 디스크 아이콘을 선택해 실행하면 된다.

그림 4-7의 예는 가상 머신에 단일 파티션으로 설치한 경우이기 때문에 매우 단순한 하드 디스크 구조를 갖고 있다. 위쪽은 물리적인 하드디스크에 대한 정보를 나타내는 것으로 모델, 크기, 파티션 만들기, 시리얼 번호, 평가 등을 볼 수 있다. 디스크에 대한 작업은 그림에서 보는 바와 같이 우측 상단 메뉴에 나열되어 있다. 포맷이나 벤치마크, 설정 등의 작업을 할 수 있다.

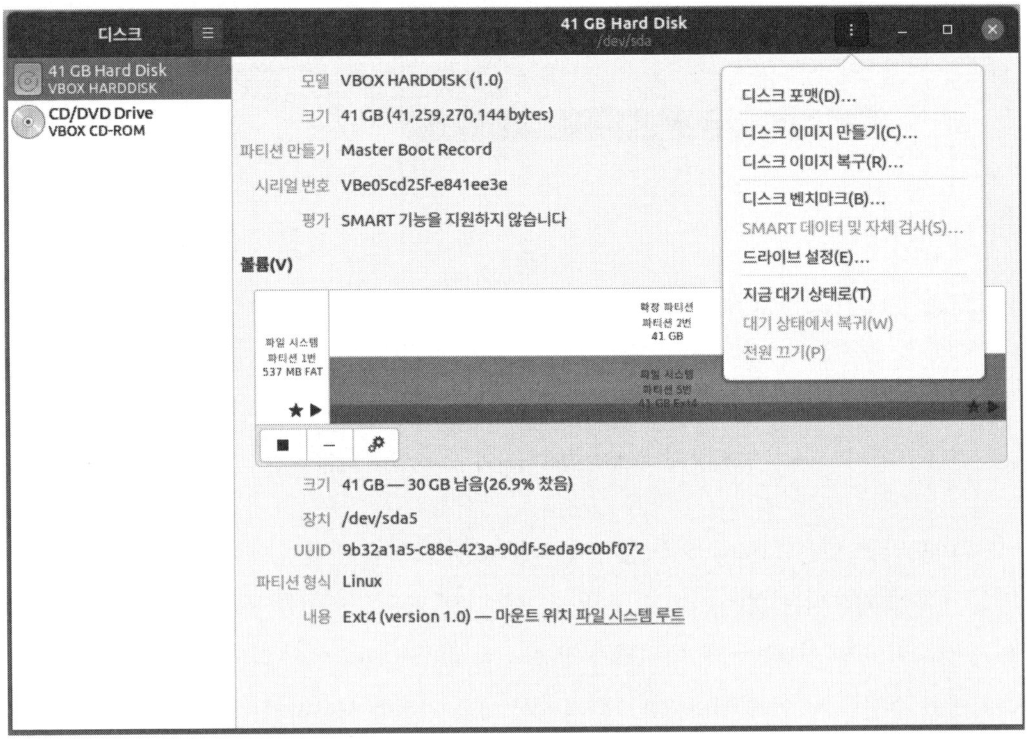

그림 4-7 디스크 도구

아래 볼륨 영역은 하드디스크를 논리적으로 분할한 파티션 정보를 나타낸 것이다. 설치할 때 아무런 분할 없이 통으로 설치했지만 자동으로 부트 영역(왼쪽의 파티션 1번)과 리눅스 영역으로 구분되어 있음을 볼 수 있다. 여기의 장치 정보를 보면 /dev/sda5로 지정되어 있음을 볼 수 있다.

곁들임 : 파티션의 종류

하드 디스크가 커질수록 관리하기가 어렵기 때문에 용도에 맞추어 분할해서 사용하기 위한 개념이 파티션이다. 파티션의 구조와 종류는 물리 수준에 가까운 지점에서 하드 디스크 관리 구조와 맞도록 설정되어 있다. 오래된 MBR(Master Boot Record) 방식에서는 최대 32bit 주소 영역에 맞춘 제약이 몇 가지 존재한다. 먼저 하나의 파티션 크기가 2TiB를 넘을 수 없다. 주(primary) 파티션은 부팅 가능한 영역으로 하나의 하드 디스크에 최대 4개(1번~4번)까지 생성 가능하다. 단순 데이터를 저장하는 용도로 주 파티션을 사용할 필요는 없으므로 논리(logical) 파티션을 생성하게 되는데, 논리 파티션 전에 주 파티션 하나를 확장(extended) 파티션으로 만들고 그 안에 최대 12개까지의 논리 파티션을 만들 수 있다. 논리 파티션은 5번부터 시작한다. 이러한 파티션 정보는 하드 디스크 첫 번째 섹터에 저장되어 부팅 과정에 사용된다. 64-bit 주소 영역을 활용할 수 있는 최근의 GPT(GUID Partition Table) 방식으로는 파티션 종류와 개수, 크기에 제한이 없다.

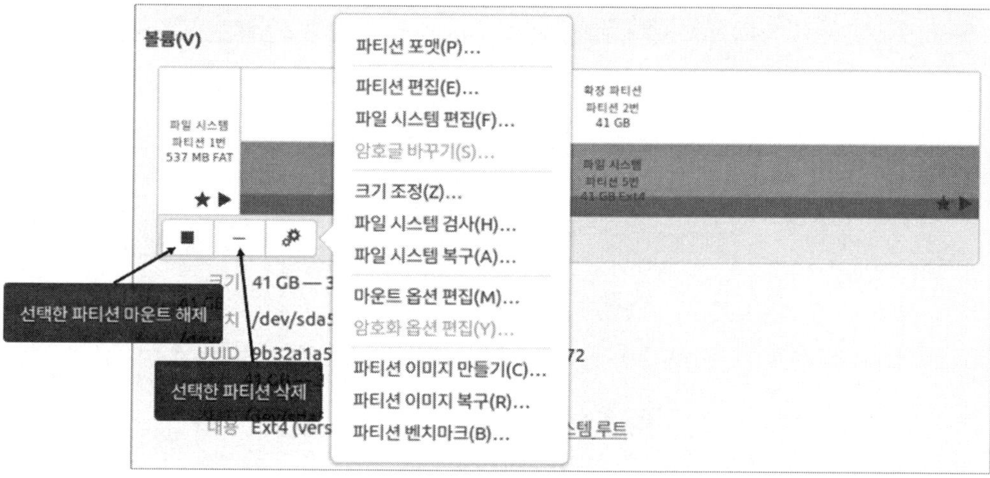

그림 4-8 디스크 도구 - 파티션 관리 메뉴

파티션에 대한 작업은 좀 더 다양하다. 특정 파티션을 선택하고 그 파티션에 대한 작업을 수행할 수 있는데(그림 4-8) 일시적으로 사용을 중지하고 운영 체제에서 분리하는 마운트 해제[1], 논리 파티션 삭제, 기타 크기 조정이나 검사 등의 작업이 가능하다. 포맷이나 삭제 등의 작업은 저장된 데이터를 모두 손실할 위험이 있으므로 예정 없이 실수로 실행하지 않도록 주의한다.

그림 4-9는 1개의 SSD와 2개의 하드 디스크, USB로 연결된 1개의 외장 하드 디스크가 설치된 시스템의 파티션 형태를 보여 준다. 첫 번째 SSD는 GUID-EFI 방식으로 만들어져 총 7개 파티션이 있으며 3번이 Windows C: 드라이브, 7번이 리눅스 루트(/) 파티션이다. 이 시스템의 리눅스는 루트 파티션과 /home 파티션을 분리해 두어 /home 파티션은 두 번째 나타나 있는 하드 디스크의 5번 파티션을 차지하고 있다. 장치 정보를 보면 /dev/sdb5로 지정되어 있는 것을 볼 수 있다. 리눅스 가상 파일 시스템의 특징은 파티션이 나누어져 있어도 하나의 루트만 존재하는 한 개의 트리로 전체 파일 시스템을 표현한다는 것이다[2]. 이 시스템에서 루트 파티션은 전체 트리에서 /home부터 시작하는 부분 트리를 제외한 모든 부분을 포함한다.

1) 관리자 권한이 필요하며 사용 중인 파일 시스템은 해제할 수 없다.

2) Windows는 C:\, D:\ 등과 같이 파티션마다 별개의 루트를 가지는 여러 트리로 구성된다.

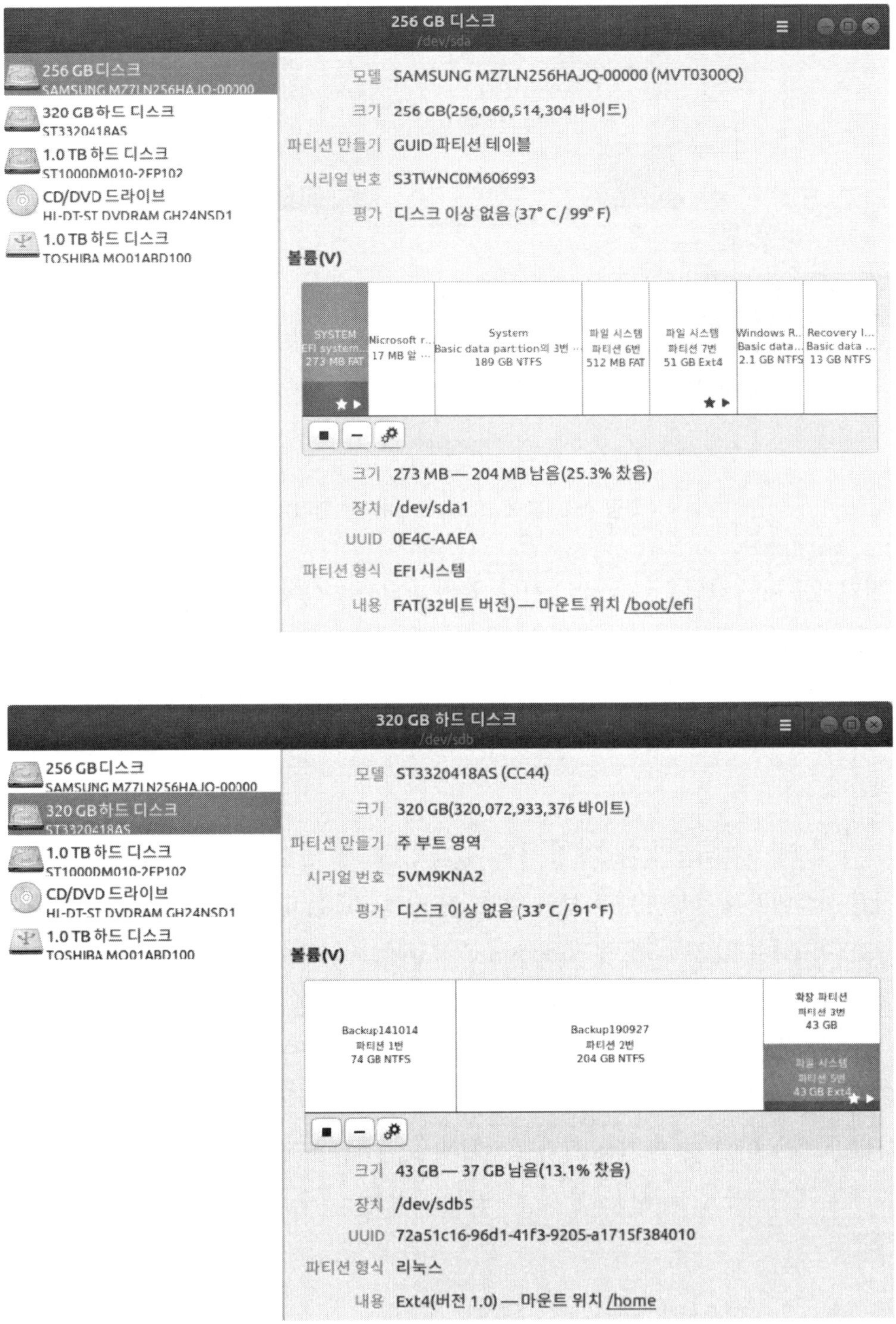

그림 4-9 여러 장치와 파티션이 존재하는 시스템

4.2 프로세스

1장에서 살펴본 바와 같이 운영체제의 핵심 기능 중 하나가 프로세스(process) 관리 기능이다. 프로세스란 "실행 중인 프로그램"을 의미하는데, CPU나 메모리 등 시스템의 자원을 점유하고 사용하며 그 실행 과정은 운영체제에 의해 관리된다. 관리 기능이 잘못되거나 특정 프로세스가 오작동하면 과부하가 걸리거나 시스템 동작이 느려지는 등의 문제가 발생할 수 있고, 최악의 경우 시스템 기능이 마비되기도 한다. 리눅스 시스템은 매우 안정적으로 프로세스를 관리하기 때문에 이런 경우가 자주 발생하지 않으나, 오류나 악의의 프로그램에 의해 잘못되는 것을 막을 수는 없으므로 그에 대한 대처 방법을 알아야 한다. 시스템 관리자로서 혹은 일반 사용자로서 사용할 수 있는 프로세스 제어와 관리 기능들이 있는데, 우리는 우선 일반 사용자로서 알아야 하는 기능들을 공부할 것이다. 이번 절에서는 프로세스의 개념을 좀 더 상세히 알아 보고 프로세스와 관련된 리눅스 기능을 익혀 보자.

곁들임 : 프로세스

운영체제 관련 문서나 서적에서는 프로세스 외에 잡(job), 태스크(task), 쓰레드(thread) 등의 다른 용어를 사용해 실행 중인 프로그램을 지칭하기도 한다. 역사적으로 또는 운영체제의 특징에 따라 의미는 약간씩 다르지만 CPU가 실제 프로그램을 실행할 수 있도록 운영체제가 관리하는 단위라는 면에서 비슷하다고 볼 수 있으며, 대표 용어로 프로세스를 사용하기로 한다.

4.2.1 프로세스 개념

프로세스란 "실행 중인 프로그램"이다. 하나의 프로그램을 여러 번 실행하면 실행시킨 수만큼 프로세스가 만들어지며, 이런 이유로 프로세스를 "프로그램의 인스턴스(instance)"라고도 한다.

그러면 프로세스는 누가 어떻게 생성하는 것인가?

일반 사용자는 셸에서 명령어를 입력하거나 데스크톱에서 마우스로 더블 클릭하는 등의 동작을 통해 특정 프로그램 실행을 지시하고, 이 지시를 해석한 셸에 의해 운영체제의 관리 동작이 시작된다. 프로그래머는 프로그램 내에서 프로세스 생성을 요구하는 시스템 호출을 이용해 새로운 프로세스를 생성할 수 있다.

사실 셸도 하나의 프로세스이기 때문에 프로세스의 생성이란 **현재 실행 중인 프로세스가 새로운 프로세스를 생성**하는 한 가지 방식으로 이루어진다. 이 때 생성하는 프로세스는 부모가 되고 생성된 프로세스는 자식이 된다. 셸 프로세스도 어느 다른 프로세스가 생성하고 또 그 프로세스는 다른 프로세스에 의해 생성된다. 이렇게 거슬러 올라가다 보면 다른 모든 프로세스의 시조가 되는 하나의 프로세스가 있다. 컴퓨터의 전원을 켜서 처음 시동하는 과정에서 운영체제가 시작이 되고 이 때 프로세스 번호(PID) 0번인 프로세스가 만들어진다. 이 프로세스는 다음 프로세스인 1번 init(systemd) 프로세스를 생성하고 이 프로세스에 의해 다른 모든 사용자 프로세스의 생성이 시작된다. 커널 쪽은 2번인 kthreadd 프로세스가 시조가 되어 다른 커널 프로세스들을 생성한다.[3] 이러한 생성 관계는 파일 시스템 구조와 마찬가지로 역 트리 형태로 나타낼 수 있다.

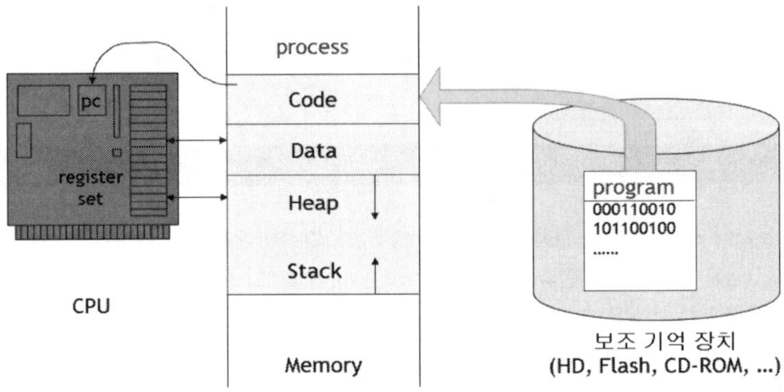

그림 4-10 프로세스

프로세스 생성이 요구되면 운영체제는 먼저 주기억장치 내 충분한 공간이 있는지, 그 외 실행에 필요한 자원이 갖추어져 있는지 등을 확인하고 프로세스를 관리하기 위한 자료 구조(PCB: Process Control Block)를 만든다. 그 다음 파일 시스템에서 해당 프로그램 파일을 찾아서 주기억장치에 적재하고 초기화 작업을 거친다. 프로세스가 사용하는 기억 공간은 프로그램 코드와 함께 실행 중 사용할 여러 데이터를 저장할 공간을 포함하며, 데이터의 성격에 따라 데이터 영역, 힙 영역, 스택 영역 등으로 나누어 관리된다. 생성이 완료되면 준비(ready) 상태에 들어가는데, 시스템 내에는 여러 개의 프로세스가 동시다발적으로 실행 중

---

3) 아직 운영체제나 커널을 제대로 공부하지 않은 독자는 이런 단어들이 무척 생소할 것이다. 현재로서는 그냥 단순하게 커널 프로세스는 운영체제의 기능을 수행하는 특권을 가진 프로세스, 그렇지 않고 통제를 받는 다른 모든 프로세스는 사용자 프로세스다 정도로만 이해하자.

상태에 있고 이를 실행할 CPU 개수는 한정되어 있으므로 순서를 기다리는 것이다. 자신의 순서가 되면(즉, 운영체제가 다음 실행 프로세스로 자신을 지정하면) CPU가 코드의 명령어를 하나씩 읽어서 해석하고 처리하는 실제 실행(running) 상태에 들어간다. 실행 중 CPU의 PC(Program Counter) 및 각 레지스터는 해당 프로세스의 명령어를 실행하는데 필요한 정보를 임시 저장하게 된다. 그래서 "실행 중인 프로그램"을 의미하는 프로세스의 실체는 프로그램 실행에 필요한 주기억장치 공간, 운영체제의 관리 정보(PCB), CPU 레지스터에 저장된 정보 등으로 구성된다고 할 수 있다.

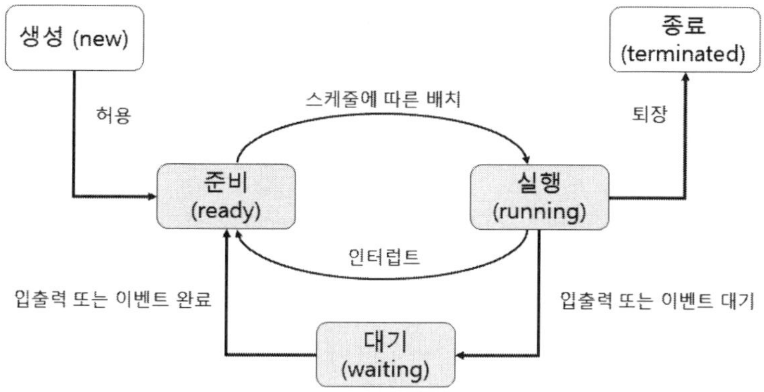

그림 4-11 프로세스 생명 주기

프로세스는 단순 준비 ↔ 실행 뿐만 아니라 상황에 따라 그림 4-11에서 보는 바와 같이 생성되어 종료될 때까지 여러 가지 상태 변화를 거치며 이 모든 절차가 운영체제에 의해 관리된다.

프로세스 관련 프로그램 또는 명령어는 이러한 프로세스에 대한 정보와 상태를 점검하거나 상태를 변화시킬 수 있는 것들로 구성된다. 파일과 같이 각 프로세스도 고유의 번호인 PID를 가지며 프로세스를 생성한 소유자 개념이 있다. 점검 또는 감시 명령은 일반 사용자도 제약이 없이 실행할 수 있으나, 상태를 변화시키는 제어 명령의 경우 일반 사용자는 자신이 생성한, 즉 자기 소유의 프로세스에 대해서만 명령을 실행할 수 있다.

4.2.2 실행 중인 프로세스 보기

현재 실행 중인 프로세스를 보려면 프로그램 표시 → 유틸리티 → 시스템 감시 메뉴를 실행하고 프로세스 탭을 선택하면 된다.

프로세스에 대한 관리 정보는 사용자 계정이나 파일의 속성과 마찬가지로 여러 가지가 있다. 기본으로 보이는 정보는 그림 4-12에 보는 바와 같이 프로세스 이름, 상태, CPU 점유율 등이다.

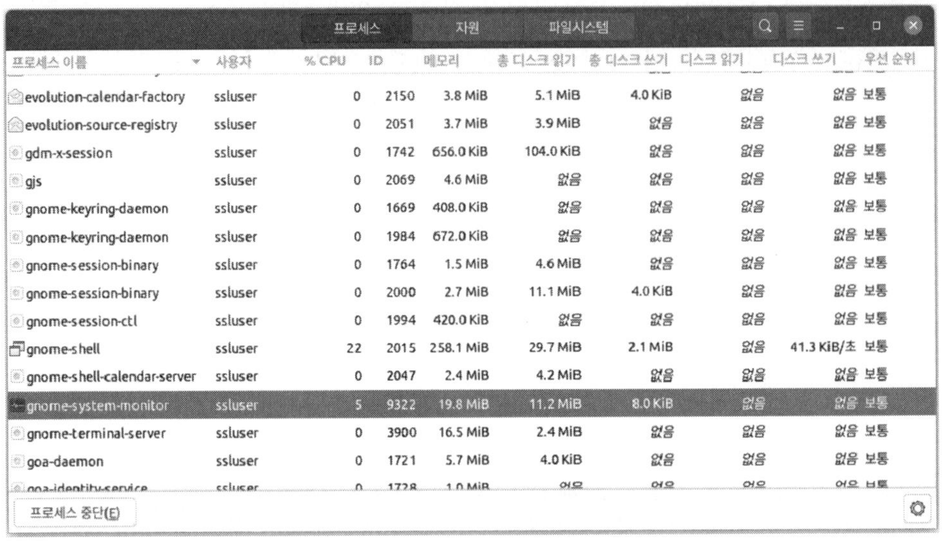

그림 4-12 시스템 감시

- **프로세스 이름**: 실제로 실행되고 있는 프로그램의 이름이다. 예를 들어 시스템 감시는 실제로 gnome-system-monitor라는 이름의 프로그램이 실행되는 것이다.
- **사용자**: 프로세스를 실행시킨 프로세스 소유자의 ID를 표시한다.
- **%CPU**: CPU 점유율을 100퍼센트 기준으로 표시한다.
- **ID**: 프로세스 고유번호(PID)이다. 시스템에 의해 자동으로 생성된다. 프로세스 관리 작업의 키 값이 된다.
- **메모리**: 사용 중인 메모리 크기를 표시한다.
- **우선 순위**: 프로세스마다 우선 순위가 있다. 사용자가 생성한 프로세스는 대부분 "보통"이며 작업의 종류에 따라 운영체제가 조정하며, 사용자가 우선 순위 조정을 요청할 수는 있으나 결정은 운영체제가 한다.

프로세스에 대해 추가 정보를 더 보고 싶거나 정보가 나타나지 않도록 하고 싶으면 우측 상단 메뉴 아이콘 → 기본설정 메뉴를 선택하여 표시되는 정보의 종류를 변경하거나 추가할 수 있다.

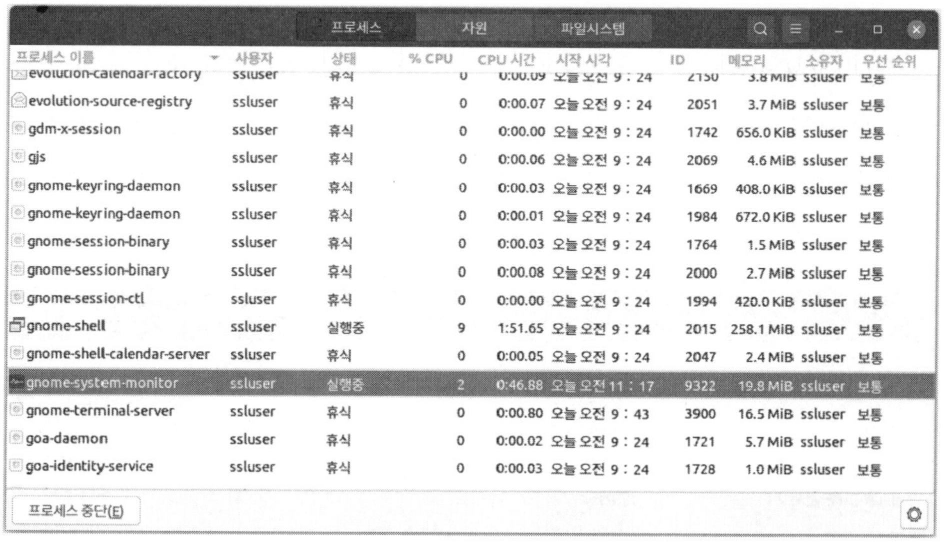

그림 4-13 시스템 감시 - 정보 종류 변경

그림 4-13은 하드 디스크 관련 정보를 빼고 상태 외 몇 가지를 추가한 결과를 보여 준다. 추가된 정보의 의미를 살펴보자.

- **상태**: 그림 4-11의 프로세스 생명 주기 중 어느 상태인지 표시한다. "실행중(Running)" 프로세스는 준비(ready)와 실행(running) 상태에 있는 것을 모두 포함한다. 그림에서 보이는 "휴식(Sleeping)" 상태는 대기(waiting) 상태 중 하나로 중단 가능한(interruptible) 대기 상태를 의미한다. 대기 상태 중 I/O와 같이 특별한 작업을 CPU 외부에서 수행 중이어서 특정 조건 발생 시에만 대기에서 돌아올 수 있는 상태일 때는 "중단 불가능(uninterruptible)" 상태로 표시된다. 실행이 끝났지만 뒷정리가 제대로 끝나지 않아 완전 종료가 아닌 상태는 "좀비(Zombie)"로 표시된다.
- **CPU 시간**: CPU가 실제 작업한 시간
- **시작 시각**: 프로세스가 생성된 시각
- **소유자**: 이 예에서는 사용자와 소유자가 동일하나 운영체제가 실행하는 프로세스 등에는 소유자가 다르거나 명시되지 않는 경우도 있다.

특정 프로세스를 선택하면 프로세스에 대한 관리 메뉴가 아래 바에 나타난다. 가장 단순하게는 프로세스 중단을 할 수 있다. 물론 권한이 있는 경우에 한한다. 하단 오른쪽의 버튼을 누르면 해당 프로세스에 대한 모든 속성 정보가 보인다. 프로세스 선택 후 마우스 우클릭을 하면 중단과 속성을 포함해 프로세스의 상세 정보와 동작을 제어할 수 있는 메뉴가 나타난다. 속성에 포함되지 않는 상세 정보로는 메모리 맵과 프로세스가 연 파일이 있고, 동작으로는 우선순위 바꾸기, 중지(잠시 멈추기), 계속(중지된 프로세스 다시 진행), 중단(프로세스 정상 종료), 강제 중단(정상적으로 종료되지 않는 프로세스 강제 종료) 등이 있다.

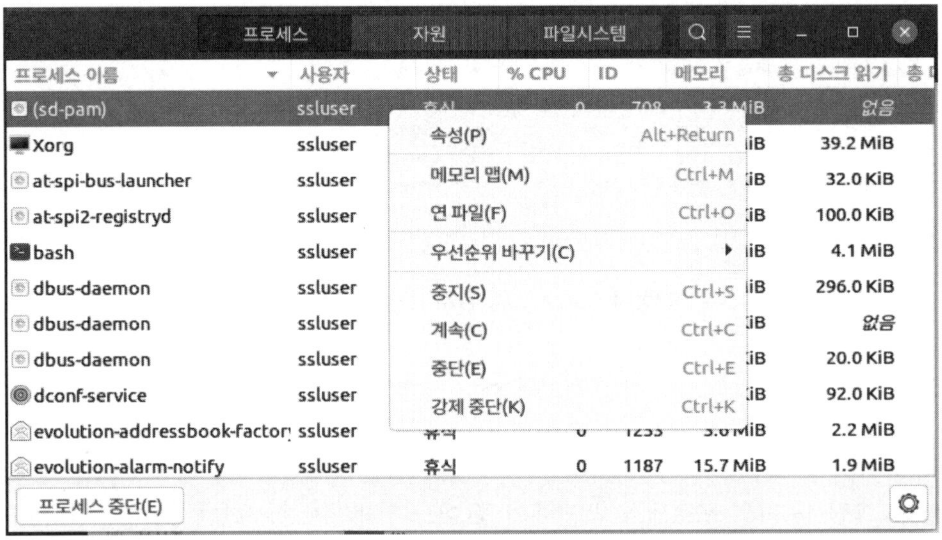

그림 4-14 프로세스 동작 제어

지금까지 본 프로세스들은 모두 "내" 소유의 프로세스, 즉 나의 계정이 실행시킨 프로그램들이다. 우측 상단의 메뉴에서 출력되는 프로세스의 종류와 모양을 여러 가지로 바꿀 수 있다. 메뉴를 눌러 보면 내 프로세스(Y)에 표시가 되어 있을 것이다. 다른 메뉴의 의미는 다음과 같다.

- **활성(active) 프로세스**: "실행 중" 상태에 있는 프로세스만 보여 준다.
- **모든 프로세스**: 시스템에 존재하는, 즉 주기억공간을 차지하고 있는 모든 프로세스를 보여 준다.
- **의존성(dependency) 표시**: 앞에서 설명한 프로세스의 생성 순서에 따른 부모-자식 관계에 따라 오른쪽으로 들여쓰기 하는 방식으로 프로세스 트리를 표시해 준다. 그림 4-15는 모든 프로세스, 의존성 보기를 설정했을 때 표시되는 것으로 프로세스 트리의 가장 상위 프로세스는 PID가 1번인 systemd(init)이며 다른 모든 프로세스는 systemd(init)에서부터 생성된 것임을 볼 수 있다. 그림 4-15(b)를 보면 gnome-terminal-server라는 창에

서 man이라는 명령이 실행 중인데, 이들은 모두 각자 다른 프로세스이며 그 관계는 시스템 감시 창에 나타나 있듯이 systemd → gnome-terminal-server → bash → man → pager의 순서로 프로세스들이 생성되어 실행 중임을 볼 수 있다. (터미널과 bash, man 등에 대해서는 다음 장에서 살펴 볼 것이다.)

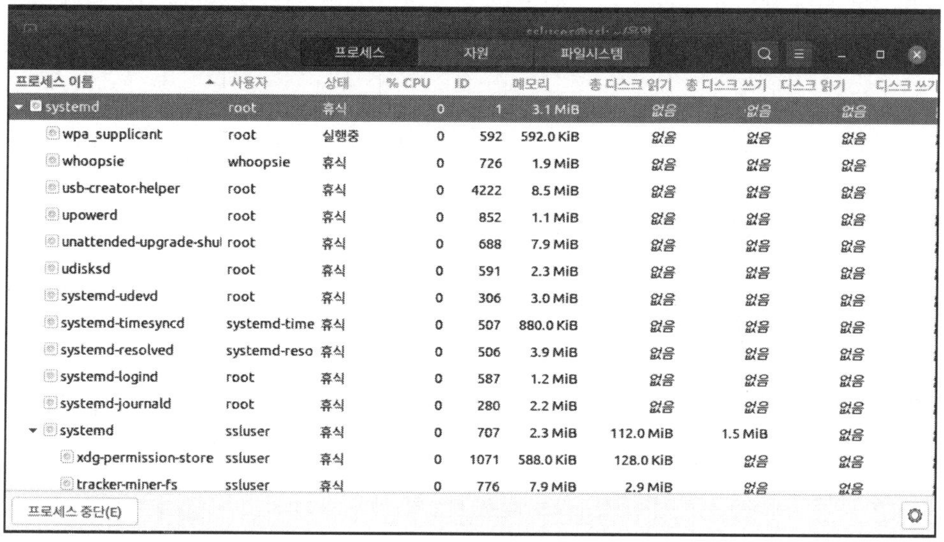

(a) systemd 프로세스

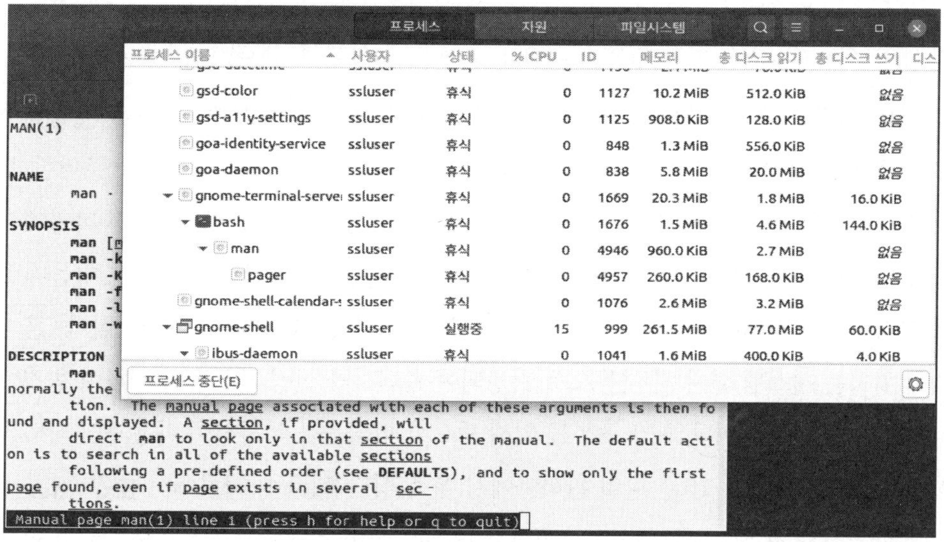

(b) 사용자 프로세스

그림 4-15 프로세스 의존성 보기

이쯤에서 몇 가지 질문이 혹시 마음 속에 떠오르지는 않는지? 내가 실행시킨 프로그램은 기껏 한두 개인 것 같은데 시스템 감시 창에는 왜 이렇게 많은 프로세스가 생겨나 있을까? 그리고 그 많은 프로세스 중에 "실행중"인 프로세스는 왜 단 한 개뿐일까? 다른 프로그램을 많이 실행시켰는데 왜 시스템 감시 창에 "실행중"으로 나타나지 않을까 등등. 끊임없이 질문을 하고 스스로 답을 찾아내려고 하다 보면 어느 샌가 고수가 되어 있는 나를 발견할 수 있을 것이다.

4.3 사용자와 그룹

4.3.1 사용자 계정

유닉스/리눅스의 대표적인 특성 중 하나는 다중 사용자 (multi-user) 지원이다. 이는 여러 사용자가 동시에 시스템을 사용할 수 있다는 것이다. 우리가 다음, 네이버와 같은 포털 사이트나 쇼핑 사이트에 접속할 때 특정 ID와 패스워드를 이용해야 하고 사용자 별로 활동 기록이나 사용하는 블로그나 미니홈피가 다른 것처럼 유닉스/리눅스에서도 사용자마다 별도 ID를 부여하고 각 사용자만의 파일 저장 공간 등 사용 환경을 만들어 준다는 것을 의미한다. 시스템에서 사용자를 관리하기 위해 사용하는 요소를 통틀어 **사용자 계정(account)**이라 한다.

하나의 계정을 생성할 때 각 사용자는 단지 자신이 사용할 ID와 패스워드를 설정해 주지만 시스템은 그 외 여러 가지를 생성하여 사용자가 시스템을 사용할 수 있도록 준비한다. 사용자가 로그인할 때 미리 지정한 패스워드를 사용할 수 있도록 시스템 내 특정 파일에 패스워드를 기록해 두고, 사용자의 **그룹**을 생성하거나 지정한다. 그리고 사용자가 마음대로 파일을 작성하거나 작업을 할 수 있도록 기본 작업 공간, 즉 **홈 디렉터리**를 생성한다. 홈 디렉터리의 위치는 시스템 설치 시 자동으로 지정되며 관리자가 설정 파일을 수정하여 변경할 수 있다. 그 외 실행 환경이나 초기 구성을 위해 필요한 파일들을 복사하여 사용자의 작업을 지원하도록 한다. 그림 4-16은 파일 관리자에서 우측 상단 메뉴 아이콘에서 숨긴 파일 표시 기능을 활성화한 결과다. 매우 많은 파일과 폴더들이 이미 존재하고 있는 것을 볼 수 있으며, 이름에서 짐작하다시피 대부분 특정 소프트웨어나 실행 환경의 설정에 필요한 파일들이다.

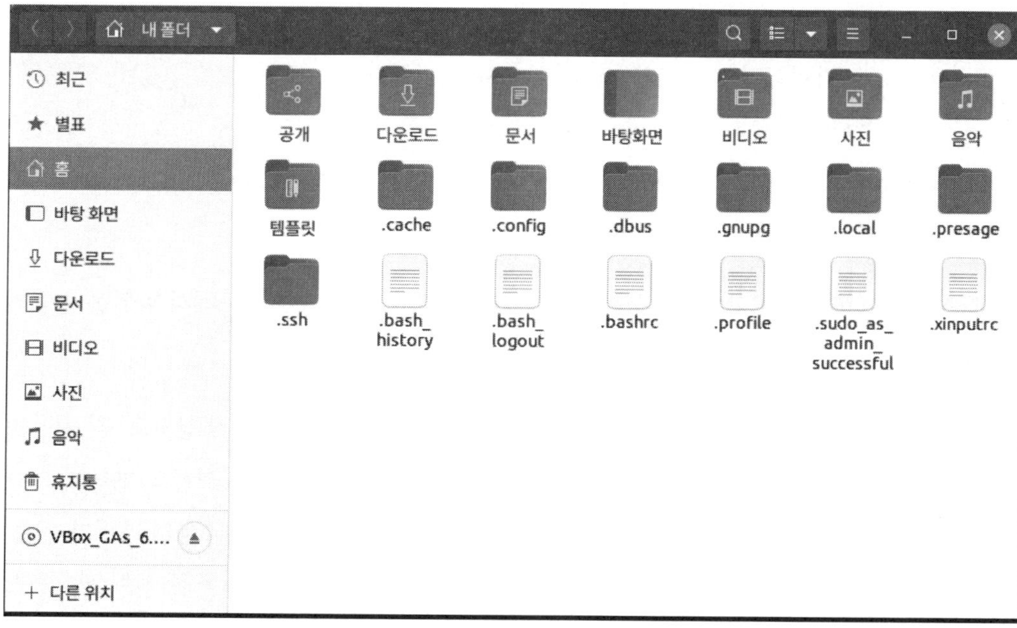

그림 4-16 홈 디렉터리 초기 구성

개별 사용자는 자신의 파일들과 작업 프로세스에 대해 권한과 책임을 가진다. 거꾸로 다른 사용자의 파일과 작업에 대해서는 (일반적으로) 권한이 없다. 각 사용자는 자신의 파일에 대한 권한을 변경할 권한도 역시 가지므로 다른 사용자가 자신의 파일을 공유하거나 변경 또는 삭제할 수 있도록 권한을 설정할 수도 있다. 다중 사용자 시스템에서는 각 사용자별 보호가 매우 중요한 요소이므로 이 권한을 어느 단위로 어떤 방식으로 관리하는가를 잘 이해해야 한다. 구체적으로 권한을 설정하거나 변경하는 방법은 앞으로 차차 보도록 하자.

4.3.2 그룹

그룹(group)이란 여러 사용자가 동일한 작업 권한을 가질 수 있도록 사용자들을 묶는 것을 말한다. 예를 들어 리눅스 수업을 수강하는 학생들이 모두 특정한 한 디렉터리에 접근해서 거기에 올려진 파일을 공유하고 공동 편집 등이 가능하도록, 그러나 그 외 사용자들은 접근할 수 없도록 하고 싶다고 하자. 관리자는 다음과 같은 절차로 그 목적을 달성할 수 있다.

1) 공동 작업 공간이 될 디렉터리를 생성한다. 예를 들어 linux-work라고 하자. 이 디렉터리는 관리자가 생성했으므로 관리자와 자신의 그룹만 읽고 쓰기가 가능하고 다른 사용자들에게는 읽는 것만 가능하도록 초기 권한이 설정된다.

2) 새로운 그룹 linuxclass를 생성한다.
3) linux-work 디렉터리의 그룹을 linuxclass로 변경한다.
4) 리눅스 수강생인 사용자들을 linuxclass 그룹에 포함시킨다.
5) linux-work 디렉터리의 권한을 그룹에 대해 파일 만들기 및 삭제 가능, 기타 사용자들에 대해서는 아무 권한이 없도록 수정한다.

이제 linuxclass에 포함된 각 수강생은 linux-work 디렉터리에 접근해서 파일을 만들거나 변경, 복사할 수 있지만 그 외 사용자들은 전혀 사용할 수 없다.

일반적으로 사용자 계정이 생성될 때 그 ID와 동일한 이름의 그룹이 생성되고, 각 사용자는 그 그룹의 유일한 멤버가 된다.[4] 그리고 시스템의 설정에 따라 다른 그룹의 멤버가 되어 필요한 작업을 수행할 수 있는 권한을 얻게 된다. 즉, 한 사용자는 여러 그룹의 멤버가 될 수 있고 각 그룹은 여러 사용자를 멤버로 가질 수 있다. 여러분이 직접 리눅스를 설치했다면 설치 시 사용자 ID와 패스워드를 설정해 주었고, 현재는 그것이 여러분 시스템에 등록된 유일한 사용자이며 또한 자동으로 관리자 그룹에 소속된 유일한 사용자가 된다. 앞에서 보았던 바와 같이 소프트웨어 설치 등 관리자 권한이 필요한 작업 시에 자신의 패스워드를 입력함으로써 작업이 가능했던 것은 자신이 관리자 그룹에 소속이 되어 있기 때문이다.

한 사용자가 여러 그룹에 소속할 수 있기 때문에 주(primary 또는 main) 그룹 지정이 필요하다. 별도의 지정이 없으면 자신의 ID와 동일한 이름의 그룹이 자신의 주 그룹이 된다. 폴더나 파일이 생성될 때 소유자, 그룹, 기타에 대해 기본 권한이 설정되는데 그 때 지정되는 그룹이 소유자의 주 그룹이다. 그런데 이 설정은 자신과 관여된 파일, 폴더, 프로세스 등 모든 자원에 동일하게 영향이 미치기 때문에, 특정한 어떤 파일이나 디렉터리에 대해 특정 그룹에 대해 권한을 주고 싶다고 할 때 이 주 그룹을 변경하는 것은 매우 위험한 일이다. 대신 각 파일이나 디렉터리의 속성을 변경하는 방식을 사용해야 한다.

4.3.3 사용자와 그룹 관리 기능

설치 시 등록한 최초 사용자는 관리자이기 때문에 사용자 계정과 그룹에 관한 작업을 자유롭게 할 수 있다. 설정 메뉴의 사용자 기능을 이용해서 실제 설정된 내용을 보고 어떤 작업이 가능한가 살펴보자.

4) 이는 Ubuntu 리눅스의 기본 설정으로 다른 배포판에서는 설정이 다를 수 있다.

우분투 데스크톱 버전은 개인 사용을 주 목적으로 하기 때문에 시스템 관리 관련 기능은 약한 편이다. 3장에서 이미 보았다시피 사용자 설정 메뉴를 실행시켜도 할 수 있는 일은 본인에 대한 것 외에는 없다. 약간의 추가 기능 사용을 위해 우측 상단의 잠금 해제를 선택해 보자. 관리자 암호를 묻는 부분은 3장에서 소개한 대로 첫 사용자, 즉 관리자로 등록된 자신의 암호를 입력하면 된다. 상단 바에 녹색으로 사용자 추가 메뉴가 나타난 것을 볼 수 있을 것이다.

그림 4-17 사용자 설정 - 잠금 해제

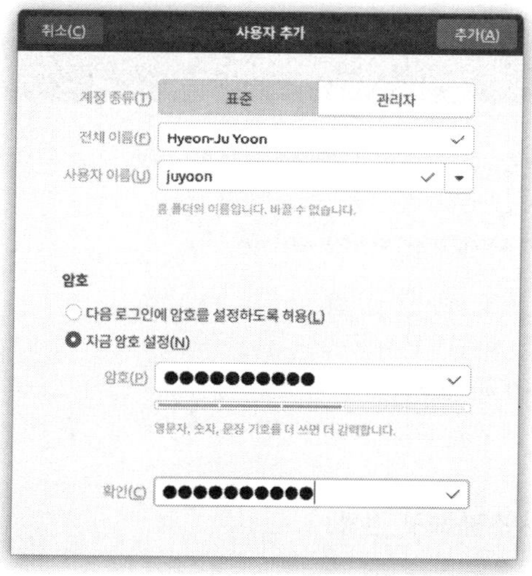

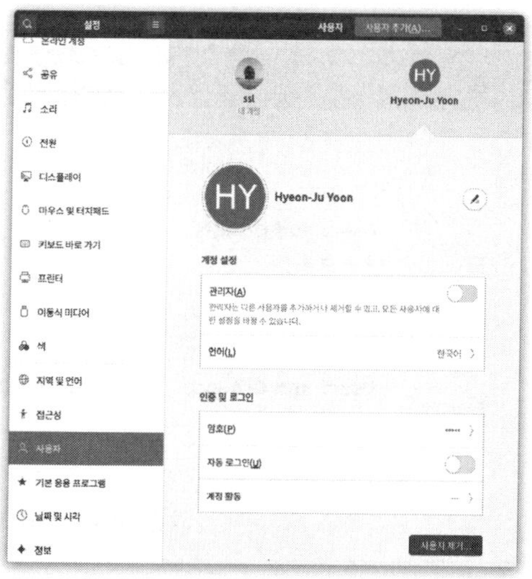

그림 4-18 사용자 추가

사용자 추가를 누르고 이름과 ID, 패스워드를 기록하면 새로운 사용자를 추가할 수 있다(그림 4-18). 패스워드는 나중에 설정해도 되지만 패스워드를 설정하지 않으면 시스템에서 사용을 막기 때문에 계정 생성 시 설정하는 편이 좋다. 사용자의 부류는 "표준"과 "관리자" 두 가지 중 하나로 지정할 수 있다. 관리자 권한을 가진 사용자는 다른 사용자의 계정을 변경하거나 삭제할 수 있는 등 시스템의 모든 권한을 가질 수 있으므로 꼭 필요 시에만 권한을 주도록 한다.

우분투의 기본 사용자 설정 기능은 이것이 전부다. 사실 매우 세밀하게 사용자와 그룹에 대한 관리가 가능한데(8장 참조), 그런 기능을 사용해야 할 관리자라면 이런 GUI 프로그램이 아니라 CLI 방식의 명령어로 모든 작업을 수행할 수 있는 것이 당연하다는 가정이 전제되어 있는 듯하다.

명령어를 아직 잘 모르는 상태라면 기존 소프트웨어 중에 쓸만한 것이 있는지 찾아 보자. 여기서는 오래 전 우분투 기본 설치 소프트웨어 중 하나였던 gnome-system-tools를 소개하겠다. 이름처럼 GNOME 프로젝트 중 하나로 시스템 관리 도구 여러 가지를 묶은 패키지 소프트웨어로서 사용자 관리(Users and groups), 날짜와 시간(Date and time), 네트워크 설정(Network options), 서비스(Services), 공유(NFS and Samba) 등의 도구가 들어 있다.[5)]

우분투 소프트웨어 센터에서 "user group" 또는 "gnome system tools"로 검색하거나 터미널에서 apt 도구를 이용해 gnome-system-tools를 설치해 보자. 검색 결과인 그림 4-19에서 아래쪽을 선택해 설치해야 한다. 설치 완료 후 전체 프로그램을 열어 보면 사용자와 그룹 외에도 몇 가지 소프트웨어가 추가 설치된 것을 볼 수 있을 것이다.

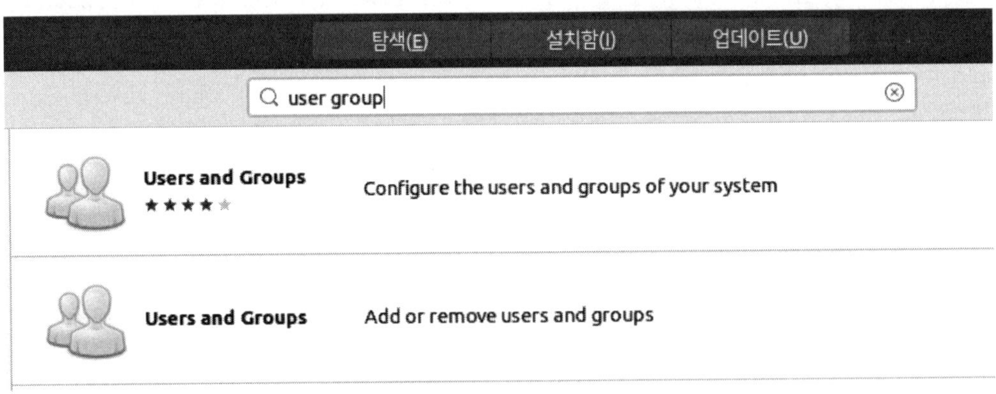

그림 4-19 GNOME 시스템 도구 검색

5) 오래 된 도구로 더 이상 개선이 없고 필수 기능은 새로운 도구에 모두 포함되어 있어 크게 필요하지는 않다. 그룹에 대한 개념 설명을 위해 잠시 사용해 본다.

설치가 완료되면 프로그램 표시 → 사용자와 그룹을 찾아서 실행해 보자. 그림 4-20에 보는 바와 같이 등록된 사용자가 모두 나열된다. 계정 이름과 암호 등 본인의 기본 정보 변경이 가능하고 고급 설정을 비롯한 추가 메뉴는 모두 관리자 권한이 필요하다.

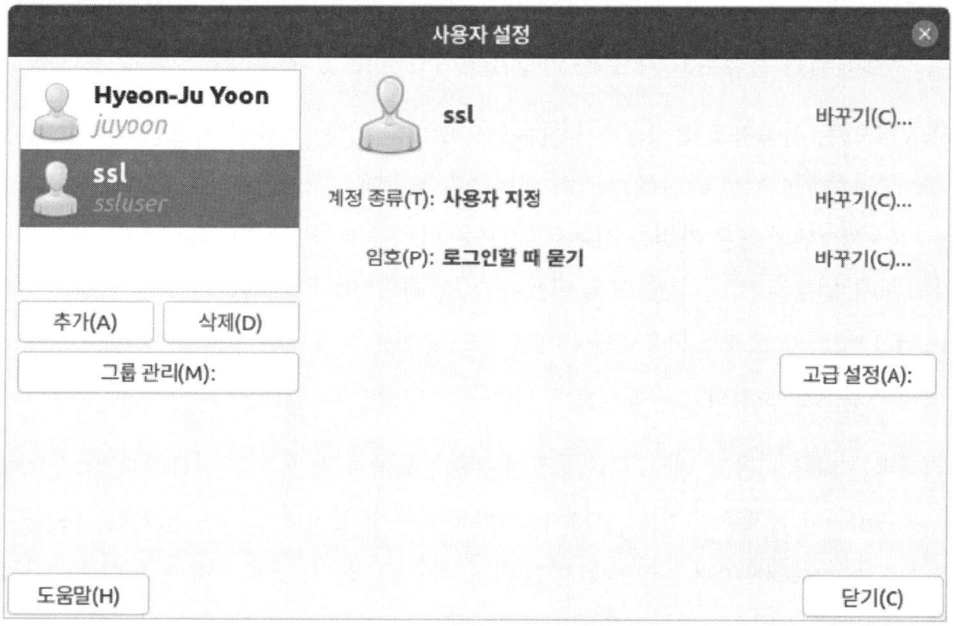

그림 4-20 사용자와 그룹

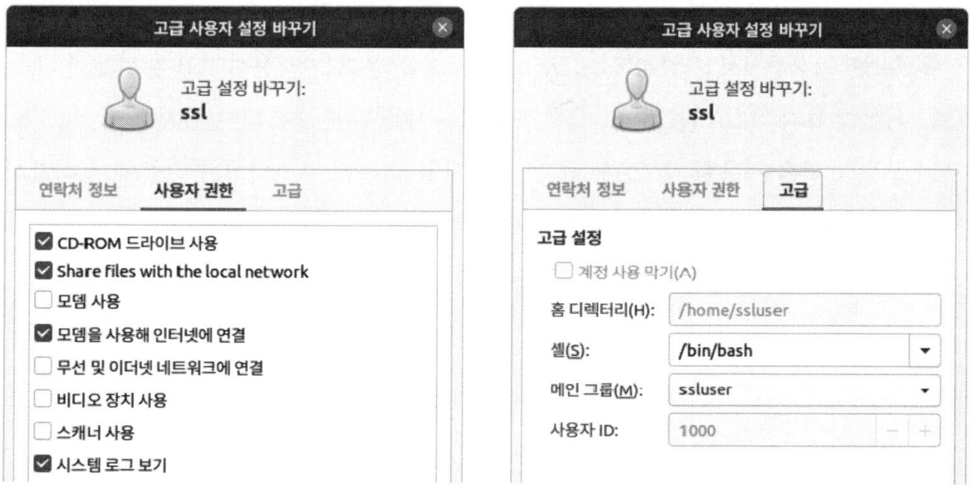

그림 4-21 사용자와 그룹 - 고급 설정

고급 설정에서 몇 가지 중요한 요소를 살펴보도록 하자(그림 4-21). 시스템을 설치한 사용자는 기본적으로 관리자 그룹에 속한다고 했으므로 사용자 권한에 많은 요소가 체크되어 있다. 일반 사용자의 권한을 확인해 보면 아무 권한도 주어지지 않음을 볼 수 있다.

홈 디렉터리는 /home 아래 자신의 계정 ID로 설정되어 있고, 기본 셸은 /bin/bash 프로그램, 메인 그룹은 자신의 ID와 같은 이름임을 확인할 수 있다.

마지막으로, 사용자 ID는 1000이라는 숫자로 되어 있다. 컴퓨터 시스템의 특성 상 문자보다는 숫자로 데이터를 관리하는 것이 편리하기 때문에 사용자, 파일, 프로세스 등 관리 대상이 되는 시스템의 모든 자원은 정수로 된 고유 번호를 부여 받는다. 유닉스/리눅스에서 사용자의 고유 번호는 UID, 그룹 고유 번호는 GID, 파일이나 디렉터리의 고유 번호는 아이노드(inode) 번호, 프로세스 고유 번호는 PID라는 용어로 통용된다. 이들 고유 번호는 시스템에 의해 자동으로 생성되고 관리되므로 마음대로 변경할 수 없다.

관리자는 다른 사용자 계정의 고급 설정을 변경하거나 계정 사용을 금지할 수 있으며, 권한을 부여하거나 삭제할 수 있다. 사용자 권한은 하나씩 설정해 줄 수도 있지만 권한을 가진 그룹에 소속함으로써 여러 권한이 한꺼번에 허가되기도 한다. 프로그램 메인 화면에서 그룹 관리를 눌러 시스템에 어떤 그룹들이 있고 멤버 설정은 어떻게 되어 있는지 보자(그림 4-22). 각 사용자의 계정과 같은 이름의 그룹 외에도 매우 많은 그룹이 존재함을 볼 수 있다. 대부분 시스템 설치 시 다양한 장치 및 자원의 권한을 관리하기 위해 생성된 그룹들이다.

각 그룹을 선택하고 속성 버튼을 누르면 그룹 ID와 멤버 리스트가 나타나고, 멤버 설정을 변경할 수 있다. 2장에서 가상 머신에 Windows 공유 폴더를 사용하려고 설정했던 vboxsf 그룹을 확인해 보자. 새로 만들어진 사용자는 그룹 구성원에 소속되어 있지 않다. 즉, 이 사용자는 공유 폴더를 사용할 수 없다. 어떤 사용자를 그룹에 추가하거나 그룹에서 삭제하는 것은 여기서 간단히 체크를 하거나 해제하면 된다.

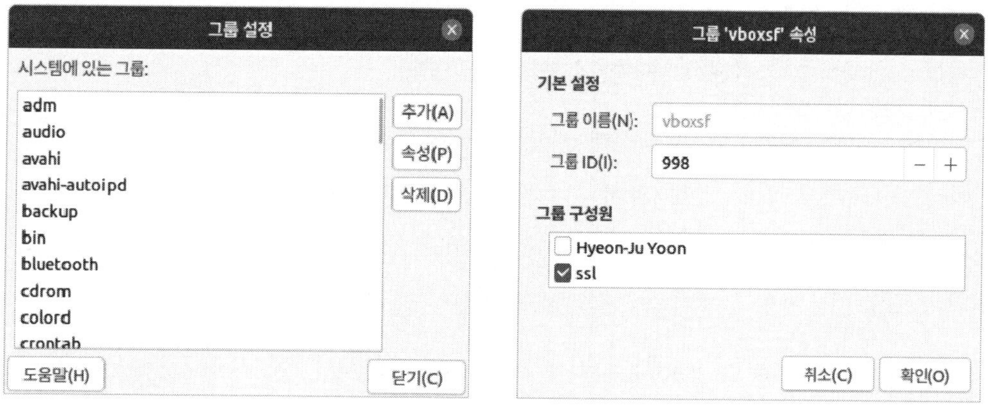

그림 4-22 그룹 관리

이제 4.3.2절의 예를 실행하기 위해 linuxclass 그룹이 새로 필요하다면 바로 이 메뉴에서 새로운 그룹을 추가하고 그 그룹에 사용자를 지정함으로써 가능함을 깨닫게 되었기를 바란다.

4.4 시스템 관리 기능

지금까지 우리는 운영체제의 가장 기본 요소인 파일, 프로세스, 사용자가 리눅스에서 어떻게 설계되어 있고, 그를 관리하기 위한 GUI 기반 프로그램은 어떤 것이 있는지 살펴 보았다. 이 외에도 자신만의 시스템 또는 많은 사용자에 대한 서비스를 잘 운영하려면 해 주어야 할 관리 작업이 꽤 많다. 특히 네트워크에 접속된 상황에서 작업한다면 보안에 항상 주의하고 관련 업데이트를 주기적으로 해 주는 것이 중요하다. 이번 절에서는 개인용 컴퓨터 수준에서 해야 하는 최소한의 관리 기능으로 프로그램 설치 및 제거와 네트워크 관련 모니터링을 할 수 있는 응용 프로그램을 소개한다.6)

4.4.1 소프트웨어 관리

새로운 프로그램을 검색하고, 설치, 업데이트, 제거하는 등의 작업은 3장에 소개한 우분투 소프트웨어 프로그램을 활용하는 것이 일반적이다. 리눅스 용의 수많은 응용 프로그램들 중

6) 서버를 운영하는 서버 관리자로서 필요한 기능은 본 서의 범위를 벗어나므로 관심 있는 각자의 노력을 바란다.

에서 우분투 배포판에 사용 가능한 것으로 공인된 프로그램들만 나열하고 있어서 안심하고 문제없이 선택하고 설치해서 사용할 수 있다.

리눅스 운영체제를 비롯해 시스템에 설치한 소프트웨어는 주기적으로 업데이트를 해 주어야 한다. 대부분 응용 소프트웨어는 자체 업데이트 메뉴를 가지고 있어 업데이트가 있을 경우 알림창을 띄워 준다. 또는 우분투를 설치하면 업데이트 관리자 프로그램이 자동으로 실행되어 중요 업데이트 항목이 있으면 사용자에게 알려 준다.

자동 업데이트 외에 특별히 체크해 보고 싶으면 프로그램 표시 → 소프트웨어 업데이터 프로그램을 실행하면 된다. 운영 체제 및 시스템 내부에 설치된 각 프로그램에 대해서 업데이트할 내용이 있는지 자동으로 점검해서 그림 4-23과 같이 설치 여부를 묻는다. 무엇을 업데이트하려고 하는지 알고 싶으면 업데이트의 자세한 내용을 클릭해 보면 된다.

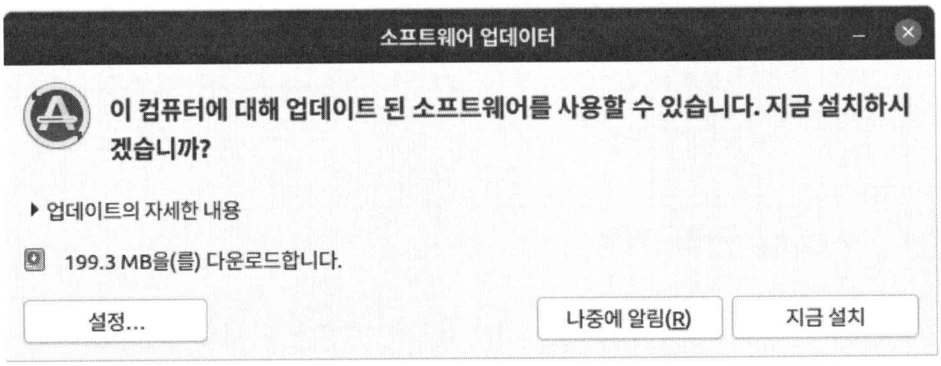

그림 4-23 소프트웨어 업데이터

업데이트 작업의 규칙이 무엇인지 알고 싶거나 그 규칙을 변경하고 싶으면 소프트웨어 업데이터 창에서 설정을 선택하거나 프로그램 표시 → 소프트웨어&업데이트 프로그램을 실행시킨다. 이 프로그램은 그림 4-24에서 보는 바와 같이 어떤 종류의 소프트웨어를 관리할 것인지, 다운로드 서버는 어떤 것으로 사용할 것인지 등을 설정할 수 있다. 설치되어 있는 프로그램의 업데이트뿐만 아니라 새로운 프로그램을 어디서 검색하고 찾을 것인가도 여기에서 설정된다.

다운로드 위치는 보통 "주 서버"로 설정되어 있는데 속도나 특정 소프트웨어의 존재 유무 등의 이유에 따라 이 위치를 다른 것으로 변경할 수 있다. 그림에서는 "대한민국 서버"로 설정되어 있다. 원하는 소프트웨어를 검색하기 어렵거나 다운로드 속도가 너무 느리다고 생각될 때 이 위치를 다른 것으로 바꾸어 설정하면 나아지는 경우도 있다. 서버를 바꾸면 해당 서버가 관리하는 프로그램 목록도 달라지기 때문에 캐시 초기화 작업을 수행하기도 한다.

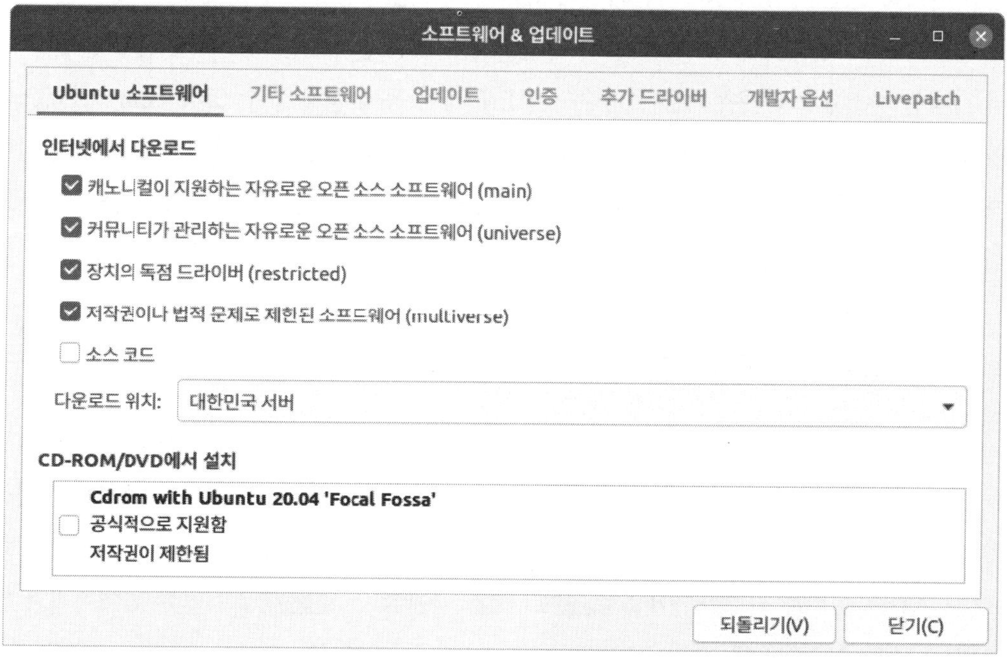

그림 4-24 소프트웨어와 업데이트 설정

다른 탭을 선택해서 Ubuntu에서 관리하는 기본 소프트웨어 외에 협력사 소프트웨어 관리 여부나 업데이트의 종류와 주기 선택 등, 다른 추가 설정으로 보다 많은 소프트웨어를 관리할 수 있다.

사용자 설정 기능과 마찬가지로 GUI 환경에서는 사용할 수 있는 기능이 매우 한정적이다. 대부분의 능숙한 관리자는 2장의 WSL 환경에서 GUI 프로그램을 설치할 때 사용했던 명령어 “apt”를 이용해 다양하고 자유롭게 소프트웨어 패키지를 관리할 수 있다. 2장에서 리눅스 배포판을 소개할 때 패키지 관리 기술에 따라 분류했던 것을 기억하는가? 패키지란 하나 이상의 파일로 이루어진 소프트웨어를 하나의 덩어리로 묶어서 배포나 관리가 쉽도록 만든 것을 의미한다. 리눅스 배포판을 비롯해 리눅스용 소프트웨어는 대부분 패키지 형태로 배포가 되며, 어떤 형태냐에 따라 관리 프로그램도 달라진다. 우분투를 비롯한 Debian 계열의 리눅스에서는 .deb 양식의 패키지를 사용하며 .deb 패키지의 대표적인 관리 도구가 apt다. apt의 기본 사용법에 대해서는 8장을 참조하기 바란다.

최근 캐노니컬 사는 snap이라는 새로운 패키지 관리 기법을 개발하여 Ubuntu 및 관련소프트웨어에 적용하고 있다. snap은 샌드박스(sandbox) 개념의 패키지 기법으로 프로그램뿐만 아니라 관련 라이브러리도 한꺼번에 묶어서 시스템의 종류나 설정에 큰 구애를 받지 않고 응용 프로그램이 실행되도록 만들어 단일한 시스템만 존재하는 데스크톱 환경 뿐만 아니라 다양한 시스템으로 구성되는 클라우드나 IoT 장치 등에 활용될 수 있다. snap 기법으로 만들어진 패키지를 snaps라 하고 이를 관리하는 도구는 snapd이다. 아직 모든 소프트웨어가 snap으로 관리 가능하지 않기 때문에 Ubuntu 20.04에 설치된 소프트웨어 관리 프로그램은 .deb 패키지와 snap 패키지를 모두 다룰 수 있다.

4.4.2 네트워크 설정과 관리

최신 리눅스는 설치 시에 컴퓨터 시스템에 설치된 하드웨어를 모두 점검하고 필요한 설정을 거의 자동으로 하는데 네트워크의 경우에도 마찬가지다. 다만 특별한 IP 주소[7]를 설정해야 한다든가 네트워크 구조가 바뀌었다든가 하는 경우, 네트워크 설정을 새로 해 주어야 한다. 네트워크 설정을 변경하려면 프로그램 표시 → 설정 → 네트워크 메뉴를 선택하거나 탑바의 시스템 메뉴에서 네트워크 메뉴를 열어 설정을 선택한다.

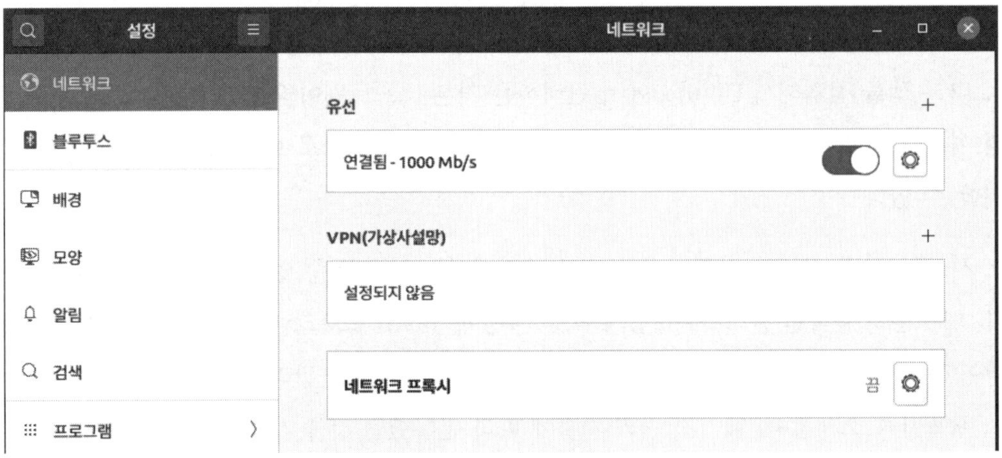

그림 4-25 네트워크 설정 도구

7) 네트워크와 관련된 이런 용어들이 익숙한 사람도 있고 매우 생소한 사람도 있을 것이다. 익숙하다고 해도 그 의미까지 완전히 파악하고 있는 사람은 그 중의 일부일 것이다. 네트워크는 운영 체제 기능의 일부이기도 하면서 독자적인 영역이며 그 내용이 매우 방대하고 복잡하기 때문에 본 서의 범위를 벗어난다고 판단하여 설명하지 않았다. 궁금한 사람은 컴퓨터 네트워크 관련 서적이나 강좌를 참고하기 바란다. 반드시!

창의 맨 위에는 현 시스템의 연결 상황이 나타난다. 그림 4-25의 시스템은 VirtualBox를 통한 가상 네트워크 연결이기 때문에 유선 하나만 나타나 있다. 유무선이 모두 가능한 노트북 컴퓨터에 직접 설치한 경우라면 설치 시 설정에 따라 유선/무선 둘 다 존재하기도 한다. 또한 오른쪽 끝의 "+" 버튼을 선택하여 새로운 설정을 만들고 저장할 수 있다. 하나의 노트북을 들고 다니며 집과 학교, 카페 등에서 사용한다고 할 때 각각의 사이트에서 제공하는 네트워크 상황에 따라 설정을 다르게 해 주어야 한다. 이럴 때 각 환경마다 설정 프로파일을 별도로 생성해 저장해 두고 환경에 맞추어 사용할 수 있다.

상세한 설정을 확인하거나 변경하고 싶을 때는 프로파일 맨 오른쪽 설정 버튼을 클릭해 그림 4-26에 보는 바와 같은 상세 설정 창으로 들어 간다. 새로운 프로파일을 생성할 때는 이 창에서 자세히 보기 탭만 제외한 모양의 창이 뜬다.

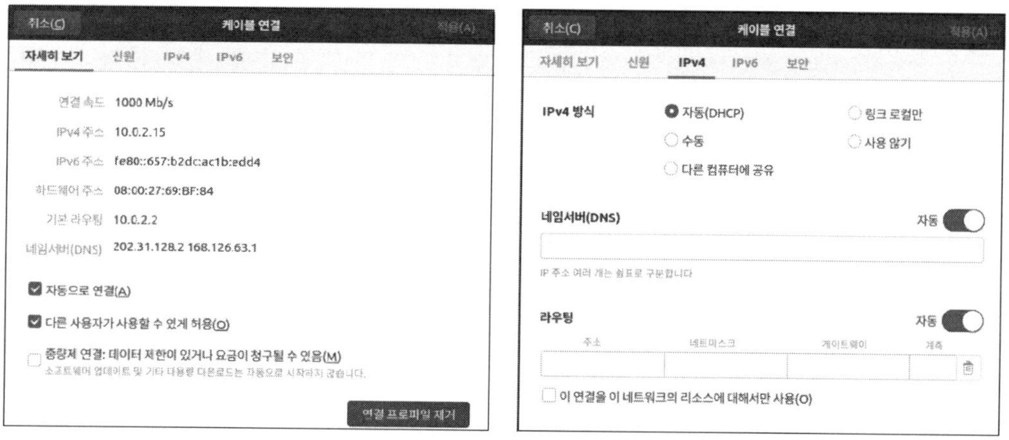

그림 4-26 네트워크 연결 정보

이 예의 경우는 일반적인 유선랜에서 IPv4와 IPv6라는 프로토콜을 사용하고 있고, 주소는 자동(DHCP)으로 설정하는 방식이다. 고정 IP를 사용할 경우는 해당 프로토콜 탭을 열어 방식을 수동으로 지정하고 자신의 주소, 서브넷마스크, 게이트웨이, DNS 서버 주소 등 여러 항목을 같이 설정해 주어야 한다. 또 무선인 경우 보안 탭에서 접속 인증 키 등 별도의 설정이 더 필요할 수도 있다.

여기까지가 우분투의 GUI 도구로 할 수 있는 모든 것이다. 다시 한 번 말하지만 우리가 사용 중인 것은 개인용 목적의 데스크톱 버전이므로 최소한의 기능으로 구성된 도구만 설치된다. 네트워크는 보안 요소와 아주 밀접한 관련이 있기 때문에 서버 용도로 사용할 때는 차원이 다른 수준의 많은 작업이 필요하다. 그리고 이러한 작업을 해야 하는 서버 관리자는 제한된 기능의 GUI 도구보다는 CLI 환경에서 직접 명령을 사용하는 것이 일반적이다.

서버 관리자 수준은 아니지만 오래 된 우분투 버전에 기본으로 설치되던 그놈 네트워크 도구를 추가 설치해서 몇 가지 네트워크 관련 기능을 사용해 볼 수 있다. 우분투 소프트웨어에서 Network Tools(gnome-nettool)를 검색해서 설치해 보자. 프로그램에는 네트워크 도구라는 이름으로 등록된다.

그림 4-27 네트워크 도구 - 장치

그림 4-27은 네트워크 도구를 실행한 다음 장치 탭에서 이더넷(ethernet) 인터페이스 장치를 선택한 화면이다. 이더넷 인터페이스는 일반적인 유선 LAN에 접속할 수 있는 장치다. 네트워크 도구를 실행하면 맨 처음 루프백(loopback) 인터페이스 장치가 기본으로 나타나는데, 이는 외부로 연결되는 네트워크가 아니라 테스트 등 내부적으로 사용하는 것으로 자기 자신을 의미한다. 무선랜 카드나 기타 네트워크 장치가 더 장착되어 있으면 그 내용도 장

치 탭에서 확인할 수 있으며, 설정 버튼을 누르면 그림 4-25와 유사한 설정 창이 나타나 네트워크 설정을 변경할 수 있지만, 우분투 정책상 기본 네트워크 설정 도구가 아닌 방식으로 설정을 바꾸면 적용되지 않을 수 있다.

네트워크 도구는 여러 개의 네트워크 관련 프로그램을 모아서 공통된 GUI를 제공하는 것으로 각 탭이 별개의 프로그램이라고 할 수 있다. 그래서 이 도구를 설치하면 CLI에서 사용할 수 있는 명령어(프로그램)도 같이 설치되는데 각 탭이 실행하는 프로그램은 ifconfig, ping, netstat, traceroute, nmap(port scanning), nslookup, finger, whois 등이다. 네트워크 관련 명령은 따로 다루지 않을 예정이므로 여기서 GUI 도구와 CLI 명령의 실행 결과를 나란히 보여 주겠다. CLI의 경우 각 프로그램마다 여러 가지 옵션과 인자를 주어 다양한 수행 결과를 도출할 수 있지만 상세한 내용은 생략한다.

□ ifconfig (interface configuration)

ifconfig는 네트워크 연결 현황을 알아 보고 설정을 변경할 수 있는 전통적인 도구다. 최근에는 배포판에 따라서 ifconfig를 직접 사용하지 않고 좀 더 안전하고 편리하게 설정 할 수 있는 부가적인 도구를 제공하기도 한다. 그림 4-27에 대응하는 ifconfig 실행 결과는 다음과 같다.

```
$ ifconfig
enp0s3: flags=4163<UP,BROADCAST,RUNNING,MULTICAST>  mtu 1500
        inet 10.0.2.15  netmask 255.255.255.0  broadcast 10.0.2.255
        inet6 fe80::657:b2dc:ac1b:edd4  prefixlen 64  scopeid 0x20<link>
        ether 08:00:27:69:bf:84  txqueuelen 1000  (Ethernet)
        RX packets 2376  bytes 2021517 (2.0 MB)
        RX errors 0  dropped 0  overruns 0  frame 0
        TX packets 1195  bytes 102917 (102.9 KB)
        TX errors 0  dropped 0 overruns 0  carrier 0  collisions 0

lo: flags=73<UP,LOOPBACK,RUNNING>  mtu 65536
        inet 127.0.0.1  netmask 255.0.0.0
        inet6 ::1  prefixlen 128  scopeid 0x10<host>
        loop  txqueuelen 1000  (Local Loopback)
        RX packets 132  bytes 11740 (11.7 KB)
        RX errors 0  dropped 0  overruns 0  frame 0
        TX packets 132  bytes 11740 (11.7 KB)
        TX errors 0  dropped 0 overruns 0  carrier 0  collisions 0
```

□ 핑 (ping)

핑(ping)은 네트워크에 접속된 특정 호스트가 자신의 컴퓨터와 연결되는지, 연결되는데 걸리는 시간이 얼마인지 측정해 볼 수 있는 기능이다. 근래에는 이 기능을 악용한 해킹 시도가 많아서 핑 요청에 대해 응답을 하지 않도록 설정해 둔 컴퓨터도 많다. 자신이 사용하는 인트라넷에 연결된 장치나 컴퓨터가 제대로 동작하고 있는지 검사할 목적으로 사용할 수 있다.

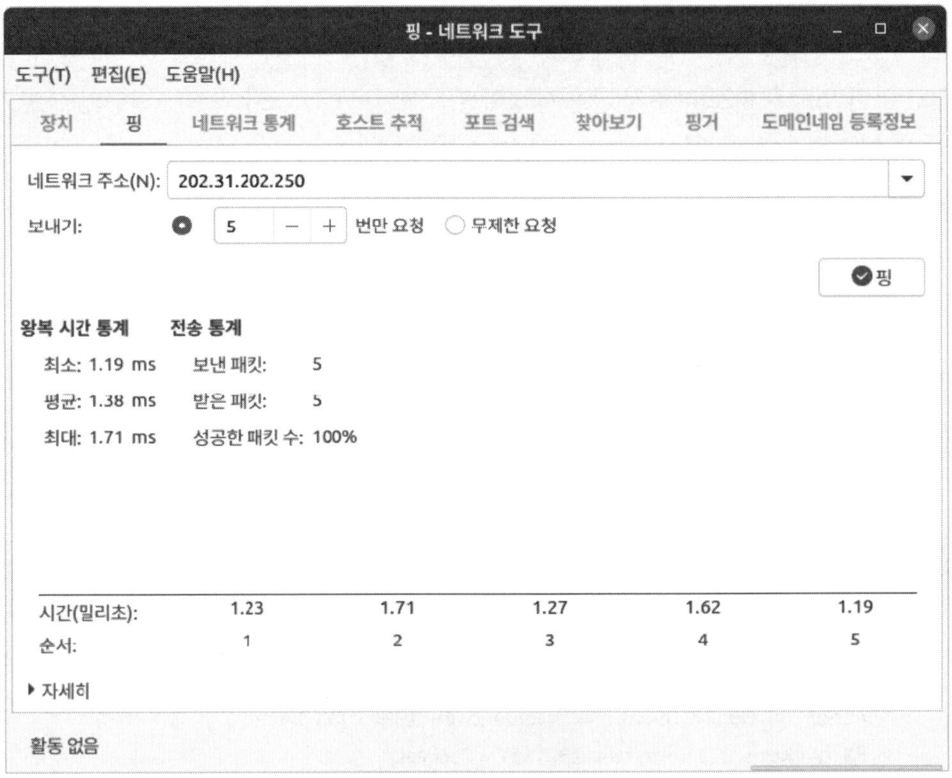

그림 4-28 네트워크 도구 - 핑

```
$ ping 202.31.202.250
PING 202.31.202.250 (202.31.202.250) 56(84) bytes of data.
64 bytes from 202.31.202.250: icmp_seq=1 ttl=62 time=1.27 ms
64 bytes from 202.31.202.250: icmp_seq=2 ttl=62 time=2.17 ms
64 bytes from 202.31.202.250: icmp_seq=3 ttl=62 time=2.23 ms
^C
--- 202.31.202.250 ping statistics ---
3 packets transmitted, 3 received, 0% packet loss, time 2003ms
rtt min/avg/max/mdev = 1.268/1.889/2.226/0.439 ms
```

□ 네트워크 통계 (network statistics)

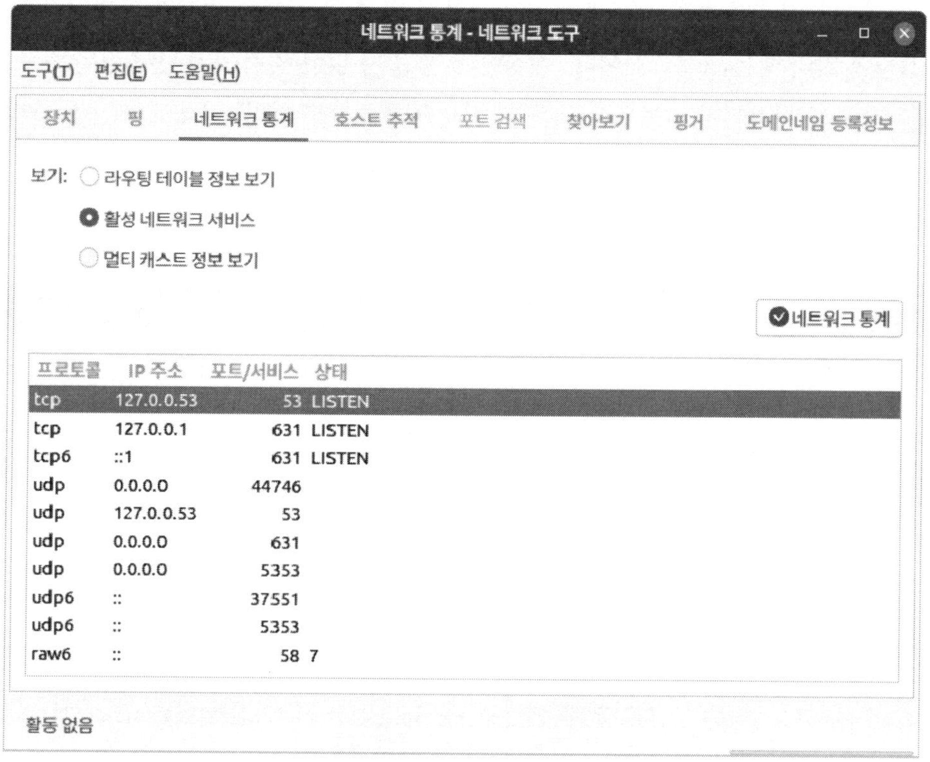

그림 4-29 네트워크 도구 - 네트워크 통계

네트워크 연결 상황에 대한 통계 정보를 출력한다. 명령어로는 인터넷 연결 뿐만 아니라 소켓(socket)이 사용되는 모든 연결에 대해 상태를 알아볼 수 있다. 다음은 그림 4-29와 유사한 결과가 나오도록 옵션을 적용한 netstat 명령 실행이다.

```
$ netstat --inet -a -n
Active Internet connections (servers and established)
Proto Recv-Q Send-Q Local Address          Foreign Address        State
tcp        0      0 127.0.0.53:53          0.0.0.0:*              LISTEN
tcp        0      0 127.0.0.1:631          0.0.0.0:*              LISTEN
udp        0      0 0.0.0.0:44746          0.0.0.0:*
udp        0      0 127.0.0.53:53          0.0.0.0:*
udp        0      0 10.0.2.15:68           10.0.2.2:67            ESTABLISHED
udp        0      0 0.0.0.0:631            0.0.0.0:*
udp        0      0 0.0.0.0:5353           0.0.0.0:*
```

□ 포트 검색 (port scanning)

포트 검색은 특정 호스트를 지정해 그 호스트에서 열려 있는 포트 번호가 무엇인지 하나씩 테스트하여 알려 주는 프로그램이다. 적절한 보안 조치 없이 열린 포트는 해킹의 통로가 되기 때문에 핑과 마찬가지로 포트 검색을 막아 놓은 호스트도 많다. 반대로 자신이 관리하는 시스템의 포트에 문제가 없는지 검사하는 용도로 사용할 수 있다. 이 작업을 수행하는 명령어는 nmap이다.

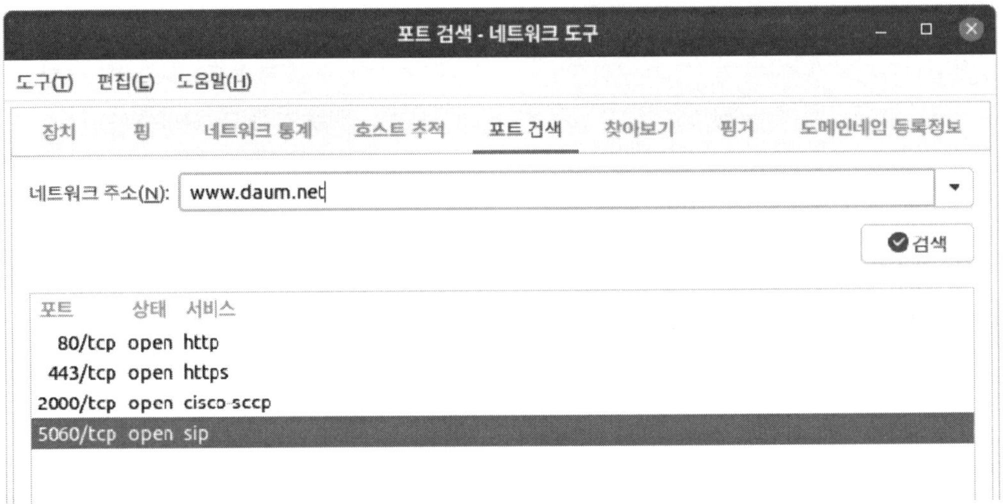

그림 4-30 네트워크 도구 - 포트 검색

```
$ nmap www.daum.net
Starting Nmap 7.80 ( https://nmap.org ) at 2020-07-30 17:31 KST
Nmap scan report for www.daum.net (211.231.99.17)
Host is up (0.011s latency).
Other addresses for www.daum.net (not scanned): 203.133.167.81
Not shown: 996 filtered ports
PORT      STATE SERVICE
80/tcp    open  http
443/tcp   open  https
2000/tcp open  cisco-sccp
5060/tcp open  sip

Nmap done: 1 IP address (1 host up) scanned in 4.20 seconds
```

□ 찾아 보기 (DNS lookup)

도메인 이름으로 IP 주소를 찾거나 IP 주소로 도메인 이름을 찾는 것이다. 그림의 예에서 www.naver.com이라는 이름은 실제로는 다른 이름에 대한 별칭(alias)임을 볼 수 있다. 실제 이름 또는 정식 이름(canonical name)은 www.naver.com.nheos.com이고 이 이름의 IP 주소를 찾아서 알려 준다.

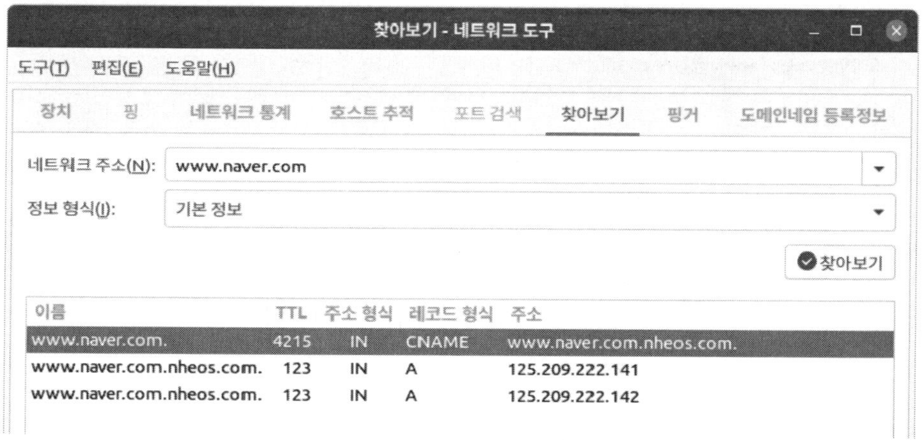

그림 4-31 네트워크 도구 - 찾아보기

```
$ nslookup www.naver.com
Server:         127.0.0.53
Address:        127.0.0.53#53

Non-authoritative answer:
www.naver.com   canonical name = www.naver.com.nheos.com.
Name:           www.naver.com.nheos.com
Address: 125.209.222.141
Name:           www.naver.com.nheos.com
Address: 210.89.164.90
```

□ 도메인네임 등록정보 (whois)

주어진 도메인 이름에 대하여 소유자, IP 주소, URL 등 기본 정보를 검색해서 보여 준다. 출력 창의 스크롤을 아래로 내리면 명령어로 수행한 결과와 마찬가지로 영문 정보도 볼 수 있다.

그림 4-32 네트워크 도구 - 도메인네임 등록정보

```
$ whois www.google.co.kr
query : www.google.co.kr


# KOREAN(UTF8)

호스트이름                  : www.google.co.kr
IPv4주소                    : 168.126.63.1
IPv6주소                    : 없음
등록일                      : 2010. 09. 29.
최종정보수정일              : 2010. 09. 29.
책임자                      : Domain Administrator
```

```
책임자 전자우편                : dns-admin@google.com
책임자 전화번호                : 82.25319000
등록대행자                    : (주)후이즈(http://whois.co.kr)


# ENGLISH

Host Name                     : www.google.co.kr
IPv4 Address                  : 168.126.63.1
IPv6 Address                  : None
Registered Date               : 2010. 09. 29.
Last updated Date             : 2010. 09. 29.
Administrative Contact(AC)    : Domain Administrator
AC E-Mail                     : dns-admin@google.com
AC Phone Number               : 82.25319000
Authorized Agency             : Whois Corp.(http://whois.co.kr)


- KISA/KRNIC WHOIS Service -
```

호스트 추적(traceroute)은 자신의 컴퓨터로부터 지정한 호스트에 이르기까지 어떤 곳을 경유하여 도달할 수 있으며 걸리는 시간은 얼마인지 측정할 수 있는 기능이다. 핑과 더불어 특정 호스트에 대한 네트워크 연결 상태를 점검해 볼 수 있는 도구지만 최근에는 추적이 불가능한 라우터가 대부분이기 때문에 잘 사용되지 않으며 제대로 동작하지도 않는다. **핑거(finger)**는 어떤 호스트의 특정 사용자에 대한 상태 정보를 물어 보는 기능이다. 마찬가지로 보안을 이유로 사용이 어렵다.

4장 마무리

단순히 데스크톱의 여러 아이콘을 클릭하며 사용하는 것에서 조금 더 들어가 운영체제가 다루는 핵심 요소들을 살짝 들여다 보았다. 파일 시스템과 프로세스는 운영체제의 가장 기본 요소에 속하고 MS Windows의 파일 시스템과 프로세스도 (겉보기에는) 리눅스와 크게 다르지 않으므로 이해하기에 어려움이 없었으리라 생각한다. 서버가 아닌 개인용 컴퓨터만 사용해 온 사람에게는 다중 사용자를 지원하는 시스템에서의 사용자 설정, 그룹, 접근 권한 등의 개념이 좀 새로웠을지도 모르겠다. 그렇지만 포털이나 게임 사이트 등 다중 사용자가 등록하여 활동하는 환경에서 데이터의 보호와 공유 등에 대해서는 대부분 경험이 있을 터이니 받아들이기 어렵진 않았을 것이다. 이 정도면 여러분은 리눅스를 사용하기에 부족함이 없다.
그러나!!
이 책을 보고 있는 사람은 컴퓨터를 전공하거나 컴퓨터 시스템을 좀 더 잘 알고 싶어하는 사람일 것이므로 여기서 머물 수는 없다. 다음 장부터 우리는 점점 더 고수의 세계, 전문가의 세계로 진입할 것이며 여러분은 본문에서 잠깐 언급된 바와 같이 끊임없이 질문을 만들어 내고 그 질문에 대한 해답을 찾으려고 노력하면서, 그리고 그렇게 해서 연마된 자신의 실력에 놀라고 즐거워 하면서 그 세계의 문을 활짝 열 수 있길 바란다.

심화 및 보충 학습

1. MS Windows의 파일시스템과 리눅스 파일시스템의 같은 점과 다른 점을 찾아 보라.
2. 그림 4-7과 같은 디스크 관리 도구를 MS Windows에서 찾아 보고 공통점과 차이점을 살펴 보라.
3. 그림 4-12에서 보이는 gnome-system-monitor는 실행 가능한 응용 프로그램 파일이다. 파일 관리자의 검색 기능을 이용해 이 파일이 어디에 존재하는지 찾아 내고 속성을 확인하라.
4. 4.2.2절의 시스템 감시 프로그램에서 활성 프로세스만 보이도록 설정하고 여러 가지 프로그램을 실행시켜 감시 프로그램의 출력 변화를 살펴보자.
5. MS Windows에서 Ctrl+Alt+Del 키를 누르면 나타나는 작업 관리자와 리눅스의 시스템 감시 프로그램을 비교해 보라.
6. 현재 실행 중인 프로세스들의 이름을 보면 kthreadd와 같이 마지막에 'd'가 붙은 것들이 꽤 많음을 알 수 있다. 이들은 데몬(daemon)이라고 분류될 수 있는 프로세스다. 데몬의 특징과 역할에 대해 조사해 보라.
7. 4.3.2절의 linuxclass 그룹 예제를 실현하기 위해 그룹 생성과 멤버 지정, 디렉터리 속성 변경 등을 수행해 보자. 최소한 3개의 계정을 생성해 2명을 그룹에 추가한다. 각 사용자로 로그인해 linux-work 디렉터리에 접근해서 파일을 생성하고 변경해 보라. 어떤 것이 가능하고 어떤 것이 가능하지 않은가?
8. 네트워크 분야의 기초 용어, 즉 IP 주소, 포트, 맥(MAC) 주소, 도메인 네임, 호스트, 게이트웨이, 서브넷마스크, 이더넷, DHCP 등이 무엇을 의미하는지 조사해 보라.

5장

Bash 셸 기초

유닉스/리눅스에서 셸(shell)이라 하면 보통 명령행(Command Line) 모드에서 시스템 커널의 1차적인 사용자 인터페이스를 담당하는 프로그램으로서 사용자가 입력한 텍스트 명령을 해석하고 실행하는 명령 해석기(Command Interpreter)를 말한다. 그러나 이름에서 유추할 수 있다시피 운영체제에 대한 인터페이스뿐만 아니라 어떤 종류의 소프트웨어든 사용자와 접하는 외피 부분을 넓은 의미의 셸이라 칭할 수 있다. 또한 넓은 의미의 셸은 모양이나 인터페이스 방법을 한정짓지 않는다. MS Windows나 리눅스의 Gnome, KDE 데스크톱 등은 그래픽 형태의 셸이라 할 수 있다. 또한 웹 브라우저는 HTML 엔진의 셸인 셈이다.

우리가 여기서 다루고자 하는 셸은 좁은 의미의 셸, 즉 명령행 모드에서 운영체제와 인터페이스하는 CLI 셸이다. GUI가 대세인 시대이기 때문에 옛날보다 효용성은 많이 감소했지만, 여전히 GUI가 없는 환경에서 시스템을 다루기 위한 가볍고 효율적인 도구로 활용할 수 있는 (거의) 유일한 도구이기 때문에 그 사용법을 잘 익혀 둘 필요가 있다.

이번 장에서는 명령어를 사용하기 위해 최소한으로 알아야 하는 CLI 셸의 기본 요소들과 명령어 구조에 대해 살펴 본다.

5.1 CLI 셸의 종류

최초의 유닉스 셸은 Ken Thompson이 Multics 셸을 참고하여 만든 'sh'이다. Multics 셸은 RUNCOM이란 프로그램을 참조했는데, 그 흔적은 현대 리눅스에도 'rc'라는 접미사로 설정 파일의 이름 등에 남아 있다. 가장 널리 오랫동안 사용된 셸은 1977년 Stephen Bourne이 개발하여 Unix Version 7에 탑재된 Bourne shell로 이름은 Thomson shell과 같이 'sh'을 사용했다. 단순한 명령 해석뿐만 아니라 스크립트 기법을 이용해 interpreter 방식의 프로그래밍도 가능하도록 만든 셸로 ksh, bash, zsh, dash 등 이후 출현한 많은 셸 프로그램의 선조가 되었다. 대표적인 유닉스 셸 몇 가지가 표 5-1에 소개되어 있는데 그 중 C shell은 Bourne shell만큼 후속 셸들에 큰 영향을 미쳤다. Bourne shell에 없는 히스토리, 작업 제어 등의 기법을 추가하였으며, 프로그래밍을 위한 문법이 C와 유사한 형태를 가지고 있어 C 프로그래머들에게 친숙하게 사용되었다.

표 5-1 대표적인 유닉스/리눅스 셸

이름	작성자	도입년도	특징	기본 프롬프트
Bourne shell (sh)	S. Bourne	1977	Unix 7th ed. 기본 표준 셸	$
C shell (csh)	B. Joy	1978	C와 닮은 꼴 히스토리, 작업 제어 기능 추가	%
Korn shell (ksh)	D. Korn	1983	sh과 호환 csh의 장점을 수용	$
Bourne-Again shell (bash)	B. Fox (GNU)	1989	sh과 호환 sh, csh과 ksh의 장점 수용	$
Z shell (zsh)	P. Falstad	1990	ksh의 업그레이드	%
Debian Almquist shell (dash)	K. Almquist H. Xu	1989 1997	bash보다 가벼움. Bourne shell의 계승자이며 대체자	$

이들 외에도 수없이 많은 셸 프로그램들이 있으며, 각각 별도의 프로그램으로 존재하기 때문에 프로그램의 이름을 알면 직접 불러서 사용하거나 설치한 후에 사용할 수 있다. 셸마다 약간씩 다르긴 하지만 현대의 셸들은 대개 다음과 같은 기능을 공통적으로 제공한다.

- 다수의 내장(built-in) 명령어
- 메타 문자
- 입력/출력/오류의 재지정(redirection)
- 파이프라인
- 명령어 편집 기능
- 환경 변수와 지역 변수
- 후면(background) 처리와 작업 제어
- 셸 프로그래밍

현재 우분투에 기본으로 설치되는 셸은 bash와 dash다. Bash(Bourne Again shell)는 GNU 표준 셸로서, 리눅스의 사실상 표준 셸로 인정받고 있다. 1989년에 처음 출시되었고 2020년 현재 버전은 5.0.17이다. Dash는 bash보다 기능이 적은 보다 가벼운 버전으로서, /bin 디렉터리를 보면 이것이 sh라는 이름으로 링크되어 있음을 볼 수 있다.[1)]

두 가지 셸 중에서 사용자의 기본 셸, 즉 "로그인 셸"로 설정되는 것이 bash다. 이 기본 셸은 사용자 계정 생성 시 지정되며, GUI 환경의 (고급) 사용자 계정 프로그램이나 CLI 환경의 usermod 명령(8장)을 사용해 기본 셸을 변경할 수 있다.

곁들임 : Windows PowerShell

MS Windows에서도 CLI 셸이 있다. 전통적으로 cmd.exe(명령 프롬프트)라는 이름의 셸이 사용되었으며 유닉스 셸과 기능은 비슷하지만 서로 다른 이름의 명령어들을 갖고 있다. Windows XP부터는 .NET 기술과 객체 지향 개념이 구현된 PowerShell을 지원하였으며 Windows 10에는 cmd를 제치고 기본 셸이 되었다. PowerShell 6.0부터는 멀티플랫폼을 지원하여 리눅스와 MacOS에서도 설치, 사용 가능하다.

5.2 CLI 셸 실행 환경

CLI 셸을 실행하기 전에 텍스트 입력을 받아서 다시 텍스트 형태로 출력해서 보여 주는 장치가 준비되어야 한다. 이러한 장치를 **터미널(terminal)**[2)]이라 한다. 버스 터미널이 버스가 출발하는(출력) 곳이자 도착(입력)하는 곳이 되는 것과 같은 개념으로서 입출력만 담당하는 장치를 의미하며 데이터가 저장되지도 않고 처리 작업이 일어나지도 않는다. 초기 터미널은 텍스트 입출력만 가능한 장치(tty: typewriter)였지만 X-Window에 의해 GUI가 가능해진 이후에는 X 서버 기능을 포함한 X-terminal 장치가 사용되었고 GUI 환경에서는 소프트웨어 방식의 터미널이 개

그림 5-1 터미널

1) 즉, 우분투의 sh은 Bourne shell이 아니다.

2) PC와 네트워크가 일반화되기 이전에는 한 대의 컴퓨터에서 여러 대의 터미널을 직접 외부 입출력 선으로 연결하여 사용하였다. 본체에 직접 연결된 터미널은 특별히 조종 장치의 의미로 콘솔(console)이라 부른다.

발되었다(pty: pseudo terminal). 2장에서 본 여러 가지 리눅스 사용 환경 중에서 WSL 기반 리눅스나 PuTTY를 활용한 원격 접속의 경우 처음부터 가상 터미널이 실행되어 CLI 셸을 기본으로 사용한다. GUI 환경에서 사용하는 터미널은 기본 텍스트 입출력 기능 외에 마우스를 활용할 수 있는 약간의 기능이 더 추가되어 있다.

우분투에서도 터미널 프로그램, 즉 가상 터미널이 기본으로 설치되어 있다. 프로그램 표시 → 유틸리티 → 터미널 아이콘을 찾아서 터미널(프로그램명: gnome-terminal)을 실행해 보자.

그림 5-2 터미널 프로그램 실행

터미널 프로그램을 실행하거나 네트워크로 서버에 접속하여 로그인을 하면 셸 프로그램(bash)이 추가로 실행되는 상태가 된다. 시스템 감시 프로그램으로 확인해 보면 그림 5-3과 같이 gnome-terminal-server의 자식 프로세스로 bash가 실행되고 있음을 볼 수 있다.

셸 프로그램은 사용자 명령을 기다리는 표시, 즉 명령 프롬프트(command prompt)를 출력하고 깜박이는 커서로 입력 위치를 표시하고 대기한다. bash의 기본 프롬프트는 $지만 우분투는 사용자의 편의를 위해 그림 5-2에서 보는 것처럼 사용자 ID, 호스트 이름, 현재 위치 등을 추가하여 ssluser@ssluser-VirtualBox:~$ 로 되어 있고 색깔 있는 네모 모양으로 커서가 나타난다. 터미널을 실행하면 사용자의 홈 디렉터리에서 작업을 시작하게 되는데 홈 표시가 바로 '~' 문자이다. 파일 시스템 내 위치를 이동하면 프롬프트에 나타나는 위치 정보도 그에 따라 계속 변화한다. 프롬프트에 출력되는 내용을 변경하는 방법은 9장에서 소개할 것이다.

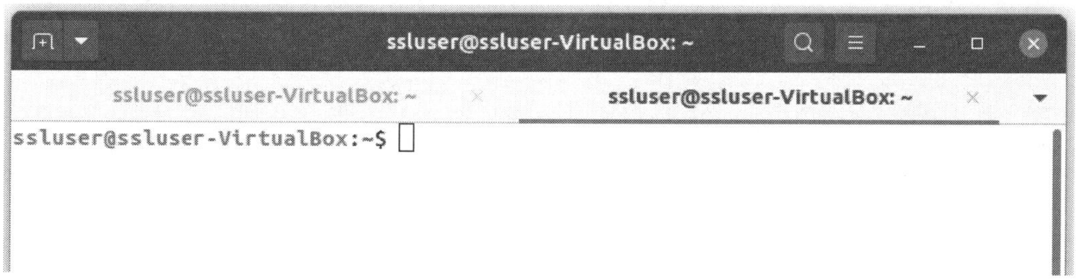

(a) 두 개의 탭으로 구성된 터미널

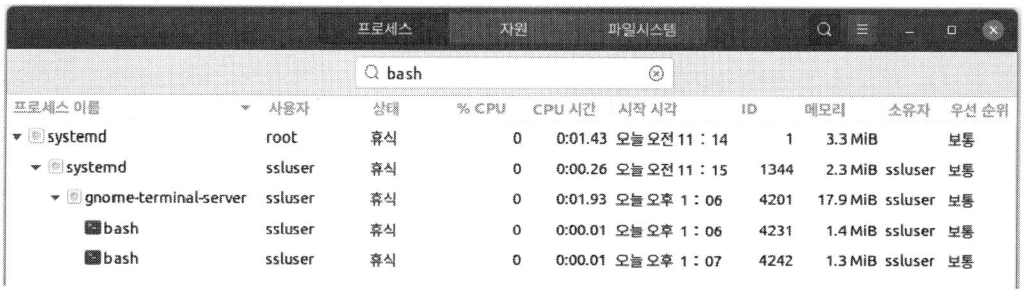

(b) 시스템 감시 프로그램에 나타난 bash 프로세스

그림 5-3 bash 프로세스 생성과 확인

셸 실행을 종료하려면 exit 명령어를 입력하거나 터미널 창을 닫으면 된다. 그림 5-3처럼 하나의 터미널에 여러 개의 탭으로 여러 개의 셸이 실행되고 있을 경우, exit는 해당 명령이 입력된 셸만 종료시키지만 창을 닫으면 내부의 셸이 모두 종료된다. exit를 수행했을 때 터미널에 실행되는 셸이 하나도 없게 되면 터미널도 자동으로 종료한다.[3] 외부 서버에 접속한 경우는 logout을 입력해도 된다.

터미널 기능으로는 확대/축소, 폰트/색상 설정, 프로파일 저장 등이 가능하다. 또한 마우스를 이용한 스크롤 업/다운, 복사/붙여넣기[4]도 할 수 있다.

---

3) 네트워크로 접속하고 있을 경우 네트워크 접속도 종료한다.

4) 단축 키 입력 즉, Ctrl+C, Ctrl+V는 셸에서 특별한 의미를 가지기 때문에 사용할 수 없다.

5.3 명령어 구조와 종류

셸에서 사용하는 명령은 모두 약속된 '이름', 즉 텍스트로 이루어져 있으며, 명령을 입력하면 정해진 방식으로 실행이 이루어진다. 명령의 실체는 셸 프로그램 내부에 구현된 기능일 수도 있고, 별도의 프로그램일 수도 있다. 앞에서 소개한 셸의 보다 풍부한 기능과 그에 관련된 여러 요소들에 대해서는 9장에서 살펴보도록 하고, 여기서는 텍스트 명령어를 수행하는데 필요한 최소한의 요소들만 다루기로 한다.

5.3.1 명령어 구조

유닉스/리눅스의 명령어는 그림 5-4와 같은 요소로 구성된다. 엔터(Enter) 키 입력은 명령의 끝으로 인식된다. 즉, 하나의 줄이 하나의 명령을 구성하며[5], 한 줄에 여러 명령을 입력하거나 한 명령을 여러 줄로 나누어 입력하고 싶을 때는 특별한 기호를 사용해야 한다.

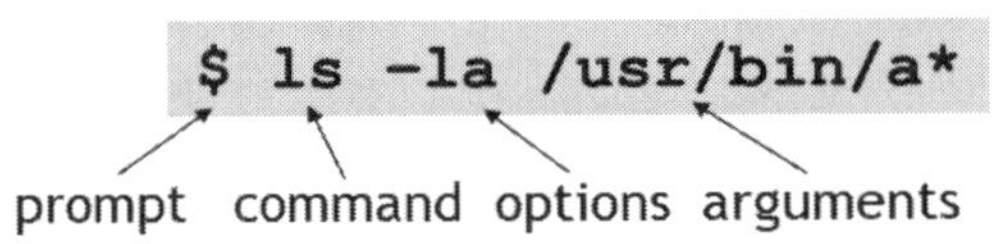

그림 5-4 명령어 구성 요소

- 프롬프트(prompt): 명령이 입력되기를 기다리는 표시다.[6] 우리가 사용하는 시스템의 기본 프롬프트는 '$'이며, 명령어 처리를 해 주는 셸의 종류에 따라 기본 프롬프트가 다르다. 또한 그림 5-2를 보면 '$'로만 표시되지 않고 다른 내용들이 함께 표시되는데, 이는 시스템 관리자가 설정하거나 개인별로 그 모양을 변경할 수 있다.
- 명령어(command): 명령어는 시스템이 실행할 수 있는 작업의 이름이다. 명령어의 종류는 다음 절에서 설명한다.
- 옵션: 프로그램 실행 시 기본 기능 외에 별도의 추가 기능을 지정하고 싶을 때 사용한다. '-'(하이픈) 기호로 시작하며, 대부분 한 글자의 알파벳으로 되어 있다. 여러 개의 옵션을 동시에 지정할 때는 위 그림과 같이 각 옵션 기호를 붙여 쓰거나, '-a -l'과 같이 따로 써도

5) 그래서 명령행(command line)이다.

6) 프롬프트 자체는 명령어가 아니고 셸 프로그램에서 보여 주는 출력이지만 명령어를 입력하기 위한 표지 역할을 하므로 명령에 포함시켜 설명하였다.

된다. 최근 GNU에서 개발하는 소프트웨어는 '--long'과 같이 두 개의 하이픈과 단어로 이루어진 옵션을 사용한다.[7] 명령어 설명에서 옵션은 [ ] 괄호로 싸서 표현한다.

- **인자(argument)**: 명령 또는 프로그램에 따라 명령행 인자를 요구하는 경우에 적어 준다. 대부분 명령의 수행 대상을 의미하며, 주로 파일이나 디렉터리 이름, 숫자 등이 명령에서 사용된다. 또한 인자에는 **메타 문자(meta character)**를 사용할 수 있다. 메타 문자란 셸의 명령어 해석 시 특별한 의미를 부여하는 문자로 가장 흔히 사용되는 것은 표 5-2와 같다.

표 5-2 주요 메타 문자

메타 문자	의미	사용 예
*	0개 이상의 임의의 문자	a* : a로 시작하는 모든 이름
?	1개의 임의의 문자	?at: cat, hat 등 at로 끝나는 3글자 이름
~	홈 디렉터리	~/test: 홈 디렉터리 아래 test 파일
.	현재 디렉터리	./test: 현재 디렉터리 아래 test 파일

옵션과 인자는 명령어 및 프로그램에 따라 사용될 수도 있고 아닐 수도 있다. 그리고 명령어 및 옵션, 인자 등 명령행에서 이루어지는 모든 입력은 대소문자를 구분함을 명심해야 한다.

5.3.2 명령어 종류

프롬프트 다음에 입력할 수 있는 내용을 모두 명령(command)이라고 할 때 셸에 입력할 수 있는 명령은 다음과 같은 것들이 있다.

- **셸 내장 명령(built-in command)**: bash 프로그램 내부에 미리 함수로 구현되어 있는 명령이다. 즉, 셸에서 직접 해당 명령을 수행한다.
- **셸 키워드(keyword)**: if, for 등의 키워드로 즉석 스크립트 프로그램을 작성할 수 있다. 따라서 프로그램이나 파일 이름을 지을 때 셸 키워드는 피하는 편이 좋다. 참고로 셸 프로그램에 사용되는 키워드, 즉 예약어는 다음과 같다.

```
!   [[   ]]        {    }   case   do       done   elif   else    esac
fi  for  function  if       in     select   then   time   until   while
```

7) 본 서에서는 예외적인 경우를 제외하고 한 글자 옵션만 설명한다. 긴 옵션은 각 옵션 설명에 덧붙일 예정이지만 상세 내용은 각 명령어의 매뉴얼을 참조하기 바란다.

- **셸 함수명**: 키워드 function으로 이름을 지정하여 셸스크립트 함수를 만들어 등록해 놓을 수 있다. 등록한 함수 이름이 명령어가 된다.
- **실행 가능 파일의 이름**: 고급 언어로 작성하여 컴파일한 바이너리 실행 파일 또는 실행 가능한 권한을 부여한 스크립트(텍스트) 프로그램 파일의 이름을 명령으로 사용한다. 셸 내장 명령 외 대부분의 리눅스 명령어는 /bin 또는 /usr/bin에 저장되어 있는 실행 파일의 이름이다. 일반 사용자가 작성한 프로그램도 여기에 포함된다.
- **별명(alias)**: 명령어 종류에 상관없이 사용자가 별명을 지정해 두고 사용할 수 있다.

서로 다른 종류지만 동일한 이름이 있을 가능성도 있다. 그럴 때 실행의 우선 순위는 별명 〉 키워드 〉 함수명 〉 내장 명령 〉 실행 가능 파일 의 순이다.

5.4 도움말 보기

다른 기본적인 명령어를 보기 전에 명령에 대한 도움말을 볼 수 있는 명령을 보자. 초보자뿐만 아니라 숙련된 사용자라 할지라도 각 명령에 부속된 모든 옵션에 대해 자세하게 기억하기는 어렵기 때문에 도움말 기능은 언제라도 유용하다. 또한 같은 명령이라 할지라도 셸의 종류나 구현 버전에 따라 옵션 등에서 차이가 있기 때문에 알고 있던 명령이나 옵션이 제대로 동작하지 않을 때는 확인해 볼 필요가 있다.

5.4.1 설치된 프로그램 도움말: man

유닉스/리눅스의 도움말 명령은 man이다. 매뉴얼 페이지(manpage)의 약자로서 리눅스 설치와 함께 설치되는 주요 명령을 비롯한 프로그램들에 대한 매뉴얼 파일을 불러와 일정한 양식에 따라 출력해 준다. 새로 설치한 프로그램의 경우에도 매뉴얼 파일이 포함되어 있으면 man 명령어로 도움말을 볼 수 있다. 사용법과 주요 옵션은 다음과 같다.

사용법

man [옵션] 명칭

기본 기능

'명칭'을 설명하는 맨페이지를 출력한다. 여러 개의 섹션에 같은 명칭이 있다면 설정 파일에 명시된 순서에서 맨 앞에 있는 섹션만 출력한다.

주요 옵션

-a	지정 명칭에 대한 섹션별 모든 매뉴얼 페이지 출력
-h	도움말 메시지 출력
-k *keyword*	keyword로 주어진 단어와 일치하는 모든 명칭과 약식 설명 나열
-M *path*	path로 지정된 디렉터리에서 매뉴얼 찾음
-S (-s) *list*	콜론(:) 또는 콤마(,)로 구분된 섹션 번호를 주어 해당 섹션에서 명칭의 매뉴얼을 찾음

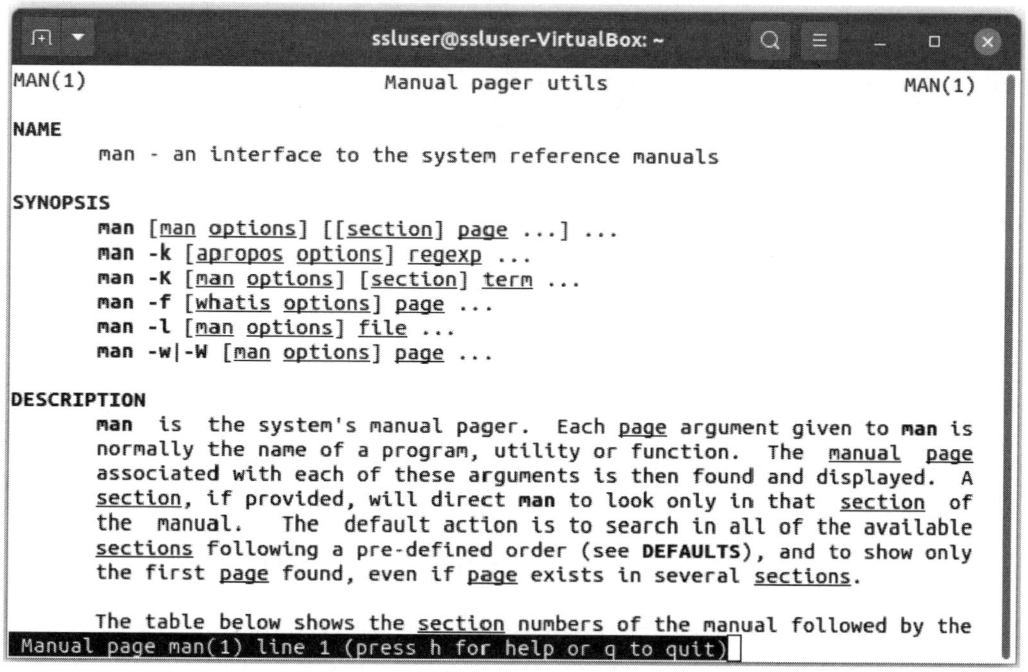

그림 5-5 man 명령 사용 예

그림 5-5는 `man man`을 실행한 결과이다. 즉, 'man' 명령에 대한 매뉴얼 페이지(manpage)를 본 것이다. 줄맞춤이나 글꼴 등 매뉴얼의 문서 형식은 troff/groff이라는 프로그램을 이용해 작성되었으며, 출력을 보는 것은 less 프로그램을 사용하도록 구성되어 있다.

Less는 화면에 출력되는 텍스트 파일을 한 페이지씩 또는 다양한 옵션을 주어 앞뒤로 오가며 볼 수 있게 해 주는 프로그램이다. 가장 간단하게 다음 페이지로 넘어가는 것은 "f" 키 또는 Space Bar이고, 앞페이지로 되돌아 가는 것은 "b", 종료하는 것은 "q"를 입력하면 된다. Less 명령의 좀 더 많은 사용법은 7장에 설명되어 있다.

맨페이지는 미리 약속된 형식을 따라 구성되어 있다.

- 최상단의 명칭과 숫자 – MAN(1): 사용자가 보려고 하는 명칭과 현재 출력하고 있는 내용이 포함된 섹션 번호를 의미한다. 사실 man 명령으로 볼 수 있는 도움말은 명령어뿐만 아니라 라이브러리 함수와 기타 시스템 요소들에 대한 것도 포함한다. 매뉴얼은 종류별로 섹션이 구분되어 작성되어 있으며, 하나의 명칭이 여러 섹션에 포함될 수도 있다. 섹션의 구성은 시스템 버전과 종류에 따라 다르다. BSD 계열 유닉스와 리눅스의 경우는 표 5-3과 같다.

표 5-3 맨페이지 섹션

섹션 번호	매뉴얼 분야
1	일반 명령어
2	시스템 호출
3	C 라이브러리 함수
4	특수 파일과 드라이버
5	파일 형식과 관습
6	게임과 화면 보호기
7	기타
8	시스템 관리 명령과 데몬

- NAME: 해당 명칭의 이름과 간단한 사용 목적을 간단히 설명한다.
- SYNOPSIS: 일반적인 사용 양식을 보여 준다. 표기법에 따른 의미는 다음과 같다.

bold text	적힌 그대로 사용
italic text	적절한 인자로 대체해서 사용(시스템에 따라 이탤릭체 또는 밑줄 표시)
[-abc]	[ ] 내 각 문자가 옵션 기능을 의미(여러 개 동시 사용 가능)
-a|-b	|에 의해 분리된 옵션은 동시 사용 불가 (exclusive OR)
argument...	argument가 반복 가능
[expression]...	[ ] 내의 수식 전체가 반복 가능

- DESCRIPTION: 명칭에 대한 전반적인 설명 부분이다. 각 옵션이 주어졌을 때 실행되는 결과, 각 옵션에 따르는 인자에 대한 설명을 포함하기도 한다.
- EXAMPLES: 일반적인 사용법에 대한 예제를 보여 준다.
- OPTIONS: 각각의 옵션에 대한 상세 동작을 설명한다.
- SEE ALSO: 관련된 명령어 또는 함수 등을 나열하여, 해당 명칭에 대한 보다 많은 정보를 얻을 수 있는 경로를 알려 준다.

이 외에도 섹션에 따라 AUTHORS, BUGS, CONFIGURATION, CONFORMING TO, COPYRIGHT, DEFAULTS, DIAGNOSTICS, ERRORS, ENVIRONMENT, EXIT STATUS, FILES, HISTORY, KNOWN BUGS, NOTES, OVERVIEW, REPORTING BUGS, RETURN VALUE, VERSIONS 등 추가 항목이 들어가기도 한다.

섹션에 따라 달라지는 내용의 예를 한 번 보자. 예를 들어 printf는 대부분 C 함수인 것으로 알고 있지만, `man printf`를 입력하면 일반 명령어로서의 printf 사용법이 출력된다. 따라서 원하는 명칭의 사용법을 정확히 찾으려면 해당 섹션 번호를 옵션으로 주어야 한다.

```
$ man printf
```

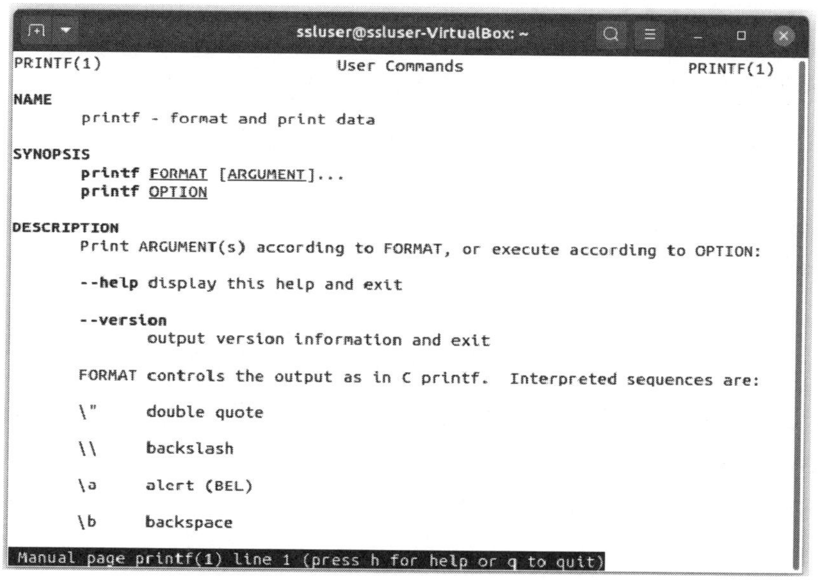

그림 5-6 섹션별 매뉴얼 페이지 printf(1)

다음은 섹션 번호 3을 인자로 추가하여 라이브러리 함수[8] printf에 대한 매뉴얼을 본다.

```
$ man 3 printf
```

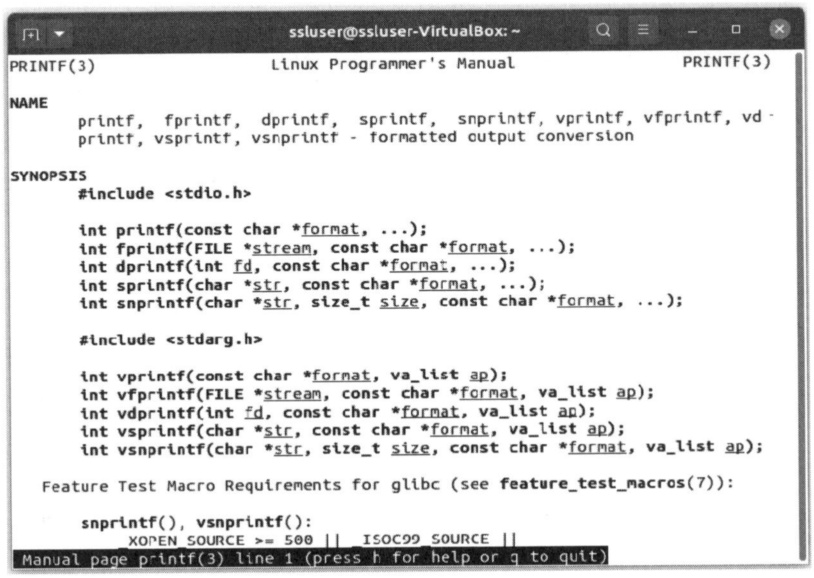

그림 5-7 섹션별 매뉴얼 페이지 printf(3)

또는 어떤 이름에 대해 매뉴얼의 모든 섹션을 보고 싶을 때가 있을 수 있다. 옵션 '-a'를 사용하면 각 섹션을 차례로 보여 준다.

때로 매우 자주 사용하는 명령어임에도 불구하고 매뉴얼이 존재하지 않기도 한다. 예를 들어, `cd` 명령어의 매뉴얼을 보려고 하면 다음과 같이 출력된다.

```
$ man cd
No manual entry for cd
```

이는 cd가 별도 프로그램으로 구현된 일반 시스템 명령어가 아니라 셸 프로그램 내부에 구현되어 있는 내장 명령이기 때문이며, 이러한 셸 내장 명령에 대한 도움말은 `help` 명령어를 이용한다.

8) 라이브러리 함수 매뉴얼은 프로그래밍 환경을 설치하기 전까지는 시스템에 존재하지 않는다.

곁들임 : 한글 매뉴얼은 없나요?

모든 명령어의 매뉴얼이 번역되어 있지는 않지만 한글 매뉴얼 페이지도 있으며 별도로 설치할 수 있다. 그러나 한글 매뉴얼은 갱신이 늦은 편이라 현재 사용하고 있는 시스템의 실행 내용과 다를 수 있어 여기서는 소개하지 않았다. 관심 있는 사람은 웹을 검색해 보기 바란다.

5.4.2 셸 도움말: help

셸 명령어나 키워드에 대한 도움말을 볼 수 있는 명령은 help이다.

사용법

```
help [옵션] [패턴 ...]
```

기본 기능

셸 명령어 전체에 대한 간단한 개요를 출력한다. 패턴 부분에 문자열이 주어지면해당하는 문자열을 상세히 설명하는 도움말을 출력한다.

주요 옵션

-d	주어진 주제에 대해 간략한 설명만 출력한다.
-m	맨페이지 형식과 비슷하게 출력한다.
-s	주어진 패턴에 대해 사용법만 출력한다.

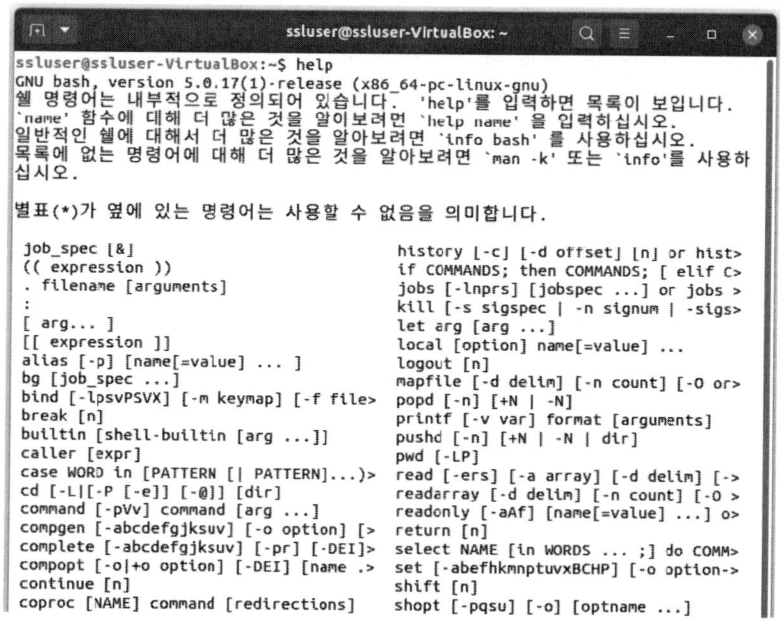

그림 5-8 help 실행 결과

그림 5-8은 아무런 인자나 옵션 없이 help를 실행한 결과다. 셸 내장 명령과 키워드 전체가 간단한 사용법과 함께 나열되어 있다. 이 중에 궁금한 단어를 골라서 help 명령어의 인자로 주면 된다. 그림 5-9는 help 명령에 대한 도움말을 출력해 본 것이다. 기본 형식의 출력을 비롯해 -d, -s, -m 옵션을 각각 주었을 때의 결과가 어떻게 되는지 살펴 보고 비교해 보자.

```
ssluser@ssluser-VirtualBox: ~
ssluser@ssluser-VirtualBox:~$ help help
help: help [-dms] [pattern ...]
    Display information about builtin commands.

    Displays brief summaries of builtin commands.  If PATTERN is
    specified, gives detailed help on all commands matching PATTERN,
    otherwise the list of help topics is printed.

    Options:
      -d        output short description for each topic
      -m        display usage in pseudo-manpage format
      -s        output only a short usage synopsis for each topic matching
                PATTERN

    Arguments:
      PATTERN   Pattern specifying a help topic

    Exit Status:
    Returns success unless PATTERN is not found or an invalid option is given.
ssluser@ssluser-VirtualBox:~$ help -d help
help - Display information about builtin commands.
ssluser@ssluser-VirtualBox:~$ help -s help
help: help [-dms] [pattern ...]
ssluser@ssluser-VirtualBox:~$ help -m help
NAME
    help - Display information about builtin commands.

SYNOPSIS
    help [-dms] [pattern ...]

DESCRIPTION
    Display information about builtin commands.

    Displays brief summaries of builtin commands.  If PATTERN is
    specified, gives detailed help on all commands matching PATTERN,
    otherwise the list of help topics is printed.

    Options:
      -d        output short description for each topic
      -m        display usage in pseudo-manpage format
      -s        output only a short usage synopsis for each topic matching
                PATTERN

    Arguments:
      PATTERN   Pattern specifying a help topic

    Exit Status:
    Returns success unless PATTERN is not found or an invalid option is given.
```

그림 5-9 help help 실행 결과

5.5 명령어 실행 기록: script

가끔 이전에 실행했던 명령이나 프로그램의 결과를 보고 싶을 때가 있다. GUI 환경에서 가상 터미널을 사용하는 경우 마우스 스크롤을 이용해 이전 결과를 거슬러 가 볼 수 있지만 한계가 있고 시간이 지난 다음 되돌려 볼 수도 없다. script[9]는 셸에서 수행한 명령과 그 결과를 텍스트 형식으로 그대로 파일에 저장할 수 있는 명령어다.

> 사용법
>
> `script [옵션] [파일명]`
>
> 기본 기능
>
> **typescript**라는 이름의 파일을 생성하고 이후부터 터미널에서 수행되어 나타나는 모든 출력을 **typescript** 파일에 기록한다. 별도로 지정하지 않으면 파일이 존재하는 경우에도 내용을 모두 무시하고 덮어쓴다. [파일명]이 주어지면 **typescript**가 아닌 해당 이름의 파일을 생성하고 그 파일에 기록한다. 기록을 종료하려면 **exit** 명령을 입력한다.
>
> 주요 옵션
>
> -a 기존 파일에 내용을 그대로 두고 추가하여 기록한다. (append)
>
> -q 시작과 종료 메시지를 기록하지 않는다. (quiet)

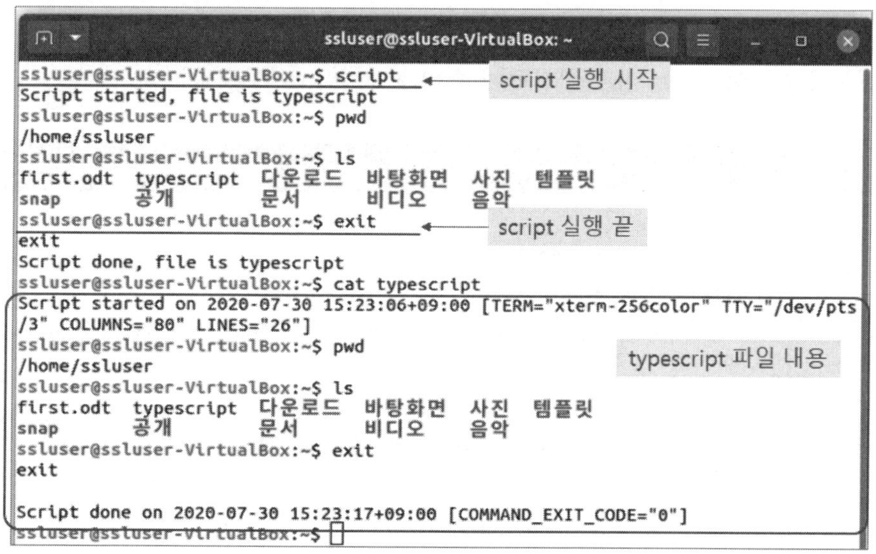

그림 5-10 script 실행 예

9) 일반적 의미의 스크립트 언어와 script 명령어를 혼동하지 않기 바란다.

그림 5-10에서 script를 실행한 예를 보면 시작할 때와 종료할 때 자동으로 시간과 기타 요소가 기록되는 것을 볼 수 있다. 그 외에는 프롬프트를 비롯해 화면에 나타났던 모든 것이 그대로 파일에 기록된다. 그런데 이 파일의 내용을 텍스트 편집기로 열어 보면 그림 5-11과 같다. 터미널의 기능에 의해 다양한 색상으로 보였던 것은 색상을 제어하는 제어 문자들이고 이 제어 문자들은 일반 텍스트로는 이상하게 보이거나 나타나지 않는다.

그림 5-11 typescript 파일의 기록 내용

동일한 명령을 이번에는 아주 간단하게 수행해 보자.

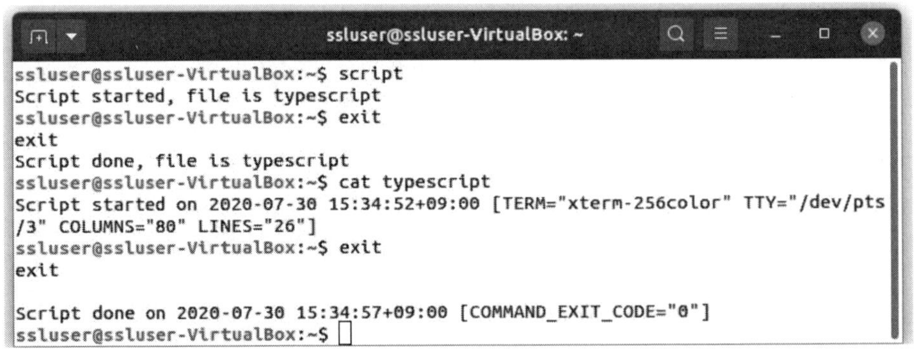

그림 5-12 script 재수행 시 파일 덮어쓰기

이전에 수행했던 기록은 깡그리 지워지고 새로 수행한 결과만 기록되어 있다. 대부분의 경우 특정 목적으로 사용하거나 연속적으로 기록하는 것이 일반적이므로 '-a' 옵션의 사용과

별도 파일명을 주는 것을 기본 습관으로 만들자. 그림 5-13의 내용을 찬찬히 따라가 보면 두 번의 script 실행이 newlog 파일에 모두 기록되어 있음을 볼 수 있다.

```
ssluser@ssluser-VirtualBox:~$ script newlog
Script started, file is newlog
ssluser@ssluser-VirtualBox:~$ exit
exit
Script done, file is newlog
ssluser@ssluser-VirtualBox:~$ script -a newlog
Script started, file is newlog
ssluser@ssluser-VirtualBox:~$ echo SECOND SCRIPT
SECOND SCRIPT
ssluser@ssluser-VirtualBox:~$ exit
exit
Script done, file is newlog
ssluser@ssluser-VirtualBox:~$ cat newlog
Script started on 2020-07-30 15:38:26+09:00 [TERM="xterm-256color" TTY="/dev/pts
/3" COLUMNS="80" LINES="27"]
ssluser@ssluser-VirtualBox:~$ exit
exit

Script done on 2020-07-30 15:38:27+09:00 [COMMAND_EXIT_CODE="0"]
Script started on 2020-07-30 15:38:32+09:00 [TERM="xterm-256color" TTY="/dev/pts
/3" COLUMNS="80" LINES="27"]
ssluser@ssluser-VirtualBox:~$ echo SECOND SCRIPT
SECOND SCRIPT
ssluser@ssluser-VirtualBox:~$ exit
exit

Script done on 2020-07-30 15:38:46+09:00 [COMMAND_EXIT_CODE="0"]
ssluser@ssluser-VirtualBox:~$ 
```

그림 5-13 추가 옵션과 파일명을 사용한 script 실행 예

script는 특히 명령어 수행 과정을 과제로 제출할 때 유용하게 사용되기도 한다. 다음 장부터 여러분에게 소개하는 많은 명령어와 그 수행 과정을 보여 주는 내용 역시 이 script 기능을 사용해 만들어진 것이다.

5.6 편리한 셸 기능

컴퓨터가 해야 할 일을 일일이 문자로 입력해 주는 일은 그 명령을 외우고 있어야 하는 것과 별개로 꽤 성가신 일이다. 다행히 현대의 셸에서는 사용자가 최대한 편리하게 CLI를 사용할 수 있도록 다양한 기능을 제공한다. 5.3.1절에 소개한 메타 문자도 셸 기능 중의 한 예이다. 복잡하고 세밀한 기능은 9장에서 보도록 하고 여기서는 가장 쉽게 활용할 수 있는 최소한의 편의 기능 몇 가지만 소개한다.

5.6.1 컨트롤 키

명령이 실행되고 있을 때 Ctrl 키(^로 표기하겠다)와 결합하여 특정 문자를 입력하면 실행 중인 프로세스에 신호(signal)를 전달할 수 있다. 예를 들어 '^c'는 프로세스에게 중단(interrupt) 신호를 보내 프로세스의 실행을 멈춘다.[10] 터미널에서 제어용으로 사용되기 때문에 tty 제어 문자라고도 한다. 자주 사용되는 컨트롤 키를 표 5-4에 정리하였다.

제어 문자를 설정하거나 바꾸고 싶으면 stty(set tty)를 사용하면 된다. 표의 stty명은 stty에서 각 기능을 표현하는데 사용되는 이름이다. stty는 서버에 시리얼 통신 방식으로 직접 연결된 더미 터미널을 사용하던 시기에 전송 속도인 baud rate 등 다양한 터미널 특성을 확인하고 설정하는데 사용된 중요한 도구였다. 현재는 대부분 직접 데스크톱으로 사용하거나 인터넷을 통한 접속을 사용하고, 이런 접속 프로그램에서 필요한 설정을 미리 할 수 있거나 자동 설정될 수 있기 때문에 이 명령의 활용도는 별로 높지 않다.[11]

표 5-4 자주 사용되는 컨트롤 키

컨트롤키	stty 명	기능
^c	intr	현재 명령 중지
^d	eof	입력의 끝
^\	quit	^c가 동작하지 않을 경우 현재 명령 중지
^s	stop	화면 출력 정지
^q	start	화면 출력 다시 시작
^z	susp	현재 명령 일시 중단

그림 5-14는 -a 옵션, 즉 모든 설정 내용을 출력하라는 옵션으로 stty 명령을 실행시킨 예이다. 처음 실행에서는 터미널 크기가 22행 78열로 출력되었는데, 마우스를 이용해 화면의 폭을 조정한 후(첫 번째 명령 실행 결과의 폭이 두 번째 명령 실행 결과보다 작다!) 다시 실행한 두 번째 실행에서는 자동으로 22행 87열로 변경되어 있는 것을 볼 수 있다

10) 뭔가 계속 출력되거나 아무런 응답 없이 프로그램이 서 있을 때 프로세스를 중단시켜 버리는 가장 손쉬운 방법이나, 그 때까지 수행한 결과 등을 모두 잃어버릴 각오를 해야 한다.

11) 2장에서 소개한 PuTTY 프로그램도 접속 전에 미리 터미널의 키보드 설정을 할 수 있다.

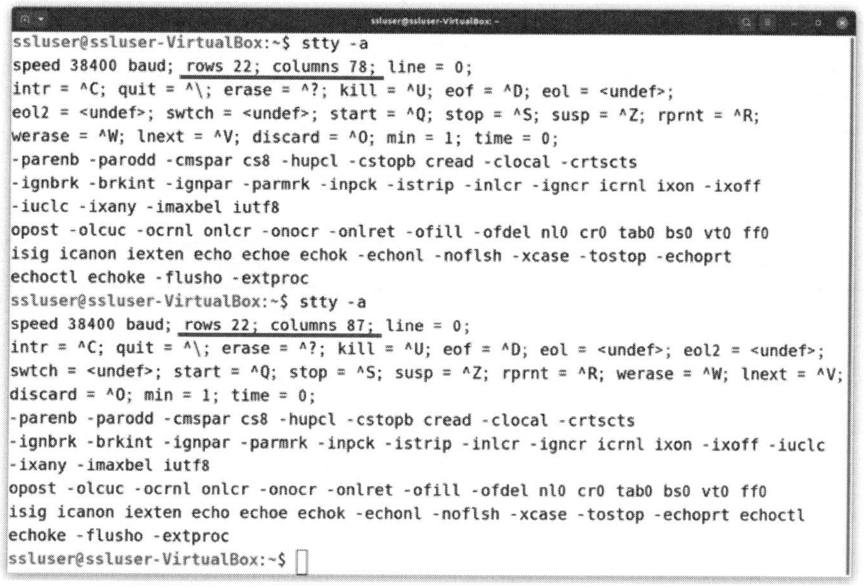

```
ssluser@ssluser-VirtualBox:~$ stty -a
speed 38400 baud; rows 22; columns 78; line = 0;
intr = ^C; quit = ^\; erase = ^?; kill = ^U; eof = ^D; eol = <undef>;
eol2 = <undef>; swtch = <undef>; start = ^Q; stop = ^S; susp = ^Z; rprnt = ^R;
werase = ^W; lnext = ^V; discard = ^O; min = 1; time = 0;
-parenb -parodd -cmspar cs8 -hupcl -cstopb cread -clocal -crtscts
-ignbrk -brkint -ignpar -parmrk -inpck -istrip -inlcr -igncr icrnl ixon -ixoff
-iuclc -ixany -imaxbel iutf8
opost -olcuc -ocrnl onlcr -onocr -onlret -ofill -ofdel nl0 cr0 tab0 bs0 vt0 ff0
isig icanon iexten echo echoe echok -echonl -noflsh -xcase -tostop -echoprt
echoctl echoke -flusho -extproc
ssluser@ssluser-VirtualBox:~$ stty -a
speed 38400 baud; rows 22; columns 87; line = 0;
intr = ^C; quit = ^\; erase = ^?; kill = ^U; eof = ^D; eol = <undef>; eol2 = <undef>;
swtch = <undef>; start = ^Q; stop = ^S; susp = ^Z; rprnt = ^R; werase = ^W; lnext = ^V;
discard = ^O; min = 1; time = 0;
-parenb -parodd -cmspar cs8 -hupcl -cstopb cread -clocal -crtscts
-ignbrk -brkint -ignpar -parmrk -inpck -istrip -inlcr -igncr icrnl ixon -ixoff -iuclc
-ixany -imaxbel iutf8
opost -olcuc -ocrnl onlcr -onocr -onlret -ofill -ofdel nl0 cr0 tab0 bs0 vt0 ff0
isig icanon iexten echo echoe echok -echonl -noflsh -xcase -tostop -echoprt echoctl
echoke -flusho -extproc
ssluser@ssluser-VirtualBox:~$
```

그림 5-14 stty 실행 예

5.6.2 내용 자동 완성

자동 완성 기능은 셸이 사용자를 위해 일부 타이핑을 대신(!) 해 주는 것이다. 가장 쉽게 사용하는 완성 기능은 일부 앞부분을 타이핑한 후 TAB 키를 누르면 된다. 이 때 앞부분 내용에 따라 다음과 같은 이름들이 자동 완성된다.

- **셸 변수명**: $로 시작할 때.
- **사용자 이름**: ~로 시작할 때. 특수 문자 ~는 자신의 홈 디렉터리를 의미하지만 사용자명과 결합하면 그 사용자의 홈 디렉터리를 가리킨다.
- **호스트 이름**: @로 시작할 때.
- **명령**: /bin, /usr/bin 등에 있는 명령, 셸 앨리어스(alias), 셸 함수명 등을 의미함.
- **파일 이름**: 이상의 이름과 매치하는 것이 없을 때.

일치하는 이름이 여러 개 존재할 때는 공통적으로 일치하는 부분까지만 출력하고 계속 입력을 기다린다. 이 때 TAB 키를 한 번 더 누르면 가능한 모든 단어를 모두 보여 주고 선택할 수 있도록 한다.

TAB 키 외에 ESC 키를 병용하여 보다 다양한 자동 완성이 가능하다. 표 5-5와 bash 매뉴얼을 참조하기 바란다.

표 5-5 자동 완성 기능 키

명령	기능
ESC-?	선택할 수 있는 모든 경우 출력
ESC-/	파일명 자동 완성
ESC-~	사용자명 자동 완성
ESC-$	변수명 자동 완성
ESC-@	호스트명 자동 완성
ESC-!	명령 자동 완성
ESC-TAB	히스토리 목록에서 이전 명령의 자동 완성

실행 예를 보자. 여기에 사용된 명령어는 셸에 입력된 내용 또는 저장된 내용을 그대로 출력하는 echo[12]와 디렉터리의 파일 목록을 출력하는 ls 명령이다. 각 명령에 대한 상세 설명은 해당 장에서 다시 할 것이다. 예에서 ◆표시는 TAB 키를 누른 위치다.

```
$ echo $SH◆◆                          ← $SH까지 입력 후 TAB 키 두 번 누름
$SHELL      $SHELLOPTS   $SHLVL       ← SH로 시작하는 모든 셀 변수명 보여 줌
$ echo $SHE◆LL◆◆                      ← E를 추가로 입력 후 TAB 키 누름. SHELL 완성
$SHELL      $SHELLOPTS                ← SHELL로 시작하는 모든 셀 변수명 보여 줌
$ echo $SHELL                         ← 엔터키를 눌러 명령 완성
/bin/bash
$ ls ~k20181◆◆                        ← k20181로 시작하는 사용자 이름 찾기
~k20181221/ ~k20181318/ ~k20181354/ ~k20181448/ ~k20181525/
~k20181289/ ~k20181330/ ~k20181392/ ~k20181459/
$ ls ~k20181221                       ← 221을 추가 입력하여 명령 완성
ls: /home/k20181221 디렉터리를 열 수 없음: 허가 거부
$ bz◆◆                                ← bz로 시작하는 명령 찾기
bzcat        bzegrep       bzgrep        bzless
bzcmp        bzexe         bzip2         bzmore
bzdiff       bzfgrep       bzip2recover
$ bzcat                               ← cat 추가 입력하여 명령 완성
```

12) echo는 셸 내장 명령과 외부 프로그램 두 가지 모두 존재하는데 기능 및 옵션은 같다.

```
bzcat: I won't read compressed data from a terminal.
bzcat: For help, type: `bzcat --help'.
$ ls gnome◆◆                        ← gnome으로 시작하는 파일/디렉터리 찾기
gnome/                gnome-settings-daemon/ gnome-vfs-2.0/
gnome-app-install/     gnome-system-tools/    gnome-vfs-mime-magic
$ ls gnome-◆◆                       ← -를 추가 입력하고 TAB 키 두 번 누름
gnome-app-install/     gnome-system-tools/    gnome-vfs-mime-magic
gnome-settings-daemon/ gnome-vfs-2.0/
$ ls gnome-a◆pp-install/            ← a를 추가 입력하고 TAB 키 누름
packages-whitelist
$
```

5.6.3 히스토리(history)

히스토리란 단어 그대로 명령의 역사를 기록하여 활용하도록 하는 기능이다. Bash는 명령 수행 내역을 기록해 두고, 사용자의 입력에 따라 그를 검색하거나 수정하거나 다시 실행할 수 있도록 해 주며, 기본으로 1000개[13]의 명령이 목록에 저장되도록 설정되어 있다. 또한 셸을 빠져 나갈 때 홈 디렉터리의 .bash_history 파일[14]에 최근 1000개, 누적 2000개의 명령을 저장해 두었다가 다음 번 셸 시작 시 그 내용으로 히스토리를 초기화해 주어 사용자는 이전에 사용하던 명령을 연속으로 사용할 수 있다. 히스토리 목록에 저장될 명령의 수, 히스토리 저장 파일, 파일에 기록할 히스토리 명령의 수 등은 모두 환경 변수를 이용해 변경 가능하다. 환경 변수는 9장에서 설명한다.

현재 히스토리 목록을 모두 보는 명령은 셸 내장 명령으로 history이다.

```
사용법
      history [옵션] [인자]

기본 기능
      옵션이나 인자 없이 사용하면 지정되어 있는 개수의 과거 명령 목록을 번호와 함께
      보여 준다. 인자로 숫자를 주면 그 수만큼의 최근 명령 목록을 보여 준다.
```

13) 실제로는 시스템 설정에 따라 이 숫자가 달라지며, 각 사용자가 변경할 수 있다.

14) '.'으로 시작하는 이름을 가진 파일은 보통의 방법으로는 보이지 않는다. 파일 관리자 메뉴에서 "숨긴 파일 표시" 기능을 체크하고 확인해 보라.

```
주요 옵션
-c              과거 명령 목록을 삭제하고 초기화
-d n            n 위치의 명령을 목록에서 삭제
-r [file]       히스토리 파일을 읽어 현재 히스토리 목록에 추가. file이 명시되지 않으면
                기본 히스토리 파일 사용
-w [file]       현재 히스토리 목록을 히스토리 파일에 기록. file이 명시되지 않으면 기본
                히스토리 파일 사용
```

명령행에서 히스토리 기능을 사용하기 위한 키 조작은 표 5-6을 참조한다.

표 5-6 히스토리 기능 사용

명령	기능	명령	기능
^P(↑)	이전 명령	!!	마지막 명령
^N(↓)	다음 명령	!n	n번째 명령
^R	뒤로 검색	!-n	n번째 앞의 명령
ESC-〈	히스토리 파일의 첫 명령	!string	string으로 시작하는 마지막 명령
ESC-〉	히스토리 파일의 끝 명령	^str1^str2	마지막 명령의 str1을 str2로 바꾸어 반복

history 명령과 히스토리 목록을 보는 실행 예를 보자. [↑]나 [↓]키를 이용한 조작은 출력 내용으로 보기 어렵기 때문에 각자 이용해 보도록 하고, 여기서는 그 외 자주 사용하는 히스토리 사용 예를 보였다.

```
$ history                       ← 최근 500개의 히스토리 목록 보기
    1  ps
    2  loop > out 2 &>/dev/null
  ... (생략)
  543  help history
  544  history 30
  545  history -d 543
  546  history
  547  history -a hh
  548  history
$ !543                          ← 목록의 543번 명령 재실행
help history                    ← 재실행하는 명령
history: history [-c] [-d offset] [n] or history -anrw [filename] or history -ps
arg [arg...]
```

```
    Display or manipulate the history list.

    Display the history list with line numbers, prefixing each modified
    entry with a `*'.  An argument of N lists only the last N entries.

    Options:
      -c              clear the history list by deleting all of the entries
      -d offset       delete the history entry at offset OFFSET.

... (생략)
$ ls
diff2   hh   linda-etc    local    remote
$ !h 5                          ← h로 시작하는 명령 중 가장 최근 명령 실행. 인자 5를 추가
help history 5
history: history [-c] [-d offset] [n] or history -anrw [filename] or history -ps
arg [arg...]
    Display or manipulate the history list.

    Options:
      -c              clear the history list by deleting all of the entries
      -d offset       delete the history entry at offset OFFSET.

... (생략)
$ !hi 5                         ← hi로 시작하는 명령 중 가장 최근 명령 실행. 인자 5를 추가
history 5
  548  history
  549  help history
  550  ls
  551  help history 5
  552  history 5
$
```

5.6.4 표준 입출력과 입출력 재지정 (Redirection)

유닉스 이전의 운영체제에서 작업을 하거나 프로그램하던 사람들은 운영체제가 달라지거나 서로 다른 입출력 기기가 필요할 때마다 직접 그에 대한 연결 방식을 알아내어 사용해야 했다. 유닉스는 표준 입출력 스트림(standard input/output stream)이라는 기법을 도입함으로써 이런 난해하고 번거로운 작업을 획기적으로 개선하였다. 이는 다양한 입출력 기기를 파

일로 추상화(abstraction)하여 공통된 처리 방식을 사용할 수 있도록 하고, 기기에 관련된 복잡한 작업은 기기 개발자 또는 운영체제 개발자의 역할로 한정한 것이다. 그리고 C를 비롯한 대부분의 프로그래밍 언어에서도 유사한 방식으로 입출력을 처리할 수 있게 되어 프로그래머들의 편의성이 높아졌다.

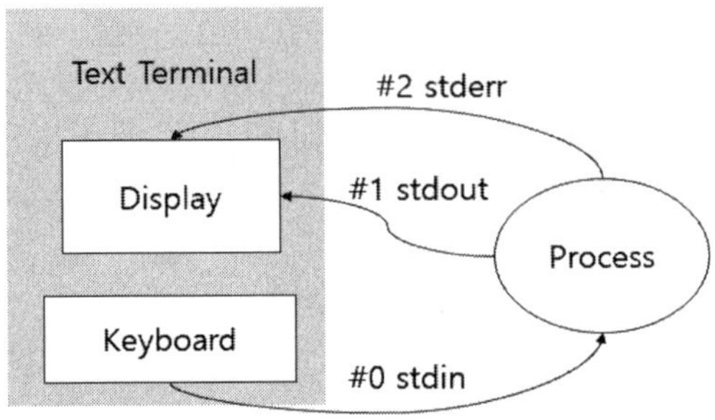

그림 5-15 프로세스와 표준 입출력

표준 입출력은 실제로는 기기지만 파일로 취급되기 때문에 파일 이름을 가지고 있는데 유닉스/리눅스에서는 stdin(표준 입력), stdout(표준 출력), stderr(표준 오류 출력)로 정해져 있다. 현재 대부분의 경우 stdin은 키보드, stdout과 stderr는 모니터 화면으로 설정되어 있다. 이들은 또한 운영체제 내부에서는 숫자로 표현되어 다뤄지는데 파일 기술자(file descriptor)[15]라 하며 각각 0, 1, 2번이다.

셸에서는 편의 기능 중 하나로 표준 입출력을 다른 파일로 대체할 수 있는 재지정(redirection) 기능을 제공한다.

표 5-7 입출력 재지정에 사용되는 특수 문자

기 호	의 미
>	출력 재지정. 파일이 없으면 생성하고, 있으면 현재 내용을 덮어 씀
>|	설정된 noclobber 옵션을 무시하고 기존 파일의 내용을 덮어 씀
>>	기존 파일에 출력을 추가
<	입력 재지정
&>, >&	표준 출력과 표준 오류 출력을 파일로 보냄
&>>, >>&	표준 출력과 표준 오류 출력을 파일에 추가
1>, 2>	표준 출력과 표준 오류 출력을 따로 지정

15) 프로그램에서 파일을 열어 사용할 경우 반드시 알아야 하는 요소다. 12장 파일 시스템 프로그래밍에서 상세히 다룬다.

표 5-7에 정리되어 있는 입출력 재지정에 대한 기호를 참고하여 다음의 간단한 실행 예를 보자. 여기서 cat은 파일의 내용을 화면(표준 출력 장치)에 출력하는 작업을 하는 간단한 명령어인데, 상세한 설명은 7장을 참조하기 바란다.

```
$ cat loop.c    ← 5 이하의 숫자를 입력 받아 5까지 증가시키며 출력하는 프로그램
#include <stdio.h>
int main (void)
{
        int num;

        fprintf(stderr, "5 이하의 숫자를 입력하세요: "); ← 입력 요구 stderr에 출력
        scanf("%d", &num);
        if (num > 5) {
                fprintf(stderr, "5보다 큰 숫자입니다\n");       ← 오류 메시지 출력
                return 1;
        }
        while (num <= 5 ) {
                printf("%d\n", num++);                          ← 정상 결과 출력
        }
}
$ loop > loop.out                ← loop은 loop.c을 컴파일한 실행 파일. 표준 출력만 재지정
5 이하의 숫자를 입력하세요: 7    ← stderr에 출력하는 내용은 그대로 화면에 출력됨
5보다 큰 숫자입니다
$ loop > loop.out
5 이하의 숫자를 입력하세요: 3    ← 정상 결과는 화면에 출력되지 않음
$ cat loop.out                   ← 재지정한 loop.out 파일 내용 확인
3
4
5
```

다음은 표준 오류 출력까지 재지정하는 예를 보도록 한다. 일반적으로 오류 출력은 프로그램 실행 시 오류 메시지 또는 경고성 메시지를 출력하는데 사용된다. 사용자에게 반드시 알려 주어야 하는 경우가 많기 때문에 이를 파일로 저장하는 것은 별로 좋은 생각은 아니다. 다만, 후면 프로세스나 데몬과 같이 사용자가 그 실행 상황을 직접 체크하고 있지 못한 경우에는 오류 메시지도 파일로 저장하여 나중에 확인할 수 있도록 하는 것이 좋다.

```
$ loop &> loop.out              ← stderr까지 파일에 출력
10                              ← 전혀 메시지 없이 입력을 줌
$ cat loop.out                  ← 추후에 오류 포함한 결과 파일 확인
5 이하의 숫자를 입력하세요: 5보다 큰 숫자입니다
$
```

출력하는 메시지를 아예 무시하거나 표준 출력과 표준 오류 출력을 별도 파일에 저장되도록 할 수도 있다. 이 때 재지정 기호 '>' 앞에 어느 출력을 재지정할 것인지 파일 기술자 번호를 붙이면 된다. 순서는 상관 없으나 번호와 '>' 기호 사이에 절대 공백이 있어서는 안 된다. 그리고 일반 파일 대신 /dev/null이라는 특수 파일을 지정하면 출력이 저장되지 않는다.

```
$ loop 1> out 2> err            ← stdout은 out 파일에 stderr는 err 파일에 저장
4                               ← 아무런 메시지 출력 없이 입력 제공
$ cat out                       ← 표준 출력 결과 확인
4
5
$ cat err                       ← 표준 오류 출력 결과 확인
5 이하의 숫자를 입력하세요: $
$ loop 2> /dev/null > out       ← stderr 출력은 /dev/null로 보냄
3                               ← 아무런 메시지 출력 없이 입력 제공
$ cat out                       ← 표준 출력 결과 확인
3
4
5
$ cat /dev/null                 ← /dev/null 파일에는 아무 것도 저장되지 않음
$
```

입출력을 한꺼번에 재지정할 수도 있다. 앞의 loop.c 예제에 입력을 파일에서 주도록 해 보자.

```
$ cat loop.in                   ← 입력 파일 확인
3
$ loop < loop.in >& loop.out    ← 입력은 loop.in, 출력과 오류는 loop.out
$ cat loop.out                  ← 결과 확인
5 이하의 숫자를 입력하세요: 3
4
5
$
```

표 5-7에 보면 '>|' 기호의 설명에 noclobber 옵션을 무시한다고 되어 있다. 출력 재지정 시 같은 이름의 파일이 있을 경우에 그냥 덮어 쓰는 것이 기본 동작인데 이 옵션을 설정해 두면 이를 방지할 수 있다. 의도하지 않은 파일 덮어 쓰기를 방지하기 위해 일반적으로 이 옵션을 설정하여 셸을 사용한다. 그러나 때로는 덮어 쓰기가 필요할 때도 있으며 그 때 '>|' 기호를 사용하여 옵션을 무시하고 파일 덮어 쓰기를 할 수 있다. noclobber를 비롯한 셸 옵션 설정에 대해서는 9장에서 살펴보기로 한다.

5장 마무리

드디어 리눅스 고급 사용자의 길로 들어섰다. 너무나도 편리한 GUI 환경이 보편화되었음에도 불구하고 많은 "오래 된" 리눅스 사용자들은 터미널과 CLI 셸을 더 편하게 생각한다. GUI 환경에서도 일일이 마우스를 옮겨 다니며 클릭하는 것보다 단축키를 이용한 작업이 더 빠르고 편할 때가 있는 것처럼 필요한 명령어만 잘 기억하고 쓴다면 CLI 셸이 더 빠르고 효율적일 수 있다. 최근 Windows도 PowerShell을 활용해서 원격지 서버나 네트워크 장비 등을 관리하기도 한다.

명령어뿐만 아니라 셸 자체에도 다양한 기능이 구현되어 있다. 아직 명령어도 잘 모르는 상태에서 입출력 재지정 등의 주제가 좀 버거웠을 수도 있다. 그러나 이 장에서 소개한 셸의 몇 가지 편의 기능은 셸 사용의 너무나 필수적인 요소이기 때문에 기능이 있다는 것을 알고 가는 것이 좋겠다는 판단에 9장에 포함되었던 내용 일부를 미리 소개하였다. 이 기능들을 잘 활용하고 다음 장부터 시작하는 명령어들을 차근차근 잘 익혀서 진짜 고급 사용자가 되어 보자.

심화 및 보충 학습

1. script를 실행한 다음 "man man" 명령어를 수행하라. man 명령어에서 다음 페이지로 넘어가는 것은 Space Bar 이고 종료하기 위해서는 "q"를 입력하면 된다. script 종료 후 cat 명령을 사용하여 기록 파일을 열어 보라. 어떻게 보이는가?
2. 1에서 생성한 기록 파일을 텍스트 편집기로 열어 보라. 어떻게 보이는가?
3. man이나 help 명령의 수행 결과를 파일에 저장했다가 편집기로 열어 보라.

6장
명령어: 파일 관리

앞에서 여러 번 언급했다시피 일반 사용자가 컴퓨터에서 가장 자주 사용하는 기능은 대부분 파일과 관련된 것들이다. 실제로 수행한 장시간 사용 기록을 분석해 본 결과 유닉스 명령어 중에 현재 디렉터리의 파일 목록을 보는 ls와 다른 디렉터리로 이동하는 cd 두 가지가 전체 명령어 사용의 90% 이상을 차지한다는 실험 결과도 있다. 따라서 명령어를 다루는 첫 장은 파일과 디렉터리에 대한 것으로 시작한다. 6장에서 소개하는 대부분의 명령은 그놈 파일 관리자의 메뉴에 있는 기능들과 같다.

6.1 디렉터리 기능

4장에서 설명한 트리 구조의 파일 시스템과 디렉터리들 간의 부모-자식 관계, 사용자마다 구분해서 주어지는 홈 디렉터리 등의 개념을 염두에 두고 명령어를 하나씩 살펴보기로 한다.

6.1.1 pwd (print working directory)

사용자가 현재 위치한 작업 디렉터리를 확인할 수 있는 명령이다.

사용법 pwd 기본 기능 현재의 작업 디렉터리 이름을 절대 경로로 보여 준다.

간단하게 실행 결과를 보자.

```
$ pwd
/home/ssluser
```

pwd는 셸 내장 명령과 외부 프로그램 두 가지 모두 존재하는데 기능 및 옵션은 같다.

6.1.2 cd (change directory)

사용법
  cd [옵션] [dir]

기본 기능
  아무 옵션이나 인자가 없으면 홈 디렉터리로 이동한다. 인자가 있으면 주어진 dir로 디렉터리를 변경한다.

주요 옵션

-L	심볼릭 링크를 따르도록 강제함
-P	심볼릭 링크가 아닌 실제 디렉터리 구조에 따라 이동

작업 디렉터리를 변경하는 셸 내장 명령이다. 사용법 설명에서 심볼릭 링크와 관련된 사항은 6.1.3절에서 보도록 하자.

원하는 디렉터리로 이동하기 위해서는 적법한 디렉터리 이름을 인자로 주어야 한다. 디렉터리 이름은 4.1.1절에서 소개한 경로 이름을 사용하는 것이 일반적이며, 인자 없이 'cd'만 실행하는 경우에는 사용자의 홈 디렉터리로 이동한다.

```
$ pwd
/home/juyoon/linuxBook/script
$ cd ../../그림                    ← 특수 문자와 상대 경로를 사용한 이동
$ pwd
/home/juyoon/그림
$ cd /usr/bin                      ← 절대 경로를 사용한 이동
$ pwd
/usr/bin
$ cd                               ← 인자가 없는 경우 홈 디렉터리로 이동
$ pwd
/home/juyoon
$ cd ~/linuxBook                   ← 특수문자와 상대 경로를 사용한 이동
$ pwd
/home/juyoon/linuxBook
```

6.1.3 ls (list)

유닉스/리눅스 사용자가 아마도 가장 자주 사용하는 명령이 ls일 것이다. 현재 디렉터리에 있는 파일과 디렉터리의 정보를 나열한다.

```
사용법
        ls  [옵션]  [인자]

기본 기능
        옵션이나 인자 없이 사용하면 현재 작업 디렉터리의 모든 파일과 하위 디렉터리들의
        이름을 알파벳 순으로 나열한다. 이 때, '.'으로 시작하는 숨겨진 파일들은 제외된다.
        인자로 파일 이름을 주면 그 파일의 정보만 출력한다. 인자로 디렉터리 이름을 주면
        그 디렉터리의 모든 파일과 하위 디렉터리 이름을 나열한다.

주요 옵션
-a      숨겨진 파일을 포함해 모든 파일과 디렉터리를 나열 (all)
-d      디렉터리의 내용에 대한 목록이 아니라 디렉터리 자신에 대한 정보 출력(directory)
-l      이름 외에 접근 모드, 소유권, 파일 크기, 최종 수정일 등의 상세 정보를 출력 (long)
-F      이름 다음에 파일의 유형 표시. 일반 파일은 아무 것도 붙지 않음 (classify)
                /               디렉터리
                *               실행 가능 파일
                @               심볼릭 링크
                =               소켓
                |               기명 파이프
-R      해당 디렉터리와 그 하위 디렉터리의 내용까지 반복하여 출력 (recursive)
-s      파일 이름 앞에 파일의 저장 크기를 1k byte 단위로 표현 (size)
-i      파일의 고유 번호를 표시 (inode)
-1      한 줄에 하나씩만 출력
```

ls를 사용한 몇 가지 예를 보자. 맨 먼저 옵션 없이 디렉터리만 지정해서 수행한다.

```
$ ls /
bin     dev     lib     libx32       mnt     root    snap        sys    var
boot    etc     lib32   lost+found   opt     run     srv         tmp
cdrom   home    lib64   media        proc    sbin    swapfile    usr
```

그림 6-1 루트 디렉터리 목록

파일의 목록은 알파벳 순으로, 이름의 길이에 따라 적절한 간격을 두고 나열된다. 여러분

의 실행 환경에서는 각 이름들이 유형에 따라 여러 가지 다른 색상으로 출력될 수도 있다. 그러나 이는 추가 옵션이 걸린 상태이고 기본 ls의 동작은 그림 6-1과 같다.

이제 몇 가지 옵션을 시험해 보자. 숨은 파일을 보는 a, 파일 고유 번호를 표시하는 i, 한 줄에 하나씩만 출력하도록 하는 1 옵션을 동시에 적용해 본다. 여러 개의 옵션을 사용할 경우 “ls -a -i -1”과 같이 따로 명시해도 되고 예와 같이 한꺼번에 써 주어도 되며 순서에 상관없다.

```
$ ls -a1i /
      2 .
      2 ..
     13 bin
1438977 boot
2354690 cdrom
      2 dev
 523265 etc
2354689 home
     14 lib
     15 lib32
     16 lib64
     17 libx32
     11 lost+found
1962241 media
... (생략)
```

다음은 a, s, F, l 옵션을 동시에 사용하여 현재 디렉터리에 있는 파일 중 “linuxBook” 디렉터리 목록을 출력한 결과이다.

```
$ ls -alFs linuxBook
합계 24
4 drwxr-xr-x  3 juyoon juyoon   4096   2019-04-07 16:33   ./
4 drwxr-xr-x 37 juyoon juyoon   4096   2019-04-07 16:34   ../
4 -rw-r--r--  1 juyoon juyoon     12   2019-04-07 16:32   file1
4 -rw-r--r--  1 juyoon juyoon     14   2019-04-07 16:32   file2
4 -rwxr-xr-x  1 juyoon juyoon      9   2019-04-07 16:32   file3*
4 drwxr-xr-x  2 juyoon juyoon   4096   2019-04-07 16:32   test1/
0 lrwxrwxrwx  1 juyoon juyoon      2   2019-04-07 16:33   up -> ../
```

① ② ③ ④ ⑤ ⑥ ⑦ ⑧

표 6-1 ls -l 옵션을 적용한 결과 각 필드의 의미

필드	의미
② drwxr-xr-x	파일의 모드(mode): 종류와 접근권한 표시
③ 3	하드 링크(hard link)의 수
④ juyoon	파일 소유권을 갖는 사용자 ID
⑤ juyoon	파일에 대한 권한을 지정할 수 있는 그룹 ID
⑥ 4096	바이트 단위의 파일 크기
⑦ 2019-04-07 16:33	파일 및 디렉터리가 최종 수정된 시간

'-s' 옵션에 의해 첫 번째 필드(①)와 같이 1KB 단위로 크기가 명시된다. ②~⑦ 필드는 '-l' 옵션의 결과로 각 필드의 의미는 표 6-1과 같다. ⑧번 필드는 ls의 가장 기본적인 출력인 파일 이름인데, '-F' 옵션으로 인해 파일의 유형이 맨 뒤에 표시되어 있다.

표에 서술된 내용만으로는 각 필드의 의미를 모두 이해하기는 어렵다. 파일에 대해 많은 정보를 볼 수 있는 ls 명령을 다루는 김에 4장에서 다루지 않은 파일 관련 지식을 좀 더 쌓아 보도록 하자.

□ 파일의 모드(mode)

'ls -l' 실행 결과에서 첫 번째 필드(표 6-1에서 ②)의 10개 문자 중 첫 번째는 파일의 **유형**(type)을 나타낸다. 각 글자의 의미는 표 6-2에서 보는 바와 같다. 그 다음의 9개 문자는 파일에 대한 **접근 권한**(access right, permission)을 나타낸다. 4장에서 설명한 바와 같이 리눅스의 파일 시스템은 파일 별로 소유자가 누구이고 어느 그룹에 소속되어 있는지 표시하고, 각 파일에 대해서 수행할 수 있는 작업에 제한을 둘 수 있다.

표 6-2 파일의 유형을 나타내는 문자

글자	의미	글자	의미
d	디렉터리	-	일반 파일
l	심볼릭 링크	s	소켓
b	블록형의 장치 파일	c	문자형의 장치 파일

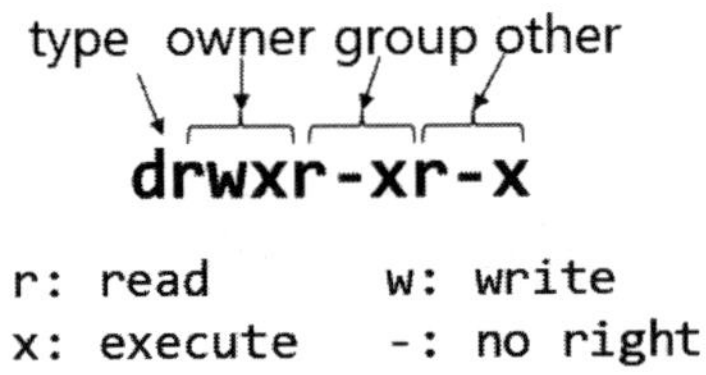

그림 6-2 파일 모드 표현

그림 6-2에서 보는 바와 같이 문자는 3개씩 그룹으로 묶어 각각 '소유자(owner)', '그룹(group)', '기타(other)'에 대한 권한을 표시한다. 파일 접근 권한은 각각 'r(읽기)', 'w(쓰기)', 'x(실행)'로 표현되며, ' - '는 해당 권한이 없음을 의미한다. 디렉터리의 경우는 약간 다르게 해석된다. 4장에서 보았던 그놈 파일 관리자에서 설정할 수 있는 접근 권한과 비교해 보면 r - (디렉터리에 포함된) 파일의 목록 보기, w - 파일의 생성/삭제, x - 디렉터리 내부로 이동하기(파일에 접근)의 용도로 사용된다. 예를 들어 'drwxr-xr-x'라고 표기된 경우, 이 파일은 디렉터리이며, 소유자는 모든 기능이 가능하고 그룹과 나머지 사용자들은 목록 읽기와 이동만 할 수 있고 이 디렉터리 내에 새로운 파일을 생성하거나 기존 파일을 삭제하는 것은 금지되어 있다.

파일 모드 중 접근 권한은 종종 글자가 아닌 숫자로 표현된다. 각 권한에 대해 권한이 있는 것을 1, 없는 것을 0으로 하여 이진수로 표현할 수 있고, 이를 자격 별로 세 개씩 묶어서 세 개의 8진수로 표현하게 된다. 몇 가지 예를 보자.

모드	이진수	8진수
rwxr-xr-x	111101101	755
rwx------	111000000	700
rw-rw----	110110000	660
rw-r—r--	110100100	644

4.1.3절에서 여러 가지 특수 파일을 소개하고 /dev 디렉터리를 들여다 보았는데, 이들이 ls 명령으로 어떻게 보이는지 실행해 보도록 하자. (물론 여러분의 시스템은 이것과 다를 수 있다.)

```
$ ls -dl /dev                    ← -d 옵션은 디렉터리 자체에 대한 정보 출력
drwxr-xr-x  1 root    root       4140   7월 30  15:10 /dev
$ ls -l /dev
```

```
합계 0
crw-r--r--  1 root    root     10, 235  7월 30  15:10 autofs
drwxr-xr-x  2 root    root         400  7월 30  15:10 block
lrwxrwxrwx  1 root    root           3  7월 30  15:10 cdrom -> sr0
drwxr-xr-x  2 root    root        3660  7월 30  15:10 char
crw--w----  1 root    tty       5,   1  7월 30  15:11 console
lrwxrwxrwx  1 root    root          11  7월 30  15:10 core -> /proc/kcore
lrwxrwxrwx  1 root    root          13  7월 30  15:10 fd -> /proc/self/fd
drwxr-xr-x  2 root    root           0  7월 30  15:10 pts
brw-rw----  1 root    disk      8,   0  7월 30  15:10 sda
brw-rw----  1 root    disk      8,   1  7월 30  15:10 sda1
brw-rw----  1 root    disk      8,   2  7월 30  15:10 sda2
brw-rw----  1 root    disk      8,   5  7월 30  15:10 sda5
drwxrwxrwt  1 root    root          40  7월 30  15:10 shm
lrwxrwxrwx  1 root    root          15  7월 30  15:10 stderr -> /proc/self/fd/2
lrwxrwxrwx  1 root    root          15  7월 30  15:10 stdin -> /proc/self/fd/0
lrwxrwxrwx  1 root    root          15  7월 30  15:10 stdout -> /proc/self/fd/1
crw-rw-rw-  1 root    tty       5,   0  7월 30  15:10 tty
…
```

실제 /dev 디렉터리에는 이보다 훨씬 많은 파일들이 있지만 대표적인 몇 가지만 예로 보였다. 파일의 유형이 주로 b, c이며 ->로 표시되는 심볼릭 링크도 종종 있음을 알 수 있다. 터미널을 비롯하여 비디오, 오디오 장치들이 대표적인 문자형 장치이며, 하드디스크(sda, hda)가 대표적인 블록형 장치이다. 현재 사용 중인 터미널, 즉 시스템에 연결된 사용자의 입출력 장치는 /dev/pts 디렉터리에 번호로 나타난다. 참고로 현재 사용 중인 터미널의 번호는 `tty` 명령으로 알 수 있다.

```
$ tty
/dev/pts/2
$ ls -l /dev/pts
crw--w----  1  juyoon   tty   136,  2   7월 30  10:21 2
crw--w----  1  juyoon   tty   136,  3   7월 30  10:21 3
c---------  1  root     root    5,  2   7월 20  2020  ptmx
```

5장에서 설명한 표준 입출력 장치 stdin, stdout, stderr 또한 /dev 디렉터리의 파일로 존재함을 볼 수 있다. 실제로는 심볼릭 링크이며 해당 프로세스와 연결된 파일 0, 1, 2번으로 사용 중이라는 정보를 나타낸다.

위의 /dev 예를 보면 파일 모드 중에서 앞에서 설명하지 않은 't'라는 글자가 보인다(shm 디렉터리). 또 이 예에는 나타나지 않지만 모드 지정에 's'를 사용하기도 한다. 이러한 모드는 rwx와 다른 특별한 의미를 가지는 것인데 표 6-3에 특수한 권한 설정에 사용되는 문자들을 설명하였다.

표 6-3 특수 모드 지정

모드문자	설정 대상	명칭	설명
s	파일	Set User ID (setuid bit)	실행 가능한 파일에만 설정될 수 있음. 실행 도중 시스템 자원을 사용할 때 일시적으로 root의 권한을 가질 수 있음. 실행 권한 위치에 표시됨.
	디렉터리	Set Group ID (setgid bit)	특정 디렉터리에 대해 한 그룹의 사용자들이 파일들을 공유하고 읽기, 쓰기, 실행 등을 자유롭게 할 수 있음.
t	디렉터리	Save Text (sticky bit)	모든 사용자의 실행 권한에 설정될 수 있음. 특정 디렉터리에 모든 사용자가 파일을 만들고 읽을 수 있지만 자기가 만든 파일에 대해서만 변경 및 삭제 권한을 가짐.
S, T			s, t와 역할은 같으나 실행 권한이 없음.

장치 파일의 경우는 파일의 크기를 바이트 수로 나타내는 필드(표 6-1의 ⑥)에 두 개의 숫자가 있는 것을 볼 수 있다. 장치 파일은 실제로 하드 디스크에 저장되는 데이터가 아니라 외부 장치를 파일처럼 취급하기 위한 가상 파일이기 때문에 크기는 항상 0이다. 대신 장치의 종류를 두 개의 숫자[1]로 표시한다.

□ 파일의 고유 번호와 디렉터리

각 파일은 전체 파일 시스템 내에서 자신만의 고유한 번호와 고유한 이름을 가지고 있다. 4.1.1절에서 설명한 바와 같이 트리 구조의 파일 시스템 내에서 루트로부터 자신에게로 이를 수 있는 경로, 즉 '**절대 경로**'는 다른 어떤 파일과도 같지 않으며 이것이 자신의 고유한 이름이 된다.

고유 번호는 시스템이 파일을 관리하기 편하도록 또는 정해진 규칙을 따르도록 시스템에 의해 정해지는 하나의 정수다. 유닉스/리눅스에서는 파일 시스템 구조의 특성에 의해 이 숫자를 '**아이노드(inode) 번호**'라는 이름으로 부른다. 아이노드란 파일을 관리하기 위해 시스

1) 각각 major number, minor number라 한다.

템이 마련한 특수한 관리장부라 볼 수 있으며 파일마다 한 개씩 존재한다.[2] 이 아이노드에는 파일의 속성, 즉 메타 정보가 저장되어 있고 쉽게 찾을 수 있도록 번호 순서대로 정렬되어 별도로 보관된다. 사용자는 대개 이 번호를 알 필요가 없이 이름만으로 파일을 찾아다니지만 가끔 내부 구조를 이해하고 싶을 때는 ls 명령에 '-i' 옵션을 써서 번호를 확인해 볼 수 있다.

```
$ ls -ai linuxBook
741 .   12 ..   778 file1   809 file2   810 file3   803 test1   828 up
```

일반 파일 뿐만 아니라 특수 파일도 같은 방식으로 관리하기 때문에 아이노드 번호를 가진다. 위 예에서 현재 디렉터리(.)와 부모 디렉터리(..), 심볼릭 링크인 up도 자신의 고유 번호를 가짐을 볼 수 있다.

4.1.3절에서 디렉터리란 파일의 고유 번호와 이름을 저장하고 있는 특수한 파일이라고 소개한 바 있다. 위의 'ls -ai' 실행 결과가 실제 디렉터리가 담고 있는 내용이라고 생각해도 무방하다. 이 때 .(자기 자신), ..(부모 디렉터리) 두 항목은 반드시 포함된다. 사람은 숫자보다는 이름을 기억하고 사용하기가 더 쉽지만 컴퓨터는 모든 것을 숫자로 처리하는 것을 훨씬 더 좋아한다. (왜 그럴까?) 그래서 디렉터리라는 파일에 번호와 이름을 저장해 두고, 사용자가 이름으로 파일을 지정하면 시스템은 그 이름과 쌍으로 기록된 아이노드 번호를 디렉터리에서 찾는다. 이 번호를 이용해 해당 아이노드를 찾으면 파일의 속성 정보를 알 수 있다. 추가로 파일에 대해 읽기나 쓰기 등의 작업이 필요한 경우는 아이노드에 기록된 저장 위치[3]를 이용해 실제 파일의 내용물을 가져오는 순서로 파일을 접근하게 된다.

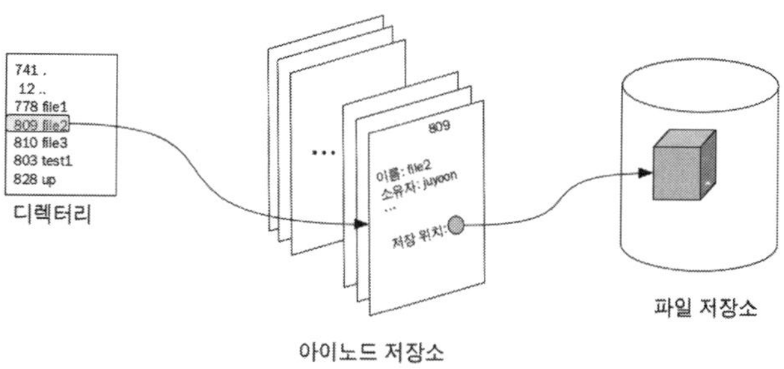

그림 6-3 파일 접근 구조

2) 도서관에서 책을 관리하기 위해 책마다 하나씩 고유 번호를 부여하고 제목, 저자, 날짜, 책이 보관된 서가 위치 등을 기록한 색인 카드를 한 장씩 만드는 것과 같다고 생각하라.

3) 인덱스 방식의 저장

실제 내부 동작은 이것보다 좀 더 복잡한데 12장에서 한 번 더 설명할 예정이므로 여기서는 이 정도로 이해하고 링크에 대한 설명으로 넘어가기로 한다.

□ 하드 링크와 심볼릭 링크

ls -l 명령을 실행했을 때 두 번째 필드(표 6-1에서 ③)는 '하드 링크의 수'를 표시한다고 되어 있다. 4.1.3절에서 심볼릭 링크 또는 소프트 링크라는 특수 파일이 있다는 것을 알았고, 이것은 일종의 '바로 가기' 역할을 한다고 했다. 그러면 하드 링크는 무엇이며 하드 링크의 수는 무엇을 의미하는가?

하드 링크란 어떤 파일의 실체에 이르는 경로를 기록한 횟수이며, 파일의 이름을 기록하는 것은 디렉터리이므로 하드 링크의 수는 **자신의 이름이 기록된 디렉터리의 수**가 된다. 먼저 특수 파일을 포함한 모든 파일은 절대 경로로서 하나의 링크를 가진다. 즉, 자신을 기록한 디렉터리가 반드시 하나는 있다. 자신이 디렉터리라면 부모 디렉터리에 자신의 이름이 기록되고, 자기 자신의 내부에도 자신을 의미하는 '.'이 기록되어 있으므로 하드 링크의 수는 최소한 2개가 된다. 자신의 하위 디렉터리가 있다면 하위 디렉터리에는 자신, 즉 부모를 의미하는 '..'이 기록되어 있으므로 하위 디렉터리가 하나씩 증가할 때마다 하드 링크의 수도 증가한다. 그래서 하드 링크의 수는 참조 계수(reference count)라고도 한다. 사용자는 파일이나 디렉터리를 생성/삭제할 수 있지만 그에 의해 발생하는 디렉터리 내용의 변경은 운영

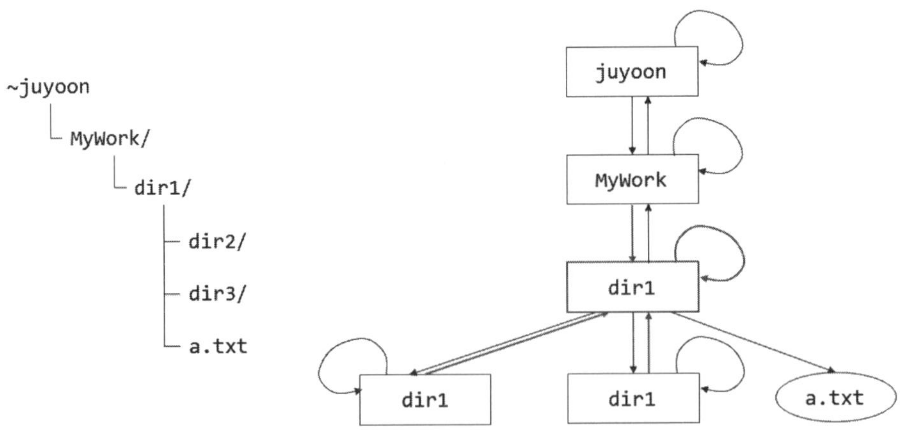

그림 6-4 디렉터리 구조와 하드 링크의 수

체제만이 할 수 있다.4)

```
juyoon@juyoon-VirtualBox:~/MyWork/dir1$ ls -l
합계 12
-rw-rw-r-- 1 juyoon juyoon    7  9월 17 12:02 a.txt
drwxrwxr-x 2 juyoon juyoon 4096  9월 17 12:02 dir2
drwxrwxr-x 2 juyoon juyoon 4096  9월 17 12:02 dir3
juyoon@juyoon-VirtualBox:~/MyWork/dir1$ ls -l ..
합계 16
drwxrwxr-x 4 juyoon juyoon 4096  9월 17 12:02 dir1
-rwxrwxr-x 1 juyoon juyoon 7333  9월 15 11:37 loop
-rw-r--r-- 1 juyoon juyoon  141  9월 15 11:30 loop.c
juyoon@juyoon-VirtualBox:~/MyWork/dir1$ ls -l ~
합계 64
drwxrwxr-x 3 juyoon juyoon 4096  9월 17 12:02 MyWork
-rw-r--r-- 1 juyoon juyoon 8980  8월 28 11:45 examples.desktop
drwxrwxr-x 2 juyoon friend 4096  9월 15 11:18 friend
```

그림 6-5 하드 링크의 수 확인

그림 6-4의 왼쪽에 보이는 것과 같은 구조로 파일과 디렉터리들이 저장되어 있다고 하자. dir1 디렉터리의 경우 부모인 MyWork, 자기 자신, 두 개의 하위 디렉터리 dir2, dir3에 부모로서(..) 자신이 기록되어 있다. 각 디렉터리에 이름이 기록되는 관계를 화살표로 표현한 오른쪽 그림에서 한 노드의 진입 링크의 수가 바로 하드 링크의 수이다. 일반 파일인 a.txt의 경우 자신이 속한 디렉터리에 기록되는 외에는 기록이 되지 않으므로 하드 링크의 수는 1이다5). 각 파일 및 디렉터리의 하드 링크 수는 ls -l 명령으로 확인해 볼 수 있다.

하드 링크와 소프트 링크의 차이점을 설명하기 위하여 그림 6-6의 예와 같이 리눅스 책 구조를 따라서 디렉터리 구조와 파일을 생성한 경우를 보겠다.6)

로그인을 막 해서 홈인 /home/juyoon/의 위치에 있을 때 ln.txt 파일을 찾아서 편집하려면 파일을 열기 위해서 디렉터리 구조를 따라 디렉터리를 변경(cd 명령 사용 또는 마우스로 폴더 열기)하거나 파일 이름을 linuxBook/chap6/sec2/ln.txt와 같이 경로명을 모두 붙여서 표현해야 한다. 한두 번 사용할 것이면 큰 문제가 없지만 수십 번 같은 일을 반복해야 한다면 (마우스 클릭만 한다고 해도) 매우 지겨운 일이다. 로그인하자 마자 원하는 파일을 직접

4) 따라서 일반 사용자는 피치 못할 경우를 제외하고는 하드 링크를 직접 생성하거나 삭제하지 않도록 권장한다.

5) ln 등의 명령으로 강제로 하드 링크를 추가하는 경우를 제외하고 자연스러운 파일 동작만 이루어진다고 할 때 일반 파일의 하드 링크의 수는 항상 1이다.

6) 차이점을 굳이 이해하고 싶지 않으면 이 부분은 건너뛰어도 좋다. 다만 '바로 가기' 기능이나 여러 폴더에서 하나의 파일을 공유하는 효과를 보려고 링크를 활용하고 싶다면 반드시 심볼릭 링크로 만들어야 함을 명심하자.

짧은 이름으로 열거나 한 번의 클릭 만으로 열 수 있다면 편하지 않을까?

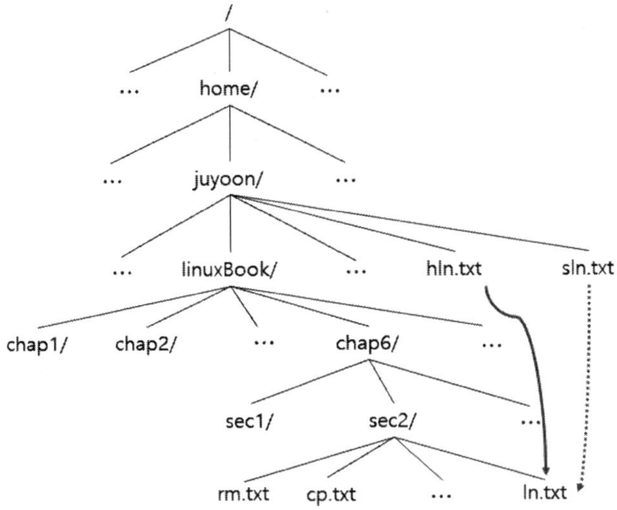

그림 6-6 하드 링크와 소프트(심볼릭) 링크 예

그림 6-6에 보다시피 바로 홈 디렉터리에 하드 링크 hln.txt 또는 소프트 링크 sln.txt라는 이름을 만들어서 그를 실제 파일과 연결할 수 있도록 해 두면 바로 이런 목적을 달성할 수 있다.

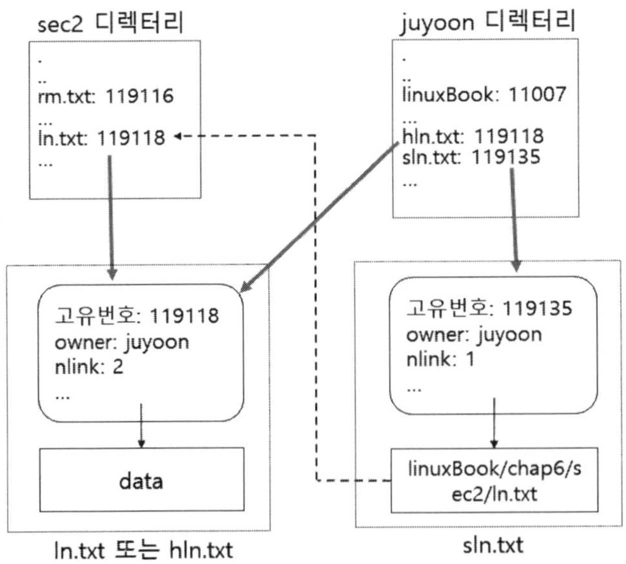

그림 6-7 하드 링크와 심볼릭 링크 구조

하드 링크는 전체 파일시스템 트리에 새로운 링크를 만드는 것, 즉 절대경로를 추가하는 것이다.[7] 디렉터리 내에 **새로운 이름**을 기록하여 그를 파일의 실체와 연결하게 된다. 파일의 실체가 하나이므로 이 이름들이 표시하는 파일의 고유 번호는 같다. 이름이 새로 다른 디렉터리에 기록되므로 하드 링크의 수, 즉 파일의 참조 계수가 하나 증가하여 2가 된다. 심볼릭 링크는 대상 파일과는 완전히 다른 **별도의 파일**로서 대상 파일로 접근하는 경로 정보만 저장한 특수 파일이다. 별도 파일이므로 자신만의 고유 번호를 가지며, 대상 파일의 고유 번호와는 다르다. 두 링크의 차이를 그림으로 나타내면 그림 6-7에 보는 바와 같다.

구조 상의 차이 외에도 하드 링크와 심볼릭 링크에는 다른 차이점이 있다. 표 6-4에 그 차이점이 요약되어 있다.

표 6-4 하드 링크와 심볼릭 링크의 차이점

상이한 요소	하드 링크	심볼릭 링크
디렉터리에 대한 링크	만들 수 없다.	만들 수 있다.
다른 파티션으로의 링크	만들 수 없다.	만들 수 있다.
target 존재 여부	반드시 존재해야 한다.	존재하지 않아도 된다.
파일 삭제 시 동작	참조 계수가 0이 될 때까지는 이름만 삭제되고 파일은 보존	링크 삭제 시 파일은 삭제되지 않으나 파일 삭제 시 링크 무효화

전반적으로 하드 링크는 실체를 직접 연결하는 것이므로 제약이 많은 것에 비해 심볼릭 링크는 경로만 알려 주는 포인터 역할을 하므로 매우 자유롭게 링크를 생성할 수 있다. 다만 심볼릭 링크는 실체가 존재하지 않을 때도 링크를 만들 수 있고, 존재하던 실체를 삭제하는 경우에도 링크는 남아 있게 되기 때문에 실체를 가리키지 않는 dangling pointer가 되는 문제가 있다. 그림 6-8은 위의 구조에서 ln.txt 파일을 삭제했을 때의 경우를 보여 준다. 먼저 ln.txt라는 이름이 기록된 sec2 디렉터리에서 ln.txt 정보가 삭제된다. 그렇지만 이름과 연결된 파일의 실체, 즉 고유번호 119118 파일의 참조 계수는 2이기 때문에 계수만 하나 감소시켜 1로 만들고 실체는 삭제되지 않는다. 이 실체는 또다른 이름인 ~juyoon/hln.txt라는 이름과 연결되어 있다. 심볼릭 링크인 sln.txt는 파일의 경로 정보만 저장하고 있기 때문에 실체는 남아 있더라도 경로상에 있던 ln.txt라는 이름이 삭제되었으므로 더 이상 링크로서의 역할을 하지 못한다.

7) 엄밀히 말하면 경로가 하나 더 생기기 때문에 더 이상 트리 구조가 아니게 된다.

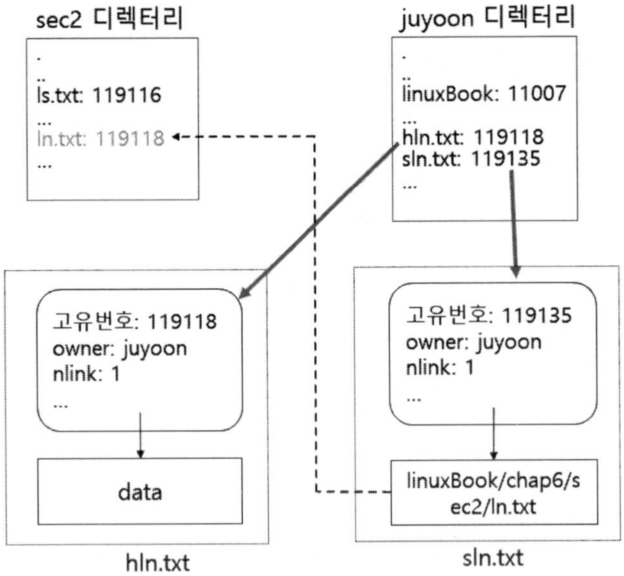

그림 6-8 파일 삭제 시 링크와의 관계

6.1.4 mkdir (make directory)

디렉터리는 여러 개의 파일을 묶어서 표현할 수 있는 논리적 집합 단위로서, 일반 파일이 데이터를 저장하고 있는데 반해 디렉터리는 파일들의 이름을 위주로 한 목록을 저장하고 있다. 자신의 데이터들을 잘 보관하고 활용하기 위해서는 적절한 디렉터리 구조를 만들어 파일을 저장하는 것이 필요하다. 새로운 디렉터리를 생성하는 명령이 mkdir이다.

사용법

  `mkdir [옵션] dir_name …`

기본 기능

  사용자가 지정하는 **dir_name**으로 새로운 디렉터리를 생성한다. **dir_name**은 절대경로와 상대경로명 모두 가능하다. 이름을 여러 개 나열할 경우, 여러 개의 디렉터리가 한꺼번에 생성된다.

주요 옵션

-p	여러 단계의 디렉터리 구조를 만들 때 중간 디렉터리도 함께 생성
-m	접근권한을 부여해서 디렉터리 생성

접근권한을 지정하는 방법은 앞에서 설명한 8진수 숫자 또는 문자로 가능하다. mkdir 명령의 실행 예를 보이면 다음과 같다.

```
$ ls
file1  file2  file3  image  script  test1
$ mkdir dir1
$ ls
dir1  file1  file2  file3  image  script  test1 ← 새로운 디렉터리 dir1이 생성됨
$ mkdir dir2/dir2-1
mkdir: `dir2/dir2-1' 디렉토리를 만들 수 없습니다: No such file or directory
$ mkdir -p dir2/dir2-1                    ← dir2와 dir2-1이 단계적으로 모두 생성됨
$ ls
dir1  dir2  file1  file2  file3  image  script  test1
$ ls dir2
dir2-1
$ mkdir -m 700 dir3
$ ls -l
합계 36
drwxr-xr-x 2 juyoon juyoon 4096 2019-07-02 17:02 dir1
drwxr-xr-x 3 juyoon juyoon 4096 2019-07-02 17:03 dir2
drwx------ 2 juyoon juyoon 4096 2019-07-02 17:03 dir3  ← 접근권한이 다름
-rw-r--r-- 1 juyoon juyoon   12 2019-04-07 16:32 file1
-rw-r--r-- 1 juyoon juyoon   14 2019-04-07 16:32 file2
-rwxr-xr-x 1 juyoon juyoon    9 2019-04-07 16:32 file3
drwxr-xr-x 2 juyoon juyoon 4096 2019-07-02 17:00 image
drwxr-xr-x 2 juyoon juyoon 4096 2019-07-02 17:02 script
drwxr-xr-x 2 juyoon juyoon 4096 2019-04-07 16:32 test1
```

6.1.5 rmdir (remove directory)

존재하는 디렉터리를 삭제하는 명령이다.

사용법

  rmdir [옵션] dir …

기본 기능

  dir로 지정된 디렉터리를 삭제한다. 이 때, dir 내에는 파일이나 다른 디렉터리 등이

없는 빈 디렉터리여야 한다. 이름을 여러 개 나열할 경우 한꺼번에 삭제할 수 있다.

주요 옵션
-p　　디렉터리 삭제 결과로 상위 디렉터리가 비게 되면 상위 디렉터리도 함께 삭제

rmdir 명령의 실행 예는 다음과 같다.

```
$ ls
dir1  dir2  dir3  file1  file2  file3  image  script  test1
$ rmdir dir2
rmdir: failed to remove `dir2': Directory not empty ← 비어있지 않음
$ rmdir dir1
$ ls
dir2  dir3  file1  file2  file3  image  script  test1
$ rmdir dir1
rmdir: failed to remove `dir1': No such file or directory ← 없는 파일
$ rmdir -p dir2/dir2-1        ← dir2-1을 삭제하면 dir2가 빈 디렉터리가 되어
$ ls                                    연속으로 삭제됨
dir3  file1  file2  file3  image  script  test1
```

디렉터리가 비어 있지 않더라도 무시하고 강제로 지울 수는 없을까? 당연히 할 수 있다. 방법은… (곧 나온다.)

6.2 파일 조작

6.2.1 rm (remove)

파일 또는 디렉터리를 삭제한다.

사용법
　rm [옵션] file …

기본 기능
　주어진 file이 존재하면 이를 삭제한다. 쓰기 권한이 있는 파일은 곧바로 삭제되고,

```
    쓰기가 금지된 파일은 삭제 여부를 물어본 후 삭제한다.
    일반 디렉터리는 삭제되지 않는다.
    하나 이상의 파일명이 주어지면 한꺼번에 삭제된다.

주요 옵션
-i              삭제 전에 사용자에게 확인 (interactive)
-r, -R          순환적으로 파일 및 디렉터리 삭제 (recursive)
-f              파일이 존재하지 않는 등의 오류에도 확인하지 않음 (force)
```

언제나 그렇듯이 파일의 삭제는 주의를 요한다. 실수로 지워야 하지 말아야 할 파일을 지워서 낭패를 볼 수 있기 때문이다. 그래서 rm 명령 사용 시에는 항상 '–i' 옵션을 사용하는 것이 권장된다.8) 다음 실행 예에서 각 옵션들의 실행 결과를 보도록 하자.

```
$ ls -l
합계 16
drwxr-xr-x 2 juyoon juyoon 4096 2019-04-07 17:03 dir1
-r--r--r-- 1 juyoon juyoon   12 2019-04-07 16:32 file1      ← 쓰기권한 없음
-rw-r--r-- 1 juyoon juyoon   14 2019-04-07 16:32 file2
-rwxr-xr-x 1 juyoon juyoon    9 2019-04-07 16:32 file3
$ rm file1
rm: remove write-protected 일반 파일 `file1'? n             ← 지우지 않도록 응답
$ rm file4
rm: cannot remove `file4': No such file or directory       ← 없는 파일
$ rm file2
$ ls
dir1  file1  file3
$ rm -i file3
rm: remove 일반 파일 `file3'? n   ← -i 옵션으로 삭제 여부 확인
$ rm -f file1                    ← -f 옵션으로 쓰기 금지된 파일을 삭제
$ rm -f file4                    ← -f 옵션으로 존재하지 않는 파일 무시
$ ls -R                          ← recursive 옵션으로 ls 수행
.:
dir1  file3

./dir1:
```

8) 사용자의 부주의를 방지하기 위해 항상 '-i' 옵션이 적용될 수 있도록 셸 환경을 설정하는 방법은 9장에서 설명한다.

```
dir1-1

./dir1/dir1-1:
file
$ rm -ir dir1                    ← -i와 -r 옵션으로 디렉터리 및 그 하위 디렉터리, 파일들을
rm: descend into directory `dir1'? y          순환적으로 확인하면서 삭제
rm: descend into directory `dir1/dir1-1'? y
rm: remove 일반 파일 `dir1/dir1-1/file'? y
rm: remove 디렉토리 'dir1/dir1-1'? y
rm: remove 디렉토리 'dir1'? y
$ ls
file3
```

6.2.2 cp (copy)

사용법

```
cp [옵션] source dest
cp [옵션] source … dir
```

기본 기능

하나의 source 파일을 복사하여 하나의 dest 파일을 생성하거나, 여러 개의 source 파일들을 dir 디렉터리 안으로 복사한다. Dest 파일이 이미 존재하는 경우에도 덮어쓰기를 하며, dest가 쓰기 금지되어 있는 경우에는 사용자에게 덮어쓰기 할 것인지 확인한다.

주요 옵션

-a	-dpR 옵션과 같음 (archive)
-d	링크 파일을 그대로 복사. 이 옵션이 없으면 링크를 따라간 원본 파일을 복사함
-f	dest 파일이 쓰기 금지되어 있을 때도 확인하지 않고 복사 (force)
-i	복사 전에 사용자에게 확인 (interactive)
-p	접근 권한, 소유자, 그룹, 날짜 등의 속성 정보를 보존함 (preserve)
-r,-R	source와 dest가 모두 디렉터리이며, 순환적으로 모든 파일과 하위 디렉터리를 복사 (recursive)

주요 옵션별 실행 예를 보면 다음과 같다.

```
$ ls -lR
.:
합계 16
drwxr-xr-x 2 juyoon juyoon 4096 2019-07-07 13:38 dir1
-rw-r--r-- 1 juyoon juyoon   21 2019-07-08 15:50 file1

./dir1:
합계 4
-rw-r--r-- 1 juyoon juyoon 9 2019-07-07 13:38 file1

$ cat file1                  ← 파일의 내용을 출력한다
This is a test file.
$ cp file1 file2
$ cat file2                  ← 복사 후 파일 내용이 같은지 출력해 본다
This is a test file.
$ ls -l file1 file2          ← 내용은 같지만 속성이 다름을 알 수 있다
-rw-r--r-- 1 juyoon juyoon 21 2019-07-08 15:50 file1
-rw-r--r-- 1 juyoon juyoon 21 2019-07-08 15:51 file2
$ cp -p file1 file3          ← 속성을 보존하며 복사한다.
$ ls -l                      ← file1과 file3는 속성도 복사되어 시간이 같다
합계 20
drwxr-xr-x 2 juyoon juyoon 4096 2019-07-07 13:38 dir1
-rw-r--r-- 1 juyoon juyoon   21 2019-07-08 15:50 file1
-rw-r--r-- 1 juyoon juyoon   21 2019-07-08 15:51 file2
-rw-r--r-- 1 juyoon juyoon   21 2019-07-08 15:50 file3
$ cp file2 dir1              ← 파일을 디렉터리로 복사
$ ls dir1
file1  file2
$ cp dir1 dir2
cp: omitting directory `dir1'   ← 디렉터리는 직접 복사할 수 없다.
$ cp -R dir1 dir2               ← 순환적으로 디렉터리 복사
$ ls -R
.:
dir1  dir2  file1  file2  file3

./dir1:
file1  file2

./dir2:
file1  file2
```

6.2.3 mv (move)

mv 명령은 파일 이름을 변경하는(rename) 것과 위치를 이동(move)하는 두 가지 목적에 모두 사용된다.

```
사용법
    mv [옵션] source dest
    mv [옵션] source … dir

기본 기능
    Source 파일이나 디렉터리의 이름을 dest로 변경한다. Dest가 이미 존재하는 파일인
    경우에도 쓰기 금지가 되어 있지 않으면 사용자에게 묻지 않고 덮어쓰기를 한다.
    둘 이상의 source를 명시하거나 source가 파일이고 dest가 디렉터리인 경우는,
    앞에 명시된 파일 또는 디렉터리 모두를 dest 또는 dir 디렉터리 아래로 이동한다.

주요 옵션
-i      이동 전에 사용자에게 확인 (interactive)
-b      dest와 동일한 이름의 파일이 존재할 경우, 복사본을 만들고 파일을 이동 (backup)
        두 번 이상 연속될 때는 가장 최근 것의 복사본만 남게 됨
-n      dest와 동일한 이름의 파일이 존재할 경우 덮어쓰지 않음 (no-clobber)
-u      source 파일이 dest 파일보다 최근 것일 경우 또는 dest가 없는 경우에만 변경(update)
```

mv 명령의 실행 예는 다음과 같다.

```
$ ls -lR
.:
합계 20
drwxr-xr-x 2 juyoon juyoon 4096 2019-07-07 13:38 dir1
drwxr-xr-x 2 juyoon juyoon 4096 2019-07-16 11:59 dir2
-rw-r--r-- 1 juyoon juyoon   21 2019-07-08 15:50 file1
-rw-r--r-- 1 juyoon juyoon   21 2019-07-16 11:58 file2
-r--r--r-- 1 juyoon juyoon   21 2019-07-09 09:13 file3

./dir1:
합계 4
-rw-r--r-- 1 juyoon juyoon 21 2019-07-08 15:59 file1

./dir2:
```

```
합계 8
-rw-r--r-- 1 juyoon juyoon  9 2019-07-08 15:58 file1
-rw-r--r-- 1 juyoon juyoon 21 2019-07-08 15:51 file2
$ mv file1 file3           ← file1의 이름을 쓰기 금지된 file3로 변경
mv: try to overwrite `file3', overriding mode 0444 (r--r--r--)? y
$ ls -l                    ← file1과 원래의 file3는 없어지고 변경된 file3 남음
합계 16
drwxr-xr-x 2 juyoon juyoon 4096 2019-07-07 13:38 dir1
drwxr-xr-x 2 juyoon juyoon 4096 2019-07-16 11:59 dir2
-rw-r--r-- 1 juyoon juyoon   21 2019-07-16 11:58 file2
-rw-r--r-- 1 juyoon juyoon   21 2019-07-08 15:50 file3
$ mv file2 dir1            ← 파일을 다른 디렉터리로 이동
$ ls -R
.:
dir1  dir2  file3

./dir1:
file1  file2               ← file2가 이동해 옴

./dir2:
file1  file2
$ mv dir1 dir2             ← 디렉터리를 다른 디렉터리로 이동
$ ls -lR                   ← 이름이 변경되는 것이 아니라 디렉터리 위치가 변경
.:
합계 8
drwxr-xr-x 3 juyoon juyoon 4096 2019-07-16 12:00 dir2
-rw-r--r-- 1 juyoon juyoon   21 2019-07-08 15:50 file3

./dir2:
합계 12
drwxr-xr-x 2 juyoon juyoon 4096 2019-07-16 12:00 dir1
-rw-r--r-- 1 juyoon juyoon    9 2019-07-08 15:58 file1
-rw-r--r-- 1 juyoon juyoon   21 2019-07-08 15:51 file2

./dir2/dir1:
합계 8
-rw-r--r-- 1 juyoon juyoon 21 2019-07-08 15:59 file1
-rw-r--r-- 1 juyoon juyoon 21 2019-07-16 11:58 file2
$ mv dir2/file1 dir2/file2       ← 같은 이름의 파일이 존재하는 경우에도 이름 변경
$ ls -l dir2
```

```
합계 8                        ← file2의 속성을 확인해 보자.
drwxr-xr-x 2 juyoon juyoon 4096 2019-07-16 12:00 dir1
-rw-r--r-- 1 juyoon juyoon    9 2019-07-08 15:58 file2
```

유닉스/리눅스 명령행에서는 명령의 되돌림(undo)이나 파일의 복구가 매우 어렵거나 불가능하다. 따라서 rm, cp, mv 등 파일이 삭제되거나 덮어쓰기될 우려가 있는 명령을 사용할 때는 실수를 방지하기 위하여 '–i' 옵션을 꼭 사용할 것을 권장한다.

6.2.4 chmod (change mode)

chmod는 6.1.1절에서 설명한 파일의 모드 중, 접근 권한 설정을 변경하는 명령이다.

```
사용법
    chmod [옵션] mode[,mode] … file
    chmod [옵션] octal-mode file

기본 기능
    file (파일 또는 디렉터리)의 접근 권한을 기호로 나타낸 mode 또는 8진수로 표현한
    octal-mode에 따라 변경한다.

주요 옵션
-v      어떤 파일들에 적용되는지 결과는 어떤지 모두 출력한다. (verbose)
-c      -v 옵션과 같으나 실제 변경이 일어난 경우에만 출력한다. (change)
-R      하위 디렉터리의 파일들에도 모두 적용한다. (recursive)
```

변경할 접근 권한은 기호로 표시하거나 8진수로 표시하여 나타낸다. 8진수 표시는 6.1.3절에 설명한 바와 같다. 예를 들어, apelfks라는 파일에 대해 소유자에게 읽기와 쓰기를 허용하고 그룹에는 읽기만, 기타 사용자에게는 아무 것도 허용하고 싶지 않다고 할 때 다음과 같은 명령으로 목적을 달성할 수 있다.

```
$ chmod 640 apelfks
```

기호로 표시하는 모드는 권한의 주체, +-=, 적용 권한 등 세 가지 구성 요소를 가진다.

- **권한의 주체**: ugoa 글자들의 조합으로 표현한다. 'u'는 소유자(user), 'g'는 그룹(group), 'o'는 기타 사용자(other), 'a'는 소유자, 그룹, 기타 모두(all)를 표시한다.
- **+−=**: 권한의 추가나 삭제를 지시한다. '+'는 권한의 추가, '−'는 권한 삭제, '='는 지정한 것 외에 삭제를 의미한다.
- **권한**: rwxXst 글자들의 조합으로 표현한다. 의미는 6.1.3절에 소개된 바와 같다.

8진수로 권한을 변경했던 앞의 예를 기호 방식으로 실행하면 다음과 같다.

```
$ ls -l                    ← 현재 권한을 확인
합계 4
-rw-r--r-- 1 juyoon juyoon 13 2019-09-23 10:46 test
$ chmod o-r test           ← 원하는 권한만 변경
$ ls -l                    ← 변경 결과 확인
합계 4
-rw-r----- 1 juyoon juyoon 13 2019-09-23 10:46 test
$ chmod go+rw test         ← 동시에 여러 권한 변경
$ ls -l                    ← 변경 결과 확인
합계 4
-rw-rw-rw- 1 juyoon juyoon 13 2019-09-23 10:46 test
```

기호 표현을 효과적으로 이용하려면 위의 실행 결과와 같이 현재 권한이 무엇인지 아는 상태에서 변경 부분만 설정해 주는 것이 좋다. 한꺼번에 여러 주체에 대해 여러 권한을 변경하려면 해당 문자들을 같이 써 주면 된다.

8진수 표현은 모든 주체의 모든 권한을 한꺼번에 표현할 수 있어 간편한 반면 실수할 가능성이 기호보다 높고, 기호 표현은 약간 번거롭기는 하지만 사람이 그 의미를 이해하기 쉬우며 8진수로 표현할 수 없는 setuid, setgid, sticky bit 등의 권한을 설정할 수 있다는 장점이 있다.

6.2.5 ln (link)

ln은 링크를 생성하는 명령이다.

사용법
    ln target … [link_name]

기본 기능
    link_name이란 새 이름으로 target에 대한 링크를 생성한다. link_name이 주어지지 않으면 target 이름에서 경로 정보를 뺀 이름과 같은 것으로 만들어진다.
    link_name이 디렉터리 이름이면 target에 대한 링크를 하나씩 link_name 디렉터리 내에 생성한다.

주요 옵션

-s	심볼릭 링크를 만든다. (symbolic)
-i	link_name과 같은 이름의 파일이 있으면 덮어 쓰기 여부를 물어 본다. (interactive)

다음은 ln 명령어의 실제 사용 예이다. 6.1.1절에서 소개한 하드 링크와 심볼릭 링크의 개념이 명령어 실행 결과로 어떻게 나타나는지 잘 살펴보자.

```
$ ls
file
$ ln file hfile                ← 하드 링크 생성
$ ln -s file sfile             ← 심볼릭 링크 생성
$ ls -l
합계 8
-rw-r--r-- 2 juyoon juyoon 16 2019-04-24 14:43 file
-rw-r--r-- 2 juyoon juyoon 16 2019-04-24 14:43 hfile
lrwxrwxrwx 1 juyoon juyoon  4 2019-04-24 15:28 sfile -> file
$ ln /etc
ln: `/etc': 디렉토리는 하드링크할 수 없습니다
$ ln -s /etc                        ← 심볼릭 링크는 디렉터리 링크도 만들 수 있음
$ ln /etc/passwd pswd               ← 파일 파티션이 달라서 하드 링크 만들 수 없음
ln: creating hard link `pswd' => `/etc/passwd': Invalid cross-device link
$ ln -s /etc/passwd pswd       ← 심볼릭 링크는 가능함
$ ln babo bb                   ← 실체가 없는 경우 하드 링크 만들 수 없음
ln: accessing `babo': No such file or directory
$ ln -s babo bb                ← 실체가 없어도 심볼릭 링크 만들 수 있음
```

```
$ ls -l
lrwxrwxrwx 1 juyoon juyoon  4 2019-04-24 15:28 bb -> babo
lrwxrwxrwx 1 juyoon juyoon  4 2019-04-24 15:29 etc -> /etc
-rw-r--r-- 2 juyoon juyoon 16 2019-04-24 14:43 file
-rw-r--r-- 2 juyoon juyoon 16 2019-04-24 14:43 hfile
lrwxrwxrwx 1 juyoon juyoon  4 2019-04-24 15:30 pswd -> /etc/passwd
lrwxrwxrwx 1 juyoon juyoon  4 2019-04-24 15:28 sfile -> file
$ cat bb                       ← 링크만 있을 뿐 실체가 없음
cat: bb: No such file or directory
$ rm file
$ cat hfile                    ← 하나의 경로 정보를 삭제해도 실체는 남아 있음
This is a test file.
$ cat sfile                    ← 실체가 있지만 이르는 경로 정보가 삭제되어 읽을 수 없음
cat: sfile: No such file or directory
```

6.3 파일 탐색

6.3.1 locate

어떤 파일이 어디에 있는지 빠르게 검색할 수 있는 유틸리티 프로그램이 locate이다. 이는 시스템의 파일들을 미리 데이터베이스로 조직화해 두어 거기에서 검색하기 때문에 속도가 매우 빠르다. 그러나 검색 조건이 단순해서 시간이나 소유자 등 속성에 의한 검색은 불가능하다. 그리고 대부분의 유닉스/리눅스 시스템에 포함되는 기본 명령이긴 하지만 유틸리티이기 때문에 BSD locate, GNU locate 등 여러 버전이 존재해 실제 구현 내용이 매우 다르고 사용하는 옵션들도 다르다.[9] 게다가 주어진 문자열을 일부 포함하는 이름이라도 모두 검색해 출력하기 때문에 정확하게 원하는 이름의 위치를 찾기 어렵다.

사용법

    locate [옵션] string

기본 기능

    인자로 주어진 string과 부분 일치하는 이름을 가진 파일을 검색해서 위치를 출력한다.

9) 우분투 20.04에는 기본으로 설치되어 있지 않다.

```
    string에는 셸에서 사용하는 메타문자들을 사용할 수 있다.

주요 옵션
-i              대소문자를 구분하지 않음 (ignore case)
-r regex        셸의 메타문자 대신 정규표현을 검색에 사용
-n num          결과 출력을 num 개만 한다.
```

위에 소개한 옵션 외에 데이터베이스를 별도로 생성하고 특정 디렉터리를 데이터베이스에서 삭제하는 등, 데이터베이스 자체에 대한 조작 기능이 더 있으나 일반 사용자의 기능 범주에서 벗어나므로 다루지 않겠다.

검색에 디폴트로 사용하는 파일 데이터베이스는 자동으로 갱신된다. 대부분의 리눅스 시스템에서 하루에 한 번, 이 갱신 작업을 하기 때문에 최근 만들어진 파일은 반영이 되지 않는다. 데이터베이스를 즉시 갱신하고 싶으면 직접 갱신 명령 "updatedb"를 사용한다. 관리자 권한이 필요한 작업이기 때문에 명령어 앞에 "sudo"를 추가해야 하며 관리자 패스워드를 입력해야 한다.

```
$ sudo updatedb
```

6.3.2 find

파일을 좀 더 정교한 방식으로 검색할 수 있는 명령어가 find이다. 지금까지 나온 명령들과 달리 사용법이 상당히 복잡하고 다양한 편이다. 여기서는 기본 기능 위주로 설명하고 상세한 사용법은 매뉴얼을 참조하기 바란다.

```
사용법
    find [옵션] [경로 …] [검색식]

기본 기능
    지정된 경로 이하의 모든 디렉터리를 순환적으로 검색하여 '검색식'으로 표현되는 파일의
    위치를 찾는다. 여러 개의 경로를 한꺼번에 지정할 수 있으며, 검색식이 없는 경우는 해
    당 디렉터리의 모든 파일을 나열해서 보여 준다. 경로를 지정하지 않으면 현재 디렉터리
    에서 파일을 찾는다.
```

주요 옵션

-P, -L, -H 등 심볼릭 링크와 관련된 옵션이 가능하며, -D로 지정하는 디버그 옵션, -O로 지정하는 최적화 수준 옵션 등이 있다. 상세 설명은 생략한다.

검색식(expression)은 '-'로 시작하는 단어와 그에 따르는 인자들로 구성된다. 검색식 전체는 일종의 부울식(Boolean expression), 즉 참과 거짓으로 판별될 수 있는 식으로 취급하여, 식이 참이 되는 경우를 검색하라는 의미가 된다. 여러 개의 식이 나열되면 'AND'의 의미가 적용되어 모든 조건을 만족하는, 즉 모든 식을 참으로 만드는 파일을 결과로 출력하게 된다. 검색 조건의 종류는 수십 가지이며 다른 명령을 결합해서 사용해 파일의 이름뿐만 아니라 내용도 검색할 수 있으며, 시스템에서 파일에 대해서 관리하는 모든 속성에 대해서도 조건을 만들 수 있다. 표 6-5에 대표적인 검색 조건 몇 가지를 설명해 두었다.

표 6-5 find에서 사용되는 대표적인 검색 조건

옵션	의미
-name 파일명	지정한 파일명이 찾은 파일명과 일치하면 출력된다. 이때 파일명으로 메타문자([ ], ?, *)를 함께 사용할 수 있다.
-type 파일형	지정한 파일형이 찾은 파일과 일치하면 출력된다. 이때 파일형을 지정하는 문자는 다음과 같다. b : 블록 특수파일 c : 문자 특수파일 d : 디렉터리 p : 파이프인 fifo 파일 f : 일반파일 l : 심볼릭 링크 s: 소켓
-user 로그인명	지정한 사용자 ID가 찾은 사용자 ID와 일치하면 출력한다.
-size 수	파일의 크기를 이용해서 찾는다. 파일 크기는 블록단위(1블록 = 512바이트)이다. 지정한 파일 크기보다 작은 파일을 찾으려면 파일 크기 앞에 - 기호를 붙이고 큰 파일을 찾으려면 + 기호를 붙인다.
-ls	파일의 속성 정보를 함께 출력한다. (ls 명령의 -l 옵션과 유사)
-atime 수	수*24시간 전에 접근(access)된 적이 있는 파일을 찾는다. (0을 지정하면 지난 24시간 동안을 의미한다.)
-mtime 수	수*24시간 전에 변경된(modified) 적이 있는 파일을 찾는다.
-exec 명령어	명령어를 실행한다. 이 명령어는 \; 으로 끝을 맺으며 명령어 인수 { }는 현재의 경로명으로 대체한다.

몇 가지 대표적인 실행 예를 보도록 하자.

```
$ ls
dir2  file3
$ find          ← 아무 인자도 주지 않는 경우 현재 디렉터리를 순환적으로 검색
.
./dir2
./dir2/file2
./dir2/dir1
./dir2/dir1/file2
./dir2/dir1/file1
./file3
$ find -name file2 -ls       ← -ls 조건을 부여하면 속성까지 출력
184053  4 -rw-r--r--  1 juyoon   juyoon    9  7월  8 15:58 ./dir2/file2
184078  4 -rw-r--r--  1 juyoon   juyoon   21  7월 16 11:58 ./dir2/dir1/file2
$ find /home -user juyoon -type f -mtime 0
                  ← /home 디렉터리 아래에서 사용자가 juyoon인 일반 파일 중에
                       지난 24시간 이내 변경된 적이 있는 파일 검색
find: `/home/lost+found': Permission denied        ← 권한이 없는 디렉터리 검색 시도
/home/juyoon/.gconfd/saved_state
/home/juyoon/.gksu.lock
... (중간 생략)
/home/juyoon/linuxBook/test/dir2/dir1/file2
/home/juyoon/.Xauthority
/home/juyoon/.gnome2/share/fonts/fonts.dir
/home/juyoon/.gnome2/share/cursor-fonts/fonts.dir
/home/juyoon/.gnome2/yelp
/home/juyoon/.gtk-bookmarks
/home/juyoon/.bash_history
$ find /bin /usr -name find ← find 명령어 파일의 위치 검색
/usr/bin/find
/usr/src/linux-headers-2.6.27-7-generic/include/config/generic/find
/usr/src/linux-headers-2.6.27-7-generic/include/config/x86/find
/usr/src/linux-headers-2.6.27-11-generic/include/config/generic/find
/usr/src/linux-headers-2.6.27-11-generic/include/config/x86/find
$ find . -name "file*" -exec chmod 444 {} \;
 ← 이름이 file로 시작하는 파일을 찾아서 접근 권한을 변경
$ ls -lR
.:
합계 8
drwxr-xr-x 3 juyoon juyoon 4096 2019-07-16 17:26 dir2
-r--r--r-- 1 juyoon juyoon   22 2019-07-16 17:26 file3
```

```
./dir2:
합계 8
drwxr-xr-x 2 juyoon juyoon 4096 2019-07-16 17:26 dir1
-r--r--r-- 1 juyoon juyoon   22 2019-07-16 17:26 file2

./dir2/dir1:
합계 8
-r--r--r-- 1 juyoon juyoon 22 2019-07-16 17:26 file1
-r--r--r-- 1 juyoon juyoon 21 2019-07-16 11:58 file2
```

6.4 묶음과 압축

파일에 대한 기능에서 필수적인 것 중의 하나가 묶음과 압축이다. 간편한 저장 또는 이동을 위해 수많은 파일과 디렉터리를 하나의 덩어리로 묶는 작업이 필요하고, 이 때 데이터의 성질을 이용해 그 크기를 줄이는 것 또한 중요한 기능이다. 고전적인 유닉스에서는 묶음과 압축의 수행이 서로 다른 명령(또는 유틸리티 프로그램)으로 이루어졌으나, 대부분 묶음을 만들 때 압축까지 원하기 때문에 하나의 명령으로 이 두 가지 작업을 모두 수행할 수 있도록 기능이 변화되고 있다.

이번 절에서는 파일을 묶는 tar 명령과 압축을 위한 gzip, bzip2 명령을 살펴보기로 한다. 묶음 파일 중에서도 배포용 소프트웨어 패키지를 만드는 것은 2장에서 소개한 바와 같이 deb, rpm 등 양식에 따라 apt와 dpkg, rpm 등의 정해진 도구를 사용해야 하고 일반적인 파일 묶음과는 별개로 취급하기 때문에 여기서는 다루지 않는다. 유닉스/리눅스에서 사용할 수 있는 압축 명령 또는 유틸리티 프로그램은 다양한 압축 알고리즘에 따라 compress, p7zip, xz, lzma, gzip, bzip2, lzop 등 여러 가지가 존재한다. 각 알고리즘 특성에 의해 압축률과 실행 속도 등에서 차이가 나는데, 우리는 가장 많이 사용되는 gzip과 bzip2 사용법만 공부할 것이다. 나머지에 대해 관심 있는 사람은 웹 문서나 매뉴얼 등을 참조해서 특성을 살피고 사용해 보기 바란다.

6.4.1 tar (tape archive)

tar는 여러 개의 파일을 하나의 묶음으로 만들어 주는 프로그램과 그 결과로 나온 파일의 포맷(format) 둘 다를 지칭하는 용어다. 과거 자기 테이프가 주된 백업 장치의 역할을 할 때 파일 시스템의 파일들을 한꺼번에 저장하기 위한 유틸리티로 개발되었으며, 현재는 하드디스크 등의 보조 기억 장치에 많은 수의 파일을 보관하거나 간편하게 이동시키기 위해 파일들을 한 덩어리로 묶는 목적으로 주로 사용된다. 특별한 옵션을 사용하지 않을 경우 묶는 과정에서 압축은 이루어지지 않는다.

```
사용법
tar [-] 기능_문자 [옵션] tarfile [파일 …]

기본 기능
    기능 문자가 지시하는 대로 파일들을 묶거나 해제한다. 기능 문자는 옵션이 아니기
    때문에 반드시 한 개 이상 주어져야 하며, 여러 개 연속으로 사용할 수 있다.
    또한 옵션처럼 - 기호를 앞에 추가해도 무방하고, 일반 옵션에 사용되는 글자와
    기능 문자를 연속해서 사용해도 된다.

기능_문자
A       기존 묶음에 tar 파일을 추가 (concatenate)
c       묶음 파일을 생성 (create)
d       묶음 파일과 파일 시스템의 차이점 찾기 (difference)
r       주어진 파일을 기존 tar 파일 끝에 추가 (append)
u       주어진 파일이 새로운 경우에만 기존 tar 파일 끝에 추가 (update)
t       묶여진 파일들의 목록을 보여준다 (table of contents)
x       하나의 파일명으로 묶여진 파일을 푼다 (extract)

주요 옵션
-f      주어진 파일명(file)으로 tarfile을 만든다 (file)
-z      압축된 tarfile을 다룬다. (gzip/gunzip)
-j      압축된 tarfile을 다룬다. (bzip2/bunzip2)
-p      파일 권한에 대한 정보를 보존 (preserve permission)
-v      실행 과정의 메시지를 출력한다 (verbose)
-N      주어진 날짜 또는 파일보다 새로운 것만 묶음에 추가 (newer)
-O      풀어낸 파일을 stdout에 출력
```

tar의 실행 예를 보자. 기능 문자와 옵션들은 "cvf"와 같이 여러 개를 붙여 쓰는 것이 일반적이다. tar 묶음 파일의 이름은 원하는 대로 지정하면 되는데, 특성을 나타내기 위해 마지막에 ".tar"로 표기하여 확장자처럼 사용하는 경우도 많다. 그렇지만 붙이지 않아도 실행에는 아무 문제가 없다.

```
$ ls -R
.:
file1  file2  kernel  loop  loop.c  sub

./sub:
file3
$ tar cvf tartest *              ← 현재 디렉터리의 모든 파일 및 디렉터리를 tartest라는
file1                              하나의 묶음으로 만든다.
file2
kernel
loop
loop.c
sub/
sub/file3
$ ls
file1  file2  kernel  loop  loop.c  sub  tartest   ← tar 파일이 생김
$ tar tvf tartest                ← tar 파일에 묶여 있는 파일의 목록 보기
-rw-r--r-- juyoon/juyoon    16 2019-10-06 14:46 file1
-rw-r--r-- juyoon/juyoon    14 2019-10-06 14:52 file2
lrwxrwxrwx juyoon/juyoon     0 2019-10-06 14:53 kernel -> ../kernel
-rwxr-xr-x juyoon/juyoon  7169 2019-10-06 14:52 loop
-rw-r--r-- juyoon/juyoon   104 2019-10-06 14:52 loop.c
drwxr-xr-x juyoon/juyoon     0 2019-10-06 14:54 sub/
-rw-r--r-- juyoon/juyoon    33 2019-10-06 14:54 sub/file3
$ cd sub                         ← sub 디렉터리로 이동
$ tar xvf tartest                ← tartest 묶음에서 파일 추출
file1
file2
kernel
loop
loop.c
sub/
sub/file3
$ cd ..; ls -R                   ← 상위 디렉터리로 이동하여 전체 목록 보기
```

```
.:
file1  file2  kernel  loop  loop.c  sub  tartest   ← 묶음 해제 이후에도
                                                      tar 파일이 존재함
./sub:
file1  file2  file3  kernel  loop  loop.c  sub

./sub/sub:
file3
```

실행 예에서 보다시피 tar 묶음이 생성될 때는 별다른 옵션이 없어도 하위 디렉터리까지 모두 묶음에 포함시키며, 묶음 해제 시 디렉터리 구조를 보존하여 그대로 추출한다. 또한 파일 추출 후에도 묶음 파일은 그대로 남아 있음을 알 수 있다.

6.4.2 gzip

gzip은 GNU 프로젝트에서 만든 파일 압축/복원 유틸리티이며, 같은 알고리즘을 사용하는 gunzip과 zcat이라는 명령과 한 그룹을 이룬다. 각 명령에서 파일 이름이 명시되지 않으면 입력으로 stdin을, 출력으로 stdout을 사용하게 된다.

사용법

```
gzip [옵션] [명칭 …]
gunzip [옵션] [명칭 …]
zcat [옵션] [명칭 …]
```

기본 기능

gzip은 옵션에 따라 파일 또는 디렉터리를 압축하거나 복원한다. 특별한 지정이 없는 경우 압축 파일에는 자동으로 **.gz**라는 확장자가 첨부되며, 복원 시에는 확장자를 명시하지 않아도 디폴트로 **.gz**와 **.Z** 확장자를 인식한다. 압축이나 복원 시 원본 파일은 보존되지 않는다.

gunzip은 압축 파일을 복원하는 것으로 **gzip -d**와 같다. 이 경우 압축 파일은 보존되지 않는다.

zcat은 압축된 파일을 복원하여 그를 **stdout**으로 출력하는 것으로 **gzip -dc**와 같다. 이 경우 압축 파일은 그대로 보존된다.

주요 옵션

-c	압축 또는 복원된 결과를 stdout으로 출력
-d	압축된 파일을 원 상태로 복원 (decompress)

```
-t      파일 무결성 점검 (test)
-v      압축 또는 복원 과정 중 파일들의 이름과 압축률 표시 (verbose)
-h      help
-r      하위 디렉터리까지 재귀적으로 실행 (recursive)
```

gzip 명령의 실행 예를 보자. 먼저 각 실행 결과에서 파일의 크기와 이름에 주의하기 바란다. 그리고 zcat 실행 예에서는 5장에서 소개한 출력 재지정 기호인 ">"를 사용하여 stdout, 즉 표준 출력 장치로 출력되는 내용을 다른 파일에 저장하도록 했다.

```
$ ls -s                        ← 압축 효과를 보기 위해 사이즈 점검
합계 44
 4 file1   4 file2   0 kernel   8 loop   4 loop.c   4 sub   20 tartest
$ gzip tartest                 ← tartest 파일을 압축한다.
$ ls -s                        ← 파일 크기가 20에서 4로 줄어듦
합계 28
4 file1  4 file2  0 kernel  8 loop  4 loop.c  4 sub  4 tartest.gz
$ zcat tartest > z.tar         ← tartest.gz 파일을 복원하여 stdout으로 출력하고
$ ls -s                          그 결과를 z.tar 파일에 저장함
합계 48
 4 file1   0 kernel   4 loop.c   4 tartest.gz
 4 file2   8 loop     4 sub      20 z.tar
$ tar tvf z.tar                ← z.tar의 목록을 점검해 본다.
-rw-r--r-- juyoon/juyoon    16 2019-10-06 14:46 file1
-rw-r--r-- juyoon/juyoon    14 2019-10-06 14:52 file2
lrwxrwxrwx juyoon/juyoon     0 2019-10-06 14:53 kernel -> ../kernel
-rwxr-xr-x juyoon/juyoon  7169 2019-10-06 14:52 loop
-rw-r--r-- juyoon/juyoon   104 2019-10-06 14:52 loop.c
drwxr-xr-x juyoon/juyoon     0 2019-10-06 14:54 sub/
-rw-r--r-- juyoon/juyoon    33 2019-10-06 14:54 sub/file3
$ gunzip tartest               ← tartest.gz 파일의 압축을 해제하여 복원함
$ ls -s                        ← tartest와 z.tar 파일은 같은 내용임
합계 64
 4 file1   4 file2   0 kernel   8 loop   4 loop.c   4 sub   20 tartest   20 z.tar
$ gzip sub                     ← 디렉터리에 대해서는 압축하지 않는다.
gzip: sub is a directory - ignored
$ gzip -r sub                  ← 디렉터리에 포함된 파일들을 재귀적으로 압축
$ ls -R
```

```
.:
file1  file2  kernel  loop  loop.c  sub  tartest  z.tar

./sub:                         ← sub 디렉터리의 file3 파일이 압축됨
file3.gz
```

6.4.3 bzip2

bzip2는 여러 개의 압축 알고리즘을 결합해서 사용하고 있어 압축률이 매우 좋지만 상대적으로 실행 속도가 느리다. 사용법과 옵션은 의도적으로 gzip과 매우 유사하게 설정되었다.

```
사용법
    bzip2 [옵션] [명칭 …]
    bunzip2 [옵션] [명칭 …]
    bzcat [옵션] [명칭 …]
    bzip2recover 명칭

기본 기능
    bzip2는 옵션에 따라 파일 또는 디렉터리를 압축하거나 복원한다. 특별한 지정이 없는
    경우 압축 파일에는 자동으로 .bz2라는 확장자가 첨부되나, 복원 등 그 외 작업에서는
    반드시 확장자를 명시해야 한다. 압축이나 복원 시 원본 파일은 보존되지 않는다.
    bunzip2는 압축 파일을 복원하는 것으로 bzip2 -d와 같다. 이 경우 압축 파일은 보존되
    지 않는다.
    zcat은 압축된 파일을 복원하여 그를 stdout으로 출력하는 것으로 bzip2 -dc와 같다. 이
    경우 압축 파일은 그대로 보존된다.
    bzip2recover는 손상된 bz2 파일을 복구한다.

주요 옵션
-c      압축 또는 복원된 결과를 stdout으로 출력
-d      압축된 파일을 원 상태로 복원 (decompress)
-t      파일 무결성 점검 (test)
-v      압축 또는 복원 과정 중 파일들의 이름과 압축률 표시 (verbose)
-h      help
```

bzip2의 실행 예는 앞의 gzip 예와 같은 파일에 대해 실행되었는데, 파일의 확장자 명시와 디렉터리에 대한 -r 옵션의 부재 등 gzip과 다른 점들을 보여 주고 있다.

```
$ ls -s                     ← 압축 효과를 보기 위해 사이즈 점검
합계 44
 4 file1   4 file2   0 kernel   8 loop   4 loop.c   4 sub  20 tartest
$ bzip2 tartest             ← tartest 파일을 압축한다.
$ ls -s                     ← 파일 크기가 20에서 4로 줄어듦
합계 28
4 file1  4 file2  0 kernel  8 loop  4 loop.c  4 sub  4 tartest.bz2
$ bzcat tartest > z.tar     ← 완전한 파일 이름이 아니면 인식할 수 없다.
bzcat: Can't open input file tartest: No such file or directory.
$ bzcat tartest.bz2 > z.tar ← tartest.gz 파일을 복원하여 stdout으로 출력하고
                              그 결과를 z.tar 파일에 저장함
$ ls -s
합계 48
 4 file1   0 kernel   4 loop.c   4 tartest.bz2
 4 file2   8 loop     4 sub     20 z.tar
$ bzip2 -d tartest.bz2      ← -d 옵션으로 압축 파일 복원
$ ls -s
합계 64
 4 file1  4 file2   0 kernel   8 loop   4 loop.c   4 sub  20 tartest  20 z.tar
$ bzip2 sub                 ← 디렉터리는 압축할 수 없으며 재귀 옵션도 없다.
bzip2: Input file sub is a directory.
```

6.4.4 묶음과 압축 결합

일반적으로 tar를 이용해 만든 묶음 파일은 추가로 gzip/bzip2 등의 압축 기법을 적용하여 작은 사이즈로 만들어 저장하거나 이동하도록 하는데 이를 보통 tarball이라 부른다. 애초에 묶음과 압축에 사용되는 명령이 다르기 때문에 여러 단계의 작업을 거쳐야 tarball을 만들 수가 있었는데, 근래에는 tar 명령에 압축 옵션을 추가하여 하나의 명령으로 묶음과 압축을 실행할 수 있도록 편의성을 제공하고 있다. tar 명령에서 압축 관련 옵션은 알고리즘에 따라 다르게 주어진다. 또한 묶음과 압축을 모두 적용한 경우 파일의 이름에 ".tar.gz"와 같이 긴 확장자가 붙어 불편을 주는 경우가 많고, 특히 FAT 파일 시스템에서 3글자 이하의 확장자만 허용하기 때문에 이에 대한 짧은 확장자가 지정되어 통용된다. 표 6-6에 각 압축 도구에 대한 tar의 옵션과 확장자를 정리해 놓았다.

표 6-6 tar의 압축 옵션과 확장자

압축 도구	tar 옵션	확장자	짧은 확장자
gzip	-z, --gzip, --gunzip, --ungzip	.tar.gz	.tgz
bzip2	-j, --bzip2	.tar.bz2	.tbz, .tb2
lzip	--lzip	.tar.lz	.tlz
lzma	--lzma	.tar.lzma	-
lzop	--lzop	.tar.lzo	.tzo
xz	-J, --xz	.tar.xz	.txz
compress	-Z, --compress, --uncompress	.tar.Z	.taz

실제 묶음과 압축을 실행할 때 자동으로 짧은 확장자를 가진 파일이 생성되지는 않으며 사용자가 직접 지정해 주거나 작업 후 파일 이름을 변경해 주어야 한다. 그러나 복원 작업 시에는 각 압축 도구가 짧은 확장자를 자동 인식하여 복원 작업을 하여 자동으로 .tar 확장자가 붙은 파일을 생성한다. 또한 tar 명령은 압축에 대한 별도의 옵션 없이도 압축된 tarball 파일에 대해 복원 또는 목록 추출 등의 작업을 실행한다. 예를 보도록 하자.

```
$ ls -s                      ← tartest는 tar 파일임
합계 64
 4 file1   4 file2   0 kernel   8 loop   4 loop.c   4 sub   20 tartest
$ gzip tartest               ← tartest 파일을 압축
$ ls                         ← 자동으로 .gz 확장자가 붙은 압축 파일 생성
file1  file2  kernel  loop  loop.c  sub  tartest.gz
$ cp tartest.gz t.tgz        ← 파일 이름을 .tgz 확장자를 써서 복사
$ gzip -d t.tgz              ← .tgz 파일을 자동 인식하여 복원
$ ls                         ← 복원된 파일에는 .tar 확장자가 자동으로 붙음
file1  file2  kernel  loop  loop.c  sub  t.tar
$ tar cvfz t.tgz *           ← z 옵션을 써서 tarball 만듦
file1
file2
kernel
loop
loop.c
sub/
sub/file3
t.tar
$ ls
```

```
file1  file2  kernel  loop  loop.c  sub  t.tar  t.tgz
$ tar tvf t.tgz              ← 압축 옵션 없이 tarball 파일 작업
-rw-r--r-- juyoon/juyoon    16 2019-10-06 14:46 file1
-rw-r--r-- juyoon/juyoon    14 2019-10-06 14:52 file2
lrwxrwxrwx juyoon/juyoon     0 2019-10-06 14:53 kernel -> ../kernel
-rwxr-xr-x juyoon/juyoon  7169 2019-10-06 14:52 loop
-rw-r--r-- juyoon/juyoon   104 2019-10-06 14:52 loop.c
drwxr-xr-x juyoon/juyoon     0 2019-10-06 14:54 sub/
-rw-r--r-- juyoon/juyoon    33 2019-10-06 14:54 sub/file3
-rw-r--r-- juyoon/juyoon 20480 2019-10-07 09:23 t.tar
```

그놈 파일 관리자에서 특정 폴더나 파일을 선택하여 마우스 우클릭을 하면 압축 메뉴가 있다. 메뉴를 선택하면 다음과 같은 팝업 윈도가 생성된다.

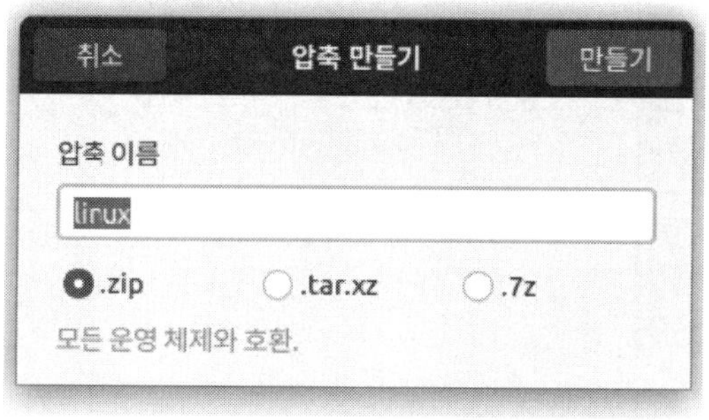

그림 6-9 그놈 파일 관리자 압축 메뉴

세 가지 기본 압축 방식이 제공됨을 볼 수 있다. .zip은 모든 운영체제에서, 이번 절에서 배운 .tar.xz는 리눅스와 맥 전용, .7z는 Windows/Linux/MacOS 모두 가능하지만 리눅스 외에는 7zip이란 오픈 소스 소프트웨어를 별도로 설치해야 한다. 7zip을 설치하면 .tgz, .txz 등 다양한 압축 파일을 모두 처리할 수 있다.

6장 마무리

6장의 내용은 대체로 GUI 환경의 파일 관리자에서 할 수 있는 기능들을 명령어로 수행하는 방법에 대한 것이다. 실제로 GUI 환경에서의 유틸리티나 도구들은 이미 CLI 프로그램으로 구현되어 있는 기능에 GUI만 추가한 경우가 대부분이다.
각 명령어와 그에 따른 옵션들을 이해하기 위해서 파일 시스템과 속성 등에 대해서도 좀 더 상세히 들여다 보았다. 시스템을 더 잘 이해하고 나아가 시스템 프로그램을 직접 작성할 수 있는 능력을 키우기 위해 초보 수준에서는 조금 복잡한 내용이지만 포함시켰다. 어려운 부분은 건너뛰었다가 나중에 돌아와 되새김질하는 방법도 나쁘지 않다.
프로그래머가 자주 사용하는 구문은 아무 생각없이 손가락이 알아서 타이핑하듯 명령어도 외우려고 애쓰는 것보다 자주 사용하여 손에 익히는 것이 시스템에 친숙해지는 좋은 방법이다. 그리고 웬만한 기능은 구현되어 있다고 가정하고 원하는 기능이 어떻게 사용 가능한지 man을 이용해 찾아 보는 습관을 가져 보자.

심화 및 보충 학습

1. 이번 장에 소개한 명령어들이 그놈 파일 관리자의 어떤 메뉴로 제공되는지 알아보라.
2. 그놈 파일 관리자의 메뉴와 기능들을 살펴 보고 이번 장에서 다룬 명령어로 할 수 없는 작업이 있는지 찾아보라.

7장
명령어: 텍스트 처리

이제 파일시스템을 돌아다니고 디렉터리 또는 파일에 대한 정보를 다룰 수 있게 되었다. 어떤 디렉터리에 어떤 파일들이 있는지 그 파일들의 속성은 어떠한지 등의 정보를 알 수 있는 것이다. 그러면 파일의 내용은?

앞에서 파일의 종류가 여러 가지 있었지만 실제로 터미널에서 볼 수 있는 파일은 텍스트 파일 뿐이다. 그 외의 파일은 실행용 바이너리 코드이거나 별도의 응용 프로그램이 있어야만 볼 수 있는 종류들이다. 게다가 명령의 실행 결과는 대부분 표준 출력, 즉 텍스트로 나타난다. 명령의 실행 결과로 나타난 텍스트를 분석하고 가공해 새로운 정보를 생산해 내는 것이야말로 CLI 셸 기능 중 가장 유용한 부분 중 하나라고 할 수 있다. 이번 장에서는 텍스트 파일의 내용을 보거나 편집하는 등의 가장 기초 기능부터 텍스트를 자르고 붙이고 정렬하는 등의 가공 기능까지 다양한 명령어들을 살펴 보도록 한다.

7.1 텍스트 파일 내용 보기

7.1.1 cat: 텍스트 출력

```
사용법
    cat [옵션] [file …]

기본 기능
    file로 명시된 파일의 내용을 표준 출력한다. 파일이 여러 개 명시되면 차례대로 출력한
    다. 파일이 명시되지 않거나 '-'로 명시되면 표준 입력으로부터 받은 내용을 출력한다.

주요 옵션
-n      행 번호를 앞에 붙여 출력한다(number).
-v      tab과 linefeed(\n)를 제외하고 제어 문자도 보여 준다(show-nonprinting).
-E      각 행의 끝에 $를 보여 준다(show-ends).
-T      tab 문자를 ^I로 표시한다(show-tabs).
-e, -t  각각 -vE, -vT와 같다.
```

5장 및 6장의 여러 실행 예에서 이미 "cat" 명령어의 사용을 볼 수 있었다. 이 명령은 파일의 내용을 문자 형태로 표준 출력해 주는 기능을 한다.[1] 각 옵션이 어떻게 동작하는지 보기 위해 간단한 실행 예를 보자.

```
$ cat test
This is a test file for cat command.
You can't see this character '' on the terminal.

$ cat -nvE test              ← 행 번호, 제어문자와 문장 끝 표시 출력
     1  This is a test file for cat command.$
     2  You can't see this character '^B^B' on the terminal.$
     3  $
$ cat -n                     ← 표준 입력으로부터 받은 내용을 번호 붙여 표준 출력함
No file is given.            ← 입력한 내용
1  No file is given.         ← cat으로 출력한 내용
When you type the enter key, the cat print a line on the terminal.
2  When you type the enter key, the cat print a line on the terminal.
$ cat test test2
This is a test file for cat command.
You can't see this character '' on the terminal.

Second file for test
$
```

위의 실행 결과를 보면 -v 옵션을 주었을 때 일반적으로는 눈에 보이지 않던 제어 문자가 '^B'와 같은 형태로 가시화되었음을 알 수 있다. 그리고 아무런 인자 없이 cat을 실행하면 표준 입력으로부터 전달된 내용을 표준 출력하게 되는데, 사용자가 엔터 키를 누를 때 그 내용이 그대로 출력됨을 볼 수 있다. 표준 입력을 cat의 인자로 사용할 때 입력을 끝내고 싶으면 '^d'(Ctrl키와 d키를 함께 누름)를 누르면 된다.

컴파일된 실행 코드나 사진 파일 등 이진 데이터를 저장하고 있는 파일도 cat으로 볼 수는 있으나 비트열을 문자 단위로 바꾸어 출력하기 때문에 의미를 이해할 수는 없다. 디렉터리는 cat으로 그 내용을 읽을 수 없도록 되어 있고, 심볼릭 링크는 링크를 따라 가서 원본 파일을

1) cat이라는 이름은 "concatenate", 즉 연결한다는 단어로부터 유래했는데 실제로 하나의 파일을 화면에 출력하는 것은 이 명령을 쓸모없이 낭비하는 것이라 주장하는 이도 있다.

열어 보여 준다.

7.1.2 more, less: 한 페이지씩 출력

cat으로 파일을 화면에 출력해 볼 때 가장 곤란한 점은 파일의 모든 내용이 한꺼번에 출력되어서 작은 크기의 터미널에 남는 것은 마지막 한 페이지 뿐이라는 것이다. 그리고 내용 중에 특정한 부분을 찾거나 특정 단어를 찾아서 보는 등의 기능이 필요할 때도 있다. 편집기를 열지 않고 이런 검색 작업이 가능할 수는 없을까?

more와 less는 표준 출력을 보다 다양한 방식으로 할 수 있도록 해 주는 명령어이다. 기본적으로 터미널 크기에 맞게 한 페이지씩 차례대로 출력을 해 주며, 다음 페이지의 출력을 비롯한 다양한 기능이 사용자 입력으로 가능하다. more는 1978년 BSD3.0 버전부터 유닉스에 포함되어 기본 명령어 중 하나가 되었으며, less는 1983년경 개발되어 많은 유닉스와 리눅스 버전에서 채택하고 있다. 초창기 more는 한 페이지씩 차례로 출력하고 다음 출력 내용을 찾기 위한 약간의 이동 명령으로 구성된 정도였다. less는 양방향으로 이동할 수 있는 기능이 추가되었고, 무엇보다도 파일 전체를 적재하지 않고 출력을 시작하기 때문에 more보다 속도가 빠르다는 장점이 있다. 그리고 more보다 훨씬 다양한 옵션과 이동 명령 및 명령어를 편집할 수 있는 기능까지 갖추고 있다. 현대의 more는 이전보다 기능을 확장하여 양방향 이동이 가능하다.

more와 less는 사실 기본 또는 표준 명령어라기보다는 유틸리티(utility) 프로그램의 일종이다. 따라서 시스템 종류와 버전에 따라 그 구현 내용이 다르기 때문에 자신의 시스템에서 사용되는 more 또는 less가 어떤 옵션을 가지고 있는지 man 명령으로 확인해 볼 필요가 있다 (심지어 매뉴얼과 동작이 다른 경우도 있다!). 일반적으로 man 명령 수행 시 less가 사용되며, 리눅스 종류에 따라서는 한글 출력 등 less와 관련된 설정을 별도로 해 주어야 하는 경우도 있다. 여기서는 리눅스 기본 매뉴얼에 따라서 기능을 소개한다. 실제 이렇게 동작하는지는 각자 시스템에서 확인해 보기 바란다.

사용법

more [옵션] [+/*pattern*] [+*num*] **file** …

기본 기능

file의 내용을 한 페이지씩 스크롤하면서 출력한다. 출력 도중 명령어를 입력하여 출력 위치를 이동할 수 있다. 모든 내용이 출력되면 셸로 빠져 나간다.
여러 개의 파일을 인자로 주면 나열한 차례대로 출력해서 보여 준다.

주요 옵션

-c	스크롤하지 않고 화면을 지운 다음, 다음 페이지를 출력 (clear)
-f	화면 크기가 아닌 논리적 크기로 줄 숫자를 계산. 즉, 화면 크기보다 긴 줄도 하나로 인정함
-*num*	한 화면에 출력되는 줄 수를 *num*으로 설정함
-s	연속하는 여러 개의 빈 줄을 건너 뛰고 출력 (squeeze)
+/	*pattern*과 일치하는 문자열이 있는 곳부터 출력. *pattern*은 정규표현
+*num*	*num* 숫자에 해당하는 줄부터 출력

한 페이지씩 출력되는 도중에 원하는 부분을 빨리 보기 위해 사용할 수 있는 이동 명령들이 추가로 사용된다. 표 7-1에 자주 사용되는 명령들이 요약되어 있다. 〈 〉로 싸인 명령은 하나의 키를 의미하며, #는 숫자를 뜻한다. #이 붙는 명령어의 경우 숫자 없이 사용하면 대부분 숫자 1이 있는 것으로 간주한다. 예를 들어, 숫자 없이 〈enter〉 키만 누르면 한 페이지가 아닌 한 줄만 더 출력하고, 10〈enter〉과 같이 입력하면 다음 10줄을 출력하라는 명령이 된다.

표 7-1 more의 대화형 이동 명령

명령	의미
h 또는 ?	help. 이동 명령에 대한 도움말을 출력한다.
〈space〉	다음 페이지를 출력한다.
#〈enter〉	다음 #줄을 출력한다. 디폴트는 1이다.
#d 또는 #^d	다음 #줄을 출력한다. 디폴트는 11(반 페이지)이다.
q 또는 Q	more를 끝내고 셸로 나간다.
#s	#줄을 건너 뛴다. (skip)
#f	# 페이지를 건너 뛴다. (forward) 디폴트는 1이다.
#b 또는 #^b	# 페이지 앞으로 되돌린다. (back) 디폴트는 1이다.
=	현재 줄 번호를 보여 준다.
#n	가장 최근 검색한 pattern(정규 표현)을 재검색하여 #번째 출현 부분 출력
!〈cmd〉	하위 셸에서 명령(〈cmd〉) 실행
v	편집기 실행. 디폴트 편집기는 vi

그림 7-1은 more의 실행 화면 예이다. `$ more /etc/mime.types` 를 실행한 다음, 출력 도중 "/java"란 명령을 입력하여 단어 java가 출현하는 곳으로 건너뛰도록 하였다.

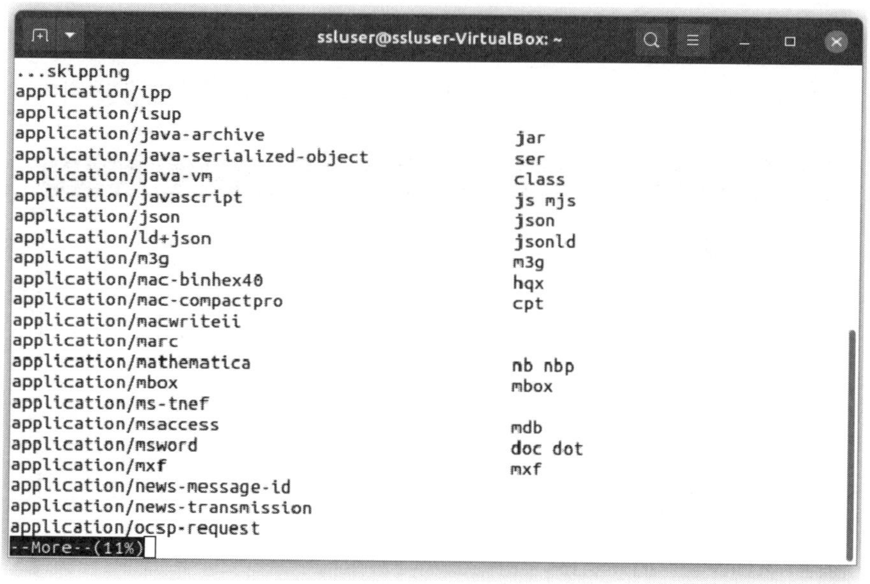

그림 7-1 more 실행 예

less는 more에 비해 매우매우 복잡하다.[2] 심지어 편집 명령까지 있다. 모두 소개하는 것은 어려우니 man 명령 또는 프로그램 실행 시 온라인 help 기능을 활용하기 바란다. 다행스럽게도 기본적인 페이지 이동 명령은 more와 같다. more에서 소개하지 않은 less 이동 명령 중 자주 사용되는 것을 표 7-2에 정리하였다.

표 7-2 less의 대화형 이동 명령

명령	의미
h 또는 H	온라인 도움말을 출력한다.
#g 또는 #<	#번째 줄로 시작하는 페이지를 출력한다. #가 없으면 맨 처음으로 간다.
#G 또는 #>	#번째 줄로 시작하는 페이지를 출력한다. #가 없으면 맨 끝으로 간다.
^g	현재 위치를 줄 번호와 %로 출력한다.
#p 또는 #%	# %가 되는 위치로 간다. 즉 #는 0~100 사이의 값이다.
?pattern	현재 위치로부터 앞부분으로 가며 pattern과 일치하는 문자열을 검색한다.
n 또는 N	직전에 한 검색을 반복한다. 원래 검색하던 방향에 대하여 n은 순방향, N은 역방향이다.

2) 매뉴얼을 출력하면 A4 용지로 20페이지가 넘는다!

그림 7-2는 $ less /etc/mime.types를 실행한 다음 "/java" 명령을 입력하여 단어 java가 출현하는 부분을 검색한 예를 보여 준다. more 실행 때와 다른 점은 먼저 검색어 'java'가 하이라이트된 형태로 보이는 것과, 맨 아랫줄에 %로 표시된 위치 대신 :(콜론) 프롬프트가 대기하고 있다는 것이다. 그림 7-3은 :h 명령으로 본 less의 온라인 도움말 화면이다.

그림 7-2 less를 실행하여 java를 검색한 예

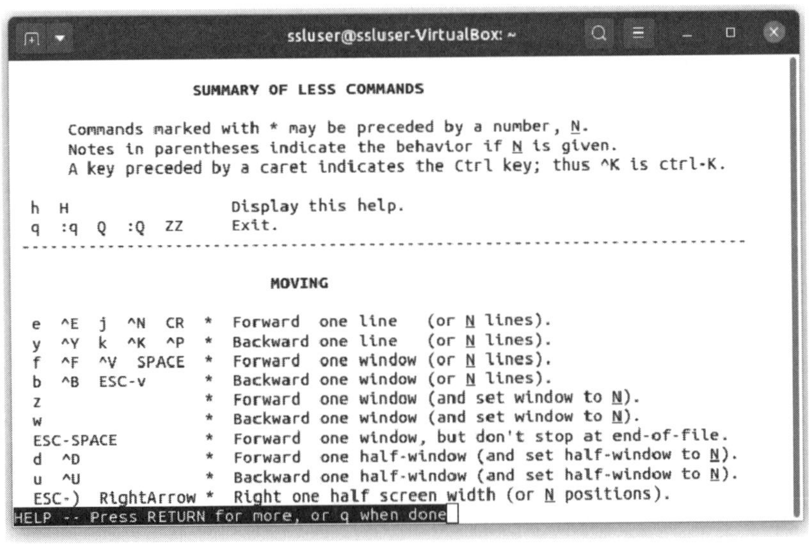

그림 7-3 less의 온라인 도움말

7.1.3 head, tail: 앞 또는 뒤만 출력

긴 파일의 맨 앞 또는 맨 뒷부분만 보고 싶을 때 사용하는 명령어가 head와 tail이다.

```
사용법
    head [옵션] [file …]
    tail [옵션] [file …]

기본 기능
    각 파일의 맨 처음 또는 마지막 10줄을 표준 출력한다. 파일 이름을 여러 개 주면 매
    파일을 출력할 때 앞부분에 파일 이름을 붙여 준다. 파일 이름이 없거나 '-'를 주면
    표준 입력으로부터 받은 내용을 표준 출력한다.

주요 옵션
-n#, -#          # 줄만큼 출력
-c#              # 바이트만큼 출력
```

간단하게 실행한 결과를 보고 동작을 이해해 보자.

```
$ head /etc/mime.types              ← 맨 앞 10줄 출력
###############################################################################
#
#MIME-TYPES and the extensions that represent them
#
# This file is part of the "mime-support" package.  Please send email (not # bug
report) to mime-support@packages.debian.org if you would like new
#  and/or extensions to be added.
#
#  The reason that all types are managed by the mime-support package
#  allowing individual packages to install types in much the same way as
$ head /etc/*.conf                  ← 하나 이상의 파일 출력
==> /etc/adduser.conf <==           ← 파일 이름
# /etc/adduser.conf: `adduser' configuration.
# See adduser(8) and adduser.conf(5) for full documentation.

# The DSHELL variable specifies the default login shell on your
# system.
DSHELL=/bin/bash
```

```
# The DHOME variable specifies the directory containing users' home
# directories.
DHOME=/home

==> /etc/wvdial.conf <==            ← 파일 이름
[Dialer Defaults]
Phone =
Username =
Password =
New PPPD = yes
$ tail -5 /etc/mime.types           ← 마지막 5줄만 출력

x-conference/x-cooltalk                        ice

x-epoc/x-sisx-app                              sisx
x-world/x-vrml                          vrm vrml wrl
$ head -c100 /etc/mime.types        ← 맨 앞 200 바이트 출력
##################################################################################
#
#  MIME-TYPES and
```

7.2 텍스트 편집

GUI 환경에서는 일반 텍스트 문서용 편집기(Ubuntu의 경우 gedit)가 있고, 프로그래밍을 위해서는 통합 개발 환경 내에 전용 편집기가 포함되어 있어 그들을 이용하면 된다. 또한 보고서 등의 갖추어진 양식의 문서 작성을 위한 LibreOffice 등의 도구도 있다. 이러한 편집기들은 텍스트 입력 외의 모든 편집 기능, 즉 자르고 붙이고 모양을 만드는 등을 대부분 마우스로 해결한다. 그런데 터미널 또는 원격 접속 클라이언트, 임베디드 시스템 개발 환경 등에서는 마우스 사용 범위가 매우 제한적이고, 심지어 전혀 마우스를 사용할 수 없는 상황도 있다(유닉스가 처음 개발되었을 때처럼!). 그래서 대부분의 기능을 특수 키 또는 여러 키의 조합으로 해결한 편집기들이 사용되어 왔다. 처음에는 갑갑하겠지만 익숙해지면 그야말로 손가락들이 키보드 위를 춤추듯이 날아 다닐 수 있게 되고, 심지어 마우스로 딸깍거리는 것보다

훨씬 빠른 속도로 문서 작성을 할 수도 있다.

현재 리눅스의 CLI 환경에서 사용할 수 있는 가장 간편하고 대중적인 편집기는 nano라는 프로그램이며, 도움말 기능을 내장하고 있고 마우스를 사용할 수도 있어 보통의 리눅스 사용자들은 대부분 이 프로그램으로 간단한 문서 편집을 수행한다. 한편, 오래된 유닉스/리눅스 사용자들에게는 vi나 Emacs 같은 편집기가 매우 친숙하고 편리한 프로그램으로 여전히 애용되고 있어 vi도 간단히 설명하였다. 금방 익히기 힘든 복잡한 면이 있긴 하지만, 추후 소개할 셸의 고급 기능에서도 vi/Emacs에 기초한 기능이 있으므로 어떤 구조와 원칙을 가진 편집기인지 잠깐 들여다 보고 가는 것도 좋을 것이다.[3)]

7.2.1 cat을 이용한 텍스트 파일 생성

짧은 텍스트 파일을 만드는 것은 cat 명령을 사용해서 할 수 있다. 셸에서 제공하는 입출력 재지정(redirection) 기법을 이용하면 된다.

```
$ cat > test.txt              ← 표준 입력되는 내용을 test.txt 파일로 보냄
This is a test file.
You can type any sentences.
^d                            ← 입력의 끝(EOF) 표시
$ cat test.txt                ← 새 파일 test.txt의 내용 확인
This is a test file.
You can type any sentences.
$ cat >> test.txt             ← 표준 입력에서 입력을 받아 test.txt에 덧붙여 출력
This sentence is appended to the end of test.txt.
^d
$ cat test.txt                ← test.txt 내용 확인
This is a test file.
You can type any sentences.
This sentence is appended to the end of test.txt.
$
```

아무런 인자 없이 cat 명령을 호출하면 표준 입력에서 받은 내용을 표준 출력으로 내보내는 것이 cat의 기본 기능이다. 문자 ">"는 출력의 방향을 바꾸라는 의미로, 여기서는 표준 출

3) 몰라도 리눅스 사용에 크게 지장은 없을 것이며 건너 뛰어도 무방하다.

력을 “test.txt”라는 이름의 파일로 보내도록 하는 기능을 한다. 다음 두 줄은 사용자가 직접 입력한 내용이며, 입력을 마치고 싶으면 ^d(Ctrl-d) 키를 눌러 EOF 신호를 보낸다. 기호 ">>"을 사용하여 기존의 파일에 내용을 덧붙일 수도 있다.

문제는 ‘편집’ 기능을 사용할 수 없다는 것이다. 즉, 잘못 입력한 글자를 수정하거나 중간에 삽입하거나 중간의 어떤 단어를 삭제하는 등의 작업이 불가능하다. 그래서 일반적으로는 제대로 된 문서나 프로그램을 작성할 때 전용 텍스트 편집기를 사용한다.

7.2.2 nano/pico: 기본 텍스트 편집기

GUI 환경이 대세는 아니었지만 하드웨어 환경이 개선되고 보다 편한 입력에 대한 요구가 커지던 시기인 1989년에 University of Washington에서 이메일 클라이언트 프로그램인 Pine의 일부분으로 pico(PIne COmposer)라는 문서 편집 소프트웨어를 개발하였다. pico는 유닉스 환경에서만 사용 가능하며 소스는 공개되었으나 완전한 자유 소프트웨어는 아니었다. 추후 1999년 Chris Allegretta는 pico를 대체할 자유 소프트웨어로서 nano[4)]를 개발하였으며, 2001년부터 GNU 프로젝트의 일부가 되어 관리되고 있다. nano는 현재 대부분의 리눅스 배포판에서 CLI 환경의 기본 문서 편집기로 포함되어 있다. Nano는 기본 자판 외에 Home/End, PageUp/Down 등의 내비게이션 키, 화살표 키 등의 확장 키와 일부 마우스 기능도 사용할 수 있어, 최신 하드웨어 환경에서 보다 편리하게 문서를 편집할 수 있다.

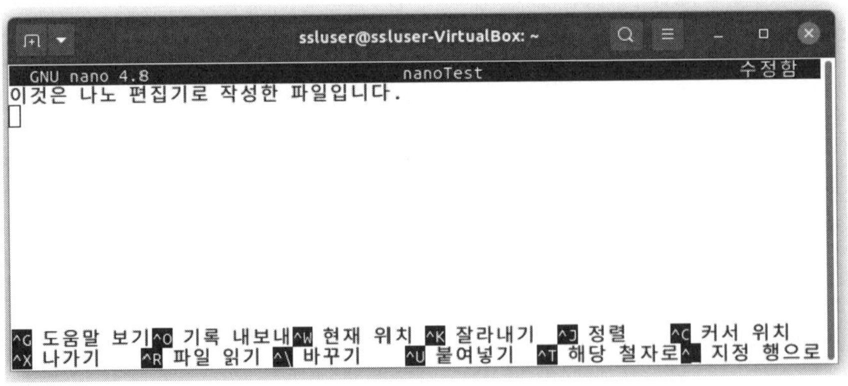

그림 7-4 nano 편집기 사용

4) 최초의 이름은 tip(This Isn't Pico)이었으나 GNU 프로젝트에 들어가면서 nano로 변경되었는데, nano(10^{-9})는 pico(10^{-12})의 1000배라는 의미로 채택된 이름이라 한다. 우분투에서는 pico라는 이름도 /bin/nano 프로그램으로 링크가 되어 있어 pico를 명령해도 nano가 실행된다.

명령행에서 “nano” 또는 “nano filename”을 입력하면 편집 프로그램을 시작하게 된다. nanoTest라는 이름의 새 파일을 작성하는 예가 그림 7-4에 있다. 이는 다음과 같이 명령하여 실행된 것이다.

```
$ nano nanoTest
```

파일 이름을 지정하지 않고 시작하는 경우, 편집이 끝난 후 저장 시에 파일 이름을 지정할 수 있다. 입력한 파일 이름과 동일한 이름의 파일이 있을 경우, 그 파일을 열어서 편집을 시도한다. 심볼릭 링크의 이름을 지정하면 링크를 따라 원본을 찾아 가서 편집기를 연다. 텍스트가 아닌 실행 파일이나 그림 파일 등 이진 파일도 열 수 있다. (당연한 얘기지만 내용을 이해하거나 편집할 수는 없다.) 권한이 없는 경우 경고 메시지가 나오고 저장을 시도할 경우 "허가 거부" 메시지가 뜨고 빠져 나갈 수 없다.

편집기의 맨 아래쪽에는 자주 사용되는 편집 명령에 대한 안내가 간단하게 나온다. 안내에 따라 ^G(Ctrl-g) 키를 누르면 그림 7-5와 같이 도움말을 볼 수 있어 초보도 쉽게 사용할 수 있다.

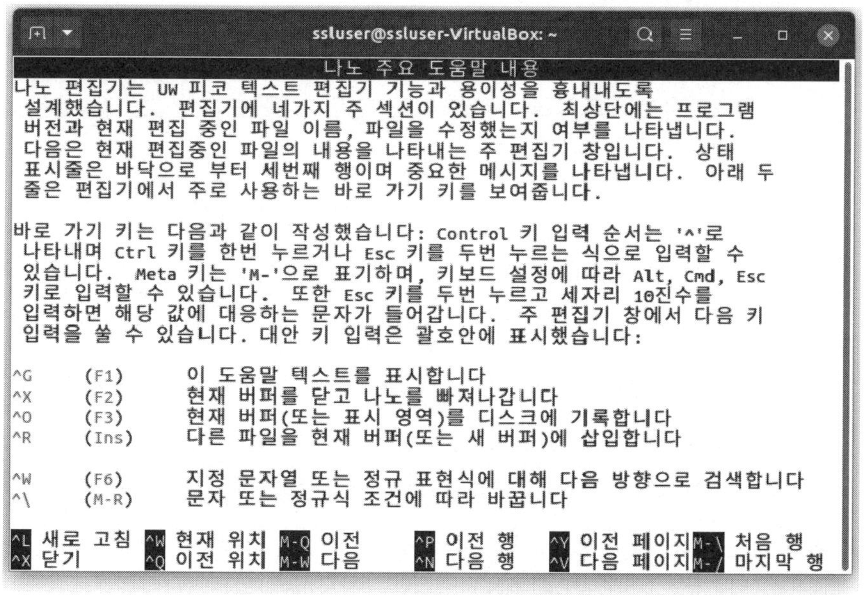

그림 7-5 nano 편집기 도움말

7.2.3 vi 편집기

Vi(visual editor)는 유닉스 초창기부터 존재하던 편집기로서 기본 자판만으로 문서 작성과 편집 작업을 수행할 수 있다. 또한 최근에는 다양한 기능을 갖춘 개선된 vi (vim: vi improved)가 기본으로 설치되어 사용이 편리해졌으며, Windows용 vi 편집기도 있다.

```
사용법
    vi [옵션] [file …]

기본 기능
    인자로 주어진 file을 이름으로 하는 텍스트 파일을 열어서 편집할 수 있다. 파일을 열었
    을 때 처음 편집 위치는 파일의 맨 처음이다. file이 여러 개 주어지면 차례대로 여러
    파일을 편집할 수 있다. 파일 이름이 없거나 '-'로 주어지면 그대로 편집을 진행하고
    나중에 저장할 때 이름을 줄 수 있다.

주요 옵션
+num            num번째 줄에서 편집 시작
+/pattern       pattern에 일치하는 문자열이 처음 나타난 곳에서 편집 시작
-d              diff 모드에서 시작. 여러 개의 파일을 인자로 주어야 하며 두 개 이상의
                파일을 비교하며 편집하는데 사용
-m              파일 수정 금지. 편집 작업은 할 수 있으나 저장이 안 됨
-r              회복 모드로 시작. 이전 편집 시 외부 요인으로 프로그램이 중단되어 정식
                저장을 못하고 '.swp' 파일이 남은 경우 이 옵션으로 편집을 계속하는 것이
                가능함
```

vi는 편집기이므로 처음 텍스트를 입력할 때뿐만 아니라 이미 입력된 내용을 수정하거나 자르고 붙이는 등의 다양한 편집 기능을 활용할 수 있어야 한다. WYSIWIG이 적용되는 그래픽 환경이 아니어서 마우스를 사용할 수가 없기 때문에 키보드로 편집에 대한 명령을 입력한다. 키보드는 또한 실제 텍스트 내용을 입력하는데도 사용되므로 현재 키 입력이 텍스트 내용인지 아니면 편집 명령인지 구분할 수 있어야 한다. vi에서는 ESC 키로 입력 모드(insert mode)와 명령 모드(command mode, escape mode라고도 한다)가 구분되며, 모드에 따라 같은 키 입력에 대해서도 행동이 달라지는 모달(modal) 편집기이다.

그림 7-6을 보자. vi 명령을 실행하면 파일이 열리면서 명령 모드에서 편집기를 시작하게 된다. 명령 모드에서는 키 명령을 이용해 파일의 앞뒤로 또는 특정 문자열이 있는 곳으로

이동할 수 있고, 입력된 내용을 삭제하거나, 수정, 복사할 수 있다. 또한 ':' 키를 입력하면 ex 모드의 명령을 사용할 수 있다. ex는 줄 단위 또는 파일 전체 범위에 대해 편집할 수 있는 기능으로 vi 이전의 편집기인 ex를 계승한 것이다. ex 모드의 명령은 한 줄로 끝나기 때문에 단순히 명령 끝에 Enter 키를 입력하면 명령이 수행되면서 기본 명령 모드로 돌아오게 된다. 또는 명시적으로 :vi 명령을 입력하면 vi 명령 모드로 돌아온다. 명령 모드에서 "a, A, i, I, o, O, r, R, s, S"등의 키를 입력하면 입력 모드로 전환할 수 있다. 각 명령에 따라 내용의 삽입 위치가 달라지며, 표 7-3에 그 내용이 정리되어 있다.

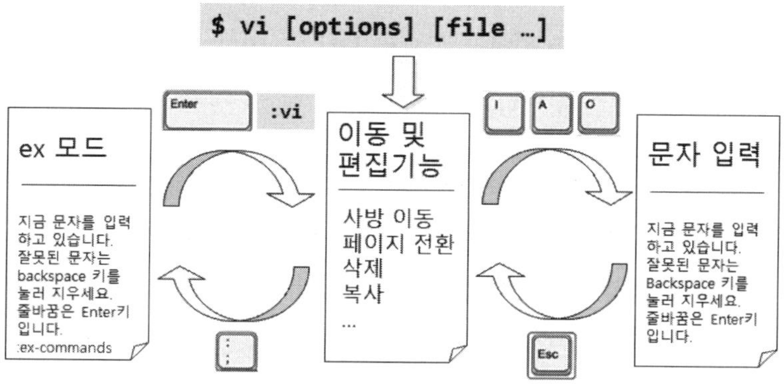

그림 7-6 vi 편집기의 모드 변환

표 7-3 vi의 입력 시작 명령

키 입력	입력 시작 위치
i	현재 커서 위치부터 입력 (insert)
I (Shift+i)	현재 행의 가장 앞에서부터 입력
a	커서 다음 위치부터 입력 (append)
A (Shift+a)	현재 행의 가장 끝에서부터 입력
o	현재 커서 아래에 새 행을 만들어 입력 (open)
O (Shift+o)	현재 커서 위에 새 행을 만들어 입력
r	현재 커서 위치의 한 글자를 다른 한 글자로 대체 (replace)
R (Shift+r)	현재 커서 위치부터 덮어쓰면서 입력
s	현재 커서 위치의 한 글자를 다른 문자열로 대체 (substitute)
S (Shift+s)	현재 커서 위치에서 라인 끝까지 지우고 새로운 텍스트 입력

입력 모드에서 입력이 끝나고 ESC 키를 입력하면 명령 모드로 돌아오게 된다. 명령 모

드에서 사용할 수 있는 명령어는 이동, 삭제, 복사 및 기타 제어 명령어들로 구성되어 있다. 각 명령 키의 앞에는 숫자를 덧붙일 수 있으며, 그 숫자만큼 명령이 반복 적용된다. 즉, "10h"라고 입력하면 1현재 커서 위치에서 10글자 앞의 글자로 커서가 이동하며, "10."으로 입력하면 이전에 했던 명령을 10번 반복하게 된다. 기본 자판 외에 화살표와 같은 기능 키도 사용할 수 있다.

□ 이동 명령

표 7-4은 vi의 커서 이동 명령을 나열한 것이다. 대부분 하나의 키 또는 Shift, Ctrl과 결합한 키 스트로크로 커서의 위치를 원하는 곳으로 보낼 수 있다. 명령을 할 때 기준 위치는 일반적으로 현재 커서가 위치한 곳이다.

표의 마지막에 있는 n, N 명령은 /pattern 또는 ?pattern 명령으로 문자열을 검색하고 있을 때 한 번의 pattern 입력만으로 동일한 검색을 반복할 수 있는 명령이다. 이 때 원래 검색하고 있던 방향이 순방향이 되고 반대 방향이 역방향이 된다. 예를 들어, ?pattern 명령을 이용해 파일의 앞부분으로 거슬러 올라가며 검색하고 있었을 경우, N 명령을 입력하면 역방향, 즉 파일의 뒷부분으로 내려 가며 다음 일치하는 문자열을 검색하게 된다.

표 7-4 vi 이동 명령

키 입력	커서 이동 위치	키 입력	커서 이동 위치
h(←),	바로 앞 글자	j(↓)	바로 아래 글자
k(↑)	바로 위 글자	l(→)	바로 다음 글자
w	다음 단어의 첫 글자	b	앞 단어의 첫 글자
e	다음 단어의 마지막 글자	^	현재 행의 첫 글자
$	현재 행의 마지막 글자	-	이전 행의 첫 글자
G(Shift+g)	파일의 마지막 줄 첫 글자	#G(Shift+g)	#번째 줄의 첫 글자
^f(PageDown)	다음 페이지의 첫 글자	^b(PageUp)	이전 페이지의 첫 글자
^d(Ctrl+d)	반 페이지 아래	^u(Ctrl+d)	반 페이지 위
H(Shift+h)	화면의 맨 첫 줄	M(Shift+m)	화면 중간행
L(Shift+l)	화면의 마지막 줄	*/pattern*	*pattern*과 일치하는 다음 문자열
Enter	다음 줄의 첫 글자	*?pattern*	*pattern*과 일치하는 이전 문자열
n	동일한 문자열을 순방향으로 다시 검색	N(Shift+n)	동일한 문자열을 역방향으로 다시 검색

□ 삭제와 붙여 넣기 명령

표 7-5 vi 삭제, 복사, 붙여 넣기 명령

키 입력	커서 이동 위치	키 입력	커서 이동 위치
x	커서 아래의 글자 삭제	X(Shift+x)	커서 왼쪽의 글자 삭제
dw	커서부터 단어 끝까지 삭제	d$, D	커서부터 줄 끝까지 삭제
dd	현재 줄 전체 삭제	J(Shift+j)	줄바꿈 문자 삭제, 즉 두 줄을 연결
yy, Y	현재 줄 전체 복사	yl	커서 아래의 글자 복사
yw	커서부터 단어 끝까지 복사	y$	커서부터 줄 끝까지 복사
p	삭제 또는 복사한 내용을 커서 다음 위치에 붙여 넣기	P(Shift+p)	삭제 또는 복사한 내용을 커서 앞 위치에 붙여 넣기

□ 기타 명령

편집 명령 외에 제어를 위한 몇 가지 명령들이 있다.

표 7-6 vi 편집 제어 명령

키 입력	결과
u	이전의 변경 내용을 취소한다. 여러 번 사용하면 변경의 역순으로 취소를 계속한다.
.	직전에 실행한 명령을 현재 커서 위치에서 재실행한다.
Esc	입력 모드에서 명령 모드로 돌아간다.
ZZ	변경 내용을 파일에 저장하고 셸로 나간다.
Ctrl+L	화면을 다시 그린다. (제어 문자 등으로 인해 화면이 이상하게 출력된 경우)

□ 라인 편집 모드

vi는 유닉스의 오래된 편집기 중 하나인 'ex'를 기반으로 개발되어 ex 명령어들을 포함하고 있다. ex는 행 단위 편집기(line editor)인 ed의 확장 버전으로 Extended라는 단어로부터 이름이 만들어졌다. 행 단위 편집기는 커서를 이용해 실제 편집 위치에 가서 편집하는 것과 달리 명령행에서 편집 범위와 명령을 입력해 텍스트를 편집하는 방식으로 작업이 이루어진다. 명령을 암기하고 있어야 하는 단점이 있으나 파일 전체에 같은 작업을 반복하도록 한 번에 명령할 수도 있어 매우 유용하게 활용할 수 있다.

그림 7-6에서 보는 바와 같이 명령 모드에서 'Q' 또는 ':' (콜론)을 입력하면 ex 모드로 들어가고, 화면의 맨 하단에 콜론으로 시작하는 명령행이 나타난다. 표 7-7은 vi 사용 시 필수

적으로 사용해야 하는 몇 가지 ex 모드 명령을 소개하고 있다.

표 7-7 ex 모드 필수 명령

명령	결과
w[rite] [file]	지금까지 변경한 내용(버퍼에 저장되어 있음)을 파일에 저장한다. 파일 이름이 주어지지 않으면 vi 시작 시 열었던 파일에 저장한다.
w! [file]	쓰기 금지가 되어 있거나 기타 시스템의 이유로 파일에 저장할 수 없을 때 강제로 덮어쓰기한다. 다만 해당 파일에 대하여 쓰기 권한을 가진 사용자여야 한다.
r[ead] [file]	file을 읽어 현재 커서가 있는 줄 아래 붙여넣기 한다.
e[dit] [file]	편집 중인 파일을 빠져 나와 인자로 준 file 편집을 시작한다.
q[uit]	편집기를 마치고 셸로 나간다(quit). 파일이 변경되었는데 저장을 하지 않은 경우 오류 메시지를 출력하고 편집기에 머문다.
q!	저장하지 않고 셸로 나간다.
wq, x[it]	파일의 변경 사항을 저장하고 셸로 나간다. 명령 모드에서 ZZ와 같은 효과.
Enter, vi	vi 명령 모드로 돌아 간다.
he[lp]	온라인 매뉴얼을 출력한다.
!bash	하위 셸을 실행한다. 셸 실행이 끝난 후 exit를 입력하면 vi로 돌아온다.
se[t]	여러 가지 환경 설정을 한다.

라인 편집 모드에서 사용하는 명령은 다음 양식을 따른다.

```
:[범위] 명령 [인자]
```

(1) 범위 (range)

명령이 적용될 줄 번호를 나타내는 방식으로 주소법(addressing)이라고도 한다. 자주 사용되는 몇 가지 주소법을 보도록 하자.

표 7-8 ex 명령에서 줄 번호 주소법

표현	의미	표현	의미
.	현재 커서가 위치한 줄	$	파일의 마지막 줄
num	*num* 번째 줄	+*num*	현재 위치에서 다음 *num*번째 줄
-*num*	현재 위치에서 이전 *num*번째 줄	%	파일 전체

표 7-8에 소개한 것 외에 훨씬 강력한 주소법은 정규 표현(regular expression)을 이용하는 것이다. 특정 문자열이나 어떤 조건에 해당하는 문자열을 찾아서 명령을 적용하도록 만들 수 있다.

각 명령에서 사용되는 범위는 없거나(zero), 하나 또는 두 개의 주소로 나타낸다. 범위가 없는 경우 기준점은 현재 커서 위치다. 두 개의 주소로 나타낼 때는 ‘,’ (콤마) 또는 ‘;’ (세미콜론)을 사용해서 분리하며, 두 주소 사이의 모든 내용이 명령 적용 대상이 된다. 아무 명령 없이 주소만 입력하면 그 주소에 해당하는 줄로 커서를 이동한다.

(2) 명령 및 인자

명령어는 원래의 이름을 그대로 다 쓸 수도 있고 한 글자 또는 두 글자로 된 약자로 쓸 수도 있다. 자주 사용하는 명령어일수록 짧은 약자가 정의되어 있다. 인자는 각 명령어마다 정해져 있으며 범위나 인자가 없는 명령어도 있다. vi의 명령 모드에서 할 수 있는 편집 기능을 거의 모두 ex 모드에서도 할 수 있기 때문에 명령어가 꽤 많다. 모두 소개하기는 어렵고 vi 명령 모드보다 ex 모드로 처리하는 것이 더 효율적인 몇 가지만 보겠다. 각 명령어에서 뒤에 붙는 [#]는 적용되는 줄의 수를 의미한다. 생략된 경우는 1로 간주한다.

표 7-9 ex 주요 명령어

사용법	의미
[범위] d[elete] [#]	[범위]에서 시작하여 #줄을 삭제
[범위] g[lobal] /pattern/ [명령]	pattern이 일치하는 모든 줄에 명령을 적용
[범위] v /pattern/ [명령]	pattern이 일치하지 않는 모든 줄에 명령을 적용
[범위] s[/pattern/replace/] [options] [#]	pattern과 일치하는 문자열을 replace로 대체 [옵션] c – 매 변경 시 확인함 g – 한 줄에 여러 개의 동일한 pattern을 모두 변경
u[ndo]	마지막으로 변경된 내용을 되돌림. g, v 명령에 의해 한꺼번에 적용된 변경은 한꺼번에 되돌림.

다음은 표 7-9에서 소개한 ex 명령을 사용한 예제들이다.

```
:2d3                  2번 줄부터 3줄을 삭제
:2,4d                 2~4번 줄 삭제
:g/printf/p           printf가 있는 모든 줄 출력
:s/text/test/         현재 줄에서 첫 번째로 나타나는 text를 test로 변경
:s/text/test/g        현재 줄에 있는 모든 text를 test로 변경
:%s/text/test/g       파일 전체에 대해 text를 test로 변경
:g/linux/s//Linux/g   모든 linux를 찾아 Linux로 변경
```

이상, vi에서 가장 많이 사용되는 주요 명령어들을 알아 보았다. 상세한 내용은 vi 내에서 ":help" 명령을 입력하여 볼 수 있는 온라인 도움말 기능을 활용하거나 인터넷에 공개된 vi/ex 매뉴얼을 참조하도록 하자.

7.3 텍스트 가공

GUI 환경이 없는 초창기부터 유닉스는 텍스트를 가공하여 정보를 추출하고 양식화된 텍스트를 만드는 등의 작업이 용이하도록 많은 유틸리티를 제공하였다. 검색 기능이나 텍스트 가공을 위한 도구가 다양한 현재에도 지금 소개하는 기능들은 매우 유용하게 활용될 수 있다. 일부 명령어는 GUI 방식의 텍스트 편집 프로그램에서도 하기 어려운 작업을 쉽게 해 내기도 한다.

7.3.1 wc: 단어 수 세기

wc(word count)는 지정한 파일 내에 있는 줄 수, 단어 수, 문자 수에 대한 정보를 출력하는 명령어이다.

```
사용법
    wc [옵션] [파일 …]

기본 기능
    파일의 줄 수, 단어 수, 문자 수를 출력한다. 여기서 문자 수는 byte 단위로 계산된다.
    단어는 공백 문자, 즉 space, tab, newline 문자 등을 포함한다.

주요 옵션
-l     줄 수만 출력 (lines)
-w     단어 수만 출력 (words)
-c     문자 수를 byte 단위로 출력 (characters-bytes)
-m     문자 수를 문자 단위로 출력 (characters)
```

영문과 한글이 섞인 파일을 하나 만들어서 wc 명령어를 테스트해 보자.

```
$ cat test                     ← test 파일 내용 확인
This is a test file for 'wc' command.
How many lines are in this file?
한글은 어떤가요?
123456789012345678901234567890

The end of file.
$ wc test                      ← wc 기본 실행
 6 22 144 test                 ← 4줄, 17단어, 96바이트
$ wc -c test                   ← 문자 수를 바이트 단위로 출력
144 test
$ wc -m test                   ← 문자 수를 문자 단위로 출력
130 test
$
```

위의 test 파일은 7글자의 한글을 포함하고 있다. 이를 바이트 단위로 계산했을 때와 문자 단위로 계산했을 때 차이가 14이다. 단지 ASCII와 유니코드의 차이라면 차이가 7이 되어야 하지만[5] (아마도) 눈에 보이지 않는 제어 문자들의 첨가로 차이가 14가 되었다.

7.3.2 diff: 파일 간 차이점 찾기

diff(difference)는 두 개의 텍스트 파일을 비교하여 차이점을 찾아내는 명령이다.

```
사용법
    diff [옵션] FILES

기본 기능
    FILES를 한 줄씩 비교하고 서로 다른 줄을 출력한다. FILES는 'file1 file2' 또는
    'dir1 dir2'일 수 있고, 옵션에 따라 'dir file…' 또는 'file… dir'과 같이 사용할
    수도 있다. 보통은 두 개의 파일을 비교한다.

주요 옵션
-b      연속된 빈 공간(space, tab 등)을 한 개의 공간으로 취급한다.
        (ignore blank change)
-i      대소문자를 구분하지 않는다. (ignore case)
-c      출력 형태를 파일정보, 각 파일의 차이점 순서로 바꾼다.
-w      빈 공간(space, tab)을 무시하고 나머지 글자들만 비교한다. (ignore all space)
-B      완전히 빈 줄을 무시하고 나머지만 비교한다. (ignore blank lines)
```

5) Ubuntu 11.04 이전 버전에서는 정확히 7이었다!

다음 두 개의 파일 addr1과 addr2에 대해 diff 명령을 실행한 예를 보자.

```
< addr1 >
1       송강호   010-8605-8505              gangho@gmail.com
2       한석규   010-7127-0774              hongsik@hotmail.com
3       차승원   010-6456-2503              dokkojin@nate.com
4       이준기   010-7139-8357              joonki@gmail.com
5       유지태   010-6660-0476              jitae@naver.com
6       류승범   010-4281-0531              beom.ryu@daum.net
7       강동원   010-2541-2904              dwkang@gmail.com
8       최민식   010-3664-8967              minsikchoe@naver.com
9       박중훈   010-2625-6004              bjh@korea.kr
10      유해진   010-4555-4024              chambada@naver.com
```

```
< addr2 >
1       송강호   010-8605-8505              gangho@gmail.com
2       한석규   010-7127-0774              hongsik@hotmail.com
3       차승원   010-6456-2503              dokkojin@nate.com
4이준기          010-7139-8357              joonki@gmail.com
5       유지태   010-6660-0476              jitae@naver.com
6       류승범   010-4281-0531              beom.ryu@daum.net
7       강동원   010-2541-2904              dwkang@gmail.com
8       최민식   010-3664-8967              minsikchoe@naver.com
9       정우성   010-2728-4593              woosung.jeong@naver.com
```

```
$ diff addr1 addr2          ← 모든 문자를 비교
4,5c4,5                     ← addr의 4~5줄과 addr2의 4~5줄이 다름
< 4     이준기   010-7139-8357              joonki@gmail.com
< 5     유지태   010-6660-0476              jitae@naver.com
---
> 4이준기        010-7139-8357              joonki@gmail.com
> 5     유지태   010-6660-0476              jitae@naver.com
9,10c9                      ← addr의 9~10줄과 addr2의 9번째 줄이 다름
< 9     박중훈   010-2625-6004              bjh@korea.kr
< 10    유해진   010-4555-4024              chambada@naver.com
---
> 9     정우성   010-2728-4593              woosung.jeong@naver.com
```

```
$ diff -b addr1 addr2    ← 여러 개의 공백을 한 가지로 취급
4c4
< 4    이준기    010-7139-8357           joonki@gmail.com
---
> 4이준기        010-7139-8357           joonki@gmail.com
9,10c10
< 9    박중훈    010-2625-6004           bjh@korea.kr
< 10   유해진    010-4555-4024           chambada@naver.com
---
> 9    정우성    010-2728-4593           woosung.jeong@naver.com
$ diff -w addr1 addr2    ← 모든 공백을 무시하고 그 외의 문자만 비교
9,10c10
< 9    박중훈    010-2625-6004           bjh@korea.kr
< 10   유해진    010-4555-4024           chambada@naver.com
---
> 9    정우성    010-2728-4593           woosung.jeong@naver.com
```

첫 번째 명령 실행에서 보면 첫 번째 파일의 5줄과 두 번째 파일의 6줄이 서로 다르다고 행 순서대로 출력된 것을 볼 수 있다. 표면상으로 같아 보이는 줄도 실제로는 탭(tab) 문자와 스페이스(space) 등 실제 문자는 다르게 되어 있기 때문에 다르다고 출력되어 있다. -b 옵션을 주면 이런 공간 문자를 모두 같은 것으로 취급하기 때문에 이런 줄들은 생략되었다. -w 옵션을 주면 빈 공간을 아예 무시하기 때문에 공간 문자를 제외한 내용이 같은 줄이 생략되고 출력됨을 볼 수 있다.

7.3.3 comm: 줄 단위로 파일 비교

comm(common)은 두 개의 정렬된 파일을 줄 단위로 비교하여 공통 부분을 선택하거나 삭제한다.

사용법

```
comm [옵션] file1 file2
```

기본 기능

두 개의 파일을 줄 단위로 비교하여 3개의 열로 표시한다. 1열은 file1에만 있는 줄, 2열은 file2에만 있는 줄, 3열은 공통으로 존재하는 줄을 각각 표시한다.

주요 옵션
-1　　file1에만 있는 줄을 삭제하고 표시
-2　　file2에만 있는 줄을 삭제하고 표시
-3　　두 파일에 공통으로 있는 줄을 삭제하고 표시

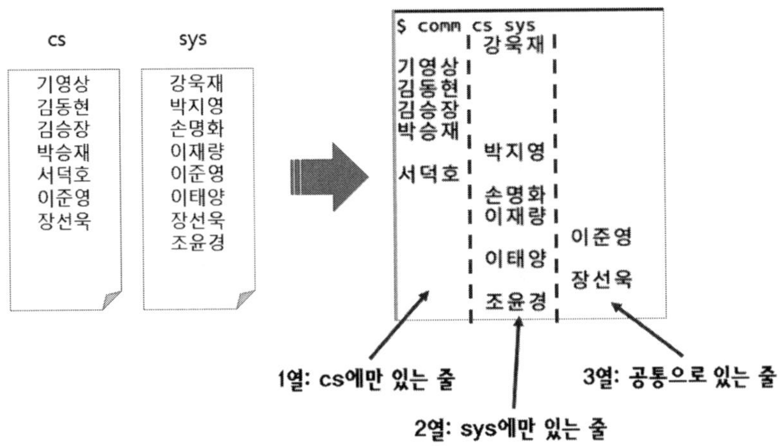

그림 7-7　comm 명령 실행 예

7.3.4 sort: 줄 단위로 정렬

sort는 문서 내용을 줄 단위로 정렬 또는 합병하거나 순서를 검사한다.

사용법
　sort [옵션] [파일 …]

기본 기능
　인수로 주어진 파일 내용을 줄 단위, ASCII 코드 순으로 정렬하여 화면에 출력한다.
　파일명을 지정하지 않으면 표준 입력에서 데이터를 읽어 정렬한다.

주요 옵션
-b　　필드의 비교에 있어서 공백(space와 tab)으로 시작되는 필드 즉, 앞에 붙는 공백을 무시한다. (ignore-leading-blanks)
-c　　파일이 정해진 순서대로 정렬되었는가를 확인하기 위해 정렬 안된 상태의 최초 줄을 출력한다. (check)
-d　　사전식 순서로 정렬시킨다. 이는 숫자, 문자, blank(space와 tab)만을 비교한다. (dictionary-order)

-f	파일 내의 소문자를 대문자로 간주하여 정렬시킨다. 즉 대소문자를 구별하지 않는다. (ignore-case)
-i	출력 가능한 문자만 고려하여 정렬한다. (ignore-nonprinting)
-m	이미 정렬된 파일을 합병시킨다. (merge)
-n	문자열의 숫자 부분을 산술적 값으로 정렬시킨다. 즉 숫자들을 그 값 순으로 정렬시킨다. (numeric-sort)
-r	역순으로 정렬한다. (reverse)
-u	2개 이상의 줄이 중복될 때 1줄만 출력한다. (unique)
-o file	지정된 파일명으로 출력하며 출력 파일명을 지정하지 않으면 화면에 표준 출력한다. (output)
-t 문자	문자를 필드 구분 문자로 취급한다. (field-separator)
-k pos1 [,pos2]	pos1 필드부터 pos2 필드까지를 기준으로 정렬한다.

7.3.2절에 소개된 addr1 파일에 대해 sort 명령을 실행해 보자.

```
$ sort addr1
1       송강호   010-8605-8505          gangho@gmail.com
10      유해진   010-4555-4024          chambada@naver.com
2       한석규   010-7127-0774          hongsik@hotmail.com
3       차승원   010-6456-2503          dokkojin@nate.com
4       이준기   010-7139-8357          joonki@gmail.com
5       유지태   010-6660-0476          jitae@naver.com
6       류승범   010-4281-0531          beom.ryu@daum.net
7       강동원   010-2541-2904          dwkang@gmail.com
8       최민식   010-3664-8967          minsikchoe@naver.com
9       박중훈   010-2625-6004          bjh@korea.kr
```

예상과 같은 결과가 나왔는가? 아무 옵션도 없이 정렬을 실행하면 ASCII 코드 순서로 정렬하기 때문에 1 다음에 10으로 시작하는 줄이 오게 된다. 숫자 값을 기준으로 정렬하고 싶으면 -n 옵션을 주면 된다.

```
$ sort -n addr1
1       송강호   010-8605-8505          gangho@gmail.com
2       한석규   010-7127-0774          hongsik@hotmail.com
3       차승원   010-6456-2503          dokkojin@nate.com
4       이준기   010-7139-8357          joonki@gmail.com
5       유지태   010-6660-0476          jitae@naver.com
6       류승범   010-4281-0531          beom.ryu@daum.net
```

```
7       강동원  010-2541-2904           dwkang@gmail.com
8       최민식  010-3664-8967           minsikchoe@naver.com
9       박중훈  010-2625-6004           bjh@korea.kr
10      유해진  010-4555-4024           chambada@naver.com
```

addr1 파일의 예와 같이 공백 또는 tab 문자로 일정하게 데이터의 종류를 구분할 때 각각을 '필드'라 칭한다. 여러 개의 필드가 있는 경우 이들 중 특정 필드를 지정하여 그것을 기준으로 정렬할 수 있다.

```
$ sort -k 2 addr1                       ← 두 번째 필드, 즉 이름 기준으로 정렬
7       강동원  010-2541-2904           dwkang@gmail.com
6       류승범  010-4281-0531           beom.ryu@daum.net
9       박중훈  010-2625-6004           bjh@korea.kr
1       송강호  010-8605-8505           gangho@gmail.com
5       유지태  010-6660-0476           jitae@naver.com
10      유해진  010-4555-4024           chambada@naver.com
4       이준기  010-7139-8357           joonki@gmail.com
3       차승원  010-6456-2503           dokkojin@nate.com
8       최민식  010-3664-8967           minsikchoe@naver.com
2       한석규  010-7127-0774           hongsik@hotmail.com
$ sort -k 4 -r addr1                    ← 네 번째 필드 기준으로 역순 정렬
8       최민식  010-3664-8967           minsikchoe@naver.com
4       이준기  010-7139-8357           joonki@gmail.com
5       유지태  010-6660-0476           jitae@naver.com
2       한석규  010-7127-0774           hongsik@hotmail.com
1       송강호  010-8605-8505           gangho@gmail.com
7       강동원  010-2541-2904           dwkang@gmail.com
3       차승원  010-6456-2503           dokkojin@nate.com
10      유해진  010-4555-4024           chambada@naver.com
9       박중훈  010-2625-6004           bjh@korea.kr
6       류승범  010-4281-0531           beom.ryu@daum.net
```

공백 문자 외에 특정한 문자를 필드 구분자로 사용할 수도 있다. -t 옵션을 이용해 필드 구분자를 지정할 수 있다. 예를 들어 /etc/passwd 파일은 필드를 ':' 문자로 구분하였다. /etc/passwd 파일의 5번째 필드를 기준으로 정렬한 예를 보자.

```
$ sort -t: -k5 /etc/passwd
syslog:x:104:110::/home/syslog:/usr/sbin/nologin
whoopsie:x:120:125::/nonexistent:/bin/false
_apt:x:105:65534::/nonexistent:/usr/sbin/nologin
messagebus:x:103:106::/nonexistent:/usr/sbin/nologin
tcpdump:x:108:115::/nonexistent:/usr/sbin/nologin
gnome-initial-setup:x:124:65534::/run/gnome-initial-setup/:/bin/false
sshd:x:126:65534::/run/sshd:/usr/sbin/nologin
uuidd:x:107:114::/run/uuidd:/usr/sbin/nologin
geoclue:x:122:127::/var/lib/geoclue:/usr/sbin/nologin
saned:x:117:123::/var/lib/saned:/usr/sbin/nologin
vboxadd:x:998:1::/var/run/vboxadd:/bin/false
avahi-autoipd:x:109:116:Avahi autoip daemon,,,:/var/lib/avahi-autoipd:/usr/sbin/nologin
avahi:x:115:121:Avahi mDNS daemon,,,:/var/run/avahi-daemon:/usr/sbin/nologin
gnats:x:41:41:Gnats Bug-Reporting System (admin):/var/lib/gnats:/usr/sbin/nologin
gdm:x:125:130:Gnome Display Manager:/var/lib/gdm3:/bin/false
hplip:x:119:7:HPLIP system user,,,:/run/hplip:/bin/false
juyoon:x:1001:1001:Hyeon-Ju Yoon,,,:/home/juyoon:/bin/bash
kernoops:x:116:65534:Kernel Oops Tracking Daemon,,,:/:/usr/sbin/nologin
list:x:38:38:Mailing List Manager:/var/list:/usr/sbin/nologin
nm-openvpn:x:118:124:NetworkManager OpenVPN,,,:/var/lib/openvpn/chroot:/usr/sbin/nologin
pulse:x:123:128:PulseAudio daemon,,,:/var/run/pulse:/usr/sbin/nologin
rtkit:x:111:117:RealtimeKit,,,:/proc:/usr/sbin/nologin
speech-dispatcher:x:114:29:Speech Dispatcher,,,:/run/speech-dispatcher:/bin/false
...(생략)
```

5번째 필드가 아무 것도 없이 공백인 행들이 가장 위에 올라 오고, 그 다음 영문 대문자, 소문자 순서로 정렬되고, 한글이 있을 경우 그 이후에 정렬된다.

7.3.5 cut: 열 단위로 자르기

cut는 조건에 따라 텍스트 파일에서 데이터의 열을 추출하는데 사용한다.

사용법

  cut -b |-c | -f [옵션] 범위 [파일…]

기본 기능

  파일에서 지정한 열이나 범위가 정해진 영역(필드)을 추출한다. 옵션 중 b, c, f 중 하나는 반드시 명시해야 하고, 범위는 열을 지정하는 숫자들로 구성된다.

```
    범위: 1, 4 등 하나의 숫자 또는 1-3과 같은 범위를 표시할 수 있고 조합해서 사용 가능

주요 옵션
-b                  바이트 단위로 위치 지정 (bytes)
-c                  문자 단위로 위치 지정 (characters)
-f                  구분자(delimiter)로 각 필드를 구분한 파일을 사용.
                    구분자가 지정되지 않으면 탭 문자를 필드 구분자로 가정 (file)
-d 문자             필드 구분 문자 지정 (delimiter)
```

앞에서 나온 addr1 파일과 /etc/passwd 파일을 이용한 실행 예들을 보자.

```
$ cut -c 1-5 addr1                   ← 문자 기준으로 1~5번째 열 분리
1    송
2    한
3    차
4    이
5    유
6    류
7    강
8    최
9    박
10   ?
$ cut -f 2,4 addr1 | sort            ← 필드 기준으로 2번째, 4번째 열 분리 후 정렬
강동원 dwkang@gmail.com
류승범 beom.ryu@daum.net
박중훈 bjh@korea.kr
송강호 gangho@gmail.com
유지태 jitae@naver.com
유해진 chambada@naver.com
이준기 joonki@gmail.com
차승원 dokkojin@nate.com
최민식 minsikchoe@naver.com
한석규 hongsik@hotmail.com
$ cut -d':' -f1,6-7 /etc/passwd      ← ':' 문자로 구분하는 필드 분리
root:/root:/bin/bash
daemon:/usr/sbin:/bin/sh
bin:/bin:/bin/sh
sys:/dev:/bin/sh
sync:/bin:/bin/sync
```

```
games:/usr/games:/bin/sh
man:/var/cache/man:/bin/sh
lp:/var/spool/lpd:/bin/sh
mail:/var/mail:/bin/sh
news:/var/spool/news:/bin/sh
...(생략)
```

7.3.6 paste: 열 단위로 붙이기

cut과 마찬가지로 열 기준으로 하는 작업이다. 사용자가 지정한 두 개의 파일에서 탭 문자를 기준으로 분리되어 있는 열이 하나씩 교대로 나타나도록 합병한다.

```
사용법
    paste [옵션] [파일 …]

기본 기능
    각 파일에서 탭으로 분리된 열 하나씩 교대로 나타나도록 합병한다.

주요 옵션
-d 문자          탭 문자 대신 지정한 문자(들)을 구분자로 사용
```

addr1 파일에 대해 cut과 결합한 paste 명령의 실행 예를 보자. 여기서 answer 파일은 어떤 질문에 대한 회원들의 답을 Y 또는 N로 따로 기록한 파일이라고 가정하고 두 파일을 병합한 결과가 표준 출력으로 나타난다.

```
$ cut -f2,4 addr1 | paste answer -
Y       송강호    gangho@gmail.com
Y       한석규    hongsik@hotmail.com
N       차승원    dokkojin@nate.com
Y       이준기    joonki@gmail.com
N       유지태    jitae@naver.com
N       류승범    beom.ryu@daum.net
N       강동원    dwkang@gmail.com
Y       최민식    minsikchoe@naver.com
Y       박중훈    bjh@korea.kr
N       유해진    chambada@naver.com
```

탭을 기준으로 병합할 경우 위의 이메일 주소와 같이 한 열의 내용이 많아서 그 사이에 탭 위치가 포함될 경우 병합되는 열의 내용이 겹쳐서 나타나는 문제가 생긴다. 따라서 일반적으로는 탭 문자가 아닌 별도의 구분자를 사용한다.

Cut, paste 명령은 MS Excel이나 LibreOffice Calc와 같은 스프레드시트 프로그램이 일반화된 현대에는 쓰임새가 떨어지는 기능이나 셸 스크립트 등으로 간단하게 텍스트 파일을 처리하려고 할 때에는 꽤 유용하게 활용될 수 있다.

7.3.7 grep: 파일 내용 검색

grep(global regular expression print)은 파일 내의 텍스트에서 주어진 정규식을 만족하는 패턴을 검색하는 명령어이다. 정규식을 다양하게 활용하고 셸 프로그래밍과 결합하여 매우 다양한 텍스트 처리 기능을 구현할 수 있다.

```
사용법
    (grep | egrep | fgrep | rgrep) [옵션] pattern [파일 …]

기본 기능
    pattern으로 주어진 문자열을 파일(들)에서 모두 찾아 그 문자열이 포함된 줄 전체를
    출력한다. 패턴은 정규 표현으로 나타낸다.
    egrep = grep -E
    fgrep = grep -F
    rgrep = grep -r

주요 옵션
-a              이진 파일을 텍스트 파일로 취급 (text)
-c              찾은 줄 내용은 출력하지 않고 줄 수만 출력한다. (count)
-e pattern      -로 시작하는 pattern을 정의하거나 여러 개의 pattern을 지정
-E              Extended regular expression 사용
-f file         Pattern이 file에 정의되어 있다. 한 줄에 한 pattern
-F              Pattern을 정규식이 아닌 일반 문자열로 해석 (fixed-strings)
-i              비교 시 영문자의 대문자, 소문자를 구별하지 않고 비교한다.
                (ignore-case)
-w              지정한 패턴(문자열) 전체와 일치하는 내용을 출력한다. (word-regexp)
-n              찾은 각 줄 앞에 줄 번호를 붙여서 출력한다.(line-number)
-l              결과를 출력할 때 지정한 패턴이 있는 파일명만 출력한다.
                (files-with-matches)
```

```
-x              지정된 패턴이 한 라인 전체와 일치하는 내용만을 출력한다.(line-regexp)
-r              지정된 디렉토리와 그 서브 디렉토리의 모든 파일을 순환적으로 검색하여
                파일 내에서 문자열이 포함된 라인을 화면에 출력한다. (recursive)
-v              지정한 패턴이 없는 행들만 출력한다. (invert-match)
```

검색용 패턴을 표현하는 것은 **정규 표현**(regular expression)을 사용해야 한다고 지정되어 있다. grep 뿐만 아니라 텍스트 처리와 관련된 명령들의 매뉴얼을 들여다 보면 종종 'RE', 'regex' 또는 'regexp' 라는 표현을 만나게 된다. 이는 정규 표현(regular expression)의 약어로서 문자열의 특정 패턴(pattern)을 표현하는 방식이다. less 명령이나 vi 편집기 등에서 '/'를 활용해 특정 단어가 출현하는 부분을 한 번 만에 찾아 가는 작업을 해 보았을 것이다. 매뉴얼을 확인해 보면 '/' 기호 뒤에 올 수 있는 것은 단어가 아니라 '정규 표현으로 작성된 패턴'으로 명시되어 있음을 알 수 있다.

정규 표현은 오토마타 이론에 근거하여 만들어진 일종의 수학적인 표현법으로 셸을 비롯하여 awk, Perl 등의 스크립트 언어와 텍스트를 처리하는 각종 유틸리티 프로그램에서 사용되며, C, C++, Java, Python 같은 언어에서도 이를 처리할 수 있는 라이브러리가 제공된다. 표현법, 즉 문법은 각 경우마다 조금씩 다르지만 의미는 같기 때문에 여기서 익혀 두면 다른 언어에서도 문제 없이 사용할 수 있다.

정규 표현은 일반 문자와 메타 문자의 조합으로 이루어진다. 수학적인 표현법이라 했는데, 일반 문자는 수학에서 0, 1, 2 등의 숫자, 메타 문자는 +, − 등의 연산자라 생각할 수 있다. 수학에서는 각 연산자에 따라 숫자를 더하거나 빼는 것으로 표현을 해석하도록 정의되어 있는데, 정규 표현은 연결, 선택, 반복의 세 가지가 기본 연산으로 해석된다.

표 7-10 정규 표현의 기본 요소

기능	표기법	표현 패턴
연결(concatenation)	abc	a, b, c 세 문자가 차례로 나옴
선택(selection)	a | b	a 또는 b
반복(closure)	a*	a가 0개 이상 연속으로 나옴

여기서 반드시 주의해야 할 점은 셸에서 메타 문자로 '*'를 사용하는 것과 정규 표현의 '*' 연산자는 같은 표기법이지만 다르게 해석된다는 것이다. 명령어를 사용할 때 위치와 명령의 종류에 따라 해석되는 방법이 다르므로 정규 표현을 사용하는 명령을 잘 확인하고 사용하자.

또한 셸의 메타 문자와 정규 표현을 구분하기 위해 정규 표현에 ' ' 또는 " " 인용 부호를 사용해야 할 경우도 많다.

```
$ ls a*                    ← a로 시작하는 모든 파일 나열
a      abc      afile
$ grep aa* afile           ← afile에서 a로 시작하고 a가 0개 이상 연속으로 나오는 단어
                              모두 검색
aaa does not exist.        ← 결과는 행 단위로 출력됨
babo is not aa.
$
```

기본 연산자는 어디서나 거의 같지만 그 외 보조적인 문법 요소인 사용 환경과 언어에 따라 조금씩 다르다. 다음 표는 POSIX에서 정의한 메타문자와 그 의미이다. 일부 메타문자는 확장 표현(ERE: Extended Regular Expression)에서 추가되었다.

표 7-11 POSIX 정규 표현 메타 문자

메타문자	의미	사용 예
.	하나의 문자 (\n 제외)	a.c: abc, afc 등과 매치
[ ]	안에 있는 문자 중 하나	[a.c]: a 또는 . 또는 c [a-z]: 소문자 중 하나 [a\-z]: a 또는 - 또는 z
[^]	안에 없는 문자 중 하나	[^a-z]: 소문자가 아닌 문자 하나
^	문자열 또는 행의 시작	^[hc]at: 행의 맨 앞이 hat나 cat으로 시작
$	문자열 또는 행의 끝	[hc]at$: 행의 맨 끝이 hat나 cat으로 끝남
*	0번 이상 반복	ab*: a, ab, abb, abbb, … [xyz]*: x, y, z, xx, yy, xz, zyxxy, …
( )	문자열 그룹(ERE)	(ab)*: ab, abab, ababab, …
{n}	정확히 n번 매치	a{3}: aaa
{n,}	n번 이상 매치	a{3,}: aaa, aaaa, aaaaa, …
{n,m}	n번 이상, m번 이하 매치	a{2,4}: aa, aaa, aaaa
+	1번 이상 반복(ERE)	ab+: ab, abb, abbbb, …
?	0번 또는 1번(ERE)	[hc]?at: at, hat, cat
|	선택(ERE)	(mk|rm)dir: mkdir, rmdir

또한 흔히 사용하는 문자들의 그룹을 특정한 이름으로 사용할 수 있게 표 7-12와 같이 정의하였다. ASCII 표현은 문자 그룹을 표현하기 위해 [ ]를 사용했지만 메타문자로서의 [ ]는 아니다. 따라서 그룹 이름을 정규 표현에 사용할 때는 [[:alpha:]]와 같이 반드시 [ ]으로 싸 주어야 한다.

표 7-12 POSIX 문자 그룹

<table>
<tr><th>표기법</th><th>ASCII 표현</th><th>표기법</th><th>ASCII 표현</th></tr>
<tr><td>[:alnum:]</td><td>[A-Za-z0-9]</td><td>[:alpha:]</td><td>[A-Za-z]</td></tr>
<tr><td>[:word:]</td><td>[A-Za-z0-9_]</td><td>[:blank:]</td><td>[\t]</td></tr>
<tr><td>[:cntrl:]</td><td>[\x00-\x1F\x7F]</td><td>[:digit:]</td><td>[0-9]</td></tr>
<tr><td>[:graph:]</td><td>[\x21-\x7E]</td><td>[:lower:]</td><td>[a-z]</td></tr>
<tr><td>[:print:]</td><td>[\x20-\x7E]</td><td>[:space:]</td><td>[\t\r\n\v\f]</td></tr>
<tr><td>[:upper:]</td><td>[A-Z]</td><td>[:xdigit:]</td><td>[A-Fa-f0-9]</td></tr>
<tr><td>[:punct:]</td><td colspan="3">[-!" #$%&' ()*+,./:;<=>?@[\\\]_`{|}~]</td></tr>
</table>

정규 표현은 많은 패턴을 표현할 수 있지만 표현하지 못하는 패턴도 많다. 예를 들어, a와 b가 각각 같은 개수씩 있는 문자열, 즉 aaabbb, aaaabbbb와 같은 패턴은 정규 표현으로 표현 불가능이다.[6)]

자, 이제 grep과 정규 표현을 써서 검색 작업을 해 보자. 그림 7-8은 addr1 파일에 수록된 회원 명부에서 naver나 gmail을 사용하는 회원을 검색하는 예이다. 문자열을 통째로 검색하기 위해 ( ) 기호를 사용했는데 ( )는 확장 정규 표현으로 정의되어 있기 때문에 egrep을 사용해야 한다. 또한 ( )나 | 기호가 셸에서 다른 방식으로 해석될 수 있기 때문에 인용 부호 " "로 패턴을 쌌다.

```
$ egrep "(naver|gmail)" addr1
1       송강호  010-8605-8505   gangho@gmail.com
4       이준기  010-7139-8357   joonki@gmail.com
5       유지태  010-6660-0476   jitae@naver.com
7       강동원  010-2541-2904   dwkang@gmail.com
8       최민식  010-3664-8967   minsikchoe@naver.com
10      유해진  010-4555-4024   chambada@naver.com
```

그림 7-8 grep 실행 예

6) 이는 문맥 자유 문법(context-free grammar)으로 표현할 수 있다. 문자열, 즉 언어를 표현하는 문법의 다양한 수학적 표현은 형식 언어(formal language)라는 분야에서 전문적으로 다룬다.

단순히 하나의 파일에 대해 패턴을 찾는 것 외에도 표준 출력을 하는 다른 명령들과 파이프(pipe)를 써서 연결하면 매우 다양한 작업이 가능하다. 파이프는 앞 프로세스의 출력을 뒤 프로세스의 입력으로 직접 전달해 연속적인 데이터 처리를 하는 방법으로 단순한 명령어 여러 개로 복잡한 작업이 가능하도록 할 수 있다. 파이프는 9장에서 다시 상세히 설명하기로 하고 여기서는 실행 예를 보면서 동작을 짐작해 보자.

```
$ ls -l /tmp | grep k2008[[:digit:]]*
-rw-r--r-- 1 k20080388 k20080388  211 2011-10-17 14:52 loop.c
drwx------ 2 k20080388 k20080388 4096 2011-10-21 13:25 orbit-k20080388
drwx------ 2 k20080585 k20080585 4096 2011-09-26 13:08 orbit-k20080585
drwx------ 2 k20080775 k20080775 4096 2011-10-14 15:31 orbit-k20080775
drwx------ 2 k20080805 k20080805 4096 2011-09-26 12:06 orbit-k20080805
drwx------ 2 k20081354 k20081354 4096 2011-09-26 01:19 orbit-k20081354
$ ps -el | grep loop
0 S  1021  1445     1  0  80   0 -   425 hrtime ?        00:00:04 loop
0 S  1021  1694     1  0  80   0 -   425 hrtime ?        00:00:04 loop
0 S  1039  3545     1  0  80   0 -   425 hrtime ?        00:00:02 loop
0 S  1039  3568     1  0  80   0 -   425 hrtime ?        00:00:02 loop
0 S  1078  5131     1  0  80   0 -   425 hrtime ?        00:00:05 loop
0 S  1021  6000     1  0  80   0 -   425 hrtime ?        00:00:04 loop
0 S  1021  6058     1  0  80   0 -   425 hrtime ?        00:00:04 loop
0 S  1078  8068     1  0  80   0 -   425 hrtime ?        00:00:05 loop
0 S  1075 10687     1  0  80   0 -   425 hrtime ?        00:00:02 myloop
0 S  1075 10908     1  0  80   0 -   425 hrtime ?        00:00:03 myloop
```

그림 7-9 파이프를 사용한 grep 실행 예

그림 7-9는 파이프 기능을 이용해 다른 명령과 grep을 결합한 예를 보여 준다. 특정 디렉터리에 특정 사용자의 파일을 검색한다거나, 현재 실행 중인 프로세스 중 특정 프로세스를 검색하는 등의 작업을 실행하고 있다.

약간 복잡한 검색을 해 보자. 별로 실용적이지는 않지만 이런 것도 가능하다는 것을 보여 주는 예이다. 해결해야 할 문제는 /sys 디렉터리에 포함된 파일 또는 하위 디렉터리에서 아이노드 번호가 1~9 사이인 것들을 찾아서 나열하는 것이다. 먼저 검색 패턴을 설계하기 위해 아이노드 번호를 포함한 디렉터리 나열의 결과를 보도록 하자.

```
$ ls -iR /sys
/sys:
2845    block
   8    bus
  10    class
   5    dev
   4    devices
```

```
  11       firmware
   2       fs
  12       hypervisor
 587       kernel
1091       module
 599       power

/sys/block:
12869      loop0
12981      loop1
... (생략)
```

아이노드 번호는 줄 맨 앞에 출력되고 같은 디렉터리 다른 파일의 아이노드 번호들과 함께 오른쪽 정렬 방식으로 줄이 맞춰지므로 앞에 공백이 있을 수도 있다는 것을 알 수 있다. 또한 번호 뒤에는 반드시 공백이 있고 파일 이름이 나타난다. 따라서 검색을 위한 정규 표현은 다음과 같이 작성되어야 한다.

```
^[[:space:]]*[1-9][[:space:]]+
```

여기서 마지막의 '+' 표현은 확장 정규 표현에 속하므로 grep 대신 egrep을 사용하였다. 결과를 보면 원하는 대로 /sys 디렉터리 아래에서 1~9 사이의 아이노드 번호를 가진 파일들의 이름이 출력되었다. 다만 이들이 어느 하위 디렉터리에 포함되어 있는지 그것을 알 수 있는 정보는 없다.

```
$ ls -iR /sys | egrep ^[[:space:]]*[1-9][[:space:]]+
   8 bus
   5 dev
   4 devices
   2 fs
6 block
7 char
     9 system
     1 bpf
     2 cgroup
ls: '/sys/fs/bpf' 디렉터리를 열 수 없음: 허가 거부
 1 blkio
 1 cpu,cpuacct
 1 cpuset
 1 devices
```

그림 7-10 특별한 패턴의 grep 실행 예

7장 마무리

텍스트 파일 사용에 필수적인 화면 출력과 편집 명령, 그리고 약간의 고급스러운 텍스트 처리 명령어를 배웠다. 현재는 대부분의 유틸리티들이 GUI 환경으로 구현되어 있어 여기에 시간을 투자하는 것이 소용없게 느껴질지도 모르겠지만, 관리자 수준에서는 아직도 이 장에 소개된 많은 기술들이 이용되고 있으며 GUI가 불가능한 환경에서는 반드시 알아 두어야 할 것들이다. 특히 시스템의 각종 운영 로그 기록(텍스트다!)에서 필요한 정보를 찾아서 한 눈에 볼 수 있는 형태로 가공하거나 하는 경우에 매우 유용하게 사용될 수 있다. 다만 이 장에 소개된 내용은 개인이 혼자 작업하는데 필요한 최소한의 명령만 다루고 있어서 실제로 전문적인 텍스트 처리에는 부족하고 겨우 맛만 본 수준이라 해야 할 것이다. 또한 셸 스크립트나 python같은 좀 더 다양한 기능의 도구와 결합할 때 더 효율적으로 훌륭한 결과를 만들어낼 수 있을 것이다.

심화 및 보충 학습

1. 'ls -lR /'을 수행하면 전체 파일 시스템의 파일 목록과 각 파일의 상세 정보를 볼 수 있다. 그렇지만 내용이 너무 많고 스크롤이 너무 빨리 올라가 원하는 내용을 보기가 어렵다. 이럴 때는 수행 결과를 일단 파일에 저장하고 후처리를 하는 것이 좋겠다.
   ① 파일에 저장하는 도중에 많은 오류 메시지가 출력된다. 어떤 종류의 오류인가?
   ② 크기가 가장 큰 파일의 정보를 찾으려면 어떻게 해야 할까?

2. 다음 정규 표현은 어떤 문자열을 정의하는가?
   ① [[:alpha:]_][[:word:]]*
   ② ^[[:space:]]+[[:alpha:]]+
   ③ ([+-]?[1-9][[:digit:]]*|0)

8장

명령어: 감시와 관리

파일에 대한 작업을 제외하면 운영체제의 거의 모든 기능은 감시와 관리라고 할 수 있다. 시스템의 사용자 또는 관리자는 사전에 적절한 설정을 하고 시스템을 운용하면서 어떤 일이 벌어지는지 문제는 없는지 (자동 또는 수동으로) 감시하고 필요 시 관리 작업을 해 주어야 한다. 우리는 서버 관리자가 아닌 1인용 시스템을 사용하고 관리하는 것을 기준으로 할 것이며, 4장에서 이미 GUI 환경의 기본적인 시스템 감시 도구나 소프트웨어 관리 도구를 활용하는 방법을 알아 보았다. 이번 장에서는 그에 대응되는 CLI 명령어들을 공부할 것이다.

8.1 프로세스 감시

1장과 4장에서 살펴본 바와 같이 운영체제의 핵심 기능 중 하나가 프로세스(process) 관리 기능이다. 작업이 문제없이 수행되고 있을 때는 사용자가 프로세스에 대한 관리를 수행할 필요가 없으며 프로세스 관련된 사항은 일반적으로 운영체제가 알아서 수행하고 서버의 경우 서버 관리자가 문제에 대처하는 것이 보통이다. 그러나 사용자 프로그램의 잘못된 수행으로 인한 시스템 과부하 등의 문제가 발생했을 시에 1차적으로는 각 사용자가 자신의 프로세스를 제어할 수 있어야 한다. 이번 장에서는 일반 사용자가 할 수 있는 간단한 프로세스 감시 및 관리 명령을 공부한다.

8.1.1 ps: 프로세스 보기

현재 실행되고 있는 프로세스를 보여 주는 명령이다. 기본적으로 현재 터미널에서 그 터미널을사용하고 있는 사용자가 소유하고 있는 프로세스만 보여 주며, 다양한 옵션을 이용해 더 많은 프로세스와 그에 대한 정보를 볼 수 있다. ps 명령의 옵션은 UNIX 형태, BSD 형태,

GNU 형태가 있는데 그 종류가 매우 많으며 사용법과 의미가 약간씩 다르며 함께 사용될 경우 충돌을 일으킬 수도 있다. 여기서는 표준 UNIX 형식을 따르는 주요 옵션 몇 가지만 소개한다.

```
사용법
    ps [옵션]

기본 기능
    활동 중인 프로세스의 정보를 보여 준다. 프로세스 번호(PID), 제어 터미널(TTY), 누적
    CPU 시간(TIME), 실행 명령(CMD)의 네 가지 정보가 출력된다.

주요 옵션
-A      시스템에서 활동 중인 모든 프로세스 정보 출력 (All)
-a      모든 프로세스 정보 출력. 단 세션 리더(보통 셸) 프로세스와 터미널과 연관되지
        않은 프로세스는 제외함 (all)
-e      시스템에서 활동 중인 모든 프로세스 정보 출력. -A 옵션과 같음 (every)
-f      상세 정보 출력 (full)
-l      상세 정보 출력 (long)
-H      프로세스 계층 구조를 보여 줌 (Hierarchy)
-t ttylist      지정한 터미널에서 활동 중인 프로세스를 출력.
                하나 이상의 터미널을 지정할 때는 공백 없이 콤마(,)로 분리함
-p pidlist      지정한 PID를 가지는 프로세스 정보 출력. 하나 이상의 PID를 지정할 때는 공백
                또는 공백 없이 콤마(,)로 분리함
-u userlist     지정한 UID 또는 username이 소유한 프로세스 정보 출력.
                하나 이상의 사용자를 지정할 때는 공백 없이 콤마(,)로 분리함
```

다음 실행 예를 보자.

```
$ ps                            ← 아무 옵션 없이 실행
  PID TTY          TIME CMD
 8209 pts/2    00:00:00 bash
 8224 pts/2    00:00:00 ps
$ ps -Hu juyoon                 ← 사용자 juyoon의 프로세스를 계층 구조로 표시
  PID TTY          TIME CMD
 8030 ?        00:00:00 sshd
 8031 ?        00:00:00   sftp-server
 7832 ?        00:00:00 sshd
 7833 pts/0    00:00:00   bash
 8207 pts/0    00:00:00     script
```

```
8208 pts/0    00:00:00      script
8209 pts/2    00:00:00        bash
8225 pts/2    00:00:00          ps
6925 ?        00:00:00 sshd
6926 pts/1    00:00:00   bash
7745 pts/1    00:00:00     man
7754 pts/1    00:00:00       pager
7736 ?        00:00:00 pulseaudio
7737 ?        00:00:00   gconf-helper
```

첫 번째 명령에서는 옵션 없는 단순 실행의 결과를 보여 준다. 현재 터미널인 pts/2에서 활동 중인 프로세스의 PID, TTY, TIME, CMD 정보가 출력된다. 여기서 TIME은 순수하게 CPU가 작업한 시간만 포함하기 때문에 매우 짧아서 0으로 표현되는 경우가 많다. 두 번째는 사용자 juyoon이 소유한 프로세스를 모두 계층 구조 형식으로 출력하라는 명령이다. TTY가 ?로 표시되어 프로세스 중에는 터미널과 연관되지 않은 프로세스도 존재함을 알 수 있다. CMD 열에 나타나는 명령 또는 프로그램 이름들이 들여쓰기 형태로 정리되어 어느 프로세스가 어느 프로세스를 생성했는지 그 계통도를 알 수 있다. 예를 들어 PID 6925 프로세스(sshd)는 6926(bash)을 생성하고 마찬가지로 6926은 7745(man)를, 7745는 7754(pager)를 차례로 생성하였다. -A 또는 -e 옵션과 결합하여 사용하면 시스템 내의 모든 프로세스에 대한 계층 구조를 알 수 있다.

다음은 -l 또는 -f 옵션을 이용해 더 많은 프로세스 정보를 출력하는 실행 예이다.

```
$ ps -u juyoon -l              ← 사용자 juyoon의 프로세스를 상세 정보까지 표시
F S   UID   PID  PPID  C PRI  NI ADDR SZ WCHAN  TTY          TIME CMD
5 S  1001  6925  6854  0  80   0 - 21337 poll_s ?        00:00:00 sshd
0 S  1001  6926  6925  0  80   0 -  5195 wait   pts/1    00:00:00 bash
1 S  1001  7736     1  0  80   0 - 47681 poll_s ?        00:00:00 pulseaudio
0 S  1001  7737  7736  0  80   0 - 22601 poll_s ?        00:00:00 gconf-helper
0 S  1001  7745  6926  0  80   0 -  2525 wait   pts/1    00:00:00 man
0 S  1001  7754  7745  0  80   0 -  2452 n_tty_ pts/1    00:00:00 pager
5 S  1001  7832  7762  0  80   0 - 21337 poll_s ?        00:00:00 sshd
0 S  1001  7833  7832  0  80   0 -  5200 wait   pts/0    00:00:00 bash
5 S  1001  8030  7959  0  80   0 - 21337 poll_s ?        00:00:00 sshd
0 S  1001  8031  8030  0  80   0 -  3117 poll_s ?        00:00:00 sftp-server
```

```
0 S  1001  8207  7833  0  80   0 -  3947 n_tty_ pts/0    00:00:00 script
1 S  1001  8208  8207  0  80   0 -  3948 n_tty_ pts/0    00:00:00 script
0 S  1001  8209  8208  1  80   0 -  5194 wait   pts/2    00:00:00 bash
0 R  1001  8226  8209  0  80   0 -  3912 -      pts/2    00:00:00 ps
$ ps -f                          ← 프로세스의 상세 정보 표시
UID        PID  PPID  C STIME TTY          TIME CMD
juyoon    8209  8208  1 11:20 pts/2    00:00:00 bash -i
juyoon    8227  8209  0 11:20 pts/2    00:00:00 ps -f
```

두 옵션은 모두 상세 정보를 출력하는 옵션이지만 출력 정보는 조금 다르다. 표시되는 정보의 종류가 다르고 CMD 열과 같이 같은 헤더를 가진 경우에도 -f 옵션은 명령의 옵션 또는 인자까지 표시하는 등 다른 방식으로 출력하기도 한다. 각 열이 표시하고 있는 바를 간략하게 정리하면 표 8-1과 같다.

표 8-1 프로세스 정보 표시

표시	명칭	의미
F	플래그	1 – forked but didn't exec (10장 참조) 4 – 특권 명령 5=1+4
S	상태	D – uninterruptible sleep (I/O) R – running or runnable S – interruptible sleep (event) T – stopped Z – defunct (zombie)
PPID	부모 PID	해당 프로세스를 생성한 부모(parent) 프로세스의 PID
C	CPU 활용도	프로세스 활동 시간 동안 CPU 사용 시간의 비율 (%)
PRI	우선 순위	숫자가 클수록 우선 순위가 낮다.
NI	Nice Value	우선 순위 조정에 사용되는 값. 19~-20 사이의 값으로 높을수록 우선 순위를 양보하게 됨
SZ	사이즈	요구될 스왑 공간에 대한 추정치
WCHAN	대기 채널	대기 상태를 관리하는 커널 함수의 이름. - 실행 중 * 멀티쓰레드
STIME	시작 시간	프로세스 시작 시간

8.1.2 pstree

pstree는 전체 프로세스에 대해 계층 구조를 출력하라는 명령이다. 기능상으로는 ps -eH와 유사하나 프로세스 정보보다는 구조를 중점적으로 보여 준다.

```
사용법
    pstree [옵션]

기본 기능
    전체 프로세스의 계층 구조를 출력한다.

주요 옵션
-a     프로세스 실행 시에 설정된 인자를 같이 출력 (argument)
-A     ASCII 문자를 이용해 출력
-h     현재 프로세스와 그 조상을 하이라이트로 표시. (터미널 지원이 있을 경우)
-p     PID를 함께 보여 줌
```

실행 예는 그림 8-1에서 보인다. 같은 프로그램을 실행하는 프로세스가 같은 수준의 자식(child)일 때 3*[dbus-daemon]과 같이 축약해서 표시되고 쓰레드로 실행되는 경우 다음과 같이 부모 프로세스와 같은 이름을 { }로 싸서 표시한다.

```
3*[VBoxClient---6*[{VBoxService}]
```

그림 8-1 pstree 실행 예

8.1.3 top: 실시간 감시

ps 명령이 실행 중인 프로세스의 한 순간을 정지시켜 스냅샷 형식으로 현재 상황을 보여 주는 반면, top 명령을 실행하면 일정 시간마다 프로세스들이 변화하는 상황을 실시간으로 보여 준다. 업데이트 주기는 3초로 설정되어 있으며 옵션에 의해 바꿀 수 있다. 명령 실행 시 줄 수 있는 옵션 외에 more나 less와 같이 실행 중에 인터랙티브 방식으로 줄 수 있는 명령들도 있다. 실행 중 'h' 또는 '?'를 입력하면 사용할 수 있는 명령에 대한 도움말 화면이 출력된다. 실행을 마치려면 'q'를 입력하면 된다. 옵션과 실행 중 명령의 수가 매우 많으므로 여기서는 소개를 생략하니 관심 있는 사람들은 매뉴얼[1]을 참조하기 바란다.

```
ssluser@ssluser-VirtualBox: ~
top - 16:55:07 up 10 min,  1 user,  load average: 0.19, 0.20, 0.18
Tasks: 186 total,   2 running, 184 sleeping,   0 stopped,   0 zombie
%Cpu(s): 64.6 us,  7.8 sy,  0.0 ni, 27.2 id,  0.3 wa,  0.0 hi,  0.0 si,  0.0 st
MiB Mem :   2755.8 total,    353.7 free,   1035.5 used,   1366.6 buff/cache
MiB Swap:   1798.1 total,   1798.1 free,      0.0 used.   1521.0 avail Mem

    PID USER      PR  NI    VIRT    RES    SHR S  %CPU  %MEM     TIME+ COMMAND
   2360 ssluser   20   0 1275280 325304  53820 S  43.9  11.5   0:10.00 snap-store
   2077 ssluser   20   0 3699452 333520 135704 R  13.6  11.8   0:15.90 gnome-shell
   1797 ssluser   20   0  289988  95288  53008 S   5.0   3.4   0:05.53 Xorg
    280 root      19  -1   99508  51156  49232 S   2.7   1.8   0:00.57 systemd-journal
   2862 ssluser   20   0 1062968  64868  47220 S   2.3   2.3   0:01.69 gnome-terminal-
     10 root      20   0       0      0      0 S   0.3   0.0   0:00.10 ksoftirqd/0
     11 root      20   0       0      0      0 I   0.3   0.0   0:00.30 rcu_sched
   1986 ssluser   20   0  395048   7900   6256 S   0.3   0.3   0:00.27 ibus-daemon
      1 root      20   0  102168  11660   8344 S   0.0   0.4   0:01.16 systemd
      2 root      20   0       0      0      0 S   0.0   0.0   0:00.00 kthreadd
      3 root       0 -20       0      0      0 I   0.0   0.0   0:00.00 rcu_gp
      4 root       0 -20       0      0      0 I   0.0   0.0   0:00.00 rcu_par_gp
      6 root       0 -20       0      0      0 I   0.0   0.0   0:00.00 kworker/0:0H-kblockd
      8 root      20   0       0      0      0 I   0.0   0.0   0:00.08 kworker/u2:0-events_powe+
      9 root       0 -20       0      0      0 I   0.0   0.0   0:00.00 mm_percpu_wq
     12 root      rt   0       0      0      0 S   0.0   0.0   0:00.00 migration/0
     13 root     -51   0       0      0      0 S   0.0   0.0   0:00.00 idle_inject/0
```

그림 8-2 top 실행 예

8.2 프로세스 제어

8.2.1 Bash 셸의 작업 제어 기능

프로세스는 전면(foreground) 또는 후면(background) 방식으로 실행될 수 있다. 사용자의 키보드 또는 마우스 입력을 직접적으로 받을 수 있는 프로세스를 전면 프로세스라 하고 그

1) A4 용지로 출력 시 약 14페이지에 달한다. 기능이 많다.

외에는 모두 **후면 프로세스**로 실행 중인 상태가 된다. GUI로 프로그램을 실행시키면 여러 개의 창이 화면에 살아 있지만 그 중 입력을 받을 수 있는 프로그램은 선택된 하나의 창, 즉 포커스를 받고 있는 프로그램만 가능한 현상을 설명한다고 보면 된다. 출력은 전후면에 관계없이 언제나 지정된 터미널 또는 창에 출력될 수 있다.

GUI 환경에서 여러 개의 프로그램을 실행시키고 전후면 전환을 마우스 클릭 작업으로 간단하고 자연스럽게 할 수 있는 것과는 달리, CLI 환경에서는 별도의 특별한 방법이 필요하다. 로그인을 하면 셸 프로세스가 실행되고 명령을 입력하면 그에 해당하는 프로세스가 새로 생성되어 실행되는데, 이 때 새로 실행되는 프로세스가 전면에 나오게 되고 셸 프로세스는 후면으로 전환되기 때문에 새로운 명령이나 프로그램을 실행시킬 수가 없다. 그렇지만 UNIX/Linux 운영체제는 멀티태스킹을 지원하기 위해 이런 제한된 CLI 환경에서도 여러 프로그램을 동시에 실행시키도록 제어하는 기능을 제공하고 있으며, 이는 셸 기능에 내장되어 있다. 운영체제는 시스템에서 수행 중인 모든 프로세스를 관리하는 반면, 셸은 자신이 생성시킨 프로세스만 관리할 수 있다. 셸에서는 이를 **작업(job)** 단위로 취급하며 프로세스의 PID와 별개로 작업 번호를 붙여 관리한다. 같은 시스템 내에서 여러 개의 터미널을 수행시키면 각 터미널에는 별개의 셸 프로세스가 수행되는 것이고 셸 작업 제어 명령으로는 다른 터미널의 셸에서 수행 중인 작업을 직접 건드릴 수 없다. 표 8-2는 셸에 내장되어 있는 작업 제어 관련 명령들을 요약한 것이고, 그림 8-3은 작업이 시작되어 전면-후면 전환이 실행되는 과정을 보여 준다.

표 8-2 셸에 내장된 작업 제어 명령

명령	기능
프로그램 &	프로그램 이름 뒤에 & 붙여 프로그램이 후면에서 실행되도록 지시
jobs	후면에 있는 작업들의 목록 출력. 각 작업마다 고유 번호가 있음
Ctrl+z	현재 실행 중인 전면 작업을 일시 정지
Ctrl+c	현재 실행 중인 전면 작업을 중단(종료)
bg [%번호]	일시 정지한 작업을 후면 작업으로 전환. 작업 번호를 이용해 원하는 작업을 선택할 수 있음
fg [%번호]	후면 작업을 전면으로 전환. 여러 개의 후면 작업이 있어도 하나만 전환되며, 작업 번호를 이용해 원하는 작업을 선택할 수 있음
kill %번호	실행 중인 작업에 시그널을 보낸다. 종료 시그널일 경우 작업이 종료된다.

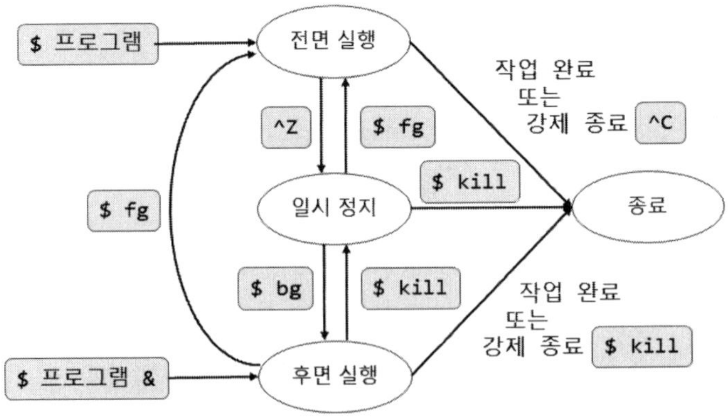

그림 8-3 전후면 작업 전환 및 실행 과정

다음 실행 예는 명령행 인자로 준 숫자를 1초에 한 번씩 출력하는 무한 루프 프로그램인 infloop를 작성하고 이를 이용해 작업 제어를 하는 기능을 보여 준다.

```
$ infloop 1 &          ← 명령행 인자 1을 주어 infloop를 후면으로 실행
[1] 9326               ← 작업 번호 1, PID 9326인 infloop 프로세스 시작
$ 1                    ← 셸 프롬프트와 infloop 출력인 1이 동시에 출력됨
infloop 2 &            ← 명령행 인자 2를 주어 infloop를 후면으로 실행하도록 입력
[2] 9327               ← 작업 번호 2, PID 9327인 infloop 프로세스 시작
$ 2                    ← 셸 프롬프트 출력 후에 2번 infloop 결과 출력
1                      ← infloop 1 출력
jobs                   ← 명령 jobs 입력
[1]-  실행중              infloop 1 &        ← 두 개의 작업이 후면으로 실행 중
[2]+  실행중              infloop 2 &
$ 2                    ← jobs 실행이 끝나고 프롬프트와 infloop 2 결과 출력
1                      ← infloop 1 출력
fg1                    ← 명령 fg 입력 후 infloop 1 출력
2                      ← infloop 2 출력
infloop 2              ← fg 명령의 실행 결과 출력. infloop 2가 전면으로 전환됨
1                      ← infloop 1 출력
^Z                     ← 전면 프로세스에 일시 중단 명령
[2]+  멈춤              infloop 2 ← 명령 결과로 infloop 2가 일시 정지됨
$ 1                    ← infloop 1 출력
jobs                   ← 현재 작업 상태 출력
[1]-  실행중              infloop 1 &        ← infloop 1은 후면 실행
[2]+  멈춤              infloop 2          ← infloop 2는 일시 정지됨
$ 1                    ← infloop 1 출력
```

```
1                       ← infloop 1 출력
fg %1                   ← 1번 작업을 전면으로 전환

infloop 1               ← fg 명령의 실행 결과 출력. infloop 1이 전면으로 전환됨
^Z                      ← 전면 프로세스에 일시 정지 명령
[1]+  멈춤                infloop 1          ← 명령 결과로 infloop 1이 일시 정지됨
$ jobs                  ← 현재 작업 상태 출력
[1]+  멈춤                infloop 1          ← 두 작업 모두 정지되어 있음
[2]-  멈춤                infloop 2
$ bg %2                 ← 2번 작업을 후면에서 실행
$ jobs
[1]+  멈춤                infloop 1
[2]-  실행중                infloop 2 &
```

어떤 프로그램을 후면에서 실행시키면 셸 프로세스가 계속 전면에서 실행되고 따라서 다른 프로그램을 또 실행시킬 수 있다. 그래서 주로 시간이 오래 걸리는 작업이나 무한히 같은 작업을 계속 반복하고 있어야 하는 경우에 후면 작업을 사용한다. 이 때 후면 작업의 출력은 계속 같은 화면에 그대로 나오기 때문에 작업의 출력과 셸 프롬프트, 사용자의 입력이 뒤섞여 보이게 된다. 따라서 꼭 필요한 경우를 제외하고 후면 작업의 출력은 표준 출력보다는 파일을 사용하는 것이 좋다.

후면으로 실행시킨 작업들을 확인하고 싶을 때는 'jobs' 명령을 사용한다. fg 명령을 사용하면 후면 작업 중의 하나가 전면 작업으로 전환되는데 이 작업 관리는 스택 형식을 따른다. 즉, 가장 나중에 후면으로 간 작업이 가장 먼저 전면으로 전환되며, jobs 명령으로 보았을 때 '+' 부호가 붙은 작업이 fg 명령에 의해 전면으로 전환되는 작업이다. 이 순서는 fg 명령의 인자로 '%작업번호'를 붙여서 바꿀 수 있다.

전면 작업으로 시작했다가 중간에 후면 작업으로 전환하고 싶을 경우, 먼저 Ctrl+Z를 입력해 작업을 일시 정지시킨 다음 'bg' 명령을 사용하는 두 단계로 실행한다. 셸 프롬프트가 나와 있을 때는 전후면에 상관 없이 프로세스 번호나 작업 번호를 이용해 프로세스를 종료시킬 수 있다.

앞의 실행 예에 따라 실행한 후 프로세스 상태를 점검해 보면 그림 8-4와 같다. bash는 대기(S), infloop 1번은 정지(T), infloop 2번은 대기(S), ps는 실행 중(R) 상태에 있다.

bash는 현재 전면 프로세스인 자식 프로세스 ps의 실행이 끝날 때까지 대기하는 중이고, 무한 루프 프로그램은 1초에 한 번씩 출력할 때만 실행하고 나머지 대부분의 시간을 1초가 지나기를 기다리는 상태로 각각 원인이 다르다. 대기 또는 일시 정지일 때 프로세스가 실행 중 상태로 전이할 수 있는 조건은 WCHAN 항목을 보면 알 수 있다.

```
$ ps -lH
F S   UID    PID    PPID  C PRI  NI ADDR SZ WCHAN  TTY          TIME CMD
0 S  1000   3982    3981  0  80   0 -  5206 do_wai pts/3    00:00:00 bash
0 T  1000   4196    3982  0  80   0 -   622 do_sig pts/3    00:00:00   infloop
0 S  1000   4197    3982  0  80   0 -   622 hrtime pts/3    00:00:00   infloop
0 R  1000   4208    3982  0  80   0 -  5328 -      pts/3    00:00:00   ps
$
```

그림 8-4 일시 정지된 프로세스의 실행 상태

8.2.2 kill: 프로세스에 시그널 전달

실행 중인 프로세스는 사용자에 의해 강제 종료될 수 있다. 전면에서 실행 중일 때는 사용자의 입력을 받을 수 있기 때문에 직접 Ctrl+C 등을 이용해 작업을 강제 종료할 수 있다. 그러나 후면에서 실행 중이거나 다른 터미널에서 실행 중인 프로세스의 경우에는 셸을 통해 시그널(signal)를 보내서 종료시켜야 한다.

시그널이란 하나의 정수로 어떤 비동기적인(asnynchronous) 사건을 알리는 방법으로, 연산 오류의 발생, 자식 프로세스의 종료, 사용자의 터미널 입력에 의한 종료 요청 등 다양한 사유로 발생한다. 사실 Ctrl+C도 시그널의 일종이다. 실행 중 시스템 내부에서 발생하는 시그널이나 키보드 입력에 의한 시그널 외에 명령어 kill을 이용해서 프로세스에게 시그널을 보낼 수 있다.

kill은 유닉스/리눅스 명령으로 구현된 프로그램과 셸에 내장된 내장 명령 두 개가 존재한다. 기능은 같지만 옵션과 사용법은 약간 다르다. 가장 큰 차이점은 별도 프로그램으로 구현된 명령어 kill은 인자로서 프로세스 번호(PID)만을 사용하고, 셸 내장 명령 kill은 작업 번호도 사용할 수 있다는 것이다. 어느 쪽이든 동일하게 작동하고 비슷한 사용법을 가지므로 합쳐서 사용법을 소개하기로 한다. 구분해서 보고 싶으면 man 또는 help를 활용하기 바란다.

사용법

```
kill [옵션] <pid>|<jobspec>
```

기본 기능

인자로 주어진 <pid> 또는 <jobspec>으로 지목된 프로세스에게 [옵션]에 지정된 시그널을 보낸다. 옵션이 명시되지 않으면 15번 시그널 SIGTERM, 즉 종료(termination)를 명령하는 시그널을 보낸다.

주요 옵션

-*num* 또는 -n *num*	*num* 숫자에 해당하는 시그널 전달
-*name* 또는 -s *name*	*name*에 해당하는 시그널 전달
-l	모든 시그널을 나열함

-l 옵션을 이용해 모든 시그널을 나열해 보면 그림 8-5에 보이는 바와 같다.

```
$ kill -l
 1) SIGHUP       2) SIGINT       3) SIGQUIT      4) SIGILL       5) SIGTRAP
 6) SIGABRT      7) SIGBUS       8) SIGFPE       9) SIGKILL     10) SIGUSR1
11) SIGSEGV     12) SIGUSR2     13) SIGPIPE     14) SIGALRM     15) SIGTERM
16) SIGSTKFLT   17) SIGCHLD     18) SIGCONT     19) SIGSTOP     20) SIGTSTP
21) SIGTTIN     22) SIGTTOU     23) SIGURG      24) SIGXCPU     25) SIGXFSZ
26) SIGVTALRM   27) SIGPROF     28) SIGWINCH    29) SIGIO       30) SIGPWR
31) SIGSYS      34) SIGRTMIN    35) SIGRTMIN+1  36) SIGRTMIN+2  37) SIGRTMIN+3
38) SIGRTMIN+4  39) SIGRTMIN+5  40) SIGRTMIN+6  41) SIGRTMIN+7  42) SIGRTMIN+8
43) SIGRTMIN+9  44) SIGRTMIN+10 45) SIGRTMIN+11 46) SIGRTMIN+12 47) SIGRTMIN+13
48) SIGRTMIN+14 49) SIGRTMIN+15 50) SIGRTMAX-14 51) SIGRTMAX-13 52) SIGRTMAX-12
53) SIGRTMAX-11 54) SIGRTMAX-10 55) SIGRTMAX-9  56) SIGRTMAX-8  57) SIGRTMAX-7
58) SIGRTMAX-6  59) SIGRTMAX-5  60) SIGRTMAX-4  61) SIGRTMAX-3  62) SIGRTMAX-2
63) SIGRTMAX-1  64) SIGRTMAX
```

그림 8-5 kill -l 실행

각 시그널의 상세한 의미에 대해서는 추후 다른 기회에 보도록 하고, 자주 사용되거나 접할 수 있는 시그널만 설명하면 표 8-3과 같다.

표 8-3 주요 시그널과 그 의미

번호	시그널	이름	의미
2	SIGINT	Interrupt	프로세스를 중단시킨다. (^C)
9	SIGKILL	Kill	프로세스를 즉시, 강제 종료시킨다. (다른 처리 불가)
11	SIGSEGV	Segment Violation	메모리의 잘못된 참조로 인한 오류 발생
15	SIGTERM	Terminate	프로세스에게 종료를 요청한다.
20	SIGTSTP	Terminal Stop	터미널 제어 시그널로 일시 정지를 요청한다.(^Z)

옵션으로 이름을 사용할 때는 'kill -TERM'과 같이 SIG를 생략하고 사용한다. 일반적으로 어떤 프로세스를 종료시키는 것은 SIGTERM만으로 충분하나 일시 정지 등 시그널을 즉시 받아 처리하지 못하는 상태에 있는 프로세스는 그 상태가 실행으로 전환된 후 시그널을 처리하여 종료한다. 또는 프로세스가 해당 시그널을 다른 방식으로 처리하거나 무시해 버리도록 동작할 수도 있다. 그런 경우 "즉시" "강제로" 종료시키고 싶으면 9번 SIGKILL을 사용한다. SIGKILL 시그널은 다른 방식으로 처리하거나 무시할 수 없는 시그널이기 때문에 무조건 작업 종료가 된다.

다음은 실제로 작업을 강제 종료하는 실행 예를 보도록 하자. 먼저 무한 루프 프로그램 infloop를 각각 다른 인자를 이용해 실행시킨 다음, 일시 정지시키거나 후면 작업으로 실행하게 한 다음 jobs와 ps 명령어를 이용해 활동 중인 프로세스 정보를 출력해 본다.

```
$ jobs                          ← 2개의 작업이 실행되었다가 정지되고 하나는 후면실행 중
[1]   멈춤            infloop 1
[2]-  실행중            infloop &
[3]+  멈춤            infloop 2
$ ps
  PID TTY          TIME CMD
10388 pts/3    00:00:00 bash
10403 pts/3    00:00:00 infloop          ← 3개의 infloop 프로세스가 활동 중
10404 pts/3    00:00:00 infloop
10405 pts/3    00:00:00 infloop
10407 pts/3    00:00:00 ps
$ kill %1                                ← (1) 1번 작업 종료
$ kill -9 10404                          ← (2) PID 10404 프로세스 강제 종료
[1]   종료됨            infloop 1
$ kill -KILL %3                          ← (3) 3번 작업 강제 종료

[3]+  멈춤            infloop 2
$ jobs
[2]-  죽었음              infloop
[3]+  죽었음              infloop 2
```

첫 번째는 작업 번호를 이용해서 SIGTERM 시그널을 보내고 두 번째는 PID와 옵션 9를 이용해서, 세 번째는 작업 번호와 KILL 옵션을 이용해서 시그널을 보냈다. 옵션이 없는 경

우와 9로 준 경우의 응답이 다른 것을 볼 수 있다. 각 메시지의 오리지널 용어는 종료됨 - Terminated, 죽었음 - Killed[2] 이다.

마지막으로 자신의 프로세스를 모두 강제 종료하는 특별한 옵션을 소개한다.

```
$ kill -9 -1
```

프로세스 번호 대신 -1을 인자로 주게 되면 자신이 권한을 가지고 있는 모든 프로세스를 종료하게 된다. 자주 발생하는 경우는 아니지만 프로그램 오류 등으로 인해 다른 어떤 방법으로도 프로세스를 종료할 수 없는 경우에 유용하게 사용될 수 있다.

8.3 시스템 관리

프로세스 외에도 시스템에는 메모리, 하드디스크, 입출력 장치, 네트워크, 보안 등 관리해 주어야 할 요소가 많다. 시스템 관리자가 되려면 여기서 소개하는 것보다 훨씬 많은 명령어와 운영체제 기능들을 알아야 하고 관리의 노하우를 익혀야 하지만, 그것은 그것대로 매우 두꺼운 책 몇 권의 분량이 되기 때문에 우리는 자신의 데스크톱 PC 정도만 관리할 수 있는 최소한의 관리 명령들을 공부하는 것으로 일단 만족하기로 하자.

8.3.1 수퍼 유저 권한

리눅스에서 관리자(administrator) 또는 수퍼유저(super-user) 계정은 root로 정해져 있다. 많은 명령어와 시스템 기능들이 수퍼유저 권한을 요구하는데, 이러한 작업을 실행할 수 있는 방법은 3가지가 있다.

1. root 계정으로 로그인
2. su (substitute user) 명령어를 이용해 root로 사용자 전환
3. sudo 명령어를 이용해 root 권한으로 하나의 명령 실행

2) 엄밀히 말해 그냥 죽은 것이 아니라 죽임을 당한 것이다.

그런데 우분투 리눅스에서는 root 사용자는 있지만(/etc/passwd에 존재함) root로 로그인할 수 없도록 제한하고 있다. 그리고 su 명령어 또한 다른 사용자로 로그인하는 것이기 때문에 이를 이용해 root로 전환하는 것도 가능하지 않다. 결국 sudo를 이용해서 명령을 하나씩 실행할 때마다 임시 root 권한을 획득해야 한다.

```
사용법
    sudo [옵션] [명령]

기본 기능
    수퍼유저 또는 다른 사용자 권한으로 명령을 실행한다. 수퍼유저 권한은 시스템을
    설치한 관리자, 또는 sudoer로 등록된 사용자에게만 사용이 허가되며, 최초 실행 시
    실행자의 패스워드를 입력해야 하고, 15분 이내 재실행 시에는 입력하지 않아도 된다.

주요 옵션
-b              명령을 후면프로세스로 실행 (background)
-e              GNU nano 편집기를 써서 파일을 편집 (edit)
-h              간단한 사용법 출력 (help)
-i [명령]       초기 로그인인 것처럼 셸 실행. 즉, .profile 등 시동 파일이 실행되고 환경
                변수들이 재설정됨. 명령이 있으면 하나만 실행하고, 없으면 실행 환경이
                바뀐 채로 root 권한으로 계속 실행하며, exit로 빠져 나옴.
                (initial login)
-s [명령]       root 권한으로 셸 실행. 명령이 있으면 하나만 실행하고, 없으면 대화형
                셸이 계속 실행되고 exit로 빠져 나옴. (shell)
-u user|#uid    명시된 사용자(user 또는 #uid)로서 명령을 실행 (user)
-v              시간 제한을 연장함 (validate)
```

–i 또는 –s 등의 옵션을 사용하면 sudo 명령을 매 명령마다 덧붙이지 않아도 원하는 작업을 연속으로 실행할 수 있음을 알 수 있다. 즉, root 사용자로 로그인한 것처럼 모든 명령을 수퍼유저 권한으로 실행한다. 편리하기는 하지만 때로 자신이 무소불위의 막강 권한을 가진 root임을 망각하고 경거망동하여 중요한 시스템 파일을 삭제한다거나 덮어쓰는 등의 실수도 저지를 수 있으니 주의해야 한다. 또한 실행 상태로 자리를 비운 새 다른 사람이 시스템을 망친다거나 해킹 프로그램을 심는 등 심각한 보안상의 위험을 초래할 수 있다는 것도 염두에 두고 늘 조심해야 할 일이다.

sudo를 사용할 수 있는 사용자, 즉 sudoer는 /etc/sudoers 파일에 기록되어 있다. 일반 사용자는 이 파일을 읽을 수도 없으며 수퍼유저도 이를 편집하기 위해서는 visudo 명령을 사용해야 하는데, root조차도 이 파일의 변경 권한이 없도록 모드가 설정되어 있다(0440). root

외에 admin 그룹과 sudo 그룹에 속하는 사용자에게 수퍼유저 작업이 허가되어 있기 때문에 sudoer에 추가하고 싶은 사용자는 admin 또는 sudo 그룹의 멤버로 설정해 주면 된다.

간단하게 sudo 실행 예를 몇 가지 보자.

```
$ head /etc/sudoers  ← /etc/sudoers 파일의 소유자는 root이며 모드는 0440
head: 읽기를 위해 '/etc/sudoers'을(를) 열 수 없음: 허가 거부
$ sudo head /etc/sudoers          ← sudo로 head 명령 실행
[sudo] password for juyoon:       ← 패스워드 입력
#
# This file MUST be edited with the 'visudo' command as root.
#
# Please consider adding local content in /etc/sudoers.d/ instead of
# directly modifying this file.
#
# See the man page for details on how to write a sudoers file.
#
Defaults                    env_reset

$ sudo -s                   ← sudo로 셸 실행
# whoami                    ← 사용자와 실행 환경이 root로 전환됨. 프롬프트가 #으로 변경됨
root
# tail /etc/sudoers         ← sudo 명령 없이 직접 실행
# User privilege specification
root                        ALL=(ALL:ALL) ALL

# Members of the admin group may gain root privileges
%admin ALL=(ALL) ALL

# Allow members of group sudo to execute any command
%sudo                       ALL=(ALL:ALL) ALL

#includedir /etc/sudoers.d
# exit                      ← sudo 셸을 빠져 나옴
exit
$ whoami
juyoon
```

8.3.2 사용자 관리

관리자로서 사용자에 대해 해 주어야 할 일은 매우 많다. 사용자 계정의 추가, 삭제, 변경, 그룹의 추가, 삭제, 변경, 파일의 소유자나 그룹 변경, 사용자 계정에 대한 여러 가지 제한 설정 등이다. GUI 환경에서는 하나의 프로그램으로 대부분의 작업이 이루어졌지만 CLI에서는 각각의 작업마다 별도의 명령어가 존재한다.

사용자를 관리하는 명령어를 살펴보기 전에 패스워드를 변경하는 명령을 먼저 살펴보자.

□ passwd

사용법

```
passwd [옵션] [username]
```

기본 기능

패스워드를 변경한다. 현재 패스워드를 입력하여 인증한 다음 새 패스워드를 두 번 입력한다. username을 인자로 주어 해당 사용자의 패스워드를 변경할 수 있으나 다른 사용자의 패스워드는 관리자만 변경 가능하므로 sudo를 덧붙여야 한다.

주요 옵션

옵션	설명
-e	사용자의 패스워드 사용 기한을 만료한다. 사용자는 즉시 패스워드를 변경해야 한다. (expire)
-i INACTIVE	기한이 지난 패스워드를 INACTIVE일 동안 변경하지 않은 사용자의 계정을 사용 금지한다. (inactive)
-l	사용자의 패스워드를 사용 금지한다. 사용자는 SSH key 등의 다른 방식으로 로그인할 수 있으나 패스워드를 변경하는 등의 작업은 할 수 없다. (lock)
-n MIN	패스워드 변경 최소 간격(일 단위)을 MIN 값으로 설정한다. 0으로 설정하면 아무 때나 변경할 수 있다.
-u	사용 금지된 패스워드를 사용 가능하도록 한다. (unlock)

리눅스에서는 어느 때고 패스워드 입력 시 화면에 아무 것도 출력되지 않음을 주의하라. 또한 메시지의 한글 번역이 미흡한 경우도 있으니 이것도 주의하기 바란다.

```
$ passwd
ssluser에 대한 암호 변경 중
Current passwd:                          ← 현재 패스워드 입력
새 암호:
```

```
새 암호 재입력:
암호가 변경되지 않음                        ← 현재와 동일한 패스워드 입력
새 암호:
새 암호 재입력:
더 긴 암호를 선택해 주십시오                 ← 너무 짧은 암호를 입력
새 암호:
새 암호 재입력:
passwd: 암호를 성공적으로 업데이트했습니다    ← 패스워드 변경 성공
$ passwd
ssluser에 대한 암호 변경 중
Current passwd:
암호: 인증 토근 수정 오류                    ←현재 패스워드 틀리게 입력
passwd: 암호를 바꿨습니다                    ← 메시지 오류. 패스워드 변경 실패
```

□ adduser/addgroup

새로운 사용자와 그룹을 추가하는 명령은 각각 adduser와 addgroup이다. 이는 Debian 계열 리눅스에서 권장되는 명령어로서, 사용자 계정을 생성하고 기본 실행 환경을 설정하는 것까지 모두 하나의 명령으로 구성하였다. 리눅스에서 오래 전부터 사용되던 기본 명령은 각각 useradd와 groupadd인데, 이들을 사용할 때는 홈 디렉터리, 로그인 셸의 종류, 그룹 설정, 기본 환경, 암호 등 계정에 필요한 모든 요소를 옵션으로 추가하거나 별도로 만들어 주어야 한다.

adduser와 addgroup 실행 시 필요한 기본 설정은 /etc/adduser.conf 파일에 셸 스크립트로 정의되어 있다. 주요 내용은 다음과 같다.

```
# /etc/adduser.conf: `adduser' configuration.
# See adduser(8) and adduser.conf(5) for full documentation.

# 기본(default) 로그인 셸
DSHELL=/bin/bash

# 사용자의 홈 디렉터리가 포함될 기본 디렉터리
DHOME=/home

# yes일 때 그룹 디렉터리를 사용하여 사용자 홈 생성. 즉, /home/groupname/user가 홈이 됨.
GROUPHOMES=no
```

```
# yes일 때 ID의 첫 글자를 부모 디렉터리로 하여 사용자 홈 생성. 즉, /home/u/user가 됨.
LETTERHOMES=no

# .bashrc, .profile 등 기본 파일들의 위치. 사용자 홈으로 복사됨.
SKEL=/etc/skel

# 관리 그룹에 속하는 UID와 GID의 범위
FIRST_SYSTEM_UID=100
LAST_SYSTEM_UID=999
FIRST_SYSTEM_GID=100
LAST_SYSTEM_GID=999

# 일반 사용자에 속하는 UID와 GID의 범위
FIRST_UID=1000
LAST_UID=29999
FIRST_GID=1000
LAST_GID=29999

# USERGROUPS가 yes이면 사용자마다 각자 그룹 생성. no일 때는 USERS_GID 그룹에 속함.
USERGROUPS=yes
USERS_GID=100

# 새로운 디렉터리를 생성할 때 모드
DIR_MODE=0755

... (생략)
```

이제 adduser와 addgroup의 사용법을 보자.

```
사용법
    adduser [옵션] username [group]
    addgroup [옵션] groupname

기본 기능
    새로운 일반 사용자 계정 또는 그룹을 시스템에 추가한다. /etc/adduser.conf의 내용에
    따라 홈 디렉터리, UID, GID 등을 설정하고, 대화형으로 암호 등 추가 설정을 한다.
```

```
주요 옵션
--conf file                 설정 파일 지정 (공통)
--disabled-login            로그인 불가. 암호를 설정하지 않음
--gid ID                    그룹을 생성할 때는 GID를 지정, 사용자를 생성할 때는 그룹을 지정
--home DIR                  홈 디렉터리를 별도로 지정
--shell SHELL               로그인 셸을 별도로 지정
--ingroup GR                사용자와 같은 이름의 그룹을 생성하지 않고 GR 그룹에 추가
--no-create-home            홈 디렉터리를 만들지 않음
--system                    시스템 유저(관리자 등) 추가. 기본 그룹은 nogroup
--uid ID                    사용자 생성 시 UID 지정
--add_extra_groups          /etc/adduser.conf의 설정에 따른 추가 그룹 지정
```

생성된 사용자와 그룹 정보는 각각 /etc/passwd와 /etc/group 파일에 기록된다. /etc/passwd 파일에서 각 사용자 정보의 두 번째 필드는 암호를 나타내는데 공통적으로 'x'로 표기되어 있고, 암호는 별도 파일에 보관되어 있다. 그룹의 마지막 필드는 멤버 사용자들을 나타낸다.

adduser와 addgroup의 실행 예를 보자.

```
$ sudo adduser user1                ← 루트 권한으로 adduser 실행
[sudo] password for juyoon:         ← sudo 권한 확인
'user1' 사용자를 추가 중...
새 그룹 'user1' (1002) 추가 ...
새 사용자 'user1' (1002) 을(를) 그룹 'user1' (으)로 추가 ...
'/home/user1' 홈 디렉터리를 생성하는 중...
'/etc/skel'에서 파일들을 복사하는 중...
새  암호:
새 암호 재입력:
passwd: 암호를 성공적으로 업데이트했습니다
user1의 사용자의 정보를 바꿉니다
새로운 값을 넣거나, 기본값을 원하시면 엔터를 치세요
 이름 []: 새사용자
 방 번호 []: D421
 직장 번화번호 []:
 집 전화번호 []:
 기타 []:
chfn: 이름에 ASCII가 아닌 문자가 들어 있습니다: '새사용자'
```

```
정보가 올바릅니까? [Y/n]
$ ls /home                          ← 홈 디렉터리 생성 확인
juyoon  user1
$ cat /etc/passwd | grep user1      ← passwd 파일 확인
user1:x:1002:1002:새사용자,D421,,:/home/user1:/bin/bash
$ sudo addgroup g1                  ← 새로운 그룹 g1 생성
그룹 'g1' (GID 1003) 추가 ...
$ cat /etc/group | grep g1          ← group 파일 확인
g1:x:1003:
$
```

☐ usermod

사용법

    usermod [옵션] username

기본 기능

사용자 계정 정보를 변경한다. 실제로 변경되는 것은 /etc/passwd, /etc/group 등의 설정 파일에 있는 내용이다.

주요 옵션

-d dir	홈 디렉터리를 dir로 설정함 (home)
-m	홈 디렉터리의 내용물을 이동함. -d 옵션과 함께 사용되어야 함. (move-home)
-e date	명시된 날짜에 계정이 만료됨. 날짜는 YYYY-MM-DD로 명시 (expiredate)
-g group	사용자의 주 그룹을 group으로 변경. 홈 디렉터리 내의 파일들의 소유 그룹이 자동 변경됨. 홈 외부의 파일은 별도로 변경해 주어야 함.
-G groups	사용자가 소속된 부가 그룹들을 나열함. 그룹이 여러 개일 경우 ','로 구분함. 소속된 그룹을 나열하지 않았을 때는 그 그룹에서 제거됨. 추가하고 싶을 때는 반드시 -a 옵션을 덧붙여야 함.
-a	사용자를 부가 그룹의 멤버로 추가함. -G 옵션과 함께 사용되어야 함.
-l new_name	사용자의 로그인 이름이 new_name으로 변경됨. 이름 외에 아무 것도 변경되지 않으며, 홈 디렉터리 이름 등도 별도로 변경해야 함. (login)
-s shell	로그인 셸을 shell로 변경. 절대 경로로 명시해 주어야 함.

다른 변경은 그다지 사용하는 경우가 없으니 사용자의 주 그룹 외에 다른 그룹에 멤버로 추가하는 예를 보도록 하자.

```
$ sudo usermod -G g1 -a juyoon    ← 그룹 g1에 juyoon 추가
$ sudo usermod -G g1 -a user1     ← 그룹 g1에 user1 추가
$ cat /etc/group | grep g1        ← 그룹 g1 정보 확인
g1:x:1003:juyoon,user1
$
```

□ deluser/delgroup

기존 사용자 또는 그룹을 삭제하는 명령은 deluser/delgroup이다. adduser의 경우와 마찬가지로 Debian 계열 리눅스에서 권장되는 명령어들로 고전적인 리눅스 명령어로는 userdel, groupdel 등이 있으며, 세부 동작을 옵션으로 명시해야 한다.

deluser와 delgroup을 이용해 사용자나 그룹을 삭제할 때의 기본 설정은 /etc/deluser.conf 파일과 /etc/adduser.conf 파일을 참조한다. 다음은 /etc/deluser.conf 파일의 내용이다.

```
# /etc/deluser.conf: `deluser' configuration.

# 사용자 삭제 시 홈 디렉터리 삭제하지 않음. 삭제하려면 1로 설정
REMOVE_HOME = 0

# 사용자가 소유한 시스템의 모든 파일을 삭제하지 않음. 삭제하려면 1로 설정
REMOVE_ALL_FILES = 0

# 파일을 삭제하기 전에 백업함. 앞의 옵션들이 1로 설정되었을 때만 유효
BACKUP = 0

# 파일 백업을 위한 디렉터리
BACKUP_TO = "."

# 그룹에 멤버가 존재해도 삭제함. 멤버가 없을 때만 삭제하려면 1로 설정
ONLY_IF_EMPTY = 0

# 백업할 파일을 찾을 때 명시된 파일 시스템은 제외
EXCLUDE_FSTYPES = "(proc|sysfs|usbfs|devpts|tmpfs)"
```

deluser와 delgroup의 사용법은 다음과 같다.

```
사용법
    deluser [옵션] username
    deluser groupname username
    delgroup [옵션] groupname

기본 기능
    사용자와 그룹을 제거한다. 홈 디렉터리 및 사용자가 생성한 파일을 삭제하지 않으며,
    그룹에 멤버가 남아 있어도 그냥 삭제한다. 두 번째 사용법과 같이 옵션 없이 사용자와
    그룹을 차례로 명시하면 그룹의 멤버 목록에서 사용자를 삭제한다.

주요 옵션
--conf file            설정 파일 지정 (공통)
--system               시스템 유저 또는 그룹을 삭제
--backup               홈과 메일박스의 모든 파일을 /$user.tar.bz2의 형태로 보관
--backup-to dir        명시한 dir에 백업 파일을 저장
--remove-home          홈 디렉터리와 메일박스의 내용을 모두 삭제
--remove-all-files     사용자가 생성한 모든 파일을 찾아서 삭제
```

앞에서 생성했던 새 사용자 user1과 그룹 g1에 대해 삭제 명령들을 실행한 예를 보자.

```
$ sudo deluser user1 g1                    ← g1에서 user1 삭제 명령
'user1' 그룹에서 'g1' 사용자 제거 중…        ← 메시지가 틀리게 나옴
완료.
$ cat /etc/group | grep g1                 ← 그룹 g1 확인
g1:x:1003:juyoon                           ← user1이 멤버에서 삭제됨
$ sudo deluser user1                       ← user1 삭제
'user1' 사용자 제거 중…
경고: 'user1' 그룹이 회원목록에 더 이상 없음.
완료.
$ cat /etc/passwd | grep user1             ← passwd 파일에서 확인
$ cat /etc/group | grep user1              ← group 파일에서 확인
$ ls /home                                 ← 홈 디렉터리 확인
juyoon    user1                            ← 삭제되지 않고 남아 있음
$ sudo delgroup g1                         ← g1 삭제
'g1' 그룹 제거 중…                          ← 멤버가 남아 있음에도 삭제됨
완료.
$
```

□ chown/chgrp

다음에 볼 명령은 파일의 소유권과 그룹을 변경하는 것이다. 사용법과 실행 예를 차례대로 보도록 하자.

```
사용법
    chown [옵션] [owner][:[group]] file
    chgrp [옵션] group file

기본 기능
    file의 소유자와 그룹을 변경한다.
    chown owner file - file의 소유자를 owner로 변경
    chown owner:group file - file의 소유자와 그룹을 각각 owner와 group으로 변경
    chown owner: file - file의 소유자를 owner로 변경, 그룹은 owner의 주 그룹으로
                       변경
    chown :group file - file의 그룹을 group으로 변경
    chgrp group file - file의 그룹을 group으로 변경
    심볼릭 링크의 경우 링크가 아니라 링크가 참조하는 원본 파일의 소유자 변경

주요 옵션
-c                      변경이 생긴 경우 메시지 출력 (changes)
-h                      심볼릭 링크 자체의 소유권 변경 (no-dereference)
--reference=rfile       rfile의 소유자와 그룹을 참조하여 같은 것으로 변경
-R                      하위 디렉터리의 파일까지 재귀적으로 변경 (recursive)
-v                      모든 동작에 대하여 메시지 출력 (verbose)
```

```
$ ls -l test                  ← test 파일의 소유권 확인
-rw-rw-r-- 1 juyoon juyoon 12 2019-08-04 11:18 test
$ chown u1 test               ← chown 명령은 관리자 권한 요구
chown: `test'의 소유자 변경: 명령을 허용하지 않음
$ sudo chown u1 test          ← 관리자 권한으로 chown 실행
[sudo] password for juyoon:
$ ls -l test
-rw-rw-r-- 1 u1 juyoon 12 2019-08-04 11:18 test
$ sudo chown u1:g1 test       ← 소유자와 그룹을 지정하여 변경
$ ls -l test
-rw-rw-r-- 1 u1 g1 12 2019-08-04 11:18 test
$ sudo chown juyoon: test     ← 소유자와 그 소유자의 그룹으로 변경
$ ls -l test
-rw-rw-r-- 1 juyoon juyoon 12 2019-08-04 11:18 test
$ sudo chgrp g1 test          ← chgrp로 그룹 변경
$ ls -l test
-rw-rw-r-- 1 juyoon g1 12 2019-08-04 11:18 test
```

□ users/who/w

사용자와 관련된 마지막 명령어로 현재 시스템에 로그인하고 있는 사용자들이 누가 있는지 확인하기 위한 명령어들을 살펴보자. 보통 users, who, w 세 가지 명령어가 사용되는데 차이점은 다음 실행 예를 보면 확실히 알 수 있다.

```
$ users
juyoon k20150743 k20151086 k20151100 k20161289 k20171149 k20171226
$ who
k20161289 pts/18       2019-11-03 20:27 (183.106.251.244)
k20151100 pts/21       2019-11-03 19:12 (192.168.213.58)
k20151086 pts/23       2019-11-03 16:16 (202.31.200.233)
k20171149 pts/29       2019-11-03 17:00 (192.168.212.203)
k20171226 pts/33       2019-11-03 20:17 (121.183.75.106)
juyoon    pts/35       2019-11-03 19:18 (222.104.68.220)
k20150743 pts/36       2019-11-03 20:32 (192.168.218.175)
$ w
 20:38:20 up 44 days,  5:31,  7 users,  load average: 0.03, 0.04, 0.05
USER     TTY      FROM             LOGIN@   IDLE   JCPU   PCPU WHAT
k2016128 pts/18   183.106.251.244  20:27    0.00s  1.02s  0.12s vi .bashrc
k2015110 pts/21   192.168.213.58   19:12    1:26m  0.57s  0.57s -bash
k2015108 pts/23   202.31.200.233   16:16    4:00m  1.29s  1.29s -bash
k2017114 pts/29   192.168.212.203  17:00    2:56m  0.65s  0.65s -bash
k2017122 pts/33   121.183.75.106   20:17   16.00s  1.47s  0.89s vi .bashrc
juyoon   pts/35   222.104.68.220   19:18    0.00s  0.60s  0.00s w
k2015074 pts/36   192.168.218.175  20:32    1:13   0.58s  0.58s -bash
$
```

사용법 소개는 생략한다. 각자 man 명령 등을 이용해 살펴보기 바란다.

8.3.3 소프트웨어 관리

GUI 환경에서 우분투 소프트웨어와 소프트웨어 업데이터를 이용해서 하던 소프트웨어 설치와 제거 작업을 '당연히' CLI에서도 실행할 수 있다. 애당초 이들은 CLI 프로그램에 GUI 방식의 도구만 덧씌운 것이다.

우분투 리눅스는 Debian 기반 시스템의 표준 패키징 방식인 .deb 포맷을 사용한다. 여기에는 소프트웨어 파일을 비롯해 의존성, 하드웨어 요구 사항, 공급자, 크기, 라이선스, 설명문 등 다양한 메타 정보를 포함하고 있다. 의존성이란 어떤 프로그램을 설치하려면 그 전에 무슨 라이브러리 또는 도구가 설치되어 있어야 한다는 상관 관계를 뜻한다.

.deb 패키지를 다루는 도구는 크게 세 가지가 있다.

dpkg	하드 디스크나 CD-ROM 등 오프라인에 저장되어 있는 패키지를 다루는 도구. 설정, 설치, 제거, 정보 수집 등이 가능함.
apt	온라인 SW 저장소(repository)에서 패키지를 다운로드하고 설치하는데 사용되는 프로그램. CLI에서 사용할 수 있는 여러 개의 명령어들로 구성됨.
aptitude	apt 명령 사용을 쉽게 해 주는 도구로, 커서 제어를 이용한 텍스트 그래픽 방식으로 GUI에 가까운 사용 환경을 제공하고 각종 작업을 자동화함.

가장 기본 도구는 dpkg이고, apt와 aptitude는 dpkg를 내부적으로 사용하여 사용자 편의를 증대시킨 프로그램들이다. 어느 것을 사용하거나 같은 목적을 달성할 수 있지만 보통은 경우에 따라 편리한 도구를 선택하게 되는데, 하나의 패키지만 다운로드, 설치할 경우는 대개 apt 명령어를 사용하고 여러 개를 한꺼번에 처리하거나 업그레이드하는 경우 등은 보통 aptitude를 사용한다. 오프라인 패키지를 다룰 때는 dpkg를 사용해야 한다.

이들 도구를 사용하면 패키지에 대한 검색과 정보 출력, 설치, 변경, 제거 등의 작업이 가능한데 검색과 정보 출력은 일반 사용자도 할 수 있지만 설치, 변경, 제거는 반드시 관리자 권한으로 수행해야 한다. (이후 설명에서 따로 구분하지는 않겠다.)

□ dpkg (package manager for Debian)

dpkg로 하는 대부분의 기능은 APT 도구 등을 사용하면 되지만 특정 파일이 어떤 패키지에 포함되어 있는지 확인하는 등 일부 기능은 dpkg에서만 가능하다.

표 8-4 dpkg 명령어 주요 기능

dpkg 명령어	설 명
dpkg -c 〈.deb file〉	주어진 .deb 파일이 설치한 파일 목록을 출력
dpkg -I 〈.deb file〉	주어진 .deb 파일에 대한 정보 출력
dpkg -p 〈package〉	패키지에 대한 정보 출력
dpkg -S 〈filename〉	주어진 filename이 포함된 패키지 검색
dpkg -l	설치된 패키지 목록 출력.

dpkg 명령어	설 명
dpkg -L 〈package〉	주어진 패키지로부터 설치된 모든 파일 목록 출력
dpkg -s 〈package〉	주어진 패키지의 상태 출력
dpkg -i 〈.deb file〉	주어진 .deb 파일을 설치
dpkg -r 〈package〉	주어진 패키지를 삭제하나 파일은 남겨 둠
dpkg -P 〈package〉	주어진 패키지와 해당 패키지의 설정 파일 삭제
dpkg -x 〈.deb file〉 〈directory〉	.deb 파일에 포함된 파일들을 지정 디렉터리에 해제

표 8-4에서 명령어에 사용된 '-?' 들은 옵션이 아니라 특정 기능을 지시하는 역할을 한다. 몇몇 기능의 경우 별도의 옵션을 가지기도 한다. 상세 내용은 맨페이지를 참고하기 바란다.

□ APT (Advanced Package Tool)

dpkg가 사용자가 웹 또는 어디에선가 찾아 내서 이미 다운로드한 패키지를 관리하기 위한 도구인 반면, APT는 어디 있는지 검색하는 것부터 자동으로 해 주는 도구다. 따라서 먼저 소프트웨어 패키지가 저장된 저장소를 지정하여 연결할 수 있도록 설정해야 한다. 저장소 정보는 /etc/apt/sources.list 파일에 나열되어 있는데, 실행 파일을 의미하는 deb 또는 소스를 의미하는 deb-src로 시작하며, URL과 소프트웨어의 범주에 대한 키워드가 이어진다. 우분투 설치 시에 이미 기본 설정이 되어 있는데 삭제를 원하는 경우 해당 저장소를 '#'으로 주석 처리한다.

APT에 포함된 각 프로그램의 기능과 대표적인 사용법에 대한 설명을 간단하게 표 8-5에 나열하였다. 원래는 apt-get과 apt-cache로 나누어져 있었으나 사용자의 편의성을 위해 자주 사용하는 기능을 중심으로 통합한 도구인 apt가 만들어졌다. 상세한 내용은 역시 맨페이지를 참조하기 바란다.

표 8-5 APT 주요 기능

apt 명령어	설 명
apt update apt-get update	sources.list를 참조해 사용할 수 있는 패키지 데이터베이스를 업데이트
apt upgrade apt-get upgrade	설치되어 있는 모든 패키지에 대한 최신 업데이트를 검사한 후, 다운로드하여 설치
apt full-upgrade apt-get dist-upgrade	의존성을 고려한 업그레이드로 필요하지 않은 패키지는 삭제

apt 명령어	설 명
apt install 〈package〉 apt-get install 〈package〉	주어진 패키지명을 데이터베이스에서 검색하여 찾아 다운로드하고 설치
apt-get -d install 〈package〉	패키지를 설치하지 않고 /var/cache/apt/archives 디렉터리에 다운로드
apt remove 〈package〉 apt-get remove 〈package〉	패키지 삭제. 데이터는 모두 삭제하나 설정 파일은 남긴다.
apt purge 〈package〉 apt-get remove 〈package〉	설정 파일을 포함하여 패키지 전체를 삭제. remove로 삭제한 패키지의 설정 파일도 삭제
apt autoremove apt-get autoremove	의존성 때문에 자동 설치되었으나 더 이상 의존 관계가 없는 패키지 삭제
apt-get autoclean	불완전하게 다운로드된 패키지나 오래된 패키지 삭제
apt-get clean	/var/cache/apt/archives 디렉터리의 패키지 모두 삭제
apt search 〈keyword〉 apt-cache search 〈keyword〉	패키지 데이터베이스에서 주어진 키워드 검색하여 키워드를 포함하는 패키지의 설명 출력
apt-cache pkgnames	설치되어 있는 모든 패키지 목록 출력
apt-cache stats	설치된 모든 패키지에 대한 상태정보 출력
apt-cache depends	패키지 의존성 출력. 설치되어 있지 않은 것도 가능
apt show 〈package〉 apt-cache show 〈package〉	주어진 패키지명에 해당하는 소프트웨어 정보 출력

다음에 설명할 aptitude는 우분투와 함께 자동 설치되는 프로그램이 아니기 때문에 apt-get을 이용해 설치하고 dpkg 명령으로 정보를 확인해 보도록 하자.

```
$ sudo apt install aptitude              ← 사용자 권한으로 설치 실행
패키지 목록을 읽는 중입니다... 완료
의존성 트리를 만드는 중입니다
상태 정보를 읽는 중입니다... 완료
다음 패키지가 자동으로 설치되었지만 더 이상 필요하지 않습니다:
  libfprint-2-tod1 libllvm9 python3-click python3-colorama
'sudo apt autoremove'를 이용하여 제거하십시오.
다음의 추가 패키지가 설치될 것입니다 :
  aptitude-common libcgi-fast-perl libcgi-pm-perl libclass-accessor-perl
  libcwidget4 libfcgi-perl libio-string-perl libparse-debianchangelog-perl
  libsub-name-perl
제안하는 패키지:
  aptitude-doc-en | aptitude-doc apt-xapian-index debtags tasksel
  libcwidget-dev libhtml-template-perl libxml-simple-perl
```

```
다음 새 패키지를 설치할 것입니다:
  aptitude aptitude-common libcgi-fast-perl libcgi-pm-perl
  libclass-accessor-perl libcwidget4 libfcgi-perl libio-string-perl
  libparse-debianchangelog-perl libsub-name-perl
0개 업그레이드, 10개 새로 설치, 0개 제거 및 11개 업그레이드 안 함.
3,664 k바이트 아카이브를 받아야 합니다.
이 작업 후 17.3 M바이트의 디스크 공간을 더 사용하게 됩니다.
계속 하시겠습니까? [Y/n] y
0% [kr.archive.ubuntu.com에 연결하는 중입니다]
받기:1 http://kr.archive.ubuntu.com/ubuntu focal/universe amd64 aptitude-common
all 0.8.12-1ubuntu4 [1,711 kB]

... (중간 생략)

내려받기 3,664 k바이트, 소요시간 14초 (266 k바이트/초)
Selecting previously unselected package aptitude-common.
(데이터베이스 읽는중 ... 현재 210058개의 파일과 디렉터리가 설치되어 있습니다.)
Preparing to unpack .../0-aptitude-common_0.8.12-1ubuntu4_all.deb ...
Unpacking aptitude-common (0.8.12-1ubuntu4) ...
... (중간 생략)

libcgi-pm-perl (4.46-1) 설정하는 중입니다 ...
... (중간 생략)

Processing triggers for man-db (2.9.1-1) ...
Processing triggers for libc-bin (2.31-0ubuntu9) ...
$ dpkg -s aptitude                    ← aptitude 상태 정보 출력
Package: aptitude
Status: install ok installed
Priority: optional
Section: admin
Installed-Size: 4562
Maintainer: Ubuntu Developers <ubuntu-devel-discuss@lists.ubuntu.com>
Architecture: amd64
Multi-Arch: foreign
Version: 0.8.12-1ubuntu4
Depends: aptitude-common (= 0.8.12-1ubuntu4), libapt-pkg6.0 (>= 1.9.11~),
... (생략)
```

□ aptitude

aptitude는 명령행에서 개별 작업을 하거나 화면 커서 제어 방식(curses)으로 사용할 수 있다. 커서 제어 방식은 GUI와 유사하지만 터미널과 키보드만 있는 환경에서 사용 가능하도록 작성되었기 때문에 모든 동작이 키보드만으로도 가능한 텍스트 그래픽을 구현한다. 그렇지만 현재 추세를 반영하여 마우스도 사용할 수 있게 되어 있다.

명령행에서 아무런 추가 명령 없이 aptitude만 입력하면 그림 8-6과 같이 실행된다. 설치나 제거 작업을 할 예정이라면 반드시 "sudo" 명령을 덧붙이자.

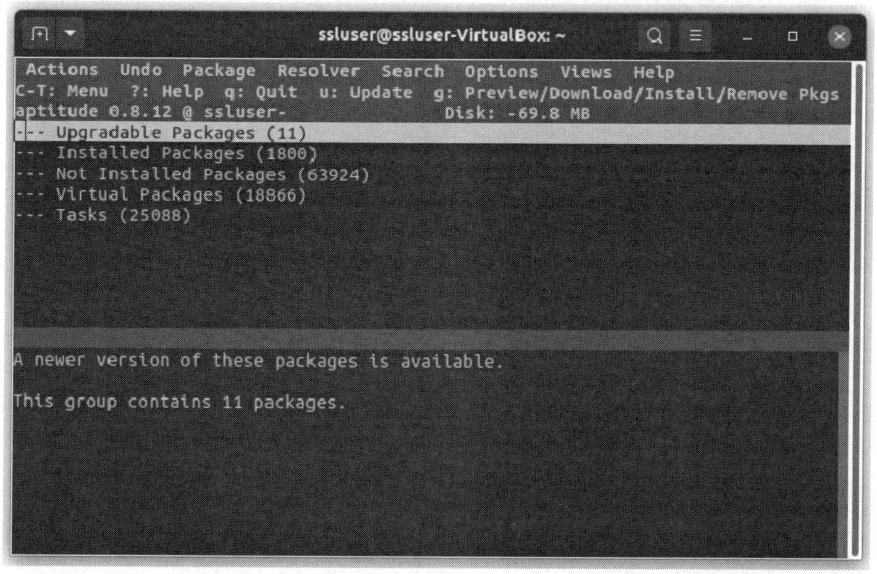

그림 8-6 aptitude 실행 화면

화면 구성은 크게 세 부분으로 이루어져 있다. 맨 위는 메뉴와 필수 도움말, 두 번째는 패키지 목록을 보여 주는 곳, 세 번째는 선택한 패키지 그룹 또는 패키지에 대한 설명이다.

맨 윗 줄의 메뉴는 Ctrl-t 를 누르면 열리고 화살표 키들을 이용해 이동할 수 있다. 메뉴에서 빠져 나올 때는 ESC 키를 이용한다. 실행 도중 도움이 필요하면 '?'를 눌러 도움말을 본다.

두 번째 영역은 패키지들을 다단계 계층구조로 분류하여 검색할 수 있는 구조로 되어 있다. 자신이 하고 싶은 작업에 따라 화살표 키 또는 j, k 키[3]를 이용해 이동할 수 있고, Enter

3) 유닉스에서 오래 사용된 vi의 키 동작과 같다.

키를 누르면 하위 분류 또는 상세 설명이 열리거나 닫힌다. 물론 마우스를 사용할 수 있다면 마우스 더블클릭을 해도 된다.

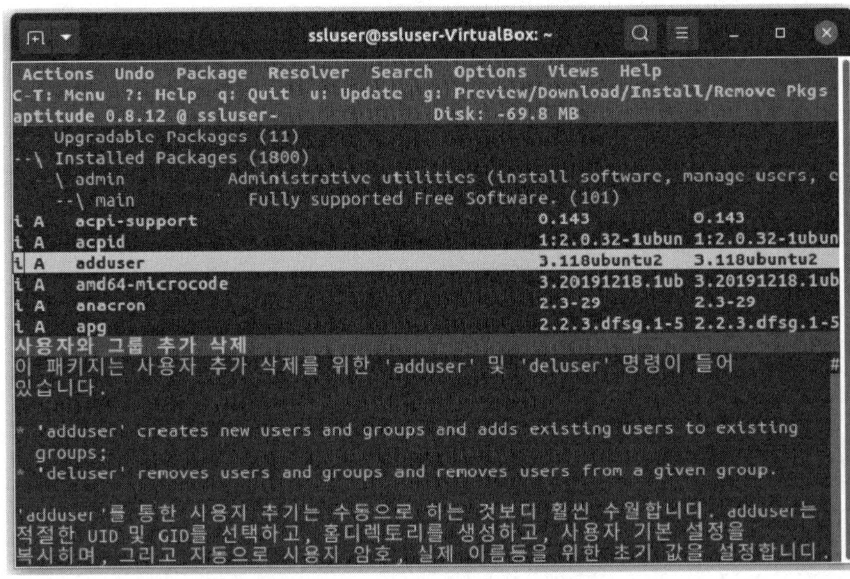

그림 8-7 aptitude에서 계층 구조를 따라 검색

직접 키워드를 주고 검색하도록 할 수도 있다. vi에서와 마찬가지로 '/'를 이용한다.

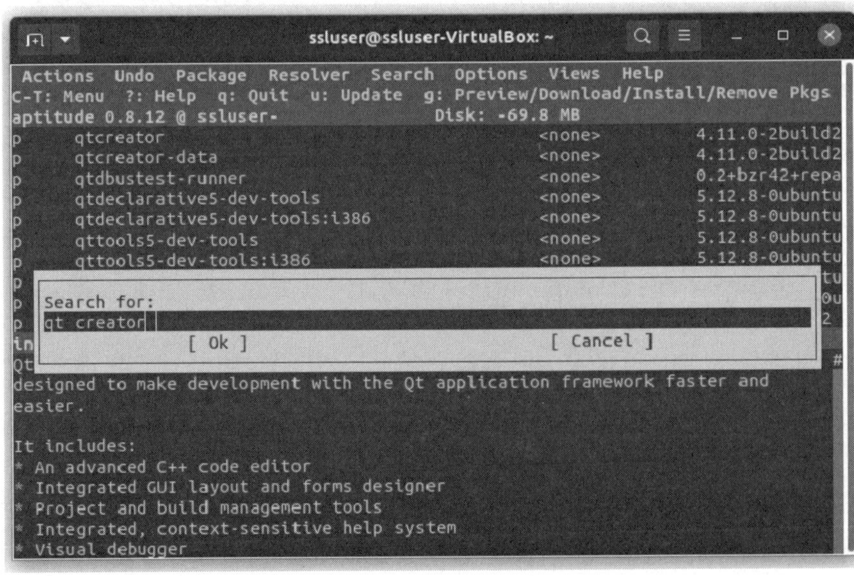

그림 8-8 aptitude에서 키워드로 검색

원하는 패키지를 찾으면 '+' 또는 '–'를 눌러 설치 또는 제거를 표시할 수 있다. 의존성이 있는 패키지는 자동으로 표시하고 포함시켜 준다. 실제 설치 또는 제거 작업은 'g' 키를 누르거나 Actions 메뉴에서 실제 액션을 선택해야 실행되는데, 최종 실행 전 Preview 화면을 생성하여 실행될 작업의 내역을 보여 준다. 설치 및 제거 내역에 대한 모든 확인이 끝나면 한 번 더 'g' 키를 눌러 실제 작업을 진행한다.

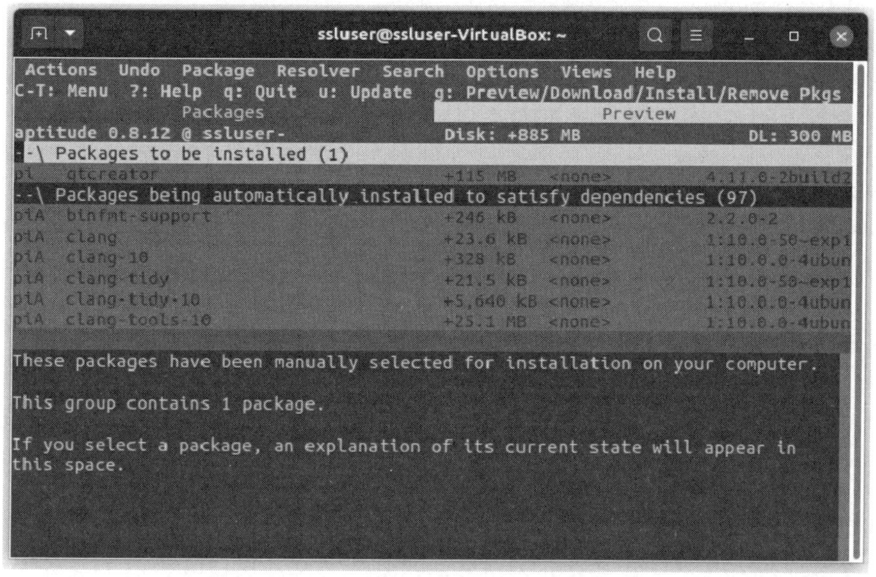

그림 8-9 패키지 설치 전 점검

Aptitude 실행을 마치고 빠져 나오기 위해서는 'q' 키를 이용하는데 탭이 여러 개면 그 수만큼 q를 눌러 주고 마지막에 한 번 더 확인을 하고 프로그램을 종료할 수 있다.

CLI에서 사용하는 개별 명령은 apt와 거의 유사하고 이름만으로 그 기능을 알 수 있으므로 표 8-6에 명령만 나열하였다.

표 8-6 aptitude 명령어

aptitude	aptitude help
aptitude search 〈keyword〉	aptitude update
aptitude upgrade	aptitude show 〈package〉
aptitude download 〈package〉	aptitude clean
aptitude autoclean	aptitude install 〈package〉
aptitude remove 〈package〉	aptitude dist-upgrade

> **곁들임 : SNAP**
>
> Ubuntu 16.04부터는 의존성 처리 문제를 완전히 해결하고 보안을 한층 강화한 샌드박스 방식의 패키지 관리자 snap을 도입하였다. APT 등의 패키지 관리자는 의존성 정보를 기록해 두고 설치 중 의존 관계의 패키지를 설치할 것인지 사용자에게 결정하도록 하고 별도로 끌어와 설치하는 방식인데, 여러 종류의 패키지 의존성 정보가 서로 엉키는 경우나 빠지는 경우 등 다양한 문제를 일으킬 수 있다. Snap 패키지는 의존성 소프트웨어를 패키지에 모두 포함시켜 의존성 문제를 해결하고 해당 응용을 실행할 때에도 독립적인 환경을 구성하여 시스템이나 다른 라이브러리 등과 상호작용 없이 실행되어 보안과 안정성을 확보할 수 있다. 초기에는 클라우드나 IoT 환경에서도 안전하게 자신만의 응용을 실행할 수 있도록 개발되어 사용되었으나 현재는 개인용 데스크톱 환경에서도 사용하도록 기본 설치되어 있으며 GUI 도구인 우분투 소프트웨어도 snap 패키지를 처리할 수 있다. apt와 마찬가지로 snap 명령어로 CLI 환경에서 snap 패키지에 대한 작업을 수행할 수 있다. 아직은 모든 패키지가 snap 방식으로 제공되는 것이 아니어서 본문에는 포함시키지 않았으나 snap의 활용 범위가 점점 넓어지고 있는 추세임을 알아두는 편이 좋겠다.

8.3.4 파일 시스템 관리

파일 시스템에 대한 작업은 설치 시 실행했던 파티션 나누기를 비롯해 포맷하기, 속성 관리, 파일 시스템 검사, 마운트 등이 있다. 한 번 설치하면 새로운 하드디스크를 추가하는 경우가 아니면 파티션을 수정한다든가 하는 일은 드물기 때문에 여기서는 다루지 않겠다. 속성의 변경도 사용자가 많거나 성능이 중요한 서버를 관리하는 경우가 아니면 딱히 필요한 작업이 아니다. 우리는 파티션을 마운트/언마운트하고, 파일 시스템 사용 현황을 점검하는 명령어들에 대해 살펴보기로 한다.

□ mount/umount

파일 시스템 구조를 다시 복습해 보자. 유닉스/리눅스 시스템의 파일들은 가상적으로 하나의 루트에서 시작되는 역 트리 구조로 구성되고 그 구조에 따라 접근 가능하다. 그런데 이 파일들은 실제로 하나의 장치에 저장되어 있을 필요는 없으며 여러 실제/가상 장치에 나누어 저장되어 있다. 논리적인 별도 장치로 분리하는 것을 파티션(partition)이라 하고 하나의 파티션마다 하나의 파일 시스템(file system)이 구성된다. **마운트(mount)**란 각 파일 시스템을 저장한 장치를 한 그루의 나무로 표현되는 가상 파일 시스템의 특정 위치에 연결하는 작업이다.

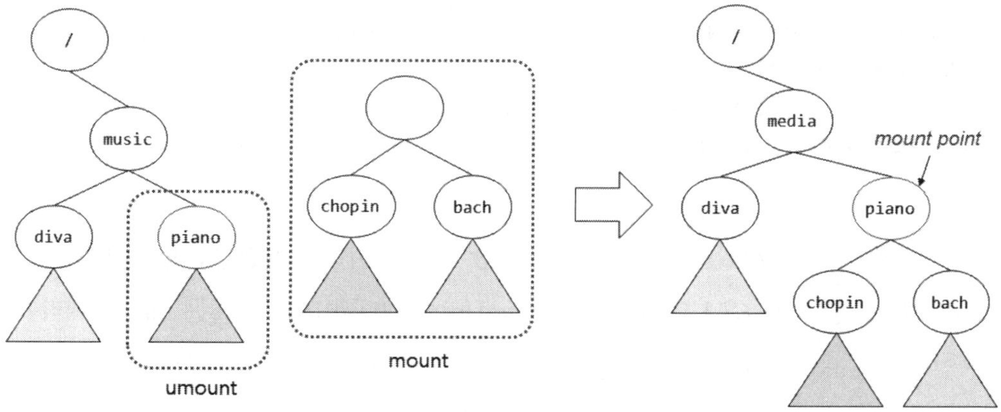

그림 8-10 파일 시스템 마운트

파일 시스템 마운트 역시 리눅스 설치 시 기본 설정이 모두 되어 있기 때문에 추가로 변경할 일은 많지 않지만, CD-ROM 드라이브나 USB 메모리 등 장치 자체가 수시로 분리/접속이 가능한 것이나 새로운 하드디스크를 추가한다거나 네트워크나 클라우드를 통한 파일 시스템 등 상황에 따라 수동 마운트가 필요한 경우가 있다.

설치 단계에서 자동으로 생성되는 /etc/fstab 파일은 시스템 부팅 시 자동 마운트되는 것이 대부분이고, 나중에 사용자나 관리자가 수동으로 마운트할 수 있도록 미리 마운트 지점이나 옵션 등을 기록해 놓는다. 다음은 /etc/fstab 파일의 한 예이다.

```
# /etc/fstab: static file system information.
#
# Use 'blkid' to print the universally unique identifier for a
# device; this may be used with UUID= as a more robust way to name devices
# that works even if disks are added and removed. See fstab(5).
#
# <file system> <mount point>   <type>  <options>       <dump>  <pass>
# / was on /dev/sda7 during installation
UUID=24fcad9e-eced-4229-9678-a0e048b857b3 / ext4    errors=remount-ro 0       1
# /boot/efi was on /dev/sda1 during installation
#UUID=0E4C-AAEA  /boot/efi       vfat    umask=0077      0       1
# /home was on /dev/sdb5 during installation
UUID=72a51c16-96d1-41f3-9205-a1715f384010 /home   ext4    defaults   0       2
/swapfile           none            swap    sw              0       0
# Windows-Working
```

```
/dev/sdc1     /media/Working        ntfs     defaults     0     0
# Windows-Personal
/dev/sdc3     /media/Personal       ntfs     defaults     0     0
UUID=0E4C-AAEA  /boot/efi           vfat     defaults     0     1
```

파일의 주석에 적혀 있는 대로 각 장치마다 장치 이름, 마운트 지점, 형식, 옵션 등의 정보가 적혀 있다. 장치 이름은 UUID(Universally Unique IDentifier)[4] 또는 /dev 디렉터리에 기록된 장치 이름을 사용한다. 위 시스템은 리눅스와 Windows를 듀얼 부팅 방식으로 설치한 것으로 리눅스 파티션은 /와 /home 2개로 나뉘어 있으며, Windows 파티션 중 2개를 리눅스 부팅 시 함께 마운트하도록 설정해 두었다. Windows 파티션은 UUID 없이 /dev/sdc1과 같은 장치 이름으로 등록되어 있다.

파일 시스템 형식(type)은 ext2, ext3, ext4, reiserfs, jfs, xfs 등 리눅스 고유의 형식 외에도 msdos, ntfs, vfat 등 MS Windows 파일 시스템, CD의 iso9660, VirtualBox의 vboxsf 등 다양하게 지원한다. 형식을 알 수 없을 경우 auto로 지정하면 자동 인식 가능한 형식일 경우 시스템이 자동으로 처리해 준다.

옵션은 마운트에 대한 여러 가지 옵션을 설정할 수 있다. defaults 옵션은 rw(읽고 쓰기), suid(suid 허용), dev, exec(프로그램 실행 가능), auto(자동 마운트), nouser(일반 사용자는 마운트할 수 없음), async(비동기) 옵션을 포함한다. noauto 옵션은 부팅 시 자동 마운트하지 않을 것을 지시한다. user를 명시하면 일반 사용자가 마운트할 수 있고 users로 지정되면 users 그룹에 속한 사용자만 마운트할 수 있다.

마지막 두 개의 숫자는 각각 백업과 검사 필요성을 지시하는 것인데 0은 작업이 필요하지 않음을, 1 또는 2는 작업이 필요하다는 의미이다. 검사 시 루트 파티션을 먼저 검사하고(1), 다른 파티션들은 병렬 검사가 가능하도록(2) 지정되어 있다.

과거 리눅스와 달리 이동식 저장 장치에 대한 정보는 /etc/fstab에서 관리하지 않는다. 이들은 시스템에서 자동 검색되어 /media 디렉터리에 생성된 전용 마운트 지점에 마운트된다.

GUI 환경에서는 파일 관리자를 이용해 파일 시스템의 마운트/언마운트 작업을 손쉽게 수행할 수 있다. 위 /etc/fstab과 같은 시스템의 파일 관리자에서 [다른 위치]를 누르면 그림

4) UUID는 리눅스 파티션에 붙이는 고유 ID로 다른 리눅스에 마운트해도 동일한 ID를 가진다.

8-11과 같은 모양으로 나타난다. 여기서 컴퓨터는 리눅스 파일 시스템[5]이고 나머지는 모두 Windows 파티션들이다. 마운트되지 않은 파티션은 장치 이름만 할당되어 있고 마운트된 파티션은 크기 정보와 꺼내기(=언마운트) 버튼 ⏏ 이 함께 나타난다. USB 메모리나 외장 하드와 같은 이동식 저장 장치는 PnP(Plug-and-Play) 방식으로 동작한다. 특정 파티션의 언마운트는 파일 관리자에 나타나는 꺼내기 버튼을 누르거나 해당 이름을 마우스 우클릭해서 나타나는 메뉴 중 꺼내기를 선택하면 된다.

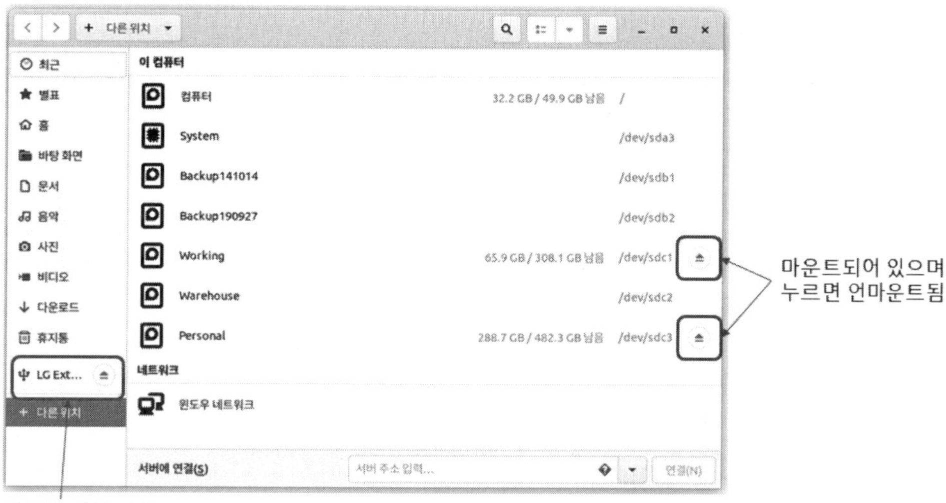

그림 8-11 전체 파일 시스템 보기

다음은 CLI 환경에서 수동으로 마운트/언마운트 작업을 실행하기 위한 명령어를 알아보기로 하자.

사용법

```
mount [옵션] [device] [dir]
umount [옵션] device|dir
```

기본 기능

아무런 장치나 디렉터리가 명시되지 않으면 현재 마운트되어 있는 파일 시스템 정보를 출력한다. 장치와 디렉터리가 명시되면 device를 dir 위치에 마운트한다. umount는 지정된 장치나 마운트 지점의 파일 시스템을 언마운트한다.

5) /home은 별도의 파티션이지만 리눅스에서는 하나의 트리로만 관리되기 때문에 파일 관리자에서는 따로 보이지 않는다.

```
주요 옵션
-t  type        장치가 지정되지 않으면 해당 type의 파일 시스템을 모두 나열한다. 장치와
                디렉터리가 지정되면 해당 type의 파일 시스템을 마운트한다.
-a              /etc/fstab에 나열된 모든 파일 시스템 마운트 또는 언마운트 (all)
-o options      옵션을 지정하여 마운트
-n              /etc/mtab 파일에 기록하지 않고 마운트 또는 언마운트 (no-mtab)
-r              읽기 전용으로 마운트 (= -o ro)
-w              읽고 쓰기 가능으로 마운트 (= -o rw)
```

mount/umount 명령 실행 시 변경 사항은 -n 옵션이 지정되지 않으면 /etc/mtab 파일에 기록된다. 따라서 옵션 없이 인자 없이 mount를 실행할 때 출력되는 현재 마운트된 파일 시스템의 정보는 /etc/mtab의 내용과 같다.

```
$ mount                         ← 현재 마운트된 파일 시스템 확인
sysfs on /sys type sysfs (rw,nosuid,nodev,noexec,relatime)
proc on /proc type proc (rw,nosuid,nodev,noexec,relatime)
udev on /dev type devtmpfs
(rw,nosuid,noexec,relatime,size=12248224k,nr_inodes=3062056,mode=755)
devpts on /dev/pts type devpts
(rw,nosuid,noexec,relatime,gid=5,mode=620,ptmxmode=000)
tmpfs on /run type tmpfs
(rw,nosuid,nodev,noexec,relatime,size=2455276k,mode=755)
/dev/sda7 on / type ext4 (rw,relatime,errors=remount-ro)
securityfs on /sys/kernel/security type securityfs
(rw,nosuid,nodev,noexec,relatime)
tmpfs on /dev/shm type tmpfs (rw,nosuid,nodev)
tmpfs on /run/lock type tmpfs (rw,nosuid,nodev,noexec,relatime,size=5120k)
tmpfs on /sys/fs/cgroup type tmpfs (ro,nosuid,nodev,noexec,mode=755)
cgroup2 on /sys/fs/cgroup/unified type cgroup2
(rw,nosuid,nodev,noexec,relatime,nsdelegate)
cgroup on /sys/fs/cgroup/systemd type cgroup
(rw,nosuid,nodev,noexec,relatime,xattr,name=systemd)
pstore on /sys/fs/pstore type pstore (rw,nosuid,nodev,noexec,relatime)
efivarfs on /sys/firmware/efi/efivars type efivarfs
(rw,nosuid,nodev,noexec,relatime)
none on /sys/fs/bpf type bpf (rw,nosuid,nodev,noexec,relatime,mode=700)
... (중간 생략)
systemd-1 on /proc/sys/fs/binfmt_misc type autofs
```

```
(rw,relatime,fd=28,pgrp=1,timeout=0,minproto=5,maxproto=5,direct,pipe_ino=21032)
mqueue on /dev/mqueue type mqueue (rw,nosuid,nodev,noexec,relatime)
debugfs on /sys/kernel/debug type debugfs (rw,nosuid,nodev,noexec,relatime)
hugetlbfs on /dev/hugepages type hugetlbfs (rw,relatime,pagesize=2M)
tracefs on /sys/kernel/tracing type tracefs (rw,nosuid,nodev,noexec,relatime)
fusectl on /sys/fs/fuse/connections type fusectl
(rw,nosuid,nodev,noexec,relatime)
configfs on /sys/kernel/config type configfs (rw,nosuid,nodev,noexec,relatime)
/var/lib/snapd/snaps/core_9804.snap on /snap/core/9804 type squashfs
(ro,nodev,relatime,x-gdu.hide)
... (중간 생략)
/dev/sda1 on /boot/efi type vfat
(rw,relatime,fmask=0022,dmask=0022,codepage=437,iocharset=iso8859-1,shortname
=mixed,errors=remount-ro)
/dev/sdb5 on /home type ext4 (rw,relatime)
/dev/sdc1 on /media/Working type fuseblk
(rw,relatime,user_id=0,group_id=0,allow_other,blksize=4096)
/dev/sdc3 on /media/Personal type fuseblk
(rw,relatime,user_id=0,group_id=0,allow_other,blksize=4096)
... (중간 생략)
/dev/sdd1 on /media/juyoon/LG External HDD type fuseblk
(rw,nosuid,nodev,relatime,user_id=0,group_id=0,default_permissions,allow_other,
blksize=4096,uhelper=udisks2)
```

위의 예에서 sysfs, fusectl, devpts, tmpfs 등 /etc/fstab에 나타나지 않은 파일 시스템들이 보이는데, 이들은 물리적 장치와 연결되지 않은 가상 파일 시스템들로서 커널이 특정 정보를 관리하기 위해 사용하는 것들이다. /snap/core/9804 등과 같은 것은 snap 방식으로 동작하는 독립적인 실행 영역이 파티션의 형태로 보이는 것이다.

다음은 각 파일 시스템의 디스크 사용량을 점검하는 명령어를 보기로 하겠다.

□ df (disk usage of file system)

df는 각 파일 시스템의 디스크 사용량을 점검할 수 있는 명령어다. 사용자 및 관리자는 수시로 사용량을 점검하고 파티션 조정 또는 파일 이동의 필요성을 유추할 수 있다. 때로 저장 공간 부족으로 시스템 동작이 원활하지 않으면 장비의 확충이나 개선 등을 결정할 수도 있다.

마운트된 파일 시스템에 대한 정보를 보는 데에 mount 명령어를 사용하는 것보다 df가 훨씬 편리하다.

```
사용법
   df [옵션] [파일]

기본 기능
   현재 마운트된 모든 파일 시스템의 디스크 사용량을 1K 블록 단위로 보여 준다. 파일
   이름이 명시되면 그 파일이 포함된 파일 시스템의 디스크 사용량을 보여 준다.

주요 옵션
-a             더미(dummy) 파일 시스템 포함 (all)
-B  size       블록의 크기를 바이트 단위로 지정 (block-size)
-h             사람 위주의 표기법(K, M, G등의 단위) 부가 (human-readable)
-i             블록이 아닌 아이노드 정보 출력
-t  type       지정된 type의 파일 시스템 정보만 출력
```

```
$ df
Filesystem     1K-blocks      Used Available Use% Mounted on
udev            12248224         0  12248224   0% /dev
tmpfs            2455276      2092   2453184   1% /run
/dev/sda7       48720564  14866580  31349384  33% /
tmpfs           12276376         0  12276376   0% /dev/shm
tmpfs               5120         4      5116   1% /run/lock
tmpfs           12276376         0  12276376   0% /sys/fs/cgroup
/dev/loop0         98944     98944         0 100% /snap/core/9804
/dev/loop2         56320     56320         0 100% /snap/core18/1880
/dev/loop1         99328     99328         0 100% /snap/core/9665
/dev/loop4         56704     56704         0 100% /snap/core18/1885
/dev/loop3        261760    261760         0 100% /snap/gnome-3-34-1804/33
/dev/loop5          2304      2304         0 100% /snap/gnome-system-monitor/148
/dev/loop6         63616     63616         0 100% /snap/gtk-common-themes/1506
/dev/loop7        261760    261760         0 100% /snap/gnome-3-34-1804/36
/dev/loop8          2304      2304         0 100% /snap/gnome-system-monitor/145
/dev/loop9         56192     56192         0 100% /snap/gtk-common-themes/1502
/dev/sda1         262144     65020    197124  25% /boot/efi
/dev/sdb5       40965344   4708916  34145760  13% /home
/dev/sdc1      300919804 236601192  64318612  79% /media/Working
```

```
/dev/sdc3      471038972 189075708 281963264  41% /media/Personal
tmpfs            2455272        16   2455256   1% /run/user/121
tmpfs            2455272        20   2455252   1% /run/user/1000
/dev/sdd1      976762524 780943440 195819084  80% /media/juyoon/LG External HDD
$ df .                       ← 현재 디렉터리가 포함된 파일 시스템의 사용량 출력
Filesystem     1K-blocks    Used Available Use% Mounted on
/dev/sdb5       40965344 4708916  34145760  13% /home
$ sudo df -a                 ← 모든 가상 파일 시스템을 포함하여 사용량 출력
[sudo] juyoon의 암호:
Filesystem     1K-blocks      Used Available Use% Mounted on
sysfs                  0         0         0    - /sys
proc                   0         0         0    - /proc
udev            12248224         0  12248224   0% /dev
devpts                 0         0         0    - /dev/pts
tmpfs            2455276      2104   2453172   1% /run
/dev/sda7       48720564  14866584  31349380  33% /
securityfs             0         0         0    - /sys/kernel/security
tmpfs           12276376         0  12276376   0% /dev/shm
tmpfs               5120         4      5116   1% /run/lock
tmpfs           12276376         0  12276376   0% /sys/fs/cgroup
cgroup2                0         0         0    - /sys/fs/cgroup/unified
cgroup                 0         0         0    - /sys/fs/cgroup/systemd
pstore                 0         0         0    - /sys/fs/pstore
efivarfs               0         0         0    - /sys/firmware/efi/efivars
none                   0         0         0    - /sys/fs/bpf
cgroup                 0         0         0    - /sys/fs/cgroup/blkio
cgroup                 0         0         0    - /sys/fs/cgroup/net_cls,net_prio
cgroup                 0         0         0    - /sys/fs/cgroup/cpu,cpuacct
cgroup                 0         0         0    - /sys/fs/cgroup/perf_event
cgroup                 0         0         0    - /sys/fs/cgroup/pids
cgroup                 0         0         0    - /sys/fs/cgroup/freezer
cgroup                 0         0         0    - /sys/fs/cgroup/cpuset
cgroup                 0         0         0    - /sys/fs/cgroup/rdma
cgroup                 0         0         0    - /sys/fs/cgroup/devices
cgroup                 0         0         0    - /sys/fs/cgroup/memory
cgroup                 0         0         0    - /sys/fs/cgroup/hugetlb
systemd-1              0         0         0    - /proc/sys/fs/binfmt_misc
mqueue                 0         0         0    - /dev/mqueue
debugfs                0         0         0    - /sys/kernel/debug
hugetlbfs              0         0         0    - /dev/hugepages
```

```
tracefs                0        0         0    - /sys/kernel/tracing
fusectl                0        0         0    - /sys/fs/fuse/connections
configfs               0        0         0    - /sys/kernel/config
/dev/loop0         98944    98944         0 100% /snap/core/9804
/dev/loop2         56320    56320         0 100% /snap/core18/1880
/dev/loop1         99328    99328         0 100% /snap/core/9665
/dev/loop4         56704    56704         0 100% /snap/core18/1885
/dev/loop3        261760   261760         0 100% /snap/gnome-3-34-1804/33
/dev/loop5          2304     2304         0 100% /snap/gnome-system-monitor/148
/dev/loop6         63616    63616         0 100% /snap/gtk-common-themes/1506
/dev/loop7        261760   261760         0 100% /snap/gnome-3-34-1804/36
/dev/loop8          2304     2304         0 100% /snap/gnome-system-monitor/145
/dev/loop9         56192    56192         0 100% /snap/gtk-common-themes/1502
/dev/sda1         262144    65020    197124  25% /boot/efi
/dev/sdb5       40965344  4708916  34145760  13% /home
/dev/sdc1      300919804 236601192  64318612  79% /media/Working
/dev/sdc3      471038972 189075708 281963264  41% /media/Personal
tmpfs            2455272       16   2455256   1% /run/user/121
gvfsd-fuse             0        0         0    - /run/user/121/gvfs
tmpfs            2455272       20   2455252   1% /run/user/1000
gvfsd-fuse             0        0         0    - /run/user/1000/gvfs
/dev/fuse              0        0         0    - /run/user/1000/doc
/dev/sdd1      976762524 780943440 195819084  80% /media/juyoon/LG External HDD
```

□ du (disk usage)

du는 파일 시스템이 아니라 디렉터리 별로 디스크 사용량을 알아 볼 수 있는 명령어다.

```
사용법
    du [옵션] [경로명]

기본 기능
    명시된 디렉터리와 하위 디렉터리들의 디스크 사용량을 블록 수로 보여 준다. 기본은
    1 block=1024bytes이다. 경로명이 없으면 현재 디렉터리의 사용량을 출력한다.

주요 옵션
-a              파일의 사용량도 모두 출력 (all)
-B  size        블록의 크기를 바이트 단위로 지정 (block-size)
```

```
-b                  블록 수가 아닌 실제 크기의 바이트 단위로 보여 줌 (bytes)
-h                  사람 위주의 표기법(K, M, G등의 단위) 부가 (human-readable)
-s                  총합계만 출력 (summarize)
```

```
$ du /etc                      ← /etc 디렉터리의 디스크 사용량
4      /etc/perl/CPAN
8      /etc/perl/Net
8      /etc/perl/XML/SAX
… (중간 생략)
1040   /etc/bash_completion.d
4      /etc/libpaper.d
4      /etc/insserv.conf.d
12     /etc/profile.d
16284  /etc
$ du -s /etc                   ← 최종 결과만 출력
du: `/etc/cups/ssl' 디렉터리를 읽을 수 없음: 허가 거부
du: `/etc/ssl/private' 디렉터리를 읽을 수 없음: 허가 거부
16284  /etc
$ sudo du -s /etc              ← 모든 디렉터리를 점검하기 위해 관리자 권한으로 실행
16284  /etc
$ sudo du -h /etc              ← 사람 위주의 결과 출력
16M    /etc
```

8.3.5 시스템 종료

사용이 끝난 시스템은 운영체제 관리 요소들의 안정성을 위해 되도록 정상적인 방법으로 종료시키는 것이 좋다. 또한 시스템에 여러 명의 사용자가 로그인해 있는 서버라면 그 사용자들이 작업을 마무리할 여유를 주기 위해 종료에 대한 예고와 알람을 하는 것도 필요하다. 시스템 종료 관련한 명령어는 기본적으로 shutdown이 있고 shutdown의 각 옵션에 따른 기능을 편하게 사용하기 위한 명령어인 halt, powroff, reboot 등이 있다. 우리는 shutdown을 기준으로 종료의 여러 가지 상황을 살펴보기로 한다.

```
사용법
    shutdown [옵션...] [시간] [메시지...]

기본 기능
    1분 후 시스템의 전원을 끈다(-P 옵션과 동일).
    시간은 "hh:mm" 방식으로 24시간 기준의 시각을 명시하거나 "+m"의 형태로 m분 후
    종료하도록 지정할 수 있다. "+0" 대신 "now"를 사용해도 된다. 시간 뒤에 메시지가
    추가되면 로그인하고 있는 모든 사용자에게 시스템 종료 예고 메시지를 보낸다.
    시간이 명시되면 종료 5분 전부터 새로운 로그인이 허용되지 않는다.

주요 옵션
-H      시스템을 정지시킨다. (halt)
-P      시스템의 전원을 끈다. (poweroff)
-r      시스템을 리부트한다. (reboot)
-h      -P와 동일하다. 단, --halt가 추가되면 -H와 같다.
-k      실제로 종료하지는 않고 사용자에게 메시지만 보낸다.
-c      예정된 종료를 취소한다.
```

halt, poweroff, reboot 명령어에는 시간이나 메시지를 인자로 줄 수 없다. 즉, 모든 동작은 즉시 이루어진다. 따라서 개인이 사용하는 시스템에서 간단히 시스템을 종료하거나 리부트하기 위해서는 halt나 reboot를 사용하는 것이 편리하다.

8장 마무리

개인 사용자도 반드시 알아 두면 좋을 여러 가지 감시 및 관리와 관련된 명령어들을 배웠다. 부족한 부분이 많지만 여러분이 시스템을 사용하며 알아야 할 최소한의 명령어는 이번 장으로 끝이다. 만세!!

그렇지만 리눅스라는 시스템을 더 잘 더 충분히 사용하기 위해서라면 아직도 갈 길이 멀다. 일단 네트워크와 주변 장치에 대한 것들이 있을 것이다. 네트워크 명령은 부족하나마 3장에서 최소한으로 설명했고, 주변 장치의 경우는 대부분 USB와 같은 표준화된 프로토콜을 사용하거나 PnP 방식으로 동작하도록 만들어지기 때문에 추가하지 않았다. 더 심화된 내용이 필요한 경우는 다른 전문 서적이나 웹에서 검색하기 바란다.

관리자 권한으로 주의해야 할 중요한 요소로는 시스템의 사용 내력 분석과 보안 관리, 백업이 있다. 자신의 시스템을 인터넷 상에 공개된 서버로 사용할 예정이라면 이 분야를 반드시 공부하도록 하자. 시스템 백업은 주기적으로 전체 백업을 하거나 이전 시점 이후 수정된 부분만 백업(incremental backup)하도록 설정할 수 있다. 중요한 데이터를 보존해야 한다면 백업도 소홀히 하지 말아야 할 것이다.

심화 및 보충 학습

1. 리눅스는 시스템에서 일어나는 각종 상황을 /var/log 디렉터리에 로그 파일로 기록한다. 어떤 종류의 로그 파일이 있는지 알아 보고 로그 파일을 분석하거나 활용하는 명령어는 어떤 것들이 있는지 알아 보라.
2. 네트워크를 통한 보안 침해를 방지하기 위해 어떤 운영 정책과 도구가 필요한지 알아 보라.
3. 우분투 GUI 도구 중에 "백업"이 있다. 어떤 방식으로 동작하는지 알아 보고 자신의 시스템 백업에 대한 설정을 수행하라.

9장

Bash 셸 심화

5장에서 리눅스의 CLI 환경을 제공하는 기본 셸인 bash에 대해서 필수 기능 위주로 살펴 보았다. 터미널을 실행하거나 서버에 원격 접속을 하면 자동으로 'bash'라는 이름의 셸 프로그램이 실행되면서 사용자가 입력하는 명령어를 해석하여 실행해 준다. 명령어는 때로는 별도의 프로그램이기도 하고, 때로는 셸 내부에 정의되어 있는 기능이기도 하다. 예를 들어 ls, gzip 등은 별도의 프로그램으로 /bin 디렉터리에 파일이 저장되어 있고, cd, fg, bg 등의 명령어와 '>', '&', '*', '?' 등 특별하게 해석되는 문자들은 모두 셸 내부에 정의되어 있는 것이다. 화살표 키를 이용해 이전에 실행했던 명령을 쉽게 불러내어 다시 실행시킬 수도 있으며 화면에 출력될 내용을 파일에 저장하도록 할 수도 있다.

이번 장에서는 셸을 좀 더 상세히 들여다 보고 사용자 편의와 시스템의 효과적인 사용을 위해 셸에서 제공하는 기능들이 어떤 것이 있는지 살펴보기로 한다. 여기서 설명하는 것은 자주 사용하는 기능 중심이며, bash를 아주 자세히 알고 싶다면 GNU에서 제공하는 매뉴얼(https://www.gnu.org/savannah-checkouts/gnu/bash/manual/bash.html)을 참고하기 바란다.

9.1 셸 명령 해석 기능

셸에서 명령을 사용하는 것은 5장에 이미 소개된 대로 "*명령 [옵션] [인자]*"의 형태로 한 줄을 입력하는 방식으로 이루어진다. 명령은 리눅스 일반 명령, 셸의 내장 명령, 셸 함수, 일반 프로그램, 스크립트 프로그램, 셸의 키워드 등 다양한 형태가 있다. 그런데 셸 명령행에서는 단순한 이름들의 나열로만 명령을 구성하는 것이 아니라 여러 가지 특수 문자를 활용해서 특수한 의미를 부여하고, 셸이 그것을 해석하여 좀 더 편리하게 명령을 수행하도록 하는 기능도 제공한다. 5장에서 다루었던 자동 완성용 TAB 키, 여러 개의 이름을 한꺼번에 지정할 수 있도록 하는 메타 문자 *, 화면의 출력을 파일로 저장할 수 있게 해 주는 '〉' 문자 등이다. 5장의 내용에 더해서 정말로 유용한 몇 가지 명령 해석 기능을 더 살펴보기로 하자.

9.1.1 메타 문자

5장에서 살펴 본 기본 명령의 사용법에서 ?, * 등의 메타 문자(meta character)를 소개한 바가 있다. 셸에서는 많은 특수 문자가 자신 그대로의 글자가 아닌 특별한 의미로 해석되어 사용되는데, 이를 메타 문자[1]라 한다. 메타 문자는 고유의 의미를 가지는데 때로는 하나의 특수 문자가 경우에 따라 위치나 앞뒤의 다른 문자와의 결합에 따라 여러 가지 방식으로 해석되기도 한다. 명령행의 인자에 자주 사용되는 메타 문자들이 표 9-1에 사용 예와 함께 정리되어 있다.

표 9-1 주요 메타 문자와 사용 예

메타 문자	의 미	예
?	1개의 임의의 문자	a? - ab, ac, a3, …
*	0개 이상의 임의의 문자	c*t - cat, chat, come at, …
[set]	문자 집합, 즉 set에 포함된 문자 중 하나의 문자	[abc] - abc 중 하나 [a-z] - 모든 소문자 중 하나 [-a-z] - -와 모든 소문자 중 하나
[!set]	set에 포함되지 않는 하나의 문자	[!0-9] - 숫자가 아닌 문자 [0-9!] - 모든 숫자와 !
{ s1,s2,… }	s1 and s2 and …	b{ed,olt,ar}s - beds, bolts, bars ls *.{c,h,o} - 확장자가 .c, .h, .o인 모든 파일 리스트

이 외에도 많은 특수 문자들이 다양한 용도로 사용되고 있으며 그 역할은 앞으로 셸의 기능을 설명할 때 하나씩 볼 예정이다.

9.1.2 특수 문자를 일반 문자로 사용

대부분의 특수 문자들은 셸에서 특별한 의미로 해석된다. 그런데 특수 문자를 문자 그대로

1) Bash에서 정의한 좁은 의미의 메타 문자는 '|', '&', ';', '(', ')', '〈', '〉'만 포함하지만 여기서는 특수 문자를 모두 메타 문자의 범주에 넣었다.

사용하고 싶은 때도 있지 않을까? 방법은 세 가지가 있다.

탈출 문자[2] \	특수 문자의 앞에 덧붙여 사용한다. 예외는 '\n(newline)' 문자로서 무시하는 역할을 한다.
약한 인용 부호 " "	문자 또는 문장을 둘러싸서 사용한다. $, '(back quote), \를 제외한 문자들이 글자 그대로 해석된다.
강한 인용 부호 ' '	문자 또는 문장을 둘러싸서 사용한다. 모든 것이 글자 그대로 해석되나 ' ' 내부에 '를 또 사용할 수는 없다.

다음 실행 예에서 각각의 특수 문자가 어떤 역할을 했는지 출력을 보고 잘 생각해 보라.

```
$ echo I'm smart. I know 2 * 3 > 5
> '                                      ← 문장에 '가 있어서 닫는 '가 필요함
Im smart. I know 2 * 3 > 5               ← 인용부호로 해석되어 출력에서 빠짐

$ echo I\'m smart. I know 2 * 3 > 5      ← 탈출 문자를 써서 인용 부호 기능 방지
$ ls                                     ← *, >가 특수 의미로 해석되어 출력이
5  loop  loop.c                            나오지 않고 새 파일 5가 생김
$ cat 5                                  ← 5의 내용 확인
I'm smart. I know 2 loop loop.c 3
$ echo I\'m smart. I know 2 \* 3 \> 5    ← 모든 특수 문자를 탈출 문자로 처리
I'm smart. I know 2 * 3 > 5
$ echo "I'm smart. I know 2 * 3 > 5"     ← 약한 인용 부호 사용
I'm smart. I know 2 * 3 > 5
$ echo 'I\'m smart. I know 2 * 3 > 5'    ← 강한 인용 부호 사용
> '                                      ← 내부에 '를 사용할 수 없음
$ ls                                     ← 새 파일 5?가 생김
5  5?  loop  loop.c
$ cat 5?                                 ← 5? 내용 확인
I\m smart. I know 2 5 loop loop.c 3

$
```

새로 생긴 파일 5와 5?의 내용을 보면 마지막에 공백 줄이 하나 추가되어 있는 것을 볼 수 있다. 이는 인용 부호 사이에 Enter 키, 즉 \n 문자를 입력한 것이 그대로 인정된 결과다. 앞 절의 여러 줄 명령 예를 인용 부호를 이용해 다시 실행해 보자.

2) escape character. vi에서 ESC 키를 모드 전환에 사용한 것처럼 문자의 의미를 전환하고 싶을 때 사용된다는 의미로 탈출 문자라고 함.

```
$ echo 'This is a test of              ← 인용 부호 사용하여 여러 줄 입력
> multiple line commands.          ← 두 번째 단계 프롬프트 >가 나타남
> The end.'                        ← 인용 부호를 닫고 엔터키를 누르면 입력 완료
This is a test of                  ← 출력이 입력한 그대로 나타남
multiple line commands.
The end.
$
```

셸 프로그래밍 기능까지 모두 공부하지 않으면 각 특수 문자가 셸에서 어떤 역할을 하는지 알 수 없기 때문에 명령행에서 특수문자가 글자 그대로 사용되기를 원하는 경우는 여기서 소개한 탈출 문자나 인용 부호를 무조건 붙이는 습관을 가지는 편이 낫다.

9.1.3 파이프 (pipe)

5장에서 입출력 재지정(redirection) 기능을 사용해 표준 입력 대신 파일에서 입력을 받거나 표준 출력 대신 파일로 출력하는 방법을 알아 보았다. 한 프로그램의 수행 결과를 출력 재지정을 통해 파일에 저장하고 다른 프로그램이 그 파일에서 입력을 받으면 두 프로그램 간에 간접적으로 표준 입출력을 주고 받는 결과가 된다. 파이프는 파일의 개입 없이 프로세스 간에 직접 표준 입출력을 연결하여 사용할 수 있는 기능이다. 즉 한 프로세스의 표준 출력을 다른 프로세스의 표준 입력으로 사용한다.

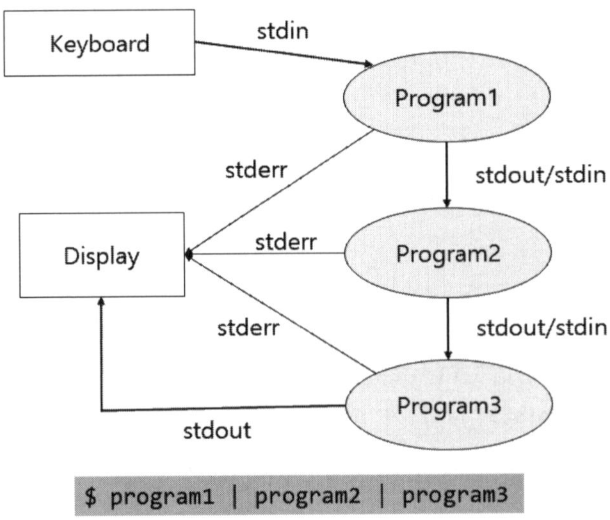

그림 9-1 파이프 연결 구조

파이프 실행 예를 보자. 가장 많이 사용되는 예는 프로그램 또는 명령의 실행 결과로 출력할 내용이 많아서 한꺼번에 스크롤업 되어 버려 앞에 지나 가는 내용을 확인할 수 없을 때 more/less 명령과 결합해서 사용하는 것이다.

```
$ ls -l /etc | less
```

위의 명령을 다음과 같은 두 단계의 명령으로 나누어 수행한 것과 비교해 보라.

```
$ ls -l /etc > etcinfo
$ less etcinfo
```

이미 7장에서 본 예처럼 명령의 실행 결과에서 원하는 부분만 필터링해서 보고 싶은 용도로 파이프를 사용할 수 있다(그림 7-9). grep이나 sort는 파이프와 가장 많이 사용되는 명령에 속할 것이다.

그림 9-1에서처럼 여러 개의 파이프를 한꺼번에 사용할 수도 있다. 예를 들어 /etc 디렉터리에 있는 파일 중 일반 파일은 몇 개일지 알고 싶다고 하자. 원하는 결과를 알려 주는 명령어가 있는가? 하나의 명령어나 그에 딸린 옵션으로 이런 일을 수행할 수는 없다. 그러면 문제를 분해해서 각각의 작은 문제를 해결할 명령을 알아내고 그들을 적절한 순서로 파이프로 연결하면 된다. 먼저 일반 파일은 어떻게 알 수 있는가?

```
$ ls -l /etc
합계 1140
drwxr-xr-x  7 root root   4096  8월  7 11:54 NetworkManager
drwxr-xr-x  2 root root   4096  4월 23 16:39 PackageKit
drwxr-xr-x  2 root root   4096  4월 23 16:38 UPower
drwxr-xr-x 11 root root   4096  4월 23 16:39 X11
drwxr-xr-x  3 root root   4096  4월 23 16:38 acpi
-rw-r--r--  1 root root   3028  4월 23 16:32 adduser.conf
drwxr-xr-x  3 root root   4096  4월 23 16:34 alsa
drwxr-xr-x  2 root root   4096  8월 26 20:08 alternatives
-rw-r--r--  1 root root    401  7월 17  2019 anacrontab
-rw-r--r--  1 root root    433 10월  2  2017 apg.conf
drwxr-xr-x  5 root root   4096  4월 23 16:34 apm
... (이하 생략)
```

명령의 수행으로 일반 파일임을 알 수 있는 방법은 'ls -l' 명령에서 파일의 모드 부분의 맨 앞 글자를 보는 것이다. 그 다음 일반 파일의 개수를 알아 보려면?

가장 쉽게 생각할 수 있지만 가장 무식한 방법은 일일이 눈으로 또는 손으로 짚으며 세는 것이다. 그런데 수십 개 정도는 그렇게 할 수 있다고 쳐도 수백 수천 개가 되면 절대로 가능한 방법이 아니다. 그러면 다음 단계를 생각해 보자. 결과물 중에서 일반 파일을 가리키는 '-' 문자로 시작하는 줄만 뽑아 내고 그 줄 수를 세면 되지 않을까? 어떤 명령을 사용하면 될지 감이 오는가?

먼저 '-'로 시작하는 줄만 걸러 내자. 걸러 내는데 사용하는 명령어는 grep이다. 그리고 검색 조건을 생각해야 하는데 그냥 '-'를 포함하는 줄이 아니라 그 문자로 시작하는 것이어야 한다. 문자열의 시작을 가리키는 정규 표현은 '^'이다.

```
$ ls -l /etc | grep ^-
-rw-r--r--  1 root root   3028  4월 23 16:32 adduser.conf
-rw-r--r--  1 root root    401  7월 17  2019 anacrontab
-rw-r--r--  1 root root    433 10월  2  2017 apg.conf
-rw-r--r--  1 root root    769  1월 19  2020 appstream.conf
-rw-r--r--  1 root root   2319  2월 25  2020 bash.bashrc
-rw-r--r--  1 root root     45  1월 26  2020 bash_completion
-rw-r--r--  1 root root    367  4월 15 04:26 bindresvport.blacklist
-rw-r-----  1 root root     33  4월 23 16:38 brlapi.key
-rw-r--r--  1 root root  26916  3월  4 05:32 brltty.conf
... (이하 생략)
```

이제 저 결과를 줄 수를 세는 명령의 입력으로 넣어 주면 된다. 그래서 최종 명령은 다음과 같이 구성된다.

```
$ ls -l /etc | grep ^- | wc -l
95
```

결국 파이프는 하나의 커다랗고 복잡한 문제를 작은 작업으로 나누어 해결하는 방법을 제공하는 것이다. 그럼으로써 각각의 작업을 프로그램으로 구현하는 난이도는 줄어들고 새로운 기능을 만들어내는 응용성은 높일 수 있게 된다. 명령어가 아닌 일반 프로그램에도 역시 동일하게 적용할 수 있다는 점을 잊지 말자.

□ 기명(named) 파이프

표준 입출력을 직접 연결하는 파이프 외에 이름을 가진 파이프를 만들어 두 프로그램의 표준 입출력을 간접적으로 연결할 수도 있다. 구조는 그림 9-2와 같다.

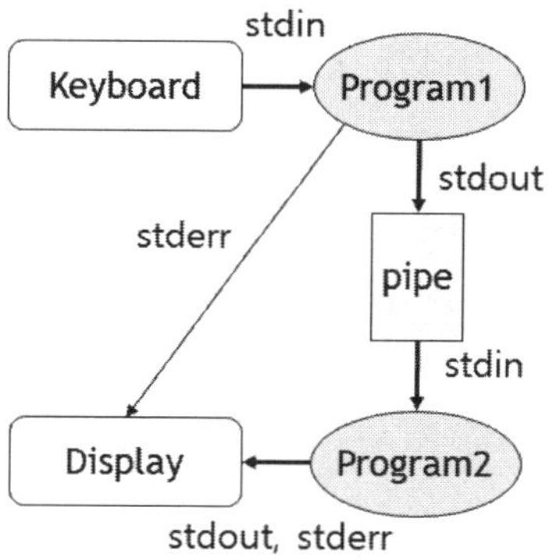

그림 9-2 기명 파이프

기명 파이프는 이름이 있어야 하므로 '|' 기호 하나로 해결되는 일반 파이프와 사용 방법이 다르다. 먼저 특정 이름을 써서 파이프를 생성해야 하고, 파이프로부터 입력을 받는 프로세스와 파이프에 출력을 하는 프로세스를 별도로 생성해야 한다. 표준 입출력 기기와 마찬가지로 기명 파이프도 리눅스에서는 파일로 취급하며, 파이프로의 입출력은 재지정 시 사용하는 '>', '<' 기호를 사용하면 된다. 한 단계씩 살펴보기로 하자.

먼저 기명 파이프를 생성하기 위해서는 mkfifo 명령을 사용해야 한다. 파일 정보를 확인해 보면 특수 파일 중 pipe를 의미하는 'p' 문자를 볼 수 있다.

```
$ mkfifo pp              ← 기명 파이프 pp 생성
$ ls -l pp               ← pp의 상세 정보 확인
prw-r--r-- 1 juyoon juyoon 0 2019-10-01 12:41 pp
```

다음은 두 개의 프로세스를 파이프로 연결해야 하는데 한 쪽은 출력, 한 쪽은 입력 프로세스다. 두 개의 터미널을 열어 한 쪽은 입력 재지정, 한 쪽은 출력 재지정으로 파이프를 연결한다.

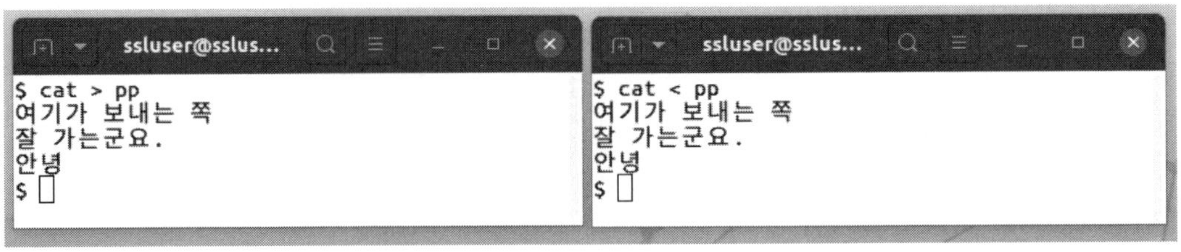

그림 9-3 기명 파이프 실행 예

그림 9-3의 왼쪽 터미널에서 입력한 내용이 오른쪽 터미널에 그대로 나타나는 것을 볼 수 있다. 그런데 터미널이 하나뿐일 때는 어떻게 할까? 동시에 두 프로세스가 실행 중인 상태로 만들기 위해서는 한 쪽을 후면 프로세스로 돌려야 한다. 그리고 이 경우, 입력과 출력 중 어느 쪽을 먼저 생성하는가 순서도 중요하다.

```
$ cat < pp &               ← 파이프에서 입력받는 프로세스 먼저 생성
[1] 1359
$ cat > pp                 ← 파이프에 출력하는 프로세스 생성
stdin에서 입력하여 파이프 pp에 내보냅니다.
stdin에서 입력하여 파이프 pp에 내보냅니다.
위의 출력은 앞에서 실행한 1359번 프로세스가 pp로부터 입력받아 출력한 것입니다.
위의 출력은 앞에서 실행한 1359번 프로세스가 pp로부터 입력받아 출력한 것입니다.
[1]+  완료                 cat < pp
                           ← 입력이 종료되면 입력받는 프로세스도 자동 종료
$
```

9.1.4 명령 연결

셸 명령행은 원칙적으로 한 줄에 하나씩의 명령만 허용한다. 그러나 때로는 한 줄에 여러 개의 명령을 사용하고 싶을 때도 있고, 명령이 길어 한 줄을 넘어갈 수도 있다. 두 경우 모두 지정된 특수 문자를 이용하면 가능하다.

; (semi-colon)	명령 분리자. 순차 실행
\ (backslash)[3]	명령행 끝에 사용되어 다음 행과 연결

3) 잘 알겠지만 영문 자판의 \는 한글 자판의 ₩이다.

두 기호의 사용 예를 보자.

```
$ gzip -d a.tgz; tar xf a.tar        ← a.tar.gz 파일을 복원한 후 묶음 해제
$ echo This is a test of \           ← 여러 줄로 된 문장에 대한 echo 명령 실행
> multiple line commands. \          ← 두 번째 단계 프롬프트 >가 나타남
> The end.                           ← 엔터키 입력하면 명령의 끝임
This is a test of multiple line commands. The end.
                                     ← 출력은 연결되어 나타남
$
```

명령 분리 문자(;)를 사용해야 하는 경우와 파이프(|)를 사용해야 하는 경우를 혼동하지 않도록 한다. 위 예에서 gzip 명령의 결과물은 a.tar로서 이것은 표준 출력이 아니다. 파이프는 표준 출력과 표준 입력을 연결하는 것이기 때문에 이 예에서처럼 특정 파일이 매개체가 되는 경우는 파이프를 사용할 수 없다.

행 연결 문자(\) 예에서 사용된 echo는 셸 내장 명령으로서 인자로 주어진 문자열을 그대로 화면에 다시 출력해 주는 기능을 한다. 이때 \ 문자는 실제 그 뒤에 입력된 줄바꿈(newline) 문자를 무시하는 역할을 하기 때문에 출력의 결과는 줄바꿈 없이 연결되어 나타난다.

9.1.5 명령행 편집 기능

명령을 입력하다가 수정할 필요가 있을 때 단순히 백스페이스 키를 이용해 하나씩 글자를 삭제하고 다시 입력하는 외에 다양한 삽입과 삭제 기능 등을 제공하는 것이 명령행 편집(command line editing) 기능이다. Bash에서 명령행 편집 기능은 기본적으로 emacs와 vi 두 가지 모드로 제공된다. Emacs와 vi는 리눅스 터미널에서 가장 널리 사용되는 편집기인데, 이들 편집기에서 사용하는 편집 명령을 명령행에서 그대로 사용할 수 있도록 한 것이다. 기본은 emacs 모드로 설정되어 있으며 vi 모드로 바꾸고 싶으면 'set -o vi' 명령을 실행하면 된다.

다음은 emacs 모드에서 가장 많이 사용되는 기본 명령이다. ^ 표기는 Ctrl 키를 의미하며, Ctrl 키와 뒤의 글자를 동시에 눌러야 한다. ESC는 키보드의 ESC 키를 누른 다음(동시에 누르는 것이 아님) 뒤의 글자 키를 누르는 것을 의미한다.

표 9-2 emacs 모드의 명령행 편집 키

명령	기능	명령	기능
^b(←)	한 문자 왼쪽으로 이동	^f(→)	한 문자 오른쪽으로 이동
Backspace	커서 앞의 한 글자 삭제	^d, DEL	커서 자리의 한 문자 삭제
ESC-f	한 단어 오른쪽으로 이동	ESC-b	한 단어 왼쪽으로 이동
^a	명령행 시작점으로 이동	^e	명령행 맨 끝으로 이동
ESC-d	오른쪽 한 단어 삭제	ESC-DEL	왼쪽 한 단어 삭제
^k	현재에서 끝까지 삭제	^u	전체 명령행 삭제
^x ^u	마지막 명령 되돌림(undo)	^y	마지막 삭제 항목 되살림

이들 키의 효과는 출력 결과로 눈에 드러나는 것이 아니기 때문에 실행 과정을 보여 주기가 어렵다. 각자 직접 실행하면서 효과를 느껴 보기 바란다.

Vi 편집기에 익숙한 사람이라면 vi 모드로 사용하는 편이 좋을 것이다. 명령 모드, 즉 편집 모드로 시작하고 'a, i, o' 등 특별한 키를 입력해야 입력 모드로 들어가는 vi 편집기와 달리, 명령행은 기본이 입력 모드이다. 따라서 편집 모드로 전환하고 싶으면 ESC 키를 눌러야 한다. 이후의 편집 명령은 vi 편집기에서와 같다.

최근에는 대부분의 사용자가 Emacs나 vi 편집기에 익숙하지 않은 데다가 화살표 키나 기능 키 등 확장 키보드나 마우스의 활용이 자유롭기 때문에 명령행 편집 기능을 굳이 외워서 사용할 필요는 크지 않다.

9.2 사용자 환경 설정

GUI 환경에서 사용자마다 배경 화면이나 폰트, 색조 등 서로 다른 모양을 설정하고 자주 사용하는 명령을 정리하는 방식이 다르듯, 셸에서도 각 사용자마다 사용 환경을 다르게 설정할 수 있다. 이번 절에서는 설정할 수 있는 환경 종류, 설정하는 법, 설정을 유지하는 법 등을 설명한다.

9.2.1 시동 파일

시동(startup) 파일은 셸이 시작할 때 여러 가지 환경 설정 등 기초 작업을 수행하는 명령들을 모은 파일이다. 사용자는 자신만의 환경 설정을 이런 시동 파일에 기록해 두면 언제나 같은 설정으로 셸을 사용할 수 있다.

시동 파일은 하나 이상이 존재할 수 있으며 셸마다 종류 및 이름이 모두 다르다. 예를 들어 Bourne 셸(sh)에서는 .profile, C 셸(csh)은 .login과 .cshrc, Korn 셸(ksh)은 .profile 등으로 지정되어 있다. Bash에서는 .bash_profile과 .bash_login, .bashrc를 사용하며 이런 시동 파일이 없을 때 자동으로 .profile을 실행하여 sh과 호환성을 제공한다. 또한 .bash_logout 파일이 있어 로그아웃 전 항상 수행해야 할 작업 등을 기록해 놓을 수 있다.

시동 파일은 셸에서 사용할 수 있는 명령들로 구성된 텍스트 파일이다. 셸은 인터프리터 방식으로 이 파일을 읽어 실행하는데, 사용자가 한 줄씩 입력한 명령을 실행하듯이 시동 파일의 내용을 한 줄씩 읽어 실행한다. 따라서 텍스트 파일이지만 실행 가능한 파일로 설정되어 있으며, 전체 파일의 내용이 순차적으로 실행되는 프로그램과 같은 역할을 한다. 이렇게 셸이 실행 가능한 명령들을 프로그램 방식으로 모아 놓은 것을 “셸 프로그램” 또는 “셸 스크립트”라 한다. 가장 간단하게는 다음과 같이 셸 스크립트를 작성할 수 있다.

```
#!/bin/bash                #-- #로 시작하는 문장은 주석(comment)
#                              /bin/bash 셸로 명령어를 해석함
# hello.sh                 #-- 파일 이름이 hello.sh
echo 'Hello, world!'       #-- 셸이 해석할 명령어
ls
```

위 내용을 hello.sh이라는 이름의 파일에 저장하고 실행을 한다. 셸 스크립트를 실행하려면 스크립트 파일을 읽어 실행시킬 수 있는 명령어를 사용하거나, 파일의 모드에 실행 권한을 추가하고 직접 호출하는 두 가지 방법이 있다.

```
$ bash hello.sh                                 ← bash 셸로 hello.sh 실행
Hello, world!                                   ← echo 실행
diff2   hh   linda-etc   local   remote         ← ls 실행
$ source hello.sh                               ← 내장 명령인 source로 hello.sh 실행
Hello, world!
diff2   hh   linda-etc   local   remote
$ . hello.sh                                    ← 내장 명령인 .로 hello.sh 실행
Hello, world!
diff2   hh   linda-etc   local   remote
```

```
$ ./hello.sh                              ← hello.sh 파일을 직접 호출
-bash: ./hello.sh: 허가 거부              ← 실행 권한이 없음
$ chmod +x hello.sh                       ← 실행 권한 추가
$ ./hello.sh                              ← hello.sh 파일을 직접 실행
Hello, world!
diff2   hh   linda-etc   local   remote
$
```

지금부터 들여다 볼 시동 파일들의 스크립트는 위의 예보다 많이 복잡하다. 순차적 실행을 지시하는 명령의 나열 외에 일반 프로그래밍 언어처럼 if, for 등 분기문, 반복문 등도 포함하고 있으며, 나름의 문법을 가지고 있어 그에 익숙하지 않은 사용자는 해석하기가 쉽지 않다. 우리는 자신의 환경을 설정하기 위한 최소한의 내용만 공부할 예정이다.

시동 파일이 실행되는 순서는 다음과 같다.

- 로그인을 하면 시스템은 가장 먼저 /etc/profile 파일을 읽어 거기에 설정된 내용을 실행한다.
- 자신의 홈 디렉터리에서 .bash_profile, .bash_login, .profile을 차례로 찾아 실행한다.
- 로그인이 아닌 셸 실행 시에는 .bashrc 파일을 실행한다. 로그인과 관계없이 공통적으로 적용되어야 할 설정을 보통 .bashrc 파일에 기록하며, 일반적으로 .bash_profile 파일에 .bashrc 파일 실행 문장을 포함하여 로그인 시에도 실행될 수 있도록 한다.
- 로그아웃을 할 때, 즉 로그인 셸에서 빠져 나갈 때 .bash_logout 파일의 내용이 실행된다.

/etc/profile의 내용을 보자. 이 내용은 배포판 종류와 버전에 따라 달라질 수 있으니 똑같지 않다고 해서 서운해 하지 말자.

```
# /etc/profile: system-wide .profile file for the Bourne shell (sh(1))
# and Bourne compatible shells (bash(1), ksh(1), ash(1), ...).

if [ -d /etc/profile.d ]; then   # profile.d 디렉터리가 있으면
for i in /etc/profile.d/*.sh; do
 # 그 아래 모든 .sh 파일을 차례로 실행
    if [ -r $i ]; then
      . $i
    fi
  done
```

```
  unset i
fi

if [ "$PS1" ]; then                              # PS1 변수가 정의되어 있고
  if [ "$BASH" ]; then                           # BASH 변수가 정의되어 있으면
    PS1='\u@\h:\w\$ '                            # PS1의 값을 설정
    if [ -f /etc/bash.bashrc ]; then             # bash.bashrc 파일이 있으면
        . /etc/bash.bashrc                       # bash.bashrc 파일을 실행
    fi
  else
    if [ "`id -u`" -eq 0 ]; then                 # 사용자가 root이면
      PS1='# '                                   # 프롬프트를 #로 설정
    else                                         # 일반 사용자이면
      PS1='$ '                                   # 프롬프트를 $로 설정
    fi
  fi
fi

umask 022                                        # 파일 생성 마스크를 022로 설정
```

셸 스크립트 문법의 상세한 사항은 여기서 설명하지 않을 것이므로 오른쪽의 주석을 참고하기 바란다. 또한 위의 파일 내용에서 PS1 변수에 대한 것은 0절에서 설명할 것이며, /etc/bash.bashrc 파일의 내용은 특별히 중요한 내용이 없으므로 각자 살펴보기로 한다. 맨 마지막 줄의 umask에 대한 것을 알아보자.

Umask는 셸 내장 명령의 하나로서 파일이나 디렉터리를 생성할 때 기본으로 적용되는 접근 권한을 설정하는 것이다. 뒤에 붙는 숫자는 8진수로 표현한 마스크로서 각 권한을 금지(mask)하는 역할을 한다. 마스크를 뒤집으면 허용하는 권한이 된다. 새로 생성되는 파일의 권한은 그 파일에 허용할 수 있는 기본 권한과 마스크를 뒤집은(complement) 권한을 bitwise-AND한 연산 또는 XOR 연산으로 계산된다.

일반 파일:	110 110 110 & ~(000 010 010) = 110 100 100
실행 파일/디렉터리:	111 111 111 & ~(000 010 010) = 111 101 101

이제 여러분은 왜 자신이 생성하는 파일의 접근 권한이 자동으로 644 또는 755로 설정되는지 이해했을 것이다. 마스크를 077로 해 두면 자신 이외 모든 사용자의 권한을 한 가지도 허용하지 않을 수 있다. 그런데 이 파일의 소유자는 root이고 일반 사용자는 수정할 권한이

없으므로 이런 설정을 변경하고 싶으면 자신의 홈 디렉터리에 있는 .bash_profile, .bash_login, .profile 또는 .bashrc를 수정해야 한다. 우분투 리눅스를 설치한 경우 각 사용자 홈 디렉터리에는 .profile과 .bashrc 파일만 기본으로 생성되어 있으므로 그들 두 파일을 차례로 살펴보기로 하자. 각 명령마다 윗줄에 #로 주석이 붙어 있으므로 참고한다.

```
# ~/.profile: executed by the command interpreter for login shells.
# This file is not read by bash(1), if ~/.bash_profile or ~/.bash_login
# exists.
# see /usr/share/doc/bash/examples/startup-files for examples.
# the files are located in the bash-doc package.

# the default umask is set in /etc/profile; for setting the umask
# for ssh logins, install and configure the libpam-umask package.
#umask 022

# if running bash
if [ -n "$BASH_VERSION" ]; then
    # include .bashrc if it exists
    if [ -f "$HOME/.bashrc" ]; then
        . "$HOME/.bashrc"
    fi
fi

# set PATH so it includes user's private bin if it exists
if [ -d "$HOME/bin" ] ; then
    PATH="$HOME/bin:$PATH"
fi
```

.profile 파일에서 설정하는 것은 매우 적다. /etc/profile에 umask가 설정되어 있으므로 여기서는 주석 처리되어 있다. 다음 문장은 .bashrc 파일이 있을 경우 그를 실행하라는 것이다. 따라서 모든 세밀한 환경 설정은 .bashrc 파일에 있을 것임을 짐작할 수 있다. 마지막 문장은 명령의 존재 경로를 설정하는 것인데, 이것은 9.2.2절 환경 변수 설정에서 살펴볼 것이다.

.bashrc 파일에 세밀한 설정이 포함되는데, .profile과 마찬가지로 각 설정 또는 스크립트에는 주석이 붙어 있기 때문에 차분히 읽으면 내용을 이해할 수 있다. 각 사용자가 주로 수

정하거나 추가하는 설정은 PS1, HISTSIZE, PATH 등의 환경 변수 설정, 명령의 별명을 만드는 alias, 여러 가지 셸 옵션 설정 등이며, 다음 절에서 하나씩 살펴보기로 한다.

시동 파일을 수정했다고 해서 그 효력이 바로 발생하는 것은 아니다. 시동 파일은 앞에서 설명한 것과 같이 로그인을 다시 하거나 셸을 다시 실행해야만 자동으로 실행된다. 그 내용을 즉시 실행하고 싶으면 내장 명령인 "." 또는 "source"를 실행하면 된다.

```
$ . .bashrc
$ source .bashrc
```

9.2.2 환경 변수 설정

셸은 프로그래밍 기능을 가지고 있고, 프로그램에 필수적인 변수도 정의해서 사용할 수 있다. 일반 프로그래밍 언어에서 사용하는 변수는 정수형, 실수형, 문자형 등으로 구분되는데, 셸에서 사용하는 변수들은 기본적으로 "문자열" 형이다. 즉, 값으로 문자열을 가지게 된다. 셸 변수는 사용자가 그 이름을 마음대로 지정하여 프로그램 시 사용할 수 있고 그 이름의 효력이 미치는 범위는 보통 프로그램 내에 그친다. 사용자 실행 환경을 설정하는데 사용되는 변수는 bash에서 처음부터 제공하는 내장 변수(built-in variable)들이다. 내장 변수의 값은 보통 셸 실행 시 자동으로 설정되며, 하나의 프로그램 내에서가 아니라 셸 실행 동안 언제나 적용될 수 있도록 설정되어 있어 "환경 변수"라고도 한다. 즉, 환경 변수는 셸 내에서 전역(global) 변수로 동작하는 것이다.

표 9-3 주요 내장 환경 변수

변수	의미	변수	의미
HOME	홈 디렉터리 경로	PATH	명령어를 탐색할 경로
PS1	셸 프롬프트	PS2	2차 프롬프트
BASH	bash의 절대 경로	BASHOPTS	설정된 bash 옵션들
BASH_VERSION	실행 중인 bash의 버전	UID	현재 사용자의 UID
HISTFILE	히스토리 저장 파일명	HISTFILESIZE	히스토리에 저장할 최대 명령 수
HISTSIZE	히스토리 목록의 길이	PPID	셸의 부모 프로세스의 PID
PS3, PS4	3차, 4차 프롬프트	PWD	현재 디렉터리
SHELL	로그인 셸의 절대 경로	USER	사용자 ID

주요한 내장 환경 변수를 표 9-3에 정리하였다. HOME, PATH, PS1, PS2는 Bourne 셸과 공통으로 사용하는 내장 변수이고 나머지는 bash에서 정의한 내장 변수다. 각 변수의 기본 설정값을 보고 싶으면 "echo $변수명" 명령 또는 "printenv 변수명"을 실행하면 된다. 인자 없이 "printenv"를 실행하면 모든 환경 변수와 그 값을 출력한다.

```
$ echo $SHELL
/bin/bash
$ echo $BASH_VERSION
5.0.17(1)-release
$ echo $HISFILESIZE
2000
```

일반 프로그램과 달리 셸 변수는 값을 지정할 때와 값을 읽을 때 사용법이 다르다. 지정할 때는 이름 그대로, 읽을 때는 앞에 '$' 기호를 붙여 준다. 값을 설정하고 읽어 오는 다음 예를 보자.

```
$ myname=YOON
$ echo My name is $myname, and my home directory is $HOME.
My name is YOON, and my home directory is /home/juyoon.
```

임의의 변수 myname에 YOON이라는 문자열을 값으로 지정한다. 새로운 변수라도 타입을 선언하거나 하는 과정 없이 그대로 값을 설정하면 된다. 이 때 지정 연산자 '=' 앞뒤에 공백이 없어야 하고, 지정하는 문자열에 공백이나 특수 문자가 포함되면 인용 부호 ' '로 감싸 주어야 한다.

두 번째 echo 명령을 보면 두 개의 변수 myname과 HOME이 사용되었고, 각각 $ 기호를 앞에 붙였다. 즉, 그 변수들이 저장하고 있는 값을 명령 실행에 사용하라는 의미이다.

내장 환경 변수에는 HOME, BASH, PPID, PWD 등과 같이 시스템이 자동으로 알아서 설정하고 사용자에게는 읽기 전용으로 되어 있는 변수가 있는 반면, PATH, HISTFILE, PS1과 같이 사용자의 취향에 맞게 값을 조정할 수 있도록 허용되어 있는 변수들이 있다. 그 중 사용자의 편의를 위해 명령어 탐색 경로를 지정하는 PATH와 프롬프트 설정을 바꾸는 PS1 변수 설정을 알아보자.

□ PATH 설정

어떤 명령을 입력했을 때 셸은 그것이 어디 있는 어떤 명령인지 알고 실행하게 해 주는 것일까? 내장 명령인 경우 셸이 직접 자기 프로그램 내에서 함수를 호출하여 실행할 것이다. 어딘가 다른 파일에 기록되어 있는 프로그램인 경우 그 파일을 어디서 찾아야 하는지 알아야 찾아서 해당 프로세스를 생성해 줄 수 있다. PATH는 명령(혹은 프로그램)을 탐색할 경로 정보를 담고 있는 변수이고, 셸은 PATH 변수의 값을 참조하여 명령이나 프로그램을 탐색하게 된다.

먼저 현재 설정되어 있는 PATH의 값을 확인해 보자.

```
$ echo $PATH
/usr/local/sbin:/usr/local/bin:/usr/sbin:/usr/bin:/sbin:/bin:/usr/games
$
```

PATH에는 하나 이상의 경로가 설정될 수 있으며 각 경로는 ':'으로 구분한다. PATH에 포함되어 있는 경로에 있는 명령 또는 프로그램이라면 별도의 경로 정보를 주지 않아도 자동으로 찾을 수 있다. 그렇지 않은 경우, 상대 경로 또는 절대 경로로 반드시 파일의 위치를 명시해야 한다. 지금까지 우리가 사용한 대부분의 명령은 /bin 또는 /usr/local/bin에 있는 것이었고, 따라서 별도의 경로 정보 없이 명령을 사용할 수 있었다. 그러나 9.2.1절의 hello.sh 예에서와 같이 PATH에 저장되어 있지 않은 디렉터리에 존재하는 프로그램 파일은 이름만으로 실행을 시작할 수 없다.

```
$ which ls                        ← ls 명령의 위치 확인
/bin/ls
$ pwd
/home/juyoon/examples
$ hello.sh                        ← hello.sh 프로그램 실행 명령
hello.sh: command not found       ← 명령의 위치를 찾을 수 없음
$ ./hello.sh                      ← 현재 디렉터리의 hello.sh 프로그램 실행
Hello, world!
diff2   hh   linda-etc   local   remote
$
```

자신이 작성한 프로그램을 실행할 때마다 디렉터리 명을 앞에 붙여 주어야 하는 것은 매

우 성가신 일이다. 그래서 일반적으로 자신만의 bin 디렉터리를 만들거나 현재 디렉터리를 명령 탐색 경로에 포함시키게 된다. 9.2.1절에서 본 .profile 파일 마지막 부분에 다음과 같은 내용이 있다.

```
# set PATH so it includes user's private bin if it exists
if [ -d "$HOME/bin" ] ; then      # 홈 디렉터리에 bin 디렉터리가 있으면
    PATH="$HOME/bin:$PATH"        # PATH에 그것을 추가
fi
```

이와 유사하게 자기 나름대로 PATH에 경로를 추가하고 싶으면 현재 설정되어 있는 경로, 즉 $PATH 앞이나 뒤에 경로 이름을 적고 ':' 기호로 분리해 주면 된다. 주의해야 할 점은 셸이 명령을 탐색할 때 PATH에 설정된 경로 맨 앞에서부터 찾는다는 것이다. 만약 같은 이름의 명령 또는 프로그램이 서로 다른 디렉터리에 있을 때 PATH에서 앞에 있는 디렉터리의 명령이 실행된다. 이 때 특정한 위치의 프로그램을 실행하려면 경로명을 반드시 앞에 붙여 주어야 한다.

앞의 예에서 hello.sh 파일에 경로명 ./을 붙이지 않고 실행하려면 PATH를 어떻게 설정해 주어야 할까?

□ 프롬프트 설정

지금까지 실행 예를 보여 줄 때 편의상 프롬프트는 '$'로만 표시하였다. 고전적인 셸은 '$', '#', '%' 등 단순한 프롬프트를 사용했으나 현재 리눅스 배포판들은 훨씬 정보를 많이 포함한 프롬프트를 기본으로 설정해 두었다. 예를 들면 다음과 같다.

```
juyoon@linda-desktop:~/linux$ echo $PS1
\[\30;\u@h: \W\a\]${debian_chroot:+($debian_chroot)}\u@\h:\w\$
```

환경 변수 PS1에 셸 프롬프트 설정이 저장된다. 그런데 위의 예에서 보면 실제 보이는 문자와 PS1 변수에 저장된 내용이 매우 다르다. 이는 글자 그대로가 아니라 시스템 설정을 반영하거나 실행 중 변경되는 사항을 표현하기 위한 약속된 기호를 사용하기 때문이다. 프롬프트 설정에 사용되는 기호는 표 9-4를 참조하기 바란다.

이들 기호 외에 사용하는 문자는 글자 그대로 프롬프트에 나타나게 된다. 만약 설정하려

는 프롬프트에 공백이 포함되면 인용 부호로 전체를 싸 주어야 하는데 기호의 '\'가 인식되어야 하므로 강한 인용 부호가 아닌 약한 인용 부호, 즉 " "를 사용해야 한다.

프롬프트 설정의 몇 가지 예를 제시하니 참고해서 자신의 프롬프트를 취향에 맞게 변경해 보자. 변경한 내용이 계속 사용되기를 원하면 .profile 또는 .bashrc에 기록해야 한다는 것도 잊지 말고.

```
$ PS1="[\u:\W]\$ "
[juyoon: linux]$ PS1="\u:\w#\# $ "
juyoon:~/linux#132 $ PS1="\u:\w#\! $ "
juyoon:~/linux#638 $
```

표 9-4 프롬프트 설정 기호

기호	의미	기호	의미
\a	ASCII beep 문자 (\007)	\j	현재 수행 중인 작업의 수
\d	'요일, 월, 일' 형식의 날짜	\l	셸의 터미널 디바이스 명
\e	ASCII escape 문자 (\033)	\v	Bash의 버전
\H	호스트명	\V	Bash의 release
\h	처음 "." 까지의 호스트명	\w	현재 작업 디렉터리(~/…)
\n	RETURN (carriage return + linefeed)	\W	현재 작업 디렉터리 (마지막)
\s	실행 중인 쉘 이름	\!	현재 명령의 히스토리 번호
\T	HH:MM:SS 형식(12시간제)의 현재 시간	\#	현재 명령의 셸 시작 후 명령 번호
\t	HH:MM:SS 형식(24시간제)의 현재 시간	\$	UID가 0이면 #, 아니면 $ 출력
\@	am/pm 형식(12시간제)의 현재 시간	\nnn	8진수로 된 문자 코드
\A	HH:MM 형식(24시간제)의 현재 시간	\\	backslash
\u	현재 사용자명	\[\]	비출력용 문자열 시작과 끝

9.2.3 alias

alias란 가명 또는 별명이란 의미인데, 셸에서 alias는 옵션을 포함하는 기존 명령에 자신만의 이름을 붙여 사용할 수 있도록 설정하는 내장 명령이다.

```
사용법
        alias [-p] [name[=value] … ]

기본 기능
        옵션이나 인자 없이 사용하면 현재 설정되어 있는 모든 alias를 보여 준다.
        인자로 name만 주어지면 해당 name으로 설정된 alias 명령을 보여 준다.
        인자를 name=value 형태로 주면 value 명령을 name으로 지정한다.
```

새로운 alias를 정의할 때 '=' 기호 양 쪽에 공백이 없어야 하고, value에 해당하는 부분이 옵션을 포함하거나 해서 여러 단어로 이루어지면 인용 부호 ' '로 감싸 주도록 한다.

먼저 홈 디렉터리의 .bashrc 파일에 기본으로 설정되어 있는 alias들을 살펴보자.

```
# some more ls aliases
alias ll='ls -alF'
alias la='ls -A'
alias l='ls -CF'
```

대부분 여기에 자기가 자주 사용하는 명령을 정의해서 사용하는데 참고로 저자가 애용하는 alias 몇 개를 소개한다.

```
alias rm='rm -i'
alias s='source'
alias h='history'
alias j='jobs'
alias dir='ls'              # DOS 명령과 호환 목적
alias cls='clear'           # DOS 명령과 호환 목적
```

alias로 설정해 두었지만 때로는 alias를 적용하고 싶지 않을 때도 있다. 예를 들어 디렉터리와 그 아래의 모든 파일과 디렉터리를 다 삭제하고 싶은데 위와 같이 '-i' 옵션을 기본으로 만들어 놓으면 수십 혹은 수백 개의 파일에 대해 일일이 삭제 여부를 답해 주어야 하므로 매우 번거롭다. alias를 적용하지 않고 원래대로의 명령을 실행하고 싶을 때는 명령의 절대 경로를 적어 주거나 명령 앞에 '\'를 붙여 주면 된다.

```
$ ls
diff2   hh   linda-etc   local   remote
$ rm hh                          ← alias된 rm 명령 실행
rm: 일반 파일 'hh'를 제거할까요? n
$ \rm hh                         ← 오리지널 rm (/bin/rm) 명령 실행
$ ls
diff2  linda-etc   local   remote
$
```

alias를 만들다 보면 기존 명령어와 같은 이름으로 만들 수도 있다. 5장에서 이미 소개했다시피 셸에서는 각 이름의 성격에 따라 실행 우선 순위가 지정되어 있으며, 그 순위는 다음과 같다.

1. alias
2. 셸의 키워드
3. 셸 함수 (function)
4. 내장 명령
5. 실행 가능 파일: 리눅스 명령, 스크립트 및 사용자 프로그램 (PATH 설정 순서대로)

각 형태에 따른 실행 우선 순위를 바꿀 수는 없지만 우선 순위에 관계없이 자신이 원하는 명령의 형태를 지정할 수 있다. 다음 표의 내장 명령을 참고하기 바란다.

unalias *name*	alias 정의를 삭제
command *name*	내장 명령과 일반 명령만 사용
builtin *name*	내장 명령만 사용
enable -n	내장 명령 전체 금지

관련된 명령어로 어떤 이름이 어떤 성격에 속하는지 알아볼 수 있는 내장 명령 type을 소개한다.

```
사용법
        type [옵션] name [name …]

기본 기능
        name이 어떤 명령 형태인지 알려 준다.
```

```
주요 옵션
-a      name과 관련된 모든 형태의 내용을 알려 준다. (all)
-P      PATH 변수에 설정된 경로에서만 name을 찾는다. (path)
-t      형태의 이름을 알려 준다. (type)
        Alias, keyword, function, builtin, file 등으로 구분.
```

type의 실행 예를 보자.

```
$ type -a ls
ls 은/는 'ls -color=auto'의 별칭
ls 는/은 /bin/ls
$ type -t ls
alias
$ type -a -P ls
/bin/ls
$ type -a -t ls
alias
file
```

9.2.4 셸 옵션

셸에는 set 내장 명령으로 설정할 수 있는 옵션이 다수 있다. 사용자는 옵션을 on 또는 off하여 셸의 동작을 제어할 수 있다.

옵션 on/off는 두 가지 방법으로 가능하다.

1. set [-|+]-abefhkmnptuvxBCEHPT

2. set [-o|+o] optionname

두 가지 모두 - 기호는 옵션을 on, +기호는 옵션 off를 의미한다. 표 9-5에 주요 셸 옵션을 소개하였다.

표 9-5 주요 셸 옵션

옵션	약자	설명
emacs	없음	emacs 모드 시작. 기본값은 on
history	없음	히스토리 사용. 기본값은 on
ignoreeof	없음	^d로 로그아웃하는 것 방지
monitor	m	작업 제어 허용. 기본값은 on
noclobber	C	출력 재지정(>)시 overwrite 방지
noglob	f	와일드카드 확장 방지
nounset	u	정의하지 않은 변수 사용 시 오류 메시지
vi	없음	vi 모드 시작.

다른 옵션보다 ignoreeof와 noclobber 옵션은 설정해 두는 편이 좋다. 프로그램 실행 시 키보드로 입력을 줄 때 입력 끝 표시를 ^d로 하게 된다. 그런데 실수로 ^d를 한 번 더 누르면? 그렇다. ^d는 셸에게 끝이라는 명령을 주는 것과 같아서 셸이 종료되어 버린다.

noclobber의 효과는 다음 예에서 살펴보자.

```
$ ls > lsfile              ← 현재 디렉터리 목록을 lsfile에 저장
$ head lsfile              ← lsfile 내용 확인
file1
file2
infloop
infloop.c
$ ls /etc > lsfile         ← /etc 디렉터리 목록을 lsfile에 저장. 아무 오류 없이 실행
$ head lsfile              ← lsfile 내용 확인. 이전 내용을 덮어쓴 결과
NetworkManager
PackageKit
UPower
X11
acpi
adduser.conf
alsa
alternatives
anacrontab
apg.conf
$ set -o noclobber         ← noclobber 옵션 설정
$ ls > lsfile              ← 기존 파일과 동일한 이름의 파일에 덮어쓰기 할 수 없음
```

```
bash: lsfile: cannot overwrite existing file
$ ls >| lsfile              ← 강제로 덮어쓰기
$ cat lsfile                ← 덮어쓰기 성공
file1
file2
infloop
infloop.c
```

옵션 설정도 이후에 계속 동일하게 적용되도록 하고 싶으면 .bashrc 파일에 기록해 두는 것이 좋다.

9.3 내장 명령 요약

지금까지 다룬 명령들 중 셸 내장 명령을 정리해 보자.

명령	기능	설명
. (마침표) file	file의 내용을 읽어 실행한다. (현재 셸이 실행)	9.2.1
cd [dir]	홈 디렉터리 또는 dir 디렉터리로 이동한다.	6.1.3
exit	셸 실행을 종료한다.	5.2
pwd	현재 작업 디렉터리를 출력한다.	6.1.1
umask mode	접근 권한에 대한 마스크 mode를 설정한다.	9.2.1
alias	명령의 alias를 정의한다.	9.2.3
unalias	alias 정의를 삭제한다	9.2.3
help [command]	내장 명령에 대한 도움말을 출력한다.	5.4.2
logout	로그인 셸을 종료한다.	5.2
source file	file의 내용을 읽어 실행한다.	9.2.1
bg [job]	중단된 작업을 후면 프로세스로 실행한다.	8.2.1
fg [job]	후면 작업을 전면 프로세스로 전환한다.	8.2.1
jobs	작업 리스트를 출력한다.	8.2.1
kill [opt] [job]	작업에 지정한 신호를 보낸다.	8.2.2
history	히스토리 목록을 출력한다.	5.6.3
type name	name의 형태를 출력한다.	9.2.3
command name	name의 형태 중 내장 명령과 일반 명령만 고려	9.2.3

명령	기능	설명
builtin name	내장 명령 name 실행	9.2.3
enable -n	내장 명령 사용 금지	9.2.3

이 외에도 유용한 내장 명령들이 더 있다. Help 명령과 bash 매뉴얼을 참조하여 익혀서 편리하게 셸을 사용하도록 해 보자.

9.4 셸 프로그래밍

셸의 명령어 중에는 C나 Java 등 일반 프로그래밍 언어에 있는 것과 같은 프로그래밍 요소가 몇 가지 있다. 이를 활용하면 같은 종류의 작업을 여러 파일에 대해 반복적으로 수행하거나 이전에 했던 길고 연속적인 작업을 그대로 다시 수행하는 경우, 일일이 명령어들을 입력하는 것이 비효율적이므로 그러한 작업을 프로그램화하여 파일에 저장해 두고 사용할 수 있다. 컴파일 등의 과정을 거치지 않고 명령어를 하나씩 읽어 하나씩 수행하는 과정으로 수행되므로 인터프리터 방식의 프로그래밍 언어로 볼 수 있고, 이러한 종류의 프로그램을 셸 스크립트(script)라 한다. 앞에서 소개한 .bashrc 등도 셸 스크립트 파일이다.

본 서에서는 셸 프로그램의 가장 기본 요소만 몇 가지 소개하기로 한다. 관심 있는 사람은 관련 서적 또는 웹의 다양한 자료들을 활용하기 바란다. 초보자를 위한 튜토리얼로 https://linuxconfig.org/bash-scripting-tutorial-for-beginners 등의 튜토리얼 사이트가 있고, 조금 오래 되었지만 http://tldp.org/LDP/abs/html에 있는 "Advanced Bash-Scripting Guide"처럼 꽤 상세한 안내서도 추천한다.

9.4.1 셸 스크립트 실행 과정

간단한 셸 스크립트를 하나 작성해서 실행시키는 과정을 살펴보자.

```
$ cat > hello.sh
#!/bin/bash
name=$1                        # 명령행 인자($1)로 주어진 문자열을 변수 name에 대입한다.
echo "Hello, $name!"           # name에 저장된 값으로 인사말을 출력한다.
$
```

여기서 "#"은 셸에서 일반적으로 주석문을 나타내는 기호인데, 첫 번째 줄의 "#!"는 특별한 의미를 가진다. 이 기호 다음의 이름은 시스템이 이 스크립트를 실행하는데 필요한 프로그램을 나타낸다. 위 예에서는 "/bin/bash" 프로그램, 즉 bash 셸이 이 스크립트를 실행한다. 만약 다른 셸 또는 스크립트 언어로 이 파일을 실행하고자 한다면 그 프로그램의 이름(예: /bin/sh, /bin/perl, /bin/python 등)을 적어 준다.

셸 스크립트를 실행시키려면 9.2.1절에 소개된 바와 같이 "source" 명령어, 자신의 프로그램 이름인 "bash", 또는 자기 자신을 뜻하는 메타 문자인 "."을 명령어로 사용하는 방법이 있다. 또한 스크립트 파일에 실행 권한을 추가하여 직접 실행하는 방법이 있다. 결과는 동일하게 나올 수 있지만 실제 실행되는 구조는 좀 다르다.

```
$ chmod +x hello.sh            ← 셸 스크립트에 실행 권한을 부여한다.
$ hello.sh World               ← 명령행 인자 World를 주어 hello.sh을 실행한다.
Hello, World!
$ echo $name                   ← name 변수의 값을 확인해 본다.
                               ← 아무 것도 저장되어 있지 않다!
$ . hello.sh juyoon            ← .(자기 자신) 명령어로 hello.sh을 실행한다.
Hello, juyoon!
$ echo $name                   ← name 변수의 값을 확인해 본다.
juyoon                         ← name 변수에 값이 저장되었다.
$ source hello.sh Linux        ← source 명령어로 hello.sh을 실행한다.
Hello, Linux!
$ echo $name                   ← name 변수의 값을 확인해 본다.
Linux                          ← name 변수의 값이 변경되었다.
$ bash hello.sh Ubuntu         ← bash 명령어로 hello.sh을 실행한다.
Hello, Ubuntu!
$ echo $name                   ← name 변수의 값을 확인해 본다.
Linux                          ← name 변수의 값이 변경되지 않았다.
```

결과를 이해했는가?

name 변수의 값을 기준으로 구분해 보면 hello.sh을 직접 실행했을 때나 bash로 실행한 경우 name 변수의 값이 스크립트 실행 동안에는 변경되었으나(World, Ubuntu) 실행이 종료된 후 셸에서 확인했을 때는 변경되지 않고 이전의 값이 그대로 유지됨을 볼 수 있다. 반면, source나 .의 경우는 스크립트 실행 동안 변경된 name의 값이 실행 종료 후에도 그대로 셸에서 확인된다.

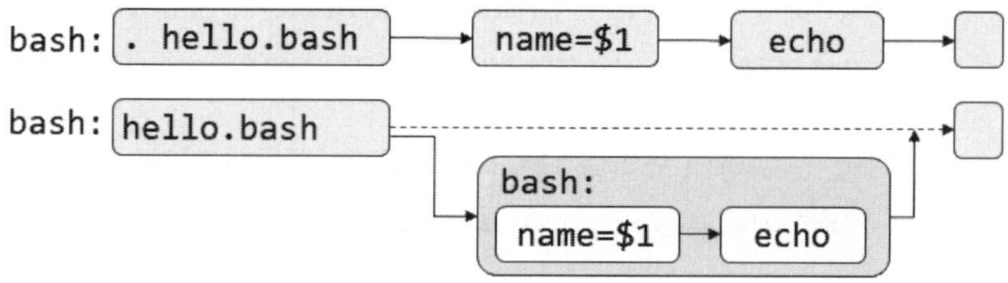

그림 9-4 셸 스크립트 실행 구조

이는 두 가지 방식이 그림 9-4에서 보는 것처럼 서로 다른 구조로 실행되기 때문이다. "source" 또는 "."의 경우는 현재 실행 중인 셸 내부에서 스크립트에 포함된 명령을 직접 실행한다. "bash" 명령 또는 "hello.sh"을 사용하면 현재 실행 중인 bash와 다른 새로운 프로세스(자식[4] 프로세스)를 생성하여 스크립트에 지시된 내용을 수행한다.[5] 그리고 부모 bash는 자식 bash가 실행되는 동안 대기 상태에 있다가 자식의 실행이 종료되면 돌아온다.

자식 프로세스가 생성될 때 부모 bash가 가진 여러 가지 환경 변수(전역)는 전달되지만 그 역은 성립하지 않는다. 즉, 자식 bash에서 사용한 변수인 name의 값은 자식 프로세스가 종료되면 사라지는 것이다.[6] 앞의 실행 예에서 마지막에 name의 값이 Linux로 나오는 것은 이전에 .과 source로 수행하면서 부모 bash에도 name 변수가 생겼고 source로 수행한 결과값이 그대로 남아있기 때문이다.

조금 길고 복잡하게 설명했지만 어떤 방식으로 셸 스크립트를 수행하든 결과에는 큰 차이가 없다. 다만 변수를 통해 값을 전달하거나 이곳저곳에서 동일한 변수를 사용하고 싶다면 export 명령어를 이용해 부모 bash의 환경 변수로 만들어 두자.

9.4.2 셸 변수

정해진 것만 처리하거나 한 번만 사용하고 끝날 데이터가 아니라면 대개 "변수"에 저장해 두고 연산을 수행하는 것이 일반적인 프로그래밍이다. 셸 프로그램에서도 마찬가지로 변수를 사용하여 명령을 처리할 수 있다.

---

4) 현재 셸과 동일한 셸을 자식으로 생성하는 경우는 하위 셸(subshell)이라고도 한다.

5) 셸에서 수행하는 모든 명령이 실제로는 이 방식이다. 이는 13장에서 프로세스를 생성하는 프로그램을 직접 작성해 보며 더 잘 이해할 수 있을 것이다.

6) export 명령어를 이용해 환경 변수로 만들어도 자식 → 부모 전달은 안 된다.

셸 변수에는 bash가 제공하는 내장 변수(built-in variable)와 사용자가 임의로 지정하는 변수가 있다. 9.2.2절에 셸에서 미리 지정한 대표적인 내장(환경) 변수들이 소개되어 있다.

사용자 지정 변수는 변수명의 규칙을 준수하는 아무 이름이나 만들어 사용할 수 있다.[7] 변수 이름은 첫째, 예약어(reserved word)가 아니어야 한다. 둘째, 영문자/숫자 및 '_'(underscore) 문자만 사용할 수 있으며 첫 글자는 반드시 영문자여야 한다. Bash 셸의 예약어는 다음과 같다.

```
if    then   else    elif    fi       case    esac    for    while    function
do    done   until   in      select   !       {       }      time
```

변수에 값을 지정할 때는 '=' 기호의 왼쪽에 변수명, 오른쪽에 저장할 문자열을 적는다. 이 때, 공백이 있어서는 안 되며 공백이 포함되어야 하는 경우 ' '또는 " " 기호로 싸야 한다. 변수에 저장된 값을 연산에 사용하고자 할 때는 반드시 $ 기호를 변수명 앞에 첨부한다. 때로는 $ 기호 다음의 변수명을 { }로 감싸기도 한다.

```
varname=value
변수값 참조: $varname 또는 ${varname}
```

```
$ myName=Yoon
$ yourName='Hong Gil-Dong'
$ echo $myName ${yourName}
Yoon Hong Gil-Dong
```

프로그래밍 언어에서 변수를 사용할 때 그 효력 범위(scope)가 어떻게 되는지 이해하는 것은 매우 중요하다. 셸 변수는 기본적으로 **지역 변수**, 즉 현재 실행 중인 셸 스크립트(프로세스) 내에서만 효력을 가진다. 이를 전역으로 확대한 것을 **환경 변수**라 하며 export 명령을 사용하여 환경 변수를 지정할 수 있다. 환경 변수는 실행 중인 셸 스크립트가 종료하고 다른 셸 스크립트가 수행되는 경우에도 효력을 발휘하는 전역 변수의 역할을 할 수 있다. 다음 실행 과정을 9.4.1절의 예와 비교해 보라.

---

7) 규칙은 아니지만 변수명을 만들 때 전체를 대문자로 하는 것은 피하는 편이 좋다. 셸에서 미리 지정해 둔 내장 변수일 가능성이 있기 때문이다.

```
$ cat < hello2.sh
#!/bin/bash
echo "Hello, $name!"          # name 변수의 값을 출력한다.
$ hello2.sh
Hello, !                      ← name 변수의 값이 없다.
$ name=Linux                  ← name 변수의 값을 설정한다.
$ hello2.sh
Hello, !                      ← name은 부모 bash의 지역 변수이기 때문에 전달되지 않는다.
$ export name                 ← name을 환경 변수로 설정한다.
$ hello2.sh
Hello, Linux!                 ← 자식 bash가 생성될 때 환경 변수를 받아 온다.
$ name=Ubuntu                 ← name 변수의 값을 변경한다.
$ hello2.sh
Hello, Ubuntu!
```

□ 위치 변수

셸 지정 변수에는 잘 알려진 환경 변수 외에 매우 특수한 능력을 가진 위치 변수(position parameter)들이 있다. 이들 각각은 특별한 의미를 갖거나 인자의 특정 위치를 지정하는 역할을 한다.

표 9-6 셸 위치 변수

위치 변수	의미
$$	명령을 실행하는 프로세스 번호
$#	명령행에 주어진 인자의 수
$?	마지막으로 실행된 명령어의 반환값(exit 상태). 문제 없이 수행된 경우 대개 0을 반환
$1, …, $9	명령행에서의 위치에 따른 각 인자
$0	명령어(script 이름)
$*	명령행에 주어진 모든 인자 (하나의 문자열)
$@	명령행에 주어진 모든 인자를 나타내는 각각의 문자열. 즉, "$1", "$2", …

```
$ cat ex1.sh
#!/bin/bash

echo "PID: $$"
```

```
echo "parameters: $@"
echo "$0: $1 $2 $3 $4"
echo "$# arguments"
echo $*
$ ex1 a b c
PID: 21054
parameters: a b c
./ex1.sh: a b c
3 arguments
a b c
$
```

$? 변수는 명령의 종료 상태를 알아보는 것이다. 어떤 프로그램 또는 명령 실행이 끝날 때(exit) 자신을 실행시킨 부모 프로세스(여기서는 셸)에게 종료 시의 상태를 반환하는 것이 보통인데 그 값은 0~255의 정수다. 반환값이 0인 경우 문제없이 성공적으로 수행한 것으로 간주되고 나머지 값들의 의미는 정해져 있지 않고 프로그램마다 다르다. 앞으로 나올 셸 프로그램 예시에서 참, 거짓을 검사(test)하는 경우 명령이나 프로그램 수행의 결과를 검사할 때는 반환값이 0일 때가 참으로 인정된다.[8] 다음 예는 명령 실행 후 반환값을 보여주는 예이다.

```
$ cat exit.sh
#!/bin/bash

echo OK
echo exit status is $?

echoo OK
echo exit status is $?

$ exit.sh
OK
Exit status is 0                                ← echo OK가 정상 실행
./exit.sh: line 6: echo: command not found      ← echoo라는 명령은 없음
Exit status is 127                              ← 비정상 종료
$
```

8) 일반적인 C 프로그램에서 0은 거짓, 0이 아닌 수는 참으로 인정되는 것과 반대다.

□ 변수와 문자열 연산

변수에 저장되는 값은 기본적으로 문자열이다. 그리고 일반 변수 또는 위치 변수를 이용해 문자열 연산을 하는 것이 셸 프로그램의 가장 기본적인 연산이다. bash에서 변수를 이용해 문자열을 조작하는 연산을 몇 가지 소개한다.

표 9-7 변수 존재에 따른 문자열 연산

연산자	의미	목적
${var:-word}	var이 존재하고 값이 널이 아니면 값을 반환, 아니면 word 반환	정의하지 않은 변수 사용 시 오류 대신 기본값 사용
${var:=word}	위와 같으나 위치변수와 특수변수 제외	
${var:?mesg}	var이 존재하고 값이 널이 아니면 값을 반환, 아니면 mesg 출력하고 현재 명령 무시	정의하지 않은 변수 사용 시 오류 메시지 출력
${var:+word}	var이 존재하고 값이 널이 아니면 word 반환, 아니면 널 반환	변수의 존재 유무 검사
${var:offset} ${var:offset:length}	var의 값에서 offset부터 length까지 부분 문자열 반환. offset은 0부터 센다.	문자열의 일부분 사용

표 9-8 문자열 패턴 매칭 연산

연산자	의미
${var#pattern}	pattern과 var 값을 앞부터 비교하여 일치하는 가장 짧은 부분을 삭제하고 나머지 반환
${var##pattern}	pattern과 var 값을 앞부터 비교하여 일치하는 가장 긴 부분을 삭제하고 나머지 반환
${var%pattern}	pattern과 var 값을 끝부터 비교하여 일치하는 가장 짧은 부분을 삭제하고 나머지 반환
${var%%pattern}	pattern과 var 값을 끝부터 비교하여 일치하는 가장 긴 부분을 삭제하고 나머지 반환
${var/pattern/string}	pattern과 var 값을 비교하여 일치하는 가장 긴 부분을 string으로 대체. 처음 하나만 바꾼다.
${var//pattern/string}	pattern과 var 값을 비교하여 일치하는 가장 긴 부분을 string으로 대체. 모든 일치하는 부분을 바꾼다.

간단한 셸 스크립트로 이런 문자열 연산의 유용성을 경험해 보자.

```
$ cat ex2.sh
#!/bin/bash
```

```
# 명령행에 입력된 파일명을 이용해 새 파일 이름을 만든다.
# 이름이 입력되지 않았으면 오류 메시지를 출력하고 종료한다.

names=${1:?"명단 파일 이름이 입력되지 않았습니다.
Usage: ex2.sh namefile scorefile"}

# 점수 파일 이름이 입력되지 않았으면 score를 사용한다.
score=${2:-score}
newfile=$names.$socre
# 학생 명단과 점수 파일을 붙여 새 파일을 만든다.

paste $names $socre > $newfile

# 새로운 파일을 점수 순서대로 정렬한다.

sortfile="$newfile.sort"
sort -nr -k5 $newfile > $sortfile

$ cat subs.sh
#!/bin/bash
# pwd 명령 수행 결과를 mypwd 변수에 저장
mypwd=$(pwd)                ← $(command)는 command의 출력값을 변수값으로 사용
echo $mypwd
# newline 출력
echo -e -n \\n
# 패턴 연산 결과 출력
echo ${mypwd##/#/}
echo ${mypwd#/*/}
echo ${mypwd%/*/}
echo ${mypwd%%/*/}
echo ${mypwd/home/myhome}
# 또 다른 명령 수행 방법과 결과
echo -e -n "\n"
echo `ls $HOME`             ← ` `(back quote)도 명령의 출력값을 변수값으로 사용
$ subs.sh
/home/juyoon/system/script

script
juyoon/system/script
/home/juyoon/system/script
```

```
/home/juyoon/system/script
/myhome/juyoon/system/script

5 programming hello.bash system.tar.gz
```

셸 변수를 사용한 문자열 연산과 패턴 연산은 한 디렉터리의 모든 파일 등 시스템과 관련한 작업을 반복적으로 수행할 때 매우 유용하다.

□ 명령 대체 (command substitution)

앞의 실행 예에서 다음 부분을 다시 살펴보자.

```
mypwd=$(pwd)
echo `ls $HOME`
```

두 가지 모두 해당 명령의 출력으로 생성되는 전체 문자열을 변수의 값으로 대입하는 역할을 한다. 셸에서 실행한 결과를 보면 다음과 같다.

```
$ pwd
/home/juyoon/system/script
$ mypwd=$(pwd)
$ echo $mypwd
/home/juyoon/system/script  ← pwd를 실행한 결과가 mypwd 변수에 저장됨
$ ls $HOME                  ← 홈 디렉터리 목록을 출력
snap    공개    다운로드    문서    바탕화면    비디오    사진    음악    템플릿
$ myhome=`ls $HOME`         ← back quote `를 써서 수행 결과 문자열 저장
$ echo $myhome
snap 공개 다운로드 문서 바탕화면 비디오 사진 음악 템플릿
```

어떤 디렉터리의 모든 파일에 대해 동일한 작업을 차례대로 수행해야 하는 등, 명령의 수행 결과를 다음 작업에 활용해야 할 경우는 매우 자주 발생한다. 이럴 때 유용한 것이 명령 대체 기능이다. 단, 앞의 ls 예에서 보다시피 각 문자열 사이의 공간은 '\n' 포함해서 모두 한 개의 공백으로 대체됨을 주의해서 다음 작업을 실행하자.

□ declare: 변수 속성 선언

셸 프로그램의 기본 데이터는 문자열이고 기본 연산은 문자열 연산이지만, 일반적인 산술 연산도 가능하며, 배열 등도 사용할 수 있다. 보통은 Python 같은 언어에서와 같이 대입되는 값에 따라 정수/실수 등의 속성이 자동으로 정해지지만 변수의 속성을 미리 선언할 수도 있다. 이 변수 선언에 사용되는 명령은 declare다.

```
사용법
    declare [옵션] [변수[=값] ...]

기본 기능
    변수의 속성과 값을 설정한다. 변수 이름이 주어지지 않으면 모든 변수의 속성과 값을
    출력한다. 함수 내에서 사용될 때 옵션이 없으면 기본으로 지역 변수로 선언된다.
    속성을 설정할 때는 '-' 옵션, 설정을 취소할 때는 '+' 옵션을 사용한다.

주요 옵션
-f      함수 이름과 정의에만 동작과 출력 적용
-F      함수 이름에만 출력 적용
-g      셸 함수(function) 내에 사용되면 전역 변수 선언
-p      각 이름의 속성과 값 출력
-a      배열로 설정 (array)
-i      정수로 설정 (integer)
-l      각 변수의 값을 소문자로 변환
-r      읽기 전용으로 설정
-u      각 변수의 값을 대문자로 변환
-x      export할 변수로 설정
```

문자열 외의 속성을 가지는 변수에 대해서는 연산자를 설명하는 9.4.4절에서 살펴볼 것이다.

9.4.3 입출력

모든 다른 프로그래밍 언어와 마찬가지로 프로그램의 수행 결과를 사용자에게 보여주고 사용자가 프로그램에 필요한 값을 입력하는 방법이 필요하다. 출력은 매우 단순해서 지금까지 사용했던 "echo" 명령을 사용하면 된다. echo 명령은 바로 다음에 나오는 문자들을 그대로 화면에 출력하는데, 9.1.1절과 9.1.2절에서 설명한 바와 같이 특정 메타 문자들에 대해 동작

하는 방식이 달라진다.

셸 프로그램에서 입력을 받는 방법은 사용자가 직접 표준 입력(키보드)으로 주는 방법, 파일에서 입력 받는 법 또는 프로그램 내부 자체 문자열을 입력 소스로 사용하는 방법이 있다.

□ read

read 명령은 사용자의 표준 입력을 받아 들여 변수에 저장하는 작업을 수행한다. 이 때, 입력 자료의 데이터형은 무조건 문자열이 기본임을 명심하자.

```
사용법
    read [옵션] [인자]

기본 기능
    표준 입력 장치에서 한 행의 문자열을 읽어 (즉, 사용자가 Enter 키를 입력하면)
    인자로 주어지는 변수에 저장한다. 변수가 여러 개인 경우 공백을 구분자로 하여
    각각의 변수에 하나씩의 문자열을 저장한다. 변수의 개수보다 입력 단어가 많으면
    마지막 변수에 나머지를 모두 할당하고, 인자가 없으면 내장 셸 변수 REPLY에
    입력을 저장한다.

주요 옵션
-d delim        개행 문자가 아닌 delim 문자를 입력 구분자로 사용
-n n            구분자를 무시하고 n개의 문자를 입력
-p prompt       입력 전에 prompt 문자를 화면에 출력
```

```
$ read a b                              ← 문자열을 읽어 변수 a, b에 저장
Computer engineering department         ← 사용자 입력
$ echo $a                               ← 변수 a에 저장된 내용을 출력
Computer
$ echo $b                               ← 변수 b에 저장된 내용을 출력
engineering department                  ← 행의 끝까지 문자가 모두 저장됨
$ read                                  ← 변수 지정하지 않고 입력
Computer engineering department
$ echo $REPLY                           ← 디폴트로 REPLY 변수에 저장
Computer engineering department
```

□ 입출력 재지정

터미널(키보드)에서 직접 입력 받는 방법에 더해 입력 재지정(<)을 이용해 파일에서 입력 받는 방법도 물론 가능하다.

```
$ cat intest.sh
#!/bin/bash
read title                    # 첫 번째 줄을 읽어 title 변수에 저장
while read score; do          # 한 줄씩 읽어 score에 저장. 명령 수행 결과가 정상인 동안 계속
    echo $score               # 읽은 줄을 화면에 출력
done
$ cat scores
이름      국어    영어    수학
홍길동    90      90      90
심청      80      85      75
성춘향    95      80      90
이몽룡    60      75      65
$ intest.sh < scores       ← scores 파일에서 입력을 받아 intest.sh 스크립트 수행
홍길동    90      90      90
심청      80      85      75
성춘향    95      80      90
이몽룡    60      75      65
```

위의 intest.sh 프로그램에는 while 문이 사용되었다. while문에 대해서는 9.4.5절을 참조하고 여기서는 주석문을 참조하여 이해하고 가도록 하자.

명령행의 입력 재지정 외에 스크립트 내에서 입력 재지정을 수행할 수도 있다. 이 때 사용하는 명령어는 exec이다. 주석문을 참조하여 다음의 intest2.sh 스크립트를 보자.

```
$ cat intest2.sh
#!/bin/bash
exec < $1                     # 명령행 인자에서 입력을 받아 현재 스크립트(intest2.sh) 실행
read title                    # 첫 번째 줄을 읽어 title 변수에 저장
while read score; do          # 한 줄씩 읽어 score에 저장. 명령 수행 결과가 정상인 동안 계속
    echo $score               # 읽은 줄을 화면에 출력
done
$ intest2.sh scores           ← scores 파일에서 입력을 받아 intest2.sh 스크립트 수행
홍길동    90      90      90
심청      80      85      75
```

```
성춘향  95    80    90
이몽룡  60    75    65
```

exec는 셸 대신 다른 명령어를 수행하도록 하는 용도와 파일로 입출력 재지정하기 위한 용도로 사용된다. 옵션이나 인자가 없으면 아무런 작업을 하지 않는다. 대화형 셸이 작동하고 있을 때 인자로 다른 명령을 주어 exec를 수행하면 셸이 종료되어 버려 명령의 결과를 볼 수 없기 때문에 하위 셸에서 수행하거나 GUI 프로그램 생성 등 다른 대화형 수단이 생기는 방식으로 사용해야 한다.

```
사용법
    exec [옵션] [명령 ...] [입출력 재지정 ...]

기본 기능
    현재 셸(자기 자신)을 주어진 명령으로 교체한다. 즉 셸 수행이 중단되고 명령이
    수행된다. 명령이 주어지지 않으면 입출력 재지정이 현재 셸에 적용된다.

주요 옵션
-a name          name을 명령의 0번째 인자로 전달한다.
```

파일로 출력하는 것은 일반적으로 출력 재지정(redirection)을 이용한다. 또한 다른 프로그램들과 마찬가지로 셸 스크립트도 파이프라인을 만들어 입력과 출력을 연결할 수 있다.

□ here 입력

셸 스크립트, 즉 자기 자신을 입력으로 사용할 수도 있다. 이를 here 자료라 하며, “<<” 기호 다음에 특정한 문자열을 구분자로 지정하고 이 다음 문자열부터 구분자가 나올 때까지의 문자열을 자료로 사용한다.

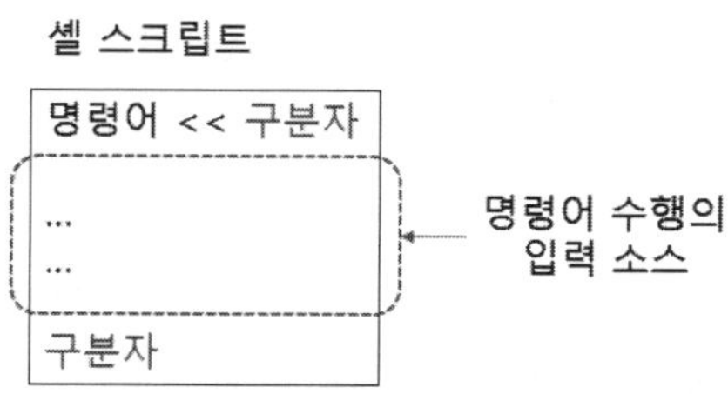

그림 9-5 here 입력 방식

```
$ cat here.sh
#!/bin/bash

grep $1 << EOF  # 구분자 EOF가 나올 때까지 나오는 내용에서 주어진 문자열을 검색
 # 여기서부터 EOF까지 내용에서 검색
이름     국어     영어     수학
홍길동   90       90       90
심청     80       85       75
성춘향   95       80       90
이몽룡   60       75       65
EOF                        # 구분자
$ here.sh 성춘향           ← 성춘향을 검색어로 주어 here.sh 실행
성춘향   95       80       90
```

9.4.4 연산자

Bash에서 사용할 수 있는 연산자를 정리하면 표 9-9와 같다. 셸에서 사용하는 메타 문자와 겹치는 문자가 많기 때문에 일반 프로그램에서처럼 연산식에 연산자를 마음대로 사용할 수 없고 특별한 명령이나 방식을 따라야 한다. 각 연산자의 의미는 C 언어의 연산자와 대체로 동일하다.

표 9-9 Bash 연산자 종류

종류	연산자	비 고
대입	=, +=, -=, *=, /=, %=, 〈〈=, 〉〉=, &=, |=, ·=	
산술	+, -, *, /, %, **	**는 승수 연산자
비트	〈〈, 〉〉, &, |, ~, ·	
논리	!, &&, ||	
연결	,	둘 이상의 연산식을 연속해서 나열
관계	〈, 〉, 〈=, 〉=, ==, !=	확장 연산식에서만 사용

□ 연산식

셸의 연산은 기본적으로 문자열에 대한 연산이다. 그 외의 연산을 해야 하는 경우는 let이나 expr 명령어 또는 (( ))를 사용한다. 이들을 이용할 때는 C 언어와 동일한 방식의 연산자를 모두 사용할 수 있다. 다음의 실행 예를 찬찬히 살펴보자.

```
$ i=100
$ echo $i + 5
100 + 5                          ← 100을 문자열로 취급
$ let i=$i+5                     ← 100을 수로 취급하여 덧셈 수행. 공백 불허(" "내에서 사용 가능)
$ echo $i
105
$ expr $i * 3                    ← 곱셈을 수행하고자 시도함
expr: syntax error: unexpected argument 'snap'      ← 오류의 원인은?
$ expr $i \* 3                   ← 메타문자 처리
315
$ (( i = $i / 3 ))               ← C 스타일 코딩. 아무 결과도 출력되지 않음
$ echo $i
105                              ← 연산식 (( )) 내용이 제대로 수행되었음을 확인
$ A=1
$ A=`expr $A + 1`                ← ` ` (back quote)로 명령어 실행하여 변수값으로 사용
$ echo $A
2
$ let "B = `expr $A + 10 / 2`"        ← let을 사용한 연산
$ echo $B
7
$ (( C = $A < $B ))              ← (( ))를 사용한 연산
$ echo $C
1                                ← C와 동일한 비교 연산 결과(참)
$ A=`expr $A+1`                  ← 연산자와 피연산자 사이에 공백이 없을 때
$ echo $A
2+1                              ← 전체 문자열로 취급
$ let "B = `expr $A+10/2`"            ← 공백 없이 let 사용
$ echo $B
8                                ← 전체를 산술식으로 인식하여 계산
```

expr이나 let을 사용해 연산식을 쓸 때 연산자 양 옆의 공백 존재 여부에 따라 해석이 문자열과 산술식으로 달라진다는 것에 주의해야한다.

9.4.5 제어 구조

셸도 일반 프로그래밍 언어와 유사한 제어 구조를 제공한다. 즉, 조건을 검사하여 분기하는 if문, 조건이 많을 경우 사용하는 case/select, 동일한 일을 계속 반복하는 for, while, until 문 등이 있다. 주의할 점은 각각의 키워드는 모두 하나의 명령이고 셸에서 명령어는 한 줄에

한 개만 존재해야 하므로 각 키워드(명령어)를 사용할 때 위치를 지키거나 ';' 등의 추가 기호를 사용해야 한다는 것이다.

□ 조건 검사 연산자

제어 구조에서는 어떤 조건이 참인지 검사하는 부분이 반드시 필요하다. 검사는 test 명령어 또는 [(조건식)][9] 구조를 사용한다.

표 9-10 문자열 비교 연산자

연산자	참의 의미	사용 예
=, ==	두 문자열이 같다.	str1 = str2 (반드시 공백 필요)
!=	두 문자열이 같지 않다.	str1 != str2
〈	앞 문자열이 ASCII 순으로 앞이다.	str1 〈 str2
〉	앞 문자열이 ASCII 순으로 뒤이다.	str1 〉 str2
-z	널 문자열이다. (문자열의 길이가 0)	-z str
-n	널 문자열이 아니다.	-n str

문자열을 비교하는 연산자 중에서 셸에서 〈와 〉는 입출력 재지정의 의미를 가진 메타문자이기 때문에 연산자로 사용하려면 반드시 '\'를 사용해야 한다. 앞 절에서 소개한 산술식의 연산자들 중에서도 셸 메타문자와 동일한 문자들은 '\'를 사용하거나 산술식임을 의미하는 '(( ))' 구조 안에서만 사용해야 한다. 비교를 위해서는 아예 문자로 된 연산자를 별도로 제공하고 있기도 하다.

표 9-11 정수 비교 연산자

연산자	참의 의미	사용 예
-eq	두 수가 같다.	$a -eq $b (반드시 공백 필요)
-ne	두 수가 같지 않다.	$a -ne $b
-gt, 〉	앞 수가 크다.	$a -gt $b, (($a 〉 $b))
-lt, 〈	앞 수가 작다.	$a -lt $b, (($a 〈 $b))
-ge, 〉=	앞 수가 뒤 수보다 크거나 같다.	$a -ge $b, (($a 〉= $b))
-le, 〈=	앞 수가 뒤 수보자 작거나 같다.	$a -le $b, (($a 〈= $b))

---

9) [다음과] 앞은 반드시 하나 이상의 공백이 있어야 한다.

한편 셸스크립트의 용도가 많은 경우 파일 목록에 대해서 작업을 하는 것이기 때문에 파일의 여러 속성을 검사할 수 있는 연산자들이 따로 있으며 매우 유용하게 활용된다. 파일 검사 연산자들은 "[연산자 파일이름]"의 형태로 사용된다. 뒤에 나오는 파일 이름에 대해 속성을 검사하여 참이면 0 거짓은 1을 반환한다.

표 9-12 파일 속성 검사 연산자

연산자	참의 의미	연산자	참의 의미
-e	파일이 존재한다.	-f	일반 파일이다.[10]
-s	파일 크기가 0이 아니다.	-d	디렉터리이다.
-b	블록 장치다.	-c	문자 장치다.
-p	파이프다	-h, -L	심볼릭 링크다.
-S	소켓이다.	-t	터미널과 연결되어 있다.
-r	읽기 권한이 있다.	-w	쓰기 권한이 있다.
-x	실행 권한이 있다.	-g	sgid가 설정되어 있다.
-u	suid가 설정되어 있다.	-k	sticky bit가 설정되어 있다.
-O	사용자가 파일의 소유자이다.	-G	사용자가 파일과 같은 그룹이다.
-N	최근 읽기 이후로 변경되었다.	f1 -nt f2	f1이 f2보다 최신이다.
f1 -ot f2	f1이 f2보다 오래 되었다.	f1 -ef f2	f1과 f2가 같다.(하드 링크)
!	검사 조건의 반전(not)		

여러 개의 조건을 결합하는 논리 연산자를 사용할 수 있다. 단, &&, ||, ! 등의 기호는 확장 연산식 (( )) 내에서나 확장 조건식 [[ ]] 내에서 주로 사용하고, 앞부분의 결과에 따라 뒷부분 연산을 수행하지 않는 short-circuit 방식으로 계산하기 때문에 주의해서 사용해야 한다.

표 9-13 논리 연산자

연산자	의미	사용 예
-a	둘 다 참이면 참, 그 외는 거짓	exp1 -a exp2
-o	둘 다 거짓이면 거짓, 그 외는 참	exp1 -o exp2
!	참을 거짓으로, 거짓은 참으로	! exp

널 조건식 [ ]은 거짓으로 간주한다.

10) 이 연산자의 일반 파일은 심볼릭 링크를 포함한다.

□ if 문

사용법

```
if condition
then
        statements
[elif   condition
then    statements ...]
[else
statements]
fi
```

기본 기능

condition이 참이면 then 다음의 문장을 수행한다. 거짓이고 또 다른 조건을 검사하려면 elif 구문을, 아니면 else 구문을 사용한다. fi가 나오면 if문의 끝이다. if, then, elif, then, else, fi는 셸에서 각각 별개의 명령어로 취급되므로 반드시 다른 행에 쓰거나 ';' 문자로 연결해야 한다.

if 또는 다른 제어 구조에서 condition에 해당하는 식의 값이 0인 경우가 참으로 인식된다는 것이 일반 프로그래밍 언어와 다른 점이므로 주의해야 한다. 또한 비교나 검사 등의 조건뿐만 아니라 아무 명령어나 실행하는 것도 조건에 속한다. 명령 실행의 결과는 정상 또는 비정상 종료 여부에 따라 exit 반환값이 주어지고 그 반환값을 검사해서 if의 다음 단계를 결정할 수 있다.

앞에서 나온 검사 연산자들을 활용한 간단한 예를 보자.

```
$ cat fileinfo.sh
#!/bin/bash

if [ -z "$1" ] ; then              # 명령행 인자가 있는지 검사
        echo "No command line argument."
        exit 1
fi
file=$1                            # 첫 번째 인자로 주어진 이름을 변수에 저장
if [ ! -e $file ]; then            # 파일의 존재 여부 검사
        echo "file $file does not exist."
        exit 1                     # 파일이 존재하지 않으면 스크립트 실행 종료
fi
```

```
if [ -d $file ]; then             # 디렉터리인지 검사
        echo -n "$file is a directory that you may "
        if [ ! -x $file ]; then    # 접근 권한이 있는지 검사
                echo -n "not "
        fi
        echo "search."
elif [ -f $file ]; then            # 디렉터리가 아닌 경우 일반 파일인지 검사
        echo "$file is a regular file."
else echo "$file is a special type of $file."
fi

if [ -O $file ]; then              # 소유권 검사
        echo "You own the $file."
else
        echo "You do not own the $file."
fi

if [ -r $file ]; then              # 읽기 권한 검사
        echo "You have read permission on the $file."
fi
if [ -w $file ]; then              # 쓰기 권한 검사
        echo "You have write permission on the $file."
fi

if [ -x $file -a ! -d $file ]; then      # 디렉터리가 아닐 때 실행 권한 검사
        echo "You have execute permission on the $file."
fi
$ fileinfo.sh fileinfo.sh          ← 자기 자신의 속성 검사
fileinfo.sh is a regular file.
You own the fileinfo.sh.
You have read permission on the fileinfo.sh.
You have write permission on the fileinfo.sh.
You have execute permission on the fileinfo.sh.
$ fileinfo.sh /                    ← / 디렉터리 속성 검사
/ is a directory that you may search.
You do not own the /.
You have read permission on the /.
```

조건에 따라 선택하여 분기하는 용도로 case 문과 select 문이 있다. case는 하나의 변수에 저장된 문자열의 값에 따라 분기하여 각기 다른 작업을 수행하고자 할 때, select는 여러 개의 문자열을 한꺼번에 주고 그 중 하나 이상을 골라 작업하는 메뉴 형태를 프로그램할 때 주로 사용된다.

□ 반복문

Bash 셸에서는 for, while, until 세 가지의 반복문을 사용할 수 있다. for는 정해진 횟수만큼, while과 until은 조건에 따라 반복을 수행한다. 조건으로 주어지는 것은 앞에서와 마찬가지로 일반적인 비교 연산 등에 의한 조건과 일반 명령 수행 결과에 따른 조건으로 참(0), 거짓(0이 아닌 값)을 판별하여 진행한다.

사용법

```
while condition                    until condition
do                                 do
        statements ...                     statements ...
done                               done
```

기본 기능

종료 조건이 만족할 때까지 do ~ done 사이의 작업을 반복한다. while 문은 condition이 참인 동안, until은 condition이 거짓인 동안 수행한다.

다음 예는 동일한 작업을 각각 while과 until을 써서 구현한 것이다. 5초에 한 번씩 파일의 복사를 시도하다가 복사가 성공하면 루프를 종료하게 된다.[11] 무한 루프를 원할 때는 조건으로 true를 사용한다.

```
$ cat while.sh
#!/bin/bash
while ! cp $1 $2; do                    # 복사가 실패할 동안 계속
      echo 'Attempt to copy failed. Waiting…'
      sleep 5
done
$ cat until.sh
```

11) 별 의미 없는 작업으로 보이겠지만 다른 사람의 작업 종료를 계속 점검하면서 바로 자신의 작업에 활용하고자 하는 경우 등에 사용될 수 있는 기법이다.

```
#!/bin/bash
until cp $1 $2; do                          # 복사가 성공할 때까지 계속
        echo 'Attempt to copy failed. waiting…'
        sleep 5
done
$ cat while2.sh
#!/bin/bash
while true; do
        if cp $1 $2 &> /dev/null ; then     # 복사를 시도한다. 오류 메시지 출력 금지
                echo "Copy Success!"
                exit 0
        else
                sleep 5
        fi
done
```

셸 스크립트가 아니라 간단하게 대화형 환경에서 직접 입력을 하면 전체 구조가 끝날 때까지 프롬프트가 다르게 나오는 것을 볼 수 있다. 이는 2단계 프롬프트로 환경 변수 PS2에 정의되어 있으며 변경하는 것도 가능하다. 명령에 따라 3, 4단계까지 프롬프트가 나올 수도 있다.

```
$ while true ; do
> ls -l
> sleep 10
> done
... (ls -l 실행 내용 출력)
```

for문의 경우 일반적인 프로그래밍 언어에서는 보통 정수형 변수를 이용해 반복 횟수를 정해 준다. 셸에서는 문자열의 리스트로부터 공백을 기준으로 문자열을 하나씩 떼어 내어 작업을 수행한다. 더 이상 문자열이 남아 있지 않으면 종료하게 되므로 반복의 횟수는 주어진 문자열 리스트에 포함된 문자열의 개수에 따라 결정된다. 이러한 기능은 디렉터리 목록이나 명령의 결과로 나타나는 문자열 등을 다른 작업에 활용하기 적합하다.

```
사용법
        for name [ in list ]
        do
```

```
              $name에 관한 명령어 ...
        done

기본 기능
        list에 있는 문자열을 하나씩 name에 대입한다. 각 $name에 대해서 do ~ done 사이의
        작업을 수행한다.
```

for 문을 사용해서 주어진 디렉터리에 있는 일반 파일의 개수를 세는 프로그램을 작성해 보자. 이미 파이프를 사용해서 간단하게 원하는 결과를 얻을 수 있음을 알지만 일반 프로그래밍 언어처럼 파일의 속성을 하나씩 검사해서 count 변수를 증가시키는 방법을 사용해 본다.

```
$ cat regular.sh
#!/bin/bash
if [ -z "$1" ] ; then
        echo "디렉터리 이름을 주세요."
        exit 1
fi
dir=`ls $1`                 # ls 명령의 결과로 파일 이름 목록을 얻는다.
let count=0                 # count 변수를 초기화한다.

for file in $dir; do        # dir 목록에 있는 이름들을 하나씩 file 변수에 대입한다.
        file=$1/$file       # 검사에 사용하기 위해 디렉터리 이름과 파일 이름을 연결한다.
        if [ -f $file -a ! -h $file ]; then # 일반 파일이고 심볼릭 링크가 아니면
                (( count++ ))               # count 변수값 증가
        fi
done
echo "$1 디렉터리의 일반 파일의 수는 $count개입니다."
$ regular.sh               ← 인자 없이 실행
디렉터리 이름을 주세요.
$ regular.sh .             ← 현재 디렉터리의 일반 파일의 수
. 디렉터리의 일반 파일의 수는 34개입니다.
$ regular.sh /etc          ← /etc 디렉터리의 일반 파일의 수
/etc 디렉터리의 일반 파일의 수는 95개입니다.
```

9.4.6 스크립트 디버깅

셸은 컴파일하지 않고 디버거도 없기 때문에 오류가 있을 때 친절하게 알려 주는 도구가 없

다. 따라서 프로그래머가 여러 가지 기법을 동원해 스스로 오류를 찾아야 한다. 가장 단순한 방법은 echo 문을 이용해 오류가 의심되는 부분이나 변수값이 변하는 부분의 중간 결과를 계속 출력해 보는 것이다. 또는 tee 명령으로 수행 결과를 파일로 저장하거나 assert 명령으로 특정한 조건을 검사해 볼 수도 있다. 또는 셸 옵션이나 set 명령의 옵션 지정으로 스크립트를 검사하는 디버그 모드를 사용할 수 있다.

표 9-14 디버깅 관련 옵션

셸 옵션	set 명령어 옵션	의 미
sh -n	set -o noexec 또는 set -n	스크립트를 실행하지 않고 문법만 검사
sh -v	set -o verbose 또는 set -v	명령어를 실행하기 전 화면에 출력
sh -x	set -o xtrace 또는 set -x	명령어를 수행한 다음 화면에 출력
sh -u	set -o nounset 또는 set -u	정의되지 않은 변수를 만나면 오류 발생

앞에서 보았던 fileinfo.sh 스크립트를 -x 옵션으로 실행한 결과는 다음과 같다. 명령어를 하나씩 수행할 때마다 변수의 내용을 비롯한 실행 내역이 출력됨을 볼 수 있다.

```
$ bash -x fileinfo.sh fileinfo.sh
+ '[' -z fileinfo.sh ']'
+ file=fileinfo.sh
+ '[' '!' -e fileinfo.sh ']'
+ '[' -d fileinfo.sh ']'
+ '[' -f fileinfo.sh ']'
+ echo 'fileinfo.sh is a regular file.'
fileinfo.sh is a regular file.
+ '[' -O fileinfo.sh ']'
+ echo 'You own the fileinfo.sh.'
You own the fileinfo.sh.
+ '[' -r fileinfo.sh ']'
+ echo 'You have read permission on the fileinfo.sh.'
You have read permission on the fileinfo.sh.
+ '[' -w fileinfo.sh ']'
+ echo 'You have write permission on the fileinfo.sh.'
You have write permission on the fileinfo.sh.
+ '[' -x fileinfo.sh -a '!' -d fileinfo.sh ']'
+ echo 'You have execute permission on the fileinfo.sh.'
You have execute permission on the fileinfo.sh.
```

여기서 '+' 기호는 4단계 프롬프트, 즉 환경 변수 PS4에 정의되어 있는 문자다. 결과를 보기 편하게 프로그램의 줄 번호를 출력하도록 하고 싶으면 다음과 같이 PS4 프롬프트를 설정한다.

```
$ export PS4='$LINENO: '
$ bash -x fileinfo.sh fileinfo.sh
3: '[' -z fileinfo.sh ']'
7: file=fileinfo.sh
8: '[' '!' -e fileinfo.sh ']'
12: '[' -d fileinfo.sh ']'
18: '[' -f fileinfo.sh ']'
19: echo 'fileinfo.sh is a regular file.'
fileinfo.sh is a regular file.
23: '[' -O fileinfo.sh ']'
24: echo 'You own the fileinfo.sh.'
You own the fileinfo.sh.
29: '[' -r fileinfo.sh ']'
30: echo 'You have read permission on the fileinfo.sh.'
You have read permission on the fileinfo.sh.
32: '[' -w fileinfo.sh ']'
33: echo 'You have write permission on the fileinfo.sh.'
You have write permission on the fileinfo.sh.
36: '[' -x fileinfo.sh -a '!' -d fileinfo.sh ']'
37: echo 'You have execute permission on the fileinfo.sh.'
You have execute permission on the fileinfo.sh.
```

9장 마무리

고급 사용자가 되고 싶지 않은 사람이라도 일단 리눅스 시스템을 '편리하게' 사용하려고 하면 5장의 기본적인 내용뿐만 아니라 9장에서 다룬 내용도 꼭 알아 두면 좋겠다. 물론 마우스만으로 살겠다면 그럴 필요는 없지만 말이다. 입출력 재지정(redirection)이나 환경 변수 설정 등은 MS Windows에서도 사용되는 기법이므로(대부분 일반 사용자가 건드릴 일은 없지만 여러분은 일반 사용자가 아닐 것이므로) 여기까지 온 사람이라면 피해 갈 수 없는 기능이다. 또한 파이프는 간단한 명령의 조합으로 상당히 복잡한 일을 가능하게 만드는 훌륭한 기능이다. 확실하게 익혀서 잘 사용해 보도록 하자. 시동 파일을 이해하고 자신만의 편한 환경을 구축하는 것도 리눅스 사용의 필수 요소 중 하나다.

셸 프로그래밍은 필수는 아니지만 고급 사용자 또는 관리자가 되고 싶은 사람은 익혀 두는 편이 좋다. 시스템을 다루는 많은 일들이 간단한 셸 스크립트 하나로 가능하며, 특히 텍스트나 파일 관련해서는 C와 같은 언어로 수백 라인이 소요되는 작업도 단 몇 줄의 스크립트로 수행할 수 있기 때문이다. 최근에는 Python과 같은 편리한 스크립트 언어가 많이 나와서 셸 스크립트를 대체할 수 있기도 하지만 시스템 명령 수행 기능과의 결합을 생각하면 셸 스크립트만의 필요성이 있다.

심화 및 보충 학습

1. 파이프 기능을 활용해 시스템에서 어떤 작업을 할 수 있을까? 앞서 나왔던 명령어들을 조합하여 유용한 결과를 생성해 보라.
2. .bashrc 파일의 내용은 셸이 새로 수행될 때마다 수행된다. 여기에 어떤 설정을 추가하면 좋을지 생각해 보라. 어떤 환경 변수의 값을 변화시킬 것인가? alias는 어떤 것을 추가할 것인가? 어떤 셸 옵션을 설정해 두면 좋을까?
3. 디렉터리를 구조에 따라 순회하며 필요한 작업을 수행하는 것은 셸 스크립트의 대표적인 활용 분야 중 하나다. for문 또는 순환(recursion) 방식으로 이러한 작업을 하도록 셸 프로그램을 작성하려면 어떻게 해야 할까? 인자로 주어진 디렉터리 및 그 하위 디렉터리를 모두 순회하며 특정 파일의 존재 여부를 탐색하는 프로그램을 작성해 보라.

10장
리눅스 프로그래밍 도구

이번 장부터는 리눅스에서 제공하는 여러 함수를 이용한 **시스템 프로그래밍**을 공부한다. 시스템 프로그래밍은 보통 커널 또는 하드웨어가 제공하는 기능을 이용하여 컴퓨터 시스템의 기능을 더 쉽고 편하게 활용할 수 있도록 하는 서비스 소프트웨어를 작성하는 것을 이야기한다. 문서 작업이나 멀티미디어 처리, 게임 등 별도의 목적을 위한 응용 프로그램 작성과는 구분되며, 시스템 프로그램들을 활용하여 응용 프로그램이 작성되기도 한다.

프로그램을 개발하기 위해서는 여러 가지 도구 소프트웨어가 필요하다. 기본적으로 소스코드를 편집할 편집기가 있어야 하며, 그를 실행 파일로 바꿔 줄 컴파일러(compiler), 오류가 발생했을 때 수정이 쉽도록 실행을 추적하는 기능을 포함한 디버거(debugger) 등이 필수적이다. 또한 소프트웨어의 규모가 커지고 개발팀의 규모가 커지면 협업을 뒷받침하는 여러 도구가 또 필요한데, 프로젝트 관리용 도구, 버전 관리 도구, 배포를 위한 패키지 관리 도구 등이 있다.

그림 10-1은 리눅스의 도구들로 프로그램을 개발하는 과정을 개괄적으로 보여준다.

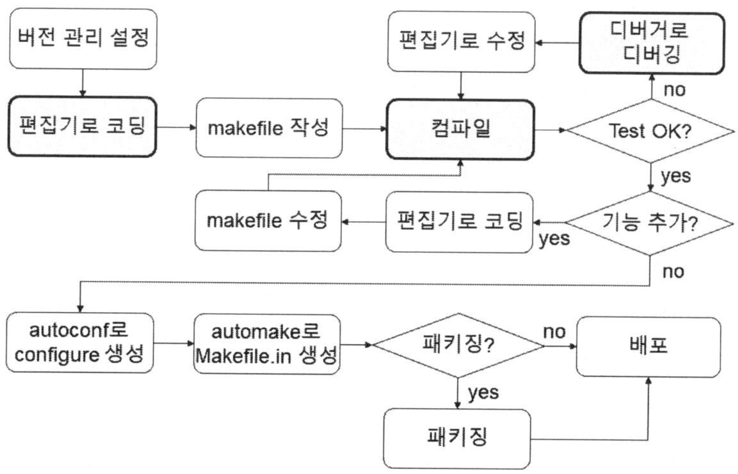

그림 10-1 리눅스에서 소프트웨어 개발 과정

- **버전 관리**: 소스 구성이 복잡할 때나 여러 단계에 따라 서로 다른 버전이 존재할 때, 또는 개발자의 수가 많을 때 등의 경우에 편리하게 소스를 관리하기 위해 소스 코드 버전 관리 시스템을 사용하며, git 또는 svn이 주로 사용되고 있다.
- **편집기**: 소스 코드를 작성한다. nano나 vim, gedit 등 리눅스의 기본 편집기는 대부분 프로그래밍 언어의 문법 요소를 체크하고 각 요소를 색상 등으로 구분해서 표현해 주는 기능 탑재되어 있다.
- **make**: 프로젝트 관리 및 프로그램 빌드 도구 중 하나이다. 많은 수의 디렉터리와 파일로 구성된 크고 복잡한 프로그램 관리에 사용하며 makefile에 필요한 명령을 작성해 두고 그에 따라 컴파일 및 빌드 과정이 실행된다.
- **컴파일러**: 소스 코드를 실행 가능한 코드로 변환한다. 프로그래밍 언어마다 서로 다른 컴파일러가 필요하며, 리눅스의 기본 언어인 C/C++에 대해서는 주로 gcc 컴파일러를 사용한다.
- **디버거**: 오류가 발생한 경우, 오류의 원인을 추적하여 밝혀 내어 수정할 수 있도록 도와주는 도구이며, 리눅스에서는 gdb를 주로 사용한다.
- **autoconf, automake**: 플랫폼이 변경된 경우 소스 코드를 그에 맞게 컴파일할 수 있도록 설정하는 파일과 플랫폼에 적합한 makefile을 생성한다. 최근에는 멀티 플랫폼 용도로 개발된 CMake를 많이 사용한다.

리눅스에서는 기본적으로 텍스트 편집기와 GNU에서 개발한 gcc 컴파일러와 gdb 디버거를 제공하고 있는 것 외에 다양한 종류의 개발 도구를 사용할 수 있다. 본 서에서는 개인이 C 언어를 사용해서 개발하는 간단한 시스템 프로그램을 다룰 예정이므로, gcc와 gdb, make에 대해서만 알아보기로 한다. Windows나 리눅스 모두 GUI 기반의 운영체제이기 때문에 Visual Studio와 같은 GUI 기반의 통합 개발 환경(IDE: Integrated Development Environment)을 사용한 프로그램 개발이 좀 더 익숙할 것이다. 그러나 앞에서도 이야기했던 바와 같이 꼭 GUI가 허락되는 상황에서만 리눅스를 사용할 수 있는 것은 아니며, gcc, gdb, make는 GUI가 아닌 CLI 환경에서 개발되어 오랫동안 사용된 도구로서 독립적으로 명령행에서 사용할 수 있을 뿐만 아니라 대부분의 통합 개발 환경 내에 포함되어 있기도 해서 특정 옵션 설정이 필요한 경우가 있으면 그 내막을 이해하고 있어야 한다.

이 장에서는 가장 기본 도구인 gcc를 소개하고 GUI 기반의 통합 개발 환경을 알아보기로 한다. 배포판에 따라서 프로그래밍 도구가 처음부터 기본 설치되는 경우도 있지만 그렇지 않은 경우도 있으므로 다음과 같이 수동으로 설치하여 환경을 준비하자.

```
$ sudo apt install build-essential
$ sudo apt install gdb
```

build-essential은 C, C++ 컴파일러 및 각종 라이브러리, make 등 개발에 필요한 도구들이 포함된 패키지이다. 다만 디버거인 gdb는 포함되어 있지 않기 때문에 별도로 설치해 주어야 한다. 그림 10-2는 WSL-Ubuntu 환경에서 수동으로 프로그래밍 도구를 설치하는 예이다.

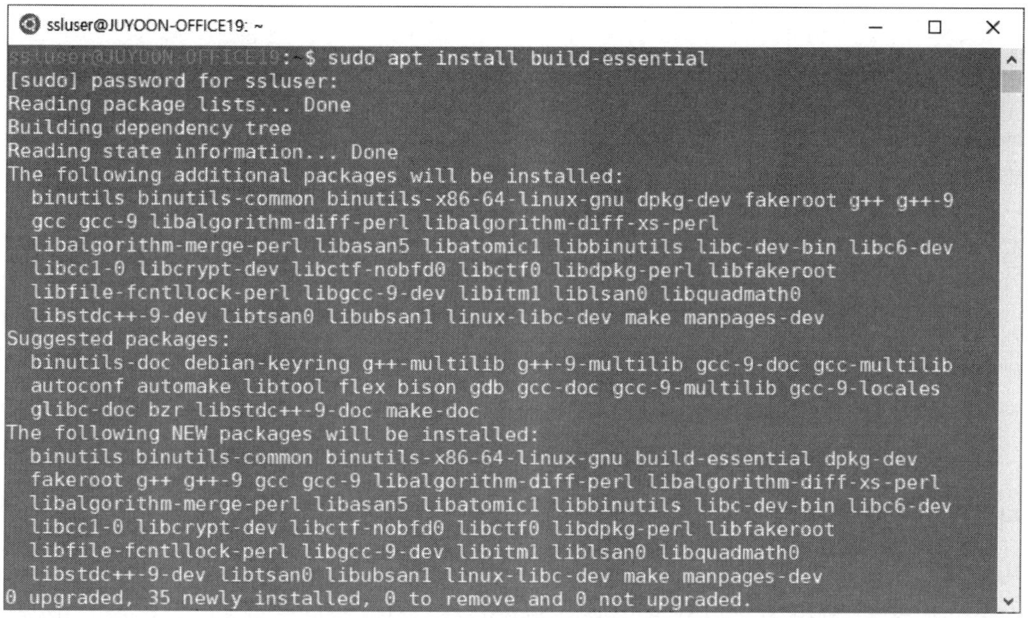

그림 10-2 WSL에서 프로그래밍 도구 설치

10.1 GCC

GCC는 유닉스 또는 리눅스의 표준 컴파일러로 인정받는 도구이다. 애초에는 Gnu C Compiler로 명명되었지만, 현재는 C 외에 C++, Fortran, Pascal, Ada, Java, Objective-C

등 다른 언어를 컴파일하는 기능도 포함한 통합 개발 도구로서 GNU Compiler Collection의 약어로 사용된다. GCC가 여러 가지 언어에 대한 컴파일러 역할을 하는 반면, 실제 컴파일에 사용되는 명령은 언어마다 다르다. “gcc” 명령은 C 프로그램의 컴파일을 수행하도록 해 주는 C 컴파일러 드라이버이며 C++ 프로그램을 컴파일하려면 “c++” 또는 “g++” 명령을 사용한다. 리눅스 또는 build-essential 설치 시 자동으로 설치되는 것은 gcc와 g++/c++뿐이며 그 외의 언어에 대한 컴파일러와 드라이버는 별도로 설치해야 한다.

10.1.1 gcc의 간단한 실행

“Hello, World!”를 출력하는 C 프로그램을 작성하여 hello.c로 저장한 후 다음 명령을 수행해 보자. gcc를 수행하는 가장 간단한 방법은 “gcc” 명령과 소스 파일의 이름을 주는 것이다.

```
$ ls
hello.c
$ gcc hello.c              ← hello.c를 컴파일
$ ls
a.out  hello.c             ← 컴파일의 결과 a.out이 생성됨
$ a.out
Hello, World!
$
```

뭔가 이상해 보이지만 a.out이라는 이름의 파일이 컴파일의 결과로 나온 실행 파일이다. gcc에서 별도의 옵션을 주지 않으면 컴파일의 결과는 언제나 a.out이 된다. 프로그램이 하나밖에 없을 때는 별 문제 없겠지만 여러 가지의 소스를 작성하고 컴파일하는데 언제나 실행 파일의 이름이 a.out이라면 무슨 일이 발생할까? 이전의 실행 파일은 삭제되고 항상 최근에 컴파일한 프로그램의 실행 파일 하나밖에 남지 않는다. 실행 파일의 이름을 사용자가 지정하고 싶으면 “-o” 옵션을 사용해야 하며, 옵션 바로 뒤에 원하는 파일의 이름을 적는다.

```
$ gcc -o hello.exe hello.c        ← 결과 파일의 이름을 hello.exe로 지정
$ ls
a.out  hello.c  hello.exe
$
```

위의 예에서는 Windows 실행 파일의 관습대로 .exe 확장자를 붙여 보았다. 그러나

Windows와는 달리 실행할 때마다 "hello.exe"라는 이름을 모두 써 주어야 하므로 오히려 불편하다.[1] 리눅스에서는 일반적으로 실행 파일에 별다른 확장자를 붙이지 않는다.

소스 코드가 단순하고 실행 파일의 이름을 정해 주는 것 외에 다른 옵션이 필요하지 않을 때 컴파일하는 가장 간단한 방법은 make 명령을 사용하는 것이다.[2]

```
$ ls
hello.c
$ make hello             ← 확장자를 뺀 소스의 이름을 주어 make를 실행한다.
cc    hello.c   -o hello
$ ls
hello  hello.c           ← 소스 이름과 동일한 이름의 실행 파일을 생성한다.
```

이 방법은 보다시피 소스가 하나의 파일로 구성된 경우에만 가능하며, 추가 라이브러리 함수나 헤더 파일의 위치를 지정해야 하는 등 옵션이 필요할 때는 사용할 수 없다.

10.1.2 gcc 구성 요소

gcc는 하나의 프로그램이 아니라 여러 개의 도구가 연속으로 사용되도록 셸 스크립트와 같은 형태로 구성되어 있으며, 소스 프로그램이 실행 코드가 될 때까지 단계별로 사용하는 도구를 변경할 수도 있다. C 프로그램의 실행 코드 생성에는 그림 10-3에서 보는 바와 같이 전처리기(preprocessor) "cc1 -E", 컴파일러 "cc1", 어셈블러(assembler) as, 링커(linker) collect2와 ld 등의 도구가 차례로 사용된다.

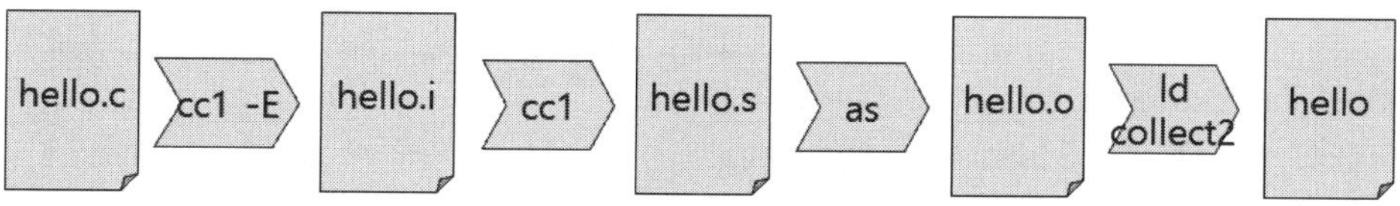

그림 10-3 gcc 수행 과정

예를 통해 컴파일 과정을 좀 더 자세히 이해해 본다. gcc의 옵션을 몇 가지 활용하는 다음 명령을 수행해 보자.

---

1) 물론 우리는 셸에서 자동 완성 기능을 사용할 수 있기 때문에 큰 부담은 아니다.

2) make의 일반적인 사용법은 다음 장에서 다룬다.

```
$ cat hello.c
/* This program is an example C source. */

#include <stdio.h>
#define  ZERO  0

int main (void) {
    printf("Hello, World!\n");
    return ZERO;
}
$ gcc -v -save-temps -o hello hello.c
... (실행 결과 - 다음에 분해해서 설명)
$ ls
hello  hello.c  hello.i  hello.o  hello.s
```

gcc의 옵션 -v는 컴파일의 각 단계에서 실제로 실행되는 명령어와 옵션 등을 설명하는 메시지를 출력하도록 한다. -save-temps는 중간 단계에서 생성되는 임시 파일들을 별도로 저장하라는 옵션이다. 긴 이름이므로 하이픈을 두 개 사용하는 것이 정석이나 gcc 옵션들은 하나만 사용해도 된다. ls 명령의 결과에서 보다시피 그림 10-3에 나타나 있는 각 단계의 중간 결과 파일들이 모두 저장되어 있다. 이 옵션을 설정하지 않으면 최종 실행 파일만 생성되며, 일부 단계의 파일만 저장하는 옵션도 있다.

이제 -v 옵션에 의해 출력된 메시지를 보면서 각 단계가 하는 작업을 살펴보자. 맨 처음은 사용자가 지정한 옵션과 여러 가지 시스템 환경을 점검하여 적절한 실행 도구와 순서를 설정하여 실행을 준비하는 단계다. 사용자 옵션은 다음 단계로도 계속 전달된다.

```
Using built-in specs.
COLLECT_GCC=gcc
COLLECT_LTO_WRAPPER=/usr/lib/gcc/x86_64-linux-gnu/9/lto-wrapper
OFFLOAD_TARGET_NAMES=nvptx-none:hsa
OFFLOAD_TARGET_DEFAULT=1
Target: x86_64-linux-gnu
Configured with: ../src/configure -v --with-pkgversion='Ubuntu 9.3.0-10ubuntu2'
--with-bugurl=file:///usr/share/doc/gcc-9/README.Bugs
--enable-languages=c,ada,c++,go,brig,d,fortran,objc,obj-c++,gm2 --prefix=/usr
--with-gcc-major-version-only --program-suffix=-9
--program-prefix=x86_64-linux-gnu- --enable-shared --enable-linker-build-id
```

```
--libexecdir=/usr/lib --without-included-gettext --enable-threads=posix
--libdir=/usr/lib --enable-nls --enable-clocale=gnu --enable-libstdcxx-debug
--enable-libstdcxx-time=yes --with-default-libstdcxx-abi=new
--enable-gnu-unique-object --disable-vtable-verify --enable-plugin
--enable-default-pie --with-system-zlib --with-target-system-zlib=auto
--enable-objc-gc=auto --enable-multiarch --disable-werror --with-arch-32=i686
--with-abi=m64 --with-multilib-list=m32,m64,mx32 --enable-multilib
--with-tune=generic --enable-offload-targets=nvptx-none,hsa
--without-cuda-driver --enable-checking=release --build=x86_64-linux-gnu
--host=x86_64-linux-gnu --target=x86_64-linux-gnu
Thread model: posix
gcc version 9.3.0 (Ubuntu 9.3.0-10ubuntu2)
COLLECT_GCC_OPTIONS='-v' '-save-temps' '-o' 'hello' '-mtune=generic'
'-march=x86-64'
```

□ 전처리(Preprocessing)

컴파일 과정의 첫 단계는 전처리다. **전처리기(preprocessor)**는 #으로 시작하는 구성 요소를 소스에서 찾아 정해진 방식대로 변경한다. 예를 들어 #include인 경우 파일을 삽입하고, #define의 경우는 해당 문자열을 찾아 변경한다. 즉, 프로그래머가 작성한 소스 파일을 다른 형태의 소스 파일(텍스트)로 변경하는 과정이다.

```
/usr/lib/gcc/x86_64-linux-gnu/9/cc1 -E -quiet -v -imultiarch x86_64-linux-gnu
hello.c -mtune=generic -march=x86-64 -fpch-preprocess
-fasynchronous-unwind-tables -fstack-protector-strong -Wformat
-Wformat-security -fstack-clash-protection -fcf-protection -o hello.i
ignoring nonexistent directory "/usr/local/include/x86_64-linux-gnu"
ignoring nonexistent directory "/usr/lib/gcc/x86_64-linux-gnu/9/include-fixed"
ignoring nonexistent directory
"/usr/lib/gcc/x86_64-linux-gnu/9/../../../../x86_64-linux-gnu/include"
#include "..." search starts here:
#include <...> search starts here:
 /usr/lib/gcc/x86_64-linux-gnu/9/include
 /usr/local/include
 /usr/include/x86_64-linux-gnu
 /usr/include
End of search list.
```

C 언어에서 #include를 사용할 때 "…" 파일은 현재 디렉터리를 기준으로 삽입할 파일을 찾고 〈…〉 파일은 디폴트로 설정된 디렉터리에서 삽입할 파일을 찾는다. 앞의 출력 내용을 보면 "/usr/include"를 비롯한 몇 가지 디렉터리가 디폴트 디렉터리임을 알 수 있다. 결과물인 hello.i 파일을 열어 보면 소스의 #include 자리에 /usr/include/stdio.h 파일이 삽입되어 있음을 볼 수 있는데, 이 파일 또한 features.h, stddef.h 등의 다른 파일을 삽입하고 #ifdef 등으로 소스 코드의 내용을 제어하고 있어 많은 변경 사항이 보인다. 또한 각 파일의 C 주석문(/* … */)은 삭제되고 #으로 시작하는 새로운 주석이 삽입되며 #define 문으로 지정되었던 문자열이 변경되는 등, 9줄이었던 소스 코드가 700여 줄의 큰 파일로 변환되었다. 기존의 소스 코드는 헤더 파일 삽입이 끝난 마지막 부분에 나타나는데, ZERO라는 단어가 #define에 의해 숫자 0으로 변경되어 있다.

```
$ tail -15 hello.i
extern void funlockfile (FILE *__stream) __attribute__ ((__nothrow__ , __leaf__));
# 858 "/usr/include/stdio.h" 3 4
extern int __uflow (FILE *);
extern int __overflow (FILE *, int);
# 873 "/usr/include/stdio.h" 3 4

# 2 "hello.c" 2



# 4 "hello.c"
int main(void)
{
 printf("Hello, World!\n");
 return 0;
}
```

□ 컴파일(Compile)

두 번째 컴파일 단계에서는 해당 언어의 문법(syntax)과 약속된 의미(semantics)에 따라 C 코드를 어셈블리어(assembly language)로 번역한다. 어셈블리어란 0과 1로만 구성된 기계어를 인간이 보다 쉽게 이해하기 위해 문자로 표현한 것으로, 각 CPU에서 정의하고 있는 기계어와 1대1 관계에 있다. 이 또한 텍스트로 표현된 다른 형태의 소스라 할 수 있다. 컴파일

단계는 고급 언어를 어셈블리어로 번역하는 기능 외에 코드의 최적화(optimization)라는 매우 중요한 기능도 수행한다.

```
COLLECT_GCC_OPTIONS='-v' '-save-temps' '-o' 'hello' '-mtune=generic'
'-march=x86-64'
 /usr/lib/gcc/x86_64-linux-gnu/9/cc1 -fpreprocessed hello.i -quiet -dumpbase
hello.c -mtune=generic -march=x86-64 -auxbase hello -version
-fasynchronous-unwind-tables -fstack-protector-strong -Wformat
-Wformat-security -fstack-clash-protection -fcf-protection -o hello.s
GNU C17 (Ubuntu 9.3.0-10ubuntu2) version 9.3.0 (x86_64-linux-gnu)
	compiled by GNU C version 9.3.0, GMP version 6.2.0, MPFR version 4.0.2, MPC
version 1.1.0, isl version isl-0.22.1-GMP

GGC heuristics: --param ggc-min-expand=100 --param ggc-min-heapsize=131072
GNU C17 (Ubuntu 9.3.0-10ubuntu2) version 9.3.0 (x86_64-linux-gnu)
	compiled by GNU C version 9.3.0, GMP version 6.2.0, MPFR version 4.0.2, MPC
version 1.1.0, isl version isl-0.22.1-GMP

GGC heuristics: --param ggc-min-expand=100 --param ggc-min-heapsize=131072
Compiler executable checksum: 18dc4c39b54390aa2b5013fb4339d43f
```

어셈블리어 파일은 확장자가 .s인 파일로 저장된다. hello.s 파일의 내용을 살펴보자. 이 코드는 Intel x86 64bit 아키텍처용 어셈블리어로 번역된 것이다. 실행되는 플랫폼, 즉 CPU와 운영체제 버전 등에 따라 파일의 내용은 달라질 수 있다.

```
$ cat hello.s
	.file	"hello.c"
	.text
	.section	.rodata
.LC0:
	.string "Hello, World!"
	.text
	.globl	main
	.type	main, @function
main:
.LFB0:
	.cfi_startproc
	endbr64
```

```
        pushq   %rbp
        .cfi_def_cfa_offset 16
        .cfi_offset 6, -16
        movq    %rsp, %rbp
        .cfi_def_cfa_register 6
        leaq    .LC0(%rip), %rdi
        call    puts@PLT
        movl    $0, %eax
        popq    %rbp
        .cfi_def_cfa 7, 8
        ret
        .cfi_endproc
.LFE0:
        .size   main, .-main
        .ident  "GCC: (Ubuntu 9.3.0-10ubuntu2) 9.3.0"
        .section .note.GNU-stack,"",@progbits
        .section .note.gnu.property,"a"
        .align 8
        .long    1f - 0f
        .long    4f - 1f
        .long    5
0:
        .string  "GNU"
1:
        .align 8
        .long    0xc0000002
        .long    3f - 2f
2:
        .long    0x3
3:
        .align 8
4:
```

□ 어셈블(Assemble)

어셈블리어(assembly language)는 인간이 읽을 수 있도록 만들어진 것이므로 CPU가 실행할 수 있도록 하기 위해서는 기계어 코드, 즉 0과 1로만 구성된 오브젝트 코드로 번역해야 하는데 이는 어셈블러(assembler)가 수행한다. gcc에서 어셈블러 프로그램으로는 as가 사용된다. 이러한 어셈블 단계를 거친 프로그램은 확장자가 .o인 파일로 저장될 수 있다.

```
COLLECT_GCC_OPTIONS='-v'   '-save-temps'   '-o'   'hello'   '-mtune=generic'
'-march=x86-64'
 as -v --64 -o hello.o hello.s
GNU assembler version 2.34 (x86_64-linux-gnu) using BFD version (GNU Binutils for
Ubuntu) 2.34
```

결과물인 hello.o 파일은 텍스트가 아닌 이진(binary) 코드 형태이므로 사람이 읽고 이해하기가 어렵고 특별한 도구를 사용해 그 내용을 출력해 볼 수 있다. 파일의 내용을 그대로 숫자 형태로 보고 싶을 때는 “od” 명령을 사용한다. 오브젝트 파일에 대한 좀 더 풍부한 정보를 보고 싶을 때는 “objdump” 또는 “readelf” 명령을 사용한다.

기본 od(octal dump) 명령은 8진수로 결과를 보여주며 –x 옵션을 주어 16진수 출력을 할 수 있다. 가장 왼쪽의 7개 숫자는 0에서 시작하는 상대 주소를 8진수로 표현한 것이다. 프로그램 소스를 번역한 오브젝트 파일 외에도 텍스트나 문서, 그림 파일 등 모든 종류의 파일을 이와 같은 형태로 출력해 준다.

```
$ od -x hello.o
0000000 457f 464c 0102 0001 0000 0000 0000 0000
0000020 0001 003e 0001 0000 0000 0000 0000 0000
0000040 0000 0000 0000 0000 0310 0000 0000 0000
0000060 0000 0000 0040 0000 0000 0040 000e 000d
0000100 0ff3 fa1e 4855 e589 8d48 003d 0000 e800
0000120 0000 0000 00b8 0000 5d00 48c3 6c65 6f6c
0000140 202c 6f57 6c72 2164 0000 4347 3a43 2820
0000160 6255 6e75 7574 3920 332e 302e 312d 7530
0000200 7562 746e 3275 2029 2e39 2e33 0030 0000
0000220 0004 0000 0010 0000 0005 0000 4e47 0055
0000240 0002 c000 0004 0000 0003 0000 0000 0000
0000260 0014 0000 0000 0000 7a01 0052 7801 0110
0000300 0c1b 0807 0190 0000 001c 0000 001c 0000
0000320 0000 0000 001b 0000 4500 100e 0286 0d43
0000340 5206 070c 0008 0000 0000 0000 0000 0000
```

그림 10-4 8진수로 출력한 이진 파일

objdump 명령은 오브젝트 파일의 정보를 출력하는 명령으로 옵션을 이용해 출력할 정보의 종류를 지정한다. “–s”는 모든 섹션의 내용, “–S”는 어셈블리어 형태로 내용을 보여 준다.

objdump 실행 결과를 보면 파일 형식이 "elf64-x86-64"라고 되어 있다. ELF (Executable and Linkable Format)는 오브젝트 파일, 실행 파일, 공유 라이브러리 등 실행에 필요한 파일의 형식을 지정한 것으로 x86 기반 유닉스 계열 시스템들의 표준 형식이다. ELF 형식의 구체적인 내용을 해석해서 보여 주는 명령어가 "readelf"이다. 그림 10-6의 예에 나타난 "-a" 옵션은 헤더, 섹션, 버전 정보 등 모든 내용을 출력하라는 것이다. 그림에서는 그 중 ELF 헤더 부분만 나타내었다.

```
$ objdump -s hello.o

hello.o:     file format elf64-x86-64

Contents of section .text:
 0000 f30f1efa 554889e5 488d3d00 000000e8  ....UH..H.=.....
 0010 00000000 b8000000 005dc3             .........].
Contents of section .rodata:
 0000 48656c6c 6f2c2057 6f726c64 2100      Hello, World!.
Contents of section .comment:
 0000 00474343 3a202855 62756e74 7520392e  .GCC: (Ubuntu 9.
 0010 332e302d 31307562 756e7475 32292039  3.0-10ubuntu2) 9
 0020 2e332e30 00                          .3.0.
Contents of section .note.gnu.property:
 0000 04000000 10000000 05000000 474e5500  ............GNU.
 0010 020000c0 04000000 03000000 00000000  ................
Contents of section .eh_frame:
 0000 14000000 00000000 017a5200 01781001  .........zR..x..
 0010 1b0c0708 90010000 1c000000 1c000000  ................
 0020 00000000 1b000000 00450e10 8602430d  .........E....C.
 0030 06520c07 08000000                    .R......
$
$ objdump -S hello.o

hello.o:     file format elf64-x86-64


Disassembly of section .text:

0000000000000000 <main>:
   0:   f3 0f 1e fa             endbr64
   4:   55                      push   %rbp
   5:   48 89 e5                mov    %rsp,%rbp
   8:   48 8d 3d 00 00 00 00    lea    0x0(%rip),%rdi        # f <main+0xf>
   f:   e8 00 00 00 00          callq  14 <main+0x14>
  14:   b8 00 00 00 00          mov    $0x0,%eax
  19:   5d                      pop    %rbp
  1a:   c3                      retq
```

그림 10-5 objdump 실행 결과

```
$ readelf -a hello.o
ELF Header:
  Magic:   7f 45 4c 46 02 01 01 00 00 00 00 00 00 00 00 00
  Class:                             ELF64
  Data:                              2's complement, little endian
  Version:                           1 (current)
  OS/ABI:                            UNIX - System V
  ABI Version:                       0
  Type:                              REL (Relocatable file)
  Machine:                           Advanced Micro Devices X86-64
  Version:                           0x1
  Entry point address:               0x0
  Start of program headers:          0 (bytes into file)
  Start of section headers:          784 (bytes into file)
  Flags:                             0x0
  Size of this header:               64 (bytes)
  Size of program headers:           0 (bytes)
  Number of program headers:         0
  Size of section headers:           64 (bytes)
  Number of section headers:         14
  Section header string table index: 13
```

그림 10-6 readelf 실행 결과

□ 링킹(Linking)

기계어로 번역했다고 해서 CPU가 당장 이를 실행할 수 있는 것은 아니다. 예를 들어 거의 모든 프로그램에서 사용하는 printf 같은 함수는 프로그래머가 직접 소스를 작성하지 않는다. 따라서 앞의 단계를 거치면서 번역될 수 없고 오브젝트 코드(xxx.o) 내에 포함되어 있지도 않다. 또한 이런 기능의 함수는 입출력을 담당하는 컴퓨터 하드웨어와 그를 관리하는 운영체제를 직접 접근해야 하기 때문에 일반적인 프로그래머가 작성하기도 쉽지 않다. 그러면 어떻게 이런 함수를 사용할 수 있는 것일까?

printf와 같이 많은 사람들이 공통적으로 사용하며 컴퓨터 하드웨어와 밀접한 관계가 있는 기능들은 프로그래밍 언어에서 정의하거나 미리 만들어져 오브젝트 코드의 형태로 시스템에 탑재되어 있는데 이를 **라이브러리**(library)라 한다. 프로그램 내에 이런 라이브러리 함수가 사용되었다면 자신의 소스 코드를 번역한 오브젝트 코드와 라이브러리 함수의 오브젝트 코드를 연결하여 호출이 이루어질 수 있도록 해 주어야 하는데 이를 수행하는 것을 **링커**(linker)라 한다. 링커는 여러 가지 오브젝트 파일을 연결하고 운영체제에 필요한 요소들도 모두 포함하여 하나의 실행 가능한 파일을 생성한다.

리눅스에서 라이브러리는 정적(static) 라이브러리 또는 공유(shared) 라이브러리 형태로 존재한다. 정적 라이브러리는 여러 함수를 컴파일한 오브젝트 파일이 하나의 파일로 묶여(archive) 있는 상태로 보통 맨 앞에 "lib"을 붙이고 확장자 .a를 사용한다. 다음 실행 예를 보자. 우분투에서는 별다른 옵션 없이 설치한 경우 /usr/lib/gcc/x86…(플랫폼 이름)/ 디렉터리에 gcc 관련 라이브러리들이 저장되어 있다. 그 중 아무 .a 파일을 복사해 와서 "ar -x" 명령을 써서 풀어 본다. libstdc++.a에는 약 180여개의 오브젝트 파일이 묶여 있음을 알 수 있다.

```
$ cp /usr/lib/gcc/x86_64-linux-gnu/7/libstdc++.a .
$ ar -x libstdc++.a
$ ls
allocator-inst.o       del_opvant.o          lt1-codecvt.o
array_type_info.o      del_opvnt.o           lt2-cow-string-inst.o
atexit_arm.o           del_opvs.o            lt3-ostream-inst.o
atexit_thread.o        del_opvsa.o           lt4-string-inst.o
atomicity.o            dyncast.o             math_stubs_float.o
bad_alloc.o            eh_alloc.o            math_stubs_long_double.o
bad_array_length.o     eh_arm.o              memory_resource.o
bad_array_new.o        eh_aux_runtime.o      messages_members.o
bad_cast.o             eh_call.o             messages_members_cow.o
bad_typeid.o           eh_catch.o            misc-inst.o
... (계속)
```

정적 라이브러리는 링킹 과정에서 통째로 사용자의 오브젝트 파일과 묶여서 하나의 실행 파일로 만들어진다. 한 덩어리로 움직이므로 실행 시 속도가 빠르다는 장점이 있다. 그러나 보통 하나의 라이브러리 파일에 수십~수백 개의 오브젝트 파일이 있고, 각 오브젝트 파일 안에 여러 개의 함수가 있을 수 있는데 단 하나의 라이브러리 함수를 사용하기 위해 이렇게 큰 라이브러리 파일을 실행 파일 내에 직접 포함하는 것은 낭비일 것 같지 않은가? 위에서 예로 든 libstdc++.a 파일의 경우 크기가 5MB가 넘는다. 또한 매 프로그램마다 동일하게 포함되므로 한꺼번에 여러 개의 프로그램이 실행되고 있는 경우 모두 각각 메모리를 차지하므로 메모리 공간 낭비도 심하다.3)

그래서 현재는 대부분 **공유 라이브러리** 형태로 라이브러리 함수를 사용한다. 공유 라이

3) 최근에는 하드웨어 자원이 풍족하고 보안이 중시되며 가상화 기술이 일반화됨에 따라 더 이상 중복에 의한 낭비를 고려하지 않고 라이브러리뿐만 아니라 운영체제를 포함한 실행 환경 전체를 패키지로 묶어 제공하는 경우도 늘어나고 있다. 기술과 사회의 발전은 이렇듯 기준의 변화를 초래한다.

브러리 파일은 .so 확장자를 가지며(shared object), 추가로 버전 번호가 뒤에 붙을 수 있다. 공유 라이브러리는 .o 파일의 집합체가 아니라 여러 개의 오브젝트 코드를 풀어 헤쳐 하나의 ELF 파일로 만든 것이다. 내부에 포함된 PLT(Procedure Linkage Table) 섹션에 각 함수를 찾아갈 수 있는 점프(jmp) 명령어들을 구성해 두었다(실제로는 좀 더 복잡하지만 간략하게 설명한다). 실행 시에는 별도로 실행되는 동적 링커(링크 과정 중의 -dynamic-linker 옵션 참조)의 도움을 받는다. 프로그램 실행 시작 시 동적 링커는 필요한 공유 라이브러리가 메모리에 있는지 검사하고 아직 없으면 그것을 메모리로 가져 온다. 그리고 해당 프로그램과 공유 라이브러리를 연결하는 작업을 하고 난 다음 비로소 사용자 프로그램의 main() 함수가 실행된다. printf 같은 함수가 호출될 때 처음 한 번은 동적 링커와 시작 시 기록해 둔 공유 라이브러리의 주소를 이용해 실제 함수의 주소를 알아내는 작업이 실행되고 그 이후로는 알아낸 주소를 이용해 직접 호출할 수 있다. 공유 라이브러리를 사용하는 프로세스가 하나라도 있으면 메모리에 계속 상주하고 연결된 프로세스가 하나도 없을 경우에만 메모리에서 삭제된다.

각 실행 파일에는 연결을 위한 최소한의 내용만 포함되고, 하나의 라이브러리 파일로 많은 프로세스를 지원할 수 있기 때문에 하드 디스크나 메모리 용량을 매우 절약할 수 있다. 단점으로는 약간의 추가 실행 시간이 걸릴 수 있다는 점과, 시스템 업그레이드나 플랫폼 변경으로 인해 컴파일 당시 사용한 공유 라이브러리와 다른 환경에서 사용 시 실행이 불가능한 경우가 있다.

C 표준 라이브러리는 /lib/x86…(플랫폼) 디렉터리에 있다. "ldd" 명령을 사용해 실행 파일과 연결되는 공유 라이브러리 정보를 확인해 보자.

```
$ ldd /sbin/ldconfig
 동적 실행 파일이 아닙니다
$ ldd /bin/ls
        linux-vdso.so.1 (0x00007ffd86339000)
        libselinux.so.1 => /lib/x86_64-linux-gnu/libselinux.so.1
(0x00007fab1d749000)
        libc.so.6 => /lib/x86_64-linux-gnu/libc.so.6 (0x00007fab1d557000)
        libpcre2-8.so.0 => /lib/x86_64-linux-gnu/libpcre2-8.so.0
(0x00007fab1d4c7000)
        libdl.so.2 => /lib/x86_64-linux-gnu/libdl.so.2 (0x00007fab1d4c1000)
        /lib64/ld-linux-x86-64.so.2 (0x00007fab1d7ae000)
```

```
        libpthread.so.0 => /lib/x86_64-linux-gnu/libpthread.so.0
(0x00007fab1d49e000)
$ ldd hello
        linux-vdso.so.1 (0x00007ffcf81f5000)
        libc.so.6 => /lib/x86_64-linux-gnu/libc.so.6 (0x00007fada4cf1000)
        /lib64/ld-linux-x86-64.so.2 (0x00007fada4efd000)
```

관리자용 명령어를 모아 놓은 /sbin 디렉터리의 대부분 프로그램들은 동적 링킹을 사용하지 않는다. 즉, 정적 링크로 구성되어 있다. /bin 디렉터리의 보통 명령어(프로그램)나 직접 작성한 hello와 같은 실행 파일의 경우 최소 3개 이상의 공유 라이브러리를 사용하고 있다. linux-vdso-so.1 라이브러리는 특정 CPU에서 사용 가능한 가장 빠른 방식으로 시스템 호출이 가능하도록 하는 가상 공유 라이브러리(virtual dynamic shared object)를 지원한다. libc.so.6는 C 표준 라이브러리이므로 C 언어로 작성된 모든 프로그램에 연결된다. ld-linux-x86-64.so.2는 앞에서 설명한 동적 링커가 저장된 라이브러리이다. 즉, 동적 링킹을 사용하는 모든 프로그램에는 이 라이브러리가 반드시 사용된다.

이제 gcc를 사용해 실행 파일을 빌드하는 마지막 단계를 보자.

```
LIBRARY_PATH=/usr/lib/gcc/x86_64-linux-gnu/9/:/usr/lib/gcc/x86_64-linux-gnu/9
/../../../x86_64-linux-gnu/:/usr/lib/gcc/x86_64-linux-gnu/9/../../../../lib/:
/lib/x86_64-linux-gnu/:/lib/../lib/:/usr/lib/x86_64-linux-gnu/:/usr/lib/../li
b/:/usr/lib/gcc/x86_64-linux-gnu/9/../../../:/lib/:/usr/lib/
COLLECT_GCC_OPTIONS='-v' '-save-temps' '-o' 'hello' '-mtune=generic'
'-march=x86-64'
 /usr/lib/gcc/x86_64-linux-gnu/9/collect2 -plugin
/usr/lib/gcc/x86_64-linux-gnu/9/liblto_plugin.so
-plugin-opt=/usr/lib/gcc/x86_64-linux-gnu/9/lto-wrapper
-plugin-opt=-fresolution=hello.res -plugin-opt=-pass-through=-lgcc
-plugin-opt=-pass-through=-lgcc_s -plugin-opt=-pass-through=-lc
-plugin-opt=-pass-through=-lgcc -plugin-opt=-pass-through=-lgcc_s --build-id
--eh-frame-hdr -m elf_x86_64 --hash-style=gnu --as-needed -dynamic-linker
/lib64/ld-linux-x86-64.so.2 -pie -z now -z relro -o hello
/usr/lib/gcc/x86_64-linux-gnu/9/../../../x86_64-linux-gnu/Scrt1.o
/usr/lib/gcc/x86_64-linux-gnu/9/../../../x86_64-linux-gnu/crti.o
/usr/lib/gcc/x86_64-linux-gnu/9/crtbeginS.o -L/usr/lib/gcc/x86_64-linux-gnu/9
-L/usr/lib/gcc/x86_64-linux-gnu/9/../../../x86_64-linux-gnu
-L/usr/lib/gcc/x86_64-linux-gnu/9/../../../../lib -L/lib/x86_64-linux-gnu
```

```
-L/lib/../lib -L/usr/lib/x86_64-linux-gnu -L/usr/lib/../lib
-L/usr/lib/gcc/x86_64-linux-gnu/9/../../.. hello.o -lgcc --push-state
--as-needed -lgcc_s --pop-state -lc -lgcc --push-state --as-needed -lgcc_s
--pop-state /usr/lib/gcc/x86_64-linux-gnu/9/crtendS.o
/usr/lib/gcc/x86_64-linux-gnu/9/../../../x86_64-linux-gnu/crtn.o
```

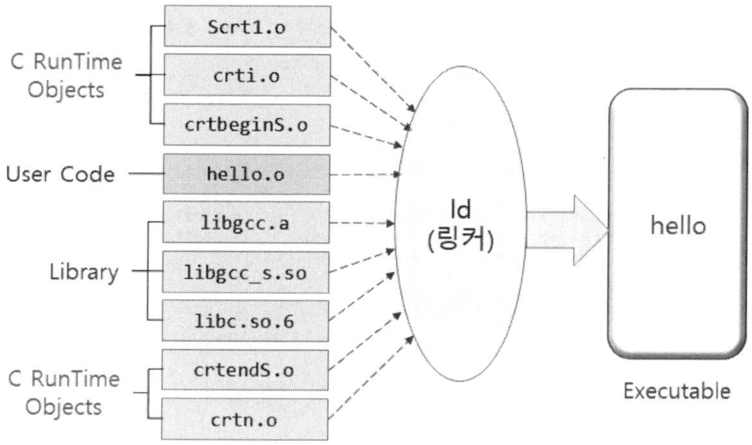

그림 10-7 hello 프로그램의 링킹 과정

리눅스에서 링커를 실행하는 명령은 collect2라는 이름이며, collect2는 옵션 및 필요한 구성 요소를 수집하여 실제 링커인 ld를 호출한다. LIBRARY_PATH는 링크 작업 중 라이브러리 파일이 포함되어 있는 기본 디렉터리들의 설정이다. 즉, 여기 나타난 디렉터리에 존재하는 라이브러리를 사용할 경우 별도 옵션이 필요 없다. 그 외의 라이브러리에 대해서는 -L과 -l로 별도의 옵션 설정을 해 주어야 하는데 이는 다음 절에서 살펴보기로 한다.

프로그램 실행에 필요한 추가 오브젝트 코드와 자신의 코드를 직접 연결해서 하나의 실행 파일을 생성하려면 필요한 오브젝트 파일의 이름을 모두 나열해 준다. 앞의 실행 예에서 나타난 hello 파일의 링킹 과정은 그림 10-7에서 보는 것처럼 사용자가 작성한 hello.o 파일 앞뒤로 운영체제와의 연결과 실행 준비 및 마무리에 관련된 여러 오브젝트 파일과 관련 라이브러리를 묶어서 재구성하는 과정이다. 실제로 hello.o 파일과 링크를 마친 hello 파일의 크기를 비교해 보면 1680바이트가 16688바이트로 약 10배 가량 증가되어 있다. objdump 명령을 활용해 실행 파일의 내용을 보면 hello.o를 구성하던 〈main〉 부분의 앞뒤에 많은 코드가 추가되었음을 알 수 있다.

```
$ ls -l hello*
-rwxrwxr-x 1 ssluser ssluser 16688  9월  4 14:21 hello
-rw-rw-r-- 1 ssluser ssluser    96  9월  4 14:20 hello.c
-rw-rw-r-- 1 ssluser ssluser 16334  9월  4 14:21 hello.i
-rw-rw-r-- 1 ssluser ssluser  1680  9월  4 14:36 hello.o
-rw-rw-r-- 1 ssluser ssluser   649  9월  4 14:21 hello.s
$ objdump -S hello

hello:     file format elf64-x86-64


Disassembly of section .init:

0000000000001000 <_init>:
    1000:       f3 0f 1e fa             endbr64
    1004:       48 83 ec 08             sub    $0x8,%rsp
    1008:       48 8b 05 d9 2f 00 00    mov    0x2fd9(%rip),%rax        # 3fe8 <__gmon_start__>
    100f:       48 85 c0                test   %rax,%rax
    1012:       74 02                   je     1016 <_init+0x16>
    1014:       ff d0                   callq  *%rax
    1016:       48 83 c4 08             add    $0x8,%rsp
    101a:       c3                      retq

Disassembly of section .plt:

0000000000001020 <.plt>:
    1020:       ff 35 9a 2f 00 00       pushq  0x2f9a(%rip)        # 3fc0 <_GLOBAL_OFFSET_TABLE_+0x8>
    1026:       f2 ff 25 9b 2f 00 00    bnd jmpq *0x2f9b(%rip)        # 3fc8 <_GLOBAL_OFFSET_TABLE_+0x10>
    102d:       0f 1f 00                nopl   (%rax)
    1030:       f3 0f 1e fa             endbr64
    1034:       68 00 00 00 00          pushq  $0x0
    1039:       f2 e9 e1 ff ff ff       bnd jmpq 1020 <.plt>
    103f:       90                      nop
```

그림 10-8 링크 완료된 실행 파일

10.1.3 gcc 옵션

기능이 많고 플랫폼 관련 요소도 많기 때문에 gcc에는 수백 개의 옵션이 있어 컴파일 과정의 여러 요소를 조정할 수 있다. 앞 절에서 본 바와 같이 gcc 자체가 여러 개의 프로그램을 호출하는 다단계로 이루어져 있기 때문에 어떤 옵션은 특정 단계에만 적용되는 것이기도 하다. "man gcc"를 하면 기능별로 분류한 옵션과 각 옵션의 설명을 볼 수 있다. GUI 방식의 통합 개발 환경을 사용할 때도 경우에 따라 옵션 설정을 해 주어야 하므로 필수적인 몇 가지는 알고 있어야 한다. 여기서는 가장 많이 사용되는 옵션 위주로 몇 가지만 살펴보기로 하자.

□ 드라이버 옵션

컴파일의 전체 과정을 조절하는 옵션들이다. 앞에서 본 –v와 –save–temps 등이 여기에 속한다.

```
-v              컴파일 진행 과정을 화면에 출력한다.
-save-temps     컴파일의 각 단계에서 생성되는 파일을 저장한다.
-o file         최종 결과물을 file 이름으로 저장한다.
-E              전처리까지만 수행한다. 결과는 표준 출력된다.
-S              어셈블 전까지만 수행한다. 결과물은 .s 파일이다.
-c              링크 전 단계까지만 수행한다. 결과물은 .o 파일이다.
```

□ 전처리기 옵션

C 언어의 전처리기는 크게 두 가지 요소, 헤더 파일 삽입과 매크로를 처리한다.

```
-I dir            헤더 파일 탐색 경로에 dir을 추가한다.
-D name[=def]     name 매크로를 설정한다. 특정한 값 def로 설정할 경우 '=def'를 덧붙인다.
-U name           name 매크로를 취소한다.
```

#include를 처리할 때 〈〉 기호로 싼 파일은 디폴트로 설정된 디렉터리에서 찾고, " " 기호로 싼 파일은 현재 디렉터리를 기준으로 찾는다. 그 외의 위치에 헤더 파일들이 있을 때는 -I 옵션으로 그 위치를 알려 주어야 한다.

-D 옵션은 C 소스 내에서 #define, #ifdef, #ifndef 등을 사용하는 것과 같다. 다음의 def.c 프로그램의 예를 살펴보자.

```
#include <stdio.h>

int main(void)
{
        int sum = 0;
        for (int i=1; i <= MAX; ++i) {
#ifdef DEBUG
                printf("i = %d\n", i);
#endif
                sum += i;
        }
        printf("SUM = %d\n", sum);
        return 0;
}
```

def.c 프로그램을 컴파일한 결과는 다음과 같다.

```
$ gcc -o def def.c
def.c: In function 'main':
def.c:7:21: error: 'MAX' undeclared (first use in this function)
    7 |   for (int i=1; i <= MAX; ++i) {
      |                      ^~~
def.c:7:21: note: each undeclared identifier is reported only once for each function
it appears in
```

그림 10-9 매크로를 선언하지 않고 사용한 오류 프로그램

소스 코드를 보고 이미 짐작한 사람도 있겠지만 MAX라는 식별자가 어디에도 선언되지 않았기 때문에 일반적인 방식으로 컴파일을 하면 오류 메시지가 나오고 컴파일이 중단된다. 다음 경우는 종류는 다르지만 역시 MAX 값이 설정되지 않았기 때문에 컴파일 오류가 발생한다. 그래서 다음의 선언문을 소스 2번째 줄에 삽입하였다.

```
#define MAX
```

이번에는 제대로 컴파일될까?

```
$ gcc -o def def.c
def.c: In function 'main':
def.c:7:24: error: expected expression before ';' token
    7 |   for (int i=1; i <= MAX; ++i) {
      |                         ^
```

그림 10-10 잘못 사용된 매크로

그렇다. MAX를 선언하기는 했으나 값이 필요한 곳에 사용하면서 값이 설정되지 않았기 때문에 역시 오류이다. 이 때 매크로 자체나 매크로의 값을 외부에서 설정해 줄 수 있는 옵션이 –D이다. 다음과 같이 MAX 값을 10으로 설정하여 컴파일한 후, 예상대로 1부터 10까지의 합이 출력됨을 볼 수 있다.[4)]

```
$ gcc -o def -D MAX=10 def.c
$ def
SUM = 55
```

소스 중간의 #ifdef은 조건부 컴파일을 지시하는 것이다. 현재 DEBUG라는 매크로가 정

4) 이때 코드에 MAX가 정의되어 있지 않아야 한다.

의되지 않았으므로 #endif까지의 프로그램 문장은 컴파일 시 포함되지 않는다. 다음과 같이 컴파일 옵션을 설정하여 실행해 보자.

```
$ gcc -o ddef -D MAX=5 -DDEBUG def.c
$ def
i = 1
i = 2
i = 3
i = 4
i = 5
SUM = 15
```

이번에는 MAX의 값을 5로 설정하였고 DEBUG라는 매크로를 정의했기 때문에 printf문이 포함된 상태로 컴파일되어 중간 과정이 모두 출력된다. 소스 코드 자체를 수정하지 않고 중간 제작 과정과 최종 실행 버전(release version) 빌드를 구분하는 이 방식은 실제 프로그램 제작에 많이 활용되고 있다.

□ 컴파일 옵션

컴파일 단계의 옵션은 크게 -W로 시작하는 경고 메시지 옵션과 -O 또는 -f로 시작하는 최적화 옵션으로 구분되며 그 종류는 수백 가지에 이른다.

옵션	설명
-std=standard	standard 버전의 표준을 따른다. 예를 들어 C99, C++98 등이다.
-Wall	의미가 모호한 코딩에 대한 경고 옵션 여러 가지(전부가 아님!)를 한꺼번에 설정한다. 대표적으로 -Wunused-function(사용되지 않는 함수), -Wunused-variable, -Wmaybe-uninitialized(초기화되지 않은 변수 사용), -Wmissing-braces(짝이 맞지 않는 괄호) 등을 비롯해 약 30여가지의 옵션이 설정된다.
-W, -Wextra	-Wall에 의해 설정되지 않는 옵션 몇 가지를 설정한다. -W는 오래된 형태이며 최근에는 의미를 명확하게 하기 위해 -Wextra를 사용한다.
-w	모든 경고 메시지를 금지한다.
-O*n*	*n* 수준의 최적화를 수행한다. *n*은 0~3까지의 숫자이며 0은 -O 옵션을 주지 않는 것과 같아서 최적화를 하지 않는다. 1은 아무 숫자 없이 -O 옵션을 지정하는 것과 같고, 숫자가 커질수록 최적화 수준이 높아진다.
-g	디버깅 정보를 포함한 실행 코드를 생성하도록 한다.

컴파일 단계의 주요 작업은 코드의 **문법 오류를 점검**하는 것이다. 문법 오류가 발생하는 경우 오류 메시지를 출력하고, 빌드 작업은 그 단계에서 종료된다. 그러나 문법적으로 별 문제가 없지만 의미를 따져 볼 때 실행 시 오류가 발생할 가능성이 높은 부분들이 있으면 경고 메시지를 출력한다. -Wxxx 옵션들은 각 경우에 대해 경고 메시지를 출력할지 여부를 제어하는 옵션들이다.

최적화란 프로그램의 구조나 변수의 사용 방식, CPU의 특징 등을 살펴 가장 효율적으로 수행할 수 있도록 실행 코드를 변경하는 과정이다. 옵션으로 어느 수준까지 최적화를 할지 어떤 부분에서 최적화를 할지 정할 수 있다. 하나씩 지정할 수 있는 -fxxx 옵션들로 세밀하게 지정하는 것은 번거롭고 어렵기 때문에 여러 가지 옵션을 한꺼번에 묶어 최적화 수준을 지정하는 -O 옵션을 주로 사용한다. 개발 과정 중이어서 디버거를 사용할 필요가 있을 때는 최적화 옵션을 지정하면 안 된다. 최적화 수준이 높아질수록 최종 실행 코드는 더 작고 더 효율적이 되는 반면 컴파일에 걸리는 시간은 더 길어진다.

일반적인 프로그래머가 수백 가지에 달하는 경고 옵션을 모두 이해하고 사용하기 어렵기 때문에 보통 -Wall, -W(또는 -Wextra) 두 가지 정도를 사용한다. 다음 예를 통해 경고 옵션의 효과를 살펴보자.

```
$ cat warn.c
#include <stdio.h>

int main(void)
{
	int i=100, *arr;

	for (int k=0; k<=5; ++k)
		printf("%d\n", arr[k]);
	return 0;
}

$ gcc -o warn warn.c                    ← 문제 없이 컴파일 완료
$ warn
세그멘테이션 오류 (core dumped)          ← 실행 오류 발생
$ gcc -o warn -Wall warn.c              ← -W 옵션을 주어 컴파일
warn.c: In function 'main':
warn.c:5:6: warning: unused variable 'i' [-Wunused-variable]
```

```
    5 |  int i =100, *arr;                    ← 사용되지 않은 변수에 대한 경고
      |         ^
warn.c:8:21: warning: 'arr' may be used uninitialized in this function
[-Wmaybe-uninitialized]
    8 |  printf("%d\n", arr[k]); ← 초기화되지 않은 포인터 변수에 대한 경고
                    ^
```

문법적으로는 문제가 없기 때문에 위의 코드는 컴파일을 완료하여 실행 파일 warn을 생성한다. 그러나 초기화되지 않는 포인터 변수 때문에 실행 시 오류가 발생한다. -W 옵션을 주어 컴파일하면 마찬가지로 실행 파일은 생성되지만, 여러 가지의 경고 메시지를 통해 실행 시 발생 가능한 오류에 대해 짐작할 수 있다. 즉, 경고 메시지가 출력되면 절대 무시하지 말고 그 부분의 코드에 대해 한 번 더 살펴 보고 수정하는 것을 고려해야 한다.

다음 단계는 어셈블인데 이는 CPU와 밀접한 관계가 있기 때문에 어느 CPU에서나 동작하는 보편적인 코드를 작성해야 하는 상업 목적의 프로그램이 아닌 이상 자주 사용되지 않는다. 그 다음의 링커 옵션을 살펴보도록 하자.

□ 링커 옵션

기본 라이브러리만을 사용하는 경우 별다른 옵션이 필요 없다. 그러나 기본이 아닌 라이브러리에 대해서는 라이브러리가 존재하는 디렉터리의 위치 또는 라이브러리 이름, 또는 그 둘을 모두 알려 주는 옵션을 사용해야 한다.

-L<u>dir</u>	라이브러리를 찾아 볼 위치 <u>dir</u>을 지정한다.
-l<u>library</u>	링크할 라이브러리 이름 <u>library</u>를 지정한다. 기본 경로 또는 -L 옵션에 지정된 경로에 lib<u>library</u>.a또는 lib<u>library</u>.so.6라는 이름으로 저장되어 있다. 이 옵션은 컴파일할 소스 파일 이름 뒤쪽에 와야 한다.

주로 사용되는 옵션들이 실제로 어떤 효과를 나타내는지 그림 10-11의 예를 보자. 크고 복잡한 소스 코드의 구성과 같이 헤더 파일들은 include 디렉터리에, C 소스 파일들은 src 디렉터리에 두고 컴파일하려고 한다.

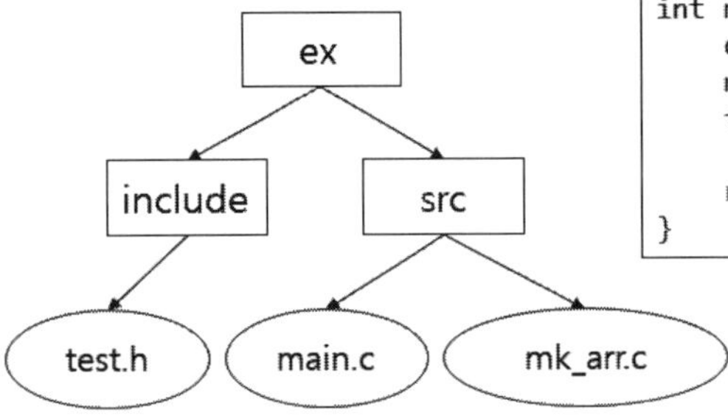

main.c

```
#include <stdio.h>
#include "test.h"

int main(void) {
    double arr[MAX];
    make_arr(arr);
    for (int i=0; i<MAX; ++i)
         printf("sqrt(%d) = %lf\n", i, arr[i]);
    return 0;
}
```

test.h

```
#define MAX 100
extern void make_arr(double *);
```

mk_arr.c

```
#include <math.h>
#include "test.h"

void make_arr(double *a) {
    for (int i=0; i<MAX; ++i)
         a[i] = sqrt((double) i);
}
```

그림 10-11 멀티 디렉터리 컴파일 예제

실행파일 ex를 만들기 위해 다음과 같이 실행하였다.

```
$ gcc -o ex src/main.c
src/main.c:2:18: fatal error: test.h: 그런 파일이나 디렉터리가 없습니다
compilation terminated.
```

main.c 소스에서 삽입하고자 한 test.h 파일은 현재 작업을 수행 중인 ex 디렉터리에서 찾는다. 그림 10-11의 디렉터리 구조에서 보다시피 test.h 파일은 include 디렉터리에 있기 때문에 파일을 찾을 수 없고 컴파일이 중단된다. 소스를 "include/test.h"로 수정하거나 컴파일 옵션으로 삽입할 파일의 위치를 알려 주어야 한다.

```
$ gcc -o ex -Iinclude src/main.c
/tmp/cc76dyJS.o: In function 'main':
main.c:(.text+0x25): undefined reference to 'make_arr'
collect2: error: ld returned 1 exit status
```

자, 이전의 test.h 파일에 대한 오류는 사라졌다. 그런데 다른 오류가 발생했다. 이런 각

종 오류 메시지를 제대로 해석할 수 있어야 오류를 수정할 수 있다. 위의 오류는 main 함수에서 make_arr 함수를 호출했는데 그게 어디 있는지 모르겠다는 이야기이고 함수들을 서로 연결할 수 없다는 링크 오류다. 그러면 make_arr 함수의 컴파일된 오브젝트 코드가 필요한데, 이는 함수를 포함한 mk_arr.c 파일을 함께 컴파일하면 얻을 수 있다. 같은 디렉터리에 해당 오브젝트 파일이 있을 경우 별다른 옵션 없이 자동으로 연결이 된다.

```
$ gcc -o ex -Iinclude src/main.c src/mk_arr.c
/tmp/ccwNvKNS.o: In function 'make_arr':
mk_arr.c:(.text+0x35): undefined reference to 'sqrt'
collect2: error: ld returned 1 exit status
```

make_arr 함수에 대한 오류는 사라졌다. 그런데 비슷하지만 새로운 오류가 나타났다. make_arr 함수 내에서 제곱근을 계산하기 위해 math.h 파일을 포함하고 sqrt 함수를 호출했는데 sqrt의 오브젝트 코드가 어디 있는지 모른다는 또다른 링크 오류다. printf와 같은 함수는 기본 라이브러리 내에 있어 링크 시 자동으로 연결되기 때문에 함수 선언문이 있는 stdio.h 파일만 포함시키면 되지만, 기본 라이브러리가 아닌 math 함수들은 헤더 파일만 포함하는 것으로 함수 호출이 이루어지지 않는다. math 라이브러리는 기본 라이브러리 경로에 포함되어 있어 -L 옵션은 필요 없이 -l 옵션으로 지정해 주면 된다. 또한 src 디렉터리의 소스 파일 이름을 일일이 나열하지 않고 메타문자 '*'을 사용해도 된다.

```
$ gcc -o ex -Iinclude src/*.c -lm
$ ldd ex
        linux-vdso.so.1 => (0x00007fffedbde000)
        libm.so.6 => /lib/x86_64-linux-gnu/libm.so.6 (0x00007faa7e49d000)
        libc.so.6 => /lib/x86_64-linux-gnu/libc.so.6 (0x00007faa7e0d3000)
        /lib64/ld-linux-x86-64.so.2 (0x00005652df720000)
```

이제 아무 문제 없이 컴파일이 완료되고 실행 파일 ex가 생성되었다. 링크 결과를 보기 위해 ldd 명령을 실행해 보면 기본 라이브러리 외에 math 라이브러리인 libm.so.6가 추가되어 있는 것을 볼 수 있다.

10.2 통합 개발 환경

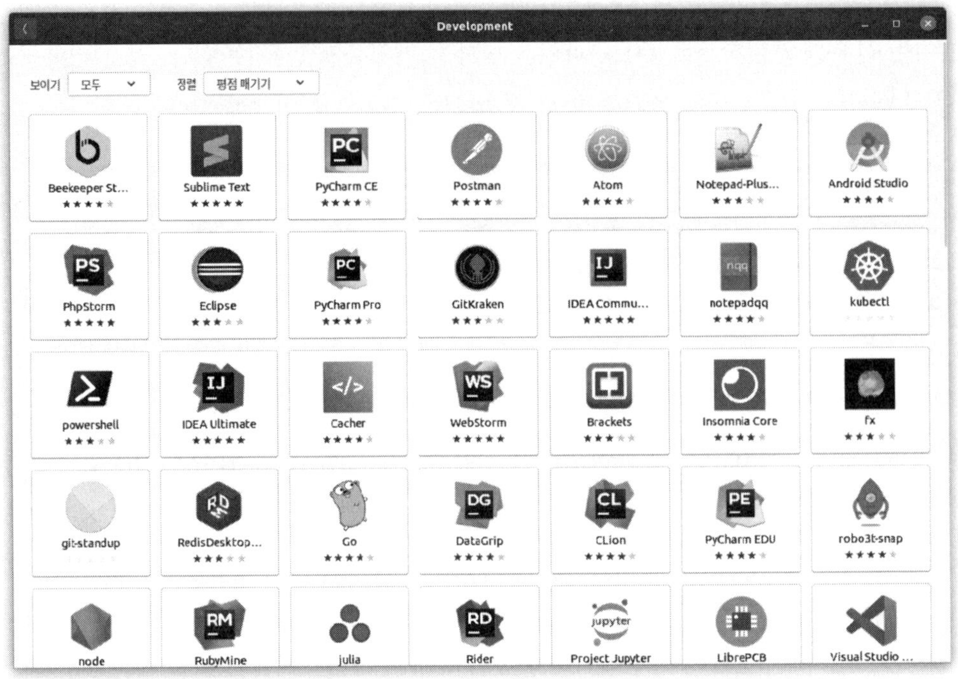

그림 10-12 우분투 소프트웨어의 개발자 도구 리스트

MS의 Visual Studio, Borland의 C++ Builder, IBM에서 개발한 공개 소프트웨어인 Eclipse 등과 같이 편집기부터 컴파일러, 디버거, 버전 관리자 등 다양한 개발 도구들이 통합되어 있는 소프트웨어를 IDE(Integrated Development Environment)라 한다. IDE는 여러 개발 도구를 통합해서 사용할 수 있다는 점 이외에 사용자 인터페이스가 그래픽 형태라 사용자가 쉽게 적응할 수 있다는 장점이 있다. 리눅스에서도 역시 GUI 기반의 통합 개발 환경 소프트웨어들을 사용할 수 있으며, 대표적으로 Eclipse, KDevelop, Geany, CodeBlocks, QDevelop, Qt Creator, Visual Studio Code 등이 있다. 이들 중 일부분은 Windows 환경에서도 사용할 수 있는 멀티/크로스 플랫폼 도구이며, 또 일부분은 C/C++뿐만이 아닌 여러 가지 많은 언어에 대해서도 작동할 수 있다. 그림 10-12는 우분투 소프트웨어에서 찾을 수 있는 주요 통합 개발 환경을 보여준다. 여기에 없는 도구의 경우 검색 기능을 이용하거나 직접 apt와 같은 도구를 사용해서 설치할 수 있다.

통합개발환경의 메뉴와 사용법은 공통점이 많다. 대부분 프로젝트 생성 → 소스 파일 작성 → 빌드(컴파일) → 실행의 과정으로 프로그램 개발이 이루어지며, 여러 가지 언어를 지원하는 도구의 경우 각 언어에 따른 설정이나 추가 설치가 필요한 경우가 있다.

10.2.1 KDevelop

리눅스 환경의 대표적인 C/C++ 개발 도구로 오픈 소스 자유 소프트웨어인 KDevelop을 먼저 보겠다.[5] C/C++ 위주로 많이 사용하지만 Javascript, PHP, Python 등 다양한 언어를 지원하고 GUI 프로그램도 개발하도록 설정할 수 있다. 우리가 앞으로 수행할 시스템 프로그램에 대해서는 간단한 C 콘솔 프로그램 작성 기능만 있으면 되기 때문에 그에 맞추어 설정한다.

설정 메뉴를 실행하면 기본으로 장착된 프로젝트 템플릿이 나열되는데 원하는 형태가 없는 경우 [Get More Templates] 버튼을 눌러 추가 템플릿을 찾아본다. 우리에게 필요한 것은 "Simple C Makefile Template"이므로 찾아서 [설치] 버튼을 누르면 된다. 잘 살펴보면 매우 다양한 언어의 다양한 형태로 프로젝트를 시작할 수 있도록 많은 템플릿이 제공됨을 볼 수 있다.

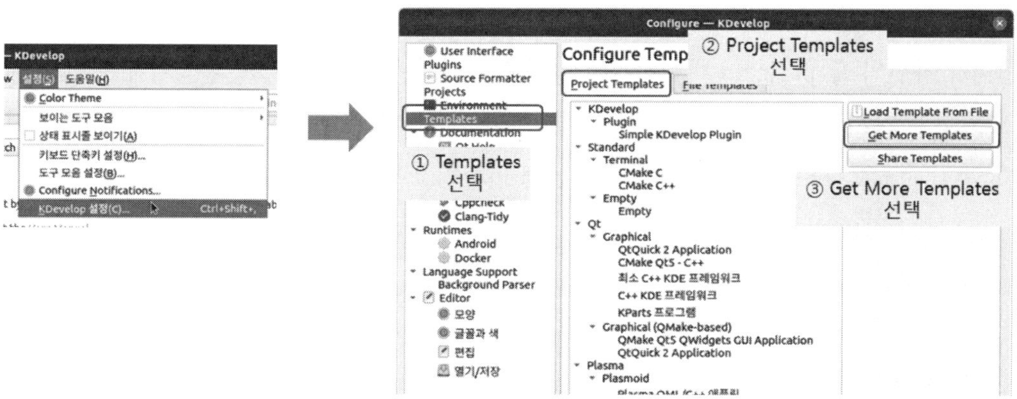

그림 10-13 KDevelop - 설정

5) 우분투 소프트웨어 개발 도구 리스트에 없으면 kdevelop으로 검색하여 설치하면 된다.

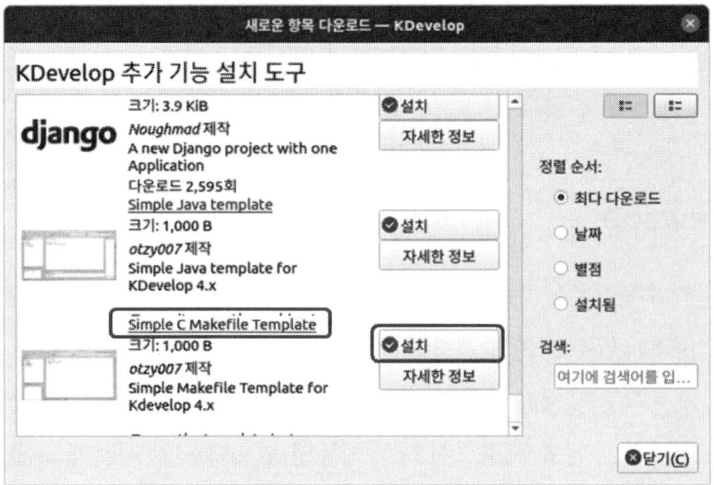

그림 10-14 KDevelop - 추가 기능 설치

프로그램 작성과 실행 과정은 다른 IDE와 마찬가지로 프로젝트 생성 → 소스 코드 작성 → 빌드(컴파일) → 실행의 과정을 거친다. 대부분 자주 사용되는 메뉴는 버튼으로 만들어져 있으므로 편리하게 사용할 수 있다.

프로젝트를 시작할 때 원하는 템플릿이 없으면 그 단계에서 Get More Templates 버튼을 이용해 새로운 템플릿을 설치할 수도 있다. 프로젝트의 이름을 정해주면 그 이름을 가진 폴더가 자신의 홈/projects 디렉터리에 자동으로 생성된다. 소스 코드 편집기가 뜨기 전에 "Version Control" 도구를 정하는 창이 나타나는데 기본으로는 subversion(svn)이 설치되어 있다. Git을 사용하고 싶으면 설정 메뉴에서 플러그인을 설치하면 된다.

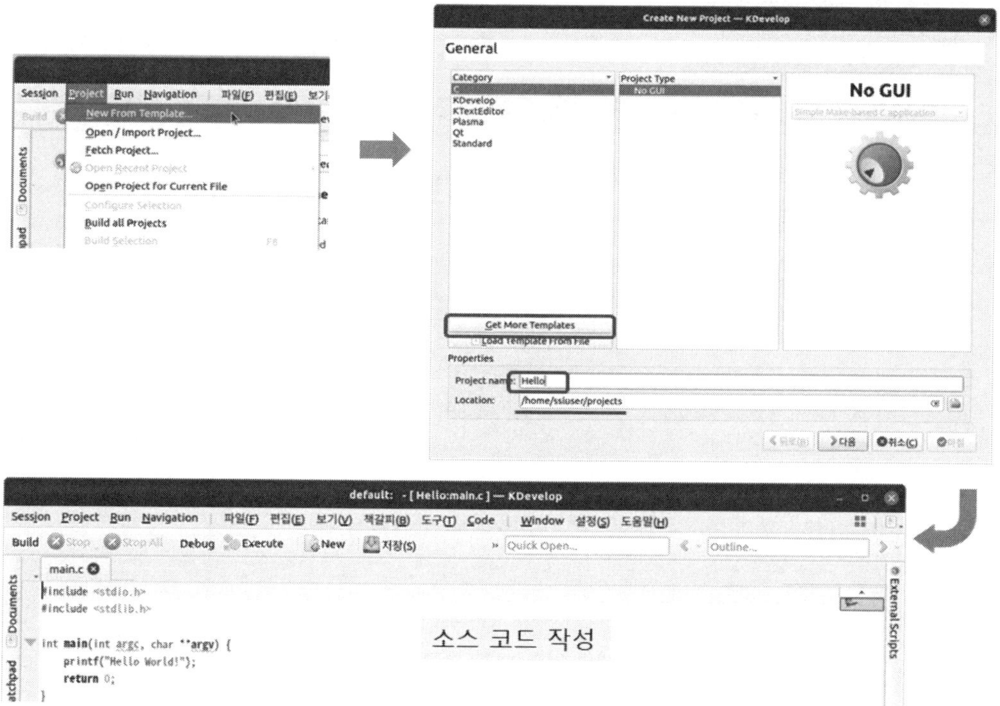

그림 10-15 KDevelop - 프로젝트 시작

실행 파일을 만들기 위해서는 Build, 실행은 Execute 버튼을 클릭한다. 그림 10-16을 보면 "gcc -Wall -g -o hello main.c" 명령에 의해 빌드가 수행됨을 알 수 있다.

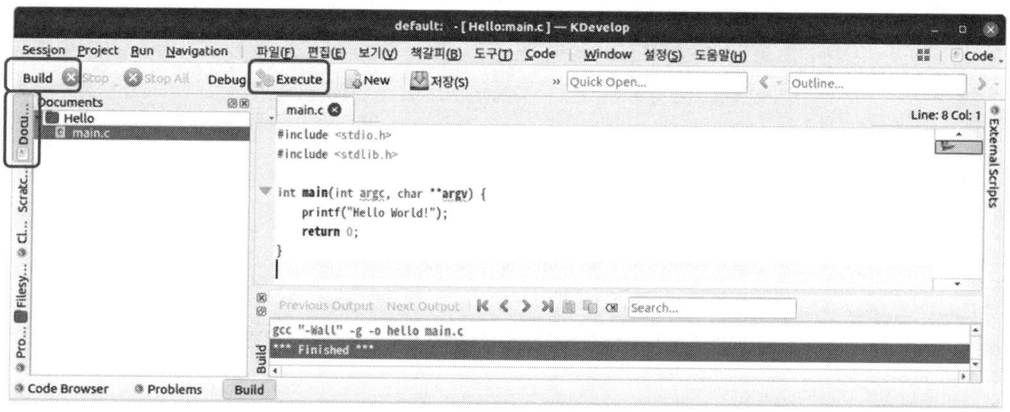

그림 10-16 KDevelop - 빌드와 실행 버튼

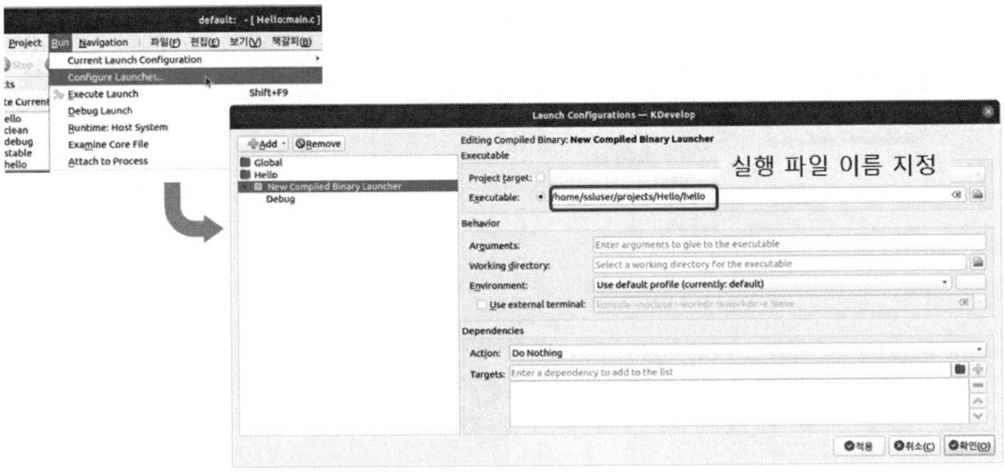

그림 10-17 KDevelop - 실행 구성

프로젝트를 맨 처음 실행하거나 다른 프로젝트로 바꾸어 실행할 경우, 실행에 대한 구성을 요구하는 창이 나타난다. 또는 실행 버튼을 눌렀는데 오류가 발생하고 실행이 되지 않는 경우가 있는데 이 때도 실행에 대한 구성을 먼저 해 주어야 한다. 자동으로 구성 창이 뜬 경우가 아니면 Run 메뉴에서 Configure Launches 항목을 선택하여 어느 프로젝트의 어느 실행 파일을 실행할 것인지 설정해 준다. 디버거를 실행하고 싶을 때는 Debug Launch 항목을 선택한다.

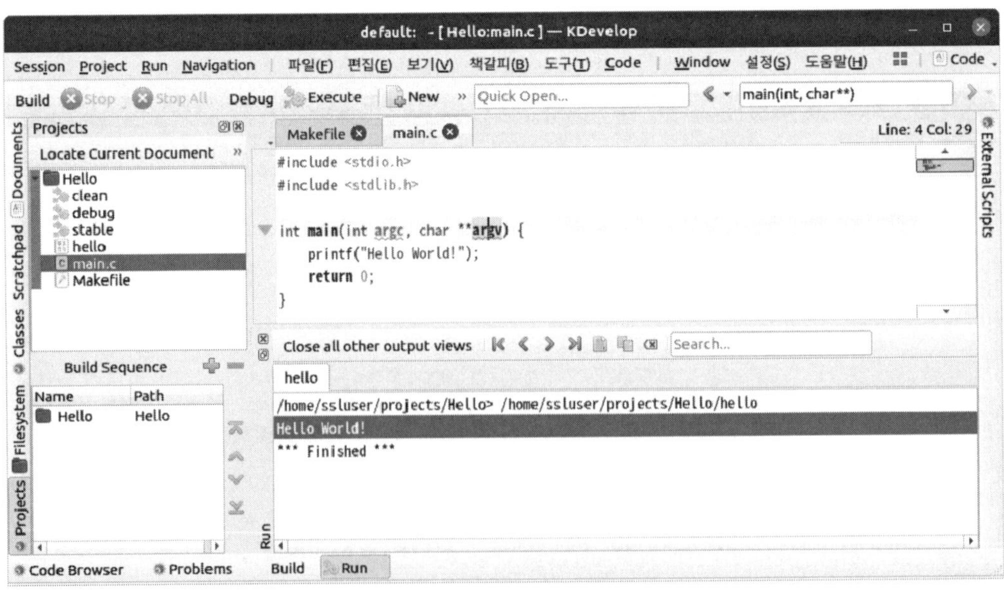

그림 10-18 KDevelop - 실행 결과

매우 간단하게 하나의 C 프로그램을 작성하여 실행하기까지의 과정을 보였다. 다른 많은 통합 개발 환경과 마찬가지로 이 외에도 매우 많은 기능이 있다. 그림 10-18에서 보는 것처럼 변수나 함수 등 식별자 위에 마우스를 갖다 대면 노란색 하이라이트와 함께 여러 가지 정보가 나타난다. 매우 긴 소스인 경우 함수 단위로 소스 내용을 접을 수도 있고 맨 오른쪽의 내비게이션 창을 통해 전체 소스를 조망할 수 있다. 물론 디버거 기능으로 프로그램의 실행 과정을 하나씩 추적하며 변수값의 변화를 살펴 볼 수도 있다. 그 외에도 많은 기능이 있으니 좀 더 전문적으로 사용하고 싶은 사람도 충분히 만족스러울 것이다.

10.2.2 WSL과 VS Code

WSL로 설치한 우분투에는 프로그래밍 환경이 기본 설치되어 있지 않다. 따라서 이 장의 맨 앞에서 소개한 대로 build-essential 패키지를 수동 설치해서 사용한다. 그리고 IDE를 사용하고 싶은 경우에도 해당 패키지를 검색해서 설치하고 X-Window를 이용해 실행시킬 수 있다.

WSL의 경우는 한 가지 옵션이 더 있다. Windows 환경에 설치한 Visual Studio Code (이하VS Code)를 그대로 WSL과 연동해서 리눅스에서 사용 가능한 것이다.[6] VS Code 자체는 편집기 프로그램일 뿐이지만 다양한 확장 기능을 추가 설치하여 여러 가지 언어에 대한 프로그래밍 작업을 쉽게 수행할 수 있다. WSL 기능도 확장 기능에 속한다. 다음의 절차를 따라서 사용해 보자.

- **Windows 환경에 VS Code 설치:** https://code.visualstudio.com/를 방문해서 VS Code를 다운로드하여 설치한다.
- **WSL 확장 기능 설치:** Remote - WSL을 선택하여 설치한다. VS Code의 확장 기능은 client-server 모델로 동작한다. 즉 VS Code 창은 사용자와 교류하는 클라이언트 역할이고 실제 컴파일 등의 작업은 서버인 WSL 쪽에서 수행되는 것이다. 다른 확장 기능도 마찬가지 방식이다.

6) 리눅스 내에 직접 VS Code를 설치할 수도 있다. 단, Windows 환경 또는 리눅스 환경 한 군데에만 설치해야 한다. 확장 기능이 제공된 이후 리눅스에 설치해서 X-forwarding 방식으로 실행하는 것보다 Windows에 설치해서 확장 기능을 사용하는 편이 더 좋다는 평가가 있다.

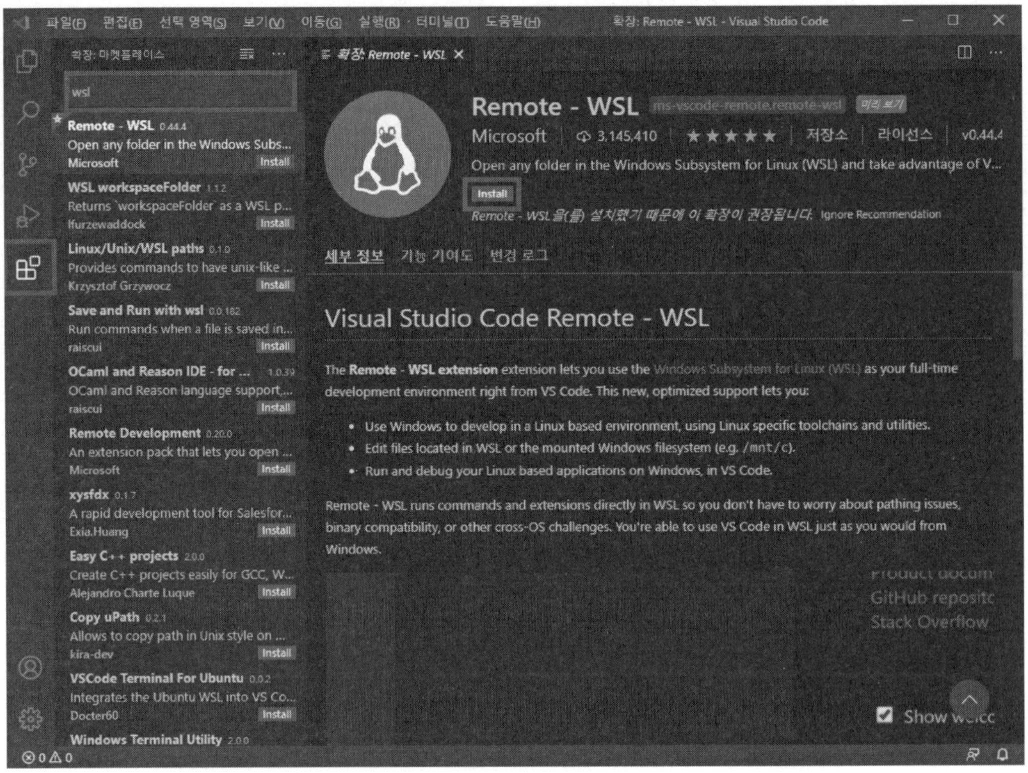

그림 10-19 VS Code의 Remote-WSL 확장 기능 설치

- WSL 셸(리눅스)에서 VS Code 실행: 우분투 셸을 실행시켜 code 명령을 입력하면 VS Code가 Windows 쪽에서 실행된다. 이 때 자기가 주로 작업할 디렉터리로 이동해서 다음과 같이 작업 디렉터리를 현재(.)로 지정하는 방법을 가장 많이 사용하며, 그렇지 않은 경우 작업 디렉터리 이름을 지정해 준다. 앞에서 설명한 대로 client-server 모델이기 때문에 Windows 방화벽의 경고창이 뜰 수 있다. "액세스 허용"을 선택하고 그대로 진행하면 된다.

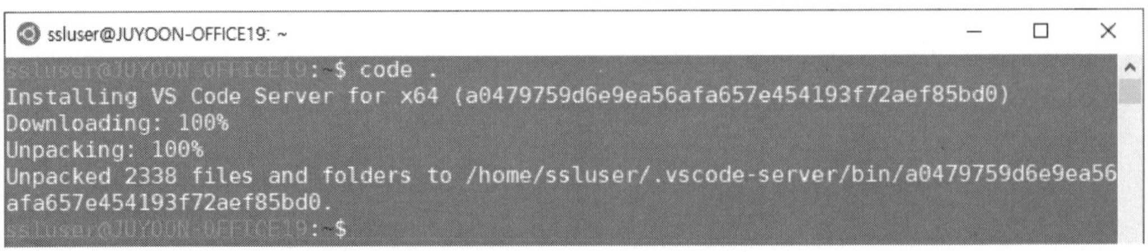

그림 10-20 WSL-Ubuntu 셸에서 VS Code 실행

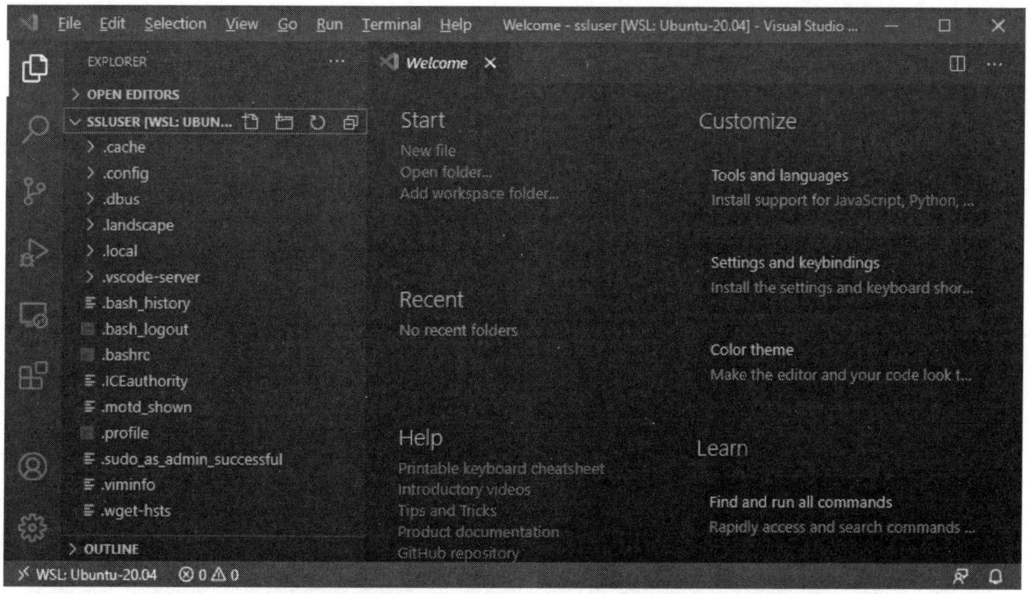

그림 10-21 VS Code 첫 실행 화면

그림 10-21의 실행 화면을 보자. 먼저 아래쪽 바의 왼편에 표시된 것은 현재 VS Code의 서버가 WSL: Ubuntu-20.04임을 나타낸다. 탐색기(EXPLORER) 창에 열려 있는 내용은 VS Code를 실행시키면서 지정한 실행 디렉터리로, ssluser의 홈에서 실행했기 때문에 ssluser 홈 디렉터리의 내용을 보여 주는 것이다. 이후로는 WSL 셸을 닫아도 상관 없이 프로그래밍 작업을 진행할 수 있다.

- **VS Code 내 C/C++ 도구 설치:** WSL-Ubuntu 확장 기능에서 컴파일에 사용할 수 있는 도구를 검색해 추가 설치한다. 상세한 내용은 생략한다.

설치가 끝나면 프로그래밍 작업을 할 수 있다. 그림 10-22는 간단한 C 프로그램을 작성하여 실행한 결과이다. 아래쪽의 터미널은 WSL-Ubuntu 셸을 그대로 사용할 수 있는 것이며, 프로그램 컴파일 성공 후 원래의 WSL-Ubuntu 셸에서 실행해도 동일한 결과가 나오는 것을 볼 수 있다. 참고로 "/usr/bin/gcc-9 -g /home/ssluser/hello.c -o /home/ssluser/hello" 명령으로 빌드가 수행된다.[7]

7) VS Code의 어떤 기능으로 이 명령을 보거나 수정할 수 있을까?

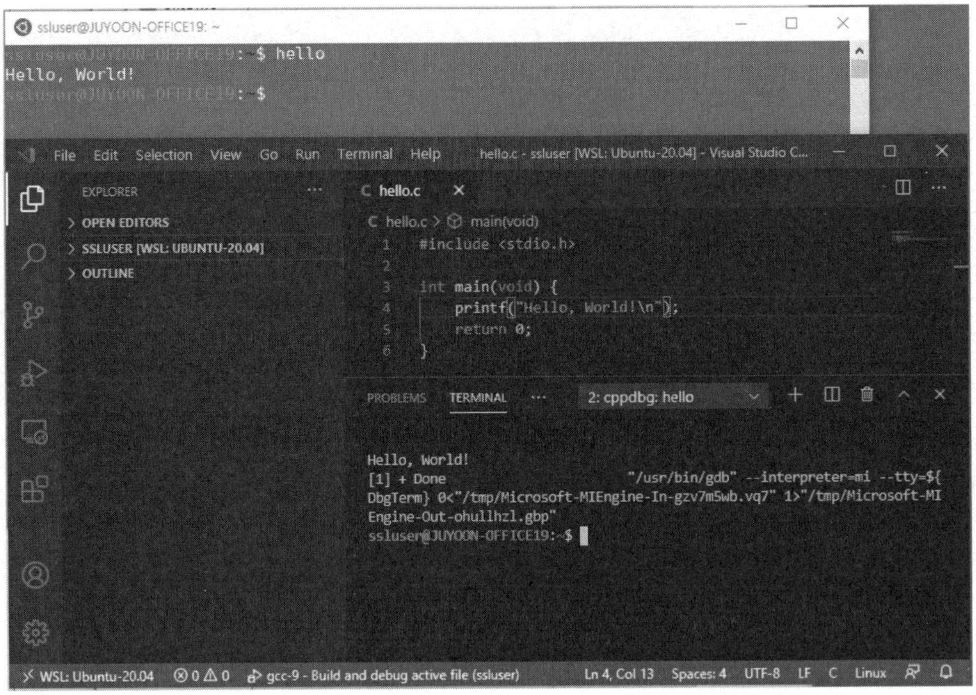

그림 10-22 VS Code에서 프로그래밍

10.2.3 Geany

마지막으로 가장 단순한 형태의 개발 도구 중 하나인 Geany를 살펴본다. Geany는 엄밀히 말해 IDE라기보다는 고급형 편집기에 가깝다. 매우 가볍고 빠르게 동작하는 것을 목적으로 하고 있으며, GTK 런타임 라이브러리 외에 다른 패키지나 라이브러리에 무관하게 설치되어 사용될 수 있다. 따라서 리눅스 외에 여러 버전의 BSD 유닉스, MacOS X, AIX, Solaris 및 Windows에서도 동작한다. 반면, 보통의 IDE에 비해 디버거나 프로젝트 관리 기능이 약한 점이 단점으로 꼽힌다. 그러나 플러그인(plug-in) 방식으로 추가 기능을 설치할 수 있는 확장형으로 만들어져 있어 다른 분야에서 개발된 도구를 사용할 수 있다.

Geany의 기본 기능은 문법 지향적(syntax-directed) 편집기, 컴파일 및 실행 기능, 매우 간단한 프로젝트 관리 기능 등이다. 문법 검사가 가능한 언어는 C/C++, Java, PHP, HTML, Python, Perl, Pascal 등 매우 다양하다. Geany에 대한 매뉴얼은 http://www.geany.org/manual을 참조하기 바란다.

Geany의 설치는 다른 모든 우분투 리눅스 응용 소프트웨어와 마찬가지로 우분투 소프트웨어를 이용한다.[8] 플러그인은 apt를 이용해 한꺼번에 설치할 수 있고 geany-plugin-pg와 같이 필요한 플러그인만 명시해서 설치할 수도 있다.

```
$ sudo apt install geany-plugins
```

Geany를 이용한 C 프로그램 개발 과정은 다음과 같다.

• 프로젝트 메뉴 선택 → 새로 만들기 : 필수 요소는 아니나 여러 개의 파일 또는 디렉터리로 이루어진 프로그램을 작성하려면 프로젝트를 구성하여 관리한다.[9]

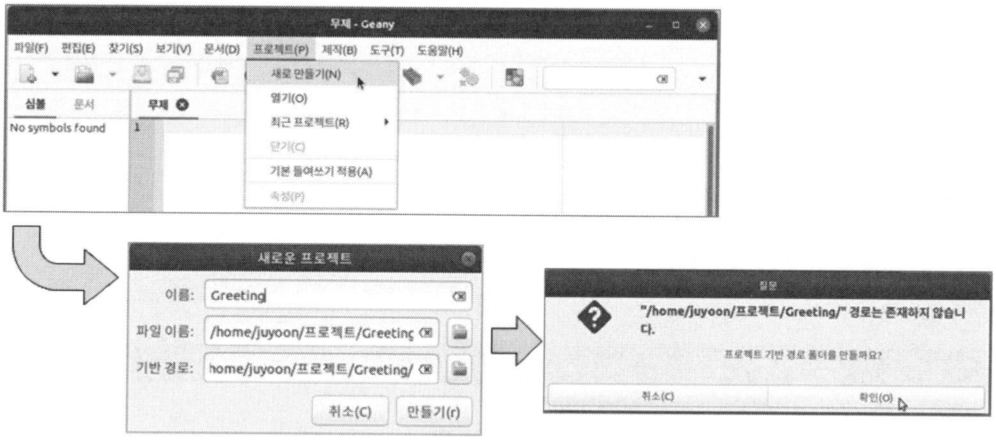

그림 10-23 Geany - 프로젝트 생성

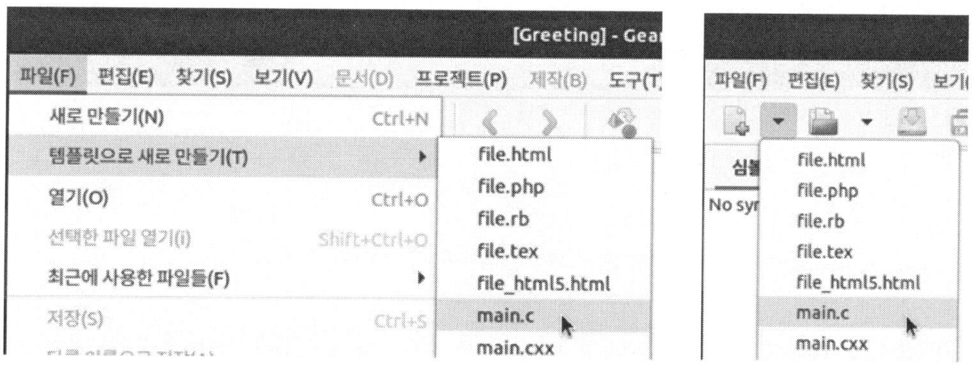

그림 10-24 Geany - main.c 템플릿 선택

8) 2019년까지만 해도 우분투 소프트웨어 개발 도구 리스트의 첫 번째를 차지하고 있었으나 지금은 검색을 해야 찾을 수 있다.

9) 디버거 플러그인은 gtk 버전 불일치로 지원되지 않는다. 현재 Geany의 가장 큰 단점이라 할 수 있다.

• 파일 메뉴 선택 → [새로 만들기] 또는 [템플릿으로 새로 만들기]

• 또는 아이콘 메뉴 맨 왼쪽에서 main.c 선택

• 소스 코드를 입력하고 적절한 이름으로 파일 저장 (따로 저장하지 않는 경우, 빌드에 앞서 저장을 안내하는 창이 뜬다.)

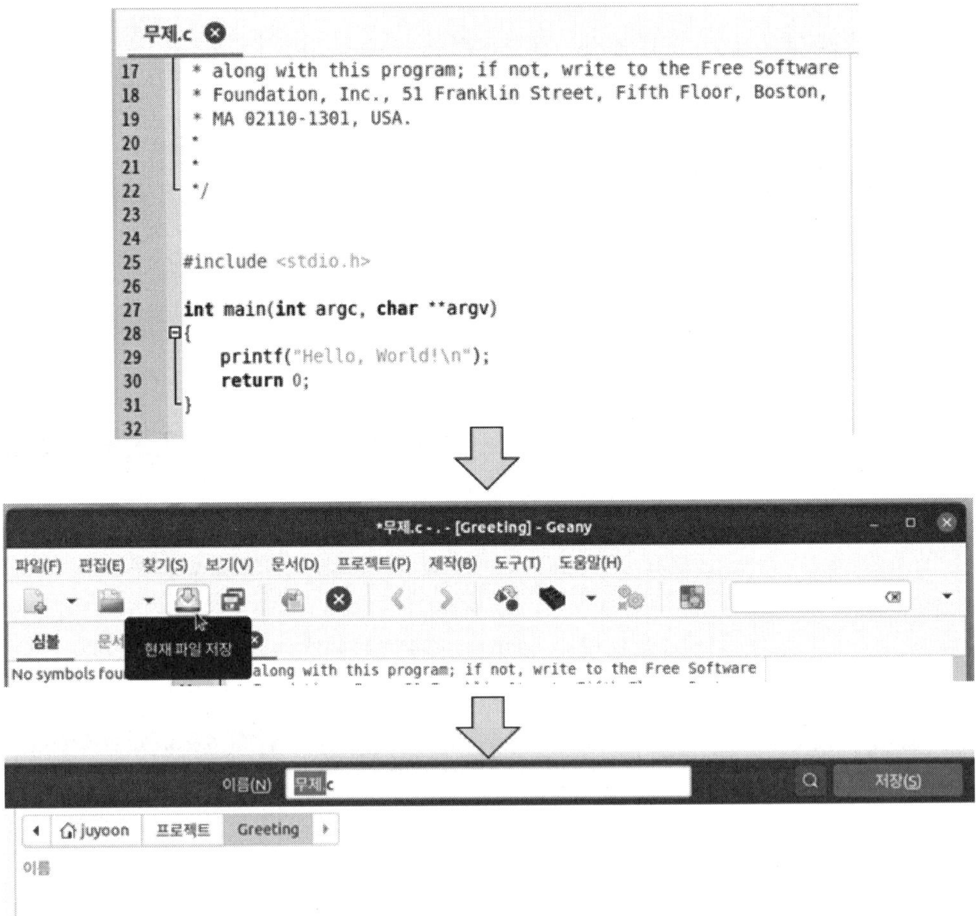

그림 10-25 Geany - 소스 코드 작성과 저장

• 컴파일(해당 소스만 컴파일) 또는 빌드(전체 프로젝트를 컴파일하여 실행 파일 생성) 버튼 선택

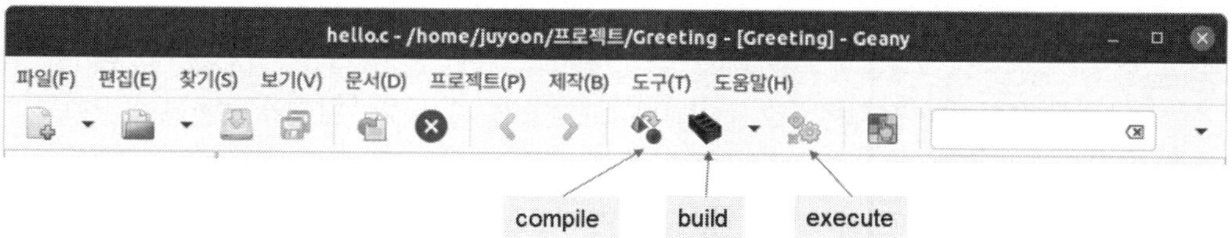

그림 10-26 Geany - 빌드 및 실행 메뉴

- 실행 버튼 선택 (GUI가 아닌 콘솔 프로그램의 경우 별도 터미널이 실행되어 결과가 나타난다.)

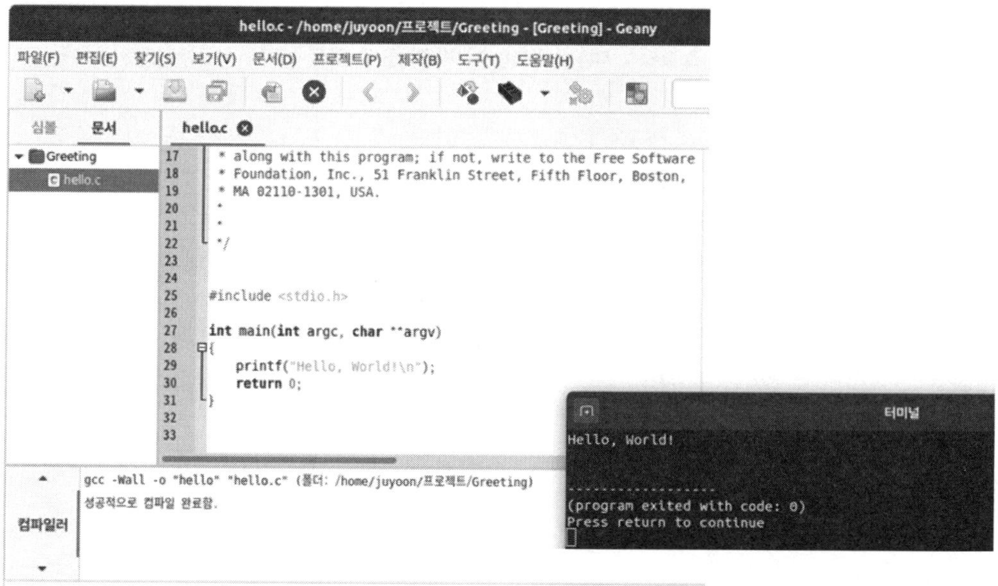

그림 10-27 Geany - 콘솔 프로그램 실행

Geany의 빌드 기본 명령은 그림 10-27에서 보다시피 "gcc -Wall -o hello hello.c"이다.

10장 마무리

이제 리눅스 프로그래밍의 세계로 들어왔다. 프로그램 작성에는 도구가 필요하다. 대부분 IDE를 사용하여 단추 하나 클릭으로 모든 과정이 이루어지는 것에 익숙한 현실에서 하나의 프로그램이 어떤 과정을 거쳐 컴파일이 이루어지고 운영체제의 협력 아래 실행이 되는지 알아보는 것은 성가시기도 하고 신기하기도 할 것이다. 여러분이 단순한 사용자라면 별로 필요 없는 지식이지만 컴퓨터 프로그래밍을 업으로 삼을 사람이라면 반드시 이해하고 있어야 할 내용이고 추후 보다 넓고 깊은 분야를 탐구하기 위한 기초가 되는 것이다.
아직 사용해야 할 기본 도구를 다 소개하지 못했다. IDE를 사용하는 경우에도 추가 컴파일 옵션을 설정하거나 여러 가지 환경설정을 하기 위해서는 그 바탕이 되는 gcc, gdb, make와 같은 도구들이 어떻게 동작하는지 알고 있어야 고급 프로그래머의 길로 갈 수 있다. 이번 장에서는 gcc를 통해 컴파일 과정과 옵션을 익혔고 다음 장에서 gdb와 make 그리고 여러 프로그램에서 공통적으로 활용될 기초 프로그래밍 기술 몇 가지를 소개하겠다.

심화 및 보충 학습

1. 자신이 즐겨 사용하는 프로그래밍 언어에 대한 개발 환경을 구축해 보라. 다양한 개발 도구를 탐색하여 비교해 보고 자신의 목적과 스타일에 맞는 도구를 선택하도록 한다.
2. 자신이 구축한 개발 환경에서 이전에 개발했던 소스 코드를 가져 와 실행해 보라. 리눅스 환경에서 실행하기 위해 어떤 추가 작업이 필요한가?

11장 시스템 프로그래밍 기초 기술

10장에 이어서 시스템 프로그래밍을 하기 전에 알아야 할 몇 가지 기초 공통 기술과 프로그래밍을 수월하게 하기 위한 도구 두 가지를 더 공부한다. 먼저 운영체제에서 제공하는 시스템 API의 특성과 주요 언어인 C의 표준 라이브러리 함수에 대해 살펴본다. 그리고 각 명령어의 옵션이나 인자를 프로그램으로 구현할 때 필수적으로 이해해야 할 명령행 인자 처리 방법, 옵션 처리 방법 및 시스템에서 제공하는 방법을 활용한 오류 처리 방법을 알아 볼 것이다. 또한 gcc와 더불어 프로그래밍의 필수 도구라 할 수 있는 gdb와 make도 알아보기로 하자.

11.1 프로그래밍 요소

11.1.1 시스템 API

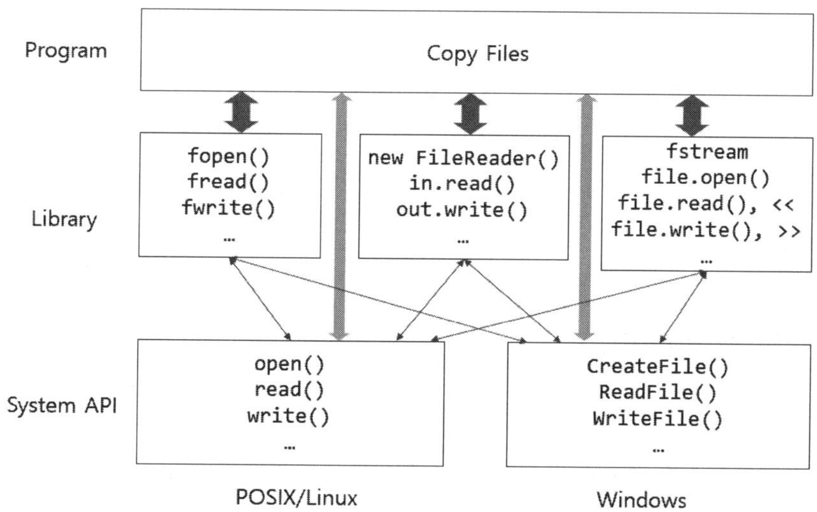

그림 11-1 라이브러리와 시스템 API

시스템이 제공하는 기능을 프로그램에 사용하기 위해서는 시스템 API(Application Programming Interface) 또는 시스템 호출 함수를 사용해야 한다. 많은 프로그래머들이 공통적으로 요구하는 기능을 미리 구현해 놓은 라이브러리 함수들은 플랫폼에 관계없이 각 언어마다 정해지는 것과 달리, 시스템 API는 각 시스템의 고유 기능을 외부에서 사용할 수 있도록 구현해 놓은 것이어서 시스템마다 다르다. 예를 들어 그림 11-1의 파일 복사 기능을 구현하는 프로그램을 생각해 보자. 보통의 프로그래머가 하듯이 fopen, fread, fwrite 등의 C 표준 라이브러리 함수를 사용하면 MS Windows에서나 리눅스에서나 소스 변경 없이 컴파일만 새로 하면 똑같은 기능을 실행할 수 있다. 그러나 시스템 API를 사용하려면 MS Windows에서는 CreateFile, ReadFile, WriteFile 등의 함수를, 리눅스에서는 open, read, write 등의 함수를 써서 코딩해야 한다.

실제로 라이브러리 함수의 내부는 각 시스템마다 서로 다른 API를 사용하도록 구현되어 있다. 즉 C거나 C++거나 Java거나 각 언어의 라이브러리 함수는 다르지만 실제 그 작업을 수행하는 것은 각 운영체제의 시스템 API를 호출하는 과정으로 이루어지는 것이다. 따라서 프로그래머가 언어의 라이브러리 함수를 거치지 않고 직접 시스템 API를 호출하여 동일한 목적을 달성할 수도 있으며, 때로는 라이브러리 함수가 제공하지 않는 기능도 활용할 수 있다. 이 과정은 운영체제가 파일이나 프로세스 등 시스템의 각 요소를 어떻게 다루고 있는지에 대한 이해를 필요로 하기 때문에 앞서 4장에서 소개한 내용들에 더하여 운영체제 내막에 대한 설명이 필요할 때마다 추가될 것이다.

앞으로 파일 시스템, 프로세스 생성과 관리 등을 중심으로 시스템 프로그래밍을 살펴볼 텐데, 이들을 활용하는 예제로서 나만의 명령어와 셸 프로그램을 작성해 볼 것을 권장한다. ls, cp 등 앞에서 배운 수많은 명령어들이 실제로 시스템 API를 사용하여 C 언어로 구현된 프로그램이며, 셸 또한 마찬가지이다. 셸 프로그램의 전체 틀은 13장에 제시되어 있으므로 참고하기 바란다.

11.1.2 라이브러리 함수

어떤 언어에서 자주 사용하는 기능들을 미리 만들어 놓아 모든 프로그래머가 자유롭게 사용할 수 있도록 한 것으로 별도의 파일에 오브젝트 코드의 형태로 저장되어 있다. 프로그래머는 프로그램 내에서 함수를 호출해야 하므로 함수의 원형이 정의된 헤더 파일을 반드시

#include로 포함해 주어야 한다. 그리고 10장에서 설명한 것처럼 컴파일의 마지막 과정에서 프로그래머가 작성한 부분과 라이브러리의 오브젝트 코드가 연결되어 실행할 수 있는 하나의 파일로 완성된다.

하나의 언어 내에서도 버전과 컴파일러에 따라 라이브러리 함수가 달라지기도 한다. 리눅스에서는 POSIX 표준을 따르는 GNU C 라이브러리를 사용한다. 다음은 대표적인 C 표준 라이브러리 함수와 그를 선언한 헤더 파일을 나열한 것이다. C 프로그래밍 경험이 있다면 대부분 사용해 본 함수일 것이므로 각 함수의 기능과 사용법은 생략한다. 자세하게 알고 싶은 경우는 man 명령을 활용하기를 권장한다.

표 11-1 대표적인 C 표준 라이브러리 함수

기능	헤더 파일	세부 기능	대표 함수
입출력	stdio.h	표준 입출력	printf(), scanf(), putchar(), getchar(), …
		파일 입출력	fopen(), fclose(), fread(), fwrite(), …
유용한 기능	stdlib.h	난수 발생	rand(), srand(), …
		수치 변환	atoi(), itoa(), atof(), …
		탐색 및 정렬	qsort(), bsearch(), …
문자형	ctype.h	문자 변환	tolower(), toupper(), …
		문자 판별	isalpha(), isalnum(), isdigit(), islower(), …
문자열	string.h	문자열 처리	strlen(), strcat(), strcmp(), strcpy(), …
		메모리 처리	memset(), memcpy(), …
수학	math.h	수학 함수	sqrt(), sin(), cos(), tan(), arctan(), …
시간	time.h	시간 함수	time(), difftime(), ctime(), …

11.2 공통 기초 기술

본격적으로 리눅스 API를 사용하는 프로그램을 작성하기 전에 모든 프로그램에서 공통적으로 수행되어야 하는 오류 처리를 프로그래밍 하는 방법과, 리눅스 명령어들처럼 명령행에서 여러 가지 옵션이 주어질 수 있는 프로그램을 작성하는 방법에 대해 소개한다.

11.2.1 명령행 인자 처리

앞에서 다루었던 많은 명령어들이 대부분 옵션 또는 인자를 사용한다. 명령어 중에서 실행 파일, 그 중 C로 작성된 소스 코드를 컴파일한 실행 파일을 생각해 보자. 실행 파일의 이름이 무엇이든 C 프로그램의 실행 시작점은 main() 함수이며, 따라서 명령어에 딸린 옵션이나 인자는 main() 함수의 인자가 되어야 한다. 컴파일 과정에서 보았다시피 최종 링크 단계에서 내가 작성한 코드(main으로 시작하는)는 여러 오브젝트 코드와 연결되어 실행 가능한 파일이 생성되며, 여기에는 외부 명령으로부터 입력된 옵션이나 인자를 main 함수에 전달해 주는 방법도 포함되어 있다. 즉, 반드시 지정된 방법으로만 인자를 전달할 수 있다는 것이다.

기본적인 main() 함수는 다음과 같이 2개[1]의 인자가 정의되어 있다.

```
int main(int argc, char *argv[])
{
 ......
}
```

명령을 읽어서 해석하는 셸은 명령행에 나타난 한 줄의 문자열을 공백 기준으로 분리하고, 첫 번째 정수형 변수에는 분리된 문자열의 개수, 두 번째 문자열 포인터 배열 변수에는 각 문자열에 대한 포인터를 저장한다. 명령행에 나타난 문자열과 인자와의 관계를 그림으로 표현하면 그림 11-2와 같다.

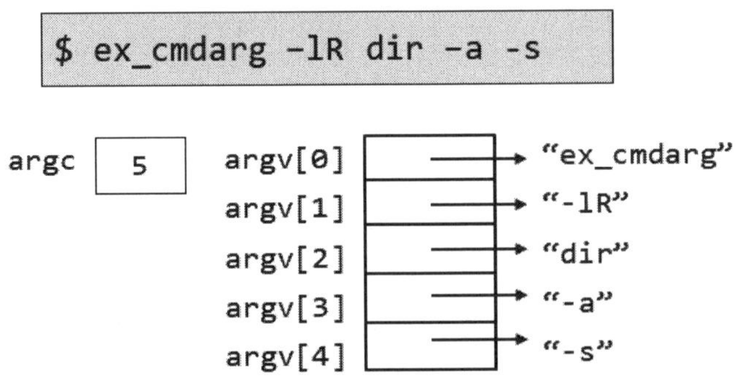

그림 11-2 main 함수의 인자

1) 환경 변수를 전달하기 위한 제 3의 인자도 존재한다. 이는 13장에서 소개할 예정이다.

프로그램에서는 이렇게 전달된 argc와 argv[2] 변수를 이용해 해당 옵션이나 인자를 처리할 수 있다. 다음 코드는 명령행 인자를 처리하는 가장 일반적인 예를 보여 준다.

ex_cmdarg.c

```
#include <stdio.h>

int main(int argc, char *argv[])
{
        printf("Number of arguments: %d\n", argc);
        if (argc < 2)      // 인자의 개수 점검
            printf("%s: no argument\n", argv[0]);
        else               // 인자가 있으면
            for (int i = 1; i < argc; ++i)  // 입력된 문자열을 하나씩 처리
                if (*argv[i] == '-')        // 문자열이 '-'로 시작하는 경우
                    printf("option: %c\n", argv[i][1]);
        return 0;
}
```

```
$ ex_cmdarg -lR dir -a -s
Number of arguments: 5
option: l
option: a
option: s
```

11.2.2 옵션 처리

명령행 인자를 다루는 법을 안다고 해도 "$ ls -la -R /etc"와 같이 여러 개의 옵션과 인자를 프로그램에서 처리하기란 간단한 일이 아니다. 옵션의 순서는 정해져 있지 않으며 여러 개 옵션 문자가 연이어 들어올 수도 있으며 옵션과 인자의 순서가 바뀔 수도 있다. 앞의 ex_cmdarg.c 코드를 보면 문자열의 첫 번째 문자를 검사해 '-'이면 옵션으로 처리하도록 했으나 연속된 문자를 처리하지 않고 한 글자만 사용했기 때문에 'R' 옵션이 나타나지 않는다. 또한 중간에 있는 인자 dir의 위치를 따로 저장하지 않았기 때문에 옵션을 모두 처리 후 다시

2) 명령행 인자의 이름 argc는 argument count, argv는 argument vector를 각각 표현하는 것으로 대부분의 프로그램에서 이 이름을 사용하기 때문에 고정된 것으로 알기 쉬우나 모든 다른 변수와 마찬가지로 프로그래머가 자유로이 이름을 지정할 수 있다.

배열을 처음부터 검사하여 옵션이 아닌 인자를 처리해야 해서 작업이 중복된다. 중복 작업을 하지 않으려면 일단 한 번 명령행을 처음부터 끝까지 한 번만 읽으면서 필요한 요소를 분리하거나 위치를 이동하여 하나씩 처리할 수 있도록 해야 한다. 이를 쉽게 할 수 있도록 해 주는 C 라이브러리 함수가 getopt()이다.

getopt()는 명령행에 들어온 입력을 하나씩 잘라 저장한다. 기본 getopt() 함수는 POSIX 스타일의 옵션, 즉 - 기호와 하나의 문자로 이루어진 옵션을 처리하고, --option과 같은 GNU 스타일의 옵션은 getopt_long() 함수로 처리할 수 있다. 여기서는 getopt() 함수만 소개한다.

getopt() 및 그에 관련된 변수들의 정의는 다음과 같다.

명령행 옵션 처리

```
#include <unistd.h>

int getopt(int argc, char* const argv[], const char *optstring);

extern char* optarg;                    // unistd.h에 선언됨
extern int optind, opterr, optopt;      // unistd.h에 선언됨
```

argc	명령행에 나열된 문자열의 수
argv	명령을 구성하는 각 문자열에 대한 포인터 배열
opstring	옵션으로 사용할 문자를 포함하는 문자열
반환값	현재 처리하는 옵션 문자의 코드값을 반환. 처리할 옵션이 없으면 -1 반환
optarg	옵션에 필수로 인자가 있는 경우 그 인자 문자열에 대한 포인터
optind	다음에 처리할 문자열의 순서(index). 1부터 시작
opterr	유효한 옵션이 아닌 경우 오류 메시지 출력 여부 지정. 디폴트 값은 1이며 메시지를 출력한다. 0으로 지정하면 출력하지 않는다.
optopt	유효한 옵션이 아닌 경우 그 문자를 저장

getopt()에 전달되는 인자 argc와 argv는 명령행에서 main() 함수 쪽으로 전달된 것과 같은 것으로, 이 중 '-'로 시작하는 것만 옵션으로 인식한다. 한 번 호출될 때마다 하나씩의 옵션 문자를 분리하여 그 코드값을 int형으로 반환하며, 여러 개의 옵션을 처리하려면 그 숫자만큼 반복 호출해야 한다. 변수 optind는 다음에 처리할 문자열의 인덱스인데 초기값은 1이다. 같은 argv에 대해 다시 작업하려면 optind를 1로 리셋해야 한다. 더 이상 처리할 옵션

문자열이 없으면 −1을 반환한다. 즉, 종료 조건으로 이용할 수 있다. 종료 후 optind의 값은 옵션 및 그에 부속된 인자의 문자열을 모두 더한 것보다 하나 많은 수가 되고, 옵션이 아닌 첫 번째 문자열, 즉 명령의 인자(앞의 예에서 /etc) 문자열을 가리키는 인덱스 역할을 한다. 옵션과 인자가 뒤섞여 나오는 경우에도 옵션 문자열만 모두 모아 앞에서 처리하고 인자는 나중에 처리된다.

옵션으로 사용할 문자는 optstring 문자열에 정의한다. 즉, −l, −R, −a와 같이 세 가지의 옵션을 처리하고 싶다면 "alR"과 같이 작성하면 된다. 어떤 옵션과 연계하여 반드시 인자가 와야 한다면 ':' 문자를 뒤에 추가한다. 예를 들어 "ps −u juyoon"이라는 명령에서 "−u" 옵션은 반드시 뒤에 UID나 로그인 이름이 와야 한다. 이를 정의할 때의 optstring은 "u:"와 같이 만들어진다. 이 때 옵션에 관련된 인자는 optarg 변수에 저장된다.

유효한 옵션이 아닌 경우, 즉 optstring에 지정된 문자가 아닌 경우 stderr로 오류 메시지가 출력되고 그 문자는 optopt에 저장되며 getopt() 함수의 반환값은 '?'이다. 이 때 opterr 변수를 0(NULL)으로 지정하면 오류 메시지가 출력되지 않는다. optstring의 첫 번째 문자가 ':'인 경우에는 오류의 표시로 '?'가 아니라 ':'를 반환한다.

getopt()를 사용한 예제와 그 실행 결과는 다음과 같다.

ex_getopt.c

```
#include <stdio.h>
#include <stdlib.h>
#include <unistd.h>

int main(int argc, char* argv[]) {
  int flags, opt;
  int nsecs, tfnd;

  nsecs = 0;            // t 옵션의 부속 인자
  tfnd = 0;             // 시간 옵션 t가 설정되었음을 표시
  flags = 0;            // 옵션 n이 설정되었음을 표시

  while ((opt = getopt(argc, argv, "nt:")) != -1) {
     // 옵션 문자로 n과 t가 있으며 t 옵션 뒤에는 인자가 와야 한다.
     switch (opt) {    // getopt 반환값에 따라
       case 'n': flags = 1;
```

```
            break;
        case ‘t’: tfnd = 1;
            nsecs = atoi(optarg);// t 옵션 뒤의 인자를 숫자로 변환
            break;
        default:                    // ‘?’가 반환되는 경우
            if (opterr) {           // 오류 메시지 출력이 설정되어 있으면
                fprintf(stderr, “Usage: %s [-t nsecs] [-n] name\n”, argv[0]);
                // 기본 오류 메시지에 추가하여 사용법 안내 출력
                opterr = 0;         // 오류 메시지 출력 방법을 변경
            }
            else {      // getopt가 오류 메시지를 출력하지 않으면
                 fprintf(stderr, "Invalud option: %c\n", optopt);
            }
        }
    }
    printf(“flags=%d; tfnd=%d; nsecs=%d; optind=%d\n”,
             flags, tfnd, nsecs, optind);

    if (optind >= argc) { // name 인자가 없는 경우
        fprintf(stderr, “Expected argument\n”);
        exit(EXIT_FAILURE);
    }
    printf(“name argument = %s\n”, argv[optind]); // name 인자 출력
    exit(EXIT_SUCCESS);
}
```

```
$ ex_getopt
flags=0; tfnd=0; nsecs=0; optind=1
Expected argument                  ← 인자가 입력되지 않았음

$ ex_getopt -n -t a
flags=1; tfnd=1; nsecs=0; optind=4
Expected argument                  ← t 옵션 뒤에 온 a를 t의 인자로 취급

$ ex_getopt -nt 3 abc              ← 두 옵션을 연속해서 써도 별도로 처리됨
flags=1; tfnd=1; nsec=3; optind=3
name argument = abc                ← 모든 옵션과 인자가 제대로 처리됨

$ ex_getopt -t100 -n abc           ← 옵션 인자를 붙여 써도 됨
```

```
flags=1; tfnd=1; nsec=100; optind=3
name argument = abc

$ ex_getopt -x -n abc -k
ex_getopt: invalid option -- 'x' ← getopt에서 생성한 메시지
Usage: ex_getopt [-t nsecs] [-n] name
Invalid option: k            ← opterr 값을 변경하여 자체 오류 메시지 출력
flags=1; tfnd=0; nsecs=0; optind=4
name argument = abc          ← 옵션과 인자의 순서가 섞여도 괜찮음
```

마지막으로 주의할 사항은 getopt()는 오직 옵션만 처리한다는 것이다. 모든 옵션 문자열을 앞으로 몰아서 처리하고 optind 변수에는 첫 번째 인자의 인덱스가 저장되며, 둘 이상의 인자가 있다면 그 위치부터 차례로 argv 배열에 저장된 인자 문자열을 처리하는 코드는 프로그래머가 직접 작성해야 한다.

11.2.3 예외 및 오류 처리

많은 경우 초보 프로그래머는 예외나 오류 상황에 대한 처리를 하지 않는다.[3] 그리고 앞으로 사용할 많은 시스템 API 함수들은 오류에 대해서 아무런 명시적인 표현을 하지 않기 때문에 오류가 발생했는지 알 수도 없고 그 이후의 코드 실행에도 문제가 생기게 된다. 실제로 제대로 기능하는 신뢰성 있는 프로그램을 작성할 때는 예외가 발생할 수 있는 가능성을 미리 예상해 보고 예외가 발생했을 때 어떻게 대처할 것인지에 대한 코드가 포함되어 있어야 한다. 어느 수준까지 대비할 것인지는 순전히 프로그램을 작성하는 사람의 선택이다. 물론 대비하려는 예외가 많을수록 프로그램 코드는 더 복잡해질 것이다. 다음은 가장 단순하면서 전형적인 예외 처리 코드다.

```
if ((fp = fopen("data.txt", "rt")) == NULL) { // 파일을 열 때 오류 발생
    fprintf(stderr, "file open error!\n");
    exit(EXIT_FAILURE);
}
```

fopen 함수의 경우 파일을 여는 것이 실패했을 때 NULL을 반환하기 때문에 그를 이용해

3) 코드가 너무 길어질 우려가 있어 앞으로 소개될 예제 프로그램에서도 특별한 경우가 아니면 오류 처리를 하지 않을 것이다. 여러분은 항상 오류 처리 코드를 프로그램에 포함하는 습관을 갖도록 노력하기 바란다.

오류를 검사하고 후속 조치를 취한다. 그런데 실패의 원인은 한 가지가 아니다. 지정한 파일이 존재하지 않거나 지정한 파일이 존재하더라도 파일을 열 수 있는 권한이 없는 경우일 수도 있다. 위의 코드로는 단지 실패했다는 것만 알 수 있을 뿐 그 원인은 알 수 없다. 때로는 좀 더 상세하게 오류의 원인을 구분하여 그에 따른 대처를 다르게 할 필요가 있다.

다행스럽게도 시스템 호출이나 라이브러리 함수 호출의 경우 호출을 중개하고 실행 상태를 관리하는 것이 운영체제의 몫이어서 호출의 결과와 실행 상태에 대한 상세 정보를 운영체제가 보관하고 있다. 시스템의 도움을 얻어 보다 세밀하게 오류 처리를 할 수 있는 방법이 있다는 것이다.

표 11-2 주요 오류의 종류 및 이름

오류 이름	번호	오류 설명
EACCES	13	허가 거부 (Permission denied)
EBADF	9	파일 디스크립터가 잘못됨 (Bad file descriptor)
EEXIST	17	파일이 있습니다 (File exists)
EINVAL	22	부적절한 인수 (Invalid argument)
EISDIR	21	디렉터리입니다 (Is a directory)
ENOENT	2	그런 파일이나 디렉터리가 없음 (No such file or directory)
ENOTDIR	20	디렉터리가 아닙니다 (Not a directory)
ENOTEMPTY	39	디렉터리가 비어 있지 않음 (Directory not empty)

가장 최근에 실행된 시스템 호출이나 라이브러리 함수의 결과는 errno라는 변수에 저장된다. 헤더 파일 〈errno.h〉에 이 errno 변수가 선언되어 있다. 각 오류의 번호 및 그에 따른 오류 메시지는 시스템에서 지정하고 있으며, 번호 대신 이름으로 사용할 수 있도록 오류마다 지정된 이름이 있다. 주요 오류의 이름은 표 11-2와 같다. 전체 오류 종류는 "$ errno -l" 명령을 실행해 보면 알 수 있으니 참조하도록 한다. 아무 오류도 없이 잘 실행되었을 때는 반환값이 0이고 errno 변수에도 0이 저장된다.

오류 이름을 직접 사용하여 해당 오류에 대한 메시지를 출력하고 프로그램을 종료하거나 오류를 무시하거나 수정하고 실행을 계속하는 프로그램을 작성할 수 있다. 그러나 일반적으로는 errno 변수를 활용하여 시스템에서 미리 정해 놓은 오류 메시지를 출력하는 방법을 많이 사용한다.

어떤 종류의 오류인지 오류 번호에 따른 오류 메시지를 출력하는 방법은 두 가지가 있다. 두 함수 모두 오류 메시지의 내용은 같다.

오류 메시지 출력	

`#include <errno.h>`
`#include <stdio.h>`
`#include <string.h>`
 	
`char* strerror(int errno);       // string.h에 선언되어 있음`
`void  perror(const char *s);     // stdio.h에 선언되어 있음`	

strerror	주어진 errno 번호에 따른 정해진 메시지 문자열을 반환한다.
perror	주어진 문자열 s와 가장 최근에 실행된 함수의 실행 결과에 대한 메시지를 출력한다. s가 NULL이 아니면 두 문자열 사이에 ": " 구분자를 출력한다.

오류 번호와 출력 함수를 사용하는 예를 보자.

ex_errno.c

```
#include <errno.h>        // errno 변수 선언
#include <stdio.h>        // 표준 오류 메시지 perror(char *) 함수 선언
#include <string.h>       // 표준 오류 메시지 strerror(int) 함수 선언
#include <fcntl.h>

int main(int argc, char* argv[]) {
   FILE *fp;

   fp = fopen(argv[1], "r"); // 오류 발생 시 자동으로 errno 설정
   printf("Error number: %d >> ", errno);
   printf("%s\n", strerror(errno));
   perror("My msg");
   if (fp)     // 파일을 정상적으로 연 경우
       close(fd);
   return 0;
}
```

```
$ ex_errno er_errex.c
Error number: 0 >> Success                              ← 오류 없이 실행됨
My msg: Success
$ ex_errno abc.txt
Error number: 2 >> No such file or directory            ← 해당 파일이 없음
My msg: No such file or directory
$ ex_errno tt
Error number: 13 >> Permission denied                   ← 파일에 대한 읽기 권한이 없음
My msg: Permission denied
$ ex_errno
Error number: 14 >> Bad address                         ← 파일 이름이 주어지지 않아
My msg: Bad address                                     ← argv[1]을 찾아갈 수 없음
```

실행 예에서 마지막 오류의 경우, argv[1]에 저장되어 있는 주소로 가서 파일 이름에 해당하는 문자열을 읽어 와야 하는데 아무런 인자가 주어지지 않았기 때문에 argv[1]에 저장된 값은 의미가 없는 주소값이어서 "Bad address" 오류가 발생한다.

오류의 종류를 구체적으로 검사하거나 오류 발생 시 재시도하는 코드 대신 간단하게 종료해 버리는 방법도 있다. 다음에 소개하는 매크로 assert는 인자로 주어진 조건을 검사하여 만족하지 않는 경우 abort()를 호출하여 프로그램 실행을 종료한다. 오류에 대해 적극적으로 대처하지 않기 때문에 디버깅 과정에서 사용하는 것이 좋다.

오류 확인 시 종료	

`#include <assert.h>`
 	
`void assert(scalar expression)`	

expression	참/거짓을 판명할 수 있는 수식. 결과가 0이면 거짓으로 판명한다.

ex_assert.c

```
#include <assert.h>
#include <stdio.h>

int main(int argc, char *argv[])
{
```

```
        if (argc > 1)
                printf("Number of arguments: %d\n", argc-1);
        else    printf("No arguments\n");
        assert(argc > 1);
        printf("Bye!\n");
        return 0;
}
```

```
$ ex_assert 1 2 3
Number of arguments: 3
Bye!
$ ex_assert
No arguments
ex_assert: ex_assert.c:9: main: Assertion `argc > 1' failed.
중지됨 (코어 덤프됨)
$
```

11.3 Make

10장에서 gcc를 이용해 컴파일할 때 필요한 여러 요소를 살펴 보았다. 가장 간단한 경우에도 실행 파일의 이름을 지정하기 위해 "-o" 옵션을 주는 것이 일반적이고, 경우에 따라 단계별로 매우 다양한 옵션들이 필요함을 알 수 있었다. 그런데 옵션이 많을 경우 컴파일 때마다 복잡한 옵션을 일일이 써 주는 것은 매우 성가신 일이다(셸의 히스토리 기능을 사용한다 하더라도!). 게다가 파일이 많고 소스 디렉터리 구조가 복잡한 경우에는 옵션만으로 끝나는 것이 아니라 전체를 하나의 프로젝트로 묶고 해당 파일들에 대해 컴파일 및 링크를 수행하여 하나의 실행 파일로 빌드(build)하는 과정이 필요하다. 또한 여러 개의 파일 중 일부만 변경되었을 때 전체를 모두 새로 컴파일하기 보다는 변경된 파일만 컴파일하여 오브젝트 코드를 만들고 링크 과정만 새로 수행해 실행 파일을 만들면 훨씬 효율적으로 작업을 수행할 수 있다.

Make는 여러 파일들 간의 의존성을 저장하고 수정된 파일에 연관된 소스 파일들만 재컴파일하고 링크하는 과정을 쉽게 하도록 해 주는 빌드 도구다. 또한 프로그래밍의 컴파일 과

정뿐만 아니라 DocBook이나 TeX와 같이 많은 파일들에 대해 순차적이고 반복적인 동질의 작업을 수행하여 하나의 최종 결과물을 만들어 내는 종류의 작업에 매우 유용하게 활용된다.

10장에서 잠깐 소개한 바와 같이 make의 가장 단순한 동작은 다음과 같이 C 소스 파일 하나에 대해 동일한 이름의 실행 파일을 생성하는 것이다.

```
$ make hello
cc     hello.c   -o hello
```

11.3.1 Makefile 기본 구조 및 구성 요소

좀 더 복잡한 빌드 과정에 대해서는 소스 파일들 간의 다양한 의존성에 대한 규칙과 make가 수행할 작업을 셸 스크립트처럼 보이는 지시서에 기록해야 한다. 이 지시서는 일반적으로 Makefile이라는 이름을 사용하며 아무 옵션이나 인자 없이 make를 사용할 경우 현재 디렉터리 내에 GNUmakefile, makefile, Makefile이라는 이름의 파일이 있는지 순서대로 찾아서 첫 번째 존재하는 파일을 수행한다.

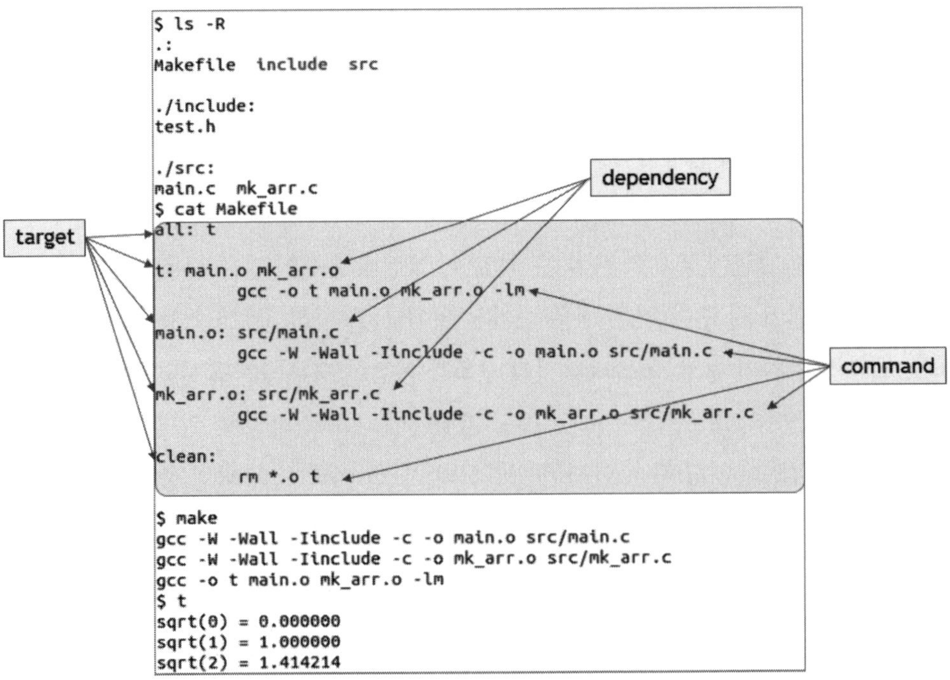

그림 11-3 Makefile의 내용과 make 수행 결과

make의 기본 작동 순서는 다음과 같다. 그림 10-11에서 제시되었던 하나의 헤더 파일과 두 개의 소스 파일로 구성된 프로그램에 대해 make를 수행하는 과정을 나타낸 그림 11-3을 참조하여 과정을 살펴보자.

- 디렉터리 내에서 지시서를 찾는다. (예: Makefile)
- 지시서 내의 첫 타겟을 찾는다. (예: all)
- 종속 항목(dependency)을 디렉터리에서 확인하고, 없으면 명령에 따라 종속 항목을 생성한다. (예: all → t, t → main.o → src/main.c, mk_arr.o → src/mk_arr.c)
- 타겟을 지정하면 그 타겟만 생성한다.

타겟을 지정하고 make를 실행하는 간단한 예는 다음과 같다.

```
$ ls
Makefile include main.o mk_arr.o src t
$ make clean
rm *.o t
$ ls
Makefile include src
$
```

앞의 예에서 보다시피 Makefile은 최종 결과물(target), 그 결과물을 만드는데 필요한 재료(종속 항목), 그리고 그 결과물을 만드는 작업을 수행하는 명령어(command)의 세 가지 기본 구성 요소로 이루어진다. 이렇게 구성된 하나의 항목을 생성 규칙(rule)이라고 하며 Makefile에 없어서는 안 될 필수 요소이다. 그 외의 필요한 요소를 포함한 일반적인 Makefile의 구조는 그림 11-4와 같다.

생성 규칙을 작성할 때 몇 가지 주의할 점이 있다.

- 타겟 다음에는 콜론(:)이 오고 종속 항목을 같은 줄에 나열한다.
- 명령어는 새로운 줄에 작성하고, 무조건 TAB으로 시작해야 한다.
- 한 줄에 하나의 명령이 작성되어야 한다. 행이 길면 끝에 \'로 연결, 여러 개의 명령어를 한 줄에 넣고 싶으면';'으로 분리한다.

• 종속 항목이 없는 타겟도 가능하다. (예: clean) 이 경우도 명령어는 새로운 줄에 작성해야 한다.

`CC      = gcc` `CFALGS  = -W -Wall -I./include`	매크로 정의

`target1: dpnd1 dpnd2  #comment`
TAB `command1`
`command2`
	생성 규칙

`target2: dpnd3 dpnd4 dpnd5` `command3`	생성 규칙
`target3:` `command4`	생성 규칙

그림 11-4 Makefile 기본 구조

Makefile에서의 주석문은 셸 스크립트와 마찬가지로 '#' 기호로 시작해 그 줄의 끝까지이다.

KDevelop과 같은 통합 개발 환경에서 프로젝트를 구성하고 있는 요소들을 보면 자동으로 생성된 Makefile이 있어 이를 기준으로 빌드가 이루어짐을 알 수 있다. 타겟이 debug일 때는 -g 옵션을 주어 gdb를 사용할 수 있게 하고 최종 버전은 -g 옵션이 없는 타겟인 stable로 빌드한다. 빌드에 필요한 요소나 옵션을 변경하고 싶으면 직접 Makefile을 수정하면 된다.

그림 11-5 KDevelop - Makefile

11.3.2 매크로와 확장자 규칙

대규모 Makefile을 작성하다 보면 같은 문자열을 여러 곳에서 사용할 경우가 많다. 이런 경우 매크로를 정의해 사용하게 된다. 매크로는 Makefile의 필수 요소는 아니지만 매우 흔히 사용되며, 미리 정해 놓은 내장 매크로도 있다.

가장 기본적인 매크로 정의는 셸 변수와 유사한데, '=' 기호 양쪽에 공백이 있어도 무방하고 참조 시 $를 앞에 붙이고 반드시 () 또는 {}로 매크로 이름을 감싸야 한다는 점이 다르다. 하나의 이름을 여러 번 정의하면 최후에 지정된 것을 사용한다.

```
NAME = string
target: $(NAME).o
```

내장 셸 변수가 존재하는 것과 마찬가지로 make에서 미리 정의해 놓은 내장 매크로가 있다. 내장 매크로의 값은 CC, RM 등과 같이 기본값이 정의된 것이 있고, CFLAGS, CPPFLAGS, LDFLAGS 등과 같이 역할에 따라 이름은 정의되어 있지만 그 내용은 프로그래머가 때에 따라 자유롭게 지정해 사용할 수 있도록 준비된 것도 있다.

보다 편리하게 make를 사용하기 위해서는 내부 매크로 또는 자동 매크로(automatic macro)를 잘 이해해야 한다. 'make -p' 명령을 사용하면 내부 정의 매크로와 기본 생성 규칙을 볼 수 있다. 대표적인 내부 매크로가 표 11-3에 소개되어 있다.

표 11-3 make의 내부 매크로

매크로	의 미
$?	현재 타겟보다 최근에 변경된 종속 항목 리스트
$^	현재 타겟의 종속 항목 리스트
$@	현재 타겟의 이름
$<	현재 타겟보다 최근에 변경된 종속 항목 리스트 (확장자 규칙에서만 사용)
$*	현재 타겟보다 최근에 변경된 현재 종속 항목의 이름 (확장자 규칙에서만 사용)

Makefile에서 의존 관계를 명시하여 언제 어떻게 타겟을 만들어야 하는지 지정하는 것을 명시적 규칙이라 한다. 반면, 특정한 종류의 대상 파일을 언제 어떻게 만들어야 하는지 묵시적으로 지정하는 규칙들이 있다. 예를 들어 C 컴파일러는 ".c" 확장자를 가지는 소스 파일을 컴파일하여 같은 이름에 ".o" 확장자가 붙은 오브젝트 파일을 생성한다. 표 11-3의 설명 중

"확장자(suffix) 규칙"이란 묵시적 규칙 중 확장자와 관련된 규칙들을 의미한다. 이러한 규칙을 사용하면 수백 수천 개의 파일로 구성된 매우 복잡하고 거대한 프로젝트에 대해서도 간결한 형태의 Makefile을 작성할 수 있다. 앞의 예제에 대해 확장자 규칙을 사용한 다른 형태의 Makefile을 보자.

```
Makefile2

SRCS            = $(wildcard src/*.c)       # main.c mk_arr.c
OBJECTS         = $(SRCS:.c=.o)             # main.o mk_arr.o
CPPFLAGS        = -Iinclude
CFLAGS          = -W -Wall
LDFLAGS         = -lm

all: t

t: $(OBJECTS)
	$(CC) $(CPPFLAGS) $(CFLAGS) -o $@ $^ $(LDFLAGS)

clean:
	$(RM) *.o t
```

```
$ make -f Makefile2                    ← 디폴트가 아닌 파일을 사용할 때 -f 옵션
cc -W -Wall -Iinclude  -c -o src/mk_arr.o src/mk_arr.c
cc -W -Wall -Iinclude  -c -o src/main.o src/main.c
cc -Iinclude -W -Wall -o t src/mk_arr.o src/main.o -lm
$ ls
Makefile  Makefile2  include src t
```

이 예에서 SRCS, OBJECTS 등은 사용자가 임의로 정한 이름, CPPFLAGS, CFLAGS, LDFLAGS는 미리 용도가 정의되어 있지만 구체적인 내용은 사용자가 정하도록 한 매크로들이다. 옵션을 한데 묶어 하나의 이름으로 정의해도 큰 문제는 없다.

수행 과정에서 그림 11-3의 Makefile과 다른 점이 보이는가? Makefile2에서는 목적 코드 .o 파일을 동일한 이름의 소스 코드 .c 파일로부터 생성되도록 하는 기본 생성 규칙과 여러 개의 파일을 한꺼번에 표시할 수 있는 wildcard 함수를 사용했다. 따라서 목적 코드들이 src 디렉터리에 만들어진다. 명령에서 사용한 내부 매크로 $@는 현재 타겟을 의미하므로 t

이고, $^는 종속 항목 리스트이므로 각 컴파일 단계에서의 종속 항목, 즉 src/mk_arr.c 또는 src/mk_arr.o 등을 의미한다. 다만 마지막 링크 단계에서는 전처리 단계 옵션 -Iinclude나 컴파일 단계 옵션 -W 등이 필요 없음에도 불구하고 "하나의 명령어 + 기본 생성 규칙"으로 구성되어 있기 때문에 모든 옵션이 포함되었다.

이 상태에서 일부 파일이 수정되었다고 해 보자. 테스트를 위한 것이기 때문에 직접 수정하지는 않고 touch 명령을 사용해 최종 수정 시간만 변경해 준다.

```
$ touch src/main.c
$ make -f Makefile2
cc -W -Wall -Iinclude  -c -o src/main.o src/main.c
cc -Iinclude -W -Wall -o t src/mk_arr.o src/main.o -lm
$
```

소스가 변경되지 않아 다시 컴파일할 필요가 없는 파일은 제외하고 변경된 파일만 다시 컴파일한 다음 전체 목적 코드를 모아 링크 후 실행 파일을 생성하는 작업이 이루어진다. 즉, make를 사용하면 소스 코드의 수가 매우 많은 경우 매번 전체 파일을 컴파일하지 않아도 되기 때문에 시간이 절약된다.

좀 더 단순하게 표현할 수 있는 Makefile 예제를 하나 더 보자.

Makefile3

```
OBJECTS         = $(patsubst %.c, %.o, $(wildcard src/*.c))
CFLAGS =          -W -Wall -Iinclude
LDFLAGS         = -lm

t: $(OBJECTS)
	$(CC) -o $@ $^ $(LDFLAGS)
```

```
$ make -f Makefile3
cc -W -Wall -Iinclude    -c -o src/mk_arr.o src/mk_arr.c
cc -W -Wall -Iinclude    -c -o src/main.o src/main.c
cc -o t src/mk_arr.o src/main.o -lm
$
```

달라진 점들을 발견했는가? patsubst 함수에 대한 상세한 설명은 생략하겠지만 대강 어떤 작업을 하는지 눈치챌 수 있을 것이다. 그보다 중요한 점은 명령어 부분에서 $(CFLAGS)가 없는데도 컴파일 시 옵션이 적용되었다는 점이다. CFLAGS 변수는 C 언어 컴파일 옵션의 역할로 미리 규정되어 있기 때문에 $(CC) 사용시 자동으로 적용이 된다. 더 좋은 점은 링크 옵션이 아니므로 최종 실행 파일을 만드는 링크 단계에서는 필요하지 않은 이 옵션이 빠진다는 것이다.

11.3.3 Recursive make

make가 유용한 것은 특히 소스 파일들이 많아서 여러 디렉터리로 나누어진 경우다. 리눅스 커널의 소스를 가져 와 풀어 보면 수많은 소스 파일들과 헤더 파일들이 여러 단계로 구성된 디렉터리들에 산개되어 있는 것을 볼 수 있다. 또한 소스의 루트 디렉터리뿐만 아니라 각 하위 디렉터리마다 makefile이 존재하는 것도 볼 수 있을 것이다.

여러 개의 디렉터리로 구성된 소스 코드의 경우 Makefile을 작성하는 방법은 여러 가지가 있을 수 있다. 가장 간단한 것은 앞에서 나온 Makefile들처럼 직접 지정하거나 VPATH 매크로를 쓰는 방법인데 숫자가 많거나 구조가 변경될 가능성이 있으면 그다지 효율적이지 않은 방법이다.

Makefile4

```
VPATH       = src
OBJECTS     = main.o mk_arr.o
CFLAGS =     -W -Wall -Iinclude

t: $(OBJECTS)
	$(CC) -o $@ $^ -lm
```

```
$ make -f Makefile4
cc -W -Wall -Iinclude    -c -o main.o src/main.c
cc -W -Wall -Iinclude    -c -o mk_arr.o src/mk_arr.c
cc -o t main.o mk_arr.o -lm
```

계층이 깊고 많은 수의 디렉터리로 구성된 소스에 대해서는 디렉터리의 구조를 따라

recursive make 구조를 구성하는 것이 일반적으로 사용하는 방법이다. 각 소스 디렉터리마다 자신의 디렉터리에 있는 소스를 컴파일할 수 있는 Makefile이 존재한다. 상위 디렉터리의 Makefile은 하위 디렉터리를 차례로 방문해 make를 실행하고 그 결과를 다시 자신의 상위 디렉터리로 전달하도록 하고, 최상위 디렉터리는 이 결과를 모두 모아 최종 실행 파일을 구성하게 된다.

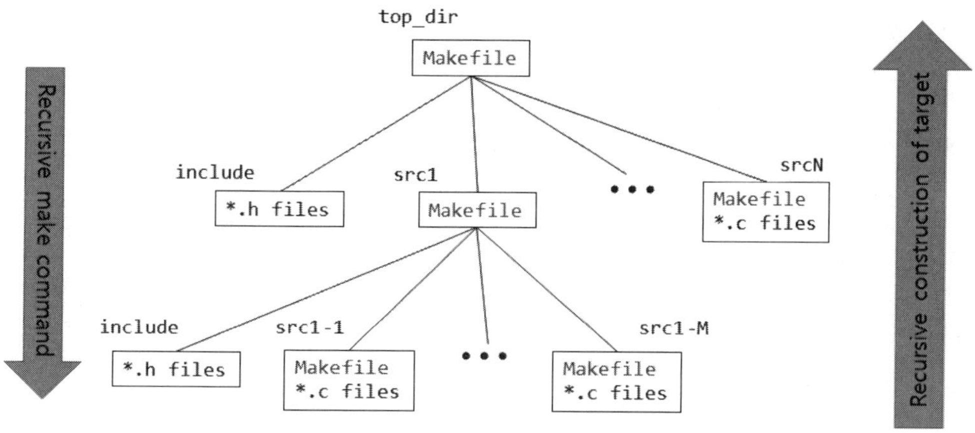

그림 11-6 Recursive make 구조

앞의 예에 대해서 recursive make를 구성하는 Makefile을 보겠다. 실제로는 디렉터리가 하나이기 때문에 진정한 순환 make의 힘을 보기는 어렵지만 for 구문을 사용해서 여러 개의 디렉터리를 순차적으로 처리하는 예시는 될 수 있다.

먼저 개별 소스 디렉터리에서 직접 빌드를 수행하는 Makefile은 다음과 같다.

src/Makefile4

```
OBJECTS         = $(patsubst %.c, %.o, $(wildcard *.c))
CFLAGS          = -W -Wall -I../include     ← include 디렉터리 주의

all: $(OBJECTS)

clean:
 rm -rf *.o
```

최상위 디렉터리의 Makefile은 하위 디렉터리를 차례로 방문하여 해당 디렉터리의 Makefile로 make를 수행하도록 구성되어 있다.

```
Makefile5

DIRS        = src
SRCS        = $(wildcard src/*.c)     # main.c mk_arr.c
OBJECTS     = $(SRCS:.c=.o)           # main.o mk_arr.o
LDFLAGS     = -lm
TARGET      = t

all: objs
	$(CC) -o $(TARGET) $(OBJECTS) $(LDFLAGS)

objs:
	@for dir in $(DIRS); do \          ← 하위 디렉터리를 차례로 방문
	make -C $$dir || exit $?; \        ← 하위 디렉터리의 Makefile 실행
	done

clean:
	@for dir in $(DIRS); do \
	make -C $$dir clean; \
	done
	rm -rf $(TARGET)
```

```
$ make -f Makefile5
make[1]: 디렉터리 '/home/ssluser/make/src' 들어감
cc -W -Wall -I../include   -c -o mk_arr.o mk_arr.c
cc -W -Wall -I../include   -c -o main.o main.c
make[1]: 디렉터리 '/home/ssluser/make/src' 나감
cc -o t src/mk_arr.o src/main.o -lm
$ ls -R
.:
Makefile5  include  src  t

./include:
test.h

.src:
Makefile  main.c  main.o  mk_arr.c  mk_arr.o
```

지금까지 매우 간략하게 make에 대해 설명하였다. Make에 대해 자세히 알고 싶은 사람

은 GNU 매뉴얼을 참조하기 바란다.[4] 매뉴얼이 200쪽 가까이 되는 분량인 만큼 make를 제대로 사용하려면 알아야 할 것이 무척 많지만, 우리는 여기 있는 몇 가지 예제를 응용해서 자신의 작업에 활용할 수준 정도로 만족하기로 하자.

11.4 GDB

프로그램을 개발하는 과정에는 오류를 찾고 수정하는 부분이 필수적이다. 오류는 설계 단계, 문법, 의미 분석, 실행 시간 등 다양한 단계에서 발생할 수 있다. 이 중 문법 오류 점검은 컴파일러의 필수 기능 중 하나이다. 또한 똑똑한 컴파일러일수록 문법으로만 표현되지 않는 의미 상의 오류도 찾아내어 프로그래머에게 경고(warning)를 해 준다. 실행 시간의 오류는 그대로 실행이 중단되기 때문에 오류임을 알 수 있다. 그러나 실행 오류 중에는 원인을 금방 알기 어려운 경우도 있고, 실행이 제대로 종료되었음에도 그 결과가 옳지 않거나 원하는 대로 작업이 이루어지지 않는 경우는 설계 단계까지 거슬러 올라가거나 매우 많은 입력을 일일이 실험해 가며 오류 부분을 찾고 수정해야 한다. 가장 초보적인 기법으로는 소스 코드 곳곳에 단계를 알리는 메시지와 변수의 현재 값을 보여 주는 출력문을 삽입해 점검하는 방법이 있다. 디버거(debugger)는 이 과정을 좀 더 체계적으로 할 수 있도록 해 주는 프로그래밍 보조 도구이며, 고급 프로그래머일수록 디버거를 매우 잘 활용한다.

GDB(GNU Project Debugger)는 GNU에서 구현한 강력한 디버거이다. 상세한 내용은 http://www.gnu.org/software/gdb/documentation를 참고하도록 하고 여기서는 최소한의 사용법을 소개할 예정이다. 한글로 번역된 설명서는 http://korea.gnu.org/manual/release/gdb에 있지만 그리 최신 버전은 아니다. 그런데 이러한 매뉴얼은 여러 가지 기능을 소개만 했을 뿐, 상세한 설명이나 예제가 없어서 초보자가 사용법을 익히기에 좋지는 않다. "gdb tutorial" 등으로 검색해서 초심자를 위한 친절한 안내서를 찾아 보기 바란다.

11.4.1 gdb 사용법

gdb를 사용하기 위해서는 소스 코드를 컴파일할 때 반드시 "-g" 옵션을 주어야 한다. 또한

4) http://www.gnu.org/software/make/manual

최종 실행 파일의 효율을 추구하는 최적화 옵션 "-O"는 사용하지 말아야 한다.

gdb를 실행하는 법은 다음과 같다.

```
gdb [options] [program] [core file]
gdb [options] [program] [processID]
```

여기서 program은 -g 옵션을 주어 컴파일한 실행 파일이다. core란 특정 오류에 대해 OS가 생성하는 파일이며 종료 순간의 CPU context와 데이터, 스택 등의 정보를 저장한다. processID는 현재 실행 중인 프로그램을 디버깅하고자 할 때 사용하는 인자다. gdb를 실행하면 별도의 셸과 같은 환경이 실행되어 gdb가 가진 명령을 사용하게 되는데, 이 gdb 프로그램에서 빠져 나오려면 "q"(quit) 또는 "^d"를 입력한다.

```
$ gcc -o warn -g warn.c
$ gdb warn
GNU gdb (Ubuntu 9.2-0ubuntu1~20.04) 9.2
Copyright (C) 2020 Free Software Foundation, Inc.
License GPLv3+: GNU GPL version 3 or later <http://gnu.org/licenses/gpl.html>
This is free software: you are free to change and redistribute it.
There is NO WARRANTY, to the extent permitted by law.
Type "show copying" and "show warranty" for details.
This GDB was configured as "x86_64-linux-gnu".
Type "show configuration" for configuration details.
For bug reporting instructions, please see:
<http://www.gnu.org/software/gdb/bugs/>.
Find the GDB manual and other documentation resources online at:
    <http://www.gnu.org/software/gdb/documentation/>.

For help, type "help".
Type "apropos word" to search for commands related to "word"...
Reading symbols from warn...
(gdb) q
$
```

11.4.2 gdb 명령어

gdb 내에서 사용할 수 있는 명령어의 종류는 꽤 많다. 자주 사용하는 명령어는 한 글자로 된

약자로 사용하며, 셸과 마찬가지로 한 글자를 입력 후 TAB을 누르면 자동 완성 기능이 작동하고 히스토리 기능도 있어 긴 이름이나 명령이 필요할 때 유용하다.

□ 도움말

실행 중 명령의 종류와 기능을 알고 싶으면 h(help) 명령을 사용한다. 도움말은 계층적으로 구성되어 있어 “h [group]” 또는 “h [command]”와 같이 그룹별 또는 특정 명령어에 대한 도움말을 볼 수 있다.

```
(gdb) h
List of classes of commands:

aliases -- Aliases of other commands.
breakpoints -- Making program stop at certain points.
data -- Examining data.
files -- Specifying and examining files.
internals -- Maintenance commands.
obscure -- Obscure features.
running -- Running the program.
stack -- Examining the stack.
status -- Status inquiries.
support -- Support facilities.
tracepoints -- Tracing of program execution without stopping the program.
user-defined -- User-defined commands.

Type "help" followed by a class name for a list of commands in that class.
Type "help all" for the list of all commands.
Type "help" followed by command name for full documentation.
Type "apropos word" to search for commands related to "word".
Type "apropos -v word" for full documentation of commands related to "word".
Command name abbreviations are allowed if unambiguous.
(gdb) h breakpoints              ← breakpoint 관련 명령에 대한 도움말 요청
Making program stop at certain points.

List of commands:

awatch -- Set a watchpoint for an expression.
break -- Set breakpoint at specified location.
break-range -- Set a breakpoint for an address range.
```

```
catch -- Set catchpoints to catch events.

                    ← 중 략 →
--Type <RET> for more, q to quit, c to continue without paging--q
Quit
(gdb) h break               ← break 명령에 대한 도움말 요청
Set breakpoint at specified location.
break [PROBE_MODIFIER] [LOCATION] [thread THREADNUM] [if CONDITION]

                    ← 중 략 →
--Type <RET> for more, q to quit, c to continue without paging--q
Quit
(gdb)
```

□ 소스 보기

gdb 내에서 프로그램 소스를 보는 명령은 l(list)이다. 기본 기능은 main 함수를 기점으로 10줄씩 출력하며, 명령을 반복하면 다음 10줄씩 계속해서 출력한다. 인자로 함수 이름 또는 줄 번호 등을 주어 원하는 위치부터 출력할 수 있다.

l *n*	*n*번째 행을 기준으로 출력
l *func*	함수 *func*의 소스출력
l -	최근 출력된 행의 이전 **10**줄을 출력
l *file.c:func*	여러 파일에 동일한 이름의 함수가 있을 때 *file.c* 파일의 *func* 함수 출력
l *file.c:n*	*file.c* 파일의 *n*번째 행을 기준으로 출력
set listsize *n*	한 번에 출력되는 코드의 줄 수를 *n*으로 설정

```
$ gdb ex
GNU gdb (Ubuntu 9.2-0ubuntu1~20.04) 9.2
      ← 중 략 →
Reading symbols from ex...done.
(gdb) l
1       #include <stdio.h>
2       #include "test.h"
3
4       int main(void)
```

```
5       {
6           double arr[MAX];
7
8           make_arr(arr);
9           for (int i=0; i < MAX; ++i)
10              printf("sqrt(%d) = %lf\n", i, arr[i]);
(gdb) l make_arr                    ← make_arr 함수 출력
1       #include <math.h>
2       #include "test.h"
3
4       void make_arr(double *a)
5       {
6           for (int i=0; i < MAX; ++i)
7               a[i] = sqrt((double) i);
8       }
(gdb) l main.c:8                    ← main.c 파일의 8행 기준 출력
3
4       int main(void)
5       {
6           double arr[MAX];
7
8           make_arr(arr);
9           for (int i=0; i < MAX; ++i)
10              printf("sqrt(%d) = %lf\n", i, arr[i]);
11          return 0;
12      }
(gdb)
```

□ 프로그램 실행

gdb 실행 시작 시 지정했던 프로그램을 실행하려면 r(run) 명령을 사용한다. 아무런 사전 조치 없이 프로그램을 실행하면 처음부터 끝까지 프로그램이 실행되고 오류 여부에 따라 정상 종료되거나 중단된다.

r(run)	프로그램 실행
r *args*	명령행 인자 *args*가 있는 프로그램인 경우 r 명령 옆에 인자를 적는다.
k(kill)	프로그램 실행 종료
bt(backtrace)	프로그램 중단 시 런타임 스택 상태를 보여 준다.

그림 10-11 예제의 main 함수를 약간 고쳐서 오류가 발생하도록 하고 -g 옵션을 주어 컴파일한 후 gdb에서 실행시켜 보자. 오류가 발생하면 프로그램 실행은 중단되고 어느 지점에서 오류가 생긴 것인지 표시된다.

```
$ gdb ex
        ← 중략 →
Reading symbols from ex...done.
(gdb) set listsize 5              ← 한 번에 보이는 소스 코드의 길이 설정
(gdb) l 4
2       #include "test.h"
3
4       int main(void)
5       {
6           double *arr;              ← 수정한 코드
(gdb) r
Starting program: /home/juyoon/ex/ex

Program received signal SIGSEGV, Segmentation fault.        ← 오류로 중단
0x00005555555551a7 in make_arr (a=0x0) at src/mk_arr.c:7    ← 오류 위치
7                   a[i] = sqrt((double) i);
(gdb) bt                              ← 스택 상태 출력
#0  0x00005555555551a7 in make_arr (a=0x0) at src/mk_arr.c:7
#1  0x00005555555551d5 in main () at src/main.c:8
(gdb) k
Kill the program being debugged? (y or n) y
[Inferior 1 (process 6259) killed]
(gdb)
```

프로그램 중단 시 mk_arr.c 파일의 7번째 줄을 실행하던 중에 오류가 발생했음을 알려준다. 또한 문제가 된 요소, 즉 포인터(배열 이름) a의 값이 0x0, 즉 NULL임이 표시되어 있다. 때로 어떤 상황인지 더 상세히 알기 위해 "bt" 명령을 사용하기도 한다. make_arr 함수가 main 함수 8번째 줄에서 호출되었고 그 때 인자인 a의 값이 0x0이라는 정보가 출력된 것을 볼 수 있다. 이 예제는 매우 단순해서 큰 의미가 없어 보이지만, 좀 더 복잡한 경우 호출 경로와 호출 시의 인자를 모두 알려 주기 때문에 오류의 원인을 찾기에 도움이 된다.

□ 중단점(breakpoint) 설정과 해제

실행 중 오류가 생겼을 때 메시지와 위치만 보고도 오류의 원인을 알고 수정할 수도 있지만 그렇지 않은 경우 프로그램의 실행 과정을 추적하며 살펴보아야 한다. 이를 위해 디버거에서는 오류 발생 직전에 실행을 중단하고 한 단계씩 수행해 보며 변수값의 변화나 실행 순서 등 여러 요소를 점검해 볼 수 있다. 실행이 중단될 지점을 중단점(breakpoint)이라 하는데 이와 관련된 명령은 b(breakpoint), rb(rbreak), cl(clear), d(delete), enable/disable 등이 있다.

b *func*	함수 *func* 시작 부분에 중단점 설정
b *n*	*n*번째 행에 중단점 설정
b *file.c:func*	*file.c*의 함수 *func*에 중단점 설정
b *file.c:n*	*file.c*의 *n*번째 행에 중단점 설정
b +*n*	현재 행에서 *n*행 다음에 중단점 설정
b -*n*	현재 행에서 *n*행 전에 중단점 설정
b *n* if *var*==0	변수 *var*의 값이 0이면 *n*번째 행에 중단점 설정
rb *string**	*string*과 일치하는 모든 이름에 중단점 설정. rb는 정규표현식을 활용하는 명령
watch *var*	변수 *var*의 값이 변할 때마다 정지한다. 중단점 설정과 달리 실행 중에만 사용된다.
info b	현재 설정된 중단점과 관찰점(watchpoint)을 모두 보여줌
cl *func*	*func*에 설정된 중단점 삭제. *func* 외의 인자 사용은 b 명령과 같다.
d(delete)	모든 중단점/관찰점 삭제
d *n*	*n*번(info로 확인한 번호) 중단점/관찰점 삭제
disable br	모든 중단점을 비활성화
disable br 1 3	1, 3번 중단점을 비활성화
enable br	모든 중단점을 활성화
enable br once 1	1번 중단점을 활성화하고, 한 번 걸린 다음 비활성화되도록 설정
enable br delete 1	1번 중단점을 활성화하고, 한 번 걸린 다음 삭제되도록 설정

b 명령으로 중단점을 설정하면 삭제/비활성화하거나 gdb가 종료될 때까지 계속 적용된다. 한 번만 적용되는 1회용 중단점 설정은 "tb" 명령을 사용한다.

□ 단계별 수행

중단점을 설정하면 설정 지점 직전에 수행이 멈춘다. 그 상황에서 실행을 계속하거나 한 문장씩 실행하거나 변수값을 관찰할 수 있어야 오류를 정확히 추적할 수 있다.

s(step)	한 행을 수행한 후 정지한다. 함수 호출문의 경우 호출된 함수의 내부로 들어간다.
s *n*	*n* 행을 수행한 후 정지
n(next)	한 행을 수행한 후 정지한다. 함수 호출문도 한 행으로 취급하여 함수 전체를 실행하고 다음 행으로 진행한다.
n *m*	*m* 행을 수행한 후 정지
c(continue)	다음 중단점을 만날 때까지 계속 수행
u(until)	루프 내부로 들어온 경우 루프를 빠져나간다.
finish	현재 함수를 수행하고 나간다.
return	현재 함수를 수행하지 않고 빠져나간다.
return *value*	현재 함수를 수행하지 않으나 반환값 *value*를 호출한 함수에 돌려준다.

□ 변수 값 보기와 설정

실행 중 특정 변수의 현재값을 알아보거나 중단점에서 중단 시 보기를 설정해 놓은 변수의 값을 자동으로 출력하도록 하는 명령이 있다. 또한 특정 변수의 값을 임의로 설정할 수도 있다.

p(print) *name*	*name* 변수의 값 또는 *name* 함수의 주소 출력 *name*이 포인터인 경우 변수에 저장 중인 주소값이 출력됨.
p **name*	*name*이 포인터인 경우 *name*이 가리키는 주소에 저장된 값 출력
p **name@size*	*name*이 포인터인 경우, *name* 번지부터 *size*개 만큼의 값 출력
p *var=value*	*var* 변수의 값을 *value*로 설정한다.
display *var*	실행이 중단되면 자동으로 *var* 변수의 값을 출력

출력하고자 하는 변수 name은 기본적으로 현재 실행 중인 함수의 지역 변수를 의미한다. 같은 변수명이 프로그램 내 여러 곳에서 중복해 사용될 경우, "file::name" 또는 "function:name"의 형태로 파일이나 함수 이름을 앞 쪽에 붙여 지정한다.

지금까지 설명한 gdb의 여러 가지 기능을 활용하여 그림 10-11 예제의 실행을 추적해 보자.

```
(gdb) b main               ← main 함수에 중단점 설정
Breakpoint 1 at 0x11dd: file src/main.c, line 4.
(gdb) r                    ← 프로그램 실행 시작
Starting program: /home/juyoon/ex10
```

```
Breakpoint 1, main () at src/main.c:4
4    int main(void) {           ← main 함수에서 중단
(gdb) n                         ← next 명령 수행
6              make_arr(arr);
(gdb) s                         ← step 명령 수행 (make_arr 함수로 진입)
make_arr (a=0x7) at src/mk_arr.c:4
4    void make_arr(double *a) {
(gdb) s
5    for (int i=0; i < MAX; ++i)
(gdb) s
6    a[i] = sqrt((double) i);
(gdb) s                ← sqrt 함수로 진입, 소스가 없으므로 소스를 보여줄 수 없음
__sqrt (x=0) at w_sqrt_compat.c:30
30   w_sqrt_compat.c: 그런 파일이나 디렉터리가 없습니다.
(gdb) finish           ← 함수를 수행하고 빠져나옴
Run till exit from #0  __sqrt (x=0) at w_sqrt_compat.c:30
0x00005555555551c2 in make_arr (a=0x7fffffffdb70) at src/mk_arr.c:6
6    a[i] = sqrt((double) i);
Value returned is $1 = 0
(gdb) watch I          ← 변수 i의 값 변화 감시
Hardware watchpoint 2: i
(gdb) info b           ← 현재 설정된 중단점 확인
Num  Type           Disp Enb Address            What
1    breakpoint     keep y   0x00005555555551dd in main at src/main.c:4
     breakpoint already hit 1 time
2    hw watchpoint  keep y                      i
(gdb) c                ← 다음 중단점까지 계속 실행
Continuing.

Hardware watchpoint 2: i        ← watchpoint에서 중단

Old value = 0
New value = 1
0x00005555555551ce in make_arr (a=0x7fffffffdb70) at src/mk_arr.c:5
5    for (int i=0; i < MAX; ++i)
(gdb) n
6                   a[i] = sqrt((double) i);
(gdb) n
5    for (int i=0; i < MAX; ++i)
(gdb) p a[i]           ← 변수 a[i]의 값 출력
```

```
$2 = 1
(gdb) p i=8                ← i의 값을 8로 설정
$3 = 8
(gdb) delete 2             ← watchpoint(2번) 삭제
(gdb) b main.c:8           ← main.c 소스의 8번줄에 중단점 설정
Breakpoint 3 at 0x55555555520a: file src/main.c, line 8.
(gdb) c                    ← 다음 중단점까지 계속 실행
Continuing.

Breakpoint 3, main () at src/main.c:8
8                          printf("sqrt(%d) = %lf\n", i, arr[i]);
(gdb) p arr                ← 배열 arr의 값 출력 (2~7은 건너뛰어 제대로 된 값이 아님)
$4 = {0, 1, 6.9533558074267085e-310, 0, 0, 0, 6.9533491667824566e-310,
6.9533491762562641 3-310, 6.9533558073820449e-310, 3, 3.1622776601683795,
  ←중 략→
--Type <RET> for more, q to quit, c to continue without paging--q
Quit
(gdb) p *arr               ← arr 주소에 저장된 값 출력
$5 = 0
(gdb) p *arr@3             ← arr 주소부터 3개의 값 출력
$6 = {0, 1, 6.9533558074267085e-310}
(gdb) display I            ← i 값 출력 - 중단 시 자동 출력. 중단점은 아님
1: i = 0
(gdb) info b
Num     Type           Disp Enb Address            What
1       breakpoint     keep y   0x0000555555554722 in main at src/main.c:4
        breakpoint already hit 1 time
3       breakpoint     keep y   0x0000555555554746 in main at src/main.c:8
        breakpoint already hit 1 time
(gdb) c                    ← 다음 중단점까지 계속 실행
Continuing.
sqrt(0) = 0.000000

Breakpoint 3, main () at src/main.c:8
8                          printf("sqrt(%d) = %lf\n", i, arr[i]);
1: i = 1                   ← 중단 시 display로 설정된 변수 값 자동 출력
(gdb) c
Continuing.
sqrt(1) = 1.000000
```

```
Breakpoint 3, main () at src/main.c:8
8                       printf("sqrt(%d) = %lf\n", i, arr[i]);
1: i = 2
(gdb) d
Delete all breakpoints? (y or n) y
(gdb) u                 ← 현재 루프를 빠져나감
sqrt(2) = 0.000000
7                       for (int i=0; i < MAX; ++i)
(gdb) u                 ← 현재 루프를 빠져나감
sqrt(3) = 0.000000
sqrt(4) = 0.000000
sqrt(5) = 0.000000
sqrt(6) = 0.000000
sqrt(7) = 0.000000
sqrt(8) = 0.000000
sqrt(9) = 3.000000
← 중 략 →
sqrt(99) = 9.949874
9       return 0;
(gdb) c
Continuing.
[Inferior 1 (process 2786) exited normally]
(gdb) quit
```

11장 마무리

리눅스에서 응용을 개발하기 위해서 각 언어에서 제공하는 라이브러리 함수를 사용하는 방법만으로도 가능하지만, 때로는 시스템이 제공하는 함수를 직접 이용해야 할 때가 있다. 그리고 시스템 API는 바깥에서 운영체제의 내부를 슬쩍 들여다보고 그 기능과 구조를 이해하는 단서를 제공하기도 한다. 기회가 되면 Windows API 등 다른 운영체제의 API를 사용해 보고 Windows 운영체제의 구성 원리와 철학을 알아보는 것도 재미있을 것이다.

명령행 인자 처리 및 오류와 옵션 처리는 어떤 종류의 시스템 프로그램을 작성하더라도 반드시 필요한 요소들이다. 앞으로 소개되는 예제에는 오류 처리에 대한 부분이 모두 생략되어 있을 것이나 실제 프로그램 작성 시에 이들이 반드시 포함되어야 함을 잊지 않도록 하자.

프로그램 개발 도구로 10장에서 소개한 gcc와 더불어 이번 장에서 소개한 make와 gdb도 필수 요소다. IDE를 활용하면 굳이 힘들게 명령으로 이런 도구를 사용할 필요가 없지 않나 싶겠지만, 잠깐 보여준 예와 같이 대부분의 IDE는 단지 GUI를 제공하는 껍데기이며 실제 작업을 수행하는 것은 gcc, make, gdb 등이다. 따라서 이런 도구들이 무슨 기능들을 갖추고 어떻게 사용되는지 이해를 하면 IDE에서도 그 기능을 더 잘 활용할 수 있을 것이다.

심화 및 보충 학습

1. 한 파일의 내용을 다른 파일로 복사하는 cp 명령을 C 프로그램으로 작성해 보자. 파일의 종류에 관계없이 복사할 수 있도록 이진 파일 입출력을 사용하도록 한다. 옵션은 없으며 원본과 복사본 파일에 대해 가능한 모든 예외와 오류 처리를 시도하라.
2. 1번에서 구현한 cp 프로그램에 옵션 처리를 추가해 보자. 옵션의 종류는 리눅스에 있는 cp의 옵션 중에서 선택하여 구현한다.
3. 자신이 사용하는 IDE에서 makefile 또는 빌드 설정을 변경하는 방법을 찾아서 테스트해 보라.
4. 자신이 사용하는 IDE에서 디버거를 사용하는 방법을 찾아서 테스트해 보라.

12장

프로그래밍: 파일과 디렉터리

이제 본격적으로 시스템 API를 사용해서 다양한 시스템 프로그램을 작성한다. 운영체제도 프로그램으로 되어 있다는 것을 생각해 본 적이 있는가? 실제 리눅스 커널은 대부분 C 언어로 작성되어 있고 일부 CPU 의존적인 부분을 해결하기 위해 어셈블리어로 작성된 부분들이 있다. 우리가 파일, 프로세스라고 일컫는 요소들도 C의 구조체를 이용해 자료 구조가 구성되어 있고, 파일을 읽고 쓰거나 여러 프로세스들이 교대로 CPU를 차지해 작업을 수행하는 과정 등은 프로그램에 의해 제어된다. 그래서 우리도 C를 사용할 것이며, 같은 기능의 표준 라이브러리 함수가 있는 경우에도 되도록 시스템 API를 사용하여 운영체제에 조금 더 다가가 볼 것이다.

맨 먼저 일반 사용자에게 가장 친숙한 시스템 자원인 파일에 대한 여러 API와 그를 활용하는 방법을 살펴 본다.

12.1 파일 시스템 자료 구조

시스템 API를 공부하기에 앞서 리눅스에서 설정한 파일 접근 구조를 먼저 이해해야 한다. 4장에서는 개념적인 구조로 트리 형태의 디렉터리와 다양한 유형의 파일을 살펴 보았고 논리적 분할 덩어리인 파티션에 대해서도 알아 보았다. 이들의 구조와 동작을 총체적으로 구성하고 제어하여 사용자의 명령과 저장 장치 사이의 왕래, 즉 파일 입출력을 수행할 수 있도록 하는 것을 파일 시스템이라 한다.

4장에서 소개하였듯이 파일 시스템의 종류는 매우 다양하며 각기 다른 내부 자료 구조와 작동 방식들로 구성되어 있다. 그런데 다양한 파일 시스템마다 서로 다른 호출 함수를 사용하거나 자료 구조의 상이함으로 인해 동작이 달라진다면 사용자 프로그램을 작성하는 이들은 그 모든 경우에 대한 서로 다른 버전을 작성해야 할 것이다. 하드웨어의 발전으로 새로운 파일 시스템이 출현한다면 이전의 프로그램들을 모두 다시 작성해야 하는 우울한 사태가 벌어질지도 모르며, 결국 소프트웨어 엔지니어들의 업무가 과중해지거나 기술 발전이 정체되는 결과로 이어질 것이다. 그래서 시스템의 다양성을 허용하면서도 프로그래머의 부담을 최소화하기 위해, 유닉스/리눅스에서는 가상 파일 시스템(VFS: Virtual File System) 계층을 추가한 방식을 채택하고 있으며 공통 파일 모델(CFM: Common File Model)을 이용해 하드웨어나 실제 파일 시스템의 종류와 상관없이 똑같은 자료 구조와 시스템 API를 사용해 파일 시스템을 접근할 수 있도록 하고 있다.

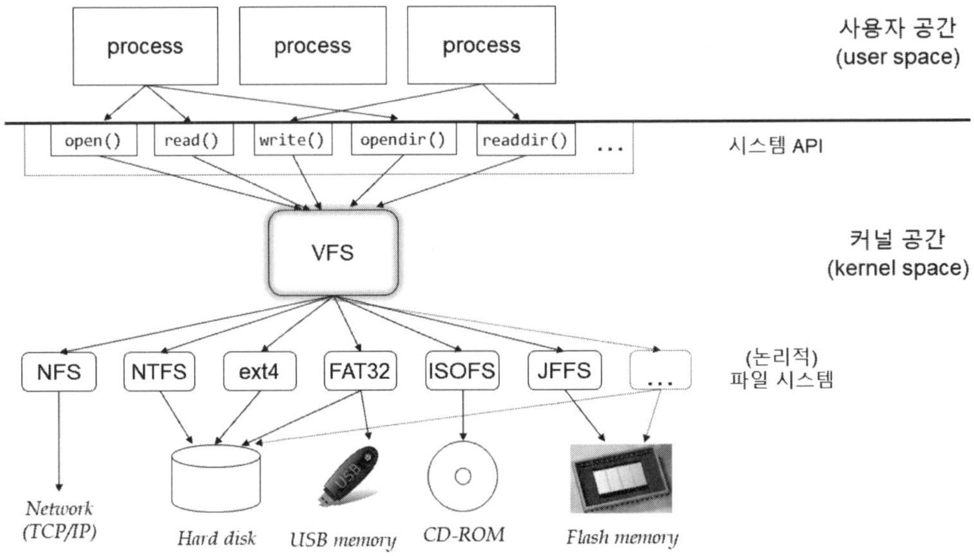

그림 12-1 가상 파일 시스템

12.1.1 하드 디스크 저장 구조

VFS와 CFM은 하드디스크를 기준으로 파일 시스템을 구성하고 있다. CFM에서 사용하는 주요 자료 구조는 수퍼블록(struct super_block), 아이노드(struct inode), 파일(struct file), 디엔트리(struct dentry) 등이다. 이 중, 수퍼블록과 아이노드는 디스크, 즉 보조기억장치에 저장되어 보존되는 내용과 연결이 되고 파일과 디엔트리는 프로세스 실행 시 파일과 연결될 때 사용되는 자료 구조다.

프로그램에서 사용하는 자료 구조와 연계되어 실제 파일과 데이터들이 하드디스크에 저장되는데, 하드디스크에 저장되는 내용을 기준으로 할 때 유닉스/리눅스의 파일 시스템은 크게 네 가지 부분으로 이루어져 있다. 각각을 부트 블록, 수퍼블록, 아이노드 테이블, 데이터 블록으로 구분하는데, 그 순서는 아래의 그림처럼 되어 있다. 또한 이러한 구조는 리눅스 파일 시스템으로 초기화된 보조기억장치라면 모두 동일하다.

부트 블록 (Boot Block)	수퍼블록 (Superblock)	아이노드 테이블 (Inode Table)	데이터 블록 (Data Blocks)

□ 부트 블록

운영체제를 부팅시키기 위해 필요한 코드가 저장되어 있다. 대부분의 파일 시스템들은 부트 블록으로 시작하는데, 부트 블록의 구조는 대부분 비슷하다. 하드웨어가 부팅에 필요한 코드를 항상 같은 위치에서 같은 방법으로 찾을 수 있어야 하기 때문이다.

□ 수퍼블록

파일 시스템과 관련된 정보를 담고 있다. 예를 들면 파일 시스템의 전체 크기, 아이노드 테이블과 데이터 블록의 전체 크기 등이다. 여기서 파일 시스템은 마운트 단위가 되는 것으로 시스템 설치 시 파티션에 해당하는 것으로 볼 수 있다. 유닉스/리눅스 운영체제는 수퍼블록의 정보를 사용하여 각각의 파일 시스템을 관리하게 된다. 8장에 나온 df 명령이 수퍼블록에 대한 정보를 보여 주는 것이라 할 수 있다.

```
$ df
Filesystem     1K-blocks     Used Available Use% Mounted on
udev            12246972        0  12246972   0% /dev
tmpfs            2455272     2216   2453056   1% /run
/dev/sda7       48720564 15136616  31079348  33% /
tmpfs           12276340        0  12276340   0% /dev/shm
tmpfs               5120        4      5116   1% /run/lock
tmpfs           12276340        0  12276340   0% /sys/fs/cgroup
/dev/loop0        101760   101760         0 100% /snap/core/11316
/dev/loop2        224256   224256         0 100% /snap/gnome-3-34-1804/66
/dev/loop1         56832    56832         0 100% /snap/core18/2074
/dev/loop3          2560     2560         0 100% /snap/gnome-system-monitor/160
/dev/loop5        101760   101760         0 100% /snap/core/11187
```

```
/dev/loop4          66432     66432         0 100% /snap/gtk-common-themes/1514
/dev/loop7          63232     63232         0 100% /snap/core20/1026
/dev/loop6         224256    224256         0 100% /snap/gnome-3-34-1804/72
/dev/loop8           2560      2560         0 100% /snap/gnome-system-monitor/163
/dev/loop9          56832     56832         0 100% /snap/core18/2066
/dev/loop10         66688     66688         0 100% /snap/gtk-common-themes/1515
/dev/loop11        249856    249856         0 100% /snap/gnome-3-38-2004/39
/dev/sda1          262144     65120    197024  25% /boot/efi
/dev/sdb5        40965344   7778364  31076312  21% /home
/dev/sdc2       204799996 156519180  48280816  77% /media/Warehouse
/dev/sdc1       300919804 273057304  27862500  91% /media/Working
/dev/sdc3       471038972 207871752 263167220  45% /media/Personal
tmpfs             2455268        16   2455252   1% /run/user/121
tmpfs             2455268        20   2455248   1% /run/user/1000
$
```

위 예에서 이름이 /dev/sd로 시작하는 파티션은 하드디스크에 실제로 존재하는 수퍼블록이고, 나머지는 운영체제가 사용하는 가상 수퍼블록들이다.

□ 아이노드 테이블

파일의 속성, 즉 파일에 대한 메타정보를 저장하는 것이 **아이노드**다. 따라서 파일 하나당 하나의 아이노드가 생성되고, 파일 시스템에 포함된 파일이라면 실제 형태가 무엇이든지 간에 아이노드를 하나씩 가지게 된다. 아이노드의 내부 구조는 그림 12-2와 같이 그려볼 수 있는데 파일에 대한 접근 권한, 소유주, 파일 크기 등에 대한 정보를 저장하는 부분과 여러 개의 데이터 블록을 가리키기 위한 포인터로 구성되어 있다. 데이터 블록을 가리키기 위한 포인터는 직접적으로 연결하는 포인터와 두 단계 이상 거쳐서 연결되는 간접 포인터들로 구성된다. 아이노드 테이블은 하드디스크에서 이들 아이노드를 한꺼번에 모아서 저장하는 구역으로서, 같은 크기의 아이노드가 순차적으로 저장되어 있다. 즉, 아이노드의 배열이라고 볼 수 있다. 아이노드 번호는 테이블 내에서 아이노드가 저장된 위치(인덱스)를 나타내는데 파일의 고유 번호 역할을 하며 아이노드 테이블에서 해당 아이노드를 검색해서 메모리로 읽어 오는데 사용되는 키 값이 된다. (그림 6-3 참조)

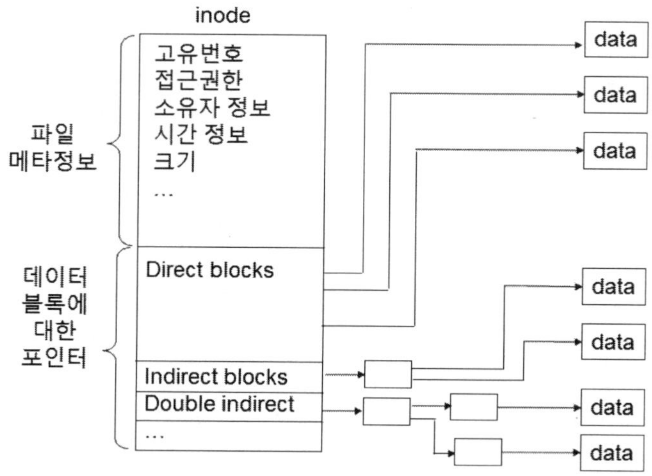

그림 12-2 아이노드와 데이터 블록

□ 데이터 블록

파일에 실제로 보관해야 하는 데이터들을 저장하고 있다. 리눅스 파일 시스템에서 파일의 종류에 관계없이 각 파일마다 한 개의 아이노드가 반드시 존재하지만, 데이터 블록은 파일의 종류와 파일이 저장할 데이터의 크기에 따라 한 개도 없을 수도 있고 여러 개가 있을 수도 있다.

12.1.2 파일 작업과 아이노드

운영체제(파일시스템)가 어떤 작업을 하는 경우에 아이노드가 연관되는지 생각해 보자. 파일 당 하나씩의 아이노드가 연결되므로 파일의 생성과 삭제 작업 시 아이노드도 생성 또는 삭제될 것이다. 복사(cp) 작업 시에도 새로운 파일이 생성되는 것이므로 새로운 아이노드가 생성된다. 유닉스/리눅스에서는 디렉터리도 파일로 취급하므로 디렉터리의 생성과 삭제 시에도 역시 아이노드 생성/삭제가 일어난다. 아이노드는 파일의 속성을 기록하고 있으므로 속성이 변경되는 작업에서도 역시 아이노드가 연관된다. 파일의 이름을 바꾸는 mv, 접근권한을 바꾸는 chmod 등의 명령어 사용 시나 파일을 열어 내용을 변경하는 등의 작업이 실행되면 속성의 변화가 생긴다. 또한 아무런 수정이 없는 경우에도 아이노드에 기록된 파일에 대한 접근 시간이 갱신되므로 거의 모든 파일 작업 시 아이노드에 대한 작업도 같이 수행된다고 보면 된다. 다만, 'ls -l' 명령 시 보이는 시간은 최종 수정 시간을 나타내므로 접근 시간을 확인하기 위해서는 다른 옵션을 사용한다.

다음 예와 같이 cat 명령을 사용해서 새로운 파일 tmp를 만들고 그를 복사하는 경우를 보자.

```
$ cat > tmp
I love Linux.
Really?
^d
$ ls -il tmp
524779 -rw-rw-r-- 1 ssluser ssluser 22 7월 22 17:22 tmp
$ cp tmp tmp2
$ ls -il tmp*              ← cp 명령 실행 후 아이노드 변화 확인
524779 -rw-rw-r-- 1 ssluser ssluser 22 7월 22 17:22 tmp
525268 -rw-rw-r-- 1 ssluser ssluser 22 7월 22 17:23 tmp2
$ mv tmp tmp3
$ls -il tmp*               ← mv 명령 실행 후 아이노드 변화 확인
525268 -rw-rw-r-- 1 ssluser ssluser 22 7월 22 17:23 tmp2
524779 -rw-rw-r-- 1 ssluser ssluser 22 7월 22 17:22 tmp3
```

ls 명령어의 '–i' 옵션은 아이노드 번호를 보여 주는 기능을 한다. 이 예에서는 tmp 파일에 524779라는 번호가 부여되었음을 알 수 있다. '–l' 옵션을 사용해서 볼 수 있는 모든 정보는 바로 아이노드에 기록되어 있는 속성이다. 그리고 입력해 넣은 데이터, "I love Linux. Really?"는 별도의 데이터 블록에 저장되고 아이노드가 그 위치를 저장하게 된다. 다음 복사 명령을 실행하면 tmp의 내용과 똑같은 내용을 저장하는 새로운 파일 tmp2가 생성된다. 내용은 같지만 별도의 파일이므로 새로운 아이노드가 생성되고(525268), 속성 정보도 별도로 저장된다. 파일 내용을 저장하는 데이터 블록도 새로 할당 받는다. 파일 속성을 보면 수정 시간 정보가 다름을 알 수 있다. 반면 mv 명령을 사용해 이름을 변경한 경우, 파일의 본체는 그대로이고 이름만 바뀌는 것이기 때문에 tmp3 파일의 아이노드 번호가 이전 이름인 tmp의 번호와 같다.

그러면 mv 명령을 사용해서 디렉터리를 이동하거나 ln 명령으로 하드 링크 또는 심볼릭 링크를 만들 때 아이노드에는 어떤 일이 생길까? 먼저 실행 결과를 보자.

```
$ mkdir dir
$ mv tmp3 dir
$ ls -il dir                ← 디렉터리 이동 후 아이노드 변화 확인
합계 4
524779 -rw-rw-r-- 1 ssluser ssluser 22 7월 22 17:22 tmp3
$ ln tmp2 htmp2             ← 하드 링크 생성
$ ln -s tmp2 stmp2          ← 심볼릭 링크 생성
$ ls -il                    ← 링크와 아이노드 관계 확인
합계 20
918828 drwxrwxr-x 2 ssluser ssluser 4096 7월 22 17:32 dir
525268 -rw-rw-r-- 2 ssluser ssluser   22 7월 22 17:23 htmp2
527401 lrwxrwxrwx 1 ssluser ssluser    4 7월 22 17:32 stmp2 -> tmp2
525268 -rw-rw-r-- 2 ssluser ssluser   22 7월 22 17:23 tmp2
```

디렉터리를 옮기는 경우에도 파일의 실체는 그대로 유지되기 때문에 아이노드에 변화가 없다. 그러면 디렉터리를 이동한 정보는 어디에 기록되는가? 다음 절에서 살펴 보겠지만 디렉터리는 파일 목록을 기록한 특수 파일이고, 이동한 파일 정보는 이전 디렉터리에서 삭제되고 이동한 디렉터리에 새로 기록이 된다.

하드 링크를 생성한 경우, 파일의 실체는 동일한 상황에서 참조 계수만 증가시키는 것이기 때문에 tmp2와 htmp2의 아이노드 번호는 동일하고, 참조 계수만 1에서 2로 증가된 것을 볼 수 있다. 심볼릭 링크의 경우는 stmp2가 경로 정보를 저장하는 별도의 파일이기 때문에 새로운 아이노드가 생성되고(527401), 파일의 종류는 심볼릭 링크(l)인 것으로 기록된다.

이와 같이 파일과 관련된 작업들은 아이노드를 중심으로 이루어지며, 앞으로 학습하게 될 시스템 API 함수도 내부가 모두 그렇게 구현되어 있다. 본 서의 범위에서는 개념적인 수준에서만 아이노드를 공부하고 시스템 API 함수를 불러 쓰는 사용법을 익히게 되겠지만, 추후에는 시스템 API 함수들의 소스 코드를 직접 들여다보고 내부를 속속들이 이해하는 기회도 갖기 바란다.

12.1.3 디렉터리

디렉터리는 파일의 목록을 저장하기 위한 특수한 형태의 파일이다. 그래서 디렉터리 파일이라고 부르기도 한다. 디렉터리의 데이터 블록에는 자신에게 포함되어 있는 파일들의 이름과

아이노드의 번호가 쌍으로 저장되어 있고 각각을 디렉터리의 항목(entry)이라고 부른다.

모든 디렉터리는 생성될 때 항상 두 개의 항목을 가지게 되는데 첫째는 자기 자신을 가리키는 항목이고 두 번째는 부모 디렉터리를 가리키는 항목이다. 모든 디렉터리는 부모 디렉터리를 가지고 있지만 단 하나 예외가 있다면 루트(/) 디렉터리다. 루트 디렉터리는 하나의 시스템 내에서 유일한 디렉터리이기 때문에 부모 디렉터리가 없고 루트 디렉터리의 두 번째 항목은 첫 번째 항목과 같이 자기 자신을 가리키게 된다.

다음의 예는 현재 디렉터리의 항목들을 보여주고 있는데, 현재 디렉터리의 아이노드 번호는 918828번이고 부모 디렉터리의 아이노드 번호는 533454이다. 그리고 일반 파일인 tmp의 아이노드 번호는 524779번이다.

```
$ ls -lai
합계 12
918828 drwxrwxr-x 2 ssluser ssluser 4096 7월 22 17:32 .
533454 drwxrwxr-x 3 ssluser ssluser 4096 7월 22 17:41 ..
524779 -rw-rw-r-- 1 ssluser ssluser   22 7월 22 17:22 tmp
```

디렉터리 파일의 내용을 "od" 또는 "xxd" 명령어를 사용하여 확인할 수도 있다. "od" 명령은 지정한 파일의 데이터 블록의 내용을 8진수 형태로, "xxd" 명령은 16진수 형태로 표준 출력해주는 기능을 가진다 (octal dump, hexa dump). 그리고 "od -c" 옵션을 사용하게 되면 문자 코드에 해당하는 값일 경우 실제 문자를 보여 준다. 예를 들어 tmp 파일의 내용을 출력해 보면 다음과 같다.

```
$ od tmp
0000000 020111 067554 062566 046040 067151 074165 005056 062522
0000020 066141 074554 005077
0000026
$ od -c tmp
0000000   I       l   o   v   e       L   i   n   u   x   .  \n   R   e
0000020   a   l   l   y   ?  \n
0000026
$ xxd tmp
00000000: 4920 6c6f 7665 204c 696e 7578 2e0a 5265  I love Linux..Re
00000010: 616c 6c79 3f0a                           ally?.
```

맨 앞의 7바이트는 0번지부터 시작하는 파일 내 주소(위치)이다. 16 바이트씩 한 줄로 출력됨을 알 수 있다. "xxd" 역시 한 줄에 16 바이트씩 출력되는데, 읽을 수 있는 문자들이 오른쪽에 같이 출력되고 줄바꿈 문자나 제어 문자 등 사람의 눈으로 읽을 수 없는 문자의 경우 '.'으로 표시한다.

"od" 명령으로 디렉터리를 출력해 보면 어떤 내용이 보일까? 앞에서 설명한 대로 아이노드 번호와 파일 이름이 차례대로 나오는가? 사실 리눅스에서는 일반 파일에 대해서만 od 명령을 사용할 수 있다. 아래의 예는 유닉스인 SunOS에서 실행한 예다.

```
$ ls -ail dir
총 10
   901531 drwxr-xr-x   3 juyoon   faculty      512  7월 21일  11:50 ./
  2225129 drwxr-xr-x   4 juyoon   faculty      512  7월 21일  11:51 ../
   957539 drwxr-xr-x   2 juyoon   faculty      512  7월 20일  11:32 dir1/
   901532 -rw-r--r--   1 juyoon   faculty        6  7월 20일  11:32 file1
   901533 -rw-r--r--   1 juyoon   faculty       10  7월 20일  11:32 file2
$ od -c dir
0000000  \0  \r 301 233  \0  \f  \0 001   .  \0  \0  \0  \0   ! 363 351
0000020  \0  \f  \0 002   .   .  \0  \0  \0  \r 301 234  \0 020  \0 005
0000040   f   i   l   e   1  \0  \0  \0  \0  \r 301 235  \0 020  \0 005
0000060   f   i   l   e   2  \0  \0  \0  \0 016 234   c 001 310  \0 004
0000100   d   i   r   1  \0  \0  \0  \0  \0  \0  \0  \0 001 270  \0 005
0000120   f   i   l   e   0  \0  \0  \0  \0  \0  \0  \0  \0  \0  \0  \0
0000140  \0  \0  \0  \0  \0  \0  \0  \0  \0  \0  \0  \0  \0  \0  \0  \0
*
0001000
$
```

위의 결과를 보면 "od"를 사용하여 출력해본 디렉터리 파일의 내용에서 파일명을 찾을 수 있다. 현재 디렉터리인 ".", 부모 디렉터리인 ".."과 일반 파일인 "file1"과 "file2", 그리고 하위 디렉터리인 "dir1"을 볼 수 있다. 그리고 아이노드 번호의 위치는 파일명 앞부분의 일부 바이트이다. 문자로 보여 주도록 했기 때문에 정확한 숫자는 아니지만, 연속하는 아이노드 번호를 가지는 ".", "file1", "file2"의 앞 쪽에 보면 "233", "234", "235" 등 연속하는 숫자들이 나타남을 볼 수 있다. rm 등의 명령으로 삭제한 파일은 디렉터리 중간에서 지우기가 어렵기 때문에 아이노드 번호만 0으로 만든다. 이 예에서 보면 "ls" 명령 시에 보이지 않지만 디렉터리 내부에는 "file0"이라는 이름이 보인다. 앞부분의 아이노드 번호가 있을 법한 위치의 값은 \0으로 되어 있음을 알 수 있다.

위에서 예로 든 디렉터리 파일의 논리적인 구조는 다음 그림처럼 개념적으로 표현할 수 있다. 먼저 아이노드 번호가 나오고 다음으로 파일명에 해당하는 문자열이 저장되어 있다.

901531	.	\0				
222512	.	.	\0			
901532	f	i	l	e	1	\0
901533	f	i	l	e	2	\0
957539	d	i	r	1	\0	

디렉터리 파일 내에 저장된 파일 이름의 순서는 "ls" 명령을 실행했을 때와는 다른 순서로 나타난다. 디렉터리가 생성될 때 "."과 ".."는 무조건 포함되고 그 다음부터는 어떤 순서인지 알기 어렵다.

12.1.4 파일 기술자와 읽기/쓰기 포인터

아이노드는 커널이 사용하는 자료 구조이기 때문에 시스템 API나 라이브러리 함수를 사용하는 프로그래머 입장에서는 아이노드 번호 외에 그 내용과 작동 방식은 굳이 알지 않아도 상관없다. 그러나 파일을 다루는 프로그램을 작성할 때 반드시 알아야 하는 두 가지의 개념이 있다. 바로 파일 기술자(file descriptor)와 읽기/쓰기 포인터(read/write pointer)이다.

□ 파일 기술자

파일 기술자는 하나의 정수다. 그 정체는 배열 인덱스이며, 이 배열은 하나의 프로세스가 사용 중인 파일의 정보를 찾아가기 위한 포인터를 모아 놓은 파일 기술자 배열(file descriptor table)로서 프로세스를 관리하는 자료 구조인 PCB 내에 존재한다. 개념적으로 보자면 어떤 프로세스가 사용하기 위해 열고 있는 파일들과의 연결 고리, 또는 손잡이(handle)라고 할 수 있다. 하나의 프로세스가 다수의 파일을 연결할 수도 있고, 하나의 파일이 여러 프로세스에 동시에 연결될 수도 있다.

그림 12-3은 프로세스와 파일 기술자 배열, 실제 파일의 관계를 개념적으로 나타낸 것이

다.[1] 하나의 프로세스가 관리하는 파일 기술자 배열에서 0, 1, 2번 요소는 각각 stdin, stdout, stderr로 고정되어 있으며, 이는 프로세스가 생성될 때 기본으로 할당된다. 프로그램이 임의의 파일을 여는(open) 경우, 커널은 실제 파일을 연결해서 사용하기 위한 "file" 객체(리눅스에서는 구조체로 선언된 자료 구조)를 생성하고 FDT 배열의 포인터로 연결한다. 그리고 프로세스는 배열에 저장된 순서 번호, 즉 파일 기술자를 이용해 해당 파일을 읽고 쓸 수 있게 된다.

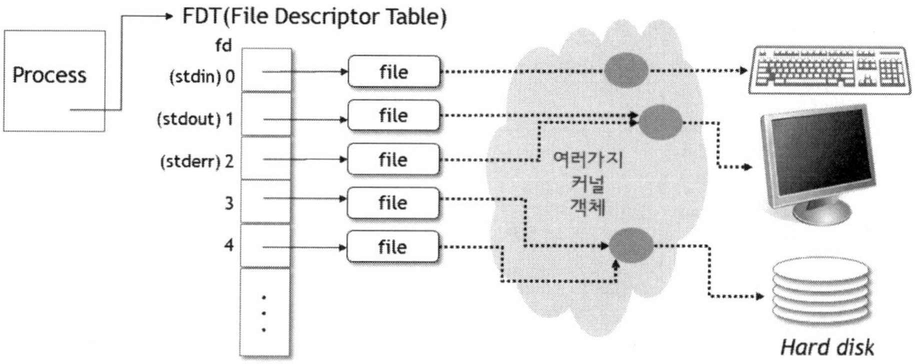

*file object: 프로세스에서 연 파일을 관리하기 위한 객체

그림 12-3 파일 기술자 배열

따라서 시스템 API를 이용해 파일을 접근하는 프로그램에서는 정수형 변수가 하나 필요하다. 파일을 여는 함수를 호출하면 이 정수형 변수에 파일 기술자 번호가 반환되어 오고, 이후의 파일 작업은 항상 이 정수를 인자로 사용한다. 만약 문제가 있어 파일을 열지 못하면 음수(주로 −1)가 반환되므로, 오류에 강한 프로그램을 작성하기 위해서는 반환된 숫자를 검사해 그 다음 작업 여부를 결정하도록 하는 것이 좋다.

□ 읽기/쓰기 포인터

읽기-쓰기 포인터(read/write pointer)는 열려 있는 파일 내에서 읽기 작업이나 쓰기 작업을 수행할 바이트 단위의 위치를 가리키는 것으로 특정 위치를 기준으로 한 상대적인 위치를 의미하는 오프셋(offset)이다. 이것은 실제로는 file 객체(구조체)의 한 멤버 변수이다. 따라서 하나의 파일 기술자에 하나의 file 객체가 연결되므로 하나의 파일 기술자마다 하나의 읽기/쓰기 포인터가 존재한다. 그림 12-4에서 보는 바와 같이 하나의 파일을 여러 프로세스에서 열어서 사용하는 경우에도 각 프로세스마다 별개의 file 객체가 존재하고 별개의 읽기/쓰

1) 운영체제 내부의 구현은 훨씬 복잡하다.

기 포인터가 작동하기 때문에, 한 프로세스가 읽기/쓰기 작업을 수행하여 포인터 위치가 변하더라도 다른 프로세스의 읽기/쓰기 포인터에는 전혀 영향을 주지 않는다.

프로그램에서 파일을 열고 난 직후의 읽기/쓰기 포인터는 파일의 첫 부분을 기준으로 0이라는 값을 가지게 된다. 즉 파일 내용의 첫 번째 바이트를 가리키게 된다. 이후에 read와 같은 함수로 파일의 내용을 읽게 되면 읽은 바이트만큼 읽기/쓰기 포인터의 위치가 증가하게 되며, 파일의 내용을 모두 읽게 되면 파일의 마지막을 의미하는 EOF(end-of-file)을 가리키게 되고 더 이상 읽을 파일의 내용이 없음을 알게 된다.

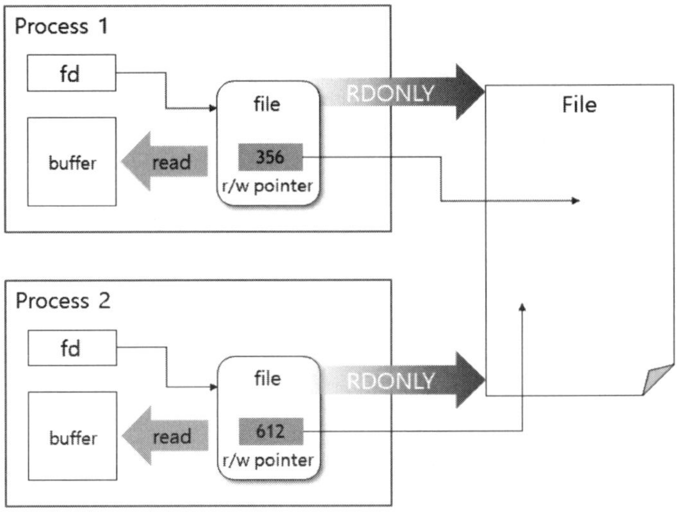

그림 12-4 프로세스와 읽기/쓰기 포인터

> **곁들임 : 이전에 C 프로그램에서는 "파일 포인터"를 사용했는데요?**
>
> C 표준 라이브러리에서 파일 작업을 하기 위해서는 정수형인 파일 기술자 대신 FILE이라고 하는 구조체에 연결된 포인터 변수를 선언해서 프로그램에 사용한다. FILE *fp = fopen("file.txt", "r"); 또는 fclose(fp);와 같은 문장을 사용해 보았을 것이다. 본문에서 설명한 파일 기술자와 관련 시스템 API는 유닉스/리눅스에서만 사용 가능하고, MS Windows에서는 HANDLE이라는 구조체와 CreateFile, CloseHandle 함수를 사용하는 등, 매우 다른 방식으로 파일을 접근한다. 즉, 시스템 API는 운영체제 커널에 대한 API이기 때문에 운영체제마다 그 형태가 다르다. 그러나 C 표준 라이브러리인 FILE, fopen, fclose 등은 C 언어에 대한 표준이기 때문에 운영체제가 무엇이든 같은 방식으로 사용할 수 있도록 운영체제 기능에 한 겹 덧씌운 것이라 생각하면 된다. 실제로 FILE 구조체 내에는 시스템 API에 사용할 파일 기술자 및 읽기/쓰기 포인터 등이 포함되어 있으며, 시스템마다 다른 형태로 구현되어 있다. 이렇게 시스템마다 달라지는 시스템 API를 일컬어 "저수준(low-level)" 호출이라고도 한다.

12.2 파일 기본 작업

파일은 정보의 저장 단위이므로 그에 관한 가장 기본적인 작업은 데이터를 파일에서 읽거나 파일에 쓰는 작업이 될 것이다. 프로그램에서 파일을 읽고 쓰기 위해서는 앞 절에서 설명한 바와 같이 파일 기술자를 이용해 프로세스와 파일을 연결하는 작업이 선행되어야 하고, 읽기/쓰기가 끝난 다음에는 정상적인 방법으로 연결을 해지하여 시스템 자원을 원상 복구해야 한다. 또한 읽기/쓰기 포인터를 이동시켜 원하는 임의의 데이터를 읽어 올 수 있어야 한다. 이 절에서는 이런 기본 작업들을 위한 시스템 API 함수를 익힌다.

표 12-1 파일 관련 기본 시스템 API

함수	의미
open	이미 존재하는 파일을 읽기 또는 쓰기용으로 열거나, 새로운 파일을 생성하여 연다.
creat	새로운 파일을 생성하여 연다.
close	open 또는 creat로 연 파일을 닫는다.
read	열린 파일로부터 데이터를 읽어 들인다.
write	열린 파일에 데이터를 쓴다.
lseek	파일 안에서 지정한 바이트 위치로 이동한다.

지금부터 시스템 API 함수를 하나씩 살펴보기로 하자. 라이브러리 함수와 마찬가지로 시스템 API를 사용하기 위해서는 함수의 이름과 전달 인자, 반환 타입을 알고 있어야 하고 정확한 기능을 이해해야 한다. 또한 필요하다면 관련 헤더 파일을 소스에 포함시켜야 한다. 시스템 API 함수의 매뉴얼은 2번 섹션에 있으므로 자세한 사용법을 알고 싶을 때는 "$ man 2 open" 등의 명령으로 참조하도록 한다.

12.2.1 파일의 생성과 개폐

□ open

첫 번째 공부할 시스템 API는 open으로 파일을 사용하기 전에 관련 자료 구조를 생성하고 파일의 실체와 연결하는 기능을 한다. 파일에 대해서 읽기 또는 쓰기 작업을 하려면 반드시 open 함수를 사용하여 파일을 열어야 한다. 어떤 파일을 어떤 용도로 사용할 것인지는 호출 시 인자의 값을 주어 결정한다.

사용법	

`#include <sys/types.h>`
`#include <sys/stat.h>`
`#include <fcntl.h>`
 	
`int open(const char *pathname, int flags, [mode_t mode]);`	

pathname	열 파일의 경로 이름을 가지고 있는 문자열의 포인터이다.
flags	파일을 열 때 용도와 내용 처리 방식 등을 지정한다.
mode	대부분의 경우 생략할 수 있는 값으로 새롭게 생성하는 파일의 초기 접근 권한을 지정한다.
반환값	정상적으로 파일을 열게 되면 파일 기술자를 반환하게 된다. 파일을 여는 것이 실패할 경우 -1을 반환한다.

1) pathname

첫 번째 인자 pathname은 열려는 파일의 경로 이름을 가리킨다. 파일의 경로 이름은 절대 경로일 수도 있고 상대 경로일 수도 있다. 파일의 종류에 따라 둘 중에 하나의 형식을 선택하면 된다. 또 아래의 사용 예처럼 문자열 상수로 경로 이름을 지정할 수도 있고 문자열을 담고 있는 배열의 포인터를 넘길 수도 있다.

사용 예

```
/* 절대 경로로 지정 */
 filedes = open("/home/juyoon/test/data.txt", O_RDONLY);
 /* 상대 경로로 지정 */
 filedes = open("data.txt", O_RDONLY);
 …
 /* 문자열을 담고 있는 배열 */
 char pathname[] = "data.txt";
 /* 배열의 포인터로 경로를 지정 */
 filedes = open(pathname, O_RDONLY);
```

2) flags

두 번째 인자 flags는 파일을 열고 난 후의 접근 방식을 지정한다. 위의 예는 열린 파일을 읽기만 가능한 상태로 다루게 된다. 파일에 대한 접근 방식은 fcntl.h 파일에 매크로 상수로 정의되어 있으며 주요 플래그는 표 12-2와 같다.

표 12-2 파일 열기에 사용되는 주요 플래그

플래그	의미
O_RDONLY	파일을 읽기 전용으로 연다. 읽기 이외의 다른 작업을 수행할 수 없다.
O_WRONLY	파일을 쓰기 전용으로 연다. 쓰기 이외의 다른 작업을 수행할 수 없다.
O_RDWR	파일을 읽기와 쓰기가 동시에 가능한 상태로 연다.
O_CREAT	지정한 경로의 파일이 존재하지 않으면 새롭게 생성한 후 연다. 지정한 경로의 파일이 존재하면 지정한 상태로 연다.
O_EXCL	지정한 경로의 파일이 존재하지 않으면 새롭게 생성하나, 지정한 경로의 파일이 존재하면 open 호출을 실패한다. (※ O_CREAT 플래그와 함께 사용해야 한다.)
O_APPEND	파일을 연 직후에 읽기/쓰기 포인터의 위치를 파일 내용의 마지막 바로 뒤로 이동한다.
O_TRUNC	파일을 연 직후에 읽기/쓰기 포인터의 위치를 파일 내용의 첫 부분으로 이동한다.

이미 존재하는 파일에 대한 작업을 위해서는 O_RDONLY, O_WRONLY, O_RDWR, O_APPEND 플래그가 주로 사용된다. 이 경우 파일이 존재하지 않으면 오류 코드가 반환되고 파일에 대한 후속 작업은 할 수 없다. O_CREAT 플래그를 같이 사용하면 파일이 존재하지 않을 때 새로 생성하도록 할 수 있다.

플래그 여러 가지를 함께 지정할 때는 '|' (bitwise-OR) 연산자를 사용한다. 이는 플래그들이 실제로는 하나의 비트가 1인 수로 표현되기 때문이다. 예를 들어, O_RDRW는 0x0002, O_CREAT는 0x0100, O_EXCL은 0x0400으로 정의되어 있어 이들을 한꺼번에 적용하기 위해 비트별-OR 연산을 하면 그림 12-5와 같은 효과가 나타난다.

```
filedes = open("data.txt", O_EXCL | O_CREAT | O_RDRW, 0644);
```

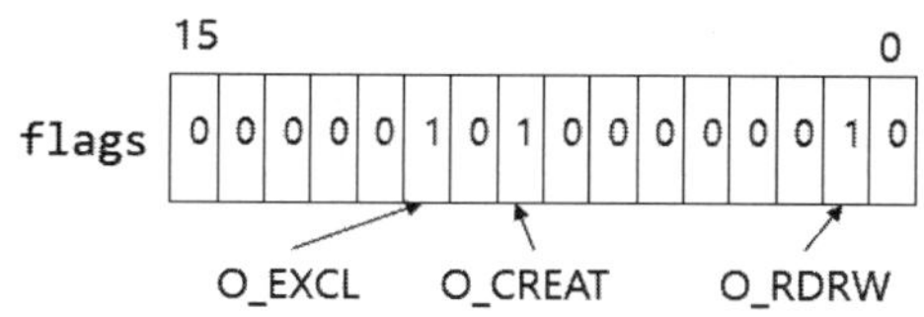

그림 12-5 플래그 사용 결과

이미 존재하는 파일을 쓰기 상태로 열 때 기존의 데이터를 유지할 것인지 또는 삭제할 것인지에 따라 두 가지 중에 하나를 선택할 수 있다. open 호출 시 파일의 기존 데이터 상태를 결정할 때 O_APPEND 플래그 또는 O_TRUNC 플래그 중에 하나를 선택하는 것이다.

O_APPEND	: 파일을 연 후 기존의 데이터를 보존한다. 이후에 write로 기록하는 새로운 데이터는 기존의 데이터 뒤에 이어서 저장한다.
O_TRUNC	: 파일을 연 후 기존의 데이터를 삭제한다. 이후에 write로 기록하는 새로운 데이터는 파일의 첫 부분부터 기록한다.

일반적으로 이미 존재하는 파일을 열게 되면 읽기/쓰기 포인터는 파일의 첫 번째 바이트를 가리키게 되고, 그대로 쓰기 작업을 수행하게 되면 기존의 데이터 위에 새로운 데이터를 쓰게 된다. 즉 덮어쓰기가 된다. 기존의 데이터를 보존하고 새로운 데이터를 이어서 쓰고자 할 경우 파일을 열 때 O_APPEND 플래그를 사용한다. O_APPEND 플래그는 파일을 연 후 읽기/쓰기 포인터를 파일의 맨 마지막으로 이동한다. 반대로 기존의 데이터를 보존할 필요가 없을 때는 파일을 열 때 O_TRUNC라는 플래그를 사용한다. O_TRUNC 플래그는 파일을 연 후 기존의 내용을 모두 삭제하고 읽기/쓰기 포인터를 파일의 첫 부분으로 이동한다. O_TRUNC 플래그를 사용하지 않아도 기존의 데이터 위에 덮어쓰기를 하기 때문에 문제가 없는 것처럼 보일 수 있다. 그러나 새롭게 저장하려는 데이터가 기존의 데이터보다 적을 경우 문제가 된다. 새롭게 저장한 데이터 뒤에 기존의 데이터의 일부가 남기 때문이다. 새로운 데이터가 기존의 데이터보다 항상 더 큰지 보장할 수 없으므로 덮어쓰기를 할 경우 O_TRUNC 플래그를 사용하는 것이 좋다.

3) mode

세 번째 인자 mode는 파일의 접근 권한을 의미하며 일반적으로 생략할 수 있다. 이미 존재하는 파일을 여는 경우 해당 파일에 이미 접근 권한이 설정되어 있으므로 생략할 수 있는 것이다. 그러나 O_CREAT 플래그를 사용해서 새로운 파일을 생성할 때는 mode를 생략할 수 없다. 새롭게 생성되는 파일은 반드시 초기 접근 권한이 설정되어야 하기 때문이다.

설정하는 방법은 chmod와 같은 명령에서 8진수를 사용해 접근 권한을 지정했던 것과 같은 방법을 사용한다. mode 인자는 mode_t 타입으로 선언되어 있는데 이는 실제로는 "unsigned int" 형이다. 따라서 "u+rw"와 같은 문자열을 사용한 설정 방식은 여기서 사용할 수 없다. 대신 각 권한을 표현하는 매크로 상수를 사용할 수 있는데, 이는 각각의 비트가 특정 사용자 유형에 대한 특정 접근 권한을 표현하는 방식이기 때문이다.

표 12-3 파일 접근 권한을 표시하는 매크로 상수

상수이름	8진수 값	의미
S_IRUSR	0400	소유자에 대한 읽기 권한
S_IWUSR	0200	소유자에 대한 쓰기 권한
S_IXUSR	0100	소유자에 대한 실행 권한
S_IRGRP	0040	그룹 사용자에 대한 읽기 권한
S_IWGRP	0020	그룹 사용자에 대한 쓰기 권한
S_IXGRP	0010	그룹 사용자에 대한 실행 권한
S_IROTH	0004	기타 사용자에 대한 읽기 권한
S_IWOTH	0002	기타 사용자에 대한 쓰기 권한
S_IXOTH	0001	기타 사용자에 대한 실행 권한

8진수 값이 아닌 매크로 상수를 사용하여 파일에 대한 접근 권한을 표현하려면 표 12-3에서 적용하려는 접근 권한에 해당하는 상수들을 비트별-OR 연산자로 계산하면 된다. 예를 들어 파일의 소유자에 대해서는 읽기와 쓰기 권한을 설정하고 그룹 사용자와 기타 사용자에 대해서 읽기 권한을 적용하려면 다음과 같이 접근 권한을 만들 수 있다.

```
mode_t mode;
mode = S_IRUSR | S_IWUSR | S_IRGRP | S_IROTH;
fd = open("data.txt", O_WRONLY | O_CREAT, mode);
```

위의 예제는 아래와 같은 의미를 가진다. 이 편이 훨씬 단순하지만 설정한 mode를 여러 번 사용해야 한다면 변수에 저장해 두고 쓰는 편이 나을 것이다.

```
fd = open("data.txt", O_WRONLY | O_CREAT, 0644);
```

4) 반환값

마지막으로 open 함수의 반환값을 살펴보자. open 호출이 성공적으로 수행되면 음이 아닌 정수형의 값을 반환하게 되며 이 값이 바로 파일 기술자가 된다. 앞에서 설명했다시피 하나의 프로세스 내에서 파일 기술자는 유일한 값을 가지게 된다. 보통 할당되지 않은 파일 기술자 중에서 가장 작은 값이 반환된다. open 호출이 실패하면 −1을 반환한다. 지정한 파일을 지정한 접근 방식으로 열려고 했으나 실패했음을 의미한다. open 호출이 실패가 될 수 있는 경우는 지정한 경로 이름에 해당하는 파일이 존재하지 않거나 지정한 파일에 대한 접근 권한이 없을 때 등 다양한 이유가 있으며, 11장에서 소개한 errno 변수 또는 perror 함수 등을 활용해 이유를 알아볼 수 있다.

□ creat

creat 함수는 존재하지 않는 파일을 새롭게 생성한다.

<table>
<tr><th colspan="2">사용법</th></tr>
<tr><td colspan="2"><pre>#include <sys/types.h>
#include <sys/stat.h>
#include <fcntl.h>

int creat(const char *pathname, mode_t mode);</pre></td></tr>
<tr><td>pathname</td><td>열 파일의 경로 이름을 가지고 있는 문자열의 포인터이다.</td></tr>
<tr><td>mode</td><td>새롭게 생성하는 파일의 초기 접근 권한을 지정한다. creat는 존재하지 않는 파일을 새롭게 생성하는 것이 사용 목적이기 때문에 생략할 수 없다.</td></tr>
<tr><td>반환값</td><td>정상적으로 파일을 열게 되면 파일 기술자를 반환하게 된다.
파일을 여는 것이 실패할 경우 -1을 반환한다.</td></tr>
</table>

creat가 정상적으로 수행되면 지정한 pathname에 해당하는 파일을 새롭게 생성하고 이 파일을 쓰기 상태로 열게 된다. creat를 사용할 때 주의해야 할 점은 이미 존재하는 파일에 대한 경로를 사용할 때이다. 파일 존재 여부에 상관없이 creat는 해당 이름의 파일을 여는 것과 동시에 파일이 기존에 가지고 있던 데이터는 모두 삭제하고 새로이 데이터를 기록할 준비를 한다. 즉, creat 호출은 "O_WRONLY | O_CREAT | O_TRUNC" 플래그를 설정하여 open 함수를 호출하는 것과 같다. 다음 두 문장은 완전히 같은 기능을 한다.

```
filedes = creat(filename, 0644);
filedes = open(filename, O_WRONLY|O_CREAT|O_TRUNC, 0644);
```

creat 호출보다 open을 이용하면 보다 다양한 방식으로 새로운 파일을 생성할 수 있다. 다음 예제 코드를 보자.

```
int fd1, fd2, fd3;
char *filename = "data1.txt";

fd1 = open("data1.txt", O_RDONLY");
// data1.txt 파일을 읽기 전용으로 연다. 파일이 존재하지 않으면 실패로 인정하고 음수를 반환한다.

fd2 = open("data2.txt", O_RDWR | O_CREAT, 0644);
/* data2.txt를 읽기/쓰기 가능한 상태로 연다. 만약 파일이 존재하지 않으면 접근 권한을 0644로
설정하여 새로 생성한다. */

fd3 = open(filename, O_WRONLY | O_CREAT | O_EXCL, 0644);
/* filename으로 지정한 파일이 존재하면 O_EXCL 플래그에 의해 호출이 실패하고 음수를 반환한다.
파일이 존재하지 않으면 접근 권한을 0644로 설정하여 새 파일을  쓰기 전용으로 생성한다. */
```

creat 함수에서는 별도의 플래그 설정이 없기 때문에 open 함수의 O_EXCL과 같이 파일이 이미 존재하는 경우를 고려할 수가 없다. 따라서 같은 이름의 파일을 생성하여 이전 파일의 데이터를 잃어 버리게 되는 실수를 범할 수 있으므로 주의해야 한다.

□ close

close는 open이나 creat에 의해 열린 파일을 닫는다. 정확히 표현하자면 open이나 creat에 의해 할당받은 파일 기술자를 반환하는 것으로 해당 파일에 대한 사용이 끝났음을 알리는 것이다. 어떤 용도로든 파일을 열게 되면 사용이 끝난 후에 반드시 닫아주어야 한다. 하나의 프로세스가 동시에 열 수 있는 파일의 수와 전체 시스템에서 동시에 열 수 있는 파일의 수에 제한이 있기 때문이다. 프로세스가 동시에 열 수 있는 파일의 수는 시스템에 따라 다르고 대부분의 경우에서 부족하지 않겠지만 프로그램의 내용에 따라 동시에 많은 수의 파일을 열어야 하는 경우도 있을 것이다. 지금 당장 사용할 일이 없는 파일은 close를 사용하여 닫아주고 나중에 다시 사용하게 될 때 또 열면 된다. 또한 일반적으로 프로세스가 정상 종료할 경우 그 프로세스에서 열었던 파일들은 자동으로 닫히게 되지만, 시스템 또는 프로그램의 오류로 정상 종료가 되지 않을 경우 이를 보장할 수 없다. 따라서 자신이 열어서 사용한 파일은 자신의 프로그램 내에서 닫아 주는 습관을 들이는 것이 가장 안전한 사용 방법이다.

사용법	

`#include <unistd.h>`
 	
`int close(int filedes);`	

filedes	이전에 open이나 creat를 호출해 연 파일의 파일 기술자이다.
반환값	작업이 성공할 경우 0이 반환되며, 실패할 경우 -1이 반환된다.

다음은 open으로 파일을 열고 사용이 끝난 후 close를 사용하여 닫아주는 프로그램 코드의 일부이다.

```
    /* 파일을 읽기 전용 상태로 연다. */
    filedes = open("data.txt", O_RDONLY);
    …
    /* data.txt 파일을 사용 */
    …
    /* 사용이 끝난 파일을 닫는다. */
    close(filedes);
```

12.2.2 파일 내용 다루기

□ read / write

파일 기술자로 지정한 파일로부터 데이터를 읽어 들이거나(read), 지정한 파일에 데이터를 저장한다(write).

사용법	

`#include <unistd.h>`
 	
`ssize_t read(int filedes, void *buf, size_t count);`
`ssize_t write(int filedes, const void *buf, size_t count);`	

filedes	읽기/쓰기 작업을 수행할 파일에 대한 기술자이다.
buf	파일로부터 읽어 들인 내용 또는 파일에 기록할 내용을 저장하기 위한 공간이다. 일반적으로 배열을 사용하는데 배열의 데이터 형식은 어느 것이라도 상관없다.
count	읽거나 쓸 내용의 크기를 지정한다. 일반적으로 바이트 단위로 기술하며, buf의 크기와 같지 않아도 상관 없다.

반환값	파일로부터 읽기/쓰기 작업이 성공할 경우, 읽거나 쓴 내용의 바이트 크기가 반환되며 1 이상의 값을 가진다. 읽거나 쓴 내용이 없는 경우, 즉 EOF에 다다르게 되면 0을 반환한다. read에서 읽기 작업이 실패한 경우 -1을 반환한다. write에서는 반환값과 count 값이 다를 경우 실패한 것으로 간주한다.

첫 번째 인자로 주는 것은 연 파일에 대한 파일 기술자이다. 보통 일반 파일을 사용할 때는 open 또는 creat 호출로 반환된 파일 기술자 값을 사용하고, 표준 입출력을 위해서는 이미 정해진 대로 0, 1, 2 등의 값을 사용하면 된다. 다음 문장은 각각 표준 입력, 표준 출력, 표준 오류 출력하는 일반적인 방식이다.

```
read(0, buffer, count);
write(1, buffer, count);
write(2, buffer, count);
```

일반적으로 read와 write는 바이트 단위로 데이터를 읽거나 쓰게 되는데 최소 1바이트에서 임의의 바이트까지 다양한 크기의 버퍼를 사용할 수 있다. 버퍼로 사용되는 저장 공간은 반드시 프로그램의 제어 하에 있어야 하며 보통 배열로 선언하여 사용한다. 버퍼의 데이터 형식은 void에 대한 포인터로 선언되어 있는데 이는 버퍼의 데이터 형식이 어떤 것이라도 상관없음을 의미한다. 심지어 구조체(struct) 형식으로 사용할 수도 있지만 대부분의 경우 버퍼의 데이터 형식은 char형(바이트)을 선택한다. void로 선언한 경우 사용 시 실제 데이터에 따라 형 변환(type casting)하는 것을 잊지 말도록 하자.

읽거나 쓸 내용의 크기를 지정하는 count 인자와 반환값이 size_t와 ssize_t 형으로 선언되어 있는데 시스템 관련 작업 시 시스템에 따라 정의가 변할 경우를 처리하기 위한 것으로, 현재는 보통 unsigned long 및 long 형을 재정의해 사용하고 있다.

다른 시스템 API와 마찬가지로 오류 상황에 대한 것은 프로그래머가 점검해야 한다. read의 경우 정상적으로 수행될 경우 반환값은 대부분 세 번째 인자 count와 동일한 값이 된다. count로 지정한 바이트 수만큼 읽었다는 뜻이다. 하지만 파일의 끝 부분을 읽을 때는 count의 값과 반환값이 다른 경우가 대부분이다. 파일의 크기가 버퍼 크기의 배수가 아닌 경우가 대부분이기 때문이다. write의 경우 정상적으로 수행될 경우 반환값은 항상 세 번째 인자 count와 동일하다. 만약에 다르다면 write가 정상적으로 수행되지 않았음을 의미한다.

read는 파일 내용에 따라 읽을 내용이 count로 지정한 개수보다 적을 수 있고 그래서 의도보다 적게 읽을 수가 있지만, write는 항상 지정한 개수만큼 쓰기 작업이 이루어져야 한다.

따라서 read와 write가 성공적으로 수행되었는지 검사하는 코드는 보통 다음과 같이 작성된다.

```
/* read가 정상적으로 수행되었는지 검사 */
if((nread = read(filedes, buf, BUFSIZE)) > 0)
  …
```

```
/* write가 정상적으로 수행되었는지 검사 */
if(write(filedes, buf, nread) < nread)
  …
```

read의 반환값이 0보다 큰 값인지 확인하는 것은 파일로부터 읽은 데이터가 최소 1바이트라도 있는지를 검사하는 것이다. 반환값이 0인 경우는 파일에 대한 읽기/쓰기 포인터가 파일의 마지막 부분인 EOF에 도달했고 더 이상 읽을 수 있는 데이터가 없다는 것을 의미한다.

write의 반환값이 세 번째 인자로 사용된 nread보다 작은지를 검사하는 것은 지정한 바이트 수만큼 저장되었는지를 확인하는 것이다. nread만큼 저장하고자 했으면 nread만큼 저장되어야 하고 저장에 성공한 바이트 수인 nread가 반환되어야 한다. 의도한 바이트 수보다 적게 저장될 수 있는 경우는 보통 보조기억장치의 공간이 부족할 때 발생할 수 있다. 예를 들자면 보조기억장치의 여유 공간이 1024바이트일 때 2048바이트만큼의 데이터를 저장하려 한다면 처음 1024바이트만 저장되고 나머지 1024바이트는 저장되지 않는다. 즉, 세 번째 인자로 2048이란 값을 지정했지만 write는 1024를 반환하게 된다.

다음은 read와 write를 사용하는 예제 프로그램이다.

ex_rw.c

```
#include <unistd.h>
#include <fcntl.h>
#include <assert.h>

int main(int argc, char *argv[])
{
        int fdout;
```

```
        ssize_t nread;
        char buffer[1024];
        char beginmsg[] = "Input message\n";
        char endmsg[] = "Complete!\n";
        char errormsg[] = "Write error!\n";

        assert(argc == 2);
        fdout = open(argv[1], O_WRONLY | O_CREAT | O_TRUNC, 0644);
        assert(fdout > 0);
        write(1, beginmsg, 14);

      /* 정상적으로 읽어 들인 내용이 1바이트 이상인 동안 반복문 수행 */
        while ((nread = read(0, buffer, 1024)) > 0) {
                if (write(fdout, buffer, nread) < nread) {
                        write(1, errormsg, 13);    // write 수행
                        break;    /* write가 비정상적으로 수행된 경우 중단 */
                }
        }
        close(fdout);
        write(1, endmsg, 10);
}
```

프로그램 ex_rw.c는 표준 입력에서 읽어들인 내용을 인자로 준 이름의 파일로 저장하는 기능을 가진다. write는 read의 반환값이 0보다 클 경우 호출된다. read로 읽은 데이터가 1바이트라도 있어야 쓰기 작업을 수행하겠다는 것이다. write의 세 번째 인자로는 방금 전에 read가 반환한 값인 nread가 사용되었다. 읽은 만큼 쓰겠다는 것이다. 만약 write의 반환값이 nread보다 작으면 이는 의도한 만큼의 데이터가 저장되지 않았다는 것이고 쓰기 작업이 실패했음을 의미한다.

표준 입력과 출력을 위해 파일 기술자를 각각 0, 1로 사용한 점과 표준 출력 시 문자열의 크기를 직접 지정해 주어야 한다는 것도 주목해 보자. 우리가 일상적으로 사용하던 scanf, printf가 얼마나 많은 기능을 가지고 있는지 새삼 느낄 수 있다.

```
$ ex_rw rwtest
Input message
This is a test for ex_rw program.        ← 메시지 입력
Bye!
```

```
Complete!
$ cat rwtest
This is a test for ex_rw program.        ← 키보드로 입력한 메시지가 파일에 저장됨
Bye!
$
```

□ lseek

지정한 파일에 대해서 읽기/쓰기 포인터의 위치를 임의로 변경할 수 있다.

사용법	

`#include <sys/types.h>`
`#include <unistd.h>`
 	
`off_t lseek(int filedes, off_t offset, int whence);`	

filedes	읽기/쓰기 포인터를 변경할 파일을 지정한다.
offset	새롭게 지정할 읽기/쓰기 포인터의 위치를 의미한다. 오프셋이기 때문에 기준에 따라 음수가 될 수도 있다.
whence	offset의 기준이 된다. 파일의 맨 처음(SEEK_SET), 현재 포인터의 위치(SEEK_CUR), 파일의 맨 마지막(SEEK_END) 등 세 가지가 있다.
반환값	작업이 성공하면 파일의 첫 부분을 기준으로 한 포인터의 오프셋을 반환한다. 작업이 실패할 경우 (off_t)-1이 반환된다.

앞서 파일을 연 후 읽기/쓰기 포인터를 파일의 맨 마지막 부분으로 이동하게 하는 O_APPEND 플래그에 대해서 설명하였다. lseek도 읽기/쓰기 포인터를 이동하는데 사용할 수 있는데 O_APPEND와 다르게 이동할 위치를 임의로 결정할 수 있다. lseek을 사용하여 읽기/쓰기 포인터의 위치를 새롭게 설정하기 위해서는 기준점을 나타내는 변수 *whence*의 값으로 SEEK_SET, SEEK_CUR, SEEK_END 중에 하나를 선택한 후 *offset*을 결정해야 한다. 기준점인 *whence*의 위치에서 *offset*의 값만큼 떨어진 위치로 읽기/쓰기 포인터를 이동한다는 것이다. 세 가지의 기준점은 다음과 같은 의미를 가지며 그림 12-6과 같이 그려볼 수 있다.

SEEK_SET	파일의 첫 번째 바이트를 기준점으로 한다.
SEEK_CUR	읽기/쓰기 포인터의 현재 위치를 기준점으로 한다.
SEEK_END	파일의 끝(end-of-file)을 기준점으로 한다.

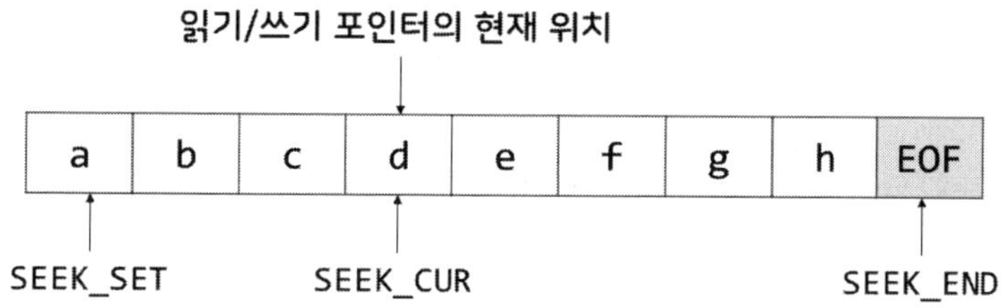

그림 12-6 기준점을 나타내는 명칭

offset과 반환값은 off_t 형으로 정의되어 있다. 이는 실제로는 long int형이므로 상수를 사용할 때도 형 일치를 위해 형 변환(type casting)을 하거나 뒤에 l 또는 L을 덧붙여 사용하는 것이 좋다.

lseek 함수를 이용해 읽기/쓰기 포인터의 위치를 옮기는 작업을 해 보자. 읽기/쓰기 포인터가 그림 12-6에서 보는 것과 같이 문자 "d"의 위치에 있다고 하자. 만약 파일 내용의 첫 번째 위치로 읽기/쓰기 포인터를 이동하고자 한다면 SEEK_SET을 기준으로 0만큼의 상대적인 위치를 지정하면 된다. 예제 코드는 아래와 같다.

```
off_t newpos;
...
newpos = lseek(filedes, (off_t)0, SEEK_SET);
```

파일 내용의 첫 번째 바이트로 읽기/쓰기 포인터의 위치가 바뀌게 되며 lseek의 반환값인 newpos는 0이 된다. 만약 이 때 read를 사용하면 파일 내용의 첫 번째 바이트부터 읽게 된다.

그림 12-6의 상태에서 문자 "f"를 가리키도록 포인터를 이동하고 싶으면 기준을 현재 위치로 잡으면 된다. 즉, SEEK_CUR를 lseek의 세 번째 인자로 주고 "d"와 "f" 사이의 거리인 2를 오프셋으로 지정해 주면 된다.

```
newpos = lseek(filedes, (off_t)2, SEEK_CUR);
```

이 때 반환값 newpos는 4이다. 첫 번째 바이트의 오프셋이 0이고 “a”와 “e” 사이의 거리가 4이기 때문이다.

SEEK_END는 파일의 끝인 EOF(end-of-file)를 기준점으로 한다. 파일 내용의 마지막 바이트가 아니라는 점에 주의해야 한다. O_APPEND 플래그에 의해 읽기/쓰기 포인터가 이동하는 것을 lseek를 사용하여 구현해 보면 아래와 같다.

```
newpos = lseek(filedes, (off_t)0, SEEK_END);
```

EOF를 기준으로 0만큼 떨어진 위치는 곧 EOF이며 파일 내용의 마지막 바이트 바로 다음을 의미한다. 그림 12-6의 파일에서 위의 코드를 실행하게 되면 반환값인 newpos는 8을 가지게 된다. EOF가 아니라 파일 내용의 마지막 바이트의 위치로 읽기/쓰기 포인터를 이동하고 싶다면 다음과 같은 코드를 사용한다.

```
newpos = lseek(filedes, (off_t)-1, SEEK_END);
```

이전의 예제와는 다르게 offset의 값으로 음수가 사용되었다. offset은 상대적인 위치를 의미하기 때문에 선택된 기준점에 따라 음수가 offset의 값으로 사용될 수 있다. 즉, 선택된 기준점을 기준으로 앞으로 이동하겠다는 의미가 된다.

눈치챘겠지만 SEEK_END의 위치 값은 바이트 단위로 나타낸 파일의 크기와 같다. 다음의 예제 ex_lseek.c와 같이 프로그램 내에서 파일의 크기를 알아내기 위해 lseek를 활용하는 기법이 종종 사용되기도 한다.

ex_lseek.c

```
#include <sys/types.h>
#include <unistd.h>
#include <fcntl.h>

int main(int argc, char *argv[])
{
    int filedes;
    off_t newpos;
```

```
    filedes = open(argv[1], O_RDONLY);

    /* 읽기/쓰기 포인터를 EOF로 이동한다. */
    newpos = lseek(filedes, (off_t)0, SEEK_END);

    printf("Size of %s file: %ld\n", argv[1], newpos);
}
```

```
$ ls -l ex*
-rwxrwxr-x 1 juyoon juyoon 16784  7월  8 17:26 ex_lseek
-rw-rw-r-- 1 juyoon juyoon   294  7월  8 17:26 ex_lseek.c
$ ex_lseek ex_lseek
Size of ex_lseek file: 16784
$ ex_lseek ex_lseek.c
Size of ex_lseek.c file: 294
$
```

12.3 파일 관리를 위한 시스템 API

표 12-4 파일 관리를 위한 시스템 API

함수	의미
umask	파일 생성 마스크를 설정한다.
access	파일에 대한 사용자의 접근권한을 확인한다.
chmod/fchmod	파일에 대한 접근 권한을 변경한다.
chown/fchown	파일의 소유주와 그룹을 변경한다.
link	파일의 새로운 이름을 하드 링크로 생성한다.
rename	파일의 이름이나 위치를 변경한다.
symlink	파일의 새로운 이름을 심볼릭 링크로 생성한다.
readlink	심볼릭 링크의 값을 읽어온다.
unlink	파일을 삭제한다.
stat/fstat	파일의 상태 정보를 가져온다.

파일을 열고 읽고 쓰고 닫는 것은 파일 내용에 대한 작업이다. 운영체제에서 이런 파일들을 관리하기 위해서 아이노드란 자료 구조를 사용한다는 것을 언급한 바 있다. 이번 절에서 배울 시스템 API 함수들은 파일 속성을 관리하는데 활용되는 것으로 주로 아이노드에 저장되어 있는 정보를 다루게 된다. 일부 속성은 관리자 등 특별한 권한이 있어야만 변경 가능한 것도 있으며, 그를 다루는 시스템 API 사용 시에도 권한이 필요하다.

12.3.1 파일의 권한 다루기

□ umask

사용법	

`#include <sys/types.h>`
`#include <sys/stat.h>`
 	
`mode_t umask(mode_t mask);`	

mask	파일에 대한 접근 권한으로서, mask로 지정한 항목은 새로운 파일 생성 시 적용되지 않는다.
반환값	umask의 실행은 항상 성공하며 기존의 mask 값을 반환한다.

umask 함수는 셸 내장명령인 umask와 마찬가지 역할을 한다. umask 설정법과 지정 숫자의 의미는 9장을 참조하도록 하자. 프로그램에서는 open과 creat로 새로운 파일을 생성할 때 필수적으로 파일에 대한 초기 접근 권한을 설정하는 mode 인자를 지정하도록 되어 있다. 이에 앞서 umask가 호출되어 mask가 설정되어 있으면 mask가 1로 설정된 권한은 금지가 된다. 즉, mode 인자와 mask 인자의 XOR 연산한 수가 실제 접근 권한으로 설정된다.

다음의 ex_umask.c 예제는 umask로 특정 파일 접근 권한을 제한하고 새로운 파일을 생성하는 프로그램이다.

ex_umask.c

```
#include <unistd.h>
#include <fcntl.h>
#include <sys/stat.h>

int main(int argc, char *argv[])
```

```
{
    int filedes;
    mode_t oldmask;

    oldmask = umask(023);
    filedes = open(argv[1], O_CREAT, 0777);
    close(filedes);
}
```

```
$ ex_umask masktest
$ ls -l masktest
-rwxr-xr--  1 juyoon    juyoon    0  7월  8 17:51 masktest
$
```

umask를 사용하여 023이란 값을 등록하였다. 이는 그룹 사용자에게 쓰기 권한을 제한하며 기타 사용자에게 쓰기, 실행 권한을 제한하겠다는 것을 의미한다. 인자로 받은 이름의 파일을 생성할 때 파일의 접근 권한으로 모든 권한을 의미하는 0777을 주었지만 umask로 제한한 특정 권한은 실제로 적용되지 않았음을 확인할 수 있다.

□ access

access는 지정한 파일에 대해서 프로세스가 특정 접근 권한을 가지고 있는지 검사하는 시스템 API다.

사용법	
#include <unistd.h> int access(const char **pathname*, int *mode*);	
pathname	파일에 대한 경로이름이다.
mode	검사하려는 접근 권한으로 R_OK, W_OK, X_OK, F_OK를 사용할 수 있다.
반환값	access 호출이 성공하면 0을 반환하고, 실패하면 -1을 반환한다.

access의 두 번째 인자로 사용할 수 있는 4개의 매크로 상수는 다음의 의미를 가진다.

표 12-5 access 함수의 mode

이름	의미
R_OK	읽기 권한을 검사한다.
W_OK	쓰기 권한을 검사한다.
X_OK	실행 권한을 검사한다. (디렉터리일 경우 탐색 권한을 검사한다.)
F_OK	대상 파일이 존재하는지 검사한다.

프로세스가 지정한 파일을 열려고 할 때 허가되지 않은 접근 권한을 적용하면 파일을 여는 것이 실패하게 된다. 예를 들어, 파일 소유자에게 읽기 권한을 허용하고 그룹 사용자에게 쓰기 권한을 허용하며 기타 사용자에게는 아무런 허가도 주지 않는 파일 test.txt를 생각해 보자. 다음 코드를 이용해 파일 test.txt를 읽고 쓰기 방식으로 열려고 한다.

```
int main(void)
{
    int filedes;

    filedes = open("test.txt", O_RDWR);
    printf("%d \n", filedes);
    close(filedes);
}
```

이 경우, 프로세스 소유자가 파일의 소유자든 그룹 사용자든 기타 사용자든 관계없이 파일을 열지 못한다. 어느 범주에 속하는 사용자건 읽기와 쓰기가 모두 허가된 경우가 없기 때문이다. 그런데 이런 오류의 발생 가능성을 프로그램에 명시해 놓지 않으면 나중에 이 오류로 인해 다음 작업이 제대로 수행되지 않을 때 원인을 찾기 어렵거나 다른 작업에 영향을 미쳐 다른 오류를 발생시킬 수 있다. 그래서 접근 권한이 확실하지 않은 파일에 대한 작업을 하고자 할 때는 access 호출을 사용해서 미리 권한 여부를 검사하는 것이 안전한 프로그램 방식이다.

access 호출이 실제로 작동할 때는 프로세스 소유자와 파일 소유자의 관계에 따라 검사 내용이 달라진다. 소유자가 동일하다면 파일 접근 권한 중 소유자에 대한 것을 확인하고, 소유자가 다르지만 그룹이 같다면 그룹 권한을 확인한다. 이도 저도 아니면 기타 사용자에 대한 권한을 검사하게 된다. 다음 예를 보자.

```
$ ls -l test.txt
-rw-r----- 1 juyoon    faculty   5  7월  8 17:35 test.txt
```

```
int main(void)
{
    if ( access("test.txt", R_OK) == -1 ) {
        fprintf(stderr, "User cannot read file %s \n", filename);
        exit(1);
    }
    /* rest of program ... */
}
```

이 프로그램을 실행하게 되면 프로세스가 test.txt 파일에 대해서 읽기 권한(R_OK)을 가지고 있는지를 검사한다. ls -l 명령의 결과 화면에서 확인할 수 있듯이 test.txt 파일의 소유자는 juyoon이라는 사용자이며 소속 그룹은 faculty이다. 프로세스 소유자가 juyoon이라면 파일에 대해서 읽기 권한("rw-")을 가지고 있기 때문에 파일에 대한 검사를 통과할 것이고, 프로세스의 소유자가 juyoon은 아니지만 그룹이 faculty라면 마찬가지로 읽기 권한("r--")을 가지고 있으므로 파일에 대한 검사를 통과할 것이다. 그러나 파일의 소유자도 아니고 같은 그룹의 사용자도 아닌 기타 사용자일 경우 아무런 권한도 없기 때문에 검사를 통과하지 못하고 프로그램은 오류 메시지를 출력하고 종료하게 된다.

□ chmod / fchmod

지정한 경로의 파일이나 이미 열린 파일의 접근 권한을 변경하는 호출은 chmod와 fchmod가 있다. 두 함수는 파일을 인자로 주는 방식이 다를 뿐 수행 결과는 같다. fchmod는 파일 기술자를 사용해서 접근 권한을 변경하기 때문에 그 전에 연 파일에 대해서만 사용이 가능하다. chmod는 경로 이름으로 파일을 지정하므로 열림 여부에 관계없이 사용할 수 있다. 다만, 지정한 파일의 소유자나 수퍼 유저만이 파일에 대한 접근 권한을 임의로 변경할 수 있으므로, 프로세스에게 권한이 없는 경우 호출이 실패하게 된다.

사용법	

`#include <sys/types.h>`
`#include <sys/stat.h>`
 	
`int chmod(const char *path, mode_t mode);`
`int fchmod(int filedes, mode_t mode);`	

path	파일에 대한 경로이름이다.
filedes	열린 파일의 파일 기술자이다.
mode	파일에 새롭게 적용하려는 접근 권한이다.
반환값	호출이 성공하면 0을 반환하고, 실패하면 -1을 반환한다.

mode 인자는 open, creat 등에서 사용한 것과 마찬가지로 8진수 또는 매크로 상수를 이용해 표현할 수 있다.

다음은 chmod를 사용하는 예제 프로그램이다. 변경 권한을 가지고 있지 않은 root 소유 파일에 대해서는 chmod를 실행할 수 없는 것을 볼 수 있다.

ex_chmod.c

```
#include <sys/types.h>
#include <sys/stat.h>
#include <stdio.h>

int main(int argc, char* argv[])
{
    mode_t mode1, mode2;
    mode1 = S_IRUSR | S_IWUSR | S_IRGRP;
    mode2 = 0644;

    if(chmod(argv[1], mode1) == -1)
       printf("Cannot change mode of %s\n", argv[1]);
    if(chmod(argv[2], mode2) == -1)
       printf("Cannot change mode of %s\n", argv[2]);
    return 0;
}
```

```
$ ls -l test1 test2
-rw-r--r--  1 root      root     5  7월  8 17:40 test1
-r--------  1 juyoon    juyoon   5  7월  8 17:45 test2
$ ex_chmod test1 test2
Cannot change mode of test1
$ ls -l test1.txt test2.txt
-rw-r--r--  1 root      root     5  7월  8 17:40 test1
-rw-r--r--  1 juyoon    juyoon   5  7월  8 17:45 test2
$
```

□ chown / fchown

지정한 경로의 파일이나 이미 열린 파일의 소유 관계를 변경하는 시스템 API로 명령어 chown 또는 chgrp와 같은 기능을 한다. chown 명령어와 마찬가지로 chown 함수 사용 시에는 소유권을 변경시킬 수 있는 권한, 즉 수퍼 유저 권한이 있어야 한다.

사용법	

#include <sys/types.h>
#include <unistd.h>
 	
int chown(const char *path, uid_t owner, gid_t group);
int fchown(int fd, uid_t owner, gid_t group);	

path	파일에 대한 경로이름이다.
fd	열린 파일의 파일 기술자이다.
owner	새로운 소유주의 사용자 식별 번호(UID)이다.
group	새로운 소유주의 그룹 식별 번호(GID)이다.
반환값	호출이 성공하면 0을 반환하고, 실패하면 -1을 반환한다.

chown은 지정한 경로의 파일의 소유자와 그룹을 변경하고 fchown은 열린 파일의 파일 기술자를 이용해 파일의 소유자와 그룹을 변경한다. 두 개의 함수 모두 3개의 인자가 필요한데 첫 번째 인자는 파일을 지정하는 것이고 두 번째는 새로운 소유자의 사용자 식별 번호이고 마지막 세 번째는 새로운 그룹의 그룹 식별 번호이다. 식별 번호는 시스템 내에서 사용자나 그룹을 유일하게 식별하기 위해 부여한 unsigned int형 값으로 셸에서 id 명령어를 사용

하여 확인할 수 있다. 아래의 예제를 보자.

```
$ id
uid=1020(juyoon) gid=100(faculty)
$ id nonezero
uid=1015(nonezero) gid=100(faculty)
$
```

"id" 명령을 실행한 결과를 보면 현재 사용자의 식별 번호는 1020번이고 그룹 식별 번호는 100이다. "id nonezero" 명령을 실행한 결과를 보면 nonezero란 사용자의 사용자 식별 번호는 1015번이고 그룹 식별 번호는 100이다. 바로 이 두 개의 값을 chown과 fchown의 두 번째와 세 번째 인자 값으로 사용한다.

chown을 사용하는 예제 프로그램을 보자.

```
#include <sys/types.h>
#include <unistd.h>

int main()
{
    if(chown("test.txt", 1015, 100) == -1)
        exit(1);
    printf("rest of program ...\n");
}
```

이 예제는 test.txt 파일의 소유권을 uid 1015와 gid 100번을 가지는 사용자로 변경하는 프로그램이다. 이 프로그램을 실행시키는 사용자가 수퍼 유저라면 소유권 변경이 성공할 것이고 일반 사용자라면 실패할 것이다.

12.3.2 링크와 경로 관리

□ link, symlink

link는 지정한 파일에 대한 하드 링크(hard-link)를 생성하고 symlink는 심볼릭 링크(symbolic link)를 생성한다. 두 링크가 어떻게 다른지, 그들이 실제 파일과 어떤 관계를 가지는지, 아이노드 번호와 참조 계수는 어떻게 되는지 등등 상세 내용이 기억나지 않는다면

6.1.3절에 가서 한 번 더 복습하고 오자. 인자 oldpath와 newpath는 문자열로서 ln 명령어를 사용할 때와 마찬가지 경로 이름을 인자로 줄 수 있다.

사용법	

`#include <unistd.h>`
 	
`int link(const char *oldpath, const char *newpath);`
`int symlink(const char *oldpath, const char *newpath);`	

oldpath	원본 파일의 경로 이름이다.
newpath	하드 링크(link) 또는 심볼릭 링크(symlink)의 경로 이름이다.
반환값	호출이 성공하면 0을 반환하고, 실패하면 -1을 반환한다.

다음의 ex_hlink.c와 ex_slink.c는 동일한 원본 파일에 대해서 하드 링크와 심볼릭 링크를 각각 생성하는 예제 프로그램이다.

ex_hlink.c

```
#include <unistd.h>
#include <stdio.h>

int main(int argc, char *argv[])
{
    if (link(argv[1], argv[2]))
        printf("hard link failed\n");
}
```

ex_slink.c

```
#include <unistd.h>
#include <stdio.h>

int main(int argc, char *argv[])
{
    if (symlink(argv[1], argv[2]))
        printf("hard link failed\n");
}
```

```
$ ls -il
184117 -rw-rw-r--  1 juyoon juyoon  21    7월  9 10:40      file
$ ex_hlink file hfile
$ ex_slink file sfile
$ ls -il
184117 -rw-rw-r--  2 juyoon juyoon  21    7월  9 10:40      file
184117 -rw-rw-r--  2 juyoon juyoon  21    7월  9 10:50      hfile
184118 lrwxrwxrwx  1 juyoon juyoon   4    7월  9 10:50      sfile -> file
$ chmod 600 hfile
$ ls -il
184117 -rw-------  2 juyoon juyoon  21    7월  9 10:40      file
184117 -rw-------  2 juyoon juyoon  21    7월  9 10:50      hfile
184118 lrwxrwxrwx  1 juyoon juyoon   4    7월  9 10:50      sfile -> file
$ chmod 644 sfile
$ ls -il
184117 -rw-r--r--  2 juyoon juyoon  21    7월  9 10:40      file
184117 -rw-r--r--  2 juyoon juyoon  21    7월  9 10:50      hfile
184118 lrwxrwxrwx  1 juyoon juyoon   4    7월  9 10:50      sfile -> file
$
```

첫 번째 명령의 결과를 보면 파일 file은 하드 링크 계수가 1이다. 이 파일에 대한 또다른 하드 링크가 없다는 말이다. 위 프로그램을 실행시켜 파일에 대한 하드 링크와 심볼릭 링크를 순서대로 만든 후 다시 "ls -l" 명령어를 실행하고 그 결과를 보면 file 파일의 하드 링크 계수가 2로 증가하였다. hfile이라는 이름으로 하드 링크가 하나 생겼기 때문이다. 이 두 개의 파일은 동일한 아이노드를 가리키게 되므로 "ls -l" 명령어로 보여지는 모든 정보가 완벽하게 똑같다. 반면에 심볼릭 링크로 만들어진 sfile은 많이 다르다. 심볼릭 링크로 만들어진 파일은 파일 유형을 나타내는 부분이 소문자 l로 표시되며 모든 권한이 허용되어 있다. 또한 파일 이름을 보면 원본 파일에 대한 상대 경로가 표시된다. 원본과 완전히 다른 파일인 것이다.

하드 링크된 파일에 대해서 권한 변경을 시도하면 그 결과는 아이노드에 적용되므로 하드 링크된 모든 파일 이름에 대해서 동일하게 적용된다는 것을 볼 수 있다. 반면에 심볼릭 링크된 파일에 권한 변경과 같은 작업을 시도하면 심볼릭 링크 파일의 아이노드에 적용되는 것이 아니라 심볼릭 링크가 가리키는 원본 파일에 적용된다. 즉, 심볼릭 링크를 따라 가서 명령을 수행하는 것이다. 위의 예에서는 심볼릭 링크가 가리키는 원본 파일이 하드 링크를 가지고 있으므로 결국 두 개의 파일에 대해서 권한 변경이 적용되었다.

□ readlink

심볼릭 링크를 따라 실제 파일을 접근하려면 링크 파일의 데이터, 즉 경로 정보를 읽어 와야 한다. readlink는 링크 파일에 저장된 경로 정보를 읽는 함수다.

사용법	

`#include <unistd.h>`
 	
`int readlink(const char *path, char *buf, size_t bufsize);`	

path	심볼릭 링크에 대한 경로 이름이다.
buf	심볼릭 링크의 데이터 내용을 담을 공간이다.
bufsize	buf의 크기이다.
반환값	읽기가 성공하면 buf에 저장한 바이트 수를 반환하며 실패할 경우 -1을 반환한다.

앞에서 설명했다시피 심볼릭 링크를 생성하면 새로운 파일로 인정되어 디렉터리에 이름이 등록되면서 아이노드 공간을 할당 받는다. 이 때 일반 파일과 달리 데이터 블록은 할당되지 않으며 아이노드 내에 데이터 블록에 대한 포인터를 저장할 곳에 원본 파일에 대한 경로가 저장된다. readlink는 심볼릭 링크의 아이노드에서 원본 파일에 대한 경로를 읽어 온다. 원본 파일에 대한 경로가 아주 길 수도 있기 때문에 readlink의 두 번째 인자로 사용되는 버퍼 buf는 충분한 크기를 가져야 한다. buf로 담아온 경로가 널(null) 문자로 종료되는 것이 확실하지 않으므로 문자열 처리를 위해 반환 값을 이용해 buf 문자열의 마지막에 널 문자를 추가하는 작업을 수행하는 것이 안전하다.

ex_readlink.c는 readlink를 사용하는 예제 프로그램이다. sfile이 링크하고 있는 원본 파일의 경로가 출력되는 것을 볼 수 있다.

ex_readlink.c

```
#include <stdio.h>
#include <unistd.h>

int main()
{
    char buffer[1024];
    int nread;
```

```
    nread = readlink("sfile", buffer, 1024);
    write(1, buffer, nread);
}
```

```
$ ls -l sfile
184118 lrwxrwxrwx  1 juyoon juyoon  4   7월  9 10:50     sfile -> file
$ ex_readlink
file
$
```

□ rename

rename 호출은 지정한 경로의 파일 이름을 새로운 이름으로 변경한다.

사용법	

`#include <stdio.h>`
 	
`int rename(const char *oldpath, const char *newpath);`	

oldpath	이름을 바꾸려는 파일의 경로 이름이다.
newpath	파일의 새로운 이름이다.
반환값	호출이 성공하면 0을 반환하고, 실패하면 -1을 반환한다.

oldpath가 지정한 파일의 경로를 newpath가 지정한 경로로 바꾼다. oldpath와 newpath가 동일한 경로를 가리킬 수도 있는데 이런 경우 함수 호출은 성공한 것으로 처리되며 실제로 아무런 일도 일어나지 않는다. 사용 예는 다음과 같다.

```
#include <stdio.h>

int main(int argc, char *argv[])
{
    if(argc != 3)
        exit(1);
    if(rename(argv[1], argv[2]) == 0)
        printf("성공!\n");
    else printf("실패!\n");
}
```

일반적인 사용법에서 oldpath가 가리키는 파일은 실제로 존재해야 하며 newpath가 가리키는 대상은 존재하지 않아야 하지만 newpath가 가리키는 대상이 이미 존재할 수도 있다. newpath가 가리키는 대상이 존재할 경우 newpath에 해당하는 파일이 삭제되고 oldpath의 파일이 newpath가 가리키는 경로로 바뀌게 된다. newpath가 가리키는 대상이 이미 존재할 때 이는 정규 파일이 될 수도 있고 디렉터리가 될 수도 있다. 어느 것이라도 상관은 없으나 반드시 oldpath와는 종류가 같아야 한다.

newpath가 이미 존재하는 디렉터리를 가리킬 때 rename을 수행하면 newpath의 디렉터리가 비어 있는지의 여부에 따라 성공 여부가 달라진다. newpath의 디렉터리가 비어 있다면 rename 호출은 성공하나 newpath의 디렉터리가 비어있지 않다면 호출은 실패하게 된다. oldpath의 디렉터리가 비어 있는지 여부는 상관이 없다.

rename의 기능은 명령어 mv와 비슷하지만 같지는 않다. 함수 이름 그대로 파일명을 변경하는 기능만 할 뿐, mv 명령에서처럼 파일을 디렉터리로 이동하는 기능은 수행하지 않으며, oldpath가 파일이고 newpath가 디렉터리라 할지라도 디렉터리 대신 같은 이름의 파일로 바뀌는 것이다.

□ unlink

unlink는 파일의 하드링크를 하나 삭제하는 시스템 API다. 명령어 "rm"의 구현에 사용할 수 있다.

사용법	

`#include <unistd.h>`
 	
`int unlink(const char *pathname);`	

pathname	삭제할 파일의 경로 이름이다.
반환값	작업이 성공할 경우 0이 반환되며, 실패할 경우 -1이 반환된다.

unlink의 기본 기능은 pathname으로 지정된 파일의 "이름"을 삭제하는 것이다. 데이터를 포함한 파일 자체의 삭제는 삭제로 인해 파일의 참조 계수(6장을 참고하세요)가 0이 되고, 현재 그 파일을 열고 있는 프로세스가 없는 경우에만 이루어진다. 프로세스가 파일 사용을 종료하고 close했을 때 참조 계수가 0이면 파일이 진짜로 삭제된다.

pathname으로 지정된 파일이 심볼릭 링크인 경우 파일의 실체와 관계없이 링크만 삭제된다. 소켓이나 장치 파일인 경우, 역시 그를 사용하고 있는 프로세스가 있다면 사용을 종료할 때까지 그대로 남아 있다가 후에 삭제된다.

디렉터리는 unlink로 삭제할 수 없으며, 12.4.1절에 소개하는 rmdir을 이용해야 한다. 또는 시스템 API가 아닌 C 표준 라이브러리 함수 중 remove를 이용하면 파일과 디렉터리 구분 없이 삭제할 수 있다. 단, 디렉터리는 비어 있어야 한다.

12.3.3 전체 속성 관리

□ stat / fstat / lstat

"ls -l" 명령을 수행한 것처럼 어떤 파일의 상세한 속성을 알고 싶을 때는 stat 또는 fstat, lstat 함수를 호출한다. stat은 경로명, fstat은 파일 기술자를 이용해 지정한 파일의 아이노드에 기록되어 있는 정보를 가져온다. 지정한 파일이 심볼릭 링크인 경우 링크가 가리키는 원본 파일의 아이노드 정보를 가져온다. 심볼릭 링크 자체의 아이노드 정보를 보고 싶으면 lstat 함수를 사용해야 한다.

사용법

```
#include <sys/types.h>
#include <sys/stat.h>
#include <unistd.h>

int stat(const char *filename, struct stat *buf);
int fstat(int filedes, struct stat *buf);
int lstat(const char *filename, struct stat *buf);
```

filename	파일의 경로 이름이다.
filedes	열린 파일의 파일 기술자이다.
buf	파일의 정보를 담기 위한 struct stat 타입 구조체의 포인터이다.
반환값	호출이 성공하면 0을 반환하고, 실패하면 -1을 반환한다.

가져온 아이노드의 정보를 저장하기 위해서 두 번째 인자로 struct stat 타입의 변수를 사용한다. struct stat 타입의 변수가 가진 멤버 변수는 아이노드로부터 가져올 수 있는 파일에 대한 정보들을 저장하고 있다. 여기에 나열한 멤버 외에 실제 시스템에서는 CPU가 32비트

인지 64비트인지에 따라 다르게 정의되기도 하며, 시간 정보도 nsec 부분을 보여주는 멤버가 존재하기도 한다.

struct stat 타입의 구조

```
struct stat {
    dev_t  st_dev;          // 디렉터리를 포함하는 논리적 장치의 식별 번호
    ino_t  st_ino;          // 아이노드 번호 (파일 고유 식별 번호)
    mode_t  st_mode;        // 파일 접근 권한
    nlink_t  st_nlink;      // 하드 링크의 수
    uid_t  st_uid;          // 파일 소유자의 고유 식별 번호
    gid_t  st_gid;          // 파일 소유자가 속한 그룹의 식별 번호
    off_t  st_size;         // 바이트 단위의 파일 크기
    timestruc_t st_atime;          // 마지막으로 파일이 사용된 시간
    timestruc_t st_mtime;          // 마지막으로 파일이 수정된 시간
    timestruc_t st_ctime;          // 마지막으로 파일의 상태가 변경된 시간
    blksize_t  st_blksize;         // 입출력을 위한 최적의 블록 크기
    blkcnt_t  st_blocks;           // 파일 저장을 위해 할당된 데이터 블록의 수
    char  st_fstype[_ST_FSTYPSZ];          // 파일 시스템의 종류(유닉스)
     ...
};
```

다음은 stat을 사용한 예제 프로그램이다. buf 인자를 통해 정보를 전달받으므로 & 연산자를 반드시 사용해야 한다.

ex_stat.c

```
#include <stdio.h>
#include <sys/types.h>
#include <sys/stat.h>
#include <time.h>
#include <stdlib.h>

int main(int argc, char *argv[])
{
    struct stat finfo;

      if (argc != 2) {
          fprintf(stderr, "Usage: %s <pathname>\n", argv[0]);
          exit(EXIT_FAILURE);
```

```
    }
    if (stat(argv[1], &finfo) == -1) {
        perror("stat");
        exit(EXIT_FAILURE);
    }
    printf("File type:          ");
    switch (finfo.st_mode & S_IFMT) {
            case S_IFBLK: printf("block device\n");              break;
            case S_IFCHR: printf("character device\n");          break;
            case S_IFDIR: printf("directory\n");                 break;
            case S_IFIFO: printf("FIFO/pipe\n");                 break;
            case S_IFLNK: printf("symlink\n");                   break;
            case S_IFREG: printf("regular file\n");              break;
            case S_IFSOCK: printf("socket\n");                   break;
            default:   printf("unknown\n");                      break;
    }
    printf("I-node number:              %ld\n", (long)finfo.st_ino);
    printf("Mode:               %lo (octal)\n",
            (unsigned long)finfo.st_mode);
    printf("Link count:         %ld\n", (long)finfo.st_nlink);
    printf("Ownership:          UID=%ld             GID=%ld\n",
            (long)finfo.st_uid, (long)finfo.st_gid);
    printf("Preferred I/O block size: %ld bytes\n",
            (long)finfo.st_blksize);
    printf("File size:                  %lld bytes\n",
            (long long)finfo.st_size);
    printf("Blocks allocated:           %lld\n",
            (long long)finfo.st_blocks);
    printf("Last status change:         %s", ctime(&finfo.st_ctime));
    printf("Last file access   :        %s", ctime(&finfo.st_atime));
    printf("Last file modification:%s", ctime(&finfo.st_mtime));
    exit(EXIT_SUCCESS);
}
```

```
$ ls -l test1
-rw-r--r-- 1 root root 18  7월  8 18:13 test1
$ ex_stat test1
File type:                      regular file
I-node number:                  1316181
```

```
Mode:                          100644 (octal)
Link count:                    1
Ownership:                     UID=0    GID=0
Preferred I/O blk size:        4096 bytes
File size:                     18 bytes
Blocks allocated:              8
Last status change:            Thu Jul  8 18:13:58 2021
Last file access:              Thu Jul  8 19:14:26 2021
Last file modification:        Thu Jul  8 18:13:58 2021
$
```

st_mode의 출력 결과를 보면 100644와 같이 6자리 8진수로 되어 있다. 뒤 세 자리는 접근 권한으로서 앞에서 계속 사용했던 숫자와 의미가 같으며, 표 12-3에 소개한 매크로 상수를 사용한다. 앞의 세 자리 중, 두 자리는 파일 종류를 나타내고 세 번째 8진수는 보호(protection) 모드를 나타내는 플래그로 상세한 내역은 다음 표 12-6를 참조하기 바란다.

표 12-6 모드 플래그의 종류

상수 이름	8진수 값	의미
S_IFDIR	040000	디렉터리
S_IFCHR	020000	문자형 장치 파일
S_IFBLK	060000	블록형 장치 파일
S_IFREG	100000	일반 파일
S_IFIFO	010000	FIFO 파이프
S_IFLNK	120000	심볼릭 링크
S_IFSOCK	140000	소켓
S_ISUID	004000	실행 시 setUID 설정
S_ISGID	002000	실행 시 setGID 설정
S_ISVTX	001000	Sticky bit 설정

여기에 더해서 기존의 st_mode 값을 이용해 어떤 플래그가 설정되어 있는지 검사할 때 사용할 수 있는 마스크들이 정의되어 있다. access 함수가 현재 프로세스가 어떤 권한을 가지고 있는가를 검사하는 것과 달리 마스크를 이용해 비트를 추출하면 파일에 설정된 전체 접근 권한을 알아볼 수 있다.

표 12-7 플래그 설정을 검사하는 마스크

마스크 이름	8진수 값	의미
S_IFMT	170000	파일 종류를 추출하는 비트열
S_IRWXU	000700	사용자 읽기/쓰기/실행 권한을 추출하는 비트열
S_IRWXG	000070	그룹 읽기/쓰기/실행 권한을 추출하는 비트열
S_IRWXO	000007	기타 사용자의 읽기/쓰기/실행 권한을 추출하는 비트열

프로그램에서는 이들 마스크와 플래그를 이용해 파일의 종류와 접근 권한 등을 검사할 수 있다. stat.h 헤더 파일에는 이들 검사를 편리하게 하기 위한 매크로도 몇 가지 정의되어 있다. 다음은 파일의 종류를 검사하는 매크로들이며 인자로 mode 숫자를 사용한다.

표 12-8 파일의 종류를 검사하는 매크로

매크로	의미	매크로	의미
S_ISBLK	블록형 특수 파일인가?	S_ISCHR	문자형 특수 파일인가?
S_ISDIR	디렉터리인가?	S_ISFIFO	FIFO 파이프인가?
S_ISREG	일반 파일인가?	S_ISLNK	심볼릭 링크인가?
S_ISSOCK	소켓인가?		

표 12-8의 매크로는 다음과 같이 S_IFMT 매크로를 사용한 연산으로 정의되어 있다. 한꺼번에 여러 개를 검사할 때는 ex_stat.c 함수에서 사용한 것처럼 직접 연산을 하지만 검사를 한두개만 할 때는 S_IS 매크로를 사용하는 편이 간단하다.

```
#define S_ISREG(m)      (((m) & S_IFMT) == S_IFREG)
```

어떤 파일의 x 권한이 허용되어 있을 때 어떤 종류의 x인지 판정하는 프로그램을 다음과 같이 작성해 볼 수 있다.

ex_x.c

```
#include <stdio.h>
#include <sys/types.h>
#include <sys/stat.h>
#include <unistd.h>

int main(int argc, char *argv[])
```

```
{
        struct stat finfo;
        mode_t mode;

        lstat(argv[1], &finfo);
        mode = finfo.st_mode;
        if (access(argv[1], X_OK) == 0) {
            if (S_ISREG(mode))
                printf("You can execute %s program.\n", argv[1]);
            else if (S_ISDIR(mode))
                printf("You can enter the %s directory.\n", argv[1]);
            else if (S_ISLNK(mode))
                printf("%s file is symbolic link.\n", argv[1]);
        }
        else
            printf("%s file is not allowed for execution.\n", argv[1]);
        return 0;
}
```

```
$ ls -dl t*
-rw-r--r-- 1 root   root      18  7월  8 18:13 test1
drwxrwxr-x 2 juyoon juyoon  4096  7월  8 11:54 testdir
-rwx------ 2 juyoon juyoon    18  7월  8 18:07 tmp
lrwxrwxrwx 1 juyoon juyoon     3  7월  8 18:40 tmpslink -> tmp
$ ex_access test1
test1 file is not allowed for execution.
$ ex_access testdir
You can enter the testdir directory.
$ ex_access tmp
You can execute tmp program.
$ ex_access tmpslink
tmpslink file is symbolic link.
```

12.4 디렉터리 관련 함수

표 12-9 디렉터리를 다루는 시스템 API와 표준 라이브러리 함수

이름	의미
mkdir	새로운 디렉터리를 작성한다.
rmdir	디렉터리를 삭제한다.
opendir	디렉터리를 파일처럼 연다.
closedir	열었던 디렉터리를 닫는다.
readdir	열린 디렉터리로부터 디렉터리 항목을 읽어온다.
rewinddir	열린 디렉터리 스트림을 초기화한다.
telldir	디렉터리 스트림에서 특정 위치를 저장한다.
seekdir	telldir로 저장했던 위치를 복원한다.
chdir	디렉터리 경로를 변경한다.
getcwd	현재 작업 디렉터리를 구한다.

디렉터리는 특수 파일 중 하나로 파일의 이름과 아이노드 번호를 담고 있다고 설명한 바 있다. 그 내용은 텍스트가 아니기 때문에 일반 파일을 읽듯이 읽을 수 없고, 바이너리 파일을 읽을 수 있는 "od" 명령을 사용하는 것도 리눅스에서는 어렵다. 프로그램에서도 디렉터리 파일의 바이너리 데이터에 대한 구조 정보를 모두 알고 있지 않으면 일반 파일과 같이 open, read, close 등의 시스템 API로는 디렉터리 파일을 다룰 수 없다. 그리고 파일 시스템마다 디렉터리 구조가 다른 경우가 많기 때문에 커널에서 제공하는 시스템 API보다 C 표준 라이브러리 함수를 통해서 디렉터리를 다루는 것이 더 용이하다. 이번 절에서 소개하는 디렉터리 관련 시스템 API와 표준 라이브러리 함수들은 디렉터리에 대한 작업을 대행해 주는 전용 함수들이다.

12.4.1 디렉터리 생성과 삭제

□ mkdir / rmdir

mkdir은 지정한 경로 이름으로 새로운 디렉터리를 생성하고 rmdir은 지정한 경로의 디렉터리를 삭제한다.

사용법	

`#include <sys/types.h>`
`#include <sys/stat.h>`
 	
`int mkdir(const char *pathname, mode_t mode);`	

`#include <unistd.h>`
 	
`int rmdir(const char *pathname);`	

pathname	새롭게 생성 또는 삭제하려는 디렉터리의 경로 이름이다.
mode	생성하려는 디렉터리의 초기 접근 권한이다.
반환값	호출이 성공하면 0을 반환하고, 실패하면 -1을 반환한다.

mkdir은 첫 번째 인자인 pathname으로 지정한 경로로 새로운 디렉터리를 생성한다. 두 번째 인자인 mode는 생성되는 디렉터리에 대한 초기 접근 권한이며, 일반 파일 생성 시와 마찬가지로 umask로 등록한 접근 권한을 제외한 나머지 권한만이 적용된다. 디렉터리에 대한 소유권은 mkdir을 사용하여 디렉터리를 생성하는 프로세스의 소유자를 따르게 된다.

rmdir은 pathname으로 지정한 경로의 비어 있는 디렉터리를 삭제한다. 비어 있는 디렉터리란 현재 디렉터리에 대한 정보(.)와 부모 디렉터리에 대한 정보(..)를 제외한 나머지 파일 목록이 존재하지 않는 디렉터리이다. 사용자 편의를 위한 C 표준 라이브러리 함수를 하나 소개하자면, 파일의 종류에 따라 일반 파일 삭제 시 사용하는 unlink와 디렉터리 삭제 시 사용하는 rmdir 호출을 자동으로 선택해서 불러 주는 함수 remove가 있다. 사용법은 다음과 같으며, 성공 시 0, 실패 시 −1을 반환한다.

```
#include <stdio.h>

int remove(const char *pathname);
```

rmdir도 디렉터리가 비어 있지 않을 때는 삭제할 수 없기 때문에 remove 호출도 마찬가지로 비어 있는 디렉터리만 삭제할 수 있다. 그러면 "rm -R" 명령과 같이 하위 디렉터리까지 한꺼번에 삭제하는 시스템 API나 라이브러리 함수는 없을까? 답은 '없다'이다. 그런 기능은 앞으로 배울 디렉터리 순회 함수들을 이용해 프로그램으로 구현해 주어야 하며, 실제로 유닉스/리눅스의 많은 기본 명령어들이 이런 시스템 API와 라이브러리를 이용한 프로그램으로 구현되어 있다.

다음은 mkdir을 사용하여 test_dir1과 test_dir2 디렉터리를 생성하고 rmdir로 test_dir2 디렉터리를 삭제하는 예제 프로그램이다.

ex_mkdir.c

```
#include <unistd.h>
#include <sys/types.h>
#include <sys/stat.h>

int main(void)
{
    mkdir("test_dir1", 0755);
    mkdir("test_dir2", 0755);

    rmdir("test_dir2");
}
```

```
$ ex_mkdir
$ ls -l
drwxr-xr-x  1 juyoon     juyoon      20  2009-05-25 14:22 test_dir1
$
```

12.4.2 디렉터리 읽기

□ opendir / closedir

opendir은 지정한 디렉터리를 연다. 즉, 디렉터리에 대한 작업을 할 수 있도록 관련정보를 찾고 필요한 자료 구조를 생성하는 등의 준비 작업을 해서 프로세스에 연결해 준다. closedir은 opendir로 연 디렉터리를 닫는다.

사용법

```
#include <sys/types.h>
#include <dirent.h>

DIR *opendir(const char *name);
int closedir(DIR *dir);
```

name	열려는 디렉터리의 경로 이름이다.
dir	디렉터리 스트림에 대한 DIR형 포인터로 opendir의 반환값과 closedir의 인자로 사용된다.
반환값	opendir: 호출이 성공하면 디렉터리 스트림에 대한 DIR형 포인터를 반환하고, 실패하면 NULL을 반환한다. closedir: 호출이 성공하면 0을 반환하고, 실패하면 -1을 반환한다.

opendir을 사용하여 디렉터리를 파일로서 연다는 것은 open을 사용하여 일반 파일을 여는 것과는 다르다. 디렉터리도 파일의 한 종류이기 때문에 open으로 열어 바이트 단위로 그 내용을 읽을 수 있다. 하지만 디렉터리 파일의 구조를 정확히 알고 있지 않으면 디렉터리가 저장하고 있는 내용인 파일 이름의 목록을 읽는다는 것이 그리 쉬운 작업은 아니다. opendir을 사용하여 파일을 열고 다음 절에서 배우게 될 readdir을 사용하면 디렉터리가 저장하고 있는 파일 이름의 목록을 쉽게 읽어 들일 수 있다. 그리고 opendir로 연 디렉터리 파일은 closedir을 이용하여 닫는 것이 일반적이다.

□ readdir

readdir 함수는 열린 디렉터리로부터 디렉터리 항목을 하나씩 읽어 온다.

사용법

```
#include <sys/types.h>
#include <dirent.h>

struct dirent *readdir(DIR *dir);
```

dir	opendir로 연 디렉터리에 대한 포인터이다.
반환값	호출이 성공하면 struct dirent 형 포인터를 이용해 하나의 디렉터리 항목에 대한 정보를 반환하고, 호출이 실패하면 NULL을 반환한다. 더 이상 읽을 디렉터리 항목이 없을 경우에도 NULL을 반환한다.

readdir을 사용하기에 앞서 12.1.3절을 참조하여 디렉터리 파일의 구조를 다시 복습하자. 디렉터리 파일은 디렉터리에 있는 파일들의 목록을 저장하고 있는데 각각을 디렉터리의 항목 또는 엔트리(entry)라고 부른다. 하나의 디렉터리 항목은 파일의 이름과 아이노드의 번호로 구성되어 있다.

readdir의 기능은 디렉터리 파일을 읽어서 하나의 항목을 반환하는 것이다. 반환값이 아이노드 번호와 파일 이름으로 구성되기 때문에 단순 데이터 형으로는 이를 반환할 수 없고, 사용법에서 보다시피 struct dirent라는 구조체에 대한 포인터를 반환하게 된다. struct dirent 형은 아이노드 번호와 파일 이름을 저장하기 위한 멤버를 가지며 이에 대한 정의는 〈dirent.h〉에 기술되어 있다. d_ino 변수는 아이노드 번호를 저장하고 d_name은 파일 이름을 저장하며 NULL 문자로 종료된다.

struct dirent 형의 멤버

```
struct dirent
{
    ino_t           d_ino;                /* 아이노드 번호 */
    off_t           d_off;                /* 다음 항목에 대한 오프셋 */
    unsigned short  d_reclen;             /* 이번 항목의 길이 */
    unsigned char   d_type;               /* 파일의 형 */
    char            d_name[NAME_MAX+1];   /* 파일 이름 */
}
```

opendir을 사용하여 디렉터리 파일을 열면 디렉터리에 대한 포인터는 첫 번째 디렉터리 항목을 가리키게 된다. 이때 readdir을 호출하면 현재 포인터가 가리키는 항목인 첫 번째 항목이 반환되고 디렉터리의 포인터는 다음 항목을 가리키게 된다. 이런 식으로 마지막 항목까지 읽고 더 이상 읽어 들일 항목이 남아 있지 않게 되면 readdir은 NULL을 반환한다.

ex_dir.c

```
#include <sys/types.h>
#include <dirent.h>
#include <unistd.h>

int main(void)
{
   DIR *dirp;
   struct dirent *dentry;

   if ((dirp = opendir(".")) == NULL)
       exit(1);

```

```
    while (dentry = readdir(dirp)) {
        printf("%s\n", dentry->d_name);
    }

    closedir(dirp);
}
```

ex_dir.c는 현재의 디렉터리를 opendir로 열고 readdir로 디렉터리의 항목을 순서대로 표준 출력하고 closedir로 닫는 예제 프로그램이다. 실행 결과를 살펴보자.

```
$ ls
apple  test  temp
$ ex_dir
..
test
temp
apple
.
$
```

ex_dir.c 프로그램이 "ls" 명령과 유사하게 동작한다는 것을 눈치챘는가? 그런데 ls의 기본적인 동작은 숨겨진 파일을 출력하지 않는다. 자기 자신의 이름(.)과 부모 디렉터리의 이름(..)은 숨겨진 파일이므로 ls 명령의 결과에서 볼 수 없으나 예제 프로그램 ex_dir은 숨겨진 파일에 대한 처리가 없기 때문에 그대로 출력되었다.

그 다음 눈 여겨 볼 것은 출력 순서다. ls 명령 수행 시에는 자동으로 알파벳 순으로 정렬이 되어 출력된다. 그러나 실제 디렉터리 항목은 알 수 없는 순서로 저장되기 때문에 디렉터리 항목을 차례대로 읽어서 출력하는 경우에는 정렬되지 않은 상태로 출력된다. 따라서 일반 ls 기능을 구현하려면 읽은 내용을 어딘가 저장해 두었다가 정렬한 다음 출력해야 할 것이다. 그 외, ls 명령에서는 파일 이름의 길이에 따라 적절한 숫자만큼 한 행에 여러 개의 파일 이름을 출력하는 점 등, 실제 ls 명령을 똑같이 흉내 내는 프로그램을 구현하기 위해서는 고려해야 할 사항이 꽤 많다. 더구나 "ls" 명령의 다양한 옵션을 구현하려면 디렉터리를 읽는 명령 외에 다른 함수도 많이 활용해야 한다. 가장 흔히 사용하는 "–l" 옵션의 경우, 파일 이름 뿐만 아니라 다른 정보도 필요하기 때문에 stat 등의 함수를 사용해 속성 정보를 가져와서 처리해야 한다.

12.1.3절에서 설명한 내용을 잠시 되새겨 보면 어떤 파일을 삭제할 때 디렉터리에서는 삭제되지 않고 아이노드 번호만 0으로 변경한다고 하였다. 그러면 위 프로그램으로 디렉터리 항목들을 출력할 때 삭제된 항목도 출력되지 않을까? 답은 '그렇지 않다'이다. readdir 함수에서는 유효한 항목만 읽어 온다.

□ rewinddir, telldir, seekdir

일반 파일에 대해서 lseek 호출을 이용해 읽기/쓰기 포인터를 이동시키는 것과 마찬가지로 디렉터리 항목들에 대해서도 임의의 위치로 이동해서 읽고 싶다면 rewinddir, telldir, seekdir 등을 사용하면 된다. 다만 디렉터리 파일의 내용은 lseek처럼 자유롭게 아무 위치로나 이동해서 의미 있는 데이터를 얻어 내기 어렵기 때문에 제한적으로만 이동이 가능하다.

<table>
<tr><th colspan="2">사용법</th></tr>
<tr><td colspan="2"><pre>#include <sys/types.h>
#include <dirent.h>

void rewinddir(DIR *dir);
off_t telldir(DIR *dir);
void seekdir(DIR *dir, off_t offset);</pre></td></tr>
<tr><td>dir</td><td>열린 디렉터리의 포인터로서 파일 내의 한 항목을 가리킨다.</td></tr>
<tr><td>offset</td><td>디렉터리 포인터의 위치를 offset만큼 이동시킨다. 항상 telldir로 offset을 저장한 다음, seekdir에서 사용해야 한다.</td></tr>
<tr><td>반환값</td><td>rewinddir과 seekdir은 반환값이 없다. telldir은 현재 디렉터리 포인터의 위치를 반환한다.</td></tr>
</table>

readdir을 사용하여 디렉터리의 항목을 읽어 들이는 방향은 단방향이다. 첫 번째 항목에서 마지막 항목까지 단방향 진행만이 가능하며 현재 위치를 기준으로 바로 이전의 항목이나 몇 번째 이전의 항목을 읽어 들일 수가 없다. 따라서 필요한 경우 rewinddir 함수를 호출하여 디렉터리 스트림을 초기화한다. 즉, 현재 포인터의 위치가 어디든 다시 디렉터리의 첫 번째 항목을 가리키도록 한다. telldir 함수는 현재 위치를 저장하는 역할을 하며, seekdir 함수는 저장된 위치로 이동하는 기능을 제공한다.

다음은 이 세 함수를 사용하여 디렉터리 항목을 읽어서 출력하는 예제 프로그램 ex_readdir.c이다. 처음에는 반복문을 이용해 모든 파일의 이름을 출력하는데 이 때 세 번째 (count == 2) 이름의 위치를 저장한다. 그 다음 rewinddir을 호출하여 시작 위치로 가서 첫 번째 파일의 이름을 출력하고, 앞서 저장해 두었던 위치를 이용해 세 번째 이름을 다시 출력한다.

ex_readdir.c

```
#include <sys/types.h>
#include <dirent.h>
#include <unistd.h>

int main(void)
{
    DIR *dir;
    struct dirent *dentry;
    int count = 1;
    off_t loc;

    if ((dir = opendir(".")) == NULL)
        exit(1);

    printf("Full Directory\n");
    printf("--------------\n");
    while (dentry = readdir(dir)) {
            if (count == 2)                 // 세 번째 항목의 위치를 저장함
                loc = telldir(dir);
            if (dentry->d_name[0] != '.') { // 숨은 파일이 아닐 때만 인정함
                printf("%s\n", dentry->d_name);
                count++;
            }
    }
    printf("--------------\n\n");

    rewinddir(dir);
    dentry = readdir(dir);
    while (dentry->d_name[0] == '.')//숨은 파일을 건너 뛴 첫 번째 파일 출력
            dentry = readdir(dir);
    printf("First file: %s\n", dentry->d_name);
```

```
    seekdir(dir, loc);              // 저장했던 세 번째 파일의 위치로 이동
    dentry = readdir(dir);
    printf("Third file: %s\n", dentry->d_name);
    closedir(dir);
}
```

```
$ ls
afile  bfile  cfile  ex_readdir  ex_readdir.c
$ ex_readdir
Full Directory
--------------
cfile
ex_readdir.c
bfile
afile
ex_readdir
--------------

First file: cfile
Third file: bfile
$
```

□ scandir

readdir 함수는 디렉터리에서 하나의 항목만 읽을 수 있기 때문에 전체 디렉터리에 대한 작업을 수행하려면 항상 반복문을 사용해야 한다. C 라이브러리는 전체 디렉터리 내용을 한꺼번에 읽어 오는 편리한 함수도 추가로 제공한다.

사용법

```
#include <dirent.h>

int scandir(const char *dirp, struct dirent ***namelist,
         int (*filter)(const struct dirent *),
         int (*compar)(const struct dirent **, const struct dirent **));
int alphasort(const struct dirent **a, const struct dirent **b);
```

dirp	opendir로 연 디렉터리에 대한 포인터이다.
namelist	디렉터리 항목을 1차원 배열 형태로 저장할 구조체 포인터 배열이다. 이 배열의 기억장소를 할당하고 내용을 채우는 것이 scandir 함수가 하는 일이므로 인자로는 구조체 배열의 주소를 넘겨 주어야 하며 따라서 삼중 포인터로 지정되었다.
filter	각 항목마다 적용할 필터 함수이다. 아무런 필터 적용없이 항목 그대로 읽어들이는 경우 이 값을 NULL로 지정한다.
compar	기본적으로 디렉터리 항목들이 정렬된 상태로 namelist에 저장되는데 적용할 정렬 함수를 지정한다. 가장 간단하게 알파벳 순으로 정렬하는 alphasort 함수를 많이 사용하며, 정렬을 원치 않을 경우 NULL로 지정한다.
반환값	호출이 성공하면 namelist에 저장된 항목의 개수, 실패한 경우 -1을 반환한다.

filter와 compar는 struct dirent *형의 변수를 각각 하나와 두 개 인자로 받는 함수에 대한 포인터이다. 디렉터리 항목들에 대해 뭔가 특별한 작업을 추가하고 싶은 경우 정의된 인자와 반환값을 갖는 함수를 작성하고 그 이름을 인자로 주면 된다. 우리는 가장 기본적인 기능만 사용할 것이므로 더 상세한 내용이 궁금한 사람은 스스로 더 탐색해 보기 바란다.

Scandir 함수를 사용한 가장 간단한 예제 프로그램을 살펴보자.

ex_scandir.c

```
#include <dirent.h>
#include <stdio.h>
#include <stdlib.h>
#include <string.h>

int main(int argc, char *argv[])
{
    struct dirent **namelist;     // 구조체 포인터 배열에 대한 포인터 변수
    int n;

    if ((argc > 1) && (!strcmp(argv[1], "-a")) // -a 옵션이 있으면 정렬
        n = scandir(".", &namelist, NULL, alphasort);
     else
        n = scandir(".", &namelist, NULL, NULL);
    if (n == -1) {
       perror("scandir");          // 오류 메시지 출력
       exit(EXIT_FAILURE);
```

```
    }
    while (n--) {                    // 마지막 항목부터 즉, 알파벳 역순 출력
      printf("%s\n", namelist[n]->d_name);
      free(namelist[n]);             // 항목 구조체 하나가 점유한 메모리 해제
    }
    free(namelist);                  // 전체 배열에 대한 포인터 해제
    exit(EXIT_SUCCESS);
}
```

```
$ ls
afile  bfile  ex_readdir  ex_readdir.c  ex_scandir  ex_scandir.c
$ ex_scandir -a                 ← 알파벳 역순 정렬 출력
ex_scandir.c
ex_scandir
ex_readdir.c
ex_readdir
bfile
afile
..
.
$ ex_scandir                    ← 정렬하지 않고 출력
ex_scan.c
..
afile
ex_readdir
.
ex_readdir.c
bfile
ex_scan
$
```

12.4.3 파일시스템 순회

□ chdir

명령어 cd와 같이 작업 디렉터리를 변경하는 시스템 API는 chdir이다.

사용법	

`#include <unistd.h>`
 	
`int chdir(const char *path);`	

path	변경하려는 새로운 디렉터리 경로이다.
반환값	호출이 성공하면 0을 반환하고, 실패하면 -1을 반환한다.

path로 지정할 수 있는 경로는 절대 경로와 상대 경로 모두 가능하다. 이 때 프로그램 내에서 chdir을 사용하면 프로세스가 실행 중일 동안만 그 효력이 유지되고 프로세스가 종료되고 난 후에 사용자에게 보이는 셸에서의 경로는 변경되지 않는다.

일반적으로는 프로그램 내에서 경로를 변경하지 않고 파일명에 경로를 모두 붙이는 방식을 사용한다. 그러나 특정 디렉터리 내에 존재하는 여러 개의 파일을 열 필요가 있을 때는 매 파일마다 경로명을 붙여 주는 방식이 번거로울 수 있다. 또한 프로그램을 실행하는 위치가 매번 달라진다면 상대 경로로 기술한 파일명이 틀릴 가능성도 있다. 이런 경우 프로그램 내에서 chdir과 절대 경로를 이용해 작업 디렉터리를 아예 변경하면 파일 이름만 써 주면 되기 때문에 훨씬 간단해진다. 아래의 코드로 살펴보면 chdir로 작업 디렉터리를 변경하는 것이 더 편하다는 것을 알 수 있다.

```
filedes1 = open("../temp/file1.txt", O_RDONLY);
filedes2 = open("../temp/file2.txt", O_RDONLY);
filedes3 = open("../temp/file3.txt", O_RDONLY);
```

```
chdir("/home/juyoon/programming/temp");
filedes1 = open("file1.txt", O_RDONLY);
filedes2 = open("file2.txt", O_RDONLY);
filedes3 = open("file3.txt", O_RDONLY);
```

"ls -R"이나 "rm -R"과 같이 순환적으로 디렉터리를 순회하는 명령어 옵션을 프로그램으로 구현하고자 할 경우 하위 디렉터리의 파일 목록을 읽어야 하고, 그를 위해 하위 디렉터리 경로 이름을 구성해야 한다. 이 때 문자열을 추가시키면서 경로 이름을 계속 만들 수도 있고, chdir 호출을 사용해 직접 그 디렉터리로 이동해서 작업할 수도 있다.

□ getcwd

getcwd는 현재 작업 디렉터리(current working directory)의 경로 이름을 알아 오는 표준 라이브러리 함수다.

사용법	

`#include <unistd.h>`
 	
`char *getcwd(char *buf, size_t size);`	

buf	현재 작업 디렉터리의 경로를 저장할 버퍼이다.
size	버퍼의 최대 크기이다.
반환값	호출이 성공하면 buf의 포인터를 반환하고, 실패할 경우 NULL을 반환한다.

getcwd는 단순히 프로세스의 현재 작업 디렉터리의 절대 경로를 buf로 지정한 버퍼에 저장하게 된다. 반환값 또한 현재 디렉터리이 경로명을 담은 버퍼에 대한 포인터이다. 따라서 제대로 수행이 되는 경우 인자 buf의 주소가 반환값이 된다.

다음은 chdir을 이용해 디렉터리를 이동하고, getcwd를 사용하여 현재 작업 디렉터리의 경로를 출력하는 예제 프로그램이다.

ex_chdir.c

```
#include <unistd.h>
#define BUF_SIZE    256

void printcwd()
{
    char buffer[BUF_SIZE];

    if(getcwd(buffer, BUF_SIZE) == NULL)
        exit(1);

    printf("%s\n", buffer);
}

int main(void)
{
```

```
    printcwd();
    chdir("/usr/include");
    printcwd();
    chdir("..");
    printcwd();
}
```

```
$ pwd
/home/juyoon
$ ex_chdir
/home/juyoon
/usr/include
/usr
$ pwd
/home/juyoon                ← 프로그램 내의 chdir은 프로세스 수행 중에만 효력이 있음
$
```

12장 마무리

일반 사용자가 가장 많이 접하는 운영체제 요소인 파일 시스템의 내부를 이해하고 그를 활용하는 프로그램을 작성하기 위한 여러 API 함수들을 살펴 보았다. 본문 중간 중간, 어떤 명령어가 어떤 시스템 API를 사용해 구현될 수 있는지 조금씩 힌트를 늘어 놓았는데, 이제 "ls" 같은 명령어를 직접 만들 수 있을 것 같지 않은가? 옵션들까지 고려해서, 그리고 자신만의 옵션을 추가해서 한 번 구현해 보자. 재미있을 것이다.

심화 및 보충 학습

1. 11장에서 C 프로그램으로 작성했던 cp 프로그램을 이번에는 시스템 API를 써서 작성해 보자. 표준 입출력 함수 외 C 라이브러리 함수의 사용을 최소화하고 리눅스 시스템 API를 최대한 활용해 본다.
2. 명령어 cat의 간단한 동작을 수행하는 mycat을 작성하라.
   1) 파일 이름이 주어지면 파일 내용을 출력하고, 그렇지 않으면 표준 입력에서 들어오는 내용을 출력한다.
   2) 여러 개의 파일 이름을 주는 경우를 처리한다.
   3) −E 옵션을 추가한다. (줄 끝 $ 표시)
   4) −n 옵션을 추가한다. (맨 앞에 줄 번호 표시) 옵션의 종류와 개수, 인자(파일 이름)와의 위치 등에 관계없이 옵션을 처리할 수 있어야 한다.
   5) 파일의 종류나 속성 등에 대해 미리 검사하고 필요하면 오류 처리를 해야 한다.
3. 명령어 cp의 기능 중 다음 내용을 수행하는 mycp를 작성하라.
   1) "mycp a b"에서 a와 b가 모두 일반 파일인 경우 a의 내용을 b에 복사한다. 이 때 b가 존재하지 않는 파일이면 새 파일을 생성하고 접근 권한은 a와 동일하게 설정한다. b가 이미 존재하는 파일인 경우 내용만 삭제하고 열어 a의 내용을 복사해 넣는다. (a가 심볼릭 링크인 경우 원본 파일의 내용이 복사된다.)
   2) "mycp a b"에서 a가 디렉터리인 경우 "cp" 명령어의 오류 메시지와 동일한 메시지를 출력하고 중단한다. b가 디렉터리인 경우 b 디렉터리 아래 a 이름으로 파일을 복사한다. 이 때 b/a 파일의 존재 유무에 따라 새 파일 생성 또는 기존 파일 덮어쓰기 등으로 처리한다. b/a 이름이 존재하나 디렉터리인 경우, "cp" 명령어의 오류 메시지와 동일한 메시지를 출력하고 중단한다.
   3) 인자가 없는 경우, 인자가 하나인 경우, 인자가 두 개 주어졌으나 파일을 열 수 없는 경우 등에 대하여 "cp" 명령어의 실행 결과를 보고 그와 동일한 동작을 수행하도록 한다.
   4) 인자가 3 개 이상인 경우 마지막을 제외한 인자의 파일을 하나씩 열어 마지막 인자(디렉터리)에 복사한다. 오류 및 파일 종류에 따른 처리는 앞과 같다. 마지막 인자가 디렉터리가 아니면 그에 해당하는 오류 메시지를 출력한다.

4. 명령어 'ls'의 간단한 동작을 수행하는 프로그램 'myls'를 작성하라. 사용자 입력 내용 또는 출력해야 할 디렉터리의 성격에 따라 적절한 오류 처리를 해야 한다.
   1) 인자가 없으면 현재 디렉터리에서 숨은 파일을 제외하고 파일의 이름을 출력한다. 인자가 하나 이상 있으면 해당 인자가 정상적인 디렉터리인 경우 그 디렉터리의 목록을 출력한다. 이 때 출력 순서는 알파벳 순서대로 하고 한 줄에 한 이름씩만 출력한다.
   2) 파일 이름의 역순으로 정렬하여 출력하는 –r 옵션을 추가한다.
   3) –a, –i, –s, –F 옵션 기능을 추가한다. "–ais"와 같이 여러 옵션을 동시에 적용할 수 있어야 한다.
   4) –l 기능을 추가한다.
   5) –R 기능을 추가한다.
   6) 터미널의 가로 크기에 맞추어 한 줄에 출력하는 이름의 수를 조절하도록 한다. 또한 –1 옵션을 추가해 한 줄에 하나씩 출력할 수 있도록 한다.
5. 이번 장에서 배운 시스템 API 및 C 라이브러리 함수들을 활용해 rm, mv, chmod, mkdir, rmdir, head, tail, ln 등의 리눅스 기본 명령어들을 구현해 보라.

13장

프로그래밍: 프로세스

3장과 5장에서 공부했던 프로세스의 개념과 그들 간의 관계를 잠시 되새겨 보자. 프로세스는 "실행 중인 프로그램"이고, 시스템 내에서 실제 작업을 수행하는 단위이다. 프로세스 관리는 운영 체제가 맡아서 하는데 새로운 프로세스의 생성은 반드시 **현재 실행 중인 프로세스에 의해** 이루어진다.

셸이 실행 중인 상황에서 사용자가 명령을 입력한 경우를 생각해 보자. 이 명령은 셸 내장 명령, /bin 등의 디렉터리에 존재하는 프로그램, 사용자가 직접 작성한 프로그램 등이 될 수 있다. 이 중 셸 외부에 존재하는 프로그램인 경우 셸은 자신의 내부에 직접 그를 실행하는 코드가 없기 때문에 별도의 프로세스가 그 작업을 실행하도록 한다. 즉, 셸 프로세스가 부모가 되어 새로운 자식 프로세스를 생성하는 것이다. 우리는 이 관계를 시스템 감시 메뉴나 적절한 옵션이 추가된 "ps" 명령, "pstree" 명령 등으로 확인해 볼 수 있었다.

```
$ ps -fH
UID        PID  PPID  C STIME TTY          TIME CMD
juyoon   19132 19131  0 18:26 pts/1    00:00:00 bash -i
juyoon   19188 19132  0 18:28 pts/1    00:00:00   ps -fH
```

이 실행 결과를 보면 셸 프로그램(PID 19132)이 실행되고 있는 중, 즉 프롬프트가 사용자의 입력을 기다리고 있는 상황에서 "ps -fH" 명령을 입력하면 그를 실행하는 새로운 프로세스(PID 19188)가 생성되었고, PPID로 확인해 보면 그의 부모 프로세스는 셸 프로세스인 것을 알 수 있다.

약간 복잡해 보이는 하나의 예를 더 살펴보자.

```
$ cat loop.c                  ← C로 작성한 무한 루프 프로그램
#include <stdio.h>
```

```
int main (void)
{
   while (1) {
     printf("loop.c\n");
     sleep(10);
   }
}
$ cat loop.sh                  ← 무한 루프로 실행되는 셸 프로그램
#!/bin/bash
while true; do
   echo loop.sh
   sleep 10
done
$ loop                         ← 무한 루프 C 실행 프로그램 실행 후 일시 정지
loop.c
^Z
[1]+  멈춤                     loop
$ loop.sh                      ← 무한 루프 셸 프로그램 실행 후 일시 정지
loop.sh
^Z
[2]+  멈춤                     loop.sh
$ ps -H                        ← 프로세스 생성 관계 보기
  PID TTY          TIME  CMD
 5023 pts/0    00:00:00 bash
 5184 pts/0    00:00:00   loop
 5185 pts/0    00:00:00   loop.sh
 5186 pts/0    00:00:00     sleep
 5187 pts/0    00:00:00   ps
$ fg %2
loop.sh
^Z
[2]+  멈춤                     loop.sh
$ ps -H
  PID TTY          TIME  CMD
 5023 pts/0    00:00:00 bash
 5184 pts/0    00:00:00   loop
 5185 pts/0    00:00:00   loop.sh
 5188 pts/0    00:00:00     sleep        ← 이전과 다른 프로세스 번호
 5189 pts/0    00:00:00   ps
$
```

loop과 loop.sh은 각각 bash 프로세스의 자식 프로세스로 생성되어 실행된다. 그런데 두 프로세스 모두 sleep 기능을 실행하지만 loop.c의 경우는 시스템 함수 호출로 실행 코드 안에 포함되어 있어 겉으로 드러나지 않고, loop.sh에서는 별도의 명령으로 실행되기 때문에 새로운 자식 프로세스로 나타난다. 그리고 sleep 실행이 한 번 끝나면 프로세스가 종료되기 때문에 다음 반복 시에는 새로운 프로세스로 실행된다. 두 번째 ps 명령의 결과에서는 PID가 달라진 것을 볼 수 있다.

셸이 loop나 sleep 등의 작업을 수행하는 과정은 대체로 세 단계를 거쳐 이루어진다.

1. 자신을 복제하여 자식 프로세스를 생성한다.
2. 자식 프로세스는 loop나 sleep 등의 새로운 프로그램을 실행한다.
3. 셸은 자식 프로세스가 종료될 때까지 기다린다. 종료 신호가 오면 다시 프롬프트를 출력하고 다음 명령을 기다린다.

이번 장에서 우리는 셸이 아닌 우리가 만든 프로그램에서 직접 새로운 프로세스를 생성하여 실행할 수 있는 방법을 공부한다. 리눅스가 프로세스를 생성하는 모델에는 여러 가지가 있는데 우리는 그 중 POSIX에서 정한 전통적인 복제 방식을 바탕으로 새로운 프로그램을 실행하도록 하는 방법을 볼 것이다. 그리고 다음 장에서 쓰레드(thread)라고 하는 비교적 새로운 방식의 프로세스 생성 방식을 다루어 보겠다.

13.1 프로세스 생성과 종료

프로세스를 생성하는 것은 복제 방식으로 이루어진다. 즉, 자기 자신과 똑같은 작업을 하는 프로세스를 하나 더 생성하는 것이다. 이때 PID를 이용해 자신이 부모인지 자식인지 구분할 수 있기 때문에 서로 다른 작업을 하도록 프로그램할 수 있다. 자식의 실행 프로그램을 부모와 완전히 다른 새로운 프로그램으로 대체하면 앞 절에서 본 것과 같이 서로 다른 작업을 수행하는 부모-자식 프로세스 관계가 만들어지게 된다. 물론 자식이 부모와 계속 똑같은 작업을 실행하도록 할 수도 있다. 프로세스 복제가 기존 주택과 똑같은 주택을 한 채 더 짓고 가구 등 내용물까지 완벽하게 똑같이 갖추는 것이라면, 실행 프로그램 대체는 건물 골격을 그대로 둔 채 인테리어를 완전히 새로 다시 하는 리모델링과 같다. 이 절에서는 복제를 이용한 생성과 종료에 대해서 다루고 다음 절에서 실행 프로그램 대체 방법을 소개할 것이다.

표 13-1 프로세스 생성과 종료 함수

함수	의미
fork	자신과 완전히 동일한 프로세스를 생성한다.
getpid	자신의 프로세스 식별 번호(PID)를 구한다.
getppid	부모 프로세스의 식별 번호(PPID)를 구한다.
_exit	종료에 따른 상태 값을 부모 프로세스에게 전달하며 프로세스를 종료한다.
exit	_exit와 같은 동작을 수행하나 atexit()로 등록된 함수를 먼저 수행하는 등 추가적인 작업이 있다.
atexit	exit로 프로세스를 종료할 때 수행할 함수를 등록한다.
wait	자신의 자식 프로세스가 종료할 때까지 대기 상태가 된다.
waitpid	지정한 번호의 자식 프로세스가 종료할 때까지 대기 상태가 된다.

어떤 프로세스든 종료할 때는 정수로 표현되는 값을 부모 프로세스에게 전달하여 종료 상태를 보고할 수 있다. 일반적으로 정상 종료나 특별한 보고 사항이 없을 때는 0을 전달하며, 프로그램마다 종료 상태의 숫자와 의미를 정의하여 사용할 수 있다. 부모 프로세스는 자식의 종료를 기다리지 않은 채 자신의 실행을 마칠 수도 있고, 자식이 종료되기를 기다렸다가 특정한 값을 받아 마무리 작업을 한 후 실행을 끝낼 수도 있다. 표 13-1은 이러한 작업들을 수행하는 기본 시스템 API 및 표준 라이브러리 함수들이다.

13.1.1 프로세스 생성: fork

fork는 fork를 호출한 프로세스를 복제하여 완전히 동일한 프로세스를 생성한다.

사용법

```
#include <sys/types.h>
#include <unistd.h>

pid_t fork(void);
```

반환값	fork 호출이 성공하여 자식 프로세스가 만들어지면 부모 프로세스에게는 자식 프로세스의 프로세스 ID가 반환되고 자식 프로세스에게는 0을 반환한다. fork 호출이 실패하여 자식 프로세스가 만들어지지 않으면 부모 프로세스에게 -1이 반환된다.

프로세스는 실행 파일의 한 인스턴스(instance)를 의미한다. 프로그램 실행이 요청되면 운영체제는 이 새로운 작업을 관리하기 위해 PCB(Process Control Block) 자료 구조를 생

성하는 등 여러 설정을 하고 사용할 메모리를 확보한 다음, 파일 형태로 저장되어 있는 프로그램 코드를 메모리로 읽어 들인다. 이렇게 코드가 메모리에 로드되고 실행 준비 태세에 들어가게 되면 프로세스가 "생성"되었다고 한다. 모든 실행 준비가 끝나면 CPU 사용 권한이 생길 때까지 준비 큐(queue)에서 기다린다.[1] 실행이 완료되면 운영체제는 파일 닫기, 메모리 반환 등의 마무리 작업을 하고 프로세스를 완전히 종료시킨다.

프로세스는 fork()를 호출하여 자신을 완벽히 복제한 새로운 프로세스를 만들 수 있다. 이때 자신의 복제본인 새로운 프로세스를 만들기 위해 fork()를 호출한 프로세스를 부모 프로세스(parent process)라고 부르고, 복제되어 새롭게 만들어진 프로세스를 자식 프로세스(child process)라고 부른다. 부모 프로세스와 자식 프로세스는 서로 독립인 프로세스들이지만 내용물, 즉 하는 작업은 완전히 동일하다. 독립 프로세스이기 때문에 자식 프로세스는 새로운 프로세스 식별 번호(PID)를 부여받고 별도의 PCB에 의해 관리되며, 자신을 생성한 프로세스의 식별 번호를 부모 프로세스 식별 번호로 가진다. 두 프로세스는 메모리 공간도 완전 별개로 사용한다. (앞에서 예로 든 완전히 똑같은 두 채의 집을 생각해 보라!)

복제의 범위는 어디까지인가? 프로그램 코드뿐만이 아니라 부모 프로세스가 fork()를 호출하기 직전까지 실행한 상태 정보도 그대로 자식에게 복제된다. 다음에 실행할 코드 위치, 각 변수에 저장된 데이터 값, 하드웨어 레지스터의 값, 프로그램 스택의 값 등 모든 것이 전달된다. 자식 프로세스가 만들어진 이후에는 부모와 자식이 독립적으로 나머지 프로그램 코드를 수행하며, 프로그램 내에 특별한 통신 방법이 작성되어 있지 않는 한 부모 프로세스와 자식 프로세스 사이에 어떠한 관계도 생성되지 않는다.

그림 13-1은 fork() 호출 시 일어나는 생성 과정을 보여준다. 프로세스 A는 첫 번째 printf()를 수행한 후 fork()를 호출하여 자식 프로세스를 생성한다. 그 결과 자식 프로세스인 프로세스 B가 생성되고 fork() 호출 후에는 두 개의 프로세스가 된다. 부모 프로세스(A)와 자식 프로세스(B)의 상태는 똑같기 때문에 두 프로세스 모두 fork를 호출한 문장 바로 다음인 두 번째 printf()를 호출할 차례가 된다. 각각의 프로세스는 독립적으로 두 번째 printf()를 호출하고 나머지 프로그램 코드를 수행한다. 이 경우 누가 먼저 수행되는지는 운영체제의 스케줄러에 따라 정해지며 프로그래머가 그 순서를 알거나 강제하기 어렵다.

---

1) 종료 시까지 이후의 실행 과정은 그림 4-11 프로세스 생명 주기를 참조하도록 하자.

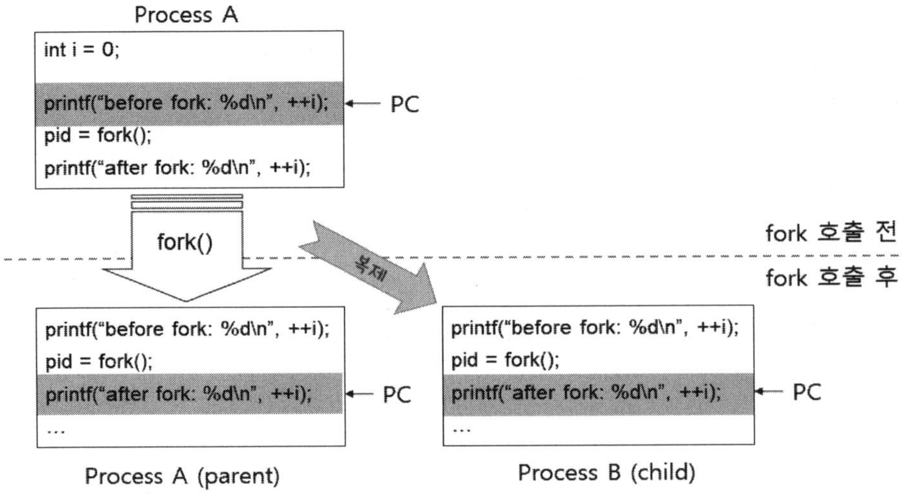

그림 13-1 fork를 사용한 프로세스 생성

부모와 자식이 동일한 작업을 하도록 할 수 있지만 일반적으로는 부모 프로세스가 해야 할 부분과 자식 프로세스가 해야 할 부분을 따로 작성한다. 프로그램 내에서 자신이 부모인지 자식인지 구분하는 것은 fork() 함수의 반환값으로 할 수 있다. fork() 호출이 성공할 경우에 부모 프로세스에게는 자식 프로세스의 식별 번호를 반환하고 자식 프로세스에게는 0을 반환한다.

프로그램 ex_fork.c는 fork()를 호출하여 새로운 프로세스를 생성하는 예제로, fork()를 호출한 후에 반환값에 따라서 부모 프로세스가 수행하는 부분과 자식 프로세스가 하는 부분을 구분하였다.

ex_fork.c

```
#include <unistd.h>
#include <sys/types.h>
#include <stdio.h>

int main(void)
{
    pid_t pid;
    int i = 1;
```

```
    printf("before calling fork(%d)\n", i);

    pid = fork();         // fork 호출이 성공하면 자식 프로세스가 생성된다.
    if (pid == 0)         // 반환된 값이 0, 즉 자식 프로세스이면
       printf("child process(%d)\n", ++i);
    else if (pid > 0)     // 반환된 값이 양수, 즉 부모 프로세스이면
       printf("parent process(%d)\n", --i);
    else                  // fork 작업이 실패하면
       printf("fail to fork\n");
    return 0;
}
```

```
$ ex_fork
before calling fork(1)
parent process(0)
child process(2)
$
```

변수 i를 선언한 후 1 증가시키는 문장까지는 하나의 프로세스가 존재하나 fork()를 호출하면 자식 프로세스가 생성되므로 두 개의 프로세스가 존재하게 된다. 이 때부터 각각의 프로세스는 fork()의 반환값인 pid를 이용해 자신이 부모 프로세스인지 자식 프로세스인지를 검사하고 자신이 수행해야 할 작업을 선택하게 된다. 위의 예제에서 부모 프로세스는 변수 i의 값을 1만큼 감소시켜 출력했고 자식 프로세스는 변수 i의 값을 1만큼 증가시켜 출력했다.

13.1.2 프로세스 식별 번호: getpid, getppid

<table>
<tr><th colspan="2">사용법</th></tr>
<tr><td colspan="2">#include <sys/types.h>
#include <unistd.h>

pid_t getpid(void);
pid_t getppid(void);</td></tr>
<tr><td>반환값</td><td>프로세스의 식별 번호가 반환된다. 호출이 실패하는 경우는 없다.</td></tr>
</table>

모든 프로세스는 시스템 내에서 자신만의 고유 식별 번호 PID를 가진다. 이 번호는 운영체제가 부여하는 것이기 때문에 프로그램 내에서 번호가 필요한 경우, 함수를 호출하여 운영체제에게 물어보아야 한다. getpid()는 자신의 프로세스 식별 번호를 구하고 getppid()는 부모 프로세스의 식별 번호를 구한다.

루트 디렉터리를 제외한 모든 디렉터리가 부모 디렉터리를 가지고 있는 것처럼 모든 프로세스는 부모 프로세스를 가지고 있다. 물론 루트 디렉터리처럼 부모 프로세스가 없는 init(또는 systemd) 프로세스도 있다. 다음 예제는 자신의 프로세스 식별 번호와 부모 프로세스의 식별 번호를 구하는 프로그램이다. 사용자가 셸 프롬프트 상에서 실행한 프로세스는 셸 프로세스가 부모 프로세스가 되고, fork()에 의해 생성된 프로세스는 fork()를 실행한 프로세스가 부모 프로세스가 된다.

ex_getpid.c

```
#include <sys/types.h>
#include <unistd.h>
#include <stdio.h>

int main(void)
{
    pid_t pid;

    if ((pid = fork()) > 0) {
        printf("Parent - PPID: %d, PID: %d\n", getppid(), getpid());
        sleep(1);
    }
    else if (pid == 0) {
        printf("Child - PPID: %d, PID: %d\n", getppid(), getpid());
        sleep(2);
    }
    else
        printf("fail to fork\n");
    return 0;
}
```

```
$ ps
PID   TTY       TIME CMD
11115 pts/0 00:00:00 bash
11137 pts/0 00:00:00 ps
$ ex_getpid
Parent - PPID: 11115, PID: 11165
Child - PPID: 11165, PID: 11166
^Z
[1]+  멈춤     ex_getpid
$ ps -H
PID   TTY       TIME CMD
11115 pts/0 00:00:00 bash
11165 pts/0 00:00:00   ex_getpid
11166 pts/0 00:00:00     ex_getpid
11167 pts/0 00:00:00   ps
$
```

ex_getpid 프로그램은 자식 프로세스를 생성하고 자신의 부모와 자신의 식별 번호를 출력한다. 자식 프로세스도 동일하게 부모와 자신의 식별 번호를 각각 출력한다. 실행 결과를 보면 먼저 ps 명령을 사용하여 현재 셸 프로세스의 식별 번호가 11115번인 것을 확인할 수 있다. 따라서 셸 프롬프트 상에서 명령을 입력하여 생성한 ex_getpid 프로세스는 부모 프로세스의 식별 번호가 셸의 프로세스 번호인 11115번이고 자신의 프로세스 식별 번호는 11165번이다. 프로그램 ex_getpid.c의 프로세스가 생성한 자식 프로세스의 식별 번호는 11166번이고 부모 프로세스의 식별 번호는 11165임을 확인할 수 있다. 마지막에 프로세스를 일시 정지한 상태로 "ps -H" 명령을 수행하여 프로세스들의 부모-자식 관계를 확인하였다.

13.1.3 프로세스 종료: _exit, exit, atexit

일반적으로 main() 함수의 실행이 정상적으로 끝나면 프로세스가 종료된다. 때로 main의 마지막에 return문을 사용하여 종료를 명시하거나 특정 정수 값을 반환하기도 한다. main은 C 프로그램의 시작점이고 이는 프로세스를 생성하여 프로그램을 실행할 수 있도록 관리하는 운영체제와의 약속이다. 아무 이상이 없이 종료되면 0을, 그렇지 않으면 1을 운영체제로 반환하여 운영체제는 프로세스의 실행 종료 상태를 알게 되고 프로세스 실행에 사용된 여러 가지 시스템 자원을 정리하는 작업을 하게 된다. 만약 main 함수의 반환값을 void 형으로 선언하더라도 암묵적으로 0이 반환된다.

그런데 main() 함수가 아닌 함수에서 프로그램이 종료될 필요가 있다면 어떻게 해야 할까? 특정 조건 또는 오류가 발생했을 때 프로그램을 계속 실행할 수 없는 상황이 될 수도 있다. return 문의 사용은 단지 함수를 호출한 쪽으로 돌아가는 것이기 때문에 프로그램이 종료될 수 없다. 이를 위해 프로그램 내에 오류 처리 루틴을 만들거나 플래그를 설정하여 그 값이 main 함수에게 전달될 때까지 단계적으로 반환하는 방법으로 main 함수에서 프로그램의 지속 여부를 결정하도록 할 수 있다. 그렇게 코딩하기 어려울 경우 우리는 _exit() 함수를 써서 프로그램 내 어디에서든 종료를 명시할 수 있다.

사용법	

`#include <unistd.h>`
 	
`void _exit(int status);`	

status	부모 프로세스에게 전달되는 상태 값으로 0~255(1바이트)의 값이 사용된다.
반환값	없음

_exit()는 프로그램을 의도적으로 종료시키기 위한 함수로 인자는 보통 종료 상태와 관련된 의미를 가지는 값을 사용한다. 이 값은 0~255 사이의 정수로 부모 프로세스에게 자식의 종료 상태를 알려 주는 역할을 한다. 이 값의 의미는 특정되어 있지 않으므로 프로그래머가 임의로 정해서 사용한다. 일반적으로 0이 정상적인 종료를 의미하며 나머지는 정하기 나름이다. 부모 프로세스는 wait() 함수를 사용해 자식 프로세스의 종료를 기다리고 종료 상태 값을 받아 처리할 수 있다. _exit()가 호출되면 프로세스가 즉시 종료하는데 열고 있던 모든 파일을 닫는 등의 기본 마무리 작업은 수행하나 사용 중이던 표준 입출력 버퍼의 값은 남아 있게 되어 프로세스 종료 후 다른 프로그램(예를 들어 셸)에서 이전 입력값이 나타나기도 한다. 만약 종료하는 프로세스에게 자식 프로세스가 있었다면(즉, 부모가 먼저 종료) 자식을 1번 프로세스로 연결해 준다.

시스템 API _exit()의 기능은 매우 단순하기 때문에 C 표준 라이브러리에서는 이 작업을 좀 더 안전한 방식으로 수행할 수 있는 기능을 덧붙여 exit() 함수를 정의하고 있다. 겉으로 보이는 기능은 _exit()와 동일하나 추가로 등록한 마무리 작업을 수행하고 종료할 수 있도록 구성되어 있다. 또한 표준 입출력 스트림을 비우고 닫으며, 명시적으로 사용 중인 파일이 아닌 임시 생성된 파일도 닫는다.

<table>
<tr><th colspan="2">사용법</th></tr>
<tr><td colspan="2">#include <stdlib.h>

void exit(int status);</td></tr>
<tr><td>status</td><td>부모 프로세스에게 전달되는 상태 값으로 0~255(1바이트)의 값이 사용된다.</td></tr>
<tr><td>반환값</td><td>없음</td></tr>
</table>

exit() 수행 시 추가로 수행할 마무리 작업은 atexit() 함수를 이용해 미리 등록해 두어야 한다.

<table>
<tr><th colspan="2">사용법</th></tr>
<tr><td colspan="2">#include <stdlib.h>

int atexit(void (*function)(void));</td></tr>
<tr><td>function</td><td>atexit로 등록할 함수의 이름이다. 함수는 반드시 “void func(void)” 형으로 정의되어야 한다.</td></tr>
<tr><td>반환값</td><td>호출이 성공하면 0을 반환하고, 실패하면 0이 아닌 값을 반환한다.</td></tr>
</table>

atexit() 함수는 function 인자로 주어진 함수들을 등록(registration)한다. 이렇게 등록된 함수들은 프로세스가 exit() 함수를 호출하거나 main 함수 내에서 return문을 호출하여 종료될 때 호출된다. atexit() 함수로 등록할 수 있는 함수는 최대 32개로 같은 함수를 중복 등록할 수도 있으며, 프로세스가 종료될 때 등록한 역순으로 호출된다.

atexit()로 등록한 함수들은 프로세스가 종료될 때 수행되는 함수들이므로 프로세스를 깔끔하게 마무리하기 위한 작업(clean-up-action)들을 수행하는 것이 일반적이다. 마무리 작업의 일반적인 예로는 개방한 파일에 대한 쓰기 작업을 마저 하거나 자식 프로세스를 강제로 종료시키는 일 등이 있다.

atexit()를 사용하는 아주 단순한 예제를 하나 보기로 하자.

```
ex_atexit.c
```

```c
#include <unistd.h>
#include <stdlib.h>

void func1(void);
void func2(void);

int main (void) {
    printf("hello!\n");
    atexit(func1);
    atexit(func2);

    printf("bye!\n");
    exit(0);
}

void func1(void) {
    printf("func1\n");
}

void func2(void) {
    printf("func2\n");
}
```

```
$ ex_atexit
hello!
bye!
func2
func1
$
```

다음의 예제는 atexit() 함수를 사용하여 종료 시 마무리 작업을 위한 함수를 등록해 놓았지만 _exit() 함수 호출로 종료하기 때문에 등록된 함수가 수행되지 않음을 보여주고 있다.

```
ex_atexit2.c
```

```c
#include <unistd.h>
#include <stdlib.h>

void func1(void);
void func2(void);

int main(void)
{
    printf("hello!\n");
    atexit(func1);
    atexit(func2);

    printf("bye!\n");
    _exit(0);
}

void func1(void)
{
    printf("func1\n");
}

void func2(void)
{
    printf("func2\n");
}
```

```
$ ex_atexit2
hello!
bye!
$
```

마무리 작업이 필요하지 않은 경우라면 _exit()을 호출하는 편이 간단하겠으나 좀 더안정적으로 프로세스를 종료하고 POSIX 환경이 아닌 곳에서도 사용될 경우를 생각해서 C 표준 함수인 exit()을 사용하는 것이 일반적이다.

13.1.4 자식 프로세스 종료 대기: wait, waitpid

앞 절에서 설명한 바와 같이 부모 프로세스는 자신의 자식 프로세스가 종료할 때까지 기다렸다가 자식 프로세스의 종료 결과를 넘겨 받아 필요한 후속 작업을 수행한다. 자식 프로세스가 exit() 함수의 인자로 전달하는 값(status)은 부모 프로세스 쪽에서 wait() 함수를 호출하여 기다렸다가 받을 수 있다.

<table>
<tr><th colspan="2">사용법</th></tr>
<tr><td colspan="2"><pre>#include <sys/types.h>
#include <sys/wait.h>

pid_t wait(int *status);</pre></td></tr>
<tr><td>status</td><td>자식 프로세스가 exit 함수로 종료하면서 전달하는 종료 상태 값을 받아오는 변수다.</td></tr>
<tr><td>반환값</td><td>호출이 성공했을 경우 종료한 자식 프로세스의 식별 번호가 반환되고, 실패할 경우 -1이 반환된다.</td></tr>
</table>

wait() 함수를 호출하면 부모 프로세스는 자식 프로세스가 종료할 때까지 대기 상태가 된다. 부모 프로세스가 대기 중인 상태에서 자식 프로세스가 종료하게 되면 부모 프로세스의 대기 상태는 해제되고 자식 프로세스의 종료를 처리하게 된다. 만약에 부모 프로세스가 wait()를 호출하기 전에 이미 자식 프로세스가 종료되었다면 부모 프로세스는 대기 상태가 되지 않으며 wait()를 호출하자마자 자식 프로세스의 종료를 처리하게 된다.

자식 프로세스가 종료되었을 때 부모 프로세스가 wait()를 호출하여 종료를 처리해 주지 않으면 자식 프로세스는 좀비 프로세스(zombie process)가 된다. 좀비 프로세스는 프로세스가 종료하였지만 부모 프로세스가 종료를 처리해주지 않아 시스템 커널의 작업 리스트에 남아 있는 상태를 말한다. 따라서 부모 프로세스는 생성한 자식 프로세스의 수만큼 wait() 함수를 호출해서 자식 프로세스의 종료를 처리해 주어야 한다.

자식 프로세스는 exit() 함수 호출 시 종료 상태 값을 부모 프로세스에게 전달하게 되는데, int형의 값을 종료 상태 값으로 사용하지만 실제로는 하위 1바이트의 값만이 부모 프로세스에게 전달된다. 부모 프로세스는 이렇게 전달되는 값을 wait() 함수의 인자인 int형 변수로 받으며, 전달되는 1바이트 크기의 값은 int형 변수의 하위 두 번째 바이트에 저장된다.

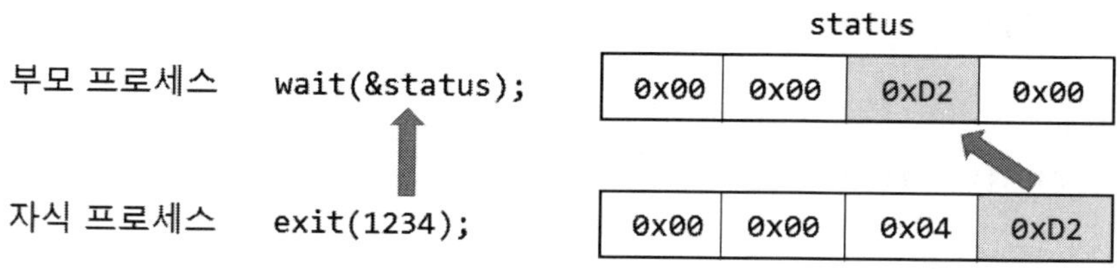

그림 13-2 종료 상태 값의 전달

그림 13-2에서 보면 int형 변수가 4바이트의 크기를 가지는 시스템에서 자식 프로세스는 exit()로 종료하면서 종료 상태 값으로 10진수 1234를 사용하였고 이 값을 4바이트 16진수로 표현하면 0x000004D2가 되는데 실제로 부모 프로세스에게 전달되는 값은 하위 1바이트인 0xD2가 전달된다. 또 부모 프로세스는 이 값을 status 변수의 하위 바이트에 저장하는 것이 아니라 하위의 두 번째 바이트에 저장해서 실제로 status의 값은 4바이트 16진수로 표현하면 0x0000D200이 된다. 10진수로는 53760이다.

부모 프로세스가 자식 프로세스를 생성한 다음, 자식 프로세스가 종료될 때까지 wait() 함수에 의해 대기 상태가 되는 예제 프로그램을 보자.

ex_wait.c

```
#include <stdio.h>
#include <stdlib.h>

int main (void)
{
    pid_t pid;
    int status;

    pid = fork();

    if(pid > 0) {
      printf("parent: waiting..\n");
      wait(&status);
      printf("parent: status is %d\n", status);
    }
    else if(pid == 0) {
      sleep(1);
      printf("child: bye!\n");
```

```
      exit(2);
   }
   else
      printf("fail to fork\n");

   printf("bye!\n");
}
```

```
$ ex_wait
parent: waiting..
child: bye!
parent: status is 512
bye!
$
```

하나의 프로세스가 여러 개의 자식 프로세스를 생성할 수도 있다. wait() 호출은 한 번에 하나의 프로세스에 대한 종료 처리만 수행하기 때문에 여러 개를 생성한 경우 wait()도 그 수만큼 호출해 주어야 한다. 이 때 각 wait() 함수가 어느 프로세스의 종료를 처리하는지는 지정할 수 없으며 종료되는 순서대로 처리가 이루어진다.

사용법	
#include <sys/types.h> #include <sys/wait.h> pid_t waitpid(pid_t *pid*, int **status*, int *options*);	
pid	자식 프로세스의 식별 번호이다.
status	자식 프로세스가 exit 함수로 종료하면서 전달하는 종료 상태 값이다.
options	부모 프로세스의 대기 방법을 선택한다. 일반적으로 0이 사용된다.
반환값	호출이 성공했을 경우 종료한 자식 프로세스의 식별 번호가 반환되고, 실패할 경우 -1이 반환된다.

특정 PID를 가지는 자식 프로세스를 지정해서 종료 처리를 하고자 하는 경우 waitpid() 함수를 사용할 수 있다. waitpid()는 자식 프로세스가 종료할 때까지 부모 프로세스가 대기한다는 점에서 wait()와 같지만 첫 번째 인자인 pid로 자식 프로세스 중 하나를 선택할 수 있

다는 점이 다르다. 자식 프로세스가 여러 개일 때 부모 프로세스는 자식 프로세스의 식별 번호를 사용하여 자식 프로세스의 실제 종료 순서에 상관없이 종료 처리 순서를 임의로 결정할 수 있다. wait()가 특정 프로세스를 지정하지 않기 때문에 순서에 상관없이 먼저 종료하는 프로세스를 먼저 처리하는 것과 다른 점이다.

waitpid()의 첫 번째 인자는 부모가 기다려 줄 자식 프로세스의 PID 값이다. 이 값은 일반적으로 양의 정수인 PID 값이지만 표 13-2에 보이는 바와 같이 다른 범위의 값을 사용할 수 있다.[2]

표 13-2 waitpid() 함수에서 pid 인자의 의미

pid 값	대기할 자식 프로세스
〉 0	명시된 PID의 자식 프로세스
0	같은 프로세스 그룹에 속하는 임의의 자식 프로세스
-1	임의의 자식 프로세스
〈 -1	프로세스 그룹 ID(PGID)가 명시된 수의 절대값과 같은 임의의 자식 프로세스

어느 경우든 하나의 waitpid() 함수가 처리하는 것은 하나의 자식 프로세스이며, 여러 개의 자식 프로세스에 대한 종료 처리 작업을 해 주려면 그 수만큼의 waitpid() 함수를 호출해야 한다.

다음은 부모 프로세스가 두 개의 자식 프로세스를 생성하고 나중에 종료되는 자식 프로세스를 먼저 처리해주는 예제 프로그램이다.

ex_waitpid.c

```
#include <stdio.h>
#include <unistd.h>
#include <stdlib.h>
#include <sys/types.h>
#include <sys/wait.h>.

int main (void)
{
    pid_t pid1, pid2;
    int status;
```

2) 프로세스 그룹에 대한 설명은 14장을 참조하자.

```
    pid1 = pid2 = -1;
    pid1 = fork();

    if (pid1 > 0)                   // 부모 프로세스가 두 번째 프로세스 생성
        pid2 = fork();

    if (pid1 > 0 && pid2 > 0) {   // 두 프로세스 생성 이후의 부모 프로세스
        waitpid(pid2, &status, 0);
        printf("parent: child2 status is %d\n", status >> 8);
        waitpid(pid1, &status, 0);
        printf("parent: child1 status is %d\n", status >> 8);
    }
    else if (pid1 == 0 && pid2 == -1) {    // 첫 번째 자식 프로세스
        sleep(1);
        exit(1);
    }
    else if (pid1 > 0 && pid2 == 0) {      // 두 번째 자식 프로세스
        sleep(2);
        exit(2);
    }
    else
        printf("fail to fork child process\n");
    return 0;
}
```

```
$ ex_waitpid
parent: child2 status is 2
parent: child1 status is 1
$
```

위 예제에서 첫 번째 자식 프로세스는 1초 동안 대기하다가 종료하고 두 번째 자식 프로세스는 2초 동안 대기하다 종료하므로 첫 번째 자식 프로세스가 먼저 종료하게 된다. 그러나 부모 프로세스는 waitpid()를 사용하여 두 번째 자식 프로세스의 종료를 먼저 처리하게 된다. 첫 번째 자식 프로세스는 종료한 직후부터 두 번째 자식 프로세스가 부모 프로세스에게 종료 처리될 때까지 일시적으로 좀비 프로세스가 된다. "ps" 명령으로 확인해 보면 상태는 Z, 프로세스 이름 옆에 〈defunct〉로 표기되어 있다.

```
$ ex_waitpid
^Z                         ← 1초와 2초 사이에 일시 정지
[1]+ 멈춤         ex_waitpid
$ ps -o pid,s,cmd -H       ← ps -o 옵션은 보고 싶은 필드만 출력하도록 지시
  PID S COMMAND
 9079 S -bash
 9131 T   ex_waitpid
 9132 Z     [ex_waitpid] <defunct>        ← exit 호출했으나 미처리 상태
 9133 T     ex_waitpid
 9134 R   ps
```

waitpid() 함수의 세 번째 인자는 대기 방법을 선택하는 옵션으로 보통 0이 사용된다. 0은 일반적인 대기 상태로서 지정한 자식 프로세스가 종료될 때까지 부모는 아무 것도 하지 않고 기다린다. 그 외 몇 가지 옵션이 있는데 그 중 유용하게 사용할 수 있는 옵션으로 WNOHANG이 있다. 이 옵션을 사용하게 되면 waitpid()는 부모 프로세스를 대기 상태로 만들지 않는다. WNOHANG 옵션으로 waitpid()를 호출하면 종료한 자식 프로세스가 있는 경우 이를 정상적으로 처리하고 아직 종료한 자식 프로세스가 없으면 곧바로 0을 반환하게 된다. 이 옵션을 사용하여 자식의 종료를 처리해 주려면 한 번의 호출로 가능하다는 것이 보장되지 않으므로 반복문을 써서 종료 처리가 될 때까지 주기적으로 호출해 주어야 한다. 다음 예제 프로그램을 보자.

ex_wnohang.c

```
#include <unistd.h>
#include <sys/types.h>
#include <sys/wait.h>
#include <stdio.h>
#include <stdlib.h>

int main (void)
{
    pid_t pid;
    int status = 0;

    if ((pid = fork()) > 0) {
        while (!waitpid(pid, &status, WNOHANG))  {
            printf("parent: %d\n", status++);
```

```
            sleep(1);
        }
        printf("parent: child - exit(%d)\n", status);
    }
    else if (pid == 0) {
        sleep(5);
        printf("bye!\n");
        exit(0);
    }
    else
        printf("fail to fork\n");
}
```

```
$ ex_wnohang
parent: 0
parent: 1
parent: 2
parent: 3
parent: 4
bye!
parent: child - exit(0)
$
```

프로그램 ex_wnohang.c에서 자식 프로세스는 생성되면 5초 동안 대기하다가 exit()로 종료를 한다. 이 동안 부모 프로세스는 1초마다 status의 값을 표준 출력하면서 자식 프로세스의 종료 상태를 확인하게 된다. 이 예제에서는 부모 프로세스가 별로 하는 일 없이 자식의 종료만 체크하지만 다른 작업을 수행하도록 할 수도 있다.

13.2 새 프로그램 실행

앞에서 본 바와 같이 셸의 명령행에 어떤 명령이나 프로그램 이름을 주면 셸은 새로운 자식 프로세스를 생성하고 그 작업을 수행하도록 한다. 그런데 fork()는 자식 프로세스를 생성하는 것까지 수행하지만 새로운 명령이나 프로그램을 수행해 주는 것은 아니다. 자식은 부모와 동일한 프로그램과 실행 상태를 복제한 새 프로세스일 뿐이며 부모가 자식을 생성한 바로 그 다음 지점부터 똑같은 작업을 수행한다. 새로운 작업을 수행하도록 하려면 프로세스 내부를 갈아엎고(인테리어 공사!) 새로운 프로그램을 넣어 주어야 한다. exec 계열의 함수가 이러한 일을 할 수 있다.

또한 지금까지 우리는 몰랐지만 셸에서 새로운 프로세스를 생성하여 실행하면 셸은 항상 환경 변수[3], 즉 셸 내부에서 정의한 전역 변수를 프로세스에 전달한다. 따라서 프로그래머는 프로그램 내에서 셸 환경 변수의 값을 마음대로 사용하거나 변경할 수 있다. 셸 변수 외에 임의의 변수와 값을 새 프로그램에 전달하고 싶으면 exec 계열 함수 호출 시 인자로 전달하면 된다.

표 13-3에 간략하게 프로그램 실행 및 환경 변수 관련 함수를 정리해 두었다. 하나씩 차근히 살펴보자.

표 13-3 프로그램 실행과 환경 변수 관련 함수

함수	의미
exec 계열	현재 프로세스에서 지정한 프로그램을 새로 실행하도록 한다. 인자의 종류에 따라 execve, execl, execlp, execle, execv, execvp, execvpe 등이 있다.
getenv	환경 변수의 값을 구한다.
putenv setenv	새로운 환경 변수를 등록하거나 변경한다
unsetenv	등록된 환경 변수를 삭제한다.

13.2.1 exec 계열 함수

exec 계열의 함수를 호출하면 지정된 프로그램이 기존 메모리 영역을 완전히 덮어써 버리고(overwrite) 처음부터 실행을 시작한다. 즉, 프로세스 식별자(PID) 등 프로세스 관리의 외적 요소는 그대로 둔 채 메모리 내부를 바꿔 완전히 새로운 작업이 시작되는 것이다.

3) 기억이 나지 않으면 9.2.2절을 복습하자.

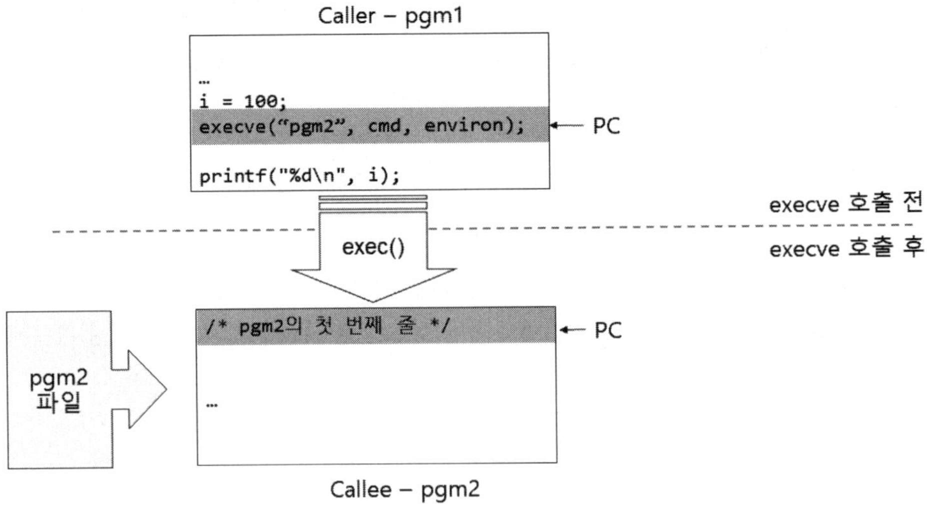

그림 13-3 exec()로 새 프로그램 교체 실행

exec 계열의 함수를 사용하는 경우에는 새로운 프로세스가 생성되는 것이 아니기 때문에 호출 전과 호출 후를 부모-자식 관계로 정의할 수 없다. exec()를 호출하는 쪽을 호출자(caller)라 부르고 새로운 내용으로 실행을 시작하는 쪽을 피호출자(callee)라고 부르기로 하자. exec 계열 함수를 호출하는 순간 이전에 실행되고 있던 호출자의 내용은 지워지고 시스템 내에 존재하지 않게 된다. 따라서 호출자 쪽에서 뭔가 실행하거나 저장해야 할 일이 있다면 반드시 exec 계열 함수를 호출하기 전에 완료해야 한다.

호출자는 새 프로그램을 실행하기 위해 적절한 방식으로 exec() 함수를 호출해야 한다. 여타 함수와 마찬가지로 정해진 이름과 인자를 주어야 하는데, 새로운 프로그램을 실행하기 위해 필요한 요소를 생각해 보자. 첫째 어떤 프로그램을 실행할지(이름), 그 프로그램의 위치는 어디인지 알아야 운영체제가 그 프로그램 코드를 찾아서 메모리로 적재할 수 있다. 둘째, 프로그램 실행에 필요한 인자가 있다면 전달해 줄 수 있어야 한다. 셋째, 프로그램의 직접 인자 외에 셸 환경에서 필요한 값이 있다면 역시 명시해 줄 수 있어야 한다. exec 계열 함수들은 이 세 가지 요소를 어떤 방식으로 전달할 것인가에 따라 여러 가지 형태로 존재한다. 가장 기본적인 시스템 API는 execve()이며, C 라이브러리에 추가로 6개의 함수가 정의되어 있다.

사용법	

`#include <unistd.h>`
 	
`int execve(const char *path, char *const argv[], char *const envp[]);`
 	
`/* 아래는 C 표준 라이브러리 함수 및 변수 */`
`extern char **environ;`
`int execl(const char *path, const char *arg, ... /*, NULL */);`
`int execlp(const char *file, const char *arg, ... /*, NULL */);`
`int execle(const char *path, const char *arg, ...`
`            /*, NULL, char *const envp[] */);`
`int execv(const char *path, char *const argv[]);`
`int execvp(const char *file, char *const argv[]);`
`int execvpe(const char *file, char *const argv[], char *const envp[]);`	

path	실행 파일의 경로로 상대 경로와 절대 경로 모두 사용할 수 있다.
file	경로 이름이 아닌 실행 파일의 이름이다. 경로는 환경 변수 PATH에 지정된 값을 활용한다.
arg	path나 file로 지정한 실행 파일을 실행할 때 필요한 명령 옵션과 인자를 ‘,’로 분리한 리스트(list) 형태로 나열한다. 한 개 이상을 지정할 수 있으며 끝 표시를 위해 마지막 인자는 반드시 NULL 포인터로 지정해야 한다.
argv	arg와 같은 의미를 가지나 문자형 포인터의 배열, 즉 벡터(vector) 형태이다. 배열의 마지막은 NULL 문자열로 끝나야 한다.
envp	환경 변수들을 정의하는 문자열의 배열이며, 각 환경 변수는 name=value 형태로 정의한다. 마지막은 NULL 문자열로 끝나야 한다.
반환값	호출이 성공하면 호출자 쪽에서는 반환값을 받을 수 없다. 만약 함수 호출 후 -1이 반환되면 이는 exec 함수 호출이 실패했음을 의미한다.

□ 실행 프로그램 이름 지정

exec 계열 함수의 첫 번째 인자는 피호출자가 실행할 프로그램의 이름이다. 정확히 말하면 파일로 저장된 프로그램의 위치 정보가 필요하다. 이름을 주는 방식은 절대 또는 상대경로를 명시하는 것과 셸 내장변수 PATH를 활용하여 파일 이름만 주는 방식이 있다. 자신이 작성한 프로그램을 지정할 경우는 경로를 명시하고, 일반 명령어를 사용할 경우는 PATH 변수를 활용하는 편이 좋다. PATH 변수를 활용할 경우 함수명에 ‘p’가 추가된다.

□ 프로그램 인자 전달

두 번째 인자는 실제로 셸에서 프로그램을 실행할 때 사용하는 이름과 명령행 인자들이다.

예를 들어 "ls -l", "ps -O ppid" 등을 의미한다. 보통 여러 개의 문자열로 이루어지는데 이들 문자열을 하나씩 ','로 분리해서 리스트 형태로 줄 수도 있고, 하나의 문자열 포인터 배열, 즉 벡터에 넣어서 주는 방식도 가능하다. 어느 경우든 마지막 문자열로 NULL을 넣어야 한다. 리스트 방식의 전달 함수는 'l', 벡터 방식의 전달 함수는 'v'를 이름에 포함하고 있다.

□ 환경 변수

마지막 인자는 셸 환경 변수와 그 값을 전달한다. 환경 변수는 항상 벡터의 형태로 전달해야 하며, 명시하지 않아도 부모 프로세스가 가진 환경 변수가 자식 프로세스에 전달된다. 다음 예를 보자.

ex_envp.c

```
# include <stdio.h>

extern char **environ;

int main(int argc, char *argv[], char *envp[])
{
    for (int i = 0; envp[i]; i++)
        printf("%s\n", envp[i]);
    printf("%s\n", *environ);
    return 0;
}
```

```
$ ex_envp
SHELL=/bin/bash                ← envp 변수로부터 출력
LANGUAGE=ko:en
PWD=/home/juyoon/Linux/ex13
LOGNAME=juyoon
HOME=/home/juyoon
LANG=ko_KR.UTF-8
... 중간 생략 ...
PATH=.:/home/juyoon/bin:/home/juyoon/.local/bin:.:/usr/local/sbin:/usr/local/
bin:/usr/sbin:/usr/bin:/sbin:/bin:/usr/games:/usr/local/games:/snap/bin
DBUS_SESSION_BUS_ADDRESS=unix:path=/run/user/1000/bus
SSH_TTY=/dev/pts/0
```

```
LC_NUMERIC=ko_KR.UTF-8
OLDPWD=/home/juyoon
_=./ex_envp
SHELL=/bin/bash              ← environ 변수로부터 출력
$
```

11장에서 설명한 명령행 인자 argc, argv 외에 main() 함수에 숨어 있던 하나의 인자가 더 있다! 환경 변수는 main() 함수의 세 번째 인자인 문자열 포인터 배열 envp 또는 C 표준 라이브러리에 선언된 외부 변수 environ을 통해 전달된다. 프로그램에서 선언하지 않아도 자동 전달되며, 프로그래머가 사용을 원할 때 ex_envp.c에 나타난 것과 같은 방식으로 선언해서 사용할 수 있다. 실행 결과를 보면 envp와 environ이 동일한 내용을 가리키고 있다는 것을 알 수 있다.

그러면 exec 계열 함수의 호출 예를 살펴보자. 비교를 위해 셸에서 주는 명령과 동일한 작업을 하는 함수 호출문을 제시하였다.

```
/* 셸에서 명령 실행 */
$ ls -l apple

/* 동일한 작업을 하는 exec 계열 함수 호출 */
/* 벡터 사용 */
char *cmd[] = {"ls", "-l", "apple", NULL};
execve("/bin/ls", cmd, NULL);
execv("/bin/ls", cmd);
execvp("ls", cmd);
execvpe("ls", cmd, NULL);

/* 리스트 사용 */
execl("/bin/ls", "ls", "-l", "apple", NULL);
execlp("ls", "ls", "-l", "apple", NULL);
execle("/bin/ls", "ls", "-l", "apple", NULL, NULL);
```

앞에서 설명한 리스트, 벡터, PATH 환경 변수 사용 등의 효과를 인식할 수 있는가? 다음 예제 프로그램의 결과를 보면 알 수 있다시피 결과는 모두 동일하다. 경우에 따라 편리한 방법을 사용하면 된다. 리스트 방식은 원하는 명령의 문자열을 그대로 나열하면 되지만, execv 또는 execvp를 호출하려면 반드시 문자 포인터 배열 변수를 선언하고 문자열들로 배열을 채

운 다음 사용해야 한다. 이는 하나의 명령을 여러 번 사용하거나 다른 함수에 그대로 전달해야 하는 경우에 매우 유용하게 활용된다. 리스트와 벡터 모두 NULL이 마지막에 와야 함을 잊지 말자.

간단한 예제로 exec() 함수 호출의 효과를 알아보겠다. ex_exps.c 코드를 보고 실행 결과를 보기 전에 먼저 결과를 예상해 보라.

ex_exps.c

```
#include <unistd.h>
#include <stdio.h>

int main(void)
{
    pid_t pid;
    char p[10];

    pid = getpid();                 // 자신의 pid를 알아낸다.
    sprintf(p, "%d", pid);          // ps 인자로 전달하기 위해 문자열로 만든다.
    printf("before exec... %s\n", p);
    sleep(2);                       // 프로세스 상태 확인을 위해 휴식
    execlp("ps", "ps", "-p", p, NULL); // pid를 이용해 ps 명령 실행
    printf("after exec!\n");
    return 0;
}
```

```
$ ex_exps
before exec... 18012
^Z
[1]+  멈춤                    ex_exps
$ ps -p 18012                        ← sleep 구간에서 멈추고 프로세스 상태 확인
   PID TTY          TIME CMD
 18012 pts/2    00:00:00 ex_exps
$ fg
ex_exps
   PID TTY          TIME CMD
 18012 pts/2    00:00:00 ps          ← PID는 같지만 실행 프로그램이 변경되었다!
$
```

실행 결과가 예상한 것과 같은가? execlp()를 호출하기 전에는 ex_exps 프로그램을 실행하고 있던 프로세스(PID 18012)가 그 후에는 ps 프로그램을 실행하는 것으로 변경되었다. 또한 원래 소스에 있던 마지막 출력문은 실행되지도 않았다. exec() 함수를 호출하면 껍데기는 그대로지만 내용물은 완전히 바뀐다는 것을 실감할 수 있는가?

시스템에서 기본으로 제공되는 프로그램 또는 명령이 아니라 자신이 만든 프로그램을 새 프로세스에게 실행시키는 예를 보자.

ex_pgml.c

```
#include <unistd.h>
#include <stdio.h>

int main(void)
{
    int i = 100;

     printf("before exec: %d\n", i);
     i += 100;
     execlp("pgm2", "pgm2", NULL);
     printf("pgm1: after exec: %d\n", i);
     return 0;
}
```

pgm2.c

```
#include <stdio.h>

int main(void)
{
     int i = 888;

     printf("pgm2: after exec: %d\n", i);
     return 0;
}
```

```
$ ex_pgm1
before exec: 100
pgm2: after exec: 888
```

앞의 예와 마찬가지로 execlp() 함수가 호출된 후 pgm1 프로그램의 다음 문장은 실행되지 않는다. 대신 pgm2 프로그램이 메모리를 차지하여 프로세스의 실행 내용이 바뀌기 때문이다.

13.2.2 fork와 exec

fork()는 복제 방식이어서 부모와 자식이 동일한 작업을 수행한다. 그렇지만 메모리를 포함해서 모든 내용을 복제하는 것은 시간이 매우 오래 걸리고 시스템에 부담이 크기 때문에 현대의 운영체제는 fork()보다는 스레드(thread)를 사용해서 동일한 작업을 수행하도록 하는 것이 일반적이다. 한편 exec() 계열 함수를 호출하면 기존의 작업은 완전히 날아가고 새로운 프로그램이 처음부터 실행된다.

그러면 bash 셸과 같은 프로그램의 동작을 생각해 보자. 셸 프로세스가 실행 중인 상태에서 'ls'와 같은 명령을 입력하면, 셸 프로세스가 실행 중인 상태가 유지되는 채로 자식 프로세스가 생성되어 자신과는 다른 'ls' 프로그램이 실행되는 것을 볼 수 있다. 자식이 똑같은 셸을 실행하는 것도 아니고 'ls'가 실행되느라 셸이 종료되지도 않는다. 이것이 프로세스가 새 프로세스를 생성하는 일반적인 방식이다. fork()나 exec() 하나만으로 이 작업을 수행할 수 없다는 것을 눈치챘는가? 자신도 그대로 계속 살아 가고 새 프로세스에게 자신과 다른 작업을 실행하도록 하려면 어떻게 해야 할까?

기존 프로세스의 작업을 유지하면서 그것과 동일한 작업이 아닌 완전히 다른 일을 시킬 필요가 있는 경우에는 fork()를 사용하여 새로운 자식 프로세스를 생성하고 자식이 exec()를 호출하는 방식을 사용한다. 프로그램 ex_forkex.c는 부모 프로세스가 fork()를 사용하여 자식 프로세스를 생성하고 자식 프로세스는 exec()를 사용하여 새로운 프로그램을 실행하는 예제이다.

ex_forkex.c

```
#include <stdio.h>
#include <unistd.h>

int main (void)
{
    pid_t pid;
```

```
    pid = fork();

    if (pid > 0) {              // 부모 프로세스
        printf("parent\n");
        sleep(1);
    }
    else if (pid == 0) {        // 자식 프로세스
        printf("child\n");
        execl("/bin/ls", "ls", "-l", "ex_forkex", NULL); // 새 작업 실행
        printf("fail to execute ls\n");
    }
    else
        printf("parent : fail to fork\n");
    printf("%d: bye!\n", pid);
    return 0;
}
```

```
$ ex_forkex
parent
child
-rwxrwxr-x  1 juyoon juyoon   8759 Nov 18 18:06 ex_forkex
30592: bye!
$
```

fork()로 생성에 성공하면 부모 프로세스는 "parent"를 출력하고 1초 동안 대기하다가 "bye!"를 출력한 후에 종료한다. 실행 결과를 보면 pid가 30592, 즉 0보다 큰 수이기 때문에 부모 프로세스가 출력했음을 알 수 있다. 부모 프로세스가 1초 동안 대기할 때 자식 프로세스는 "child"를 표준 출력한 후 execl() 함수를 사용하여 "ls –l ex_forkex"을 실행한다. 실행에 실패했다면 자식 프로세스는 "fail to execute ls"와 "bye!"를 차례대로 표준 출력하겠지만 위의 예제에서는 성공했으므로 자식 프로세스는 원래 코드의 남은 부분을 실행하지 않고 ls 명령을 실행하고 종료한다.

위의 예제에서 부모 프로세스가 자식 프로세스보다 나중에 종료되도록 하기 위해 sleep 함수를 사용하여 부모 프로세스를 1초간 대기시켰으나 이는 바람직한 방법은 아니다. 부모가 자식의 종료를 기다릴 수 있도록 wait 함수를 사용하면 부모 프로세스는 자식 프로세스가

아무리 많더라도 항상 마지막에 종료할 수 있게 된다. 마지막으로 앞에서 소개한 여러가지 exec() 함수들을 활용하는 예를 보겠다. 환경 변수를 전달하는 것은 다음 절에서 소개할 것이다.

ex_exec.c

```
#include <unistd.h>
#include <stdio.h>
#include <sys/types.h>
#include <sys/wait.h>

int main(void)
{
    pid_t pid;
    int status;
    char *cmd[] = {"ls", "-l", "apple", NULL};      // 실행 인자 벡터

    pid = fork();
    if (pid == 0) {
        printf("execve call: %d\n", getpid());
        execve("/bin/ls", cmd, NULL);
    }
    pid = fork();
    if (pid == 0) {
        printf("execl call: %d\n", getpid());
        sleep(1);
        execl("/bin/ls", "ls", "-l", "apple", NULL);
    }
    pid = fork();
    if (pid == 0) {
        printf("execlp call: %d\n", getpid());
        sleep(2);
        execlp("ls", "ls", "-l", "apple", NULL);
    }
    pid = fork();
    if (pid == 0) {
        printf("execv call: %d\n", getpid());
        sleep(3);
        execv("/bin/ls", cmd);
    }
```

```
    pid = fork();
    if (pid == 0) {
        printf("execvp call: %d\n", getpid());
        sleep(4);
        execvp("ls", cmd);
    }

    for (int i = 0; i < 5; ++i) {
        pid = wait(&status);
        printf("Process %d terminated.\n", pid);
    }
    return 0;
}
```

```
$ ls -l apple
합계 8
drwxrwxr-x 2 juyoon juyoon 4096  7월 12 14:27 dir
-rw-rw-r-- 1 juyoon juyoon   12  7월 12 14:27 t1
$ ex_exec
execve call: 17322
execl call: 17323
execv call: 17325
execlp call: 17324
execvp call: 17326
total 8
drwxrwxr-x 2 juyoon juyoon 4096 Jul 12 14:27 dir
-rw-rw-r-- 1 juyoon juyoon   12 Jul 12 14:27 t1
Process 17322 terminated.
합계 8
drwxrwxr-x 2 juyoon juyoon 4096  7월 12 14:27 dir
-rw-rw-r-- 1 juyoon juyoon   12  7월 12 14:27 t1
Process 17323 terminated.
합계 8
drwxrwxr-x 2 juyoon juyoon 4096  7월 12 14:27 dir
-rw-rw-r-- 1 juyoon juyoon   12  7월 12 14:27 t1
Process 17324 terminated.
합계 8
drwxrwxr-x 2 juyoon juyoon 4096  7월 12 14:27 dir
-rw-rw-r-- 1 juyoon juyoon   12  7월 12 14:27 t1
```

```
Process 17325 terminated.
합계 8
drwxrwxr-x 2 juyoon juyoon 4096  7월 12 14:27 dir
-rw-rw-r-- 1 juyoon juyoon   12  7월 12 14:27 t1
Process 17326 terminated.
$
```

13.3 환경 변수 전달

13.3.1 프로그램 실행 시 환경 변수 벡터 전달

앞에서 인자로 전달되는 envp 벡터나 외부 environ 변수를 활용하면 호출자가 가진 환경 변수를 피호출자가 사용할 수 있는 것을 보았다. 대표적으로 셸에서 어떤 프로그램을 실행할 때 셸의 환경 변수가 모두 그 프로그램에 전달된다. 셸 환경 변수 외에도 exec() 함수를 호출하는 호출자와 그에 의해 실행되는 새로운 프로그램 사이에 특정한 값을 전달하고 싶을 때 환경 변수를 활용할 수 있다.

프로세스가 새로운 프로그램을 실행하면서 기존의 환경 변수를 그대로 사용하지 않고 직접 새로운 환경 변수를 전달하려면 exec 계열 함수에 'e'를 붙여서 호출한다. execve(), execle(), execvpe() 세 개의 함수가 있으며 함수의 마지막 인자로 환경 변수들을 저장한 문자형 포인터의 배열을 넘겨주면 된다. 아래의 코드는 execle() 함수와 execve() 함수를 사용하는 예이다. 셸 프로세스로부터 넘어온 환경 변수를 사용하지 않고 새로운 환경 변수를 직접 구성할 때 문자형 포인터 배열의 마지막 원소의 값은 항상 NULL 포인터여야 한다.

```
char *envlist[] = {“APPLE=RED”, “BANANA=YELLOW”, NULL};
...
execle("myprogram", "myprogram", NULL, envlist);
execve("myprogram", arglist, envlist);
```

새로 실행되는 프로그램 입장에서 호출하는 프로세스가 넘겨주는 환경 변수를 받는 방법은 두 가지가 있다. 아래의 예처럼 main() 함수에 세 번째 인자를 선언해서 사용하거나 외부 전역 변수를 선언해서 사용하는 것이다.

```
extern char **environ;
int main(void)
{
    while(*environ)
        printf("%s\n", *environ++);
}

또는

int main(int argc, char *argv[], char *envlist[])
{
    while(*envlist)
        printf("%s\n", *envlist++);
}
```

다만 이런 방식으로 환경 변수를 전달하게 되면 기존에 자동으로 전달되던 셸 환경 변수는 환경 변수 벡터에서 삭제된다는 것에 주의하자. 다음의 예제는 직접 구성한 환경 변수를 새롭게 실행되는 프로그램에게 전달하는 예를 보여준다. 환경 변수 벡터에 전달되는 값이 어떻게 달라지는지 보여 주기 위해 13.2.1절의 ex_envp 프로그램을 실행시켰다.

ex_env.c

```
#include <unistd.h>

int main(void)
{
    char *envlist[] = {"APPLE=RED", "BANANA=YELLOW", NULL};

    execle("ex_envp", "ex_envp", NULL, envlist);
}
```

```
$ ex_env
APPLE=RED
BANANA=YELLOW
APPLE=RED
$
```

ex_envp 프로그램을 셸에서 직접 실행시키면 셸의 모든 환경 변수가 출력되지만 ex_env 프로그램에 의해 실행될 때는 새로 주어진 환경 변수 리스트만 출력되는 것을 볼 수 있다.

13.3.2 환경 변수 설정과 전달: getenv, setenv

기존의 환경 변수도 활용하면서 새로운 환경 변수를 전달할 수는 없을까라는 당연한 의문이 생길 것이다. 한 가지 방법은 기존 벡터에 덧붙이는 방식으로 새로운 벡터를 만드는 것이지만 좀 성가시다. C 표준 라이브러리가 이를 위한 편리한 함수들을 제공하고 있다.

사용법	

`#include <stdlib.h>`
 	
`char *getenv(const char *name);`
`int putenv(char *string);`
`int setenv(const char *name, const char *value, int overwrite);`
`void unsetenv(const char *name);`	

string	name=value 형식으로 구성된 문자열이다.
name	환경 변수의 이름에 해당하는 문자열이다.
value	환경 변수의 값에 해당하는 문자열이다.
overwrite	name으로 지정한 환경 변수가 이미 존재할 경우 덮어쓰기 여부를 결정한다. 0이면 덮어쓰기를 하고 0이 아니면 덮어쓰기를 하지 않는다.
반환값	getenv는 호출이 성공할 경우 name에 해당하는 환경 변수의 값에 대한 문자열 포인터를 반환하고, 검색에 실패할 경우 NULL을 반환한다. putenv와 setenv는 호출이 성공할 경우 0을 반환하고, 실패할 경우 -1을 반환한다.

프로세스의 환경 변수는 "name=value"의 형식으로 만들어진 문자열이며, 프로세스 내에서 문자형 포인터의 배열로 표현되어 여러 개가 존재할 수 있는데 배열의 마지막 원소는 반드시 NULL 포인터여야 한다. 프로세스가 exec 계열의 함수를 사용하여 새로운 프로그램을 실행할 때 환경 변수를 넘겨줄 수 있으며, 실행되는 프로그램은 main 함수의 인자 또는 외부 변수(extern)를 이용하여 이 변수들을 받는다.

getenv()는 인자로 지정한 문자열과 동일한 name을 가지는 환경 변수의 value를 구하는 기능을 수행한다. putenv()와 setenv()는 새로운 환경 변수를 등록하거나 기존에 등록된 환경 변수의 값을 변경하는데, putenv()는 "name=value"의 형식으로 만들어진 하나의 문자열을 인자로 사용하고 이미 등록된 이름인 경우 무조건 덮어쓰기를 하지만, setenv()는 name과 value를 서로 다른 문자열로 하여 인자로 사용하고 덮어쓰기 가능 여부를 선택할 수 있다는 점이 다르다. unsetenv()는 지정한 이름의 환경 변수의 등록을 해제한다.

ex_setenv.c 프로그램에서 환경 변수 사용의 예를 보자. 맨 먼저 셸 환경 변수인 USER의 값을 알아본다. 그런 다음 putenv() 함수로 새로운 환경 변수를 등록하고 exec() 함수를 호출해 새로운 프로그램을 실행한다. ex_setenv 프로그램의 실행은 중단되지만 새로 실행되는 ex_getenv 프로그램에서 getenv() 함수를 사용해 이미 중단된 프로그램에서 등록한 APPLE 변수의 값을 알아낼 수 있다.

ex_setenv.c

```
#include <unistd.h>
#include <stdio.h>
#include <stdlib.h>

int main (void)
{
    putenv("APPLE=RED");
    printf("%s\n", getenv("APPLE"));

    execl("ex_getenv", "ex_getenv", NULL);
}
```

ex_getenv.c

```
#include <unistd.h>
#include <stdio.h>
#include <stdlib.h>

int main (void)
{
    printf("I am %s\n", getenv("USER"));
    printf("%s\n", getenv("APPLE"));
    unsetenv("APPLE");

    if (!getenv("APPLE"))
        printf("APPLE not found\n");
}
```

```
$ export APPLE=RED                ← APPLE을 환경 변수로 등록
$ ex_getenv                       ← 독립적으로 ex_getenv 실행
I am juyoon
RED                               ← APPLE의 값 출력
APPLE not found                   ← unsetenv() 실행 후
$ printenv APPLE                  ← 프로세스 내에서 지웠지만 부모인 셸에는 영향이 없음
RED
$ unset APPLE                     ← 셸 환경 변수에서 APPLE 삭제
$ ex_getenv
I am juyoon
세그먼테이션 오류 (코어 덤프됨)  ← APPLE을 찾을 수 없음
$ ex_setenv
RED                               ← ex_setenv 프로그램에서 출력
I am juyoon                       ← 기존 환경 변수도 모두 전달됨
RED                               ← ex_setenv에서 전달받은 APPLE 변수의 값
APPLE not found
$
```

셸 환경 변수의 사용은 여러 가지 시스템 프로그램을 용이하게 해 준다. 예를 들어 셸의 내장 명령어 cd를 프로그램으로 구현한다고 하자. cd의 동작을 간단하게 정리하면 인자가 없을 때는 무조건 사용자의 홈 디렉터리로, 인자가 있으면 인자가 지정하는 디렉터리로 작업 디렉터리를 바꾸는 것이다. 여기서 "홈 디렉터리"를 프로그램 내에서 어떻게 표현할 수 있을까? 홈의 의미로 사용하는 "~" 문자도 셸이 해석해 주는 것이기 때문에 chdir() 함수의 인자로 직접 주어서는 제대로 동작하지 않는다. 이럴 때 환경 변수를 사용할 수 있다. 오류 처리 등을 생략하고 최대한 단순하게 구현한 cd 기능의 소스를 살펴보자.

ex_cd.c

```c
#include <stdio.h>
#include <stdlib.h>
#include <unistd.h>

int main (int argc, char *argv[])
{
    char buf[1024];

    if (argc < 2)
```

```
        chdir(getenv("HOME"));
    else
        chdir(argv[1]);
    printf("[ %s ]\n", getcwd(buf, 1024));
    return 0;
}
```

```
$ pwd
/home/juyoon/Linux/ex13
$ ex_cd
[ /home/juyoon ]
$ ex_cd ..
[ /home/juyoon/Linux ]
$ ex_cd ~
[ /home/juyoon ]
$ ex_cd /etc
[ /etc ]
$ pwd
/home/juyoon/Linux/ex13
$
```

실행 결과의 마지막을 보면 ex_cd 프로그램이 실행된 이후에도 작업 디렉터리는 변경되지 않은 것을 볼 수 있다. chdir() 함수의 효과는 프로세스 내에만 작동하기 때문에 외부의 셸에는 영향을 미치지 못한다. 그래서 cd 기능은 별도 프로그램으로 구현되지 않고 셸의 내장 명령, 즉 내부 함수로 구현된 것이다.

13장 마무리

운영 체제가 하는 가장 중요한 작업 중의 하나인 프로세스 생성에 대해서 알아보았다. 그런데 fork() 함수가 어떻게 프로세스를 생성하는지 보면서 좀 의아한 부분은 없었는지? 특히 모든 실행 과정과 메모리 내용을 모조리 복사하는 긴 과정을 거쳐 새 프로세스를 만든 직후에 exec 함수를 호출해 그 내용을 깡그리 무시하고 완전 다른 새로운 작업을 하도록 만든다는 것은 무언가 매우 비효율적이고 낭비가 많다는 생각이 들지는 않았는가?
짐작하고 있겠지만 오랜 세월에 걸쳐 발전해 온 운영 체제가 실제로 이렇게 비효율적인 작업을 하고 있을 리는 없다. 대부분은 일단 자식 프로세스의 생성에 필요한 최소한의 작업만 하고 필요할 때까지는 메모리 내용 복사 등 시간이 많이 걸리는 작업은 하지 않는다. 혹은 부모와 프로그램 코드나 메모리 내용을 공유하며 끝까지 실행하기도 한다. POSIX에 포함되어 있지 않은 리눅스 내부의 중요 함수인 clone()은 여러 가지 플래그 설정을 이용해 다양한 방식으로 새로운 프로세스를 생성해 주며, 실제 fork()도 clone()을 호출하여 프로세스 생성 작업을 실행한다. 흥미가 동하는 사람은 다음 장에서 소개하는 쓰레드와 함께 clone() 함수를 공부해 보기 바란다.

심화 및 보충 학습

지금까지 배운 시스템 API와 라이브러리 함수들을 적절히 활용하면 bash와 같은 셸 프로그램을 만들 수 있다. 물론 셸의 수많은 기능을 모두 구현하기에는 갈 길이 멀지만, 명령을 입력했을 때 그 명령을 해석하여 수행하도록 하는 최소한의 기능을 만들 수 있다. 다음 소스를 참조해서 빈 칸으로 남겨진 곳을 적절히 채워 mysh 프로그램을 완성해 보자.

mysh.c

```
#include <stdio.h>
#include <stdlib.h>
#include <string.h>

    /* 추가로 필요한 헤더 파일들을 명시한다 */

typedef struct CMD {            // 명령에 대한 정보를 담는 구조체
    char *name;                 // 명령 이름
    char *desc;                 // 명령 설명
    int  (*cmd)(int argc, char *argv[]);// 명령 실행 함수에 대한 포인터
} CMD;
int cmd_cd (int argc, char *argv[]);
int cmd_pwd (int argc, char *argv[]);
int cmd_exit (int argc, char *argv[]);
```

```
int cmd_help (int argc, char *argv[]);
int cmdProcessing(void);

CMD builtin[] = {              // 내장 명령 정보
    { "cd", "작업 디렉터리 바꾸기", cmd_cd },
    { "pwd", "현재 작업 디렉터리는?", cmd_pwd },
    { "exit", "셸 실행을 종료합니다", cmd_exit },
    { "help", "도움말 보여 주기", cmd_help }
};
const int builtins = sizeof(builtin)/sizeof(CMD); // 내장 명령의 수

int main (void)
{
    int isExit = 0;

    while (!isExit)
        isExit = cmdProcessing();          // 명령 처리 루틴 호출
    fputs ("My Shell을 종료합니다…\n", stdout);
    return 0;
}
#define STR_LEN 1024          // 최대 명령 입력 길이
#define MAX_TOKENS 128        // 공백으로 분리되는 명령어 문자열 최대 수

int cmdProcessing (void)
{
    char cmdLine[STR_LEN];         // 입력 명령 전체를 저장하는 배열
    char *cmdTokens[MAX_TOKENS]; // 입력 명령을 공백으로 분리하여 저장하는 배열
    char delim[] = " \t\n\r";      // 토큰 구분자 - strtok에서 사용
    char *token;                   // 하나의 토큰을 분리하는데 사용
    int tokenNum;                  // 입력 명령에 저장된 토큰 수
    /* 기타 필요한 변수 선언 */

    int exitCode = 0;                       // 종료 코드 (default = 0)
    fputs ("[mysh v0.1] $ ", stdout);       // 프롬프트 출력
    fgets (cmdLine, STR_LEN, stdin);        // 한 줄의 명령 입력

    tokenNum = 0;
    token = strtok (cmdLine, delim);        // 입력 명령의 문자열 하나 분리
```

```
    while (token) {                          // 문자열이 있을 동안 반복
        cmdTokens[tokenNum++] = token;       // 분리된 문자열을 배열에 저장
        token = strtok(NULL, delim);
                                 // 연속하여 입력 명령의 문자열 하나 분리
    }
    cmdTokens[tokenNum] = NULL;
    if (tokenNum == 0)
        return exitCode;
    for (int i = 0; i < builtins; ++i) {    // 내장 명령인지 검사하여
                                             // 명령이 있으면 해당 함수 호출
        if (strcmp(cmdTokens[0], builtin[i].name) == 0)
            return builtin[i].cmd(tokenNum, cmdTokens);
    }
    /* 내장 명령이 아닌 경우 자식 프로세스를 생성하여
       명령 프로그램을 호출함 */

    return exitCode;
}

int cmd_cd (int argc, char *argv[])
{
    /* cd 명령 처리 */

    return 0;
}

int cmd_pwd (int argc, char *argv[])
{
    /* pwd 명령 처리 */

    return 0;
}

int cmd_exit (int argc, char *argv[])
{
    return 1;
}
```

```
int cmd_help (int argc, char *argv[])
{
    /* help 명령 처리 */

    return 0;
}
```

프로그램은 명령행에서 한 줄의 입력을 받아 그를 여러 개의 문자열 덩어리 - 토큰(token) - 로 분리한 다음, 명령이 무엇인지 찾아서 실행시키는 구조로 되어 있다. 각 명령을 실행하는 함수는 exit() 외에는 0을 반환하여 셸 실행이 지속되도록 한다. 내장 명령(built-in command)들은 셸 프로그램 내의 함수들로 직접 구현되어 있으며, 그렇지 않은 명령들은 fork(), exec() 등의 함수를 이용해 별도의 프로세스를 생성하여 실행하도록 구현한다.

소스의 토큰 분리 부분을 잠시 들여다보자. strtok() 함수는 정해진 분리 문자에 따라 하나의 문자열에서 여러 개의 문자열을 분리해 내는 작업을 한다. 예를 들어, 분리 문자가 ':'로 지정되어 있을 때 "juyoon:x:1000:1000:/bin/bash" 라는 문자열을 분리하면 "juyoon", "x", "1000", "1000", "/bin/bash"의 다섯 개 문자열로 분리된다. strtok() 함수의 인자와 반환값은 다음과 같다.

```
#include <string.h>

char *strtok (char *str, const char *delim);
```

str	입력 문자열. 연속해서 분리하려고 할 때는 NULL을 지정한다.
delim	분리 문자들을 지정한 문자열
반환값	분리된 하나의 문자열에 대한 포인터

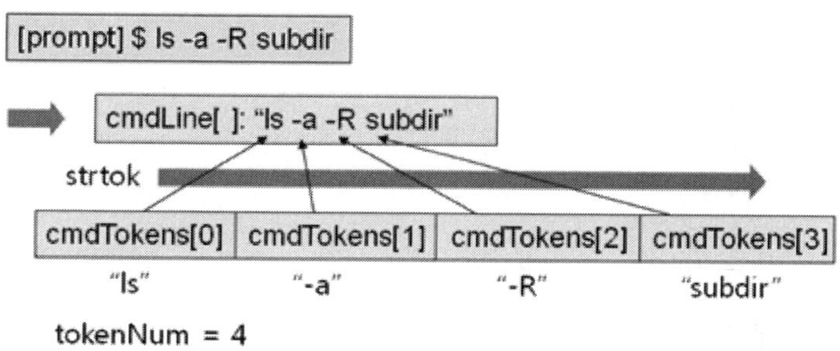

앞의 소스는 완성본이 아니다. 빈 곳의 주석을 참조하고, 다음 실행 결과의 예를 보고 자신만의 셸을 완성해 보자.

```
$ mysh
[mysh v0.1] $ cd                 ← 내장 명령 실행
[mysh v0.1] $ pwd                ← 내장 명령 실행
/home/juyoon                     ← 앞의 'cd' 명령 결과로 홈 디렉터리에 있음
[mysh v0.1] $ ls                 ← /bin/ls를 불러와서 실행함
examples.desktop      linux  공개       문서     비디오   음악
kernel                tmp    다운로드   바탕화면  사진     템플릿
[mysh v0.1] $ cd linux           ← 특정 디렉터리를 지정하여 이동
[mysh v0.1] $ ls
SW        book   example hw3.sh  lab  pre          quiz     ref      t.tar
bashCheck ch7ex  final   ids     note programming quiz.tar scripts  test
[mysh v0.1] $ cd programing
그런 디렉터리가 없습니다: programing        ← 잘못된 입력에 대한 처리
[mysh v0.1] $ cd programming
[mysh v0.1] $ pwd
/home/juyoon/linux/programming
[mysh v0.1] $ ls
cp  cp.c  cp2.c  gcd  gcd.c  mysh  mysh.c  mysh.script
[mysh v0.1] $ help pwd           ← 특정 명령에 대한 도움말 보기
pwd       : 현재 작업 디렉터리는?
[mysh v0.1] $ help               ← 전체 내장 명령에 대한 도움말 보기
cd        : 작업 디렉터리 바꾸기
pwd       : 현재 작업 디렉터리는?
exit      : 셸 실행을 종료합니다
help      : 도움말 보여 주기
[mysh v0.1] $ ps -H              ← 옵션이나 인자가 필요한 일반 명령도 실행
  PID TTY          TIME CMD
 8068 pts/1    00:00:00 bash
 8120 pts/1    00:00:00   mysh
 8125 pts/1    00:00:00     ps
[mysh v0.1] $ exit
My Shell을 종료합니다…
$
```

여기서 제시한 예제 소스는 여러 가지 셸 변수, 메타 문자, 입출력 재지정, 파이프, 히스토리 등 셸의 다양한 부가 기능들이 하나도 포함되어 있지 않다. 또한 bash 등 기존 셸에서 제공하

는 많은 내장 명령들도 구현되어 있지 않다. 셸의 편리한 기능들을 구현하려면 어떤 자료 구조와 작업이 필요할지 잘 생각해 보고 구현에 도전해 보기 바란다. 셸 기능 구현에 관한 단서는 GNU C 라이브러리 매뉴얼(http://www.gnu.org/s/libc/manual)에서 찾을 수 있다.

14장
프로그래밍: 프로세스 그룹과 시그널

부모 프로세스가 자식 프로세스의 종료를 기다리는 함수 waitpid()에서 PID가 0 또는 음수로 지정된 경우 "같은 프로세스 그룹에 속하는"이라는 설명이 나온다(표 13-2 참조). 우리는 지금까지 프로세스 간에 부모-자식 관계만 있는 것으로 알고 있었지만, 사실 리눅스 운영 체제는 이들을 좀 더 조직적으로 관리한다. 사용자 그룹이 있는 것과 마찬가지로 프로세스 그룹도 존재하고 최근 리눅스는 자원 할당을 위한 cgroup이라는 개념도 사용하고 있다. 우리는 가장 단순하게 시그널(signal) 수신의 단위로 동작하는 프로세스 그룹과 프로그램 내에서 시그널을 전달하는 함수들에 대해서만 다룰 것이다.

14.1 프로세스 그룹과 세션

지금까지 각각의 고유 식별 번호를 가지는 개별 프로세스에 대해서만 이야기했지만, 시스템 내의 프로세스는 여러 단계로 묶어서 관리되고 있다. 먼저 로그인이나 터미널과 연관된 세션(session)이 있고 세션에는 여러 개의 프로세스 그룹이 포함될 수 있으며 각 프로세스 그룹에는 여러 개의 프로세스가 포함될 수 있다. 각 프로세스에 또 여러 개의 쓰레드(thread)가 포함될 수 있다. 즉, 다음과 같은 포함 관계가 형성된다.

세션 ⊇ 프로세스 그룹 ⊇ 프로세스 ⊇ 쓰레드

그룹과 세션에 대하여 일반 프로그래머가 할 수 있는 일은 많지 않지만 때로는 그룹을 생성, 해체하거나 세션을 강제로 끊을 필요가 있다. 내용을 깊이 파고들자면 많은 설명이 필요하겠지만 우리는 개념을 이해할 최소한의 요소만 다루기로 한다. 표 14-1에 프로세스 그룹과 세션 관련 함수를 소개하였다.

표 14-1 프로세스 그룹과 세션 관련 함수

함수	의미
getpgrp	자신의 프로세스 그룹 식별 번호를 구한다.
setpgrp	자신의 프로세스 그룹 식별 번호를 변경한다.
getpgid	지정한 프로세스의 그룹 식별 번호를 구한다.
setpgid	지정한 프로세스의 그룹 식별 번호를 변경한다.
getsid	지정한 프로세스의 세션 식별 번호를 구한다.
setsid	현재 프로세스가 새로운 세션을 생성한다.

14.1.1 프로세스 그룹: getpgrp, setpgid

모든 프로세스에게는 자신이 소속된 하나의 프로세스 그룹이 있고 이 그룹은 그룹을 식별하는 고유 번호, 즉 PGID(Process Group ID)를 가진다. 보통 PGID는 그룹 최초의 프로세스, 즉 프로세스 그룹 리더(leader)의 PID와 동일한 번호가 된다. 한 프로세스가 실행 도중 다른 프로세스, 즉 자식을 생성하면 이들은 같은 그룹에 포함되고[1], 셸의 파이프 기능을 써서 여러 프로세스가 연결되어 실행될 경우에도 이들은 하나의 그룹을 형성한다.

실제 프로세스 그룹의 기능은 시그널(signal)을 공유하기 위한 것이다. 예를 들어 ^C 키를 누르면 이 신호는 그룹의 모든 프로세스에 전달되어 같이 실행을 중단시킬 수 있다.

실제 실행 결과를 통해 프로세스와 프로세스 그룹이 어떻게 만들어지는지 보자. 13.1.4절에 소개된 ex_waitpid 프로그램을 실행시켜 프로세스 그룹 정보를 살펴보자.

```
$ ex_waitpid
^Z
[1]+  멈춤                  ex_waitpid
$ ps -O pgid,ppid             ← ps -O 옵션은 기본 출력에 추가로 출력할 내용을 지시한다.
  PID  PGID  PPID S TTY          TIME COMMAND
 9079  9079  9078 S pts/1    00:00:00 -bash
 9131  9131  9079 T pts/1    00:00:00 ex_waitpid
 9132  9131  9131 Z pts/1    00:00:00 [ex_waitpid] <defunct>
 9133  9131  9131 T pts/1    00:00:00 ex_waitpid
 9134  9134  9079 R pts/1    00:00:00 ps -O pgid,ppid
```

1) 셸에서 프로그램을 실행시키는 경우를 살펴보면 새 프로세스는 자신이 그룹 리더가 되어 독자 그룹을 생성함을 볼 수 있다. 이는 셸에서 작업 제어를 하기 위해 새 프로세스의 그룹을 변경한 것이다.

ex_waitpid 프로그램은 부모 프로세스가 두 개의 자식을 생성한 후 waitpid() 함수를 이용해 2번, 즉 나중에 만들어진 자식의 종료를 먼저 처리한 후 1번 자식을 처리해 주도록 되어 있다. 이 때 1번 자식 프로세스는 1초 휴식 후 작업을 끝내고 exit() 함수를 호출하여 종료하고, 2번 자식은 2초간 휴식 후 작업을 종료한다. 위의 예와 같이 프로그램을 실행한 후 1초와 2초 사이에 중단시키면 프로세스의 실행 상황을 볼 수 있다.

PGID를 보기 위해 ps 명령의 옵션 '-O'를 사용하였다. 이는 출력(output) 형식을 사용자가 직접 지정할 수 있는 것으로 미리 설정된 몇 가지 정보와 함께 사용자가 지정하는 정보를 추가로 출력해 준다. 위의 예에서는 PGID와 PPID를 볼 수 있도록 지정하였다. 보다 상세한 옵션 내용은 매뉴얼을 참조하기 바란다.

결과를 보면 ex_waitpid 프로세스, 즉 부모의 PID는 9131번이고 부모는 9079, 즉 셸 프로세스다. 종료 후 부모에 의한 처리가 되지 않아 좀비 상태에 빠진 첫 번째 자식은 PID가 9132, 부모와 그룹은 똑같이 9131번임을 알 수 있다. 두 번째 자식의 PID는 9133, 부모와 그룹은 역시 9131번이다. 따라서 프로세스가 자식 프로세스를 생성하면 그들은 모두 같은 그룹에 속하고 이 때 그룹의 리더는 부모 프로세스가 됨을 알 수 있다.

파이프를 이용해 프로세스들을 연결한 경우를 보자.

```
$ ls -R / | grep user
fuser
fusermount
ntfs-3g.usermap
adduser.conf
deluser.conf
^Z
[2]+  멈춤                ls -R / | grep user
$ ps -O pgid,ppid
  PID  PGID  PPID S TTY          TIME COMMAND
 9079  9079  9078 S pts/1    00:00:00 -bash
 9373  9373  9079 T pts/1    00:00:00 ls -R /
 9374  9373  9079 T pts/1    00:00:00 grep user
 9375  9375  9079 R pts/1    00:00:00 ps -O pgid,ppid
$ kill -KILL 9373
[2]+  멈춤                ls -R / | grep user
$ ps -O pgid,ppid
```

```
  PID  PGID  PPID S TTY          TIME COMMAND
 9079  9079  9078 S pts/1    00:00:00 -bash
 9374  9373  9079 T pts/1    00:00:00 grep user
 9378  9378  9079 R pts/1    00:00:00 ps -O pgid,ppid
```

실제 실행 결과는 이것과 약간 다른 화면이 나올 것이다. 설명을 쉽게 하기 위해 핵심 내용 외에는 생략하였다. 시간이 오래 걸리는 명령을 파이프로 연결하여 실행하고 중단시킨 다음 프로세스들의 상태를 역시 "ps -O pgid,ppid" 명령을 이용해 살펴 보았다. 여기서 ls 프로세스와 grep 프로세스의 부모는 둘 다 9079번, 즉 셸 프로세스로 동일하다. 이들은 부모 자식 관계가 아니고 둘 다 셸 프롬프트 상에서 실행되어 서로 입출력만 연결하는 관계이기 때문이다. 그런데 그룹 번호를 보면 9373번으로 동일하고 그룹의 리더는 앞에 실행한 ls 프로세스임을 볼 수 있다.

프로세스 그룹 내의 프로세스들에게 신호가 어떻게 전달되는지 잠깐 살펴보자. 부모-자식 관계든 파이프 연결 관계든 ^Z 입력을 이용한 일시 중지 신호는 그룹 내 프로세스들에게 모두 전달되어 T(stopped) 상태에 있는 것을 볼 수 있다. 그런데 모든 신호가 동일하게 전달되는 것은 아니다. 파이프 예에서 kill 명령을 실행하여 ls 프로세스에게 직접 KILL 신호를 전달했는데 이후 ps 명령의 결과를 보면 ls 프로세스만 종료되고 grep 프로세스는 그대로 남아 있다. 물론 이 작업은 재개를 해도 연결된 프로세스가 종료했기 때문에 다시 실행되지 못하고 곧바로 종료한다. 키보드로부터 전달하는 ^C, ^Z 등의 시그널은 그룹 내 프로세스들에게 동일하게 전달되지만 명령어나 함수 호출에서는 지정된 하나의 PID를 가진 프로세스에게만 동작하는 것이 원칙이다.

그러면 그룹에 속한 모든 프로세스에게 동일한 시그널을 전달하고 싶으면 어떻게 하면 될까? 바로 표 13-2에서 표현한 바와 마찬가지로 음수의 PID, 정확하게는 그룹 리더의 PID값을 음수로 만들어 전달하면 된다.

```
$ ls -R / | grep user
fuser
fusermount
ntfs-3g.usermap
adduser.conf
deluser.conf
```

```
^Z
[1]+  멈춤              ls -R / | grep user
$ ps -O pgid
  PID   PGID  S TTY          TIME COMMAND
 12181  12181  S pts/1    00:00:00 -bash
 12477  12477  T pts/1    00:00:00 ls -R /
 12478  12477  T pts/1    00:00:00 grep user
 12480  12480  R pts/1    00:00:00 ps -O pgid
$ kill -KILL -12477          ← 그룹 리더의 PID를 음수로 주면 그룹 전체에 신호 전달

[1]+  멈춤              ls -R / | grep user
$
[1]   죽었음            ls -R / | grep user
$ ps -O pgid
  PID   PGID  S TTY          TIME COMMAND
 12181  12181  S pts/1    00:00:00 -bash
 12492  12492  R pts/1    00:00:00 ps -O pgid
```

부모-자식 관계에서는 어떨까? 또한 PID가 아닌 작업 번호, 즉 셸에서 관리하는 job 단위로 신호를 전달할 때는 어떻게 될까? 각자 실험을 통해 확인해 보기 바란다.

그룹에 대한 이해는 이 정도로 하고 그룹 식별 번호를 알아 내는 함수 getpgid, getpgrp와 그룹 식별 번호를 변경할 수 있는 setpgid, setpgrp 함수에 대해 알아보기로 하자.

사용법	

`#include <unistd.h>`
 	
`int setpgid(pid_t pid, pid_t pgid);`
`pid_t getpgid(pid_t pid);`
 	
`int setpgrp(void);                    // System V version`
`int setpgrp(pid_t pid, pid_t pgid);   // BSD version`
 	
`pid_t getpgrp(void);                  // POSIX.1 version`
`pid_t getpgrp(pid_t pid);             // BSD version`	

pid	프로세스 식별 번호이다.
pgid	프로세스 그룹의 식별 번호이다.

반환값	setpgid와 setpgrp는 호출이 성공할 경우 0을 반환하고, 실패할 경우 -1을 반환한다. getpgid와 BSD getpgrp는 호출이 성공할 경우 프로세스의 그룹 식별 번호를 반환하고, 실패할 경우 -1을 반환한다. POSIX.1 getpgrp은 항상 프로세스의 그룹 식별 번호를 반환한다.

위의 사용법을 보면 같은 이름의 함수지만 POSIX.1, System V, BSD 등의 서로 다른 버전이 있는 것을 볼 수 있다. 리눅스에서는 이들 모두를 지원하기 때문에 어떤 것을 사용해도 괜찮지만 각 함수별로 인자와 반환값이 다르므로 주의해서 사용하도록 하자. 유닉스/리눅스의 표준 역할을 하는 POSIX.1에서 권장하는 형태는 getpgrp(void)와 setpgid(pid, pgid)이다. PID 또는 PGID를 지정하는 인자 중 숫자 0은 특별한 의미를 가진다. 표 14-2에서 의미를 확인해 보자.

표 14-2 setpgid() 함수의 인자

인자 사용법	의미
setpgid(pid, pgid)	pid 프로세스의 그룹ID를 pgid로 변경
setpgid(0, pgid)	현재 프로세스(0은 자기 자신을 의미)의 그룹ID를 pgid로 변경
setpgid(pid, 0)	pid 프로세스의 그룹ID를 pid로 변경(그룹 리더로 독립)
setpgid(0, 0)	현재 프로세스(자기 자신)을 그룹 리더로 변경 (독립)

setpgid(pid, pgid)와 setpgrp(pid, pgid)는 pid로 지정한 프로세스의 그룹 식별 번호를 새로운 그룹 식별 번호인 pgid로 변경한다. 프로세스를 하나의 그룹에서 다른 그룹으로 옮기기 위해 setpgid를 사용할 경우 두 개의 그룹은 같은 세션(session)에 속해 있어야 한다. 이러한 경우 pgid로 지정한 프로세스 그룹이 반드시 존재해야 하며 현재 프로세스가 속한 그룹의 세션 식별 번호(SID)는 새롭게 지정한 프로세스 그룹의 세션 식별 번호와 동일해야 한다.

getpgid(pid)와 getpgrp(pid)는 pid로 지정한 프로세스의 그룹 식별 번호를 구한다. 만약에 pid가 0으로 설정되어 있으면 현재 프로세스를 의미한다. setpgrp(void)와 getpgrp(void)는 setpgid와 getpgid의 기능을 제한했다고 이해할 수 있는데 각각 setpgid(0, 0)과 getpgid(0)과 동일한 기능을 가진다.

프로세스 그룹 번호를 새로 설정하는 것이 실제로 어떤 결과를 초래할지 현재로서는 이해하기 어려우므로 넘어 가자.

14.1.2 세션: getsid, setsid

일반적으로 세션은 시스템과 연결된 하나의 제어 단말(terminal)에 로그인하는 것으로 생성된다. 그래서 세션을 생성한 작업에 따라 로그인 세션, ssh 세션, ftp 세션, 터미널 세션 등으로 부르기도 한다. 또한 제어 단말과 연결되지 않은 세션의 생성도 가능하다.

세션에도 식별 번호가 부여되어 있는데 세션 식별 번호(SID)는 세션에 소속된 최초의 프로세스 그룹 식별 번호(PGID)와 같고, 또한 그룹의 최초 프로세스의 식별 번호(PID)와 같기 때문에 세션 식별 번호는 세션에서 처음 생성된 프로세스의 PID와 같다.

앞의 ex_waitpid 프로세스를 한 번 더 이용해 세션 식별 번호를 살펴보자.

```
$ ex_waitpid
^Z
[1]+  멈춤                ex_waitpid
$ ps -O pgid,ppid,sid
  PID  PGID  PPID   SID  S TTY         TIME  COMMAND
 9079  9079  9078  9079  S pts/1   00:00:00 -bash
 9131  9131  9079  9079  T pts/1   00:00:00 ex_waitpid
 9132  9131  9131  9079  Z pts/1   00:00:00 [ex_waitpid] <defunct>
 9133  9131  9131  9079  T pts/1   00:00:00 ex_waitpid
 9134  9134  9079  9079  R pts/1   00:00:00 ps -O pgid,ppid
$
```

이번에는 ps -O 옵션에 sid를 지정하여 출력하도록 하였다. bash 프로세스부터 시작해 모든 프로세스가 동일한 SID를 가짐을 볼 수 있다.

다른 프로세스들의 세션 관계는 어떨까? 다음 실행 결과는 ssh를 통한 원격 접속 2개를 실행하고 세션 리더 정보를 출력해 본 것이다.

```
$ ps g -O sid -H
   PID     SID S TTY       TIME COMMAND
  21939   21939 S pts/1   00:00:00 -bash
  21951   21939 S pts/1   00:00:00   iloop            ← 백그라운드로 실행 중인 무한 루프
  22385   21939 S pts/1   00:00:00   iloop 5
  21449   21449 S pts/0   00:00:00 -bash
  22021   21449 R pts/0   00:00:00   ps g -O sid -H
$
```

서로 다른 터미널 pts/0과 pts/1에서 처음 실행된 bash 프로세스가 각각 새로운 세션의 리더이며 그 이후 셸에서 실행되는 모든 프로세스는 해당 터미널의 bash 세션에 속하고 있음을 알 수 있다.

이제 세션과 관련된 두 개의 함수를 공부해 보자. getsid()는 프로세스의 세션 식별 번호를 구하고, setsid()는 세션 식별 번호를 바꾸는데 실제로는 새로운 세션을 생성하는 역할을 한다.

사용법	

`#include <unistd.h>`
 	
`pid_t getsid(pid_t pid);`
`pid_t setsid(void);`	

pid	프로세스 식별 번호이다.
반환값	호출이 성공하면 프로세스의 세션 식별 번호를 반환하고, 실패하면 -1을 반환한다.

getsid()는 pid로 지정한 식별 번호를 가지는 프로세스가 포함되어 있는 세션의 식별 번호를 알려 준다. pid가 0으로 지정될 경우 현재 프로세스가 포함된 세션의 식별 번호를 반환한다. 만약 프로세스의 세션 식별 번호와 그룹 식별 번호가 같다면 이 프로세스를 세션의 리더라고 부른다.

setsid()는 호출하는 프로세스가 그룹의 리더가 아닌 경우에 새로운 세션을 생성한다. 호출이 성공하면 setsid()를 호출한 프로세스는 새로 생성된 세션과 그룹의 리더가 되지만 제어 터미널과의 연결은 끊어진다. 새롭게 생성된 세션과 그룹의 식별 번호는 setsid()를 호출한 프로세스의 식별 번호로 설정되며 이 프로세스는 세션과 그룹 내에서 유일한 프로세스가 된다.

다음은 각 함수를 사용하여 셸 프로세스와 자신의 프로세스 식별 번호, 그룹 식별 번호, 세션 식별 번호를 출력하는 예제 프로그램이다.

ex_sid.c

```
#include <sys/types.h>
#include <unistd.h>
#include <stdio.h>
#include <stdlib.h>
```

```
int main(int argc, char *argv[])
{
    pid_t pid;
    int interval;

    if (argc != 3)
      return 1;

    pid = atoi(argv[1]);            // bash 프로세스 번호를 명령행 인자로 전달
    interval = atoi(argv[2]);       // sleep 시간을 명령행 인자로 전달

    printf("shell process...\n");
    printf("process id: %d, group id: %d, session id: %d\n",
                pid, getpgid(pid), getsid(pid));
    printf("current process... not daemon...\n");
    printf("process id: %d, group id: %d, session id: %d\n",
                getpid(), getpgrp(), getsid(0));

    sleep(interval);
}
```

```
$ ps
  PID TTY          TIME CMD
10156 pts/2    00:00:00 bash
10227 pts/2    00:00:00 ps
$ ex_sid 10156 1
shell process...
process id: 10156, group id: 10156, session id: 10156
current process... not daemon...
process id: 10228, group id: 10228, session id: 10156
$
```

실행 결과를 살펴보자. 먼저 ps 명령을 사용하여 확인한 셸 프로세스의 식별 번호는 10156이다. 명령행 인자 10156을 적용하여 ex_sid 프로그램을 실행한 결과 셸 프로세스의 프로세스 식별 번호, 그룹 식별 번호, 세션 식별 번호가 같다는 것을 알 수 있다. 즉 현재의 셸이 세션과 그룹의 리더란 것을 알 수 있다. 반면에 프로그램 ex_sid을 실행하는 프로세스

는 셸과 같은 세션에 속해 있지만 그룹은 다르다. 그리고 프로세스 식별 번호와 그룹 식별 번호가 같기 때문에 그룹의 리더란 것을 알 수 있다.

현재 셸이 속해 있는 세션은 제어 터미널을 포함하고 있는데 셸이 종료해서 연결이 끊어지면 같은 세션에 포함된 다른 프로세스는 어떻게 될까? 아래의 예를 보자. 프로그램 ex_sid을 실행할 때 휴식 인자를 300초(5분)로 주고 백그라운드에서 연속해서 두 번 실행한다. 실행하자마자 ps 명령을 사용하여 확인하면 두 개의 ex_sid 프로세스의 존재를 확인할 수 있다. 이 상태에서 터미널을 종료하여 연결을 해제하고 다시 접속을 해보자.

```
$ ps
  PID TTY          TIME   CMD
10156 pts/2    00:00:00 bash
10229 pts/2    00:00:00 ps
$ ex_sid 10156 300 &
[1] 10230
$ shell process...
process id: 10156, group id: 10156, session id: 10156
current process... not daemon...
process id: 10230, group id: 10230, session id: 10156

$ ex_sid 10156 300 &
[2] 10231
$ shell process...
process id: 10156, group id: 10156, session id: 10156
current process... not daemon...
process id: 10231, group id: 10231, session id: 10156

$ ps
  PID TTY          TIME  CMD
10156 pts/2 00:00:00 bash
10230 pts/2 00:00:00 ex_sid
10231 pts/2 00:00:00 ex_sid
10232 pts/2 00:00:00 ps
$ exit
--- 터미널 연결을 끊고 다시 접속한다.

$ ps
  PID TTY          TIME  CMD
10430 pts/2 00:00:00 bash
```

```
10528 pts/2 00:00:00 ps
$ ps -u juyoon -O ppid,sid
  PID  PPID   SID S  TTY        TIME  COMMAND
10230      1 10156 S ?      00:00:00 ex_sid 10156 300
10231      1 10156 S ?      00:00:00 ex_sid 10156 300
10429 10360 10360 S ?      00:00:00 sshd: juyoon@pts/2
10430 10429 10430 S pts/2 00:00:00 -bash
10529 10430 10430 R pts/2 00:00:00 ps -u juyoon -O ppid,sid
$
```

새 접속 셸에서 ps 명령을 실행하면 이전에 백그라운드로 실행시켰던 두 개의 ex_sid 프로세스가 보이지 않는다. 그리고 셸 프로세스의 식별 번호도 달라져 있다. 연결을 끊고 새로 접속하는 것은 새로운 세션을 시작한다는 것이고 ps 명령을 옵션 없이 실행하면 자신의 세션에 포함된 프로세스 정보만 보여주기 때문에 이전 세션의 내용은 알 수가 없다.

다음은 "ps -u" 명령을 써서 자신의 모든 프로세스를 한 번 점검해 보자. 현재 세션의 bash와 ps 외에 연결 터미널이 없는 세 개의 프로세스가 더 보인다. 백그라운드로 실행한 두 개의 ex_sid 프로세스와 현재 세션을 연결하는데 사용된 sshd 프로세스다. 이들은 제어 터미널이 연결되어 있지 않아 직접적으로 명령을 통해 제어할 수 없다. 또한 출력 내용이 있더라도 터미널이 없으므로 그 내용을 볼 수 없다. 종료를 원하면 kill 명령 등으로 신호를 전달하거나 시간이 지나 스스로 종료하기를 기다리면 된다. 다만 sshd는 ssh 접속을 관리하는 데몬(daemon) 프로세스이므로 이를 종료시키면 현재 세션도 같이 종료되므로 주의한다.

부모 프로세스가 종료된 상태에서 고아가 된 프로세스는 어떻게 될까? ex_sid 프로세스의 원래 부모는 그 세션의 bash 프로세스였는데 이것이 exit 명령으로 종료된 상태다. 그런데 PPID를 보면 1번, 즉 init(systemd) 프로세스로 부모가 변경되어 있다. 이로써 우리는 부모가 자식의 종료를 기다리지 않고 먼저 종료하더라도 자식에 대한 종료 처리는 정상적으로 이루어질 수 있음을 알 수 있다.

exit 명령 또는 다른 터미널에서 kill 명령을 사용해 bash 실행을 종결시킨 경우, bash 및 전면 프로세스들은 모두 같이 종료된다. 그러나 백그라운드 실행 중인 자식들은 부모 프로세스가 init(1번)으로 변경되어 정상 실행 후 종료될 수 있다. 다만 터미널 창을 강제로 닫는 방식으로 종료한 경우, 그 터미널과 관련되었던 모든 프로세스가 같이 종료된다. 이는 각 경우에 세션 및 그룹에 속한 프로세스들에게 신호를 전달하는 방식의 차이 때문이며 상세한 내용은 본 서의 범위를 벗어나므로 각자 깊이 탐구해 보기 바란다. 단, 비정상적인 상황으로 접속이나 실행이 종료되는 경우 추후 반드시 남아 있는 프로세스가 있지 않은지 찾아서 종료시키는 습관을 갖도록 하자.

의도하지 않게 프로세스가 종료되거나 남아 있게 되는 위의 경우와 달리, 일부러 터미널을 통한 제어에서 자유로운 프로세스를 만들기도 한다. 새로운 세션을 생성하는 setsid() 함수를 사용해 데몬(daemon) 프로세스를 만드는 것이다. 위의 예에서 보다시피 데몬 프로세스는 제어 터미널 없이 스스로 혼자 실행하는 프로세스이므로, setsid()를 호출하여 현재의 프로세스가 터미널과의 연결 상태가 없는 새롭게 생성된 세션의 리더가 되도록 한다. 데몬 프로세스는 정상적으로 작업을 마쳐서 스스로 종료하거나 kill 명령 등을 사용하여 인위적으로 종료시킬 수 있다.

다음은 프로세스가 setsid를 호출하여 새로운 세션의 리더가 되어서 데몬 프로세스가 되는 예제 프로그램이다.

ex_daemon.c

```
#include <stdio.h>
#include <unistd.h>
#include <stdlib.h>
#include <sys/types.h>

int main(void)
{
    pid_t pid;

    if ((pid = fork()) > 0) {
        printf("child id: %d\n", pid);
        sleep(1);
        exit(0);
    }
    else if (pid == 0) {
        printf("old session id: %d\n", getsid(0));
        printf("new session id: %d\n", setsid());
        sleep(600);
    }
}
```

```
$ ex_daemon
child id: 11000
old session id: 10430
new session id: 11000
$ ps
  PID TTY          TIME CMD
10430 pts/2 00:00:00 bash
11001 pts/2 00:00:00 ps
$ ps -u juyoon -o pid,ppid,tty,cmd          ← -o 옵션은 출력 항목을 개별 지정한다.
  PID  PPID  TTY      CMD
10429 10360 ?        sshd
10430 10429 pts/2    -bash
11000     1 ?        ex_daemon
11002 10430 pts/2    ps -u juyoon -o pid,ppid,tty,cmd
$
```

실행 결과를 살펴보면 ex_daemon의 자식 프로세스는 setsid()를 호출하여 자신의 식별 번호 11000을 세션 식별 번호로 하는 새로운 세션의 리더가 되는 것을 볼 수 있다. ps 명령을 실행하여 프로세스의 목록을 살펴보면 ex_daemon의 자식 프로세스가 여전히 실행 중이며 부모가 1로 변경된 것을 확인할 수 있다. 이 때 터미널 연결을 끊고 다시 접속한 뒤 다시 ps 명령을 실행해 보아도 이전에 실행했던 ex_daemon의 자식 프로세스가 여전히 실행 중인 것을 확인할 수 있다. 이 프로세스는 600초 동안의 대기가 끝나거나 kill 명령을 통해서 종료될 수 있다.

실제로 데몬 프로세스는 시스템에서 다양한 백그라운드 서비스를 수행하기 위해 인위적으로 만들어진다. 커널 프로세스 중 이름의 끝에 'd'가 붙은 것이 바로 이를 의미한다(systemd, kthreadd, sshd 등). 데몬은 세션 독립만으로 되는 것이 아니라 정해진 절차에 따라 생성되어야 한다. 보통 C 표준 라이브러리 daemon() 함수를 사용하는데 그 내부는 다음과 같은 절차로 구성되어 있다.

```
1. fork()로 자식을 만들고 부모는 종료(exit)한다.
2. 자식 프로세스는 setsid()로 새 세션을 만든다.
3. chdir()로 작업 디렉터리를 '/'로 바꾼다.
4. 열린 모든 파일과 표준입출력을 닫는다. (표준입출력을 /dev/null로 지정)
```

14.2 시그널 처리

14.2.1 시그널이란?

시그널은 8장에서 kill 명령과 함께 소개된 바와 같이 프로세스에게 비동기적인 (asynchronous) 사건을 알리는 방법으로 실제로는 하나의 정수다. 비동기적인 사건이란 연산 오류의 발생, 자식 프로세스의 종료, 사용자의 키보드 입력에 의한 종료 요청 등 다양한 사유로 발생한다. 시그널을 수신한 프로세스의 반응은 대부분 실행을 종료하는 것이기 때문에 일종의 소프트웨어 인터럽트(interrupt) 역할을 한다고 볼 수 있다.

각 시그널의 발생 시점 및 전달 체계, 발생 시의 기본 처리는 운영체제에 의해 제공되며, 일단 시그널이 발생하여 프로세스에 전달되면 프로세스는 하던 일을 멈추고 처리 함수 (handler)를 실행한다. 기본 처리 함수는 두 종류로 SIG_DFL(default)은 프로세스를 종료시키고 SIG_IGN(ignore)은 시그널을 무시하고 원래 하던 작업을 계속한다. 때로는 종료 시의 메모리 상태를 파일로 출력(core dump)할 수도 있다.

리눅스 시스템에서 사용하는 주요 시그널과 그 의미, 그리고 시그널이 도착했을 때의 프로세스 반응, 즉 시스템에서 설정한 기본 처리 함수가 표 14-3에 정리되어 있다. 시그널의 종류는 유닉스/리눅스 시스템의 버전 및 종류에 따라 다양하게 정의되어 있으며, 표 14-3는 POSIX.1-2001 버전을 기준으로 하고 있다. 자신이 사용 중인 시스템의 시그널에 대해서는 "kill -l" 명령으로 확인해 볼 수 있다.

기본 처리 함수를 사용하지 않고 싶을 때는 별도의 handler 함수를 작성하여 등록해 둘 수 있다. 직접 handler 함수를 작성해 사용하는 과정은 그림 14-1를 참조한다. 먼저 프로그램 내에서 어떤 시그널을 처리할 것인지 선정하고, 각 시그널을 수신한 경우의 행동에 대해 handler 함수를 작성하고 그를 시스템에 등록한다(sigaction). 이 때 시그널 처리의 중복이나 엉킴을 방지하기 위해 시그널 처리 동안 다른 시그널의 처리를 금지(mask)하도록 설정할 수 있다.

표 14-3 주요 기본 시그널

번호	신호	의미	기본동작
1	SIGHUP	터미널 연결 끊김 또는 제어하는 프로세스의 종료	종료
2	SIGINT	키보드로부터 인터럽트 (^C)	종료
4	SIGILL	잘못된 하드웨어 명령어 수행	종료(코어 덤프)
5	SIGTRAP	trace/breakpoint 트랩	종료(코어 덤프)
6	SIGABRT	abort()에서 발생하는 종료 시그널	종료(코어 덤프)
7	SIGBUS	버스 오류 (메모리 접근 오류)	종료(코어 덤프)
8	SIGFPE	심각한 산술적 오류	종료(코어 덤프)
9	SIGKILL	프로세스를 즉시, 강제 종료시킨다. (다른 처리 불가)	종료
10	SIGUSR1	사용자 정의 시그널	종료
11	SIGSEGV	메모리의 잘못된 참조로 인한 오류 발생	종료(코어 덤프)
12	SIGUSR2	사용자 정의 시그널	종료
13	SIGPIPE	끊어진 파이프	종료
14	SIGALRM	alarm()에서 발생하는 타이머 시그널	종료
15	SIGTERM	프로세스에게 종료 요청	종료
17	SIGCHLD	자식 프로세스의 중지 또는 종료를 부모 프로세스에 전달	무시
18	SIGCONT	일시 중지된 프로세스를 다시 재개	계속
19	SIGSTOP	프로세스 일시 중지	중지
20	SIGTSTP	터미널에서 중지 요청(^Z)	중지
21	SIGTTIN	후면 프로세스에 터미널 입력	중지
22	SIGTTOU	후면 프로세스가 터미널 출력	중지
24	SIGXCPU	CPU 시간 제한 초과	종료(코어 덤프)
25	SIGXFSZ	파일 크기 제한 초과	종료(코어 덤프)

프로그램 실행이 시작된 후 외부에서 시그널이 전달되면 프로그램 수행이 중단되고 시그널 처리 과정으로 들어간다. 시그널에 대해 어떤 처리 함수가 등록되어 있는지에 따라 종료하거나 무시하고 계속하거나 미리 등록된 handler 함수를 실행하게 된다. 이 때 mask에 설정된 시그널의 전달은 일시적으로 금지된다. 단, 전달만 금지될 뿐 시그널이 없어지지는 않고 처리를 대기한다. 처리 함수의 실행이 종료되면 시그널 금지가 해제되고 그 사이 수신된 시그널이 있다면 시그널 처리를 반복하여 완료한 후 작업 복귀를 시행한다.

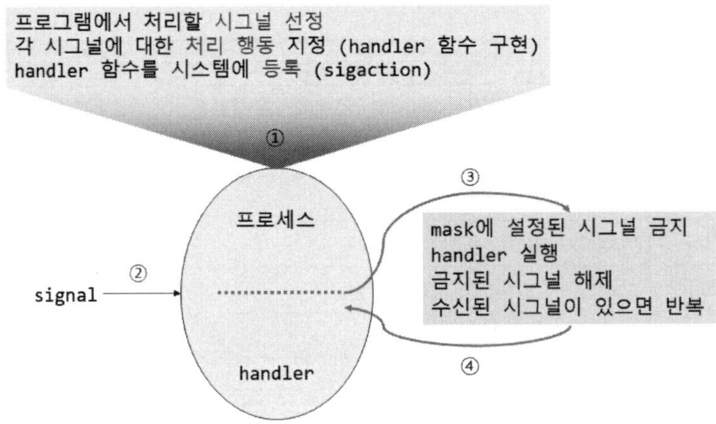

그림 14-1 시그널 처리 과정

프로그래머의 의도대로 시그널을 처리하기 위해 이번 장에서 우리가 다룰 함수들은 표 14-4에 나열된 바와 같다.

표 14-4 시그널 관련 함수

함수	의미
sigaction	특정 시그널에 대한 프로세스의 행동을 설정
sigemptyset	시그널 집합을 시그널이 없는 비어 있는 상태로 초기화
sigfillset	시그널 집합을 모든 시그널이 포함된 상태로 초기화
sigaddset	시그널 집합에 특정 시그널을 추가
sigdelset	시그널 집합에서 특정 시그널을 삭제
sigprocmask	특정 시그널 봉쇄/해제 설정
kill	특정 프로세스에게 특정 시그널을 전달
raise	자기 자신에게 특정 시그널을 전달
alarm	설정된 시간이 경과한 후에 자기 자신에게 SIGALRM을 전달
pause	시그널이 도착할 때까지 대기 상태 유지

14.2.2 시그널 집합

시그널에 대한 처리에서는 어떤 시그널을 처리할 것인가 명시하는 것이 반드시 필요하다. 이때 시그널이 하나뿐이라면 그 시그널의 번호 또는 이름만으로 처리가 가능하지만 대부분 여러 개의 시그널, 즉 시그널 집합을 만들어 처리해야 할 때가 많다. 시그널 집합은 이전의 여러 플래그와 마찬가지로 하나의 정수에 각 비트마다 특정 시그널을 연관시켜 0과 1로 표현함으로써 만들어진다. 어느 비트가 어떤 시그널인지 알 필요는 없으며, 우리는 시그널 집합을 다루는 함수를 이용해 원하는 시그널 집합을 만들 수 있다.

사용법	

`#include <signal.h>`
 	
`int sigemptyset (sigset_t *set);`
`int sigfillset (sigset_t *set);`
`int sigaddset (sigset_t *set, int signum);`
`int sigdelset (sigset_t *set, int signum);`
`int sigismember (const sigset_t *set, int signum);`	

set	sigset_t형의 시그널 집합
signum	시그널 번호
반환값	호출이 성공하면 0을 반환, 실패하면 -1을 반환한다. sigismember는 호출이 성공하면 1이나 0을 반환하고 실패하면 -1을 반환한다.

시그널 집합을 구성하는 방법의 예를 코드로 살펴보자. sigemptyset()과 sigfillset()은 각각 모든 시그널을 포함하지 않는 집합과 모든 시그널을 포함하는 집합을 생성한다. 특정 시그널에 대해 작업을 하고 싶은 경우, 공집합에 시그널을 하나씩 추가하는 방법과 전체집합에서 시그널을 하나씩 제거하는 방법이 가능할 텐데 sigaddset()과 sigdelset()이 그 작업을 수행할 수 있다. sigismember()는 어떤 시그널이 특정 집합의 원소인지 판별하는 함수이다. 사용 예는 다음과 같다.

```
sigset_t set;                      // 시그널 집합을 저장하기 위한 변수
int result;

sigemptyset(&set);                 // 시그널 집합을 비운다.
sigfillset(&set);                  // 모든 시그널을 집합에 넣는다.
sigdelset(&set, SIGALRM);          // 시그널 집합에서 SIGALARM을 삭제한다.
sigaddset(&set, SIGALRM);          // 시그널 집합에 SIGALRM을 추가한다.
result = sigismember(set, SIGALRM);
```

14.2.3 시그널 처리 함수와 등록

처리할 시그널 선정이 끝나면 각 시그널에 대한 처리 함수를 작성한다. 시그널 처리 함수는 다음의 두 가지 중 한 가지 형태로 작성할 수 있다. 함수 이름은 임의로 작성하고 정수 1개가 반드시 인자에 포함되는데, 이 정수는 시그널 번호를 의미한다.

```
① void handler (int signam)
② void handler (int signum, siginfo_t *info, void *ucontext)
```

함수 작성이 끝나면 각 시그널과 그 처리 함수를 반드시 등록해 두어야 한다. 등록하기 위한 함수로 예전에는 signal(signum, handler) 함수를 사용했으나 다양한 유닉스/리눅스 버전에 따른 동작의 호환성 문제로 인해 좀 더 정교하게 조건과 동작을 설정하는 sigaction() 함수를 사용할 것이 강력히 권장되고 있다. signal() 함수를 사용할 때의 처리 함수는 반드시 ①의 형태로 선언해야 하고, sigaction()은 옵션 설정에 따라 두 가지 형태 중 한가지를 선택해 사용할 수 있다.

사용법	

`#include <signal.h>`
 	
`int sigaction (int signum, const struct sigaction *act,`
`                             struct sigaction *oldact);`	

signum	시그널 번호이다. SIGKILL과 SIGSTOP은 적용할 수 없다.
act	프로세스가 지정한 시그널에 대해서 취해야 할 행동에 관한 정보가 담겨 있다.
oldact	이전에 지정되어 있는 시그널에 대한 행동이 저장된다. 보통 NULL 값을 사용한다.
반환값	호출이 성공할 경우 0을 반환하고, 실패하면 -1을 반환한다.

signum으로 지정한 시그널에 대해 act로 지정한 행동을 취한다. 새로운 행동인 act가 등록되면서 기존의 행동은 oldact에 저장된다. 여기서 중요한 것은 시그널 처리 행동을 설정하는 struct sigaction 자료 구조이다.

```
struct sigaction {
        void (*sa_handler)(int);
        void (*sa_sigaction)(int, siginfo_t *, void *);
        sigset_t sa_mask;
        int sa_flags;
}
```

sa_handler는 시그널에 대응하는 행동으로 SIG_DFL, SIG_IGN, 또는 임의의 함수 등 세 가지 값을 가질 수 있다.

표 14-5 sa_handler 변수의 값

sa_handler의 값	의미
SIG_DFL	시그널마다 기본(default)으로 설정된 동작을 한다. (표 14-3)
SIG_IGN	해당 시그널을 무시한다. 즉, 아무 동작도 하지 않는다. 단, SIGSTOP과 SIGKILL은 무시할 수 없다.
함수 포인터 (함수의 이름)	프로그래머가 핸들러 함수를 별도로 작성하고 그 이름을 전달한다. 함수는 void function(int) 형태여야 한다.

sa_sigaction 인자는 ②번 형태로 작성한 처리 함수로 시그널 대응 행동을 정의하는 것인데 sa_handler보다 더 세밀하게 동작을 제어할 수 있다. 처리 함수 지정은 sa_handler나 sa_sigaction 둘 중 하나만 사용하며, sa_sigaction을 사용할 경우 sa_flags의 SA_SIGINFO 비트를 설정한다. sa_sigaction의 인자는 3개로 첫 번째는 시그널 번호, 두 번째는 시그널에 대한 정보를 저장한 구조체 변수에 대한 포인터, 세 번째는 ucontext_t 구조체에 대한 포인터로서 시그널 처리에 진입할 때의 사용자 스택에 대한 정보를 저장한다. 여기서는 sa_handler 방식만 사용하기로 하며 sa_sigaction에 대한 상세한 사용법은 각자 탐구하기 바란다.

sa_mask는 봉쇄(blocking)할 시그널 집합을 정의한다. 여기 등록된 시그널들은 시그널 처리 함수가 실행되는 동안 봉쇄된다. 봉쇄되는 시그널은 무시되는 것이 아니라 현재 처리 중인 작업이 끝날 때까지 처리가 미뤄지는 것이며, 작업이 끝나면 차례대로 처리가 이루어진다. 다만, 앞서 도착한 시그널에 의해 프로세스가 종료되면 사용자의 의도와 다르게 이후의 시그널 처리가 잘못될 가능성도 있다.

sa_flags는 시그널 처리 절차를 수정할 수 있는 여러 가지 옵션을 비트열로 나타낸 것이다. 주요한 플래그는 표 14-6과 같으며 여러 플래그를 동시에 사용할 때는 '|' 연산자를 활용한다.

표 14-6 sa_flags의 주요 옵션

값	의미
SA_SIGINFO	sa_handler 대신에 sa_sigaction을 선택
SA_NOCLDSTOP	signum이 SIGCHLD일 때 자식 프로세스의 중단 또는 재개에 대한 신호를 받지 않는다. (SIGSTOP, SIGTSTP, SIGTTIN, SIGTTOU, SIGCONT)
SA_RESETHAND	signum에 대해서 시그널 핸들러를 최초에 한번만 실행하고 그 다음부터는 동일한 시그널에 대해서 SIG_DFL에 해당하는 기본적인 동작만 수행하게 된다.
SA_NODEFER	시그널 핸들러 내에서 시그널 받는 것을 금지하지 않는다. 즉, 마스크를 사용하지 않으며 시그널 처리 도중에도 다른 시그널을 받는다.

프로세스에 대한 터미널 인터럽트(^C) 시그널을 처리하는 함수의 예 ex_signal.c를 보자. 처음 두 번의 SIGINT 신호는 제공하는 핸들러에서 처리하고 이후는 원래대로 핸들러를 복구하여 SIG_DFL 방식으로 처리하게 한다.

ex_signal.c

```
#include <signal.h>
#include <stdio.h>
#include <unistd.h>

int num = 0;

int main (void)
{
        struct sigaction act;            // sigaction 구조체 변수 선언
        void int_handler(int);           // handler 함수 선언

        act.sa_handler = int_handler;    // 핸들러 함수 지정
        sigfillset(&act.sa_mask);        // 시그널 처리 동안 모든 시그널 금지
        sigaction(SIGINT, &act, NULL);   // 시그널 처리 방법 등록

        while(1) {
           printf("I'm sleepy…\n");
            sleep(1);
            if (num >= 2) {
                  act.sa_handler = SIG_DFL;
                  sigaction(SIGINT, &act, NULL);
            }
```

```
        }
}

void int_handler(int signum)
{
        printf("SIGINT: %d\n", signum);
        printf("int_handler called %d times\n", ++num);
}
```

프로그램을 실행 ^C를 눌러 SIGINT 신호를 보내 보자.

```
$ ex_signal
I'm sleepy…
^CSIGINT: 2
int_handler called 1 times
I'm sleepy…
^CSIGINT: 2
int_handler called 2 times
I'm sleepy…
I'm sleepy…
^C
$
```

처음 두 번의 ^C에 대해서는 새로 등록한 int_handler() 함수에 의해 num 변수를 증가시켜 출력하고, 세 번째 ^C가 입력된 순간 원래대로 대응하여 프로세스 실행은 중단된다.

14.2.4 시그널 일시 봉쇄: sigprocmask

특정 시그널에 대한 처리 방법을 능동적으로 바꾸는 sigaction() 함수와 달리 sigprocmask()는 일시적으로 시그널 수신을 봉쇄하거나 해제할 것을 지시하는 함수다. 특별히 방해를 받지 않고 처리해야 할 작업이 있을 때 sigprocmask()를 호출하여 시그널 수신을 봉쇄할 수 있다. 작업이 끝나면 다시 sigprocmask()를 호출하여 봉쇄를 해제하는 것이 일반적이며, 작업 동안에 수신된 시그널들은 없어지는 것이 아니라 큐에 대기하고 있기 때문에 봉쇄가 해제된 순간 다시 시그널 처리 함수가 수행된다.

사용법	

`#include <signal.h>`
 	
`int sigprocmask (int how, const sigset_t *set, sigset_t *oldset);`	

how	시그널 집합 set에 대하여 취할 행동을 지정한다.
set	sigset_t형의 시그널 집합
oldset	이전에 지정되어 있는 시그널 집합이 저장된다. 저장할 필요가 없을 경우 NULL로 지정한다.
반환값	호출이 성공할 경우 0을 반환하고, 실패하면 -1을 반환한다.

처리 방법 how는 시그널의 수신 여부를 지정하는 것으로 표 14-7에 보는 바와 같이 세 가지 값이 있다.

표 14-7 시그널 봉쇄 여부 설정 방법

값	의미
SIG_BLOCK	현재 봉쇄 설정된 시그널의 목록에 두 번째 인자 set에 포함된 시그널을 추가
SIG_UNBLOCK	현재 봉쇄 설정된 시그널의 목록에서 두 번째 인자 set에 포함된 시그널 제외
SIG_SETMASK	현재 봉쇄 설정된 시그널의 목록을 두 번째 인자 set 목록으로 교체

ex_procmask.c

```
#include <signal.h>
#include <stdio.h>
#include <unistd.h>

int main(void)
{
        sigset_t set;
        int count = 5;

        sigemptyset(&set);
        sigaddset(&set, SIGINT);
        sigprocmask(SIG_BLOCK, &set, NULL);          // SIGINT 시그널 봉쇄

        while (count) {
            printf("Don't disturb me (%d)\n", count--);
```

```
        sleep(1);
    }
    sigprocmask(SIG_UNBLOCK, &set, NULL);       // SIGINT 시그널 봉쇄 해제
    printf("You did not disturb me!\n");
    return 0;
}
```

프로그램을 실행해 보자. while 문이 실행되는 동안, 즉 count가 0보다 클 동안 인터럽트 시그널(^C)을 보내는 경우와 보내지 않는 두 가지 경우를 모두 테스트해 본다.

```
$ ex_procmask
Don't disturb me (5)
Don't disturb me (4)
Don't disturb me (3)
Don't disturb me (2)
Don't disturb me (1)
You did not disturb me!             ← 실행 도중 인터럽트하지 않음
$ ex_procmask
Don't disturb me (5)
Don't disturb me (4)
^CDon't disturb me (3)              ← 인터럽트 보냈으나 종료되지 않음
Don't disturb me (2)
Don't disturb me (1)
                                    ← 봉쇄되었던 시그널이 해제 후 처리됨
$
```

while문 실행 동안은 ^C를 눌러도 수신이 봉쇄되어 있기 때문에 처리되지 않고 실행을 계속한다. 두 번째 sigprocmask() 호출로 봉쇄를 해제하면 이전에 전달된 시그널이 뒤늦게 처리되어 마지막 문장을 출력하지 않고 도중에 종료하게 된다.

14.2.5 시그널 전달

^C, ^Z와 같이 터미널에서 시그널을 발생시키는 것 외에 프로그램 내에서 함수를 호출하여 특정 프로세스에 시그널을 전달할 수 있다. 먼저 kill()과 raise() 함수를 보자. kill()은 특정 프로세스 또는 프로세스 그룹에 지정한 시그널을 전달하고 raise()는 자기 자신에게 지정한 시그널을 전달한다.

사용법	

`#include <signal.h>`
`#include <sys/types.h>`
 	
`int kill (pid_t pid, int signum);`
`int raise (int signum);`	

pid	프로세스 식별 번호
signum	시그널 번호
반환값	호출이 성공할 경우 0을 반환하고, 실패하면 -1을 반환한다.

kill() 함수 호출 시 pid 값의 범위에 따라 수신 프로세스가 다르게 설정된다(표 14-8). 표 13-2에서 waitpid() 함수의 pid 인자의 의미와 유사하지만 값이 -1인 경우는 매우 특별하다.

kill()은 시스템 API인 반면 raise()는 C 라이브러리에 속하는 함수로 자기 자신에게 signum 신호를 보내는 kill(getpid(), signum) 호출을 특정 함수로 만들어 놓은 것이며 멀티쓰레드(15장 참조) 프로그램에서도 동일하게 사용할 수 있다.

표 14-8 kill() 함수에서 pid 값의 의미

pid	의미
pid 〉 0	pid로 지정되는 특정 프로세스에 시그널 전달
pid = 0	자신과 같은 그룹에 있는 모든 프로세스에 시그널 전달
pid = -1	시그널 전달이 허용된 모든 프로세스에 시그널 전달. 단, PID 1번 제외
pid 〈 0	PGID가 -pid인 모든 프로세스에 시그널 전달

한편 kill() 호출 때 시그널 번호를 0으로 주는 경우 실제로 시그널이 전달되지는 않으나, 해당 pid를 가진 프로세스가 존재하는지 여부와 접근 권한 여부는 검사되므로 이를 점검하는 방법으로 사용되기도 한다.

kill()과 raise() 사용의 간단한 예를 보자.

ex_kill.c

```
#include <signal.h>
#include <stdio.h>
#include <unistd.h>
```

```
int main(void)
{
        pid_t pid;
        int count = 5;

        if ((pid=fork()) > 0) {              // 부모 프로세스인 경우
            sleep(2);
            kill(pid, SIGINT);               // 자식에게 시그널을 보낸다.
            printf("[parent] Sent ^C to child\n");
            raise(SIGINT);                   // 자기 자신에게 시그널을 보낸다.
            printf("[parent] Bye!\n");
        }
        else if (pid == 0) {                 // 자식인 경우
            while (count) {                  // 1초에 한 번씩 count를 출력한다.
                printf("[child] Count %d\n", count--);
                sleep(1);
            }
        }
        else printf("Fail to fork\n");
        return 0;
}
```

```
$ ex_kill
[child] Count 5
[child] Count 4
[parent] Sent ^C to child      ← 2초 후 자식에게 시그널 보냄
                               ← 자기 자신에게 시그널 보냄
$
```

자기 자신에게 시그널을 보낸 함수 중에 특정 시간이 경과한 후 SIGALRM을 보내도록 하는 함수 alarm()이 있다. 또한 아무 시그널이나 도착할 때까지 아무 것도 하지 않고 대기하는 pause() 함수도 있다. SIGALRM 처리 함수를 별도로 작성하고 pause()와 alarm()을 결합하면 일정 시간 휴식 후 돌아오는 sleep()과 같은 함수를 작성할 수 있다. 우선 사용법을 보도록 하자.

사용법	

`#include <signal.h>`
 	
`unsigned int alarm (unsigned int seconds);`
`int pause(void);`	

seconds	초 단위의 시간. 0으로 지정하면 이전에 설정한 알람이 취소된다.
반환값	alarm – 지정한 시간 중 남은 시간 반환(0 이상) pause – 항상 -1 반환

다음 예제 ex_alarm.c는 alarm() 함수를 호출했을 때의 결과를 보여준다. 1초에 한 번씩 출력하기 위해 C 라이브러리인 sleep() 함수 대신 별도의 함수 wait()를 만들어서 사용했다. 이는 일부 시스템에서 alarm() 함수와 SIGALRM을 사용해서 sleep() 함수를 구현했고, 그 경우 sleep()과 alarm()을 한꺼번에 사용하는 것이 문제를 초래할 수 있기 때문이다.[2)]

ex_alarm.c

```
#include <signal.h>
#include <stdio.h>
#include <unistd.h>
#include <sys/time.h>

double getTime(void)
{
    struct timeval t;
    gettimeofday(&t, NULL);        // 현재 시간을 구조체 변수 t에 저장
    return (double) t.tv_sec + (double) t.tv_usec/1e6;
}

void wait(int interval)
{
    double t = getTime();
    while ((getTime() - t) < (double) interval);
                                   // 정해진 간격이 될 때까지 시간 체크
}
```

2) 리눅스는 시스템 API인 nanosleep() 함수를 사용해 sleep()을 구현했기 때문에 문제가 없다고 한다. 그러나 POSIX 에서 sleep() 구현에 alarm() 활용을 허용했기 때문에 프로그램의 이식성을 위해서는 주의하는 편이 좋다.

```
int main(void)
{
        int count = 0;

        alarm(3);                  // 3초 후 SIGALRM 발생
        while (1) {                // 무한 루프
            wait(1);               // 1초에 한 번씩 출력
            printf("%d seconds...", ++count);
        }
        printf("End of loop\n");  // 절대 실행되지 않는다!
}
```

```
$ ex_alarm
1 seconds...
2 seconds...
자명종 시계                 ← 3초째 SIGALRM 발생하여 종료
$
```

위 예에서 alarm()을 호출하면 정해진 시간 후에 SIGALRM이 발생하고 그 결과로 "자명종 시계"가 출력되고 프로세스는 종료한 것을 볼 수 있다. 종료하지 않고 시간 맞춰 뭔가 다른 작업을 수행하고 싶다면 SIGALRM 시그널을 처리할 핸들러 함수를 작성해 준다. 다음 예는 단순한 타이핑 게임 프로그램이다.

ex_typist.c

```
#include <signal.h>
#include <stdio.h>
#include <unistd.h>
#include <stdlib.h>

void timeover (int signum)
{
        printf("\nTIME OVER!\n\n");
        exit(0);
}

int main(void)
{
```

```
    char buf[1024];
    char *alphabet = "abcdefghijklmnopqrstuvwxyz";
    int timelimit;
    struct sigaction act;

    act.sa_handler = timeover;
    sigaction(SIGALRM,&act, NULL);     // SIGALRM 발생 시 timeover 실행
    printf("Input time limit (sec): ");
    scanf("%d", &timelimit);

    alarm(timelimit);                  // 알람 설정
    printf("START > ");
    scanf("%s", buf);

    if (!strcmp(buf, alphabet))        // 타이핑한 내용과 알파벳 비교
        printf("Well done… you succeeded!\n");
    else
        printf("Sorry… you failed!\n");
    return 0;
}
```

```
$ ex_typist
Input time limit (sec): 10             ← 시간 제한 10초
START > abcdefghijklmnopqrstvuwxyz     ← 알파벳 입력
Sorry… you failed!                     ← 시간 내 입력 완료했으나 틀림
$
$ ex_typist
Input time limit (sec): 5              ← 시간 제한 5초
START > abcdefghijklmnopqrstu

TIME OVER!                             ← 5초 경과로 SIGALRM 발생

$ abcdefghijklmnopqrstu                ← 입력 버퍼의 글자들이 셸로 전달
```

다음은 pause()와 alarm() 함수를 함께 사용한 예를 보자. pause()를 호출하면 프로세스는 대기 상태로 가서 시그널이 발생하기를 기다린다. 이 때 어떤 시그널이 전달되어도 상관없으며, 프로세스는 일단 대기에서 벗어나 실행이 시작되는데 첫 단계로 시그널을 처리하게 된다. 만약 해당 시그널이 프로세스의 종료를 야기시키는 것이라면 깨어나자마자 종료하게

되는 것이다. 예제에서는 alarm() 함수를 이용해 SIGALRM이 발생하도록 설정해 두고 pause()를 호출했다. ex_alarm 예제의 while문 대신 pause()를 사용했다고 보면 된다.

```
ex_pause.c
```

```
#include <signal.h>
#include <stdio.h>
#include <unistd.h>
#include <stdlib.h>

int main(int argc, char *argv[])
{
        int num;
        if (argc != 2) {
            printf("Usage: ex_pause time\n");
            exit(0);
        }
        num = atoi(argv[1]);        // 명령행에서 받은 숫자를 정수로 변경
        alarm(num);                 // 알람 설정
        num = pause();              // 프로세스를 대기 상태로 보내기
        printf("pause return %d\n",num); // 알람 발생 후 출력
        return 0;
}
```

```
$ ex_pause 3
자명종 시계
$
```

결과가 예상한 바와 같은가? 혹시 pause() 후 깨어나서 마지막의 출력문을 실행하기를 기대했는가? 안타깝게도 printf문이 실행되기 전에 SIGALRM에 대한 처리를 먼저 수행하기 때문에 "자명종 시계"를 출력하고 프로세스는 종료해 버린다. 종료하지 않도록 하려면 SIGALRM에 대한 처리 함수를 별도로 제공해야 하며, 그 경우 sleep()과 같은 기능을 하도록 만들 수 있다.

14장 마무리

시그널은 프로세스간 통신(IPC: Inter-Process Communication)의 가장 단순한 방법이라고 볼 수 있다. IPC는 시그널 외에 파이프(pipe), 소켓(socket), 공유 메모리(shared memory), 메시지 전달(message passing), 원격 프로시저 호출(RPC: Remote Procedure Call) 등 매우 다양한 형태로 존재한다.

파이프는 셸 명령행에서 '|' 문자를 사용하여 한 프로세스의 표준 출력을 다른 프로세스의 표준 입력으로 연결하는 형태로 사용하거나 "mkfifo" 명령어로 파이프 역할의 특수 파일을 생성해 두 프로세스를 연결한 것처럼, 프로그램 내에서 파일 기술자(file descriptor)를 조작해 두 프로세스 간의 데이터 통로를 생성한다. 관련된 함수로는 pipe(), mkfifo(), dup2() 등이 있다.

소켓 통신은 1982년 BSD UNIX 기술의 하나로 처음 개발되었으며 현재 인터넷의 기초로서 클라이언트-서버 방식의 통신이 가능하도록 데이터 통로를 구성하는 여러 함수들로 이루어져 있다. 소켓은 단어 그대로 선을 연결할 수 있도록 미리 마련된 하나의 객체이며 통신에 참여하는 쌍방 모두에 소켓이 생성되어 있어야 한다. 먼저 생성되어 연결을 기다리는 쪽을 서버(server)라 하고 서버에게 연결을 요청하는 쪽을 클라이언트(client)라 한다. 소켓 객체는 통신의 종류에 따라 다양한 설정을 포함하고 있는데, 프로토콜 종류에 따라 IPv4 인터넷, IPv6 인터넷, 유닉스 소켓, Xerox, Novell 등이 있으며 현재는 대개 인터넷 프로토콜의 형태로 사용한다. 인터넷은 이제 필수 기술이기 때문에 모든 시스템과 프로그래밍 언어에서 소켓 프로그래밍 관련 요소를 제공한다. 유닉스/리눅스에서는 소켓 또한 특수 파일의 하나로 취급하여 소켓 파일 기술자를 통해 소켓을 조작하는 것이 특징이며, 관련된 함수로는 socket(), bind(), listen(), accept(), connect(), send(), recv() 등이 있다. 유닉스 기술의 하나로 탄생하였고 컴퓨터공학 전공자로서 반드시 알아 두어야 할 필수 기술 중 하나지만 네트워크 관련 과목에서 더 깊이 잘 배울 수 있기 때문에 생략하였다.

공유 메모리, 메시지 전달, 원격 프로시저 호출 등도 멀티프로세서와 분산 시스템이 일반화된 현대의 컴퓨터 시스템에서는 잘 이해하고 있어야 할 내용들이다. 그렇지만 여기서 다루기에는 너무 방대하기 때문에 이 정도로 소개만 하고 마무리하겠다. 꼭, 반드시 공부해 보길 권한다.

심화 및 보충 학습

1. 13장에서 구현한 mysh에서 무한 루프 프로그램을 실행하다가 ^C를 눌러 중단시키면 무한 루프 프로그램뿐만 아니라 mysh까지 같이 중단된다. 이는 mysh에서 자식 프로세스를 생성해서 무한 루프 프로그램을 실행시키는 과정에서 mysh과 무한 루프가 자동으로 그룹으로 묶이기 때문에 키보드로부터 오는 시그널을 그룹 내 프로세스가 모두 받기 때문이다. mysh.c 프로그램을 적절히 수정하여 자식 프로세스만 중단되고 mysh은 지속하도록 하라.
2. alarm() 함수와 SIGALRM에 대한 처리를 적절히 활용하여 sleep()과 동일한 동작을 수행하는 mysleep() 함수를 작성해 보라. mysleep()은 다음과 같이 사용할 수 있어야 한다.

```
sleepTest.c
void mysleep(int);        // 함수 선언

int main(void)
{
    int i = 0;
    while ( i < 10) {
        printf("loop %d\n", i++);
        mysleep(1);
    }
    return 0;
}
```

```
$ sleepTest
loop 0
loop 1
loop 2
^C
$
```

15장 프로그래밍: 쓰레드

15.1 쓰레드

프로세스는 실행 중인 프로그램으로서 운영체제에서 관리하는 작업 단위다. 하나의 프로세스는 여러 개의 쓰레드(thread)로 구성될 수 있는데, 한 프로세스 내의 쓰레드들은 프로그램 실행 코드, 전역 데이터 영역 등의 주소 공간과 개방된 파일을 서로 공유하고, 쓰레드마다 스택만 따로 가지면서 독립적인 실행이 가능한 작업 단위다. 프로세스 내에서 쓰레드들은 동시에 여러 작업이 수행되는 병행 수행의 형태로 동작하는데, 독립적인 실행이 가능하다는 의미는 쓰레드 하나가 CPU 스케줄링의 단위가 되며 레지스터 내역 등 실행 문맥(context)을 독립적으로 관리한다는 것이다. 프로그램의 입장에서 보면 전역 변수는 프로세스 내의 다른 쓰레드와 공유하고 지역 변수는 쓰레드 내에서만 사용한다. 즉, 한 프로그램 내의 함수 중 하나를 운영체제가 별도로 관리할 수 있는 작업 단위로 독립시켜 주는 것이 쓰레드이다. 여러 개의 쓰레드로 구성된 멀티쓰레드 프로그램의 메모리 구성은 그림 15-1과 같이 표현할 수 있다.

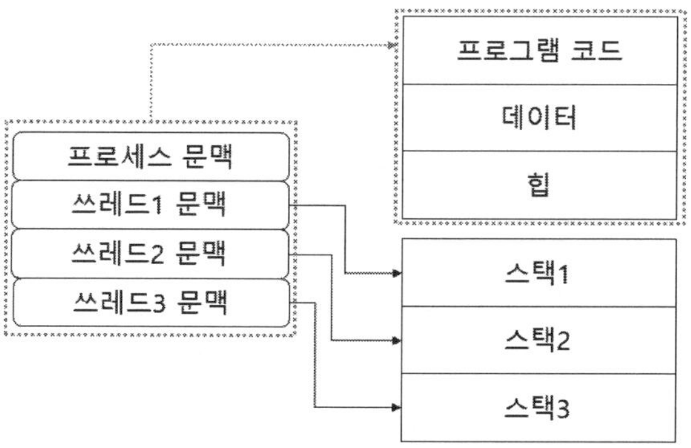

그림 15-1 멀티쓰레드 프로세스 메모리 구조

이러한 쓰레드는 운영체제가 새로운 작업을 위해 작업 단위를 생성하거나 스케줄에 따라 CPU가 실행할 작업을 변경(context switch)할 때 해야 할 일이 프로세스보다 훨씬 적기 때문에 효율적인 수행이 될 수 있다. 13장에서 소개한 fork()와 같은 함수는 새로운 프로세스를 생성하기 위해 부모의 메모리 영역을 그대로 복사하는 작업을 수행해야 하는 반면, 쓰레드는 별도의 스택만 할당하면 되기 때문에 생성 시간이 훨씬 짧다. 시스템에 따라 기존의 프로세스를 중량 프로세스(heavy-weight process), 쓰레드를 경량 프로세스(light-weight process, LWP)라 칭하기도 한다.

쓰레드는 GUI나 웹 서버 등 현대의 대부분의 소프트웨어에서 필수 요소로 활용된다. 수많은 사람들이 동시 다발적으로 서버에 접속할 때 각 접속 요청에 대응하기 위해 새 프로세스를 요청당 하나씩 생성하는 것은 서버에 매우 큰 부담이 된다. 서버는 많은 양의 쓰레드를 미리 생성해 풀(pool)로 만들어 놓고 접속 요청에 대해 기존의 쓰레드를 하나 연결해 주는 방식으로 빠르고 효율적으로 대응한다. 그림 15-2는 많은 수의 센서가 연결된 환경에서 그를 모니터링하는 멀티쓰레드 프로그램의 구성 예를 보여준다.

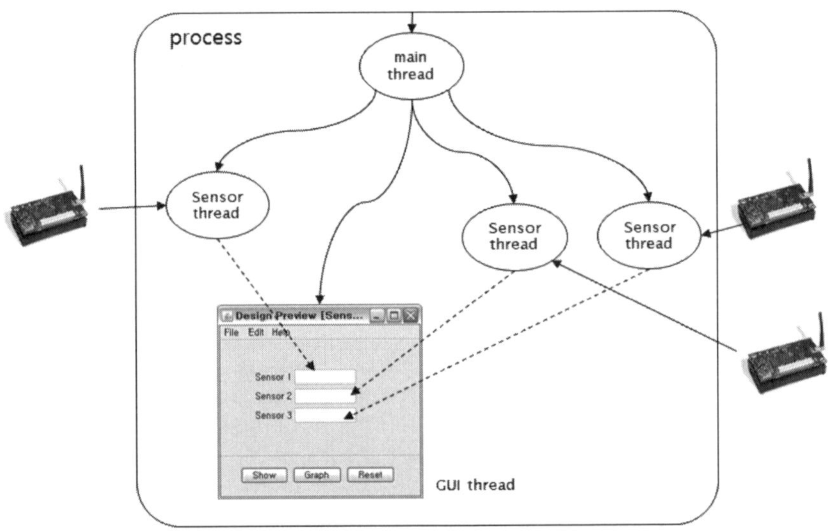

그림 15-2 IoT 환경에서 쓰레드 사용 예

15.2 POSIX 쓰레드

쓰레드 개념이 일반화된 이후 운영체제 수준에서 쓰레드를 지원하거나 자바와 같이 언어 수준에서 쓰레드를 지원하는 것이 보통이지만, 유닉스/리눅스의 경우 쓰레드가 없는 환경에서부터 발전되어 왔기 때문에 중간 단계로서 프로그램 라이브러리의 형태로 쓰레드를 사용할 수도 있다. 이후 운영체제가 직접 쓰레드를 지원하게 된 이후에도 라이브러리가 더 편하고 범용성이 있다는 이유로 선호되기도 한다. 여기서는 POSIX에서 정의한 쓰레드 함수들을 써서 쓰레드 프로그램을 작성해 보기로 한다.

POSIX 쓰레드, 통칭 pthread라고 하는 것은 특정 시스템에 독립적인 API로서 실행 모델의 역할을 한다. 1995년에 제정된 IEEE POSIX 1003.1c 표준 문서에 C 함수의 형태로 API가 정의되어 있으며, 실제 구현은 하드웨어 및 운영체제에 따라 다르다. 100개가 넘는 pthread의 거의 모든 함수는 pthread_ 접두어를 붙이고 있으며 역할에 따라 크게 4 그룹으로 분류된다.

표 15-1 pthread API 분류

분류	접두어	함수의 기능
쓰레드 관리	pthread_ pthread_attr_	쓰레드 자체에 대한 작업. 생성, 분리, 결합, 속성 관리 등
뮤텍스	pthread_mutex_ pthread_mutex_attr_	상호 배제 방식의 공유 변수 사용을 제어하는 뮤텍스 관련 작업
조건 변수	pthread_cond_ pthread_condattr_	뮤텍스를 공유하는 쓰레드 간의 실행 순서를 제어하는 조건 변수 관련 작업
동기화	pthread_rwlock_ pthread_barrier_	read/write lock 및 배리어를 통한 동기화 작업

뮤텍스, 조건 변수, 동기화는 모두 여러 쓰레드 간의 데이터 공유 및 동기화(synchronization), 즉 순서 제어와 관련된 사항을 다룬다. 상세한 내용은 운영 체제 등 관련 교과목에서 보다 깊이 공부하도록 하고 본 서에서는 간단한 쓰레드 생성과 공유 변수 관리만 살펴보도록 한다.

각 API를 살펴보기 전에 pthread 라이브러리를 활용해 프로그램을 작성해서 실행하기 위해서는 다음 두 가지를 반드시 지켜야 함을 알아 두자.

- 소스 코드 내에 헤더 파일 포함

```
#include <pthread.h>
```

• 컴파일 옵션

```
$ gcc -pthread [other options] source.c
```

15.3 쓰레드 기본 프로그래밍

쓰레드는 프로그램 소스 코드 수준에서 보자면 하나의 함수에 해당한다. main 함수도 실제로는 하나의 쓰레드이며, 프로세스가 실행될 때 반드시 맨 처음 생성되어 실행되는 쓰레드라 할 수 있다. 다른 쓰레드는 명시적으로 생성하여 어느 함수를 실행할지 지정해 주어야 한다. 또한 쓰레드는 다른 쓰레드와 생명 주기를 같이 할 수도 있고 독립할 수도 있으며 사용 스택의 크기나 위치 등을 마음대로 지정할 수도 있다. 표 15-2는 쓰레드 기본 실행과 관련된 함수들을 보여준다.

표 15-2 쓰레드 관리 기본 함수

함수	의미
pthread_create	쓰레드 생성
pthread_exit	쓰레드 종료
pthread_cancel	실행 중인 쓰레드 중단
pthread_attr_init	쓰레드 속성 초기화
pthread_attr_destroy	쓰레드 속성 제거
pthread_join	특정 쓰레드가 종료하여 결합할 때까지 대기
pthread_detach	쓰레드 분리
pthread_attr_setdetachstate	분리 상태에 대한 속성 설정
pthread_attr_getdetachstate	분리 상태에 대한 속성 질의
pthread_self	자신의 쓰레드 ID 반환

15.3.1 쓰레드 생성과 종료

쓰레드를 생성하여 실행시키고 중단 또는 종료하는 기본 기능을 실행하는 함수를 소개한다. 더불어 프로세스 식별 번호 PID와 마찬가지로 각 쓰레드에는 pthread_t형(실제로는 long int)의 고유 번호(TID: Thread ID)가 주어지는데, 이 고유 번호를 알아내는 함수

pthread_self()도 같이 소개한다.

사용법

```
#include <pthread.h>
int pthread_create (pthread_t *thread,
                    const pthread_attr_t *attr,
                    void *(*start_routine)(void *),
                    void *arg);
void pthread_exit (void *retval);
void pthread_cleanup_push(void (*function)(void *), void *arg);
pthread_t pthread_self(void);
```

thread	생성이 성공할 경우 생성된 쓰레드의 ID를 저장
attr	속성 객체. 기본 속성을 사용하려면 NULL로 설정
start_routine	쓰레드로 분기하여 실행할 함수
arg	쓰레드 함수에 전달할 인자. 사용 시 필요한 타입으로 변환
반환값	호출이 성공하면 0, 실패하면 0이 아닌 오류 코드 반환
retval	쓰레드 종료 시 반환값의 포인터.
function	쓰레드 종료 시 수행할 마무리 함수

다음 예제 th1.c는 main()에서 동일한 작업을 수행하는 5개의 쓰레드를 생성한 다음 생성된 쓰레드의 ID를 출력해 보고, 각 쓰레드는 hello 메시지와 자신의 ID를 출력하는 프로그램이다.

th1.c

```
#include <stdio.h>
#include <pthread.h>

void* thread(void *a)   // 반환형과 인자를 반드시 void *로 해야 함
{
    printf("Hello! I'm thread %ld\n", pthread_self());
                                // 쓰레드 ID는 long int형으로 출력
    pthread_exit(NULL);         // 쓰레드 종료
}

int main(void)
```

```
{
    pthread_t threads[5];          // 생성된 쓰레드의 ID를 저장할 변수
    int rc, t;
    for (t = 0; t < 5; t++) {
       rc = pthread_create(&threads[t], NULL, thread, NULL);
                // 기본 속성(NULL), 실행 함수는 thread, 전달 인자 없음
       if (rc) {          // 쓰레드가 정상 생성되지 않은 경우
                printf("Thread creation error!\n");
                return 0;
                }
                else
                printf("Thread #%d: %ld\n", t, threads[t]);
       }
       pthread_exit(NULL);        // main 쓰레드 종료
}
```

pthread_create() 호출 시 첫 번째 인자는 시스템이 생성한 TID를 받아서 저장해야 하므로 반드시 주소 연산자(&)를 붙여 주어야 한다.

```
$ gcc -pthread -o th1 th1.c
$ th1
Thread #0: 140518429431552
Thread #1: 140518421038848
Thread #2: 140518412646144
Thread #3: 140518404253440
Thread #4: 140518395860736
Hello! I'm thread 140518395860736
Hello! I'm thread 140518404253440
Hello! I'm thread 140518412646144
Hello! I'm thread 140518421038848
Hello! I'm thread 140518429431552
```

실행 결과를 보면 main 쓰레드에서 출력문 다섯 개가 먼저 실행되고 각 쓰레드가 차례대로 실행된다. 각 쓰레드가 출력한 쓰레드 ID의 값으로 미루어 볼 때 쓰레드 생성의 역순으로 실행되었음을 알 수 있는데, 이 스케줄링 순서는 시스템마다 또는 실행 시의 시스템 상황에 따라 다르기 때문에 반드시 저 순서대로 실행된다고 믿어서는 안 된다.

위 예제에서는 쓰레드 함수와 마찬가지로 main 함수에도 pthread_exit()를 호출하여 종

료함을 보였는데, 만약 main 함수에 이 문장이 없다면 어떻게 될까?

```
$ th1_noexit
Thread #0: 140655598810880
Thread #1: 140655590418176
Thread #2: 140655582025472
Thread #3: 140655573632768
Thread #4: 140655565240064
$
```

실행 예에서 보는 바와 같이 main 함수의 실행이 끝난 후 다른 쓰레드가 실행되지 않고 그대로 전체 프로그램이 종료해 버린다. 명시적으로 쓰레드 종료를 표현하지 않는 경우 main의 종료는 프로세스의 종료를 의미해 (exit 함수 실행으로 간주) 프로세스에 포함된 다른 쓰레드도 모두 종료한다. pthread_exit()를 호출하면 해당 쓰레드만 종료가 되고, 프로세스 내의 모든 쓰레드가 종료된 경우에만 프로세스가 종료된다.

일반 API인 exit() 함수와 마찬가지로 쓰레드 종료 전에 실행할 마무리 함수들을 설정해 줄 수 있다. pthread_cleanup_push() 함수는 atexit()와 같은 역할을 한다. 프로세스 종료 시 파일 폐쇄나 동적 메모리 반환 등 시스템이 자동으로 수행해 주는 작업들이 쓰레드 종료 시에는 이루어지지 않을 수 있다. 따라서 시스템 자원에 대한 처리 등 마무리 작업을 별도로 명시해 주는 편이 좋다. atexit()와 마찬가지로 여러 개의 마무리 함수를 등록할 수 있으며, 등록된 역순으로 실행된다.

15.3.2 인자 전달

쓰레드를 생성하면서 인자를 전달할 수 있고 쓰레드가 수행한 결과값을 반환할 수도 있다. 어떤 타입의 값이든 주고 받을 수 있도록 하기 위해 인자와 반환값의 형은 참조값의 형을 지정하지 않는 포인터인 void *로 선언해야 한다. 그래서 어떤 형의 값이든 (void *)형으로 형 변환을 해서 전달하고, 받은 값은 원하는 형으로 다시 형 변환해서 사용하게 된다.

여기서 주의해야 할 점은 void *형으로 전달한다는 것은 값을 복사하는 것이 아니라 메모리 주소를 직접 알려 주는 방식이라는 의미다. 따라서 여러 쓰레드의 실행 순서가 보장되지 않는 병행 실행 환경에서 이러한 인자가 원하는 대로 전달된다는 보장이 사실상 없다. 최대한 손실이 없도록 하기 위해 쓰레드 시작 시 바로 전달받도록 코딩하는 것이 권장되지만, 전달되는 값이 변수일 경우 의도하지 않은 상황이 발생할 수 있으므로 한 번 지정 후 변경되지 않을 값을 전달하는 것이 일반적이다.

th2_arg.c

```
#include <pthread.h>
#include <stdio.h>

void *thread (void *arg)
{
        int id = *(int *) arg;      // 전달받은 인자에 저장된 값 추출
        printf("Hello! I'm thread #%d\n", id);
        pthread_exit(NULL);
}

int main (void)
{
        pthread_t threads[5];
        int rc, t;

        for (t = 0; t < 5; ++t) {
            rc = pthread_create(&threads[t], NULL, thread, (void *)&t);
                                        // 인덱스 t의 주소를 인자로 전달
            printf("main: Thread #%d creation\n", t);
            if (rc) {
                perror("Thread creation failed!\n");
                return 0;
            }
        }
        pthread_exit(NULL);
}
```

```
$ th2_arg
main: Thread #0 creation
main: Thread #1 creation
main: Thread #2 creation
main: Thread #3 creation
main: Thread #4 creation
```

```
Hello! I'm thread #5
Hello! I'm thread #5
Hello! I'm thread #5
Hello! I'm thread #5
Hello! I'm thread #5
$
```

프로그램의 의도는 각 쓰레드에게 인덱스 t의 값을 전달하여 차례로 0, 1, 2, 3, 4의 간편한 ID를 가질 수 있게 하려고 한 것이다. 그러나 앞에서 본 것처럼 main 함수가 모두 실행된 후 각 쓰레드가 실행되고, 전달된 인자는 변수 t의 주소이기 때문에 t의 값은 고정되지 않고 쓰레드 접근 시점의 값이 되어 버린다. 실행 예에서 보는 바와 같이 t가 이미 5가 된 상태에서 각 쓰레드가 t에 접근하게 되므로 구분 없이 모두 5를 출력한다. 다른 버전의 리눅스나 다른 CPU 환경에서는 또 다르게 작동할 수 있다. 위의 실행 예는 Ubuntu 18.04.3 버전에서 수행한 결과이고 다음은 Ubuntu 20.04.1에서 수행한 결과다. 실행 때마다 main을 포함한 각 쓰레드의 실행 순서나 전달되는 값이 변화하는 것을 볼 수 있다.

```
$ th2_arg
main: Thread #0 creation
Hello! I'm thread#0
main: Thread #1 creation
Hello! I'm thread#1
main: Thread #2 creation
Hello! I'm thread#3
main: Thread #3 creation
Hello! I'm thread#3
main: Thread #4 creation
Hello! I'm thread#5
$ th2_arg
main: Thread #0 creation
Hello! I'm thread#0
main: Thread #1 creation
Hello! I'm thread#1
main: Thread #2 creation
Hello! I'm thread#3
main: Thread #3 creation
main: Thread #4 creation
```

```
Hello! I'm thread#3
Hello! I'm thread#5
$ th2_arg
main: Thread #0 creation
Hello! I'm thread#0
main: Thread #1 creation
Hello! I'm thread#2
main: Thread #2 creation
Hello! I'm thread#3
main: Thread #3 creation
Hello! I'm thread#4
main: Thread #4 creation
Hello! I'm thread#5
$
```

단순히 하나의 정수를 전달하는 경우, C 언어에서는 주소값(포인터 변수의 값)이 long int와 동일하게 취급된다는 점을 활용해 call by value 형태로 전달할 수도 있다. 이 때에도 void *와 long으로 적절한 형 변환은 해 주어야 한다.

th2_arg2.c

```
#include <pthread.h>
#include <stdio.h>
#define NUM_THREADS 10

void *thread (void *arg)
{
        long id = (long) arg;       // 전달받은 포인터값을 long int로 변환
        printf("Hello! I'm thread #%ld, with TID %ld\n", id, pthread_self());
        pthread_exit(NULL);
}

int main (void)
{
        pthread_t tid[NUM_THREADS];
        int rc;
        long t;

        for (t = 0; t < NUM_THREADS; ++t) {
```

```
        rc = pthread_create(&tid[t], NULL, thread, (void *)t);
        if (rc) {
            perror("Thread creation failed!\n");
            return 0;
        }
    }
    pthread_exit(NULL);
}
```

일종의 call by value 방식으로 전달한 것이기 때문에 t의 주소지를 찾아가는 것이 아니어서 호출 시의 t값이 그대로 보존된다. 단, 포인터 값(주소)의 타입은 CPU 등 하드웨어 요소에 따라 달라질 수 있으므로 위 코드는 보편적인 것이 아니다.

```
$ th2_arg2
Hello! I'm thread #6 with TID 140457799235328
Hello! I'm thread #7 with TID 140457790842624
Hello! I'm thread #8 with TID 140457782449920
Hello! I'm thread #9 with TID 140457774057216
Hello! I'm thread #5 with TID 140457807628032
Hello! I'm thread #4 with TID 140457816020736
Hello! I'm thread #3 with TID 140457824413440
Hello! I'm thread #2 with TID 140457832806144
Hello! I'm thread #1 with TID 140457841198848
Hello! I'm thread #0 with TID 140457849591552
```

15.3.3 쓰레드 결합과 분리

한 프로세스에 속한 쓰레드들은 분리되거나 결합되어 실행될 수 있다. 앞의 예에서 보았듯이 main 쓰레드 종료 시 다른 쓰레드가 종료하는 것은 이들이 결합 가능한(JOINABLE) 상태로 실행되기 때문이다. 쓰레드를 생성한 쓰레드(예: main)에서는 pthread_exit()로 스스로를 종료시킬 수 있지만, 다른 쓰레드들이 종료되기를 기다려 추가 작업을 수행하고자 할 수도 있다. 부모 프로세스가 자식 프로세스를 기다리기 위해 wait() 함수를 호출하는 것처럼 자신이 생성한 쓰레드의 종료를 기다리는 함수는 pthread_join()이다. 이 함수를 호출하려면 반드시 결합 가능한 상태의 쓰레드여야 한다. 모든 쓰레드가 다 종료하면 프로세스가 종료되고 이 때 사용하던 자원이 시스템으로 회수된다.

분리된(DETACHED) 상태로 쓰레드가 실행되면 쓰레드 종료 시 다른 쓰레드의 종료를 기다리지 않고 종료 쓰레드가 사용하던 자원이 자동으로 시스템으로 회수된다. 즉, 하나의 쓰레드가 사용하던 자원을 즉시 재활용할 수 있는 상태가 되는 것이다. 다만, 한 번 분리한 쓰레드는 결합을 요청하는 pthread_join() 함수의 호출에 응할 수 없다. 그렇지만 프로세스의 종료를 수행하는 exit() 수행 시에는 분리된 쓰레드도 함께 종료된다.

대부분의 시스템에서 쓰레드의 기본 속성은 결합 가능한 상태이나 그렇지 않은 경우도 있으므로 결합 또는 분리를 명시적으로 원하는 경우는 속성을 설정하고 사용하는 편이 안전하다. 속성 관련 함수 및 쓰레드 결합/분리와 관련 함수들의 사용법은 다음과 같다.

사용법

```
#include <pthread.h>
int pthread_attr_init(pthread_attr_t *attr);
int pthread_attr_destroy(pthread_attr_t *attr);
int pthread_attr_setdetachstate(pthread_attr_t *attr,
                                int detachstate);
int pthread_detach(pthread_t thread);
int pthread_join(pthread_t thread, void **retval);
```

attr	속성 객체. 기본 속성을 사용하려면 NULL로 설정, 다른 속성을 사용하려면 해당 속성의 pthread_attr_ 함수를 호출하여 설정
detachstate	PTHREAD_CREATE_JOINABLE 또는 PTHREAD_CREATE_DETACHED
thread	분리 또는 결합할 쓰레드의 ID
retval	쓰레드 종료 시 반환값을 받아올 변수의 포인터.
반환값	호출이 성공하면 0, 실패하면 0이 아닌 오류 코드 반환

□ 쓰레드의 속성(attributes)

쓰레드의 속성은 pthread_attr_t 형으로 지정된 객체에 저장된다. 결합 가능 여부에 대한 것도 쓰레드의 속성 중 하나이다. 쓰레드 생성 전에 원하는 속성을 설정해야 하며, 기본 속성을 그대로 사용하고자 할 때는 지금까지 예제에서 보았듯이 pthread_create() 함수의 속성 인자의 값을 NULL로 설정하면 된다.

어떤 속성에 대해 설정된 값을 알아보거나 특정 값을 설정하고 싶으면 각 속성마다 지정된 함수를 호출해야 한다. 대표적인 쓰레드 속성과 각 속성의 설정값, 속성 설정 및 질의 함수는 표 15-3에 정리된 바와 같다. 각 속성의 의미 및 상세한 사용법은 본 서의 범위를 벗어나므로 운영체제 등을 깊이 공부한 다음 시도해 보기 바란다.

표 15-3 쓰레드 속성의 종류와 관련 함수

종류	설정값	설정/질의 함수
분리 상태	PTHREAD_CREATE_JOINABLE PTHREAD_CREATE_DETACHED	pthread_attr_setdetachstate pthread_attr_getdetachstate
스케줄링 상속	PTHREAD_INHERIT_SCHED PTHREAD_EXPLICIT_SCHED	pthread_attr_setinheritsched pthread_attr_getinheritsched
스케줄링 정책	SCHED_FIFO SCHED_RR SCHED_OTHER	pthread_attr_setschedpolicy pthread_attr_getschedpolicy
스케줄링 범위	PTHREAD_SCOPE_SYSTEM PTHREAD_SCOPE_PROCESS	pthread_attr_setscope pthread_attr_getscope
스택 크기	바이트 단위의 정수(size_t)	pthread_attr_setstacksize pthread_attr_getstacksize
스택 주소	시작 주소(void *)와 크기(size_t)	pthread_attr_setstack pthread_attr_getstack

속성을 설정하여 사용하는 과정은 다음과 같이 [객체 생성 → 초기화 → 특정 속성 설정 → 속성 사용 → 속성 소멸]의 절차로 구성된다.

```
// 속성 객체 선언
pthread_attr_t attr;
// 기본 속성으로 객체를 초기화
pthread_attr_init(&attr);
// 속성 설정 - 속성에 따라 각각 별도 함수 호출
pthread_attr_setdetachstate(&attr, PTHREAD_CREATE_JOINABLE);
// attr 속성으로 쓰레드 생성
pthread_create(&tid, &attr, thread, NULL);
// 사용 완료한 속성 객체 소멸
pthread_attr_destroy(&attr);
```

□ 쓰레드 결합

쓰레드가 결합 가능한 속성을 가졌을 때, 쓰레드 종료 시점을 기다렸다 쓰레드가 사용했던 자원들을 한꺼번에 처리하도록 할 수 있는 함수가 pthread_join()이다. 그림 15-3에서 보는 것처럼 쓰레드를 생성한 마스터 쓰레드는 pthread_join()을 호출하고 대기하고 있다가 각 쓰레드가 pthread_exit()를 호출하여 종료할 때 실행 흐름을 결합하게 된다. 각 호출마다 대기할 쓰레드의 ID를 명시하므로 결합하고 싶은 쓰레드의 수만큼 pthread_join()을 호출해야 한다.

쓰레드로부터 마스터로 반환되는 값이 있을 경우에도 pthread_join() 호출이 필요하다. 이 때 반환값은 return 문 또는 pthread_exit()의 인자를 통한다. 호출 인자 전달 때와 마찬가지로 long int형의 값 외에는 주소를 형 변환하여 전달해야 하며, 이 경우 쓰레드 종료 후 삭제되는 변수, 즉 쓰레드 스택에 저장되는 지역 변수의 경우는 참조할 주소가 없어지는 것과 같기 때문에 지역 변수의 주소를 전달해서는 안 된다. 대개 쓰레드를 생성한 마스터 쓰레드의 지역 변수나 전역 변수를 활용하는데, 전역 변수는 어느 쓰레드나 접근할 수 있기 때문에 굳이 인자나 반환값으로 전달할 필요는 없다.

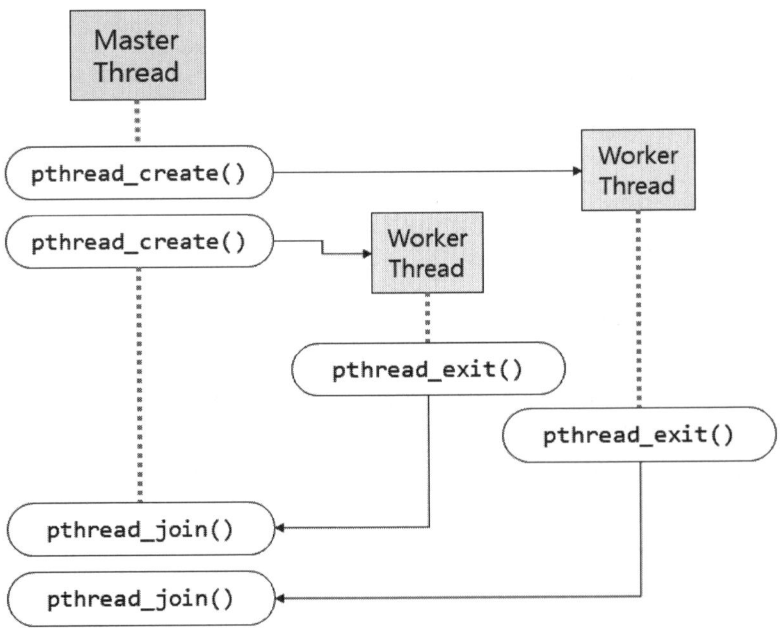

그림 15-3 쓰레드 종료와 결합

th3_join.c

```
#include <pthread.h>
#include <stdio.h>
#define NUM_THREADS 5

void *thread (void *arg)
{
        long id = (long) arg;       // 전달받은 포인터값을 long int로 변환
        printf("Hello! I'm thread #%ld, with TID %ld\n", id, pthread_self());
        pthread_exit((void *)(id * 2));     // id * 2를 반환
}

int main (void)
{
        pthread_t tid[NUM_THREADS];
        pthread_attr_t attr;        // 쓰레드 속성 객체
        int rc; long t;
        void *status;               // 반환값을 받아 올 변수

        pthread_attr_init(&attr); // 쓰레드 속성 초기화
        pthread_attr_setdetachstate(&attr, PTHREAD_CREATE_JOINABLE);
        // 결합 가능 속성 설정 - 기본 속성이 아닐 경우를 대비해 명시적으로 설정
        for (t = 0; t < NUM_THREADS; ++t) {
            rc = pthread_create(&tid[t], &attr, thread, (void * )t);
            if (rc) {
                perror("Thread creation failed!\n");
                return 0;
            }
        pthread_attr_destroy(&attr);
        for (t = 0; t < NUM_THREADS; ++t) {
            pthread_join(tid[t], &status); // 쓰레드가 종료하기를 기다림
            printf("From thread #%ld, %ld returned\n", t, (long)status);
        }
        pthread_exit(NULL);
}
```

```
$ th3_join
Hello! I'm thread #4 with TID 139728606934784
Hello! I'm thread #3 with TID 139728615327488
Hello! I'm thread #2 with TID 139728623720192
Hello! I'm thread #1 with TID 139728632112896
Hello! I'm thread #0 with TID 139728640505600
From thread #0, 0 returned
From thread #1, 2 returned
From thread #2, 4 returned
From thread #3, 6 returned
From thread #4, 8 returned
```

권장하지는 않지만 결과를 알아보기 위해 다음과 같은 코드를 실행해 보자. 속성 객체 설정은 생략되었다.

th3_join2.c

```
#include <pthread.h>
#include <stdio.h>

void *thread1 (void *arg)
{
	int num = *(int *)arg;      // 주소로 받아온 인자 값 추출
	printf("Thread argument: %d\n", num);
	num = num * num;            // 지역 변수로 제곱 계산
	return (void *)&num;        // 지역 변수 주소 반환
}

void *thread2 (void *arg)
{
	int num = *(int *)arg;
	printf("Thread argument: %d\n", num);
	pthread_exit((void *)(num * num)); // 변수의 제곱을 주소처럼 반환
}

int main (void)
{
	pthread_t tid[];
	int rc, data = 100;
```

```
        int status;
        void *(*worker[])(void *) = {thread1, thread2};      // 함수 포인터 배열
        for (int i = 0; i < 2; ++i) {
            rc = pthread_create(&tid[i], NULL, worker[i], (void *)&data);
        }
        for (int i = 0; i < 2; ++i) {
            pthread_join(tid[i], (void *)&status);          // 주소로 반환값 전달
            printf("From thread #%d, %d returned\n", i, status);
        }
        pthread_exit(NULL);
}
```

위 코드를 컴파일하면 그림 15-4와 같이 경고 메시지가 출력된다. 첫번째는 지역 변수의 주소를 반환하는 것에 대한 경고이고 두번째는 num*num이 int형인데 long과 같은 (void *)로 형 변환하는 것에 대한 경고다. 오류가 아니므로 실행할 수 있으니 그냥 한 번 실행해 보자.

```
$ gcc -o th3_join2 th3_join2.c -pthread -std=c99
th3_join2.c: In function 'thread1':
th3_join2.c:8:2: warning: function returns address of local variable [-Wreturn-local-addr]
  return (void *)&num;
  ^

th3_join2.c: In function 'thread2':
th3_join2.c:14:15: warning: cast to pointer from integer of different size [-Wint-to-pointer-cast]
  pthread_exit((void *)(num * num));
               ^
```

그림 15-4 pthread_join과 반환 코드의 컴파일

```
$ th3_join2
Thread argument: 100
Thread argument: 100
From thread #0, 1366753036 returned
From thread #1, 10000 returned
```

지역 변수의 주소를 반환한 경우 쓰레드가 종료되면 이미 유효한 영역이 아니기 때문에 정확한 값이 반환되지 않는다. 상수처럼 전달한 두 번째 경우는 경고에도 불구하고 값은 제대로 전달되었음을 볼 수 있다.

□ 쓰레드 분리

쓰레드가 프로세스에 독립적으로 동작하고 종료 시에도 즉시 자원을 해제하여 운영체제에 반환하기를 원한다면 쓰레드를 분리해서 사용한다. 생성 시 속성을 PTHREAD_CREATE_DETACHED로 설정하거나, 생성 후 pthread_detach()를 호출하면 분리된 쓰레드가 만들어진다.

```
pthread_create(&tid, NULL, thread, NULL);
pthread_detach(tid);
```

또는

```
pthread_attr_t attr;
pthread_attr_init(&attr);
pthread_attr_setdetachstate(&attr, PTHREAD_CREATE_DETACHED);
pthread_create(&tid, &attr, thread, NULL);
pthread_attr_destroy(&attr);
```

메모리 등의 자원 관리 측면을 생각하면 결합 예정이 없는 쓰레드는 분리 상태로 생성하는 편이 좋다.

15.4 공유 변수와 상호 배제

쓰레드는 프로세스에서 하나의 함수만 독립하여 실행되는 구조이고 메모리 영역은 스택, 즉 지역 변수만 독립적으로 사용하고 나머지는 main을 포함한 프로세스 전체의 다른 쓰레드와 공유한다. 즉 전역 변수, static 변수, 힙 영역, 파일 등을 공유할 수 있는 것이다. 간단한 예를 하나 보자.

th4_share.c

```
#include <stdio.h>
#include <pthread.h>

char *ptr;                          // 전역 변수
```

```
void *thread(void *data)
{
    long myid = (long) data;
    static int num = 0;          // static 변수
    printf("[%ld]: %s (num=%d)\n", myid, ptr[myid], ++num);
}

int main(int argc, char *argv[])
{
    pthread_t tid;
    ptr = argv;

    for (int i = 1; i < argc; ++i)
        pthread_create(&tid, NULL, thread, (void *)i);
    pthread_exit(NULL);
}
```

```
$ th4_share Computer Engineering Dept Kumoh National Institute of Technology
[1]: Computer (num=1)
[4]: Kumoh (num=4)
[2]: Engineering (num=2)
[6]: Institute (num=5)
[3]: Dept (num=3)
[7]: of (num=6)
[5]: National (num=7)
[8]: Technology (num=8)
$
$ th4_share Computer Engineering Dept Kumoh National Institute of Technology
[2]: Engineering (num=2)
[1]: Computer (num=1)
[3]: Dept (num=3)
[5]: National (num=5)
[4]: Kumoh (num=4)
[7]: of (num=6)
[8]: Technology (num=7)
[6]: Institute (num=8)
```

main 쓰레드의 명령행 인자로 전달된 argv 벡터를 전역 변수 ptr을 이용해 전체 쓰레드

가 공유한다. 또한 static으로 선언된 변수 num도 전체 쓰레드가 공유하게 된다. 그런데 결과를 보면 각 쓰레드가 부여 받은 번호(myid)에 따라 해당 순서의 문자열을 출력하는 것은 제대로 이루어졌지만 쓰레드 실행 순서는 매번 바뀌고 num 값도 순서가 지켜지지 않는 것을 볼 수 있다. 즉, 전역이나 static 등의 공유 변수를 사용할 때 주의가 필요하다는 것이다.

15.4.1 변수 공유 시의 문제

쓰레드 간에 인자 전달과 결과값 반환의 예를 보면 단순한 정수가 아닌 경우 참조에 의한 전달(call by reference)이기 때문에 시시때때로 값이 변하거나 종료 후 삭제되기도 하는 지역 변수를 통하는 것은 문제가 많음을 알 수 있다. 쓰레드들은 프로그램 코드와 전역 변수를 공유하기 때문에 값을 전달하지 않고 전역 변수 또는 static 변수를 사용하는 경우가 많다. 그런데 여러 개의 쓰레드가 동시에 하나의 변수에 접근하여 값을 변경할 경우 문제가 발생할 수 있다. 다음 예제를 보자.

th4_trouble.c

```
#include <stdio.h>
#include <pthread.h>
#define N 100000000              // 반복 횟수

unsigned int counter = 0;        // 공유 변수

void *work(void *arg)
{
    // 각 쓰레드는 counter의 값을 N만큼 증가시킨다.
        for (int i = 0; i < N; ++i)
                counter++;
        pthread_exit(NULL);
}

int main (void)
{
        pthread_t tid[2];

        for (int i = 0; i < 2; ++i) {
                pthread_create(&tid[i], NULL, work, NULL);
        }
```

```
        for (int i = 0; i < 2; ++i) {
                pthread_join(tid[i], NULL);
        }
        if (counter != (unsigned)N*2)
                // counter의 값이 정확히 N의 두 배인가?
                printf("BOOM! counter = %d\n", counter);
        else
                printf("OK! counter = %d\n", counter);
        return 0;
}
```

위 프로그램을 다섯 번 반복해서 실행한 결과는 다음과 같다.

```
$ repeat5.sh                    ← th4_trouble를 다섯 번 반복하도록 만든 셸스크립트
BOOM! counter = 195376712
OK! counter = 200000000
OK! counter = 200000000
BOOM! counter = 198384675
OK! counter = 200000000
```

놀랍지 않은가? 이론상 두 개의 쓰레드가 각각 N만큼 counter를 증가시켰기 때문에 정확히 N*2가 되어야 한다. 그런데 어떤 경우에는 그에 미치지 못하는 수가 결과로 나온다.

왜 이런 일이 발생하는 것일까? 이를 이해하려면 하나의 C 문장이 CPU에서 어떤 단계로 수행되는지와 각 쓰레드가 독립적이고 순차적으로 또 교대로 CPU에서 수행된다는 점을 알아야 한다. 단순히 하나의 문장으로 표시되는 counter++가 기계어 수준에서는 보통 다음과 같이 3단계로 실행된다.

```
load register1, counter         ← 메모리(counter)의 값을 레지스터로 가져온다.
inc  register1                  ← 레지스터의 값을 하나 증가시킨다.
store register1, counter        ← 레지스터의 값을 메모리에 저장한다.
```

두 개의 쓰레드가 동시에 작업을 하고 있는 것 같지만 CPU가 하나일 때는 한 번에 한 쓰레드의 작업밖에 수행하지 못한다. 일정 시간 동안 수행하고 교체하는 것을 인간이 감지하는 것보다 훨씬 빠른 속도로 수행하기 때문에 동시에 작업이 이루어지고 있는 것처럼 보일 뿐이다. counter의 값이 100일 때 다음과 같이 두 개의 쓰레드 Thread0과 Thread1이 서로 교

대하며 차례대로 동작한다고 해 보자.

```
Thread0: load register1, counter          [register1 = 100]
Thread0: inc register1                    [register1 = 101]
<------------------------------ 작업 교체(Thread0의 레지스터값 보존)
Thread1: load register1, counter          [register1 = 100]
Thread1: inc register1                    [register1 = 101]
...
Thread1: inc register1                    [register1 = 200]
Thread1: store register1, counter         [counter = 200]
<------------------------------ 작업 교체 (Thread0 작업 재개)
Thread0: store register1, counter         [counter = 101]
```

Thread0가 변수 counter의 값을 증가시키는 작업이 완료되지 않은 상황에서 작업이 교체되고 Thread1이 200까지 증가시키는 작업을 수행한다. 그런데 Thread0가 작업을 재개하면 이전에 했던 작업 바로 다음부터 시작하게 되고 자신이 저장하고 있던 레지스터 값을 복원해 메모리의 counter 변수에 기록하게 된다. 이는 Thread1이 해 놓은 작업이 무시되는 효과를 가져 오고 최종적으로 실제 수행한 횟수보다 결과값이 작아지게 되는 것이다.

이를 방지하는 방법은 어느 쪽이든 counter 변수의 값을 변경하는 세 개의 기계어 문장을 실행하는 동안 다른 쓰레드가 끼어들지 못하게 하는 것이다. 이를 상호 배제(mutual exclusion) 기법이라 한다. 또한 counter++ 문장과 같이 상호 배제 방식으로 수행되어야 하는 프로그램 코드 영역을 임계 영역(critical region)이라 한다.

15.4.2 상호 배제 프로그래밍

뮤텍스는 상호 배제(mutual exclusion)의 앞 글자를 따서 만든 용어로 공유하는 자원을 보호하기 위한 잠금(lock) 장치의 역할을 한다. 설정된 임계 영역에 들어 가려면 뮤텍스를 획득하여 잠금 상태로 만들어야 하며 동시에 둘 이상의 쓰레드가 뮤텍스를 소유할 수 없다. 뮤텍스가 현재 한 쓰레드에 의해 사용 중인 잠금(lock) 상태인 경우 뮤텍스를 요청한 다른 쓰레드는 큐에서 대기하게 된다. 사용이 끝난 쓰레드가 잠금을 해제(unlock)하면 대기 중이던 쓰레드가 락을 획득하여 임계 영역에 진입한다. 때로 뮤텍스가 사용 가능한지 물어 보기만 하고 대기하지 않고 다른 일을 수행하길 원할 수도 있다.

표 15-4 뮤텍스 관련 함수

함수	의미
pthread_mutex_init	mutex 객체 초기화
pthread_mutex_destroy	mutex 객체 제거
pthread_mutexattr_init	mutex 속성 객체 초기화
pthread_mutexattr_destroy	mutex 속성 객체 제거
pthread_mutex_lock	mutex 영역에 들어가기 위한 lock 요청 (block 상태에서 대기)
pthread_mutex_trylock	mutex 영역에 들어가기 위한 lock 요청 (대기하지 않음)
pthread_mutex_unlock	mutex 영역에서 빠져나올 때 lock 돌려 주기

□ 뮤텍스 객체 초기화와 삭제

사용법

```
#include <pthread.h>
int pthread_mutex_init (pthread_mutex_t *mutex,
                        const pthread_mutexattr_t *attr);
int pthread_mutex_destroy (pthread_mutex_t *mutex);
```

mutex	mutex 객체
attr	mutex 속성 객체. default로 설정하려면 NULL
반환값	호출이 성공하면 0, 실패하면 0이 아닌 오류 코드 반환

뮤텍스를 사용하려면 먼저 뮤텍스 객체를 생성하여 초기화해야 한다. 뮤텍스 객체는 pthread_mutex_t 형의 변수를 선언하는 것으로 생성되고 초기화 함수 또는 매크로를 호출하여 초기화한다.

사용 예는 다음과 같다.

```
pthread_mutex_t mutex;
pthread_mutex_init(&mutex, NULL);        // 기본 속성으로 뮤텍스 초기화
```

위와 같이 선언과 초기화 함수를 별도로 호출할 수도 있고, 매크로를 활용해 하나의 문장으로 표현할 수도 있다. 단, 기본 속성이 아닌 경우는 매크로를 사용할 수 없다.

```
pthread_mutex_t mutex = PTHREAD_MUTEX_INITIALIZER;
```

사용이 완료된 뮤텍스 객체는 destroy 함수를 호출하여 삭제한다.

□ 임계 영역 구현

뮤텍스 객체를 생성했으면 이를 활용해 임계 영역에서의 상호 배제를 구현할 수 있다. 설정된 임계 영역의 앞에서 락을 요청하고 작업 종료 후 임계 영역을 나오기 전 해제를 요청한다. 관련 함수는 다음과 같다.

사용법	
#include <pthread.h> int pthread_mutex_lock (pthread_mutex_t **mutex*); int pthread_mutex_trylock (pthread_mutex_t **mutex*); int pthread_mutex_unlock (pthread_mutex_t **mutex*);	
mutex	mutex 객체
반환값	호출이 성공하면 0, 실패하면 0이 아닌 오류 코드 반환

앞에서 보았던 counter 예제를 뮤텍스를 활용해 다시 구현해 보자.

th5_mutex.c

```
#include <stdio.h>
#include <pthread.h>
#define N 100000000

unsigned int counter = 0;
pthread_mutex_t mutex = PTHREAD_MUTEX_INITIALIZER;
// 뮤텍스 선언 및 초기화

void *work(void *arg)
{
	for (int i = 0; i < N; ++i) {
		pthread_mutex_lock(&mutex);		// 임계 영역 진입
		counter++;
		pthread_mutex_unlock(&mutex);	// 임계 영역 종료
	}
	pthread_exit(NULL);
}
```

```
int main (void)
{
        pthread_t tid[2];

        for (int i = 0; i < 2; ++i) {
                pthread_create(&tid[i], NULL, work, NULL);
        }
        for (int i = 0; i < 2; ++i) {
                pthread_join(tid[i], NULL);
        }
        pthread_mutex_destroy(&mutex);     // 사용 완료된 뮤텍스를 삭제한다.
        if (counter != (unsigned) N * 2)
                printf("BOOM! counter = %d\n", counter);
        else
                printf("OK! counter = %d\n", counter);
        return 0;
}
```

뮤텍스 객체는 여러 쓰레드에서 동시에 사용해야 하므로 전역 변수로 선언하였다. 이 프로그램에서 counter의 최종 결과는 언제나 정확하게 N*2의 값이 나온다. 그러나 실행해 보면 알겠지만 뮤텍스 락을 획득하지 못했을 경우 대기하는 시간이 있기 때문에 전체 실행 시간은 더 오래 걸린다. time 명령을 사용해 두 프로그램의 실행 시간을 비교하면 다음과 같다.

```
$ time th4_trouble
BOOM! counter = 197564998

real   0m0.217s
user   0m0.429s
sys    0m0.000s
$ time th5_mutex
OK! counter = 200000000

real   0m3.276s
user   0m3.318s
sys    0m2.746s
```

총 실행 시간(real)을 보면 뮤텍스를 사용한 경우가 약 15배 더 오래 걸렸다. 그렇지만 정확한 수행 결과가 더 중요함은 말할 필요도 없을 것이다.

15장 마무리

실행 흐름이 한 줄기로만 흐르는 프로그램 작성도 어려운데 여러 개의 작업이 동시다발적으로 진행되는 멀티쓰레드 프로그램은 꽤 혼란스러울 것이다. 또한 컴퓨터 시스템이 어떤 하드웨어로 구성되고 운영체제가 이들을 어떻게 관리하는가에 따라 같은 프로그램이라 하더라도 실행 결과가 달라질 수 있기 때문에 더더욱 이해하기 어려운 부분이기도 하다. 그렇지만 멀티쓰레드는 어느 곳에서나 사용되고 있는 기법이고 프로그래밍의 필수 요소이기 때문에 반드시 공부하고 가야 할 주제다. 또한 개념은 동일하더라도 자바 쓰레드나 윈도즈 쓰레드처럼 다양한 종류의 쓰레드와 그를 구현하는 함수들이 각기 달리 존재하므로 각 시스템마다 다른 쓰레드 기법을 익혀야 한다는 것도 명심하자.

마지막에 살짝 다루어 본 뮤텍스는 멀티쓰레드 프로그래밍을 하려면 반드시 잘 이해하고 사용해야 하는 내용이다. 우리는 공유 변수에 문제가 생기지 않게 하기 위해 실행 순서에 상관없이 반드시 한 번에 하나의 쓰레드만 변수에 접근하도록 강제할 수 있는 락(lock)을 활용한 상호 배제 기법을 알아보았다. 상호 배제를 포함하여 여러 쓰레드의 실행 순서와 그 결과를 보장하는 것을 통틀어 동기화(synchronization) 기법이라 한다. Pthread에서는 동기화에 활용할 수 있는 방식으로 뮤텍스(mutex), 조건 변수(condition variable), 읽기-쓰기 락(read-write lock), 배리어(barrier) 등을 제공한다. 또한 세마포어(semaphore)라는 범용성 높은 동기화 기법이 POSIX에 정의되어 있기도 하다. 나중에 본격적으로 공부해 보길 바란다.

심화 및 보충 학습

1. 여러 쓰레드로 계산을 나누어 주는 멀티쓰레드 프로그램을 작성하라. 명령행에서 쓰레드의 수와 계산할 수의 범위를 입력으로 주면, 각 쓰레드는 전체 크기의 1/n씩 합을 계산하고 이 부분합을 모두 더해서 전체 합을 계산하는 절차로 진행된다. 숫자가 나누어 떨어지지 않는 경우는 마지막 쓰레드가 나머지 계산을 모두 수행한다. 실행 예는 다음과 같다.

```
$ tsum 3 100
Thread 0 doing part 1 to 33
Thread 1 doing part 34 to 66
Thread 2 doing part 67 to 100
Done.
Sum = 5050
```

2. n개의 쓰레드가 각각 연결 리스트 조각을 완성하고 그를 하나의 리스트로 연결하는 작업을 수행하는 프로그램을 작성하라. 각 쓰레드는 100개의 노드를 가진 리스트를 생성하여 total의 마지막 노드에 연결하는 작업을 100번씩 수행한다. total은 공유 변수이므로 접근을 제어하기 위해 lock 변수를 포함하고 있어야 한다.

3. 여러 쓰레드에서 동일한 파일에 접근해 각자 서로 다른 부분의 내용을 읽는 프로그램을 작성해 보라. 쓰레드와 파일 기술자 및 읽기/쓰기 포인터가 예상대로 동작하는가? 쓰레드가 각자 서로 다른 부분을 읽기 위해서는 어떤 방법이 필요한가?

찾아보기

ㅇ

ㅈ

ㅊ

ㅋ